# Reisen und Entdeckungen

in

# NORD- UND CENTRAL-AFRIKA

in den Jahren 1849 bis 1855

von

### Dr. Heinrich Barth.

### Tagebuch

seiner im Auftrag der Brittischen Regierung unternommenen Reise.

### Fünfter Band.

Mit Karten, Holzschnitten und Bildern.

Der Verfasser behält sich das Recht der Übersetzung vor.

Gotha: Justus Perthes. 1858.

Dr. Heinr. Barth's

# REISEN UND ENTDECKUNGEN

in Nord- und Central-Afrika.

---

Fünfter Band.

# INHALT DES FÜNFTEN BANDES.

Kapitel I. Anfang des neuen Jahres. Unregelmässige Überfluthung des Niger. Kommerzielle Verhältnisse Timbuktu's. S. 1.

Spaltung in der Familie des Scheichs 2. — Tägliche Lebensweise des Reisenden 3. — Religiöse Verhandlungen 4. — Höchster Stand der Überschwemmung 5. — Zeitpunkt derselben 6. — Ausflug nach dem Niger 11. — Feindseligkeit 'Abd e' Ssalām's 12. — Ernstliche Erkrankung des Reisenden 13. — Abermalige Verzögerung der Abreise 15. — Abdankung des Walāters 16. — Kommerzielle Verhältnisse Timbuktu's 17. — Handelsstrassen nach Timbuktu 21. — Der Goldhandel der Stadt 22. — Salzhandel der Stadt 23. — Die Salzgruben von Taödénni 24. — Handel mit Gūro- oder Kölanüssen 27. — Die Landschaft Sselga 29. — Marktwaaren in Timbuktu 31. — Benennung der grossen Karawanen aus dem Norden 32. — Die vornehmsten Handelshäuser in Timbuktu 34. — Handelsartikel Timbuktu's 35.

Kapitel II. Fortsetzung des Tagebuchs über den Aufenthalt in Timbuktu. S. 39.

Politische Vorgänge im Süden von Timbuktu 39. — Neue Verzögerung der Abreise 40. — Eifersucht zwischen den Tuáreg und Fullān 42. — Unterhaltungen mit dem Scheich 44. — Aufenthalt im Zeltlager 45. — Ankunft des Bruders des Scheichs 46. — Aufbruch nach der Stadt 48. — Absendung eines Packets nach der Heimath 50. — Fallen des Stromes 51. — Erneute Bedrohung des Reisenden 52. — Verhandlungen mit den Fullān und Proteste 54. — Kriegerische Vorbereitungen 56. — Abermalige Verhandlung mit den Fullān 58. — Ankunft der Kēl-úlli 59.

Kapitel III. Grosse Krise. Ich bin genöthigt, die Stadt zu verlassen. Kriegerische Demonstration. S. 61.

Vermuthete Ankunft des Heerbannes der Tuáreg 62. — Zögernde Politik des Scheichs 63. — Religiöse Angriffe Ssidi Mohammed's 64. — Ankunft der Guanīn 66. — Tauffest im Hause des Scheichs 67. — Verhandlung mit den Kēl-hekīkan 68. — Gezwungene Abreise aus der Stadt 70. —

Abermaliger Aufbruch nach der Stadt 73. — Nächtlicher Feldzug 75. — Umkehr des Heerbannes der Tuáreg 77. — Unmässige Vermehrung des Ungeziefers 78. — Langweiligkeit des Lagerlebens 79. — Beginn des Frühlingsregens 80. — Konferenz El Bakáy's und seiner Brüder 81. — Erneutes Übergewicht der Fullān 83. — Unfall der Kēl-hekīkan 84. — Freundliches Verhältniss zu Ssidi Mohammed 85. — Umtriebe 'Ali el A'geren's 86. — Unterhaltungen im Zeltlager 87. — Nachforschung nach Major Laing's Papieren 88. — Verwirrung und Fehde unter den Tuáreg-Stämmen 89. — Missliche Lage des Scheichs 91. — Anstalten zur Abreise 92. — Schwierigkeit des Verkehrs der Europäer mit Timbuktu 93.

### Kapitel IV. Misslungener Versuch der Abreise von Timbuktu. S. 95.

Aufbruch und Abmarsch 95. — Nachtlager bei den Ergágeda 96. — Abstecher zu den Kēl-n-Nokúndor 98. — Rückkehr nach dem Lager 101. — Nacht bei den Kēl-úlli 102. — Ankunft im Lager der Tarabanāssa 103. — Die Häuptlinge der Iguadáren und ihre Verwandten 106. — Das Lager der „Verhüllten" 107. — Der Häuptling Uórhda 108. — Erinnerungen an Mungo Park 109. — Der Häuptling Uórhdugu 110.

### Kapitel V. Rückgängige Bewegung nach Timbuktu. S. 112.

Widerspenstigkeit A'chbi's 112. — Anverwandte desselben 113. — Gefährliche Lage des Reisenden 114. — Lager bei den Iguádaren 117. — Bekanntschaften 118. — Aufregung über die Ausbreitung der Französischen Herrschaft in der Sahara von Algier 118. — A'chbi's Aufbruch nach Westen 119. — Anfang der Regenzeit 120. — Heftiger Gewittersturm 121. — Reisende Frauen 122. — Erneute Aufregung über das Vordringen der Franzosen 124. — Lager am Flussarm von Amalélle 127. — Abschied von den Iguádaren 129. — Die Inseln Banga-gúngu und Büre 131. — Lager bei U'le-Tehárge 133. — Liste der Ortschaften am Niger bis nach Anssóngho 135. — Erinnerungen an Mungo Park 136. — Kleine Räuberei 137.

### Kapitel VI. Endlicher wirklicher Antritt der Rückreise. Hinterwasser und Seitenarme des nördlichen Nigerufers. Rhērgo. Bámba. S. 140.

Endlicher Aufbruch 140. — Wiedervereinigung mit dem Scheich 141. — Briefe aus Europa 142. — Schicksale dieses Briefpackets 143. — Die Uēlād Molūk 145. — Spuren des „sanguaï" genannten Thieres 147. — Ruinen von Hendi-kīri 149. — Die Kēl-antsār 150. — Das Städtchen Rhērgo 151. — Lager bei den Kēl-antsār 155. — Das Schlachtfeld bei Kúrkosāi 156. — Ungeheure Hinterwasser des Flusses 157. — Das Städtchen Bámba 159. — Die Einwohner des Ortes 162. — Die Familie El Bakáy's 165. — Tabaksbau bei Bámba 166.

Inhalt des fünften Bandes.

KAPITEL VII. Die nördlichste Ausbiegung des Flusses. Wüstenlandschaft längs des östlichen Flusslaufes. Grösste Einengung. Südöstliche Biegung. S. 168.

Später Aufbruch von Bámba 168. — Nächtliches Ungemach 169. — Der Weiler Égedesch 171. — Der nördlichste Punkt des Niger 172. — Unentbehrlichkeit umfassender Sprachkenntnisse 173. — Die Insel Samgoi, die Residenz Ssadáktu's 174. — Kriegsthat der Kēl-fadaīe 176. — Ungeheure Spinne 177. — Das Lager Ssídi I'lemīn's 179. — Grosse Felsenge im Strome 181. — Erinnerungen an Mungo Park 182. — Lager in Tínscherīfen 183. — Die Kēl-e'-Ssūk 184. — Edeldamen der Tuáreg 185. — Ankunft Ahmed el Wádáui's, des vornehmsten Schülers des Scheichs 186. — Felsige Beschaffenheit des Flussufers 188.

KAPITEL VIII. Tó-ssaie oder die Einengung des Flusses. Burrum; alte Beziehung zu Egypten. Grosse südsüdöstliche Flussbiegung. S. 190.

Aufbruch von Tin-scherīfen 190. — Das Schlachtfeld Tin-rássen 191. — Die Stromenge Tó-ssaie 192. — Die Flussinsel der Rumā 193. — Alte Verbindung von Burrum mit Egypten 194. — Die Landschaft Burrum 196. — Lager bei den Kēl-tenákssa 199. — Lager bei Issábegen 201. — Erinnerungen an frühere Reisende, insbesondere Davidson 203. — Aufbruch in der Richtung nach Gōgō 205. — Lager bei Tabōrak 206. — Der Berg Tóndibi 207. — Der Bezirk Abūba 208. — Weite Aussicht über das Flussthal 211. — Ankunft in Gōgō 213.

KAPITEL IX. Die alte Hauptstadt von Sonrhay und ihre Umgebung. S. 216.

Das heutige Gōgō im Vergleiche mit dem früheren 216. — Der Niger bei Gōgō 218. — Die Frauen des Ortes 219. — Die Moschee in Gōgō 220. — Ehemalige Grösse von Gōgō 221. — Politische Geschicke des westlichen Sudans 222. — Ankunft des Scheichs und seiner Freunde 223. — Verhandlungen über die Weiterreise 224. — Der Stamm der Gá-bēro 225. — Besuch bei demselben 228. — Rückkehr nach Gōgō 231. — Vorbereitung zur Trennung vom Scheich 233. — Ankunft von Thákkefi und Verhandlung mit demselben 234. — Die Begleiter auf der Weiterreise 237.

KAPITEL X. Trennung vom Scheich. Ich gehe auf die südwestliche Seite des Flusses über. Verschiedene Lagerstätten. Der Fluss mit Inseln angefüllt. Anssóngho. S. 239.

Endliche Abreise 239. — Abschied vom Scheich 240. — Übergang auf das südliche Flussufer 241. — Die Insel Bórnu-gúngu 243. — Die Distrikte Alákke und Dórgimi 245. — Lager bei der Insel Tongi 247. — Lager bei Tabálint 249. — Das Felsenthor Akarámbai 251. — Lager bei

Búrre 253. — Lager bei Tibóráuen 255. — Der Distrikt Bēting 256. — Das Dorf Waiyun 257. — Stromenge von Ém-n-ischib 259. — Trennung von Mohammed e' Ssūk 260.

KAPITEL XI. **Eintritt in dichter bevölkertes Land.** S. 261.

Spuren früherer Kultur in der Wildniss 262. — Das Dorf Ayōru 263. — Übergang über einen Nebenfluss des Niger 264. — Insel und Dorf Kendādji 265. — Der Stamm der I'meligissen 267. — Die Dörfer Tornäre und Gandūtan 269. — Das Dorf der Erátafāni 270. — Schicksale der Rhátafāni 272. — Die Stadt Sinder 275. — Notizen über den augenblicklichen politischen Zustand des Haussa-Reiches 276. — Der Fāki Mohammed Ssālch 279. — Das Dorf A'semai 280. — Die Dörfer Bō-sse und Hendōbo 282. — Die Insel Barma-gúngu und ihr Häuptling 283. — Übergang über den Ssirba 284. — Rast bei Kuttukōle 285. — Bedeutende Hügelketten am rechten Flussufer 286. — Feindliche Begegnung 287. — Lager bei Birni 288. — Trockene Flussbetten am rechten Ufer des Flusses 291. — Die Insel 'Oitílli oder Ghūtíl 292. — Das Dorf des Fíttia Imām 293. — Ankunft in Ssai 294.

KAPITEL XII. **Zweiter Aufenthalt in Ssai. Reise durch Déndina und Kébbi.** S. 296.

Der Statthalter A'bū-Bakr 296. — Politische Lage von Ssai 297. — Armseligkeit des Marktverkehres daselbst 298. — Abreise von Ssai 299. — Das Dorf Tóndifū 301. — Nachtlager in den Ruinen von Minge 302. — Die Stadt Támkala 303. — Audienz beim Statthalter 304. — Aufbruch von Támkala 308. — Ein neuer Reisegefährte 309. — Das Dorf Gárbo 311. — Nachrichten über Djēga 312. — Lager in der Wildniss 314. — Die Stadt Kallīul 315. — Marsch durch die unsichere Wildniss 317. — Das Städtchen Tilli 319. — Passage durch die „fáddama" des Gúlbi-n-Sókoto 320. — Ankunft in Birni-n-Kébbi 321. — Nachtlager in Kōtschi 323. — Ankunft in Gándō 325.

KAPITEL XIII. **Zweiter Aufenthalt in Gándō, Sókoto und Wurnō.** S. 326.

Unglückliches Schicksal eines nach Europa abgesendeten Briefes 326. — Geiz Chalīlu's 327. — Menge des jährlichen Regenfalles in Gándō 328. — Markt in Dōgo-n-dādji 329. — Schagári 330. — Die Stadt Bodinga 331. — Ankunft in Sókoto 332. — Nachricht von der Ankunft einer Europäischen Expedition in Bórnu 334. — Ankunft in Wurnō 335. — Gefährliche Erkrankung des Reisenden 336. — Unsicherheit der Umgegend 337. — Pekuniäre Verlegenheiten 339. — Politischer Zustand Inner-Sudans 341. — Abschiedsaudienz bei 'Alīu 342. — Abreise von Wurnō 343. — Die Stadt Dan-Scháura 344. — Marsch durch sumpfige Wildniss 345. — Ankunft in Gándi 346. — Marsch durch die Wildniss bei dieser Stadt 347. — Das

Dorf Dan-Fáua 349. — Die Orte Moríki, Dūtschi und Búnka 350. — Die Stadt Kámmanē 351. — Die Stadt U'mmatau 353. — Der Ort Birtschi 354. — Die Stadt Mādje 355. — Ankunft in Kanō 356.

KAPITEL XIV. Zweiter Aufenthalt in Kanō unter ungünstigen Verhältnissen. Marsch nach Kúkaua. S. 357.

Pekuniäre Verlegenheit des Reisenden 357. — Ungesundheit der Stadt 359. — Die Niger-Expedition 360. — Politischer Zustand Bórnu's 361. — Gänzliche Verarmung des Reisenden 363. — Verhandlung mit den Wucherern 365. — Abreise von Kanō 367. — Die Stadt Ssabō-n-garī 368. — Flucht vor Bochāri 369. — Die Stadt Górki 370. — Eintritt in das Gebiet von Bórnu 371. — Begegnung mit Mohammed e' Ssfáksi 372. — Aufenthalt in Gúmmel 373. — Der Bezirk von Máschena 375. — Ankunft in Búndi. 377. — Begegnung mit Dr. Vogel 378. — Das Dorf Schetschēri 381. — Ankunft in Surríkulo 382. — Marsch durch unsichere Gegenden 383. — Nachtquartier in Borsāri 384. — Ankunft am Komádugu und Übergang über denselben 385. — Ankunft in Kúkaua 387.

KAPITEL XV. — Letzter Aufenthalt in Kúkaua. Wohlthätiger Einfluss Europäischer Gesellschaft. S. 388.

Pekuniäre Bedrängnisse 388. — Zwist zwischen Dr. Vogel und seinen Englischen Begleitern 389. — Zusammenleben mit Dr. Vogel 391. — Abreise Vogel's nach Yákoba und Adamaua 393. — Vogel's Leistungen in diesen Ländern 395. — Abschied von demselben 396. — Vorbereitung auf die Heimreise 397. — Nutzlose Verhandlungen mit dem Scheich über Schadenersatz 398. — Neue Verzögerung 399. — Ankunft einer Kafla von Fesān 401. — Ungewöhnliche Hitze 403.

KAPITEL XVI. Wirklicher Aufbruch. Kleine Reisegesellschaft. S. 405.

Endlicher Aufbruch nach Norden 405. — Übergang über den Komádugu 406. — Der Ort Ngégimi 408. — Marsch längs des Seeufers 409. — Lager bei Kíbbo 411. — Unsicherheit der Strasse 412. — Der Brunnen Beduāram 414. — Nachtmarsch durch die Wüste Tintúmma 416. — Lager bei A'gadom 418. — Der Brunnen Díbbela 420. — Regen in der Sandwüste 421. — Die Oase Sau-kurā 422. — Ankunft in der Oase Kauār 425. — Salzgruben bei Kalála 426. — Die Stadt Dírki 428. — Das Städtchen Aschenúmma 429. — Der Ort A'nikímma 432. — Das Dorf A'nai 433. — Der Brunnen I'ggeba 434. — Das Thal Djehája 435. — Der Brunnen Máfarass 437. — Der Brunnen el Wär oder Temmi 439. — Der Brunnen Méscheru 440. — Eintritt in die Oase Fesān 441. — Das Dorf Madrússa 442. — Zusammenkunft mit Warrington 443. — Aufenthalt in Múrsuk 444. — Ankunft in Ssōkna 447. — Wadi Sémsem 448. — Benī-Ulíd 449. — Einzug in Tripoli 451. — Ankunft in London 452. — Kosten der ganzen Expedition 458.

Anhang I. Sammlung von Reiserouten zur Kenntniss der westlichen Hälfte der Wüste, ihrer verschiedenen Abtheilungen und ihrer Bewohner, sowie des oberen Laufes des Niger. S. 457.

A. Östliche Strasse von Tauāt nach Mabrūk und von da nach Timbuktu 457. — B. Strasse von I'n-sīse nach Gōgō 459. — C. Westliche Strasse von Aúlef nach Mabrūk 460. — D. Einiges Nähere über die Landschaft A'sauād und die benachbarten Bezirke 461. — E. Strasse von Dalla über Konna nach Hamd-Allāhi 468. — F. Strasse von Timbuktu über Gúndam nach Yóaru und von da nach Hamd-Allāhi 470. — G. Strasse von Yóaru nach Tenéngu 472. — H. Strasse von Yóaru nach Hamd-Allāhi 472. — I. Verzeichniss von Städten und Dörfern, die an dem Ufer des Hauptarmes des Flusses von Dīre aufwärts bis nach Ssan-ssándi liegen 473. — K. Strasse von Hamd-Allāhi über Ssá zu Lande nach Kábara 481. — Lª. Strasse von Hamd-Allāhi nach Káñima. — Lᵇ. Eine andere kurze Wegbeschreibung von Káñima nach Hamd-Allāhi 483. — M. Verzeichniss von Städten in Djimbálla, Sánkara und A'ussa 484. — N. Strasse von Timbuktu über Ba-ssikúnnu nach Ssan-ssándi 488. — O. Strasse von Ssan-ssándi nach Timbuktu mit stellenweisen Abweichungen von dem gewöhnlichen Wege (aus Furcht vor den Fullān) 489. — P. Strasse von Timbuktu nach Walāta 491. — Qª. Strasse von Walāta nach Ssan-ssándi 496. — Qᵇ. Dieselbe Strasse nach El Beschīr 497. — R. Strasse von Ka-ssambāra nach Walāta 498. — S. Strasse von Ka-ssambāra nach Djauāra 499. — T. Strasse von Ka-ssambāra nach Bū-Djedūr oder Bākel 500. — U. Strasse von Ka-ssambāra nach Messīla 502. — V. Strasse von Ka-ssambāra nach Nyámina 503. — W. Strasse von Ka-ssambāra über Murdja nach Nyámina und von Murdja nach Mekoie 504. — Xª. Gerade Strasse von Ka-ssambāra nach Kōla 507. — Xᵇ. Strasse von Ssan-ssándi nach Ka-ssambāra 508. — Y. Einige Bemerkungen über den gegenwärtigen Zustand von Bághena 511. — Z. Strasse von Ka-ssambāra nach Tischīt (Schētu) 516. — AA. Verzeichniss von Stationen zwischen Tischīt und Walāta 518. — BB. Strasse von Tischīt nach Bot-hádie 519. — CC. Stationen auf der Strasse von Wadān nach Tischīt 520. — DD. Stationen auf der Strasse von Wadān nach Walāta 521. — EE. Stationen zwischen Wadān und El Chat, auf einem Umweg 522. — FF. Strasse von Walāta über El Chat nach Raschīd 522. — GG. Strasse von A'tar nach Tedjigdja oder nach Raschīd 523. — HH. Strasse von Tedjigdja nach Djáfena oder Djáfunū 524. — II. Strasse von Kasr el Barka nach Bū-télimīt 525. — KK. Strasse von Kasr el Barka nach Kahaide 526. — LL. Strasse von Kahaide nach der Grenze von Tagānet in nordöstlicher Richtung 527. — MM. Strasse von Bākel über Assāba nach der Grenze von Tagānet 529. — NN. Strasse von Hamd-Allāhi, der gegenwärtigen Hauptstadt von Má-ssina, nach Me-schīla und von da nach Kahaide 531. — OO. Strasse von Me-ssīla nach Bākel 537.

Anhang II. Verzeichniss der Arabischen oder vielmehr Maurischen Stämme, die über den westlichen Theil der Wüste verbreitet sind, je nach den Landschaftsbezirken oder den natürlichen Abtheilungen der Wüste, wo sie angesessen sind. S. 540.

> Aͣ. Arabische Stämme in Bághena 541. — Aᵇ. Die Suaie oder Merábetīn in Bághena 543. — B. Maurische Stämme in El Hōdh 544. — C. Maurische Stämme in Tagānet 548. — D. Maurische Stämme in A'derēr 552. — E. Maurische Stämme in El Giblah und Schemmāmah 558. — F. Maurische Stämme in Magh-tēr und Tīriss 561. — G. Maurische Stämme in Gāda, Asemmūr, El Hāha, Ergoschēsch, Gīdi und den angrenzenden Landschaften 568. — H. Landstrich der Sahara zwischen A'sauād und Timbuktu auf der einen und El Hōdh und Bághena auf der anderen Seite 569.

Anhang III. Abtheilungen und Familien der grossen südwestlichen Gruppe der Imō-scharh oder Tuáreg. S. 573.

Anhang IV. Ein Wörterbuch desjenigen Dialektes des Temāschirht oder Tarkīe, der von den Auelímmiden gesprochen wird. S. 588.

> Vorbemerkungen von F. W. Newman 588. — Wörterbuch 598. — Die Erzählung vom verlorenen Sohn im Temā-schirht 715.

Anhang V. El Bakáy's Empfehlungsbrief für den Christlichen Reisenden auf seiner Rückreise von Timbuktu nach Bórnu. S. 719.

Anhang VI. — Die bedeutendsten Städte und Residenzen der unabhängigen Sonrhay zwischen dem Niger und der vom Reisenden verfolgten Strasse über Yāgha und Libtāko. S. 732.

Bruchstücke eines meteorologischen Tagebuches. S. 735.

Einige Bemerkungen über die Karten von Dr. A. Petermann. S. 753.

Register. S. 758.

---

## In den Text eingedruckte Holzschnitte.

1. Ledertaschen  ⎫
2. Lederkissen   ⎬ von Timbuktu ⎧ S. 18.
3. Lederschläuche ⎭               ⎨ S. 18.
                                  ⎩ S. 19.
4. Reisekäfig der Frauen der Kēl-hekīkan 122.
5. El Bakáy's Mattenhütte bei Bámba 165.
6. Dorf der Kanembū bei Ngégimi 408.

## Ansichten.

1. Zeltlager des Scheichs El Bakáy bei Timbuktu 87.
2. Amalélle 127.
3. Bámba 163.
4. Gōgō 216.
5. Barno am Eghírrĕu 229.
6. Aussóngho und Akarámbai 250.
7. Der Niger bei Tiboráuen (Koribeten) 255.
8. Stromenge des Niger unterhalb Horāra 259.
9. Sókoto 335.
10. Aschenúmma 430.

## Karten.

Nr.
15. Karte eines Theils von Afrika (östliches Blatt) zur Übersicht von Dr. Barth's Reisen 1850—1855 und der von ihm gesammelten Itinerarien. Maassstab $\frac{1}{6,000000}$.
16. Karte eines Theils von Afrika (westliches Blatt) zur Übersicht von Dr. Barth's Reisen 1850—1855 und der von ihm gesammelten Itinerarien. Maassstab $\frac{1}{6,000000}$.

# I. KAPITEL.

Anfang des neuen Jahres. — Unregelmässige Überfluthung des Niger. — Kommerzielle Verhältnisse Timbuktu's.

Ich hatte lange die Hoffnung genährt, dass der Anfang des Jahres 1854 mich auf meiner Heimreise weit vorgerückt finden würde; aber wie ich mich in dieser Erwartung bitter getäuscht sah, trat ich das Jahr mit einem inbrünstigen Gebet an, dass Gott mir in seinem Verlaufe eine glückliche Heimkehr gewähren möge.

El Médani, mein Freund von Ssuēra oder Mogadōre, den ich mein politisches Thermometer oder mein Politikometer zu nennen pflegte — aus dem Grunde, weil er freundliche Gesinnung gegen mich nur zu solchen Zeiten an den Tag legte, wo er Alles ruhig sah — sandte mir am Morgen des 1sten Januar seinen Glückwunsch; ja, selbst die beiden Anführer der feindlichen Parteien (nämlich Hammādi, der Nebenbuhler meines Beschützers, und Tāleb Mohammed, der reichste Kaufherr in der Stadt und das Haupt der intriguirenden Kaufleute von Morocco) gaben mir zu verstehen, dass sie Freundschaft mit mir anzuknüpfen wünschten. Mein Gesundheitszustand war noch immer ein sehr ungewisser, aber ich fühlte mich doch in Seelenfrische und körperlicher Kraft so weit hergestellt, dass ich als Vorbereitung für meine gewünschte Abreise anfing, den Rest meines Gepäckes zu ordnen. Allerdings war es mit Ausnahme meiner kleinen Bibliothek jetzt sehr verringert worden. Da fand ich denn, während ich meine Rumpelkammer durchwühlte, zu meinem grossen Erstaunen und Vergnügen noch ein in gutem Zustande befindliches Thermometer; aus dem Reste meiner zerbrochenen Instrumente sammelte ich eine ziemliche Menge Quecksilber, das ich dem Scheich gab, der selbst sowohl wie seine übrigen kindlich gesinnten Freunde viel Vergnügen daran fand, die wunderbaren Eigenschaften dieses Metalles zu beobachten.

Mittlerweile liess es sich mein Beschützer angelegen sein, mich mit dem politischen Verhältniss, in dem er zu seinen Brüdern stand, vollkommen bekannt zu machen; dies waren Ssidi Mohammed und Sēn el 'Abidīn, die, wie er erwartete, bald ankommen würden. Er gab mir schon jetzt einige leichte Winke über die abweichenden politischen Ansichten dieser Männer und ich beklagte es auf das Innigste, dass die Macht dieser edelgeborenen Familie, anstatt durch die Anzahl ihrer hervorragenden Sprossen stärker zu werden, durch die abweichende Richtung ihrer Ansichten nur zersplittert und untergraben ward.

Der tägliche Lauf meiner materiellen Existenz ging mit nur kleinen Veränderungen sehr gleichmässig vor sich. Meine gewöhnliche Nahrung bestand, wenn ich in der Stadt war, aus etwas Milch und Brod am Morgen, denn in dieser Medīna des Negerlandes, dem civilisirten Timbuktu, kann man sehr gutes Waizenbrod auf dem Markte kaufen (der Waizen wird vom Rāss-el-mā in die Stadt gebracht und nicht, wie Caillié angibt, von Norden eingeführt); dann, um etwa 2 Uhr Nachmittags, pflegte mir der Scheich ein wenig Kuskus zu schicken, und bald nach Sonnenuntergang ass ich ein kleines Gericht Negerhirse mit etwas Fleisch oder gewürzt mit der Brühe der „kobĕua" (dies ist der Kanōri-Name der *Cucurbita Melopepo*, den Sonrhay-Namen habe ich nie erfahren). Der Scheich pflegte mir auch eine Schüssel in später Nacht zu schicken, zuweilen lange nach Mitternacht; aber wegen der späten Stunde berührte ich dieses Gericht nie, sondern überliess es meinen Leuten.

Das Fleisch von Timbuktu bekam mir, wenigstens in der kalten Jahreszeit, ungleich besser, als das irgend einer anderen Gegend des Negerlandes; aber dasselbe war keineswegs der Fall mit der *Melopepo*, wiewohl sie an sich ein ausgezeichnet schmackhaftes Gemüse ist. Im Anfange meines Aufenthaltes hier hatte ich eine grosse Menge junger Tauben verzehrt, die in dieser Stadt einen beliebten Leckerbissen bilden. Sie werden zu dem unglaublich billigen Preise von 10 Muscheln das Stück oder 300 für 1 Dollar verkauft; aber die armen Thierchen, welche so verzehrt werden, sind so jung, dass sie fast unschmackhaft sind. Einen sehr seltenen Leckerbissen bildete ein Straussenei, das mir eines Tages gebracht wurde; natürlich ist dieser Artikel mit weniger Mühe in der Wüste zu haben, als in den Städten, aber auf der anderen Seite ist auch eine so schwere Nahrung dem Magen eines in der Stadt Wohnhaften keineswegs angemessen.

Es war bestimmt worden, dass wir wieder einen Ausflug nach Kábara machen wollten, aber derselbe ward von Tag zu Tag aufgeschoben, wiewohl ich ausserordentlich begierig war, den Charakter der Landschaft beim gegenwärtigen hohen Stande des Flusses an dem Platze, wo ich bei meiner Ankunft zuerst gelandet war, zu beobachten. So war ich denn hinsichtlich der Unterhaltung auf den Verkehr mit dem Scheich, seinen Verwandten und Anhängern beschränkt, und da religiöse Punkte von meinen Feinden stets mehr und mehr in den Vordergrund geschoben wurden, besonders aber in den gelehrten Briefen, welche der Emïr von Hamd-Allāhi dem Scheich als Antwort sandte*), fing meine

---

*) Ich besitze zwei dieser Aufsätze, in ihrer Art Prozessaktenstücke, deren Inhalt im gegenwärtigen Augenblicke nicht ganz ohne Interesse ist, da sie zeigen, in welchem Lichte diese Mohammedaner die Christen betrachten.

Unterredung mit dem Ersteren an, sich mehr und mehr religiösen Gegenständen zuzuwenden, wie dem Punkte der Rückkehr des Messīah am Ende der Welt, und der Erklärung des Namens „Paraklet", der im Neuen Bunde dem heiligen Geiste gegeben wird, welcher sich auf die Apostel niedersenken sollte, aber von den Mohammedanern in neueren Zeiten auf Mohammed angewandt wird, dessen Kommen, wie sie behaupten, hier von dem heiligen Buche der Christen vorausgesagt worden sei.

Auch unter sich waren die Herren durch meine Dazwischenkunft mehr auf religiöse Streitpunkte geführt worden, und als ich dem Scheich eines Tages einen Besuch abstattete, fand ich die beiden Brüder in lebhaftem Streite über das Verhältniss ʿAīssa's (Jesus Christus) zu Mohammed, und es entspann sich eine hitzige Verhandlung über die sophistische Frage, ob es nach der Rückkehr ʿAīssa's auf die Erde erlaubt sein würde, Kameelfleisch zu essen. Der Scheich selbst war eifrig bemüht, seinem Bruder zu beweisen, wie schwierig es wegen der Verschiedenheit, welche zwischen den Vorschriften der beiden Propheten obwaltet, für sie selbst sein würde, nach und in Folge der Rückkehr ʿAīssa's irgend einen Theil ihrer Glaubenssätze zu ändern, während sie doch ʿAīssa als verkündeten Propheten anerkennten. Er beabsichtigte, von diesem Gesichtspunkt aus die Christen einigermassen zu entschuldigen, dass sie den Glauben Mohammed's nicht annähmen, nachdem sie sich einmal zur Glaubensformel ʿAīssa's bekannt hätten. Die beiden gelehrten Männer hatten in der Hitze ihres Streites das bedeutende Faktum ganz übersehen, dass das Kameel allerdings bei den Juden, aber nicht bei den Christen ein verbotenes Thier ist und dass also die Rückkehr ʿAīssa's keinen Einfluss auf ihren beliebten Schmaus ausüben würde. Indem ich frisch und munter auf diese Streitigkeiten und Verhandlungen einging, gelang es mir, selbst die Achtung derer zu gewinnen, deren Hauptbestreben dahin ging, den möglichst grössten Theil meiner noch übrigen Habe von mir zu erpressen.

Die Ankunft einer anderen kleinen Tauāter-Kafla verursachte mir beinahe ernstliche Verlegenheit; einige Kaufleute von Morocco, angeregt durch kommerzielle Eifersucht, hatten nämlich das Gerücht verbreitet, dass der Kaliko, den jene Leute einführten, Christliches Eigenthum wäre und dem Englischen Agenten in Ghadāmes gehörte. Es kostete mir wirklich einige Schwierigkeit, den Leuten verständlich zu machen, dass, selbst für den Fall, jener Artikel hätte ursprünglich dem Agenten gehört, er doch jetzt Eigenthum der Tauāter Handelsleute sei. Die Anwesenheit dieser Leute war auch der Grund, dass die nördliche Strasse über Tauāt als die für meine Rückreise geeignetste wieder in Berathung kam. Meine Abreise ward nämlich nun fast täglich besprochen, indem die Ankunft unseres lebhaften und redseligen, aber unvorsichtigen Boten Ahmed el Wádáui, der endlich wieder von seiner Botschaft zu den Auelímmiden zurückgekehrt war, die Hoffnung darbot, dass jene in Wirklichkeit nicht allzu fern sei; aber der Umstand, dass Keiner der Tuáreg mitgekommen war, ungeachtet seiner Behauptung, dass sie ihm schleunigst folgen würden, überzeugte mich davon, dass die Aussicht auf meine Abreise noch auf unbestimmte Zeit hinausgeschoben war.

Gegen Ende des Januar erreichten die Wasser des Flusses ihr höchstes Niveau. Dies ist im Vergleich mit der Periode des Steigens anderer Afrikanischer Flüsse nördlich vom Äquator eine höchst wunderbare Anomalie — wohl geeignet, tiefes Erstaunen bei Jedem zu erregen, der mit dem Gegenstand einigermassen vertraut ist; denn wem es bekannt ist, dass das Steigen der Flüsse sein Entstehen den tropischen Regengüssen verdankt, der wird natürlicherweise erwarten, dass der Niger, gleich seinem östlichen Arme, dem Tsadda oder Benuë, oder gleich dem Nil, sein höchstes Niveau im August oder September erreichen müsste. Allerdings kann dieser auffallende Thatbestand mit den uns zu Gebote stehenden Mitteln und bei dem gegenwärtigen Zustande unserer Kenntniss dieses Theiles von Afrika nur theilweise erklärt werden, aber Licht wird darauf geworfen durch ähnliche Fälle, wenn wir nämlich damit das anomale Anschwellen einiger Süd-Afrikanischen Flüsse vergleichen, besonders die grosse Entdeckung Dr. Livingstone's, den Liambēsi, der in seinem oberen Laufe ein ungeheueres seichtes Wasserbecken bildet und hier die grösste Wassermasse zu einer Zeit (Juli und August) ansammelt, wo sein unterer Lauf, der Sambēsi, von ihm geschieden und der unmittelbaren Einwirkung der oberhalb gesammelten Wasser entzogen (durch die wunderbare Verengung des Flussbettes vom Victoria-Falle abwärts), den niedrigsten Wasserstand bewahrt und dagegen zu einer ganz anderen Jahreszeit (wenn ich nicht irre, im Februar und März) sein höchstes Niveau erreicht. Ich nehme dabei die Identität dieser beiden Flüsse an, die jedoch noch keineswegs völlig bewiesen ist*).

Genau dasselbe Phänomen haben wir im Falle des sogenannten Niger, des grossen West-Afrikanischen Stromes, vor uns, der nach der genauesten Erkundigung, die ich an Ort und Stelle einzuziehen vermochte, jedes Jahr bis zu Ende des Dezember oder bis zu Anfang des Januar zu steigen fortfährt und nicht vor Februar zu sinken anfängt, während sein östlicher Arm, der Benuë, ebenso wie der untere Theil des Niger, da, wo er Kuāra heisst, genau wie es bei dem Nil der Fall ist, sein höchstes Niveau zu Ende August er-

---

*) Vergleiche auch das anomale Anschwellen des Tschobē (*Journal of R. Geogr. Soc.*, vol. XXII, p. 169). Aber allerdings muss man sich davor hüten, ein vereinzeltes Phänomen, das in einem ungewöhnlichen und ungleichen Regenfall in dem Becken der verschiedenen Arme eines grossen Flusssystems seinen Grund hat, mit einer beständigen und regelmässigen Erscheinung zu verwechseln.

reicht und mit Anfang des Monates Oktober wirklich zu sinken anfängt.

Um die Verschiedenheit und Anomalie dieser Phänomene zu erklären, müssen wir den verschiedenen Charakter dieser Flüsse in's Auge fassen. Der Benuë nämlich, nachdem er einmal eine westliche Richtung eingeschlagen hat, folgt derselben mit nur sehr geringer Abweichung; der grosse westliche Hauptarm aber beschreibt drei Viertel eines grossen Kreises, und da er im grösseren Theile seines höchst gewundenen Laufes nur sehr wenig Gefälle hat, gebrauchen die Wasser, welche ihm von den entfernteren Quartieren zufliessen, eine lange Zeit, um seinen mittleren Lauf zu erreichen. So hört denn der Regen, welcher während des September und Oktober im Gebiete der Wangaráua oder der südöstlichen Mandingo fällt, bis zu Ende November oder selbst Dezember nicht auf, den Fluss bei Timbuktu anzuschwellen. Denn dass in jenen Landschaften hinter der Küste von Sierra Leone und Kap Palmas bis zu Ende September oder sogar noch im Oktober Regen fällt, kann man mit einem ziemlichen Grade von Gewissheit aus dem Umstande schliessen, dass dies auf der Küste der Fall ist*); auch wird diese Erscheinung durch Caillié's Beobachtungen in Bezug auf den Regenfall in Kakóndi und Tímbo bestätigt**). Ebenso hat man

---

*) Siehe Isert in der Zeitschrift Hertha, Th. X, Jahrg. 1827, S. 374, sowie M'Gill in Berghaus' Zeitschrift, Th. VIII, Jahrg. 1848, S. 59—61, und in Bezug auf Kap Palmas: Fraissinet in den *Nouvelles Annales des voyages*, 1855, Th. II, S. 291—293, vor Allem aber das inhaltreiche Büchelchen von Herrn Schirren: der Nyassa (Riga 1857).

**) Siehe Tomaro nach Caillié's Beobachtungen in Berghaus' Annalen, 1829, S. 769, aber besonders Caillié's eigenen Bericht seines Aufenthaltes in Timē (Th. I, S. 328 der Engl. Ausgabe): „Der Regenfall war allerdings nicht so ununterbrochen, aber wir hatten täglich etwas Regen bis zum Oktober; wo er seltener wurde." Auch wissen wir von Caillié, dass der Milo, der südöstliche Arm des oberen Niger oder Dhiúlibá, seinen höchsten Wasserstand im September erreicht. — Park's Beobachtungen zeigen, dass der Regen in den von ihm durchwanderten Landschaften bis zum November anhält. Der in den gebirgigen südlichen Provinzen Abessiniens, deren Breite mit derjenigen der Quellgebiete des Niger genau übereinstimmt, im September einen ganz beständigen Regenfall beobachtet.

Nun hat die ganze Gegend zwischen Djenne und Timbuktu einen höchst flachen Charakter, so dass der Fluss, welcher sehr langsam und in einem höchst gewundenen Laufe dahinfliesst, nicht allein einen sehr breiten Strom ausfüllt, der sich weit über das benachbarte Flachland ausbreitet, sondern auch eine grosse Menge Hinterwasser oder Becken und See'n bildet, von denen der durch Park und Caillié so bekannt gewordene Débu oder Débo nur einer, aber allerdings wahrscheinlich der grösste ist. Dagegen ist nun der Fluss weiter abwärts, unterhalb Bamba und besonders in dem Distrikte, der den Namen Tin-scherīfen führt, eingeengt und auf die Breite von wenigen hundert Schritten beschränkt, so dass das Wasser, nachdem es sich über einen so ungeheueren Landstrich ausgebreitet hat und aus eben diesem Grunde nicht denselben Druck ausüben kann, den es unter anderen Umständen und in einem engeren Kanal zusammengehalten ausüben müsste, seinen hohen Stand lange Zeit bewahrt oder selbst an Breite und Tiefe noch zunimmt zu einer Zeit, wo der vom Regenfalle im oberen Lande erzeugte Zufluss schon abgenommen hat.

Dies ist die Art, wie ich mir eine Erscheinung erkläre,

---

Gambia hat natürlich, obgleich seine Quellen fast in demselben Gebiete liegen, wo die westlichen Arme des Niger entspringen, bei seinem kurzen Laufe ein ganz anderes Verhältniss, als der langgewundene Niger; doch auch er erreicht seinen höchsten Stand viel später als der Benuë, nämlich, wie wir von Park (Erste Reise. 4. 8te Ausgabe, S. 12) erfahren, im Anfang Oktober; im Anfang November aber war derselbe schon wieder zu seinem früheren Wasserstande herabgesunken. Allerdings beobachtete Park (Zweite Reise, Bd. II, S. 274) am 3ten Oktober bei Ssan-ssándi, dass der Niger selbst um 4 Zoll gesunken war; dies war aber nur ein temporäres Schwanken.

welche in so hohem Maasse allen Phänomenen widerspricht, die in Bezug auf die Wirkungen des Regens und das Steigen der Flüsse nördlich und südlich vom Äquator Gegenstand unserer Beobachtung geworden sind und welche dem oberen Laufe des Niger denselben Charakter verleihen, der dem Gabūn und anderen Flüssen der Äquatoriallinie eigen ist, die ihren höchsten Stand im Laufe des Februar erreichen. Weitere Forschungen und die Beobachtungen Europäischer Reisenden, welche unter kluger Leitung der an den Küsten in Algerien, am Senegal, Gambia, an der Sierra Leone oder der Niger-Mündung gegründeten Europäischen Ansiedelungen leicht in diese Gegenden des Inneren eindringen können, werden weiter dazu beitragen, diese interessante Erscheinung zu beleuchten.

Natürlich kann es nicht fehlen, dass diese Eigenthümlichkeit des oberen Theiles des Niger-Laufes, wiewohl das Wasser hier nicht immer dasselbe Niveau erreicht, selbst auf den unteren Lauf, wo der Fluss Kuāra heisst und zu wiederholten Malen von Engländern besucht worden ist, einen Einfluss ausübt. Allerdings haben die Europäischen Reisenden, weil sie von diesem eigenthümlichen Charakter des Flusses keine Ahnung hatten, seiner Beschaffenheit am Anfange der heissen Jahreszeit nicht viel Aufmerksamkeit gezollt und ihn während dieser Periode wegen des durchschnittlich niedrigen Wasserstandes auch seltener besucht. Dennoch hat Herr Laird, der verdienstvolle Leiter der Englisch-Afrikanischen Dampfschiffahrts-Gesellschaft, welcher mehrere Monate auf dem Kuāra zubrachte, eine Erscheinung beobachtet, welche dem Zustande des Flusses, wie ich ihn soeben beschrieben habe, genau entspricht. Herr Laird berichtet nämlich die erstaunliche Thatsache, dass der Fluss bei der bedeutenden Stadt Iddā am 22sten März zu steigen anfing*).

---

*) Siehe *Laird's and Oldfield's Journal*, vol. II, p. 275: „*It was a*

Dieser Umstand musste früher ganz unverständlich bleiben, erhält nun aber durch die Entwickelung dessen, was ich soeben angeführt habe, seine volle Beleuchtung. Laird selbst betrachtet das Anschwellen des Flusses irrthümlicherweise als die unmittelbare Folge des Regenfalls etwas höher aufwärts im Binnenlande; es fällt aber im ganzen März durchaus kein Regen, und selbst im April kommen nur wenige leichte Schauer vor. Dagegen ist diese Erscheinung augenscheinlich die Wirkung davon, dass die Wasser im oberen und weiten Theile des Flusses um die Mitte des Februar zu sinken anfangen. Wir müssen nämlich die Schnelligkeit des „Grossen Flusses" zu $2\frac{1}{2}$ — 3 Meilen annehmen, während die ganze Länge des Flusses längs seines vielfach gewundenen Laufes zwischen Kábara und Iddā wohl nicht viel unter 2000 Seemeilen beträgt. Die Erhebung des Flusses über das Meeresniveau nehme ich bei Timbuktu zu etwa 900 Fuss an.

Ich kehre von dieser Abschweifung über das überaus interessante anomale Steigen des Niger zu dem Tagebuche meines Aufenthaltes in Timbuktu zurück.

Es war am 4ten Januar, als sich das erste Boot von Kábara den Mauern der Stadt Timbuktu bis auf wenige hundert Schritte näherte und mir ein Verhältniss klar vor den Augen entwickelte, von dem ich bisher keine Ahnung gehabt hatte. Die unmittelbare Folge des auf diese Weise erleichterten Verkehres war ein grösserer Vorrath von Korn und somit das Fallen seines Preises; die Ssáa Negerhirse ward nun für 40 Muscheln verkauft und die Ssuníe (d. i. mehr als 200 Pfund Gewicht) für 3000 Muscheln (nach dortigem

---

*source of satisfaction to find that, owing to the rains up the country, the river began to rise about Saturday, March 22nd, since which time it had increased about two inches. A few drops of rain that fell this morning was all that we had at Iddah."*

Preiscourant = 1 Spanischen Thaler), — gewiss ein überaus billiger Preis. Ich als Fremder hatte etwas mehr zu zahlen, nämlich 3750 Muscheln.

Die wunderbare Erscheinung des ungewöhnlich hohen Wasserstandes liess mir keine Ruhe, und um meine lebhafte Neugierde zu befriedigen, nahm mich mein Beschützer am 9ten d. M. mit hinaus. Dies erforderte bei meinem gefährdeten Zustande stets einige Vorbereitungen. Wir wandten uns mitten auf der westlichen Seite zur Stadt hinaus, wo sich früher die „bāb el gibleh"*) befand, und nahmen unseren Weg zuerst zum nächsten Wasserarm, fanden aber hier keine Boote. Dann durchschnitten wir eine höchst dürre und steinige Fläche und erreichten einen zweiten Arm, wo acht oder zehn kleinere Boote lagen, zwar ohne Verdeck oder Kajüte, aber wegen der Nähe dieses Platzes an der Stadt — denn der innerste Winkel dieses Armes war nicht mehr als 6- bis 700 Schritt von der grossen Moschee, der Djíngerē-bēr, entfernt — immerhin einen interessanten Anblick darbietend. Alle Leute behaupteten, dass der Fluss bei Kábara jetzt seinen höchsten Stand erreicht habe, und versicherten selbst, dass er bereits am 7ten d. M. zu fallen angefangen hätte; aber dessenungeachtet ward es klar, dass die Wasser den ganzen Monat zu steigen fortfuhren und so die Sicherheit eines Theiles der Stadt in Gefahr setzten. Bei dieser Gelegenheit erfuhr ich denn auch, dass im Jahre 1640 eine grosse Überschwemmung einen ansehnlichen Theil der Stadt unter Wasser gesetzt und das mittlere und

---

*) Schabīni ist, wenn er angibt, dass die „bāb el gibleh" das Ostthor gewesen, in einem entschiedenen Irrthum begriffen; denn „gibleh" bedeutet bei diesen westlichen Arabischen oder Maurischen Stämmen „Westen". Osten heisst bei ihnen „assalá", — das Wort, welches wir bei Caillié fälschlich als Namen einer östlich von Timbuktu gelegenen Provinz gebraucht finden. — Den kleinen Flussarm, wo wir die Boote sahen, wird man auf dem im vorigen Bande gegebenen Plane von Timbuktu angedeutet finden; er ist mit Nummer 11 bezeichnet.

niedrigst gelegene Quartier Namens Bagíndi in einen See verwandelt habe; der Name dieses Quartiers wird, wie schon erwähnt, davon abgeleitet, dass der so gebildete Teich von Nilpferden belebt war\*).

Der Ausflug zum Überschwemmungsufer des Niger war vom höchsten Interesse, aber er kam mir theuer zu stehn. Denn da ich mich genöthigt sah, nicht allein selbst bewaffnet zu gehn, sondern auch noch einen bewaffneten Diener mitzunehmen, so erregte ich in hohem Grade die feindlichen Gefühle der Kaufleute von Morocco und ganz besonders die jenes stolzen Edelmannes ʿAbd eʾ Ssalām, der bei allen angesehenen Leuten der Stadt umherging und ihnen sagte, dass uns Europäern, die Engländer mitinbegriffen, in Morocco nicht erlaubt wäre, Waffen zu tragen. Dagegen führte ich aber an, dass wir, wenn wir in Morocco reisten, bewaffnete Reiter als Eskorte erhielten, wogegen wir uns in diesem Lande selbst zu schützen hätten. Als nun diese Sache beseitigt war, verbreitete ʿAbd eʾ Ssalām wieder das Gerücht, dass ein gut mit Waffen versehenes Fahrzeug den Fluss bis Gōgō hinaufgekommen sei, und dies abgeschmackte Gerücht war von so starken Gründen unterstützt, dass mein eigener Diener ʿAli el Aʾgeren von dessen Wahrheit überzeugt war und es für unbegreiflich hielt, als ich den Versuch machte, die Absurdität desselben zu beweisen.

Ungeachtet seiner im Grunde überaus feindlichen Gesinnung hielt es ʿAbd eʾ Ssalām doch für gerathen, am nächsten Tage seinen Freund Múlāi el Méhedī abzusenden, um sich wegen der Ausdrücke zu entschuldigen, welche er wenige Tage zuvor in Bezug auf mich gebraucht hatte. Múlāi el Méhedī war ein Mann, mit dem ich besonders gern ein freundschaftliches Verhältniss bewahrt hätte; denn er war

---

\*) Das Nilpferd heisst „banga", aber der *g*-Laut in „Bagíndi" mag möglicherweise ein Nasenlaut sein.

ein verständiger Mensch und besass selbst einige astronomische Kenntnisse. So war ich in der That höchst erstaunt, als er eines Tages im Verlauf eines Gesprächs über die Lage von Timbuktu ohne Weiteres mit der Angabe hervortrat, dass die Stadt etwa unter dem 18ten Grade nördlicher Breite gelegen sei, — ohne dass ich ihm irgend eine Andeutung darüber gegeben hatte.

Diese ganze Zeit über war die gesammte umliegende Landschaft in einem höchst unruhigen Zustande, und zwar in Folge mehrerer Kriegsunternehmungen oder vielmehr Raubzüge, welche eben im Gange waren, besonders von Seiten des unruhigen Stammes der Uëlād 'Alūsch. Diese Raubzügler hatten vor Kurzem den Uëlād Mebārek 600 Kameele abgenommen und jetzt ihren Einfällen eine andere Richtung gegeben. Das ganze Land war, so zu sagen, in eine Kriegsflamme eingehüllt.

Am 12ten Januar machten wir uns wiederum auf den Weg zu den Zelten. Sie waren jetzt an einer anderen Stelle Namens Ingómaren aufgeschlagen, in einer Entfernung von ungefähr 6 Meilen von der Stadt, in östlicher Richtung (mit etwas südlicher Abweichung), aber diesmal war unser Aufenthalt im Lager in mehreren Beziehungen für mich keineswegs ein glücklicher. Am 13ten fühlte ich mich leidlich wohl und hatte mit meinem Beschützer eine lebhafte Unterhaltung über meine herannahende Abreise und darauf sandte er mir mehrere Geschenke, u. A. ein „ssarámmu", wie es die Sonrhay, oder „e' bēni erréga", wie es die Arabischen Mischlinge dieser Umgegend nennen (d. i. eine ziemlich dicke Überlage von gewürfeltem Zeuge in dunkelblauer, rother und weisser Farbe für den oberen Theil des Zeltes), und mehrere Lederkissen. So schien Alles einen trefflichen Fortgang zu nehmen, als ich am Nachmittag des 14ten Januar plötzlich von einem so ungewöhnlich und überaus heftigen, von kaltem Schauern begleiteten Fieberanfall ergriffen wurde, dass mein freundlicher Wirth fürchtete, ich möchte vergiftet sein. Und wirklich hatte ich kurz zuvor etwas saure Milch getrunken, die mir ein Berbūschi gebracht hatte, d. h. ein Mann, der, obgleich eng mit der Familie des Scheichs verbunden, doch ursprünglich dem Stamme der Berabīsch angehörte, deren Häuptling den Major Laing ermordet hatte.

Nun hatte ich selbst zwar keinen Argwohn, dass die Milch, welche ich zu mir genommen, irgendwie zu meinem plötzlichen Unwohlsein beigetragen haben könnte, aber da jener Mann persönliche Erbitterung gegen mich nährte und mit einem Geschenk, das ich ihm als Entgelt für seine kleine Gabe gemacht, unzufrieden zu sein schien, ward ich etwas gereizt und befahl ihm in barschem Tone, sich zu entfernen. Dies verursachte denn eine recht unerfreuliche Scene; unter den obwaltenden Umständen machten nämlich alle Leute, mit Einschluss meiner eigenen Diener und selbst meiner besten Freunde unter den Anhängern des Scheichs, ihren Gefühlen gegen mich als Christen Luft, ohne meiner geschwächten Gesundheit irgend Rechnung zu tragen.

Aber der Scheich selbst änderte seine freundliche Gesinnung gegen mich nicht einen Augenblick, sondern sandte mir wiederholt Thee und sah mehrmals nach, wie ich mich befände. Glücklicherweise stellte eine ruhige Nacht meine Gesundheit wieder her und am folgenden Morgen kamen meine Freunde, Einer nach dem Anderen, zu mir, um mich wegen ihrer Vernachlässigung um Verzeihung zu bitten. So kehrte denn Alles in das frühere Geleise zurück, und wir sprachen wieder über die Vorbereitungen zu meiner Abreise; aber die Aussicht, diese anarchische Landschaft bald zu verlassen, ward schnell wieder getrübt. Gerade in diesem Augenblicke brachte nämlich ein Bote die Nachricht von der Ankunft eines sehr intimen Freundes des Scheichs, Namens Mohammed ben ʿAbd-Allāhi el Fútáui, der gekommen sei, um einige Zeit beim Scheich zu verweilen und sich wo möglich von mir von einer ernsthaften Krankheit heilen zu lassen.

[*Sonntag, 15ten Januar.*] Dies war einer jener Regentage, welche gegen Ende des Januar und zu Anfang Februar in dieser Flusslandschaft nicht ungewöhnlich sein sollen. In anderen Gegenden des tropischen Afrika habe ich eine ähnliche Erscheinung nicht bemerkt. Selbst die Regenmenge, welche hier fiel, war sehr gering, da der Himmel, welcher am Morgen bewölkt gewesen war, sich gegen Mittag aufklärte, und obgleich sich der Himmel am Nachmittag abermals überzog — es donnerte auch in der Ferne und wetterleuchtete gegen Abend —, fielen doch erst im Laufe der Nacht nur wenige Tropfen.

Am 16ten kehrten wir in die Stadt zurück, und hier sollte ich nun einen Mann von einem Übel heilen, über das ich keine Gewalt hatte. Der Charakter und die Stellung dieser Person, des vorhin erwähnten Mohammed ben 'Abd-Allāhi, würden es zu einem Umstande von der höchsten Bedeutung gemacht haben, wenn ich im Stande gewesen wäre, die Heilung zu vollziehen. Mohammed ben 'Abd-Allāhi war ein angesehener Pullo-Häuptling und ich bewunderte den edlen Ausdruck seiner Züge, über welche die chronische Krankheit, an der er litt, eine melancholische Betrübniss verbreitete. Er war ein in seiner Art gelehrter und in religiösen Büchern wohlbelesener Mann, aber leider fand ich, dass ihm das fehlte, woran mir am meisten gelegen war, nämlich historische Kenntniss des früheren Zustandes dieser Länder. Überhaupt musste mir seine Dazwischenkunft höchst unangenehm sein; denn seine Ankunft liess meinen Beschützer alle Gedanken an meine unmittelbare Abreise vergessen.

Mit Ausnahme dieses Umstandes ereignete sich während mehrerer Tage nichts von Bedeutung und alle Welt beschränkte sich darauf, mich zur Geduld zu ermahnen. Da nun aber meine Abreise wiederum aufgeschoben wurde, machte man auch neue Versuche, mich zu bekehren; selbst meine Freunde thaten dies, da sie es in ihrer grossen Liebe zu mir nicht ertragen konnten, zu sehn, wie ich einem Glauben anhing, den sie für irrthümlich hielten. Aber ich widerstand allen ihren Angriffen und nahm mir zu Zeiten selbst die Freiheit, einige ihrer eigenen abergläubischen Begriffe lächerlich zu machen, wiewohl ich weit davon entfernt war, die Hauptgrundsätze ihrer Lehre zu bespötteln; da sie aber bei ihren Streitgründen stets auf ihren Glauben an Hexerei und Dämonen zurückkamen, erklärte ich eines Tages, dass wir Christen die gesammte Dämonenwelt zu unseren Leibeigenen gemacht hätten, indem ich mich zur Bezeichnung des letzteren Begriffs des Ausdruckes „chóddemān" bediente, der die unterworfenen Stämme der Maurischen Tribus der Wüste bezeichnet. So stellte ich ihnen denn nun dar, als wenn die Europäer einen Sieg über die Dämonen davongetragen hätten, indem sie in Ballons in die höheren Luftregionen hinaufgestiegen wären und von dort mit Büchsen auf sie herabgeschossen hätten. Die Vorstellung, dass die Christen die dämonischen Mächte ihrem Willen unterworfen hätten, tritt dem Mosslīm nur zu leicht vor die Seele, da er es nicht begreifen kann, wie die Christen sonst im Stande wären, alle die schönen Dinge zu verfertigen, welche aus ihren Händen hervorgehen.

Mittlerweile war ich froh, meine Verhältnisse mit meinem früheren Begleiter, dem Walāter, abbrechen zu können, der vor Kurzem von A'ribínda zurückgekehrt war und nun kam, um sich eine bestimmte Antwort zu holen, ob er mich auf meiner Heimreise begleiten solle oder nicht. Ich erklärte ihm offen und frei, dass er nach all' dem Vorgefallenen nicht länger mein Gefährte sein könnte, behandelte ihn aber dabei mit mehr Grossmuth, als er es verdiente. Zugleich hielt ich es für klug, meinem Hauptdiener, dem 'Ali el A'geren, einige Zugeständnisse zu machen, wiewohl er sich, seitdem er meine gefährliche Lage völlig durchschaut, ganz und gar von mir getrennt und mich meinem Schicksal überlassen hatte, — und doch beanspruchte ich von ihm durchaus keine Dienste, obgleich sein monatlicher Lohn von 9 Thalern ununterbrochen fortlief, da ich keine Mittel hatte, ihn auszuzahlen. Der gänzlichen Ebbe meiner Kasse halber war ich froh, von einem freundlichen Ghadāmsi-Kaufmann Namens Mohammed ben 'Ali ben Tāleb ein Anlehen von etwa 50,000 Muscheln zu erhalten, die zum damaligen Kurs (3800 Muscheln auf den Mithkāl) $13\frac{1}{2}$ Mithkāl entsprachen, und ich sah mich später gezwungen, eine zweite kleine Summe aufzunehmen, so dass das Ganze eine Summe von 25 Mithkāl ausmachte. Die Kaufleute, denen ich empfohlen war, versagten mir jedes Anlehen.

An dieser Stelle will ich, ehe ich in der tagebuchartigen Aufzeichnung meiner Erlebnisse in Timbuktu fortfahre, eine kurze Skizze der Handelsverhältnisse dieser Stadt geben. Allerdings kann dieser leichte Entwurf nicht den geringsten Anspruch auf Vollständigkeit machen, da ich keinen so freien Verkehr mit den Eingeborenen eröffnen konnte, wie es nöthig gewesen wäre, um mich in den Stand zu setzen, eine hinreichende Anzahl von Thatsachen in einer graphischen Übersicht des kommerziellen Lebens der Stadt zusammenzufassen. Die Leute, mit denen ich hier hauptsächlich verkehrte, konnten mir nur wenig oder gar keine Belehrung über diesen Gegenstand geben, und in dieser Beziehung war meine Lage in Kanō eine ganz andere gewesen, indem sie es mir möglich gemacht hatte, mit fast allen Verhältnissen des kommerziellen Lebens bekannt zu werden.

Der Hauptzug, welcher den Markt Timbuktu's von demjenigen Kanō's unterscheidet, ist der Umstand, dass Timbuktu keineswegs ein producirender Platz ist, während das Haussa-Emporium vollkommen verdient, als solches betrachtet zu werden. Fast das ganze Leben der Stadt ist auf fremden Handel basirt, der in Folge der grossen nördlichen

18  I. Kapitel.

Biegung des Flusses hier den günstigsten Punkt zum Verkehre findet, während zugleich der herrliche Strom die Anwohner in den Stand setzt, sich mit allen ihren Bedürfnissen von aussen zu versehen. Denn einheimisches Korn wird hier nicht in gehöriger Menge gebaut, um auch nur einen kleinen Theil der Bevölkerung zu versorgen, und fast alle Lebensmittel werden zu Wasser von Ssan-ssándi und der Nachbarschaft eingeführt.

Die einzigen Gewerke, welche in der Stadt blühen — so weit ich zu beobachten Gelegenheit hatte —, beschränken sich auf das Handwerk des Grobschmiedes und auf etwas Lederarbeit. Einige dieser Artikel, wie Vorrathsschläuche oder Gepäckschläuche, runde Lederkissen, kleine Ledertaschen (die be-

rühmten „biūt" [Singular „bēt"]) für Tabak und Feuerzeug, sowie Flintenfutteräle sind, wie die beifolgenden Holzschnitte zeigen, von niedlicher Arbeit, besonders die Schläuche; aber selbst diese sind meist Erzeugnisse von Tuáreg, und zwar hauptsächlich von Frauen. Von einer Industrie Timbuktu's kann man also kaum reden.

Man nahm früher allgemein an, dass sich Timbuktu durch seine Weberei auszeichne, und dass die Ausfuhr gefärbter Hemden von hier aus bedeutend sei. Allerdings mag in früherer Zeit dieser Industriezweig hier in gewisser Weise geblüht haben\*), da die Kunst vom oberen Niger am Flusse herab gekommen zu sein scheint; aber ich habe schon Gelegenheit gehabt, zu zeigen, dass dies in Bezug auf die jetzigen Verhältnisse ganz und gar auf einem Irrthume beruht, indem fast alle Kleidung der Eingeborenen selbst, besonders aber die der wohlhabenderen Klassen, entweder aus Kanō\*\*) oder Ssan-ssándi eingeführt wird, abgesehen von dem aus England eingeführten Kaliko. Die Ausfuhr der Baumwollenzeuge von Kanō, besonders über A'rauān, erstreckt sich bis an das Gestade des Atlantischen Oceans, wo sie mit der ansehnlichen Einfuhr von Malabar-Stoffen (über St. Louis oder Ndér am Senegal) in Berührung kommen; die gefärbten Hemden von Ssan-ssándi dagegen, welche, so weit ich Gelegenheit hatte, zu beobachten, aus Englischem oder sonstigem fremden Kaliko, aber nicht aus einheimischer Baumwolle gemacht zu sein scheinen, werden allem Anscheine nach nicht in grössere Entfernung ausgeführt. Diese Hemden von Ssan-ssándi sind im Allgemeinen durch ihren reichen Schmuck an Stickerei in gefärbter, besonders grüner Seide ausgezeichnet und haben ein recht hübsches Aussehen; es thut mir nur leid, dass ich mich gezwungen sah, eine Probe davon, die ich mit nach Hause zu nehmen beabsichtigte, als Geschenk wegzugeben. Auch die Einwohner Timbuktu's sind sehr geschickt in der Kunst, ihre Kleidung mit

---

\*) Leo spricht noch von „*botteghe di tessitori di tele di bambagio*" in Timbuktu (lib. VII, cap. 5).

\*\*) Lord Fitzclarence erhielt schon in Folge der Mittheilungen eines aufgeweckten Wallfahrers auf seiner Heimreise über das Rothe Meer eine Andeutung dieses eigenthümlichen Thatbestandes (*Journey from India overland*, p. 423).

Seidenstickerei zu schmücken, aber es geschieht nur in sehr geringer Ausdehnung, und selbst die so durchwirkten Hemden werden nur zu eigenem Gebrauche aufbewahrt. Man darf jedoch nicht übersehen, dass die Bewohner einiger der benachbarten Landschaften, besonders Fermāgha's, eine ganz bedeutende Betriebsamkeit ausüben und sehr vortreffliche wollene Decken und Teppiche von verschiedenen Farben erzeugen, die einen sehr ausgedehnten Verbrauchsartikel bei den Eingeborenen bilden.

Der auswärtige Handel hat vornehmlich drei grosse Strassen: erstens den Handelsweg am Flusse entlang von Südwesten her (denn weiter abwärts am Flusse gibt es heutzutage kaum irgend welchen Handel), der die von verschiedenen Punkten ausgehenden Radien zusammenfasst, und zwei Strassen von Norden her, diejenige von Morocco auf der einen Seite und die von Ghadāmes auf der anderen. In diesem gesammten Handel bildet Gold den Hauptartikel, wiewohl der Gesammtbetrag des von Timbuktu ausgeführten edlen Metalles dem Anscheine nach, wenn nach Europäischem Maassstabe gemessen, nur gering ist. Wahrscheinlich übersteigt er im Durchschnitt nicht 150- bis 200,000 Preussische Thaler\*), wenigstens zur Zeit meiner Reise, wo allerdings alle diese Länder gerade in sehr gedrücktem Zustande waren. Das Gold wird entweder von Bambūk oder von Būre gebracht, aber von ersterem Platze in grösserer Menge. Das Gold aus dem Lande der Wangaráua erreicht den Markt von Timbuktu nicht, sondern wird jetzt allem Anscheine nach zum grössten Theile direkt nach jener Gegend der südlichen Küste ausgeführt, welche aus diesem Grunde die Goldküste genannt wird; in früheren Zeiten nahm es

---

\*) Herr Gråberg de Hemsö schätzt die Ausfuhr von Morocco-Erzeugnissen nach dem Sudan auf 1 Million Dollars und die Einfuhr aus dem Sudan nach Morocco auf 3— 4 Millionen *(Specchio di Morocco* etc. p. 146).

seinen Weg über Mango nach Gōgō und auch jetzt noch geht ein kleiner Theil nach Kanō. Das Gold von Bambūk ist von gelberer Farbe, das von Būre etwas weisslich und das von Wángara hat eine grünliche Farbe.

Der grösste Theil dieses Goldes wird, wie ich glaube, in Ringen in die Stadt gebracht. Ich erinnere mich nicht, während meines Aufenthaltes in Timbuktu Goldstaub — „tibber" — gesehn oder auch nur davon gehört zu haben; dennoch beschreiben Andere, z. B. Schabīni, wie es in kleinen ledernen Beutelchen zum Gewichte von 1 Unze (dem Werthe von 25 Dollars entsprechend) hierher zu Markt gebracht werde. Aber immerhin muss eine ansehnliche Menge dieses Artikels auf den Markt kommen, da der grössere Theil des Goldstaubes, der nach Ghadāmes und Tripoli gebracht wird, durch Timbuktu passirt, während ein anderer Theil allerdings seinen Weg direkt von Ssan-ssándi nach A'rauān nimmt\*).

Es war augenscheinlich eine Folge des Einflusses der Araber, dass das Gewicht des Mithkāl\*\*) beim Goldhandel eingeführt wurde; aber dies ist ein sehr allgemeiner Ausdruck, der eine gar verschiedene Menge bezeichnen kann, und so finden wir denn im Sudan verschiedene Arten von Mithkāl in Gebrauch, besonders diejenigen von Agades, Timbuktu und Mango (dem Mandingo-Wohnorte zwischen Yéndi und dem Niger). Von diesen ist der Mithkāl von Agades der kleinste; er

---

\*) M. Testa in seiner *Notice statistique et commerciale sur la Régence de Tripoli* (1856) schätzt die Einfuhr von Goldstaub nach Tripoli auf einen Werth von 240,000 Francs.

\*\*) Verschiedene Autoren und unter ihnen M. Prax (*Commerce de l'Algérie*, 1849, p. 13) behaupten, dass das Wort „mithkāl" eine Verderbung des Wortes „medical" sei, — eines Ausdruckes, der gebraucht wird, um das zu medicinischen Zwecken benutzte kleine Gewicht zu bezeichnen; aber darüber bin ich nicht im Stande zu entscheiden. Ich hatte mir stets vorgestellt, dass es ein Arabischer Ausdruck sei, vom Stamme ثقل herrührend.

entspricht, wie ich zu seiner Zeit angegeben habe, der Summe von 1000 Muscheln im Haussa-Fusse, wiewohl der Mithkāl bei dem gegenwärtigen verfallenen Zustande der Stadt Agades, wo aller Goldhandel abgebrochen ist, eigentlich nur einen eingebildeten Werth besitzt. Der Mithkāl von Timbuktu enthält das Gewicht von 24 Körnern des Charūbenbaumes oder von 96 Waizenkörnern und entspricht dem Werthe von 3- bis 4000 Muscheln\*). Derjenige von Mango ist gleich 1¼ Mithkāl von Timbuktu. Was die aus Gold verfertigten Artikel betrifft, so werden in Timbuktu ausser Ringen sehr hübsche Schmucksachen verfertigt\*\*); aber so viel ich erfahren konnte, kommt doch der grössere Theil dieser Arbeiten aus Walāta, das aus diesem Grunde noch immer berühmt ist.

Der nächste Artikel, welcher einen der hauptsächlichsten Handelsgegenstände in Timbuktu abgibt, ist Salz, und dieses bildete zugleich mit Gold seit den ältesten Zeiten längs des ganzen Niger-Laufes den Hauptgegenstand des Austausches\*\*\*). Dieses Salz wird heutzutage von Taödénni gebracht, einem Orte, dessen Lage nach Caillié's Reise mit ziemlicher Sicherheit angesetzt werden kann †) und dessen Minen, wie wir

---

\*) M. Prax (s. S. 12 seines kleinen, in der vorhergehenden Note erwähnten Schriftchens) irrt ganz und gar, wenn er voraussetzt, dass der Mithkāl von Timbuktu ½ „duro" (= 1 Spanischen Thaler oder 2 Francs 60 Centimes) entspreche. Der niedrigste Preis ist gerade das Doppelte.

\*\*) In dem oben erwähnten Werke von Fitzclarence sind einige interessante Artikel aus Gold dargestellt.

\*\*\*) Siehe El Bekrī, ed. de Slane, p. 174: يبدل الملح فيها بالذهب. An einer anderen Stelle (p. 183) beschreibt El Bekrī den Handel von Gōgō mit den Worten: وتجارة أهل بلد كوكوا بالملح وهو نقدهم — „der Handel von Gōgō besteht in Salz, und Salz ist ihr Preiskurant" —.

†) Siehe Caillié's Reise (Engl. Ausgabe), Th. II, S. 119, und über Teghása oder, wie er schreibt, Trasas oder Trarzas s. S. 128.

von Ahméd Bābā wissen, seit dem Jahre 1596 bearbeitet worden sind, wo die früheren Minen von Teghása, die einige 70 Meilen weiter nördlich lagen, aufgegeben wurden. Diese Salzgruben von Teghása waren allem Anscheine nach seit sehr alten Zeiten bebaut worden, wenigstens schon vor dem 11ten Jahrhundert, und ich hege kaum Zweifel, dass die Salzgruben von Tátentāl*), die El Bekrī als 20 Tagereisen von Ssidjilméssa und deren 2 als am Anfange der nackten Wüste gelegen beschreibt, mit denjenigen von Teghása identisch waren, oder wenigstens ganz in ihrer Nähe lagen. Schon damals wurde sowohl Ssidjilméssa als Ghánata von dieser Gegend aus mit Salz versehen, während dagegen der östliche und ursprüngliche Theil von Sonrhay in jener frühen Zeit aus den Gruben von Taútek versorgt wurde, die 6 Tagereisen von Tademékka **) lagen. Die letzteren müssen aber zur Zeit der Eroberung Sonrhay's durch die Moroccaner entweder erschöpft gewesen oder unzugänglich geworden sein.

Das Salz in Taödénni, welches einen höchst ausgedehnten Landstrich in der Landschaft El Djōf bedeckt, besteht aus fünf Schichten — „ūdje"—; die oberste dieser Schichten heisst „el-Uára", die zweite „el-Bentī", die dritte „el-Hammamīe", die vierte „el-Káhela", d. i. „die schwarze", und die unterste, welche im Wasser liegt, „el-Kámera" oder „el-Bēdha". Die drei oberen Schichten haben allem Anscheine nach nur wenig Werth; die gesuchteste ist die vierte Schicht, „el-Káhela", deren Farbe in der Wirklichkeit eigentlich nicht schwarz ist, sondern aus einer sehr hübschen Mischung von Schwarz und Weiss besteht, die dem Marmor überaus ähnlich sieht. Der Boden, welcher das Salz enthält, wird vom Káīd (d. i. Amtmann) — der Name des jetzigen ist Sēn —,

---

\*) El Bekrī, p. 171.

\*\*) El Bekrī, ebendaselbst. Zur Zeit Ébn Haukāl's (960 d. H.) ward das Salz von Aúlīl nach Aúdaghost gebracht.

der hier seinen Sitz hat, in kleinen Strecken an die Salzkaufleute zum Graben überlassen, und er erhebt von jeder Grube den Fünften — „chomüss" —, während das Übrige den Kaufleuten als Eigenthum zufällt.

Die grössten Salzstücke, welche hier ausgegraben werden, haben 3 Fuss 5 Zoll in der Länge, 13 Zoll in der Höhe und $2\frac{1}{3}$ Zoll in der Dicke; sie sind aber von sehr ungleicher Grösse und ihr Gewicht wechselt zwischen 50 und 65 Pfund; dies ist jedoch nur die Hälfte einer Schicht, indem der der Schicht entnommene Salzstein der Dicke nach in zwei Hälften zersägt wird. Der Preis dieser Salzstücke — „rūss" (im Singular „rāss") — wechselt natürlich je nach den Zeiten, aber, so weit ich zu beobachten Gelegenheit hatte, erreicht er im Allgemeinen nie eine so ungeheuere Höhe, wie sie von verschiedenen Schriftstellern, wie Leo, Jackson und selbst General Daumas, angegeben worden ist; letztere muss eine seltene Ausnahme sein. Der niedrigste Preis eines Steines mittlerer Grösse ist 3000 Muscheln (1 Spanischen Thaler entsprechend) und das Höchste, was während meiner Anwesenheit in der Stadt dafür bezahlt wurde, war 6000 Muscheln. Der Preis steigt nämlich stets gegen Frühjahr, wo in Folge der zahllosen Menge von Blutfliegen, welche die Stadt sowohl wie die Umgebung des Flusses heimsuchen, die Salzkarawanen selten werden. Natürlich kann es auch nicht fehlen, dass dann, wenn diese grosse Handelsstrasse in Folge von Fehden zwischen den verschiedenen Stämmen für eine längere Periode verschlossen ist, der Preis auf einige Zeit viel höher steigen mag, aber solche Fälle sind Ausnahmen. Ich habe jedoch hinzuzufügen, dass der zu meiner Zeit gültige Preis nicht als Durchschnittspreis gelten kann, da der daniederliegende Handel den Preis des Salzes etwas herabdrücken musste; man muss also eine etwas höhere Summe als Durchschnittspreis annehmen.

Der Salzhandel in grösserem Maassstabe, so weit er Timbuktu betrifft, wird vermittelst der Túrkedī betrieben (d. i. des in Kanō verfertigten Baumwollenzeuges für Frauenkleidung). Die Kaufleute von Ghadāmes tauschen auf dem Markte von A'rauān 6 Túrkedī oder, wie sie hier genannt werden, „mélhafa" gegen 9 Salzsteine — „hadjra" oder „rūss" — ein, unter der Bedingung, dass die Araber das Salz selbst auf den Markt bringen, oder dieselbe Anzahl Túrkedī's gegen 12 „rūss", wenn die Kaufleute die Fracht der Waare von Taödénni nach A'rauān selbst übernehmen. Wenn dann diese Leute das so erhandelte Salz selbst nach Timbuktu schaffen, verkaufen sie dort 8 Salzsteine für 6 Mithkāl Gold; wenn sie aber das Salz nach Ssan-ssándi bringen, erhalten sie für jeden Stein 2 Mithkāl.

Indessen sind die Unkosten dieser Reise den Fluss aufwärts sehr gross, da die Kaufleute gezwungen sind, ihre Waare an den Inseln Djafarābe, der Grenze zwischen den Reichen Hamd-Allāhi und Bámbara, auszuladen, von wo sie dann auf Eseln nach Ssan-ssándi geschafft wird; ausserdem erheben noch die Fulbe den Zehnten — „áschūr" —, so dass sich die Unkosten auf 33 Prozent des ganzen Werthes der Waare belaufen. So sind denn von je 6 Salzstücken, die nach Ssanssándi geschafft werden, 2 erforderlich, um die Unkosten des Transportes zu decken. Wenn wir nun den ganzen Gang dieses eigenthümlichen Tauschhandels betrachten, finden wir, dass jede in Kanō für ungefähr 1800 Muscheln gekaufte Túrkedī bei ihrem Verkaufe in Ssan-ssándi 2 Mithkāl Gold und in Timbuktu 1 — $1\frac{1}{8}$ Mithkāl einbringt. Dies ist, wenn wir den Goldwerth in Ghadāmes und Tripoli in Anschlag bringen, gewiss ein ansehnlicher Gewinn, aber der Weg, den diese Waare nimmt — von Kanō nach Rhāt und selbst Ghadāmes, von dort nach Tauāt und endlich von hier nach Timbuktu — ist ein ungeheurer Umweg, macht grosse Unkosten und erfordert die Mitwirkung mehrerer Personen, indem kein einzelner Kaufmann den gesammten Handel übernimmt. Und doch ist dies in jetziger Zeit der einzige mögliche Weg; denn derjenige, welchen ich nahm, ist durch seine ausserordentliche Gefährlichkeit und die grossen Geschenke, welche die vielen, auf diesem weiten Länderstriche angesessenen Häuptlinge in Anspruch nehmen würden, für Kaufleute unpassirbar.

Ich habe schon zu seiner Zeit bemerkt, dass Libtāko oder vielmehr Dōre den Hauptmarktplatz für das Salz bildet, um die südöstlich von Timbuktu gelegenen Provinzen damit zu versorgen. Es wird auf direktem Wege (über Tósaiē oder Gōgō) nach Dōre gebracht, ohne Timbuktu zu berühren; dagegen ist für die südwestlichen Gegenden Ssan-ssándi die grosse Niederlage für diesen Handel. Der Salzhandel ist, wie ich schon bei früherer Gelegenheit erwähnt habe, in diesem westlichen Theile des Sudans von überaus altem Datum; denn ursprünglich hatten die einheimischen schwarzen Völkerschaften dies Bedürfniss wohl nicht. Dann aber ward Salz in diesen Ländern, wo es fast ganz und gar mangelt, unendlich kostbar und dies um so mehr, je schwerer sein Gewicht; aber Timbuktu ist erst seit dem Verfalle Walāta's zum Mittelpunkte des Salzhandels geworden.

Die Gūro- oder Kōlanuss, welche im Lande der Schwarzen einen der grössten Luxusartikel bildet, ist auch ein höchst wichtiger Handelsartikel. Im Besitze dieser Nuss fühlen die Eingeborenen den Mangel des Kaffee's nicht, den sie doch so leicht in weiter Ausdehnung anbauen könnten; denn die Kaffeepflanze scheint in vielen Gegenden des Sudans einheimisch zu sein. Die Gūronuss, welche auf den Markt von Timbuktu kommt, wird aus den Provinzen von Tangrēra, der von Caillié auf seiner Reise von Sierra Leone nach Morocco durch das Mandingo-Land berührten Stadt, und von Teutē und Kāni (im Süden Timē's) eingeführt; diejenige dagegen, welche auf den Markt von Kanō gelangt, kommt aus der nördlichen Provinz Assánti's. Die Bäume, welche diese verschiedenen Arten von Kōlanüssen liefern, gehören nicht einer und derselben Species an, sondern unterscheiden sich als *Sterculia acuminata* (der Baum, welcher die rothe Kōlanuss erzeugt) und *Sterculia macrocarpa* (von der die weisse, grössere Kōlanuss stammt). Die Verschiedenheit dieser Bäume bezieht sich allem Anscheine nach ganz allein auf den Samen, indem die Frucht der letzteren Art gemeiniglich von ansehnlicherer Grösse ist, während sowohl Blüthe als Blatt von beiden sich einander gleichen.

Aber es gibt im Charakter dieser beiden Arten der Kōlanuss sehr viel Mannichfaltigkeit. So unterscheidet man in Kanō vier besondere Arten, je nach der Grösse der Frucht: erstens die „gurīe", die grösste Frucht (sie misst oft 1½ und zuweilen fast 2 Zoll im Durchmesser und wird zu sehr hohem Preise verkauft), zweitens die „marssakātu", drittens die „ssāra-n-uāga" und viertens die „mēnu". Aber darauf beschränken sich die Unterschiede noch nicht, sondern man unterscheidet ferner drei Arten nach der Jahreszeit, wo die Frucht gelesen wird: zuerst die „djá-n-karāgu", die erste Gūronuss, welche gegen Ende des Februar eingesammelt wird, aber leicht verdirbt, ganz wie das unter den Datteln mit der „takdūf" der Fall ist; zweitens die „gammagāri", welche man in einer späteren Jahreszeit einsammelt, wenn der grössere Theil der Frucht reif ist (dieselbe bleibt etwa 3 oder 4 Monate auf dem Baume, indem sie von den Arabern als der „tássfirt" genannten Dattelart entsprechend angesehen wird); und endlich die „nāta", welche Sorte die übrigen Gūronüsse begreift, die zwar von geringerer Grösse, aber unverderblich sind.

Dies sind allerdings Verhältnisse, die sich eigentlich auf Kanō beziehen; aber in Timbuktu hatte ich keine Gelegenheit, so viele verschiedene Arten zu beobachten, sondern es wurden da, so viel ich gewahr wurde, nur drei Unterschiede gemacht, nämlich die „tinōro" oder „Tīno-ūro" („ūro" ist nämlich der entsprechende Sonrhay-Name und wahrscheinlich die ursprüngliche Form des Haussa-Namens „gūro", und „Tīno" oder „Tīna" ist der Name eines Bezirkes); dann die „ssīga" genannte Art, und drittens die „fāra-fāra".

Ich will hier noch einige Eigenthümlichkeiten in Bezug auf Sselga erwähnen, — die Landschaft, woher die Haussa-Handelsleute ihren Vorrath von Gūronüssen beziehen. Drei Umstände sind wesentlich zum Kōlahandel erforderlich: zuerst, dass die Mō-ssi-Leute ihre Esel bringen; zweitens, dass die Tonáua oder Eingeborenen Assánti's die Nuss in gehöriger Menge zu Markte schaffen, und drittens, dass der Zustand der Strassen ein solcher ist, dass die Haussa-Leute nicht verhindert werden, zu kommen. Im Falle, dass eine dieser Bedingungen fehlt, ist der Handel nicht blühend. Der Preis der Esel steigt mit der Billigkeit der Gūro, da, in je grösserer Menge die Nuss vorhanden ist, auch die Anzahl der zu ihrem Transport erforderlichen Esel um so grösser ist. Der Durchschnittspreis eines Esels auf dem Markte von Sselga ist 15,000 Muscheln, das Dreifache des gewöhnlichen Preises in Haussa. Aber dennoch bringen die einheimischen Händler — „fatāki" — nur gerade so viel Esel von Haussa mit, als zum Transport ihres Gepäckes nöthig ist; denn der Zoll — „fitto" —, den die kleinen Häuptlinge auf der Strasse von jedem Esel erheben, ist höchst bedeutend. Diese vielen Zölle drücken den binnenländischen Afrikanischen Handel ausserordentlich. Jede Eselsladung besteht aus 5- bis 6000 Kōlanüssen.

Sselga, der Marktplatz für diesen wichtigen Artikel, ist allem Anscheine nach eine höchst elende Stadt, wo selbst Wasser in nur sehr kärglicher Menge vorhanden ist und sehr theuer gekauft werden muss; die Handelsleute richten es daher stets so ein, dass ihr Aufenthalt in Sselga so kurz wie möglich ist. So warten sie die günstige Jahreszeit entweder in Yéndi ab, das in meiner Sammlung von

Itinerarien näher besprochen wird und etwa so gross wie Timbuktu ist, oder in Kulfēla, dem grossen Marktplatz von Mō-ssi, und diese Handelsleute sind zumal dann gezwungen zu warten, wenn sie am Anfange der Regenzeit ankommen, indem vor dem letzteren Theile derselben keine Kōlanüsse vorhanden sind. Der Preis einer Nuss schwankt in Timbuktu je nach ihrer Grösse und Güte und nach der Jahreszeit zwischen 10 und 100 Muscheln und sie bilden stets einen Luxusartikel, so dass sie an grossen Festtagen von den reichen Städtern sogar als Almosen unter die Leute vertheilt werden.

Das wollte ich hier bei Gelegenheit der drei wichtigsten Handelsartikel in Timbuktu beibringen — Gold, Salz und Kōlanüsse. Der Salzhandel begreift nämlich auch den Handel mit dem in Kanō producirten einheimischen Baumwollenstoff in sich, der das Tauschmittel für jenen Artikel bildet; darüber brauche ich jedoch nichts weiter hinzuzufügen, indem ich davon schon ausführlich bei der Beschreibung des Handels des grossen Haussa-Emporiums gesprochen habe. Aus den Túrkedí's nähen die Tuáreg und Mauren Hemden zusammen; ganze Toben werden nur von den Vornehmen getragen. Hier will ich nur hinzufügen, dass, da Kanō keine sehr alte industrielle Stadt ist, für dieses Bedürfniss in früherer Zeit von irgend einer anderen Seite aus gesorgt worden sein muss. Es ist wahrscheinlich, dass, so lange das Sonrhay-Reich blühte, eine solche Einfuhr nicht vonnöthen war, und wir sehen aus mehreren gelegentlich von El Bekrī\*) und anderen Arabischen Geographen gemachten

---

\*) El Bekrî, ed. de Slane, p. 173:

وتبايع اهل سلي بالذرة والملح وحلف انحا س
وازر لطاف من قطن يسمونها الشكبيات ـ الازر
المسماة بالشكبيات

Bemerkungen, dass die Weberei am oberen Niger, aber ganz besonders in der Stadt Ssilla, seit alter Zeit in grosser Blüthe stand. Es ist höchst interessant, aus diesen Angaben El Bekrî's zu sehn, dass selbst schon im 11$^{\text{ten}}$ Jahrhundert der Baumwollenstoff in dieser Gegend denselben Namen führte, den er heutzutage trägt, nämlich „schigge".

Der Preis der Artikel, die aus der Gegend des oberen Niger hierher zu Markte gebracht werden, besonders von Ssan-ssándi, ist einem grossen Schwanken ausgesetzt, da er von dem jedesmaligen Vorrathe abhängt. So waren während meines Hierseins Lebensmittel im Allgemeinen sehr billig, während dagegen Caillié[*]) über die hohen Preise zu seiner Zeit klagt. Dabei darf man jedoch nicht vergessen, dass dieser Französische Reisende aus eben jenen Gegenden am oberen Niger kam, von denen aus Timbuktu mit Lebensmitteln versorgt wird und wo dieselben natürlicherweise unendlich viel billiger sind, — während ich von Ländern herkam, welche in Folge des unsicheren Kriegszustandes, in den sie seit langer Zeit versenkt waren, von Theuerung und Hungersnoth ausserordentlich litten.

Die Hauptprodukte, welche auf den Markt von Timbuktu kommen, bestehen in Reis und Negerkorn; aber ich bin leider nicht im Stande, die Menge der Einfuhr anzugeben. Nebst diesen Artikeln ist vegetabilische Butter („mai-kadéña") eines der hauptsächlichsten Produkte; diese Butter, hier „bulánga" genannt, wird ausser ihrer Anwendung statt Brennöls in höchst ausgedehnter Weise, wenigstens bei der ärmeren Klasse der Einwohner, als ein Surrogat für animalische Butter zum Kochen benutzt. Daneben werden kleinere Artikel, wie Pfeffer, Ingwer, der in grosser Menge verbraucht wird, und viele andere Dinge eingeführt. Auch ein kleines Quantum Baumwolle wird zu Markte gebracht,

---

[*]) Caillié's Reise, Bd. II, S. 33.

aber, wie ich meine, nicht von Ssan-ssándi, sondern vielmehr von Djimbálla und einigen der benachbarten Provinzen; denn in der Nähe der Stadt wird keine Baumwolle angebaut und die Eingeborenen scheinen daheim nicht viel Weberei zu treiben, nicht einmal zu ihrem eigenen Bedarfe.

Zur Zeit meines Besuches der Stadt war der Karawanenhandel mit Morocco, der den bei weitem wichtigsten Theil des ganzen Handels bildet, durch die unter den längs jener Strasse angesiedelten Stämmen wüthenden Fehden fast ganz unterbrochen, besonders durch die Fehde, welche die Érgebāt und Tádjakánt, und dann wieder diejenige, welche die verschiedenen Abtheilungen der Tádjakánt unter einander führten. Dies war der Grund, wesshalb es in jenem Jahre durchaus keine grossen Karawanen gab, wie sie zu gewöhnlichen Zeiten im Anfang des November anzukommen und im Dezember oder Januar ihre Rückkehr anzutreten pflegen.

Diese Karawanen aus Norden werden von den Arabern oder Mauren dieser Gegend mit dem eigenthümlichen Namen „ákabār" (in der Pluralform „ákuabīr") bezeichnet. Den Ursprung dieser Benennung bin ich nicht im Stande gewesen zu erforschen, aber das Wort ist allem Anscheine nach zu jenen Mischlingswörtern zu zählen, wie sie hier bei dieser Mischlingsbevölkerung im Gebrauch sind und von denen die grössere Anzahl weder der rein Arabischen, noch der Berber-Sprache angehört. Der Ausdruck „ákabār" wird jedoch selbst in Morocco gebraucht, um eine sehr zahlreiche Karawane oder eine Ansammlung mehrerer kleinerer Karawanen zu bezeichnen; aber auch hier findet der Unterschied statt, dass in Timbuktu der Ausdruck „kafla" oder „kafala" gar nicht in Gebrauch, ja bei gewöhnlichen Leuten vom Stamme der Berabīsch oder Kunta ganz unbekannt ist, während „réfega" (Plural von „rafīk" oder „rafīg") der gewöhnliche Ausdruck ist.

In früheren Zeiten scheinen diese Karawanen, wenigstens

diejenigen von Morocco über Téfilélet und vom Wadi Dará durch das Gebiet der ʿAárīb zahlreich gewesen zu sein; aber so viel ist sicher, dass sie sich zu keiner Zeit auf eine solche Menge beliefen, wie in Jackson's Beschreibung Morocco's\*) und in mehreren anderen Werken angegeben worden ist.

Die kleinen Karawanen der Tádjakánt, welche während meines Aufenthaltes in der Stadt ankamen und deren zahlreichste nicht mehr als 70 oder 80 Kameele zählte, sind mehr eine Ausnahme von der Regel und können daher keinen Anhaltspunkt gewähren, um die mittlere jährliche Stärke dieser Karawanen zu bestimmen; aber ich bin überzeugt, dass sie nur sehr selten die Zahl von 1000 Kameelen erreicht. Die Folge dieses ausnahmsweisen Zustandes der Dinge war, dass zumal in der ersten Zeit meiner Anwesenheit dahier „die Waaren vom Norden" einen sehr hohen Preis hatten und Zucker überhaupt kaum zu bekommen war.

In Bezug auf Europäische Manufakturen ist die Strasse von Morocco noch immer die bedeutendste für gewisse Artikel, wie z. B. für rothes Tuch, Matratzen, Leibbinden, Spiegel, Messer, Tabak; Kaliko dagegen, gebleichter so gut wie ungebleichter, wird auch über Ghadāmes eingeführt, und zwar in neuerer Zeit in solcher Menge, dass dadurch die Handelsleute der Kaufherren von Morocco in hohem Grade rege geworden sind. Die Einwohner von Ghadāmes sind unzweifelhaft die Hauptvermittler, um dies einfache, aber wohlgefällige und billige Erzeugniss Englischer Industrie, dem die Deutschen leider nichts an die Seite zu setzen haben, über den ganzen nordwestlichen Theil des Afrikanischen Festlandes zu verbreiten. So halten denn auch in Timbuktu

---

\*) Jackson's *Account of Morocco*, p. 96. Hier gibt Jackson die mittlere Grösse einer solchen Karawane auf 10,000 Kameele an, und selbst der vorsichtigere Gräberg de Hemsö wiederholt diese Angabe in seinem *Specchio di Morocco*, p. 144 ff.: „cionqnostante (le caravane) conducono talvolta seco da 16 fino a 20 mila cammelli."

Mehrere der wohlhabenderen Ghadāmsi-Kaufherren besondere Geschäftsführer. Ich will hier eine Liste der angesehensten, in Timbuktu angesiedelten, fremden Kaufleute geben. Zuerst habe ich den einflussreichen und einflusssuchenden Tāleb Mohammed zu erwähnen; dann gleichfalls aus Morocco als die wohlhabendsten Kaufherren während der Zeit meines Aufenthaltes den Astronomen El Méhedi, den ehrgeizigen Edelmann Múlá 'Abd e' Ssalām und meinen gelegentlichen Freund aus Ssuēra; dann unter den Ghadāmsi-Kaufleuten Mohammed ben Tāleb, Ssnūssi ben Kiāri, Mohammed Lebbe-Lebbe, Hadj 'Ali ben Yóschua und Mohammed Uēlēd el Kādhi. Von den einheimischen Kaufleuten ist Būsu der bedeutendste, aber eben kein sehr nobler Herr.

Selbst auf diese ersten Timbuktuer Häuser dürfen wir keinen Europäischen Maassstab von Reichthum anwenden, und ich glaube ganz gewiss, dass das wirkliche Eigenthum keines derselben die Summe von 10,000 harten Thalern übersteigt; ja selbst das ist eine Ausnahme von der Regel. Kaum Einer der erwähnten Herren führt ein grosses Geschäft und die Meisten derselben sind weiter nichts als Agenten für andere, in Ghadāmes, Ssuēra oder Mogadōre, Merākesch oder Morocco und in Fāss oder Fez angesessene Handelsherren.

Der grössere Theil der Europäischen Waaren kommt über Ssuēra — wo mehrere Europäische Handelsherren angesiedelt sind —, zumal aber das gewöhnliche rothe Tuch, welches zusammen mit Kaliko einen der hauptsächlichsten Artikel Europäischen Handels bildet, welche hier zu Markte gebracht werden. Aller Kaliko, den ich sah, trug den Namen eines und desselben Manchester Handlungshauses, der mit Arabischen Buchstaben darauf gedruckt war. Aber ich bin ganz ausser Stande, in Bezug auf diesen oder sonst irgend einen Artikel eine Schätzung der hier jährlich zu Markt gebrachten Menge zu machen. Alle Messerschmiedwaaren in Timbuktu sind Englischen Fabrikates; selbst die so weit in's Innere gehenden Steirischen Rasirmesser sucht man hier vergebens. Thee bildet bei den innerhalb und in der Nachbarschaft der Stadt angesiedelten Arabern einen stehenden Verbrauchsartikel; dieselben schätzen eine Tasse Thee sehr hoch und haben wo möglich ein vollkommenes Theegeschirr, während Thee mit seinem nothwendigen Zubehör, dem Zucker, für die Eingeborenen ein zu theurer Luxus ist; sie ziehen daher ihren „dakno" oder selbst den berüchtigten „býrgu"-Honigtrank vor.

Ein Zug, welcher den Markt von Timbuktu von demjenigen Kanō's durchaus unterscheidet, ist die fast gänzliche Abwesenheit jener abscheulichen Art Seide oder vielmehr Ausschusses („tuāni" oder „kundra"), welche den Hauptverkaufsartikel in Kanō bildet. Auch einige Artikel der zerbrechlichen Nürnberger Waaren fehlen gänzlich auf diesem Markte, wie zum Beispiel die kleinen, runden, „lemmā" genannten Spiegel, welche vor Kurzem in Kanō noch fast allgemein in Umlauf waren. So übertrifft denn der Markt von Timbuktu, obgleich keineswegs so reich an Menge, seinen Nebenbuhler, den Markt von Kanō, in der Güte seiner Waaren. Auch Bernuse (Arabische Mäntel mit Kappe) scheinen hier in ansehnlicher Menge verkauft zu werden, obwohl sie natürlicherweise für den grösseren Theil der Beamten an den Höfen der kleinen Landesfürsten dieser Gegenden im jetzigen heruntergekommenen politischen Zustande eine zu kostbare Kleidung abgeben würden; jedenfalls sieht man dies stattliche Gewand hier viel seltener, als in den östlichen Gegenden des Landes der Schwarzen. Die Mäntel werden von Arabern und Mauren im Norden verfertigt, aber das Tuch dazu ist Europäisches Erzeugniss. Bedeutender jedoch, als die Einfuhr dieser Artikel, ist diejenige des Kaliko, und er wird von hier in's Land aufwärts bis nach Ssan-ssándi verführt, wo dann diese auf der nördlichen Wüstenstrasse eingeführte Waare mit demselben Artikel in Berührung kommt, welcher von der westlichen und südwestlichen Küste aus importirt wird.

Unter den Arabischen Waaren bildet Tabak einen bedeutenden Verbrauchsartikel, besonders der im Wadi Nūn gezogene, der vorzugsweise „das Blatt" — „el uarga" — genannt wird; dieser Tabak wird nicht allein von den Arabern und Landeseingeborenen geraucht, so weit sie sich eben der Strafe der herrschenden Klasse der Fulbe entziehen können, sondern er wird auch nach Ssan-ssándi ausgeführt. Ich habe schon bemerkt, dass der Tabak einen Schmuggelartikel in allen den Städten bildet, wo die Fulbe von Hamd-Allāhi die Herrschaft handhaben, und zwar ganz vorzüglich in Timbuktu, wo man sich diesen Genuss nur heimlich verschaffen kann.

Tabak zusammen mit Datteln bildet auch den Hauptartikel der Einfuhr von Tauāt. Dieser Tabak führt in Timbuktu den Namen „el uargat", der seine weniger ausgezeichnete Beschaffenheit im Vergleich zur trefflichsten Gattung vom Wadi Nūn anzeigt. Datteln und Tabak bilden fast die ausschliesslichen Handelsartikel der Tauāter, indem die armen Händler jener Oase ausserdem nur sehr wenig besitzen. Aber die Menge der Einfuhr dieser beiden Artikel ist auch in hohem Grade von denen überschätzt worden, welche die kommerziellen Verhältnisse dieser Gegenden aus der Ferne besprochen haben. Wenigstens bin ich darüber völlig gewiss, dass während der ganzen Zeit meines Aufenthaltes in der Stadt im Ganzen nur etwa 20 Kameelladungen von diesen Artikeln eingeführt wurden.

Das ist Alles, was ich über die Einfuhr zu sagen habe. Was die Ausfuhr betrifft, so bestand sie während meines Aufenthaltes in Timbuktu aus wenig mehr als Gold und einer mässigen Menge von Gummi und Wachs, während Elfenbein und Sklaven, so weit ich im Stande war, mich zu vergewissern, nur in sehr geringem Maassstabe ausgeführt zu werden schienen. Jedoch muss man dabei in Anschlag bringen, dass ein ansehnlicher Theil der gesammten Ausfuhr aus diesen Gegenden seinen Weg über A'rauān nimmt, ohne Timbuktu zu berühren, und also gar nicht unter meine Beobachtung kam. Immerhin aber bleibt es gewiss, dass jene Männer, welche die jährliche Ausfuhr von Sklaven aus dem Sudan nach Morocco auf etwa 4000*) schätzen, sehr im Irrthume sind, wenn auch der zur Zeit meines Aufenthaltes ausnahmsweise herrschende anarchische Zustand des ganzen Landes und meine eigene höchst kritische Lage mir nicht gestatteten, in diesem Punkte zu ganz bestimmten Resultaten zu gelangen.

So viel ist gewiss, dass hier ein ungeheueres Feld für die Europäische Wirksamkeit offen liegt, um den Handel dieser Gegenden wieder zu erheben, der in früherer Zeit unter einer starken Regierung diesen Theil der Erde belebte und unter günstigen Umständen wieder in grossartiger Weise aufblühen könnte. Denn Timbuktu ist von Natur von der höchsten kommerziellen Bedeutung, nämlich wegen seiner Lage an der Stelle, wo der grosse Fluss West-Afrika's in schlangengewundenem Laufe jener weit vorgeschobenen und höchst ausgedehnten Oase des „fernen Westens" — des „Mághreb el Aksa" der Mohammedanischen Welt — am nächsten rückt; denn Tauāt bildet mit seiner nordwestlichen Verlängerung Téfilēlet, dem mittelalterlichen Sidjilmēssa, den natürlichen Vermittler in dem Handelsverkehre dieser fruchtbaren und wohlbevölkerten Landschaft mit dem

---

*) Gråberg de Hemsö: *Specchio di Morocco*, p. 146. Dieser Schriftsteller zählt als Ausfuhrartikel von Timbuktu nach Morocco ausser Sklaven noch auf: Elfenbein, Rhinoceroshörner, Weihrauch, Goldstaub, Baumwollenstreifen (? *verghe*), Edelsteine, Straussenfedern der besten Qualität, Kopal, Baumwolle, Pfeffer, Kardamomen, *Asa foetida* und Indigo.

Norden. Und mag es nun Timbuktu, Walāta oder Ghánata sein, stets wird diese Nachbarschaft eine grosse Handelsniederlage enthalten, — so lange als die Völker ihr Streben nach internationalem Verkehr und Austausch ihrer Erzeugnisse bewahren.

## II. KAPITEL.

Fortsetzung des Tagebuches über meinen Aufenthalt in Timbuktu.

---

Da ich mich um diese Zeit, meine ganze Lage berücksichtigt, in den Stand gesetzt sah, eine hübsche Menge Nachrichten zu sammeln, hielt ich es für zweckmässig, den Scheich zu begleiten, als er am 24sten Januar wiederum nach den Zelten hinausging. Er versprach, dass er nur Einen Tag draussen bleiben würde, kehrte aber nicht vor dem 29sten zurück. Bei dieser Gelegenheit nahm ich mir die Freiheit, die Bemerkung fallen zu lassen, dass er im Worthalten nicht eben allzu gewissenhaft sei; aber in seiner liebenswürdigen Weise gab er mir die ausweichende Antwort, dass, wenn Jemand nur einen einzigen Fehler — „áïb" — habe, dies von keiner Bedeutung sei.

Unter meinen Berichterstattern zeichneten sich zu dieser Zeit besonders zwei Kanōri-Reisende aus. Diese unternehmenden kleinen Handelsleute hatten alle Länder der Wangaráua oder östlichen Mandingo's besucht und der Eine war sogar bis zur Goldküste vorgedrungen. So theilten sie mir denn auch ausser vielem Belehrenden (besonders über die Topographie des Mō-ssi-Landes) die erste Kunde von einem kleinen Kampfe zwischen den Schweden und Tonáua oder Assánti mit, — wenn sich ihre Nachricht nicht im Grunde eigentlich auf die Unternehmung der Engländer gegen Lāgos bezog. Diese Leute benachrichtigten mich auch, dass die Bewohner von Mō-ssi die Dörfer Dūna, Kūbo und Issāi geplündert hätten, welche insgesammt zur Provinz Dallá gehören, die wir auf unserem Hermarsch durchschnitten; es wäre dort, sagten sie, kein Einwohner zurückgeblieben. Sséko A'hmedu hatte ein Heer gesammelt, um gegen die I'regenäten zu Felde zu ziehen, hatte aber seinen Plan geändert, um das noch unabhängige Bergnest Konna zu unterwerfen; das Resultat des Feldzuges war jedoch, wie wir später hörten, dass er von den Eingeborenen, den Ssáro, zurückgetrieben wurde, die auf ihre von Natur stark befestigte Lage ihres Platzes sich stützend, sich mit grosser Tapferkeit vertheidigten.

Mittlerweile stieg der Preis des Salzes, des Haupthandelsartikels von Timbuktu, fortwährend, und der grosse „räss" ward jetzt für 3800 Muscheln verkauft. Wie ich nämlich früher auseinandergesetzt habe, steigt der Preis des Salzes jetzt fortwährend, weil die Karawanen durch die Menge der die Flussufer heimsuchenden Blutfliegen verhindert werden, diesen Platz während der folgenden Monate bis gegen Ende April zu besuchen. Eine kleine „réfega" von 40—50 Kameelen, die am 28sten d. M. eintraf, war eine der spätesten, welche in die Stadt kamen.

So ging denn der Monat Januar zu Ende, zu gänzlicher Enttäuschung meiner Hoffnungen in Bezug auf meine Abreise und mit nichts als leeren Versprechungen, und ich erhob mich daher nach schlafloser Nacht am Morgen des 1sten Februar voller Besorgniss von meinem Lager. Da drängte sich mir denn nun in Folge dieses ewigen Aufschubes und dieser endlosen Verzögerungen die Befürchtung auf, mein Wirth könnte mich trotz seiner wohlwollenden Gesinnung gegen mich doch den ganzen Sommer hier zurückhalten. Endlich verschaffte ich meinem bedrückten Gemüthe dadurch eine kleine Erleichterung, dass ich dem Scheich einen Brief schrieb, worin ich ihn zum Zeugen gegen sich selbst anrief, dass er mir zu so wiederholten Malen sein Wort gegeben habe, ich solle nun wirklich die Stadt verlassen und meine Heimreise antreten. Aber die politischen Angelegenheiten hatten jetzt in der That ein ernsthaftes Aussehen angenommen, in Folge der Ankunft eines anderen Pullo-Anführers Namens A'tkar, des Amtmanns von Gúndam und Dīre, eines Mannes von erprobter Thatkraft, in Begleitung einer ansehnlichen Schaar Bewaffneter von Hamd-Allāhi; und ein noch angesehenerer Mann Namens Ahmed el Férredji ward binnen Kurzem erwartet. In der That schien es, als wären die Fulbe völlig entschlossen, ihre Macht und ihr Ansehn über die Stadt zu behaupten; so erhoben sie denn, um zu zeigen, dass sie hier die Herren seien, mit grosser Strenge dieses Jahr einen Tribut von 2000 Muscheln für jeden Sklaven.

Trotz des ungewissen Charakters meiner Aussichten gelang es mir doch, meine Zeit nützlich zu verwenden, indem ich mich dem Studium der Sprache der westlichen Tuáreg oder Imō-scharh zuwandte; meine Lehrer waren dabei Mohammed ben Chottār, des Scheichs Neffe, und ein Amō-scharh Namens Mū-ssa, ein etwas ungebildeter, aber mittheilsamer Mensch. Indem ich mich so bemühte, meine Ungeduld zu bemeistern, vernahm ich mit Fassung die verschiedenen Gerüchte, welche zu wiederholten Malen in Betreff der Ankunft der Brüder des Scheichs ausgebreitet wurden; denn dies bevorstehende Ereigniss war nach der Angabe meines Freundes zur Zeit der einzige Grund des Aufschubes meiner Abreise. Aber in einer langen Privatunterredung, die ich mit ihm am 4ten d. M. hatte und wo ich ihn mehr als gewöhnlich drängte, meinen Aufbruch zu beschleunigen, fing er an, sich an meine menschlichen Gefühle zu wenden, und indem er alle politischen Beweggründe bei Seite setzte, gestand er mir, dass der Hauptgrund der Verzögerung meiner Abreise die Schwangerschaft seiner Frau sei. Er bat mich nun auf das Dringendste, ruhig das ungewisse Resultat dieses wichtigen Familienereignisses abzuwarten.

Diese ganze Zeit über war die Stadt in Folge der ungewöhnlichen Höhe, welche die Überschwemmung in diesem Jahre erreicht hatte, von viel Krankheit heimgesucht, und unter den zahlreichen Personen, welche derselben zum Opfer fielen, war auch der einzige Sohn Tāleb Mohammed's, des wohlhabendsten und einflussreichsten Arabischen Kaufmannes im Orte. Gern würde ich das Leben dieses jungen Mannes gerettet haben, aber da ich sah, dass die Kur sehr ungewiss war, so hielt ich es dem Grundsatze gemäss, den ich stets auf meiner Reise befolgt habe, für gerathener, ihm überhaupt keine Arznei zu geben.

So weilten wir denn mehrere Tage in der Stadt und begaben uns dann am Nachmittage des 8ten wieder zu den Zelten hinaus. Zwei Tuáreg-Häuptlinge, Rummān und Muschtāba, die gekommen waren, um dem Scheich einen Besuch abzustatten, begleiteten uns, und ich musste, als wir vom Áberas in die freie, offene Landschaft hinauskamen, mit dem Letzteren eine weite Strecke in die Wette reiten. Diese Berber-Stämme, seit so vielen Jahrhunderten Herren dieser Lande, waren im höchsten Grade aufgebracht gegen die Fullān, welche etwas gegen sie im Schilde zu führen schienen und ihre Kriegsmacht in der Stadt Gúndam absichtlich verstärkt hatten; die Tuáreg hatten deshalb selbst einen Angriff auf ein Boot gemacht und einen der Fullān getödtet, einen zweiten verwundet, und diejenigen ihrer Landsleute, welche am nächsten bei Gúndam angesessen waren, hielten es für's Beste, ihren Wohnort zu verlassen und weiter ostwärts zu ziehen.

Ich hatte mit den beiden Häuptlingen eine Unterredung über diese Verhältnisse und es schien, als wenn sie keineswegs den Wunsch hegten, mit jenem kriegerischen Stamme, der sich täglich nach allen Richtungen hin ausbreitet, in Frieden zu leben. Leider aber fehlt es den Tuáreg bei all' ihrer persönlichen Tapferkeit in dem Grade an Einigkeit, dass sie niemals eine bestimmte Politik mit bedeutenden Resultaten verfolgen können, und diejenigen unter ihnen, welche etwas Eigenthum besitzen, lassen sich aus Furcht, es zu verlieren, leicht von den Fullān in ihr Interesse ziehen. So beeinträchtigten denn diese Tuáreg, anstatt sich dem Scheich eng anzuschliessen und ihn in den Stand zu setzen, den Fullān gegenüber eine feste Stellung zu behaupten, das Interesse desselben ungemein dadurch, dass sie vier Tauāter, die zu einer kleinen „réfega" gehörten, welche am 11ten d. M. eintraf, plünderten, entwaffneten und dann alle vier oder wenigstens zwei derselben erschlugen. Diese Tauāter aber, wie alle ihre Landsleute, genossen den speziellen Schutz des Scheichs.

Mein Freund selbst schien in diesem Augenblick die Ankunft seiner Brüder nicht weniger, als diejenige Alkúttabu's, des grossen Oberhauptes der Auelímmiden, zu bezweifeln, und bemühte sich, mich über den langen Aufschub meiner Abreise nun wieder damit zu trösten, dass er erklärte, es sei bei ihnen Sitte, ihre Gäste wenigstens ein Jahr in ihrer Gesellschaft zurückzuhalten. Zu gleicher Zeit zeigte er mir an, dass es seine Absicht sei, mir ein Pferd zum Geschenk zu machen, und dass ich dann, wenn es mein Wunsch wäre, eins meiner eigenen Pferde Alkúttabu schenken könnte. Überhaupt war El Bakáy an diesem Tage redseliger als gewöhnlich und sass lange Zeit bei mir und seinen Schülern, indem er uns eine Vorlesung über den gleichmässigen Rang der Propheten hielt, von denen Jeder, wie er sagte, eine hervorragende Eigenschaft besässe, ohne dass Einer dem Anderen vorgezogen werden könnte. Besonders verweilte er heute bei den hervorragenden Eigenschaften Mosis oder Mū-ssa's, für den er besondere Vorliebe hegte, wiewohl er weit davon entfernt war, gegen die Juden freundlich gesinnt zu sein. Der Geist Mohammed ben 'Abd el Kerīm el Marhīli's, der jene Nation vom Grunde seines Herzens hasste und den Djihād gegen sie predigte, scheint sich den Mohammedanischen

Bewohnern dieses Theiles des Sudans mitgetheilt zu haben. Dennoch, kann ich hinzufügen, kommt mancher Moroccanische Jude als halber Renegat nach Timbuktu; aber das war eben ein Grund mehr, warum mein Freund diese Kaufleute aus Morocco nicht leiden konnte, und er nannte sie insgesammt Juden. Dabei stand er aber mit dem Herrscher von Morocco auf dem freundschaftlichsten Fusse und erhielt häufig ansehnliche Geschenke von ihm.

Bei einer anderen Gelegenheit kam El Bakáy darauf, ohne Vorurtheil über den Genuss von Wein und Schweinefleisch zu sprechen, und er hatte nicht viel gegen den Punkt einzuwenden, mit dem ich mich gegen Angriffe dieser Art zu vertheidigen pflegte, nämlich dass wir dafür hielten, die Religion gehe das Herz und die Handlungen der Menschen im Verkehr mit einander an und die Unterscheidung der Nahrung, was davon gut und was nicht gut für den Menschen sei, habe der Schöpfer deren eigenem Urtheile überlassen. Gewiss aber würde mein edler Freund tiefen Widerwillen empfunden haben, wenn er Zeuge der Wirkungen der Trunkenheit inmitten der höchsten Civilisation Christlicher Länder, besonders in den Seestädten, gewesen wäre.

Zu anderen Zeiten wiederum nahm El Bakáy aus seiner kleinen Bibliothek die Arabische Übersetzung des Hippokrates, den er sehr hoch schätzte, und las daraus einige Abschnitte vor; dabei war er denn sehr bemüht, von mir über die Identität der vom Schriftsteller erwähnten Pflanzen aufgeklärt zu werden. Dieser Band des Hippokrates war ein Geschenk, das Captain Clapperton dem Sultan Bello gemacht hatte, und von diesem Letzteren hatte es der Scheich nebst anderen Gegenständen in Anerkennung seiner Gelehrsamkeit erhalten. In der That kann ich mit voller Überzeugung versichern, dass jene wenigen Bücher, welche der unternehmende Schottische Offizier mit nach Central-Afrika brachte, grössere Wirkung gehabt haben, die angesehenen

Männer in jenen Gegenden mit dem Charakter der Europäer auszusöhnen, als die kostbarsten anderweitigen Geschenke, die man ihnen je gemacht hat. Für das Deutsche Publikum brauche ich nicht die Hoffnung auszusprechen, dass man Gaben wie diese gern gemacht sieht; ich wage aber zu hoffen, dass die Deutsche Morgenländische Gesellschaft meinen edlen und gelehrten Beschützer, den Scheich El Bakáy in Timbuktu, zum Ehrenmitgliede ihres verdienstvollen Vereins erhebt und ihm ein Geschenk mit den von ihr herausgegebenen Arabischen Werken macht. —

Wir blieben bei den Zelten bis zum 14ten d. M. und der Aufenthalt peinigte uns diesmal in Folge der grösseren Gemüthlichkeit und der mehr mittheilsamen Stimmung unseres Wirthes viel weniger als früher; auch sah ich mich im Stande, etwas Landeskunde einzusammeln. Dabei war das Wetter im Ganzen viel freundlicher; so hatten wir zum Beispiel am 13ten einen wirklich warmen Tag, und ich benutzte den schönen Morgen desselben zu einem langen Spaziergange über die verschiedenen kleinen Hügelreihen, welche diesen Wüstengau durchziehen. Für den Augenblick gab es hier gerade sehr wenig Leute, die mir hätten Gefahr bereiten können, und ich begegnete nur den Ziegenhirten, die ihren Heerden auf eigenthümliche Weise Futter verschafften, indem sie diejenigen Zweige der Mimosen abschlugen, welche junge Schösslinge und junges Laub hatten. Ungeachtet der augenblicklichen politischen Ruhe argwöhnte der Scheich in Folge gewisser Privatmittheilungen, die er erhalten hatte, dass unsere Feinde einen weiteren Versuch gegen meine Sicherheit machen würden, und bat mich daher, einen meiner Diener in die Stadt zu schicken, um meinen Leuten unsere nahe bevorstehende Rückkehr anzuzeigen. Am Abend, als der Mond aufgegangen war, bestiegen wir die Pferde und kehrten in unser altes Quartier zurück.

[*Donnerstag, 16ten Februar.*] Es unterlag keinem Zweifel, dass ein neues Unwetter im Anzuge war, und am Morgen dieses Tages kam einer meiner Leute, der Saberma-Mischling Ssambo, den ich in der Residenz Galaidjo's in meinen Dienst genommen hatte, und drang darauf, desselben entlassen zu werden. Ich ging dann am Nachmittag zum Scheich, um ihm meine Aufwartung zu machen, und war ein wenig erstaunt, zu hören, wie er auf einmal meine Abreise mit grösserem Ernst und mit mehr Festigkeit ankündigte, als er es sonst zu thun pflegte; aber der Grund davon war, dass er die zuverlässige Nachricht erhalten hatte, sein älterer Bruder Ssidi Mohammed, dessen Ankunft er schon so lange erwartet hatte und den er als Stellvertreter zurückzulassen wünschte, wenn er gezwungen sein sollte, mich auf dem ersten Theile meiner Reise zu geleiten, sei ganz in der Nähe. Da uns die grosse Trommel ankündigte, dass die Ankunft dieses Häuptlings bei den Zelten wirklich erfolgt sei, stiegen wir eine halbe Stunde vor Mitternacht zu Pferde und erreichten das Zeltlager kurz vor 2 Uhr Morgens. Dasselbe war jetzt wieder in grössere Entfernung gerückt und die Überfluthungen zwangen uns im nächtlichen Dunkel zu einem Umweg. Ungeachtet der späten Stunde aber bot das Lager einen festlichen Charakter dar, und ein grosses Zelt war am Fusse des Hügelabhanges zum Empfang des hohen Besuchers aufgeschlagen, während die Zelte des Scheichs den Gipfel des Hügels einnahmen.

So machte ich denn die Bekanntschaft des ältesten Gliedes dieser fürstlichen Familie. Es war ein Mann von etwas über mittlerer Grösse und starkem Körperbau, mit edlen, würdevollen Zügen. Sein ganzer Charakter war ernster und kriegerischer, als derjenige El Bakáy's, aber keineswegs ganz ohne Liebenswürdigkeit und Gemüthlichkeit. Natürlich konnte ich in der Lage, in welcher ich mich befand — als Fremder, nicht allein aus fremdem Lande und von fremder Nationalität, sondern auch einem feindlichen

Glauben angehörig — nicht erwarten, dass dieser Mann mir bei unserem ersten Zusammentreffen mit ungewöhnlicher Freundlichkeit und Herzlichkeit begegnen würde; der Umstand, dass ich diesen Leuten so manche Schwierigkeit in ihren politischen Angelegenheiten verursachte, konnte nur dazu beitragen, mich in seinen Augen weniger wohlgefällig zu machen. Es war daher nicht zu verwundern, dass Ssidi Mohammed im Anfange eine Menge Fragen an mich richtete, deren Beantwortung mir in Gegenwart von Fremden keineswegs angenehm sein konnte.

Die zwischen den verschiedenen Gliedern der Familie herrschende Uneinigkeit kam hier recht zum Vorschein; denn am nächsten Tage traf Hammādi, der Sohn El Muchtār's und also naher Verwandter El Bakáy's, mit mehreren Begleitern ein. Hammādi war, wie ich schon Gelegenheit gehabt habe, anzugeben, des Scheichs persönlicher Gegner und aus diesem Grunde auch mir gewissermaassen feindlich gesinnt, aber mein Beschützer that sich seines älteren Bruders willen den Zwang an, in demselben Zelte mit Hammādi zu bleiben, während sein jüngerer rücksichtsloserer Bruder, Ssidi Alauāte, nicht zu überreden war, das Zelt zu betreten, so lange sein ihm verhasster Neffe zugegen war. So blieb er denn lieber in meinem Zelte, bis sich sein Feind entfernt hatte. Was Ssidi Mohammed selbst betrifft, so schien er keineswegs gegen Hammādi feindlich gesinnt zu sein, und es war selbst sein Wunsch, in Begleitung des Letzteren die Stadt zu betreten; aber er sah sich gezwungen, den vereinten Anstrengungen seiner beiden jüngeren Brüder nachzugeben, welche sich die Gesellschaft ihres schwarzen Nebenbuhlers verbaten.

Dies war die erste Gelegenheit, die ich hatte, Hammādi zu sehn. Vom ersten Augenblicke meines Hierseins an hatte ich gewünscht, mit diesem Manne auf freundlichem Fusse zu stehn, aber in Folge der Politik meines Wirthes war ich gezwungen, jeden Verkehr mit ihm zu vermeiden, wodurch ich ihn sogar zu meinem Gegner machte. Dies bedauerte ich um so mehr, als ich von verschiedenen Seiten her besonders seine Gelehrsamkeit hatte hervorheben hören, obgleich seine persönliche Erscheinung allerdings nicht sehr einnehmend war. Er war ein Mann von kurzer, untersetzter Statur, mit breiten, groben Zügen, die von den Blattern stark gezeichnet waren, und von sehr dunkeler Hautfarbe; sein Hauptnachtheil nämlich war seine Abkunft von einer Sklavin.

Ssidi Mohammed war viel daran gelegen, in die Stadt zu kommen, aber El Bakáy, der neben seiner gewöhnlichen Langsamkeit diesmal vielleicht auch durch den interessanten Zustand seiner Frau länger zurückgehalten wurde, kam sehr spät am Nachmittage zum Vorschein und bemühte sich nun auf alle Weise, unsere Abreise bis zum folgenden Tage aufzuschieben. Aber sein älterer Bruder besass zu viel Energie, um sich auf solche Weise seinen Plan vereiteln zu lassen, und stieg zu Pferde. Dabei machte er denn seiner Unzufriedenheit über den zu grossen Einfluss, den Madame Bāk (dies war der Name der damaligen Frau meines Freundes) auf seinen Bruder ausübe, gehörig Luft und fragte mich, der ich mittlerweile auch zu Pferde gestiegen war, mit einer witzigen Wendung, ob mir bekannt wäre, wer grössere Macht besässe, als Sseko Áhmedu ben Áhmedu, und seinen Bruder beherrsche. Dann sandte er, ohne meine Antwort abzuwarten, seinen jungen gleichnamigen Neffen ab, um seinem Vater zu melden, dass er zum Aufbruche bereit sei und ihn erwarte. So gegen seine eigene Neigung gezwungen, machte sich der Scheich endlich von seiner Familie los und wir kehrten in die Stadt zurück. Einige Reiter, welche herausgekommen waren, um Ssidi Mohammed ihre Aufwartung zu machen, begleiteten uns und feuerten beim Eintritt in die Stadt einige Schüsse ab.

Natürlich mussten in einer Stadt, wo keine strenge Regierung die Herrschaft führt und wo jeder grosse Herr allen Einfluss und alle die Macht ausübt, deren er fähig, schuldiger Gehorsam und Achtung auch diesem Gewaltherrn der Wüste, der die Gemeinde mit seinem Besuche zu ehren kam, gezollt werden. Während eine musikalische Feier vor dem Hause des Scheichs stattfand, wo Ssidi Mohammed seine Residenz genommen hatte, setzte jeder fremde Kaufmann nach dem Maassstabe seines Reichthums ein Geschenk in Bereitschaft, um sich damit den Schutz dieses Mannes zu verschaffen oder seinen Intriguen vorzubeugen. Diese Geschenke waren keineswegs unbedeutend, und ich fühlte ein gewisses Mitleid mit meinem Freunde 'Alī ben Tāleb, dessen Geschenk, obwohl ganz ansehnlich, von Ssidi Mohammed zurückgewiesen wurde, als weder der Würde des Gebers, noch derjenigen des Empfängers entsprechend. Auch ich fand es für nöthig, diesem Würdenträger von A'sauād ein hübsches Geschenk zu machen. So gab ich ihm denn den feinsten Bernus oder Arabischen Mantel mit Kapuze, der mir übrig geblieben war, und ausserdem noch eine schwarze Tobe, sowie einige kleinere Artikel.

In anderen Beziehungen ward die Stadt um diese Zeit etwas ruhiger und der Handel stand beinahe still. Die kleine Réfega der Tádjakánt, von der nur einige Mitglieder ein paar Tage in der Stadt zugebracht hatten, brach am 20sten wieder auf, und die einzigen Artikel, welche sie mitnahmen, bestanden in Salz und etwas Kaliko. Selbst der Handel auf geradem Wege von Norden her längs der belebtesten Verkehrsstrasse ward zu dieser Zeit unbedeutend. Eine Réfega, welche am folgenden Tage von Tauāt kam, zählte nur wenige Kaufleute in ihrer Mitte. Unter ihnen befanden sich zwei angesehene Ghadāmsier Handelsherren; da sie sich aber 3 bis 4 Monate in Tauāt aufgehalten hatten, so brachten sie weder neue Nachrichten, noch Briefe für mich mit. Jedoch kamen sie gerade zur rechten Zeit, da am 22sten ein Landsmann von ihnen, ein Mann von einer gewissen Bedeutung, starb; der Tod desselben gab mir Gelegenheit, etwas über das Eigenthum von Kaufleuten an diesem Handelsplatze zu erfahren. Unter dem Nachlasse des Verstorbenen, eines ziemlich wohlhabenden Mannes, fand man etwa 2000 Mithkāl in Gold, eine hübsche Summe Geld für Timbuktu, aber es war nicht sein Eigenthum, sondern gehörte der wohlbekannten Ghadāmsier Familie Tīni, deren Agent er war. Das Haus, in welchem er wohnte, war 200 Mithkāl werth.

Die Menge überflüssiger Zeit, die mir bei nur mässigem Verkehr mit den Leuten zur Verfügung stand, erlaubte mir, wieder ein Packet mit der von mir gesammelten Kunde über diese Gegenden zur Absendung nach Europa in Bereitschaft zu setzen, und es war gut, dass ich es gethan hatte, da in der Frühe des 26sten ein kleiner Trupp armer Tauāter Kaufleute die Heimreise antrat. Es war ein höchst unglücklicher und vollkommen unvorhergesehener Umstand, dass dieses Packet den Englischen Agenten in Ghadāmes, an den es adressirt war, nicht auf seinem Posten fand, da er nach der Krim aufgebrochen war; davon hatte er mir allerdings in einem nach Kanō gesandten Briefe, den ich dort bei meiner Rückkehr vorfand, Kunde gegeben, aber in dem Briefe, den ich hier in Timbuktu von ihm erhielt, hatte er dieses für mich so unendlich wichtigen Umstandes auch nicht mit einer Silbe gedacht, und so blieb denn dies Packet länger als 2 Jahre in Ghadāmes liegen, und meine Familie ward in Folge des Gerüchtes von meinem Tode in die tiefste Trauer versetzt; alle meine Angelegenheiten geriethen in Verwirrung, und als ich endlich verarmt und tief verschuldet in Haussa ankam, wo ich Alles zu finden hoffte, dessen ich bedurfte, waren selbst die Mittel, die ich zurückgelassen hatte, mir, als einem Verstorbenen, entzogen worden.

Fast der ganze Januar und der Anfang des Februar waren im Allgemeinen kalt gewesen, mit unreiner und nebeliger Atmosphäre, und gaben so ein vollkommen treues Bild von jener Jahreszeit, welche die Tuáreg mit dem emphatischen und ausdrucksvollen Namen „die schwarzen Nächte" — „éhaden essáttafnēn" — benennen; und diese ganze Zeit über war der Fluss fortwährend im Steigen oder bewahrte das höchste Niveau, das er erreicht hatte. Dann setzte er uns mehrmals in Ungewissheit in Bezug auf seinen wirklichen Stand und fing endlich am 17ten wirklich zu fallen an. Das war auch im Wetter die Epoche des Wechsels, und unmittelbar darauf wurde die Luft reiner — die „weissen Nächte" (éhaden eméllulēn") meiner Berberfreunde traten ein. So genaue Naturbeobachter sind diese, von den nackten Kies- und Sandsteinflächen der Wüste hier an den Grenzdistrikt der fruchtbaren Zone und an das Ufer dieses wunderbaren, gewaltigen Stromes verpflanzten Imō-scharh, und nichts ist wahrer, als ihre Behauptung, dass der Fluss nicht vor dem Ende der vierzig schwarzen oder Winternächte zu fallen anfängt. Aber gerade um diese Zeit ist die Gefahr in Folge der Flussanschwellung am grössten, da das höher gelegene Terrain, auf dem die Weiler längs des Ufers gelegen sind, vom hohen Wasserstande unterhöhlt ist und nun, da es beim Sinken des Wassers seinen früheren Widerstand verliert, häufig nachstürzt. So erhielten wir denn am 22sten die Kunde, dass der Weiler Bētagungu, der zwischen Kábara und Gúndam liegt, auf diese Weise zerstört worden sei.

Die grössere Ruhe, die ich längere Zeit genossen hatte, ging mittlerweile zu Ende und meine Lage nahm wiederum einen ernsten Charakter an, während sich feindliche Elemente von verschiedenen Seiten sammelten. Die entscheidende Gesandtschaft, von der wir schon längere Zeit Kunde hatten, nahte von Hamd-Allāhi heran, und am 25sten erhielten wir die Nachricht, dass 'Abidīn, jenes Mitglied der Familie Muchtâr's, das, wie Hammādi, eine der Politik des Scheichs ganz entgegengesetzte Richtung verfolgte, in der Nähe sein sollte, und er wurde von Hammādi mit grossem Aufsehen in die Stadt eingeführt.

Am Morgen des folgenden Tages, gerade in dem Augenblicke, wo die Atmosphäre einen Übergang von hellem Sonnenschein zu dunklem Nebelwetter machte, hielt ein mächtiger Pullo-Anführer und Prinz von Geblüt, Namens Hámedu, ein Sohn Mohammed Lebbo's, mit einer zahlreichen Schaar zu Fusse und zu Ross, worunter mehrere Musketiere waren, seinen Einzug in die Stadt. Absichtlich nahm diese Schaar ihren Weg an meinem Hause vorbei, obgleich die Strasse von Kábara durchaus nicht jene Richtung verfolgt; sie beabsichtigten nämlich, mich zu erschrecken. Um ihnen aber zu beweisen, wie vollständig sie ihren Zweck verfehlt hätten, öffnete ich die Thür meines Hauses und stellte in der Vorhalle alle meine Feuerwaffen zur Schau und meine Leute nahe dabei und auf dem Sprunge, von ihnen Gebrauch zu machen.

Aber meine treue Schaar wurde stets mehr und mehr verringert; denn als mein Hauptdiener, der Médjebrī 'Ali el A'geren ein neues Ungewitter über mir aufsteigen sah, wies er jede Verpflichtung gegen mich von sich ab, ungeachtet er fortfuhr, seinen Gehalt von mir zu beziehen oder vielmehr zu berechnen, denn leider konnte ich ihn nicht auszahlen. Da ich diesen Menschen jedoch schon lange aufgegeben hatte, so machte dieser weitere Beweis seiner Treulosigkeit keinen grossen Eindruck auf mich. Auf der anderen Seite aber hatte ich mir durch das Geschenk, welches ich dem Ssidi Mohammed gemacht hatte, diesen ältesten Bruder des El Bakáy vollkommen verbunden, und das war von Wichtigkeit, da unter den gegenwärtigen Umständen von dessen Wohlwollen viel abhing.

So rückte denn der 27ste Februar heran, wo der wirkliche

Charakter der Gesandtschaft von Hamd-Allāhi, deren Vorläufer Hámedu gewesen war, an's Licht trat. Ich war den ganzen Tag über in schlaffer und etwas melancholischer Gemüthsstimmung gewesen und lag am Abend gerade auf meinem einfachen Lager, als ich durch den plötzlichen Eintritt des Neffen des Scheichs überrascht wurde, der, obgleich sein trüber und ernster Gesichtsausdruck deutlich verrieth, dass ein sehr ernsthafter Gegenstand seinen Geist beschäftige, doch, ohne ein Wort zu sagen, schweigend mir gegenüber Platz nahm. Er hatte offenbar nicht den Muth, sich auszusprechen, und ging schweigend wieder fort, aber kaum war er weg, als mein Tauāter Freund, Mohammed el 'Aīsch, der mir ununterbrochen viel Freundlichkeit und Theilnahme bezeugte, mich zum Scheich rief. Mit grosser Vorsicht ward ich durch die Halle eingelassen und die eng gewundene Treppe zum Terrassenzimmer hinaufgeführt, wo ich die drei Brüder in ernster Berathung beisammen fand.

Ich nahm meinen Sitz ein und man zeigte mir alsbald an, dass die Fullān einen letzten Versuch gegen meine Sicherheit machten und dass in Gemeinschaft mit Kaúri, dem früheren Emīr, der zur Schlichtung der Angelegenheit selbst die Reise nach Hamd-Allāhi unternommen hatte, ein angesehener Edelmann Namens Mohammed el Férredji in Kábara mit einer Schaar von etwa hundert Bewaffneten angekommen sei und dass der Letztere meinem Wirthe zwei Briefe von sehr verschiedenem Charakter und Inhalt zugesandt habe; der eine wäre voller Freundschaftsversicherungen, der andere in höchst drohenden Ausdrücken abgefasst und besage, dass etwas höchst Ernstes sich ereignen solle, wenn der Scheich mich nicht fortschicke, bevor er (Férredji) die Stadt beträte. Aber trotz des drohenden Zustandes kam man zu keinem Entschlusse. Ssidi Mohammed, der älteste Bruder und das energischste Mitglied der Familie, schlug vor, dass wir zu

Pferde steigen und die Nacht auf der Strasse nach Kábara zubringen sollten, theils um die Timbuktuer zu verhindern, zu den Fullān in Kábara zu stossen, wie es dem empfangenen Befehle zufolge ihre Schuldigkeit war, theils um Alles aufzufangen, was aus dem feindlichen Lager kommen möchte. Während der Häuptling von A'sauād diese energische Maassregel vorschlug, spielte er mit einer vierläufigen Flinte, und dieses höchst merkwürdige Feuergewehr erregte selbst unter diesen verhängnissvollen Umständen meine Aufmerksamkeit mehr als alles Andere, da ich in Europa nie etwas Ähnliches gesehn hatte. Die Waffe war von vortrefflicher Arbeit, aber ich bin nicht im Stande, anzugeben, wo sie herstammen mochte, da sie mit einem besonderen Zeichen, das die Nationalität angegeben hätte, nicht versehen war. Ich vermuthete anfangs, als ich dieses merkwürdige Erzeugniss Europäischer Kunstfertigkeit erblickte, dass es dem unglücklichen Major Laing gehört haben möchte, aber Jedermann versicherte mich mit Bestimmtheit, dass dies keineswegs der Fall sei, sondern dass die Flinte von Amerikanischen Händlern bei Portendik gekauft worden sei. In ihrem damaligen Zustande war sie etwas kurz, da der Theil nächst der Mündung, wie man mir sagte, in Folge eines Unfalles abgesägt worden war; aber selbst in diesem Zustande war es noch immer eine sehr nützliche und auch keineswegs schwere Waffe. Sie hatte vier Läufe, aber nur zwei Hähne mit Flintensteinen.

Mittlerweile berieth man mit charakteristischer Langsamkeit verschiedene Vorschläge in Bezug auf meine Sicherheit, indem man die ernste Betrachtung durch Erzählung verschiedener unterhaltender Geschichtchen würzte; dann setzte sich Ssidi Mohammed nieder und schrieb einen förmlichen Protest zu meinen Gunsten, den er dann an den Emīr Kaúri sandte. Jedoch bezweifle ich, ob bei ernstlicher Untersuchung dieses Schreiben von Christen als für ihre Stellung in der Welt besonders schmeichelhaft angesehen werden würde; der Hauptgrund nämlich, den mein edler Freund und Beschützer vorbrachte, um zu beweisen, dass ich keine so grausame Behandlung verdiene, als man mir zudachte, bestand darin, dass ich nicht „ákāfir" als der „Raíss" sei, das heisst, dass ich kein grösserer Ungläubiger — „käfir" — sei, als Major Laing; denn ausserdem, dass eine solche Behauptung keineswegs ein grosses Kompliment für Christen überhaupt war, liess sie unseren Gegnern die Antwort offen, dass es durchaus nicht ihre Absicht sei, mich grausamer zu behandeln, als der Major behandelt worden wäre, der, wie wohlbekannt ist, sich gezwungen sah, die Stadt zu verlassen, und auf barbarische Weise in der Wüste ermordet wurde.

Unterdessen stellte sich ein Bote vom Emīr ein, und der Scheich hielt eine lange Rede, in der er ihm auseinandersetzte, unter welchen Schwierigkeiten ich diese Stadt erreicht hätte, und dass, da ich nun einmal so glücklich gewesen sei, alle Gefahren zu bewältigen und seinen eigenen Schutz mir zu verschaffen, jetzt keine andere Wahl wäre, als zwischen einem ehrenvollen Frieden, der sowohl ihn selbst als auch seinen Gast einschlösse, und einem offenen Kriege. Darauf gab der Bote die ironische Erwiderung, dass, da El Férredji, der Bote, der aus der Hauptstadt gesandt war, um mit dem Scheich einen Vergleich zu Stande zu bringen, selbst ein gelehrter Mann sei, gleichwie er (der Scheich), Alles unzweifelhaft ein gutes Ende nehmen würde. Damit wollte er sagen, dass sie, wenn sie nicht im Stande sein sollten, mit Gewalt ihren Zweck zu erreichen, ihn mit religiösen Beweisgründen zu besiegen wissen würden. Die Berathung war endlich damit geschlossen, dass ein zweiter Protest an Tāleb Mohammed gesandt wurde, der, wie ich schon früher auseinandergesetzt, obgleich er weiter nichts als ein Kaufmann war, in dieser anarchischen Stadt grossen politischen Einfluss ausübte.

Nun kehrte ich in meine Wohnung zurück, um mich mit einer Tasse Thee zu erquicken, und traf Vorbereitungen für den Fall eines Angriffes auf mein Haus, indem ich den werthvolleren Theil meiner Habe versteckte. Nachdem dies geschehen war, kehrte ich gegen Mitternacht in die Wohnung El Bakáy's zurück und fand den heiligen Mann in eigener Person mit einer Doppelflinte bewaffnet, im Begriff, das grosse Vorzimmer („ssegífa"), das er seinem treuen und umsichtigen Schatzmeister Tāleb el Uáfi angewiesen hatte, zu betreten. Hier setzten wir uns nieder, und bald hatten sich etwa 40 Männer um uns versammelt, theils mit Speeren, theils mit Flinten bewaffnet, und nach vielem unnützen Geschwätz über die Frage, was nun zu thun sei, ward beschlossen, einen Boten zu den Tuáreg-Häuptlingen Rummān und Muschtāba zu senden, deren Bekanntschaft ich bei einer früheren Gelegenheit gemacht hatte und welche eben in Muschérrek gelagert waren, einer Stätte im Süden Timbuktu's, reich an Weidegründen und von drei Flussarmen wohlgeschützt, und einen zweiten Boten an unsere Freunde, die Kēl-úlli, um diese Leute zu unserem Beistande anzurufen.

Mittlerweile unterhielt der Scheich von seinem Sitze auf der erhöhten Thonplatform aus, welche den Winkel zur Linken der Vorhalle einnahm, die schläfrige Versammlung mit Geschichten von den Propheten, vorzüglich Mū-ssa und Mohammed, und von den Siegen, die der grosse Prophet seiner Nation im Anfange seiner vielbewegten Laufbahn über seine zahlreichen Gegner erkämpft hatte. Die Ruhe der lautlos horchenden Versammlung ward nur eine Zeitlang gestört durch einen vom nördlichen Stadttheile herkommenden Schrei; ein Jeder ergriff seine Feuerwaffe und eilte hinaus, aber man fand bald, dass der Alarm von unseren Boten veranlasst worden war, welche, als sie die Stadt verliessen, die Ruhe der Bewohner der Vorstadt — des „áberas" — gestört hatten, indem die Letzteren meinten, dass jene einem Raubzuge der unternehmenden und beutelustigen Ueläd 'Alūsch angehörten, welche damals gerade A'sauād heimsuchten.

Nachdem ich so in eigenthümlichen Betrachtungen über diese tragi-komischen Scenen die ganze Nacht beim Scheich hingebracht hatte, kehrte ich um 5 Uhr Morgens in mein Quartier zurück und suchte meine erschöpften Lebensgeister vermittelst einer Tasse Kaffee wieder aufzufrischen. Unsere Vorkehrungen, so ungenügend sie auch immer einem Europäer erscheinen mochten, hatten ihre volle Wirkung gehabt; der Pullo-Bote betrat die Stadt nicht vor Mittag und selbst da wagte er es nicht, unser kriegerisches Quartier zu durchziehen, obwohl etwa 60 Reiter von den Einwohnern zu ihm gestossen waren.

Mittlerweile hatten Ssidi Mohammed und Alauāte die Stadt mit einem Trupp Bewaffneter unter dem Vorwande verlassen, die Bewegungen des Feindes beobachten zu wollen, aber vielleicht auch in der Absicht, ihm zu zeigen, dass sie persönlich nicht mit allen Ansichten des Scheichs übereinstimmten. Als ich dann nach dem Wohnsitz des Scheichs ging, fand ich dort an 200 meist bewaffnete Leute versammelt, unter ihnen auch den Pullo Mohammed ben 'Abd-Allāhi, der die grössere Freundschaft, die er im Vergleich mit seinen Landsleuten für den Scheich fühlte, gegen die Fulbe von Hamd-Allāhi keineswegs verleugnete. Während ich dort verweilte, ward Mohammed Ssaīd, der bei einer früheren Gelegenheit mit dem Auftrage ausgesandt war, mich gefangen zu nehmen, von Férredji, dem neuen Kommissär, als Bote abgeschickt, und unter den gegenwärtigen Umständen hielt er es für gerathen, alle feindlichen Absichten zu verbergen, und begehrte nur zu wissen, was der Grund dieser offenen Entfaltung von Waffengewalt sei, da das doch nicht mit des Scheichs früherem Charakter übereinstimme und es eher seine Pflicht sei, seinen alten Freund El Férredji freundschaftlich zu behandeln.

Dies war gewiss eine eigenthümliche Entstellung des Thatbestandes, aber noch mehr erstaunte ich über die Antwort des Scheichs. Dieselbe lautete, er habe nur das Beispiel seiner beiden Brüder befolgt. Aber die Sache war damit nicht abgemacht, sondern spät am Abend fand wieder eine Berathung auf dem Terrassenzimmer des Scheichs statt und Ssidi Alauāte ward an Férredji abgeschickt, um ihn zu bewegen, seine wirklichen Absichten in klaren Ausdrücken kundzuthun. Um die Zeit bis zur Rückkehr des Abgeordneten angenehm zu verbringen, eröffnete mittlerweile der ältere Bruder eine joviale und scherzhafte Unterhaltung, indem er mich über die sociale Stellung und die sonstigen Verhältnisse des schönen Geschlechtes in meinem Vaterlande befragte, — ein Gegenstand, der selbst für die Ernsthaftesten unter den Moslemīn stets eine grosse Anziehungskraft besitzt.

Als Alauāte zurückkam, wollte er seine Botschaft vor mir geheim halten und behauptete, dass er sie nur allein dem Scheich El Bakáy mittheilen könne. Ich ging daher nach Hause und erhielt hier lange nach Mitternacht einen Besuch vom Scheich. Er kam, um mir mitzutheilen, dass Férredji nur günstige Briefe aus der Hauptstadt gebracht habe, indem er den drohenden Brief in Kábara selbst ganz allein auf Antrieb der Kaufleute von Morocco — „ssahelīe" — geschrieben habe; er seinerseits hätte Férredji versichert, dass ich, wenn Ssēko Áhmedu mich allein lassen wollte, schleunigst meine Heimreise antreten sollte. Aber er fügte hinzu, dass ihn die Fulbe aus den öffentlichen Einkünften unterstützen müssten, um meine Abreise zu beschleunigen.

An demselben Tage war ich Zeuge einer nicht uninteressanten Episode im Privatleben dieser Leute. Des Scheichs Schwiegermutter starb und er ging hinaus, um an der „rōdha" für das Heil ihrer Seele zu beten. „Rōdha", obgleich eigentlich ein allgemeiner Ausdruck, bedeutet in Timbuktu ganz vorzüglich das Grabmahl Ssîdi Muchtār's, eine für heilig gehaltene Stätte, wenige hundert Schritte östlich von der Stadt gelegen, welche in meinen Erlebnissen an diesem Orte von grösserer Bedeutung für mich werden sollte. Das Beispiel des Scheichs zeigt, wie gross die Verehrung ist, welche diese Araber dem weiblichen Theil ihres Stammes zollen. Auch gibt es in diesem Stamme der Kunta mehrere Frauen, die sich durch die Heiligkeit ihres Lebenswandels berühmt gemacht haben, und selbst Verfasserinnen gutgeschriebener religiöser Abhandlungen.

Indessen waren die politischen Verhältnisse nicht ganz so günstig, als mein Wirth mir dieselben darzustellen versuchte; denn gleich anderen Leuten bekümmerte er sich eben nicht sehr darum, ob er in seinem Bemühen, einen guten Zweck zu erreichen, Dinge sagte, die der Wahrheit nicht ganz gemäss waren. Die Erbitterung der herrschenden Partei gegen mich war so gross, dass mich Férredji, als er am folgenden Tage dem Scheich einen Besuch abstattete, als einen Kriegshauptmann und Freibeuter — „mehárebi" — darstellte, dem der Aufenthalt in der Stadt nicht länger gestattet werden dürfte. So war es denn recht gut, dass sich El Bakáy für den schlimmsten Fall vorgesehen hatte, indem er die Kēl-úlli zu Hilfe rufen liess, die sich denn auch, etwa 60 Mann stark, im Laufe des Nachmittags einstellten und ihren Einzug mit grossem kriegerischen Geräusch und Zusammenschlagen der Schilde hielten. Bei dieser Gelegenheit machte ich zum ersten Male Bekanntschaft mit diesem kleinen, aber kriegerischen Stamme. Ungeachtet ihrer Erniedrigung als Imhrād haben sich die Kēl-úlli durch die gänzliche Vernichtung der in früheren Zeiten sehr beträchtlichen Macht der I'gelād und I'medídderen ausgezeichnet, welche einst über Timbuktu herrschten und den Kunta feindlich waren. Die Kēl-úlli zeichnen sich unter allen Stämmen der Umgegend durch drei Eigenschaften aus, deren Vereinigung in einer und derselben

Person dem Europäer kaum möglich scheint, die sich aber doch bei Arabischen oder überhaupt halbbarbarischen Stämmen nicht selten findet, nämlich männliche Tapferkeit — „rédjela" —, diebisches Gelüste — „ssírge" — und grossmüthige Gastfreundschaft — „dhiāfa" —.

## III. KAPITEL.

Grosse Krise. — Ich bin genöthigt, die Stadt zu verlassen. — Kriegerische Demonstration.

Eine günstige Gelegenheit war mir nun geboten, unter dem Schutze der befreundeten Kēl-úlli auf ehrenvolle Weise die Stadt zu verlassen, und sie hatten wirklich meine vier Kameele aus dem Lager mitgebracht. Aber der Scheich liess diesen passenden Zeitpunkt vorübergehen, indem er sich zu sehr auf die versprochene Ankunft des grossen Tuáreg-Häuptlings Alkúttabu verliess. Unsere Freunde, nämlich die Tademékket, zu denen Ahmed Wádáui, der gelehrte Schüler des Scheichs, als Bote gesandt worden war, stellten sich nicht mit ein, als er zu uns zurückkehrte, sondern liessen uns nur sagen, dass sie dem Ersteren, sobald ihre Anwesenheit vonnöthen sein sollte, folgen würden; ihr Häuptling A'uāb sei nämlich ausgezogen, um von dem unterworfenen Stamme der Idélebō Tribut zu erheben.

Ungewiss, wie meine Lage unter diesen Umständen war, machte die nicht ganz unwahrscheinliche Aussicht auf endliche Abreise einen belebenden Eindruck auf mich; denn nun war auch der letzte Grund, welcher mich so lange zurückgehalten hatte, hinweggeräumt, indem El Bakáy's Frau am 4ten März mit einem Sohne niedergekommen war. So schienen sich denn alle politischen und häuslichen Verhältnisse zu vereinigen, um es meinem Beschützer möglich zu machen, mich einige Tagereisen weit zu geleiten. In der vorhergehenden Nacht, wo ich mich mit ihm bis gegen Morgen über die Verhältnisse berieth, hatte er mir denn auch wirklich die Versicherung gegeben, dass ich am nächsten Dienstag meine Rückreise antreten sollte; aber ich hatte schon zu viel Gelegenheit gehabt, mit seinem zögernden Charakter bekannt zu werden, und erklärte ihm daher ganz offen, dass ich davon, worauf er mir Hoffnung mache, kein Wort glaube, da er mich so wiederholt getäuscht habe. Und ich hatte Grund, mit meinem Skepticismus zufrieden zu sein, da das Schattenbild des grossen Heerbannes — „tābu" — der Tuáreg, mit dessen Hilfe er über seine Feinde zu triumphiren hoffte, ihm nicht gestattete, einen festen Plan zu verfolgen. Nun war aber der „tābu" wirklich im Anrücken, und es war nur irgend ein unvorhergesehener Umstand (wahrscheinlich zum Theil eine Folge der, von der dem Scheich feindlichen Partei angesponnenen Intriguen), welcher den Oberherrn aller jener westlichen Tuáreg verhinderte, nach Timbuktu zu kommen und alle Wünsche und Hoffnungen meines Beschützers zu verwirklichen.

Es war am Nachmittage des 5ten März, als wir unzweideutige Kunde von der Annäherung des „tābu" erhielten. Alles war in Alarm. Die Hirten ergriffen mit ihren Heerden die Flucht, um ihre Habe vor den ungestümen Raubhorden in Sicherheit zu bringen, und alle diejenigen, welche Grund hatten, den Zorn oder die Rache ihres mächtigen Oberherrn zu fürchten, eilten den Inseln und Nebenarmen des Flusses zu, um daselbst Schutz zu suchen. Ein Bote traf von Bamba ein und brachte die Nachricht, dass der „tābu" wirklich die Dorfschaft Égedesch, einige Meilen auf der anderen Seite von der ersteren Stadt gelegen, erreicht habe; ja, selbst die Beschaffenheit der Atmosphäre schien die Nachricht von der Annäherung eines zahlreichen Heerhaufens zu bestätigen; die ganze Luft war nämlich vollkommen in dichte Staubwolken eingehüllt. Aber der Scheich war etwas zu voreilig, indem er am 6ten eine Botschaft an El Férredji sandte, worin er ihm die Ankunft Alkúttabu's offiziell anzeigte. El Férredji bekundete hier seine edle Abkunft durch die männliche Antwort, welche er ertheilte; er liess nämlich dem Scheich sagen, er dürfe nicht glauben, dass er ihm Furcht einjagen könne, und dass auch er im Nothfalle vollkommene Macht besässe, eine Heeresmacht von Fermāgha und Dār e' Ssalām, der Hauptstadt von Djimbálla (auf der gegenüberliegenden Seite des Flusses) herbeizurufen; der Zweck seines Hierseins sei der, mich aus der Stadt zu treiben, und diesen werde er erreichen, möge es nun kosten, was es wolle. Allerdings schien es, als wenn Hammādi, des Scheichs Nebenbuhler, eingeschüchtert sei — denn er kam, um Frieden zu bitten —; aber der gesetzte Ssidi Mohammed war des ewigen Aufschubes seines Bruders überdrüssig und that von dem Tage an Alles, was in seiner Macht stand, um mich unter jeder Bedingung aus der Stadt zu entfernen und nach den Zelten zu verbannen.

Alle Verhältnisse stellten das Faktum klar zu Tage, dass, wenn der „tābu" nicht kommen sollte, des Scheichs Lage sehr gefährlich werden würde. Diese Gefahr ward noch grösser in Folge der Ankunft 'Abidīn's, eines anderen Sohnes des Scheichs Mohammed, der am Nachmittag des 7ten unter einer Demonstration von Schiessen und Musik seinen Einzug in die Stadt hielt. Alle drei Brüder stiegen zu Pferde und zogen aus, ihn einzuholen. 'Abidīn aber, der, wie ich schon angegeben habe, eine der Politik El Bakáy's ganz entgegengesetzte verfolgte, nahm sein Quartier bei Hammādi, dem Gegner des Letzteren. Selbst der älteste Bruder, Ssidi Mohammed, war mit der damaligen Politik des Scheichs sehr wenig zufrieden, und sein Unwille machte sich vollkommen Luft, als ich gegen Mitternacht jenes Tages meinem Beschützer einen Besuch machte. Da entspann sich denn zwischen beiden Brüdern ein sehr ernstes Gespräch. Ssidi Mohammed fragte nämlich El Bakáy, ob sie sich wegen eines einzigen Menschen, der noch dazu Anhänger eines anderen Glaubens sei, mit den Fullān schlagen sollten; zugleich machte er seinem Bruder Vorwürfe darüber, dass die Vorbereitungen, welche er zu meiner Abreise träfe, gar keinen Fortgang hätten, obgleich nach seiner eigenen Meinung gar keine Vorbereitungen nöthig wären, da er ganz sicher sei, dass selbst der Stamm der Iguádaren (derselbe hat seinen Sitz in der Nähe von Bamba) mir nichts zu Leide thun würde. Aber mein Beschützer, der nur Zeit gewinnen wollte, theilte seinem Bruder zur Antwort mit, dass es seine Absicht sei, am folgenden Tage die Pferde von Kábara holen zu lassen, und dass er erst an mehrere Häuptlinge, durch deren Gebiet mich mein Weg führen würde, schreiben wolle.

Ich blieb bei dieser ganzen Auseinandersetzung ruhiger Zuhörer und kehrte dann in mein Quartier zurück. Hier packte ich nun, um für jeden Fall gerüstet zu sein, den kleinen Rest meiner Habseligkeiten zusammen und machte mich zum Aufbruch ganz bereit. Mittlerweile hatten Ssidi Mohammed und Alauāte, um ihren Plan, mich aus der Stadt zu entfernen, möglichst zu fördern, an demselben Nachmittag eine Zusammenkunft mit 'Abidīn und Hammādi, und hier fassten sie wahrscheinlich einen festen Beschluss hinsichtlich der Politik, welche sie in meiner Angelegenheit befolgen wollten. Auch El Bakáy stattete 'Abidīn am Abend einen Besuch ab und machte ihm wahrscheinlich eine Art Versprechung, dass ich am Nachmittag des 10ten wirklich die Stadt verlassen solle. Da er aber im Laufe des folgenden Tages wieder einen kurzen Aufschub erhielt, zögerte er mit meiner Abreise von Tag zu Tag, indem er jeden Augenblick die Ankunft Alkúttabu's erwartete.

Ich hatte mittlerweile einen harten Stand Ssidi Mohammed gegenüber, der fortwährend ernste Angriffe auf meine Religion machte und mich nur mit dem eben nicht ehrenvollen Prädikat „kāfir" bezeichnete. Ich erklärte ihm aber, dass ich ein wahrer Mosslīm sei; denn der reine Isslam, die wahre Verehrung des Einen Gottes, schreibe sich von der Zeit Adam's her, und nicht erst von der Periode Móhammed's; dass ich, da ich im vollen Sinne dem Grundsatze der Einheit und der rein geistigen und erhabensten Natur des göttlichen Wesens anhinge, ein Mosslīm im wahren, ursprünglichen Sinne des Wortes, ein Anhänger des wahren Isslam sei, wenn ich auch die weltlichen Vorschriften Mohammed's nicht angenommen hätte; denn Mohammed habe in Allem, was eine allgemeine Wahrheit enthielte, nur die lange vor seiner Zeit festgestellten Grundsätze befolgt. Auch fügte ich hinzu, dass sie sogar Plato und Aristoteles als Mosslemīn und Gläubige betrachteten, und dass ich selbst von diesem Standpunkte aus auch als Mosslīm anzusehen sei, und zwar mit viel grösserem Rechte, als jene beiden heidnischen Philosophen. Ich schloss mit der Behauptung, dass der grössere Theil derer, welche sich Mosslemīn nennten, den Namen ganz und gar nicht verdienten, sondern eher Mohammedān genannt werden sollten, wie wir sie hiessen; denn sie hätten ihren Propheten über die Gottheit selbst erhoben.

Die häufigen Angriffe Ssidi Mohammed's und Alauāte's hatten mich aufgereizt und erbittert, und ich hielt meine Vertheidigungsrede mit grosser Wärme und Lebendigkeit. Als ich sie beendigt hatte, sah sich Ssidi Mohammed ganz ausser Stande, ein Wort zu seiner Vertheidigung zu sagen; denn er konnte es nicht leugnen, dass das Buch seines Propheten selbst aussagt, dass der Isslam von der Schöpfung des Menschengeschlechts an datire. Sein gelehrterer Bruder El Bakáy hätte wohl etwas vorbringen können, um ihm aus der Klemme zu helfen, aber dieser war hoch entzückt über die klare Entwickelung meiner religiösen Grundsätze. Sein jüngerer Bruder Alauāte dagegen liess meine Rede nicht ganz unangefochten und behauptete, dass die Kalīfen El Harūn und Mámūn, auf deren Befehl die Bücher des Plato und Aristoteles in's Arabische übersetzt worden, keine wahren Gläubigen, sondern Metázíla (d. h. Ketzer) gewesen seien. Diese Behauptung liess ich natürlich nicht zu, obgleich Manches zu Gunsten des Argumentes meines Gegners gesagt werden konnte. Jedenfalls verschaffte mir meine warme Vertheidigungsrede einige Ruhe vor den Angriffen meiner Freunde und sicherte mir sogar ihre Unterstützung.

So zogen wir denn am Nachmittage des folgenden Tages, den 10ten März, ruhig nach dem Zeltlager hinaus, um das „Ssebūa" (d. h. nach Christlichen Begriffen „Tauffest") des Neugeborenen zu feiern. Bei Gelegenheit dieses Ausmarsches bemerkte ich, dass das Wasser in den in das Land sich hineinziehenden Hinterwassern, welche wir durchschnitten, seit dem 17ten Februar um etwa 3 Fuss gefallen war, d. i. nicht ganz 2 Zoll den Tag; aber es ist wahrscheinlich, dass das Wasser des Hauptarmes schneller abnimmt, als dasjenige in diesen gewundenen Hinterwassern.

Das Lager war voll Leben; die Guanīn-el-Kohol, eine Abtheilung der Bérabīsch, hatten nämlich aus Furcht vor den Kōl-hekīkan, mit denen sie auf feindlichem Fusse standen, im Lager des Scheichs Zuflucht gesucht. Es war ein eigenthümliches Verhängniss, dass ich auf diese Weise mit denselben Leuten in Berührung kam, welche dem Häuptling, der den Major Laing ermordet hat, untergeben sind. Sie waren sich wohlbewusst, dass ich ein starkes Vorurtheil gegen sie haben müsste, und so drängten sich Alle bei meiner Ankunft um mich her, indem sie sich beeilten, mich ihrer freundschaftlichen Gesinnung zu vergewissern. Auch diese Leute waren fast ohne Ausnahme mit doppelläufigen Flinten versehen, — eine Waffe, welche in Folge des Handels mit den Franzosen jetzt in diesem gesammten Theile der Wüste so allgemein ist, dass die gewöhnliche Flinte mit nur Einem Laufe, die bei dem Araber der nördlichen Zone, am Mittelmeere, ganz allein in Gebrauch ist, hier mit Verachtung betrachtet wird, als wäre sie nur für einen Sklaven tauglich. Die Guanīn selbst sind im Allgemeinen von mittlerer Statur, aber Einige unter ihnen waren schöne, hoch gewachsene Männer und hatten ein kriegerisches und energisches Aussehen. Ihre Hemden, zum grössten Theile von hellblauer Farbe, waren über die Schulter aufgebunden und vermittelst eines Ledergurtes um den Leib befestigt; an ihrer Seite hing ganz in derselben Weise, wie es bei ihren Brüdern näher am Ufer des Atlantischen Oceans Sitte ist, ein Pulverhorn herab. Ihr Kopf war nicht bedeckt, aber durch den reichen schwarzen Haarwuchs — „guffa" — besonders ausgezeichnet; er wimmelte jedoch, wie ich leider bemerken muss, bei den Meisten von Ungeziefer.

Mein Wirth, dem in Bezug auf Gastlichkeit nicht leicht etwas nachzusagen war, befahl noch an demselben Abend, obgleich es schon spät war, fünf Rinder zu schlachten, und so war denn etwa 1 Stunde nach Mitternacht eine anständige Abendmahlzeit fertig. Aber eine so späte Stunde war hier durchaus nichts Ungewöhnliches, und nichts war mir während meines Aufenthaltes in Timbuktu unangenehmer und meiner Gesundheit weniger zuträglich, als diese unnatürliche Lebensweise, die an Abgeschmacktheit die späten Stunden in London und Paris weit hinter sich lässt. In der Stadt liess ich dieses späte Abendessen ganz unberücksichtigt, auf dem Lande aber war ich darauf angewiesen, da ich daselbst keine eigene Küche hatte.

Früh am nächsten Morgen wurden wieder zwei Rinder geschlachtet; auch ward für die grosse Menge Gäste, welche aus der Stadt und allen Theilen der Umgegend hier zusammenströmten, eine ungeheuere Masse Reis und Fleisch gekocht. Unter solcher Gasterei wurde dem neugeborenen Kinde der Name Mohammed beigelegt. Die Art und Weise, wie die Gäste mit den ungeheueren Schüsseln umgingen, von denen einige zwischen 4 und 5 Fuss im Durchmesser hatten und nur von sechs Personen getragen werden konnten, bezeugte ihren starken Appetit; eine dieser ungeheueren Schüsseln ward umgeworfen und ihr ganzer Inhalt auf den Sand geschüttet.

Aber die Gäste hatten nicht viel Musse, ihr Festgelag zu geniessen; denn gerade in der Zeit, wo sie ihren Leib pflegten, zog ein Trupp Kēl-hekīkan vorüber, von dem Stamme, der mit den Guanīn blutige Fehde führte, und brachte das ganze Lager in die grösste Verwirrung. Nachdem sich endlich die Gemüther wieder beruhigt hatten, nahmen die Festlichkeiten ihren Fortgang und Mohammed el 'Aīsch ritt mit Einigen seiner Landsleute von Tauāt den Abhang der Dünen nach den Zelten hinauf, worauf sie ihre Flinten abschossen; aber diese Leistung war im Ganzen etwas armselig. Auch waren Einige von ihnen schlechte Reiter und hatten wahrscheinlich nie vorher zu Pferde gesessen, da sie Kinder der Wüste waren, wo das Kameel vorwiegend ist. Diejenigen unter den Einwohnern Timbuktu's, welche Pferde besitzen, werden beständig mit dem Gesuch belästigt, sie Fremden zu leihen (überhaupt herrscht daselbst in Bezug auf diese Thiere ein gewisser Kommunismus); aber die Pferde Timbuktu's sind von höchst elender Beschaffenheit; nur der Scheich selbst besitzt einige gute Pferde, die von der Gibleh (dem westlichen Theile der Wüste) eingeführt sind.

Die räuberischen Kēl-hekīkan bildeten auch am Abend wieder einen Gegenstand unserer Besorgniss und nach langer und umständlicher Berathung ward endlich beschlossen, einige Leute abzusenden, welche die Bewegungen dieser Freibeuter beobachten sollten. Man fand sie auf und sie erklärten, dass sie zufrieden sein wollten, wenn der Scheich darein einwillige, ihnen die Person auszuliefern, welche zuerst einen ihrer Gefährten erschlagen hätte; denn dies war der Anfang der Fehde zwischen den Kēl-hekīkan und Guanīn gewesen, obwohl der Mörder dem Stamme der Turmus angehörte; aber die verwandten Guanīn hatten den Zwist aufgenommen.

In Folge dieser eigenthümlichen Verhältnisse hatte ich eine interessante Unterhaltung mit dem Scheich und Fandaghúmme, dem schon früher erwähnten Häuptlinge der Tademékket, der sich gleichfalls zum Feste eingestellt hatte, über das Blutgeld — die „fedá" oder, wie die Imō-scharh das Wort gebildet haben, die „téffedaut" —; ich erfuhr bei dieser Gelegenheit, dass manche Tuáreg-Stämme die Annahme irgend einer „fedá" verweigern und unbedingt Blut verlangen. Schon bei einer früheren Gelegenheit habe ich diese Freibeuter, die Kēl-hekīkan, erwähnt, und es ist auffallend, dass eben dieser Stamm, der jetzt durch seine gesetzlosen Sitten und seine Blutgier am meisten hervorragt, die schönsten Beispiele männlicher Kraft und stattlicher Haltung aufweist, die man überhaupt in dieser ganzen Gegend finden kann; aber in Folge der fast ununterbrochenen Fehden, in die sie verwickelt sind, war der Stamm zur Zeit auf etwa 40 erwachsene Männer beschränkt.

Ungeachtet der Wichtigkeit, von welcher dieser Tag für meinen Beschützer war, wurde der Aufenthalt im Zeltlager immer unerträglicher für mich, da ich ganz ohne Bücher oder irgend eine andere Quelle der Unterhaltung, ja selbst ohne die geringste Europäische Bequemlichkeit war. Auch meine materiellen Entbehrungen waren nicht gering, besonders da ich diesmal nicht einmal Kaffee mitgenommen hatte, um mich am frühen Morgen erfrischen zu können. Ich bemühte mich jedoch, meine Zeit so angenehm als möglich zu verbringen, und nahm einiges Interesse an der Erscheinung eines Mannes, der sich gleichfalls eingefunden hatte, um die Gastfreundschaft des Scheichs zu geniessen. Dies war der Scherīf Múlāi Issai, der wegen seiner hellen Hautfarbe von den Eingeborenen mit einem gewissen Argwohn betrachtet wurde, gleichsam als wäre er von Europäischer Abkunft. Auch zeigte mir der Scheich im Laufe des Tages einige werthvolle goldene Zierathen, die seiner Frau gehörten und in Walǟta verfertigt waren. Dies war das einzige Mal, wo ich Gelegenheit hatte, diesen Goldschmuck genauer zu besehen. Er bildete eine Art von Diadem, und wenn ich nicht irre, so sagte mir mein Beschützer, dass es seine Absicht sei, ein ähnliches für die Königin von England fertigen zu lassen, worauf ich ihn versicherte, dass ein solches Geschenk, wenn auch an sich keineswegs reich, doch ohne Zweifel von den Europäern als ein Beispiel von der Geschicklichkeit seines Volkes geschätzt werden würde.

Während unseres Aufenthaltes bei den Zelten belästigte uns ein starker Wind, der dicke Staubwolken auftrieb und das Lederzelt, worin sich Fandaghúmme aufhielt, niederwarf. Im Allgemeinen war ich recht froh, dass wir am 13ten in die Stadt zurückkehrten. Hier tauchte denn die Nachricht von der Ankunft des „tābu" zum zweiten Male auf und Jeder ward wieder in einen Zustand der Aufregung versetzt; die Ergágeda, ein Stamm von gemischtem Araber- und Berberblute, zogen vor- und rückwärts und alle armen und unterdrückten Stämme der Umgegend suchten mit ihren Rindvieh- und Schaafheerden Zuflucht im Lager des Scheichs. So kamen die Stammgenossen der Kēl e' Scheriá, die Kēlantsār, die I'denān und die Kēl-úlli dahin. Als in Folge dieser Bewegung und in Erwartung der endlichen Ankunft des „tābu" mein Beschützer selbst am Morgen' des 15ten nach den Zelten zurückkehren wollte, entspann sich eine ernste Verhandlung, indem die Fullān mit grosser Hartnäckigkeit darauf bestanden, dass ich an diesem Tage die Stadt verlassen sollte, indem sie mich sonst sicherlich tödten würden; denn sie wollten, wie sie sagten, lieber sehn, wie der „tābu" sie Alle vernichte, als dass ich auch nur noch einen Tag länger in der Stadt bliebe.

Wirklich schien die Gefahr für mich jetzt einen ernsteren

Charakter anzunehmen, und die Kaufleute aus dem Norden versammelten sich im Hause Mohammed el Férredji's, um allen Ernstes zu berathen, welche Mittel anzuwenden seien, mich aus der Stadt zu entfernen, bis sie sich endlich durch einen Eid verpflichteten, dass ich die Sonne nicht wieder über ihrer Stadt aufgehen sehn sollte. Hámedu, der Sohn Mohammed Lebbo's, der Anführer, der vor Kurzem in die Stadt eingerückt war, ging selbst so weit, dass er sich in der Versammlung erhob und schwur, mich mit eigener Hand tödten zu wollen, wenn ich einen Augenblick länger in der Stadt bliebe. Der Alarm, welchen diese Angelegenheit in derselben verursachte, war sehr gross, obgleich derartige Verhältnisse in diesen eigenthümlichen Zonen niemals so ernster Natur sind, wie in Europa. Als Ssidi Alauāte den Vorgang erfuhr, trat er in die Versammlung und legte einen förmlichen Protest ein, der so weit führte, dass ich zwar den Untergang und Aufgang der Sonne in der Stadt noch sehn, aber, wofür er sein Wort verpfändete, dieselbe verlassen solle, ehe die Sonne jene Höhe erreicht hätte, welche von den Arabern „dāhar" genannt wird (gegen 9 Uhr Morgens); wenn ich nach jener Stunde noch in der Stadt wäre, so möchten sie mit mir verfahren, wie es ihnen gut dünke.

[*Freitag, 17ten März.*] Vor Sonnenaufgang, als ich noch im Schlafe lag, weil ich mich zu später Stunde niedergelegt hatte, sandte Ssidi Mohammed die Botschaft an mich, dass ich zu Pferde steigen und ihm zur Stadt hinaus folgen solle, und benahm sich sehr unhöflich, als ich und meine Leute Einwendungen machten und meinten, dass es besser sei, El Bakáy zu erwarten. Bald darauf ritt er dann in Person an meine Thür heran und liess mich durch einen der treuesten und vertrautesten Schüler seines Bruders ersuchen, ohne Zögern zu Pferde zu steigen und ihm zum Grabmale — „rōdha" — Ssidi Muchtār's zu folgen; denn dort würde

El Bakáy zu uns stossen. Ich konnte von dem Boten kaum erwarten, dass er etwas thun würde, was den Wünschen seines Herrn und Lehrers zuwider wäre, und ausserdem sah ich auch ein, dass ich hier nichts zu sagen hätte; als Fremder konnte ich ja so weder erwarten noch wünschen, dass diese Leute für mich kämpfen und dadurch die ganze Stadt in Ungemach stürzen möchten. Ich ergriff also meine Waffen, hiess meine zurückbleibenden Leute auf das Gepäck wohl Acht haben, schwang mich auf's Pferd und folgte, von zwei ebenfalls berittenen Dienern begleitet, Ssidi Mohammed, der auf einem Schimmel ritt.

Alle Leute in den Strassen, durch die unser Weg führte, öffneten vorsichtig die Hausthüren, um noch einen Blick auf mich werfen zu können, ehe ich die Stadt verliesse. Aber auch der herrschende Stamm war nicht unthätig; die Fullān hatten nämlich mehrere Reiter ausgeschickt, die mir hart auf den Fersen nachfolgten und wahrscheinlich eine Demonstration versucht haben würden, wenn wir bei der Rōdha Halt gemacht hätten. Mein Geleitsmann, anstatt dort Halt zu machen, wie ich erwartet hatte, nahm jedoch seinen Weg geradenwegs zu den Zelten. Hier begegneten uns Züge von Tuáreg-Familien mit ihrer geringen Habe auf halb verhungerten Eseln, nach Westen fliehend und genügenden Beweis dafür liefernd, dass die Nachricht von der Annäherung des „tābu" kein eitles Gerücht sei. Auch das Lager, welches jetzt wieder an einer anderen Stelle aufgeschlagen war, gewährte einen höchst belebten Anblick. Ein ansehnlicher Weiler, bestehend aus Mattenwohnungen — „ssenīha" — und bewohnt von den Kēl-úlli und I'gelād, den Schützlingen des Scheichs, war eng mit dem Lager verbunden, und so bildete denn die ganze Örtlichkeit ein gemüthlicheres Ganze, als das frühere Lager; aber die Folge davon war, dass sie allmählich sehr beengt und beschränkt wurde.

Gleich bei meiner Ankunft empfing ich die Begrüssungen

meiner neuen Freunde, die mir als Leidensgefährten und Bedrängte zuvorkommend entgegenkamen, und versuchte es dann, mich so behaglich wie möglich einzurichten; aber es war mir nicht viel Ruhe gestattet. Um 3 Uhr Nachmittags traf nämlich Mohammed ben Chottār, des Scheichs Neffe, ein und überbrachte eine mündliche peremptorische Botschaft von seinem Oheim an seinen älteren Bruder Ssidi Mohammed. Er sagte aus, die Fullān wären im Begriff, meine Wohnung in der Stadt zu stürmen, um sich meiner zurückgelassenen Habe zu bemächtigen, und er forderte daher Ssidi Mohammed auf, mich auf der Stelle und ohne den geringsten Verzug zurückzubringen; denn alle diese Umstände wären nichts weiter als die Folge seiner (Mohammed's) Voreiligkeit.

Erregt durch diese zornige Botschaft, bereute es der edle Sohn der Wüste, dass er seines Bruders Interessen durch sein Verfahren beeinträchtigt habe, und liess ohne Weiteres die grosse Trommel — „tobbel" — rühren, welche auf dem Gipfel der Sanddünen stets bereit hing, um alles waffenfähige Volk der Umgegend zusammenzurufen. Auf der Stelle ward seine Stute gesattelt; er stieg auf, seine vierläufige wunderbare Feuerwaffe vor sich auf den Sattel nehmend, und ich folgte mit meinen beiden Leuten hinterdrein.

So hatte es den Anschein, als wenn es meine Bestimmung wäre, noch einmal das Innere Timbuktu's zu betreten, und zwar diesmal unter sehr kriegerischen Umständen, und wir marschirten im Anfang mit solcher Geschwindigkeit, dass es schien, als wollten wir die Stadt ohne Weiteres mit Sturm einnehmen. Als wir jedoch den ersten Arm des Flusses erreicht hatten, machten wir einen kurzen Halt, wobei meine Mohammedanischen Freunde ihr Gebet verrichteten; dann setzten wir unseren Weg wieder fort, bis wir endlich auf einer Anhöhe einen festen Standpunkt nahmen und von hier aus einen Boten vorausschickten. Hier stiess auch Ssidi

Alauāte zu uns, der uns aus der Stadt entgegenkam. Da mittlerweile Dunkelheit eingetreten war und wir nicht wussten, wo wir den Scheich selbst treffen sollten, gingen wir nach einigem Zögern etwas vorwärts und hielten Angesichts der Stadt wieder auf einer Anhöhe. Von hier aus sandten wir nun einen zweiten Boten an den Scheich, der, wie wir von den Tauātern hörten, welche hier zu uns stiessen, die Stadt mit einer zahlreichen Schaar von Anhängern verlassen hatte, ohne dass in der Verwirrung irgend Jemand darnach fragte, wohin er sich gewandt hätte.

Mittlerweile amüsirten sich die Tuáreg, welche sich in unserer Gesellschaft befanden, in ihrer üblichen wilden Weise damit, ihre Schilde an einander zu schlagen und das Schlachtgeschrei zu erheben; die Nacht war überaus dunkel und ich feuerte zuletzt meine Flinte ab, um unseren Freunden ein Zeichen zu geben, wo wir wären. Wir fanden den Scheich ganz nahe bei der Stadt, südlich von der Rōdha, mit einem ansehnlichen Gefolge — Tuáreg sowohl wie Araber, Sonrhay und sogar einige Fullān. Unter Anderen war auch der Fútāui Issmááīl anwesend, der mir durch seine Kenntniss des Koloniallebens in St. Louis — „Ndér" — eine beständige Quelle der Unterhaltung gewährte, mich aber auch andererseits oft ärgerte, indem er allerlei in jenem kleinen Handelsplatze gewonnene Idee'n auf mich anwandte; so sah er fast mit Geringschätzung auf mich herab, weil ich die Börsenleute jener Hafenstadt, die er für die Herren der Welt hielt, ihrem Namen nach nicht kannte. Bei dieser Gelegenheit bewillkommte er mich mit einem Gesang und alle Leute sammelten sich in wilder Verwirrung um uns her.

Der Anblick dieser bunt gemischten Schaar, wie sie sich im falben Mondenschein auf den Sandhügeln umherdrängte, war höchst interessant, würde aber ungleich anziehender gewesen sein, wenn ich ruhiger Beobachter der Scene hätte bleiben können; aber ich war ja die Hauptursache dieser

Wirren und darum natürlich auch das Ziel von Nachstellungen. Mehrere meiner Freunde, vor Allen aber der Imām Hadj el Muchtār, den ich schon in Bórnu gekannt hatte, drängten sich desshalb zu mir und baten mich dringend, mich vor Verrath in Acht zu nehmen. Auch der Scheich selbst entsandte seinen vertrautesten Diener, um mir sagen zu lassen, dass ich besser thäte, mich inmitten der Tuáreg aufzuhalten; denn obgleich selbst zu einem der Stämme dieser südlichen Mauren gehörig, freilich dem reinsten und am wenigsten erniedrigten, hielt er doch die Tuáreg oder Imōscharh bei all' ihren räuberischen Gelüsten für zuverlässiger als seine Landsleute. So bildeten denn die Kēl-úlli sofort ein Viereck um mich her, machten aber zugleich einen Scherz daraus, indem sie den Muth meines Pferdes auf die Probe stellten. Sie rückten nämlich mit einer Seite des Vierecks unter Zusammenschlagen der Schilde gegen mich an, bis sie mich auf die entgegengesetzte Seite zurückgedrängt hatten; da aber spornte ich meinen Hengst an und trieb sie in ihre frühere Stellung zurück. Dabei ward mein edles Thier so feurig erregt, dass es vor lauter Behagen zu wiehern anfing, was denn diesen wilden Gesellen unendlich viel Spass machte.

Mittlerweile waren die verschiedenen Mitglieder der grossen Familie des Scheichs Muchtār abgestiegen und verloren ihre Zeit in unnützer Berathung mit ihren vertrauten Rathgebern, während sich mehrere Fullān-Reiter in der Nähe umhertrieben und mich zwangen, auf meiner Hut zu sein. Einer der Letzteren ward jedoch ganz wider Erwarten aus dem Sattel geworfen; sein Pferd erhielt nämlich eine Wunde — ob nun von einem Baumstamme oder einem Speere — und ward so das einzige Opfer dieses ruhmvollen und denkwürdigen nächtlichen Feldzuges.

Nachdem wir einige Zeit auf den Sanddünen hin- und hergezogen waren, rückten wir endlich näher an die äussere

Linie des A'beras heran und nahmen da unsere Stellung ein. Aber die Fullān und Sonrhay hatten sich bei dem Schlagen der Alarmtrommel gleichfalls versammelt und stellten sich uns gegenüber auf. Es hatte demnach allen Anschein, als wenn sie uns ungeachtet ihrer angeborenen Feigheit doch nicht gestatten würden, die Stadt ohne Blutvergiessen zu betreten, und ich wiederholte mehrmals meinen Protest beim Scheich, dass nichts meinem Sinne mehr zuwider sei, als wenn meinetwegen Blut vergossen und vielleicht gar sein eigenes Leben gefährdet werden sollte.

Mittlerweile wurden zahlreiche Boten hin- und hergesandt, bis mein Beschützer, dessen Ehrgefühl tief verwundet war, erklärte, dass er sich zufrieden geben und keinen Einwand gegen meine Rückkehr zu den Zelten machen wolle, wenn die Fullān ihre Streitkräfte aus der Stadt zurückzögen, so dass sie die ganze Entscheidung der Sache in seinen Händen liessen; ausserdem mussten sie noch versprechen, meine Wohnung unangetastet zu lassen. Der Scheich hielt pünktlich Wort, und während er selbst in Gesellschaft Alauāte's die Stadt betrat, gestattete er mir, mit seinem älteren Bruder nach den Zelten zurückzukehren. Wir kamen jedoch nicht vor 3 Uhr Morgens bei dem Lager an, da wir bei der täuschenden Mondscheinbeleuchtung den Weg verloren und uns in die zahlreichen Arme und Hinterwasser von Bō-ssebángo verirrten. Zu gleicher Zeit hatten wir bedeutend von Hunger und der nächtlichen Kühle zu leiden, und dies war das einzige unmittelbare Resultat dieses nächtlichen Feldzuges.

Am folgenden Tage erhielten wir von einem Urāghen, der aus Osten gekommen war, die Nachricht, dass der „tābu" in seine Heimath zurückgekehrt sei, und zwar in Folge eines ernsthaften Streites, der zwischen den Stämmen der Tarabanā-ssa und Tin-ger-égedesch, aus denen das Heer bestand, ausgebrochen sei, aber theils auch in Folge der Hartnäckigkeit A'chbi's, des Häuptlings der Iguádaren, der sich geweigert hatte, die Oberhoheit Alkúttabu's anzuerkennen und seinen Zufluchtsort, die Insel Kúrkosaī, zu verlassen, um jenem zu huldigen. Der herrschende Stamm der Auelímmiden machte seinem Zorne durch die Plünderung der armen Einwohner von Bamba oder Kasbah, einem zwischen Timbuktu und Gōgō gelegenen Städtchen, Luft. So wurden denn durch die Umkehr des erwarteten Heeres die Hoffnungen meines Beschützers völlig vereitelt, und ich fühlte mich um so mehr beruhigt, dass ich ihm nicht erlaubt hatte, die Sache auf's Äusserste zu treiben. Das arme Volk, welches sich aus Furcht vor jenen wilden Horden von A'derár unter den Schutz des Scheichs gestellt hatte, fühlte sich dagegen wieder sicher und holte seine geringe Habe, welche es in den verschiedenen Zelten des Lagers verborgen hatte, wieder hervor. Die I'gelád ihrerseits blieben etwas länger zurück und versammelten sich am Abend in bedeutender Anzahl vor meinem Zelte, um sich mit mir zu unterhalten, und, im Ganzen genommen, betrugen sie sich dabei sehr anständig.

Sobald ich davon überzeugt war, dass ich auf den Aufenthalt im Zeltlager beschränkt sei, schickte ich einen meiner Diener in die Stadt, um mein Gepäck holen zu lassen, aber er kehrte zurück, ohne seinen Auftrag ausgeführt zu haben. Jedoch es kam der Scheich selbst mit und kündigte mir an, dass er nicht wünsche, das mein Gepäck aus der Stadt entfernt würde, bevor er selbst bereit sei, mir auf meiner Reise das Geleit zu geben, da er befürchte, dass seine beiden Brüder noch mehr von mir erheben wollten, als sie schon bekommen hätten. In der ersten Aufwallung des Zornes hatte er den Schwur gethan, dass er mich unter jeder Bedingung in die Stadt zurückbringen wolle, und ich erklärte ihm daher, um ihn über diesen Punkt zu beruhigen, dass ich herzlich gern einmal ganz allein in der Dunkelheit der Nacht in meine Wohnung in der Stadt kommen, eine kurze Zeit daselbst verweilen und dann wieder in das

Lager zurückkehren wollte, so dass also sein Schwur erfüllt würde. Aber der Scheich gab es nicht zu, dass ich mich seinetwegen irgend einer Gefahr aussetzte, da die Grundsätze seines Glaubens es ihm leicht machten, die mit seinem Gewissen eingegangene Verpflichtung zu erfüllen, indem er sich der Strafe eines dreitägigen Fastens unterzöge.

Es war mir erfreulich, bei dieser Gelegenheit von meinem Beschützer zu hören, dass der Fullān-Offizier Férredji ihm beim Verlassen der Stadt bis zur Rōdha das Geleit gegeben und ihn dabei zugleich seiner vollen und ungetrübten Freundschaft versichert habe. So würde denn Alles ein gutes Ende nehmen, und mein Freund hoffte, dass er von den Fullān noch günstige Bedingungen für jeden künftigen Engländer oder Europäer überhaupt erlangen würde, der diesen Platz besuchen wollte. In Gesellschaft des Scheichs kam auch Ssidi Alauāte aus der Stadt heraus; er benahm sich recht freundlich, ja er bot mir sogar seine Dienste an, um meine Abreise zu beschleunigen. Ich nahm dieselben dankbar an, ohne jedoch Vertrauen in ihn zu setzen; denn ich war mir wohlbewusst, dass ihm an meinem Eigenthum viel mehr lag, als an meinem Leben oder meiner glücklichen Heimkehr.

Da bis jetzt noch keine Anstalten zu meiner Abreise gemacht waren, sah ich mich gezwungen, mich in Geduld zu fassen, und schickte daher einen Diener mit zwei von meinen Pferden in die Stadt. Denn seitdem die Überfluthungen des Stromes in ihr Bett zurückgetreten waren, waren die Blutfliegen zu einer so schrecklichen Plage geworden, dass sie das Leben von Mensch und Thier bedrohten, und es war hauptsächlich dies Übel, welches mir den Aufenthalt hier so unangenehm machte. Es war auch die Ursache des fast gänzlichen Verlustes meines Leibpferdes; denn dies konnte ich nicht fortschicken, sondern musste es für den Nothfall bei mir behalten. Wegen dieses Übels sieht sich auch Keiner der Wüstenbewohner, deren Eigenthum hauptsächlich in Kameelen besteht, im Stande, um diese Jahreszeit die Stadt oder vielmehr deren Umgebung zu besuchen; denn in das Innere der Stadt dringen diese Blutfliegen, die von den Imōscharh „asarūal" genannt werden, weniger ein.

Aber nicht allein diese Fliegen, sondern auch andere Arten von Insekten waren in diesem Wüstenstrich in ausserordentlicher Menge zum Vorschein gekommen, seitdem er von den Fluthen des Stromes überschwemmt und befruchtet worden; besonders eine zahllose Menge von Raupen ward sehr lästig, indem sie überall auf dem Boden umherkrochen und auf die Teppiche und Matten, sowie überhaupt in alle Behälter drangen. So waren denn die Unbequemlichkeiten dieses offenen Lagers zahlreich, dagegen die Annehmlichkeiten höchst beschränkter Art; selbst meine Kost war ärmlicher, als sie zuvor gewesen war. An die Stelle des berühmten kräftigen Wüstentranks aus Käse und Datteln — „redjīre" — war in Ermangelung desselben der weniger schmackhafte „dakno" getreten, welcher allerdings den gewöhnlichen Trank der Sonrhay bildet, aber für den verwöhnten Europäer bei seiner, wässerigen, kraftlosen Beschaffenheit, da er nur aus gestampfter Negerhirse mit etwas Honig besteht, blos eine bescheidene Kost gewährt; aber hier fehlte in dieser Zeit selbst der Honig und seine Stelle vertrat der Saft der Frucht des Baobab *(Adansonia)*. Bei dieser schmalen Kost und allem Mangel an Unterhaltung gewährte es mir denn einiges Vergnügen, die Töchter der I'gelād die Esel ihrer Eltern auf die Weidegründe hinaustreiben zu sehn und Zeuge der mannichfaltigen Vorfälle des täglichen Lebens dieser Leute zu sein. Aber auch die I'gelād verliessen bald diesen ihren zeitweiligen Aufenthaltsort und ebenso die Kēl-úlli, indem beide Stämme in ihre eigentlichen, weiter ostwärts gelegenen Wohnsitze zurückkehrten.

Da alle diese meine Freunde, mit denen ich nur so kurze Bekanntschaft gemacht hatte, mich verliessen, war ich äusserst froh, dass ein Bruder des dem Scheich befreundeten, neulich angekommenen Pullo-Häuptlings aus der Stadt kam und mich besuchte. Er hiess Dáūd und er war es, von dem ich eine grosse Menge wichtiger Nachrichten in Bezug auf die Gegend nordwestlich vom Flusse, zwischen Hamd-Allāhi und Bághena, erhielt. Auch traf ich hier noch eine Person, die mir einen eigenthümlichen Umstand hinsichtlich des „Rāss el mā" mittheilte, jenes grossen nordwestlichen Ausläufers des Flusses, den ich schon zu wiederholten Malen erwähnt habe und von dem ich im Anhange mehr sagen werde*). Leider war ich nicht im Stande, die ganze Tragweite seiner Angabe zu würdigen; er sagte mir nämlich in Bezug auf jenes eigenthümliche Bassin, dass zu der Zeit, wo die Wasser desselben bedeutend abgenommen hätten, sich auf seinem Boden ein Aufwallen und Sprudeln bemerken lasse. Ob sich aber dies Aufwallen auf lebende Springquellen oder auf irgend ein anderes Phänomen bezöge, konnte ich aus seiner Angabe nicht ermitteln, wiewohl ich mir vorstellte, dass wohl das Erstere der Fall sei.

[*Dienstag, 21sten März.*] Dies war in mehreren Beziehungen ein sehr wichtiger Tag. Zuerst war er in meteorologischer Hinsicht höchst bemerkenswerth, nämlich als der Anfang des „nissān", d. h. der kurzen Regenzeit des Frühlings. Diesen besonderen Abschnitt der Jahreszeit hatte ich in den anderen südlicheren Gegenden des Sudans, die ich selbst besucht hatte, nicht beobachtet; aber in anderen tropischen Gegenden, besonders in Bengāl, ist er nicht unbeachtet geblieben; freilich sind die klimatischen Verhältnisse jener Landschaft ungleich verschieden, denn sie liegt viel nördlicher. An diesem ersten Tage hatten wir zwei

---

*) Siehe Anhang I dieses Bandes, welcher Alles enthält, was ich über die westliche Hälfte der Wüste zwischen Timbuktu und dem Atlantischen Ocean erfahren konnte.

ordentliche Regenfälle, wenn auch nicht in bedeutender Menge, und dies Phänomen wiederholte sich ungefähr 7 Tage lang, obwohl mit Unterbrechung, während mittlerweile die Fliegen ganz unerträglich wurden und mich beinahe zur Verzweiflung trieben.

Aber der Tag war auch in anderer Beziehung bedeutungsvoll; die Söhne des Scheichs Mohammed, El Bakáy und seine Brüder, machten nämlich den Versuch, ein freundschaftliches Verhältniss unter einander herbeizuführen. Gross war mein Erstaunen, als mir am Morgen dieses Tages der ältere Bruder, Ssidi Mohammed, welcher mir als Wächter beigegeben war, anzeigte, dass ich ihn zur Rōdha, der heiligen Grabstätte Ssidi Muchtār's, zurückbegleiten solle; denn es schien fast, als ob hier Aussicht sei, dass ich noch einmal mit den Städtern in feindliche Berührung kommen sollte. Auf dem Wege dahin musste ich mit dem oben erwähnten Dáūd ein Wettrennen halten, besiegte ihn aber leicht mit der „Wüstenwindsbraut", wie ich mein Pferd benannte; denn dies befand sich zur Zeit noch bei ziemlicher Kraft. Dann folgte ich meinem Geleitsmann und wir nahmen unseren Platz auf der Südseite der Grabkammer des Vorfahren der heiligen Familie. Schon mehrmals hatte ich bei früheren Gelegenheiten diese Grabstätte passirt, aber sie noch nie vorher ganz in der Nähe besehen. Ich fand, dass es ein aus Thon erbautes geräumiges Gemach war, umgeben von mehreren kleineren Gräbern von Leuten, welchen daran gelegen hatte, sich selbst im Jenseits unter den Schutz der Seele dieses Heiligen zu stellen.

Allmählich stiessen hier die Verwandten und Freunde des Scheichs zu uns. Zuerst stellte sich Alauāte ein und begrüsste mich auf seine gewöhnliche lächelnde Weise; dann kam der kränkliche Mohammed ben 'Abd-Allāhi, der fast wie ein Glied der Familie angesehen wurde; zunächst folgte der feindliche Hammādi (auch er begrüsste mich und empfing seinerseits meinen Gruss); dann kam der Scheich mit seinem wohlwollenden, stets heiteren Wesen, und endlich ʿAbidīn. Den Letzteren, dessen Einzug ich oben erwähnt habe, hatte ich vorher noch nicht gesehn; er sah älter aus als der Scheich, hatte aber ausdrucksvolle, scharf geschnittene und männliche Züge, sowie eine helle Haut, bedeutend heller als diejenige meines Wirthes, und war angethan mit einem violettfarbigen Bernus. Auch er benahm sich sehr freundlich gegen mich, was mir auffallend war, da er seinem Bruder, unter dessen persönlichen Schutz ich mich gestellt hatte, ebenso feindlich gegenüberstand, als Hammādi.

Nachdem alle Betheiligten beisammen waren, wurden wir mit einem Imbiss traktirt, und zwar erhielt ich meinen Antheil zuerst. Offenbar war es auch ein Zweck dieser Unterhandlung, mir, dem Gaste, Ehre zu erweisen, und dazu hatte mein entschiedenes Auftreten als Friedensbote, dem nichts ferner liege, als seinetwegen die Stadt in Kriegsnoth stürzen zu wollen, das Seinige beigetragen. Meine Mosslimischen Freunde verrichteten dann ihr Gebet des „ásser" und ich zog mich unterdessen, um keinen Anstoss zu geben, auf die andere Seite der Grabkammer zurück. Hierauf sassen wir wieder auf und zogen in östlicher Richtung auf grössere Entfernung von der Stadt weg, um den Neugierigen, die mit herausgekommen waren, auszuweichen. Da setzten sich nun die verschiedenen Glieder der Familie Muchtār's auf der Erde in einem Kreise nieder und eröffneten eine ernste Privatberathung zur Ordnung ihrer politischen Angelegenheiten. Diese Berathung dauerte etwa 1 Stunde, während welcher Zeit ich mich in einiger Entfernung hielt; dann wurde sie abgebrochen, und leider ergab es sich, dass sie das erwünschte Resultat, die Vereinigung der Brüder zu einer gemeinsamen Politik, nicht ergeben hatte.

Der Scheich hatte bei dieser Gelegenheit den Versuch gemacht, mich zu überreden, diese Nacht im Aʿberas (d. i.

Vorstadt) zuzubringen; aber dies Anerbieten hatte ich abgelehnt, da ich besorgt war, ich möchte dadurch eine weitere Unordnung verursachen. Er versprach mir nun, dass er am nächsten Freitag mit meinem Gepäcke herauskommen wolle, und ich kehrte mit Ssidi Mohammed zu den Zelten zurück.

Bei diesen verschiedenen Gelegenheiten war ich in Folge der grossen Bemühungen meines Beschützers wirklich höchst ehrenvoll behandelt worden, und ein bedeutender Schritt war geschehen, um den Europäern diese Stadt zugänglich zu machen; aber dennoch hatten die Fullān im Verlaufe der ganzen Angelegenheit abermals ein gewisses politisches Übergewicht errungen und sie benutzten diesen Vortheil ohne Zaudern und Verzug, indem sie von jedem Erwachsenen eine Abgabe von 2000 Muscheln erhoben, unter dem Vorwande, dass jene nicht, wie es doch ihre Schuldigkeit sei, ihre Freitagsgebete in der grossen Moschee verrichteten. Dies war eines der Mittel, durch welche sich der Stamm der Eroberer bemühte, den Nationalgeist der einheimischen Bevölkerung zu unterdrücken, indem sie dieselbe zwangen, ihr wöchentliches Gebet in der Moschee zu verrichten, welche von vorne herein von Fremdherrschern, nämlich von dem Mandingo-Eroberer Manssa Mū-ssa, erbaut worden war und die sie selbst zum Mittelpunkte ihrer Oberhoheit über die Stadt gemacht hatten. Sogar schon in früheren Zeiten war dies Stadtviertel stets der Mittelpunkt der Mohammedanischen Bevölkerung gewesen, und es ist leicht möglich, dass es einst mit einer eigenen Mauer umgeben und so von der übrigen Stadt ganz und gar getrennt war. In dieser religiös-polizeilichen Maassregel wurden die Fullān durch die Vorschriften des Isslam unterstützt; denn diesen zufolge ist ein Mosslīm, selbst wenn er seine gewöhnlichen täglichen Gebete zu Hause oder in einer kleinen Kapelle verrichtet, im Falle, dass er in der Stadt verweilt und nicht durch Krankheit verhindert ist, gezwungen, sein Freitagsgebet in der Djámá zu verrichten.

Dieselbe Politik war es auch, welche die Fullān bestimmte, zur Zeit, als sie die Stadt in Besitz nahmen, den Verfall der alten Stadtmoschee von Ssán-korē, welche im nördlichen Viertel liegt, absichtlich zu befördern und dann ihre Ausbesserung zu verhindern, bis es kraft der Bemühungen des Scheichs El Bakáy (besonders bei Gelegenheit eines Besuches, den er vor einigen Jahren in Hamd-Allāhi gemacht hatte) den Städtern erlaubt worden war, jene ihre Lieblingsmoschee auf eigene Kosten auszubessern. Dies war denn auch geschehen, und diese Kosten hatten sich auf 600 Blöcke oder Köpfe — „rūss" — Salz belaufen.

Ausserdem dass die Fullān die erwähnte Kopfsteuer von den Einwohnern im Allgemeinen erhoben, fanden sie auch ein Mittel, den Arabischen Theil der Bevölkerung, welcher den Scheich ganz besonders in seiner Widersetzlichkeit gegen den Befehl, mich aus der Stadt zu treiben, unterstützt hatte, noch insbesondere einer Strafe zu unterwerfen. Diese Maassregel bestand darin, dass sie in allen Wohnungen oder Hütten der Araber eine Haussuchung veranstalteten und etwa 60 bis 80 Ballen — „ssunīe" — Tabak wegnahmen; denn letzterer bildet, wie ich schon bei früherer Gelegenheit erwähnt habe, unter der strengen Herrschaft der Fulbe Má-ssina's in dieser Gegend einen Artikel religiöser und politischer Contrebande.

[*Freitag, 24sten März.*] Dies war der Tag, an dem der Scheich versprochen hatte, mir mein Gepäck aus der Stadt zu bringen, aber zu meinem nicht geringen Verdruss kam er mit leeren Händen. Und auch jetzt noch hatte er viel zu reden von der erwarteten Ankunft Alkúttabu's; denn der Häuptling Ssomki, hiess es, sei von Áribínda herübergerufen worden, um mit seinem Oberherrn bei Rhērgo mit 15 Booten zusammenzutreffen. Aber wie sich nachher zeigte, war dies blos eine Kriegslist jenes schlauen Bandenführers, dessen Absicht nur war, ganz unerwartet über seine Feinde, die Kēl-hekīkan, herzufallen. Dies gelang ihm denn auch vollkommen, indem er etwa ein Dutzend Leute von jenem so schon sehr mitgenommenen Stamme tödtete. Mein Freund, der Scheich, rühmte die zahllosen Schaaren, welche sein Bundesgenosse, der Oberherr aller Imō-scharh, mit sich führe, und es machte mir einigen Spass, als ich nachher von einem Urāghen, der gekommen war, uns einen Besuch zu machen, erfuhr, dass Alkúttabu zur Zeit nur 300 kampffähige Männer bei sich habe. — Ich hatte auch die Genugthuung, zu sehn, wie mein freundlicher und gutmüthiger Wirth selbst aus eigener Erfahrung lernte, was ich Tag für Tag auszustehen hatte; denn gerade während er mir in meinem Zelte einen Besuch abstattete, erhielt er von einer jener Fliegen, welche mich so abscheulich quälten, einen so heftigen Stich, dass auf der Stelle Blut floss. Ich benutzte diese Gelegenheit, ihm mein armes Pferd zu zeigen, das schrecklich zu leiden hatte, obwohl wir zu Zeiten ein kleines Feuer anzündeten, um ihm einige Erleichterung zu verschaffen.

Während meines Aufenthaltes hier bei dem Zeltlager war ich mit Ssidi Mohammed näher bekannt geworden und ich hatte mich davon überzeugt, dass er ein redlich denkender, aufrichtiger Mann sei, obwohl allerdings ohne besondere freundschaftliche Gesinnung gegen Christen im Allgemeinen. Als er daher am nächsten Morgen mit dem Scheich eine gemeinsame Berathung hielt, beklagte ich mich in Gegenwart beider bitter darüber, dass sie die Erfüllung ihres Versprechens zu so wiederholten Malen aufschöben und meine Abreise so unendlich verzögerten. Sie vereinten sich dann in dem Bemühen, meine Ungeduld zu beschwichtigen, und baten mich, sie in die Stadt zu begleiten, wohin sie gerade zu gehn beabsichtigten; aber ich lehnte ihr Gesuch ab. Später schickten sie dann des Scheichs Neffen heraus, um mir Gesellschaft zu leisten und mich unter seine Obhut zu nehmen; dies war mir in meiner verlassenen Lage überaus angenehm, da ich fast keinen einzigen aufgeweckten Menschen um mich hatte, mit dem ich mich hätte unterhalten können.

Leider war noch immer nicht Alles für meine Abreise geordnet und neue Schwierigkeiten traten deutlich zu Tage. So erhielt ich denn während der nächsten Tage mehrere eigenthümliche Botschaften, deren wirkliche Bedeutung ich unmöglich verstehen konnte. El Bakáy versprach mir zuletzt, dass ich nur noch höchstens 2 Tage warten sollte, nach deren Ablauf er selbst mitgehn würde; aber der gute Mann kehrte nicht vor dem letzten März zurück, und obwohl er endlich mein Gepäck mitbrachte, war doch meine wirkliche Abreise selbst da noch in weiter Ferne.

Während dieser Zeit hatte ich besonders mit den Intriguen meines Hauptdieners 'Ali el A'geren zu kämpfen. Es schien nämlich, als wenn er den Aufenthalt in Timbuktu auf meine Kosten ganz angenehm und bequem fände; denn er selbst war ganz sicher, befand sich wohl und konnte thun, was ihm beliebte. Daher hatte er auch gar keine Eile, die Stadt zu verlassen, sondern suchte vielmehr meinen Bemühungen um schnelle Abreise mit allen ihm zu Gebote stehenden Mitteln entgegenzuarbeiten. Aus diesem Grunde bedurfte ich einen ausserordentlichen Grad von Geduld und sah mich überdies genöthigt, von der Langeweile und Einförmigkeit meines hiesigen Aufenthaltes in jedem kleinen Umstande, der den gleichförmigen Gang meiner Lebensweise unterbrach, Erholung zu suchen.

Eine reiche Quelle unschuldiger Unterhaltung gewährten mir die beiden 3- und 4-jährigen Söhne meines Beschützers, Bābā Ahmed und Sēn el 'Abidīn; diese Knaben führten nämlich um einen jeden Gegenstand beständig Streit darüber, ob er dem Einen oder Anderen gehöre, obgleich Keiner von beiden das geringste Recht daran hatte. So bildeten mein Pferd und mein Zelt die Hauptpunkte ihres kindischen Streites und es machte mir zu Zeiten viel Spass, zu sehn, wie

sich der jüngere, Sēn el 'Ābidīn, in den Eingang meines Zeltes stellte und unter dem energischen Proteste, dass es Sēn el 'Ābidīn's Zelt sei, seinem älteren Bruder verbot, sich ihm zu nähern. Die gegenüberstehende Lithographie gibt eine hübsche und treue Vorstellung von diesem Wüstenlager mit seiner Ungebundenheit, seiner Lebendigkeit, aber auch seiner Einförmigkeit.

Unser Lager bot mir zu Zeiten auch Unterhaltung anderer Art. Denn obgleich sich die Tuáreg-Stämme in ihre gewöhnlichen Wohnsitze zurückgezogen hatten, liessen sich doch die Guanīn noch von der Furcht vor den Kēl-hekīkan zurückhalten und sie führten gelegentlich ein Nationalspiel auf, das mir eine kleine Unterhaltung gewährte. Aber ich sah diese Leute, die Guanīn, bei weitem nicht so gern, als die wilden Imōscharh; denn durch ihre Unterwerfung unter die Launen fremder Stämme sind sie entartet und haben fast vollkommen jenen Geist der Unabhängigkeit verloren, der den freien Sohn der Wüste so anziehend macht, selbst wenn er der grösste Räuber ist.

Eines Nachmittags sammelten sich diese Guanīn um mein Zelt und fingen an zu rühmen, was sie für mich gethan hätten. Sie sagten mir, dass die Fullān ihrem Scheich Uēlēd 'Ābēda ein Schreiben geschickt hätten, in dem jene sie (die Guanīn) beschuldigten, dass sie in der Nacht, wo mich El Bakáy wieder in die Stadt bringen wollte, gegen sie gefochten und unter anderem Unheil, das sie angerichtet, auch ein ihnen gehöriges Pferd getödtet hätten; ihr Häuptling habe jedoch darauf geantwortet, seine Leute hätten wohl daran gethan, mich zu vertheidigen, und Niemand solle mir Schaden zufügen, nachdem es mir einmal gelungen wäre, mich unter den Schutz des Scheichs zu stellen. Und doch war jenes derselbe Mann, welcher den Major Laing ermordet hat, und der Eine oder Andere eben dieser Guanīn, mit denen ich jeden Tag zu thun hatte, war möglicherweise gleichfalls in jenen Mord verwickelt. So forschte ich denn auch bei diesen Leuten nach, ob gar keine Papiere von jenem unglücklichen Reisenden erhalten wären, und erfuhr, dass Alles verstreut oder fortgetragen worden sei; aber ich hörte bei dieser Gelegenheit zu meinem grossen Erstaunen, dass für mich selbst Briefe in A'sauād lägen, welche von Osten hergekommen wären. Allerdings waren diese Leute nicht im Stande oder auch nicht geneigt, mir volle Auskunft über diesen Umstand zu geben, der für mich so unendlich wichtig war. Die Sache selbst erwies sich in der Folge als wahr; es dauerte jedoch lange, ehe ich diese Briefschaften in meine Hände bekam.

Die Natur hatte jetzt einen lebensvolleren Charakter angenommen; denn nach dem geringen Regen, welcher gefallen war, schien es, als wenn der Frühling zum zweiten Male eingetreten sei. Die Bäume setzten junge Blätter an; der Fluss dagegen hatte jetzt einen ansehnlichen Strich Weidebodens blossgelegt, und so fand denn das Vieh an seinen Ufern wieder sein gewöhnliches Futter, das nahrhafte „býrgu", und konnte so seinen Besitzern wieder einen reichlicheren Vorrath an Milch liefern. Dies war ein wichtiger Umstand zur Beschleunigung unserer Abreise, indem die Schüler — „télamīd" — des Scheichs jetzt mit Grund erwarten konnten, dass sie auf dem Wege keinen Hunger leiden würden. Auf der anderen Seite hatte der Umstand, dass die Stämme, durch welche unser Weg ostwärts führen musste, zur Zeit ganz ohne Milch waren, einigen Einfluss auf den bisherigen Aufschub von Seiten meiner Freunde ausgeübt.

Mittlerweile ward die Verwirrung im Lande von Tag zu Tag schlimmer, seit dem Augenblicke, wo der herrschende Stamm der Auelímmiden solche Zeichen von Schwäche gegeben hatte. So ging das Gerücht, die Tin-ger-égedesch wären über den in A'ribínda angesessenen Stamm der Takétakaien hergefallen und hätten sechs von ihnen getödtet. Zu eben dieser Zeit machte der Häuptling Ssomki seinen blutigen Angriff auf die Kēl-hekīkan, und der Zustand von Fehde und offener Feindschaft unter den Iguádaren hatte einen ausserordentlichen Grad erreicht. Denn neben der gemeinsamen Feindseligkeit, welche dieser Stamm gegen seinen früheren Oberherrn Alkúttabu an den Tag gelegt hatte, standen noch zwei verschiedene Parteien einander in sehr blutiger Fehde gegenüber; die eine derselben ward von A'chbi und Wórhdugu und die andere von Tēni oder E' Tēni angeführt. Mit dem Letzteren aber war der grössere Theil der Tarabanāssa und Kēl-hekīkan verbündet.

Der Häuptling Tēni machte sich der Partei des Scheichs besonders dadurch verhasst, dass er eine ansehnliche Menge Eigenthums, das den Guanīn gehörte, zurückbehielt; dahin gehörten ein Dutzend Sklaven, mehr als 50 Esel und 300 bis 400 Schaafe. Auf Grund dieser Gewaltthätigkeit ward am Abend des 1sten April innerhalb der Dornenumzäunung — „serība" —, mit welcher ich mein kleines Lager umgeben hatte, eine höchst lärmende Versammlung abgehalten. Alle Guanīn versammelten sich um das vor der Thür meines Zeltes angezündete Feuer und schlugen zur Ordnung ihrer Angelegenheiten und Unterwerfung des eigensinnigen alten Tēni verschiedene Maassregeln vor. Einer der Redner zeichnete sich besonders durch seine Gewandtheit in der Sprache, sowie durch seine komischen Ausdrücke aus, wiewohl mir die letzteren für eine ernsthafte Berathung etwas zu lächerlich vorkamen. Aber dieser Mann war kein Berbūschi, sondern ein I'do 'Ali, und konnte also auch keinen Maassstab für die Fähigkeiten dieses Stammes abgeben.

Eben dieser Häuptling Tēni flösste auch mir einige Besorgniss ein. Er war nämlich als junger Mann von Mungo Park am Beine verwundet worden, und ich konnte daher die Befürchtung nicht bemeistern, er möchte irgend eine Gelegenheit benutzen, dafür an mir Rache zu nehmen. So kann es wohl kaum zweifelhaft sein, dass die Tuáreg bei dem mörderischen Angriffe, den sie im Wadi Ahénnet auf Major Laing machten, zum Theil von einem Rachegefühl beseelt wurden für den schweren Verlust, welchen ihnen Mungo Park bei seiner Beschiffung des Niger zugefügt hatte. Eben jetzt war jener gefürchtete Bandenführer mit einem Theile seiner Horde hier in der Nähe und verursachte Mīni, einem jüngeren Bruder Wórhdugu's, des einen Häuptlings der Tarabanássa, grosse Besorgniss. Dieser Mann, welcher gerade beim Scheich zum Besuch war, trieb sich daher in höchster Furcht den ganzen Tag in der Umgegend umher, um die Bewegungen des Feindes auszukundschaften. Dazu benutzte er das schöne schwarze Ross, welches mir mein Wirth zum Geschenk gemacht hatte, und er wünschte selbst, es gegen zwei Kameele einzutauschen, um damit seine Flucht zu beschleunigen.

Dieser Mann, obgleich sonst liebenswürdig und verständig, gab mir ein schönes Beispiel von der Noth, welche ich auf meinem Marsche durch diese zahlreichen Tuáreg-Stämme längs des Flusses zu erwarten hatte. Denn als er mich um ein Geschenk ersuchte, hielt ich ein gewöhnliches blaues Hemd — „rischāba" —, deren ich etwa ein Dutzend hatte anfertigen lassen, für genügend, da ich gar nichts mit ihm zu thun gehabt und durchaus nicht die geringste Verpflichtung gegen ihn hatte; aber er gab es mir mit der grössten Verachtung, als seiner völlig unwürdig, zurück. Eine solche Aussicht war mir um so unangenehmer, als sich meine Mittel zu dieser Zeit sehr vermindert hatten, und um nur eine kleine Summe von Muscheln zu erhalten, sah ich mich gezwungen, ein zerbrochenes Gewehr zu verkaufen.

Unter allen diesen Umständen machte es mir grosses Vergnügen, als am Abend des 3ten April die Vorrathssäcke des

Scheichs aus der Stadt gebracht wurden; die Hälfte ihres Inhaltes — so versicherte man mich — war für mich bestimmt. Dies hatte jedoch noch keinen Einfluss auf die Anordnung der endlichen Zurüstungen zu meiner Abreise, und am folgenden Tage schien wiederum Alles unsicherer als je — in Folge der Ankunft des Kādhi Uēlēd Fáámme mit einer neuen Schaar Bewaffneter, sowie mit neuen Befehlen, Geld von den Einwohnern einzutreiben, um ihnen das Bewusstsein der Oberherrlichkeit des Herrschers von Hamd-Allāhi einzuschärfen. Zu derselben Zeit setzten auch die Leute von Tauāt Intriguen jeder Art in Gang, um den Scheich daran zu verhindern, die Stadt zu verlassen; denn sie hegten die Besorgniss, dass sie in seiner Abwesenheit fortwährend den Belästigungen und Bedrückungen von Seiten des herrschenden Stammes ausgesetzt sein würden. Ssēko A'hmedu hatte nämlich bei einer Sendung von Geschenken nach Timbuktu\*) den Scheich zwar allerdings nicht ganz vergessen, aber doch auf der anderen Seite seine Vorliebe für Hammādi, den Nebenbuhler El Bakáy's, auf eine so entschiedene Weise an den Tag gelegt, dass mein Freund nicht gut erwarten konnte, dass während seiner Abwesenheit seine persönlichen Interessen irgendwie berücksichtigt werden würden. Ich musste daher den ganzen Einfluss, welchen ich bei El Bakáy besass, aufbieten, um ihn daran zu verhindern, seinen früher gefassten Vorsatz hinsichtlich meiner Abreise wieder zu ändern.

Allmählich ward jedoch Alles, was mein Wirth für diese Reise mitnehmen wollte, als Bücher, Lebensmittel u. s. w., aus der Stadt gebracht und es hatte daher den Anschein, als wenn wirklich El Bakáy in eigener Person mir das Geleite zu geben

---

\*) Das Geschenk, welches Ssēko A'hmedu schickte, bestand in 800 Maass Korn für El Bakáy und ebensoviel für Hammādi, aber Letzterer erhielt ausserdem noch 10 Sklaven.

beabsichtige. Seine Pferde wurden am 9ten d. M. von Kábara gebracht, und mehrere Personen, welche uns auf der Reise ostwärts begleiten sollten, stiessen am folgenden Tage zu uns. Am 11ten kam dann endlich der Scheich selbst an und unser Lager ward nun voller Leben. Auch der Rest meiner Leute, den ich in der Stadt zurückgelassen hatte, fand sich jetzt ein, und so ward denn mein eigenes kleines Zeltlager belebter, während mich zugleich mein kleiner Vorrath von Büchern, die ebenfalls aus der Stadt gebracht worden waren, in den Stand setzte, meiner Unterhaltung mehr Mannichfaltigkeit zu geben.

Vor unserer Abreise ereignete sich noch ein recht unangenehmer Umstand. Der Sóghorān-Offizier, welcher El Férredji begleitete, war nämlich in irgend einer Angelegenheit aus der Stadt angekommen; ich sass gerade mit den drei Brüdern in dem grossen Zelte, welches für Ssidi Mohammed errichtet worden war. Sowie ich den mir feindlichen Mann eintreten sah, wollte ich mich zurückziehen, aber der Scheich bat mich, zu bleiben. Ich folgte dieser Aufforderung, hielt es aber doch für besser, mich nach einiger Zeit ohne Weiteres zu entfernen; denn der Sóghorān empörte mich mit seinem beleidigenden Geschwätz, wiewohl seine Bemerkungen mehr Bezug auf die Franzosen oder vielmehr die Französischen und anderen Kaufleute von gemischter Ankunft, die am Senegal angesessen sind, als auf die Engländer oder irgend eine andere Europäische Nation hatten. Er sprach von den Christen in der allerverächtlichsten Weise, indem er u. A. schilderte, wie sie Weibern gleich in ihren Dampfbooten sässen und weiter nichts thäten, als rohe Eier essen; er schloss dann seine Schmachrede mit der für einen Europäer keineswegs sehr schmeichelhaften Behauptung, dass die götzendienerischen Bámbara weit bessere Leute wären und auch einen viel höheren Grad von Bildung besässen, als die Christen.

Es ist höchst merkwürdig, dass die Vorstellung, die Europäer ässen so gern rohe Eier, über ganz Nord-Central-Afrika verbreitet ist, — schon Mungo Park hatte viel davon zu leiden — und man kann sich diese Erscheinung, jedoch nur theilweise, durch die grosse Vorliebe erklären, welche die Franzosen für Eier haben, obwohl, so viel ich weiss, nur in gekochtem Zustande. Rohe Eier sind dem Mohammedaner ein widerlicher Gegenstand.

Überhaupt erforderte jetzt meine Lage eine bedeutende Vorsicht; denn auch Alauâte belästigte mich wieder mit seinen Betteleien. Als er aber kam, um von mir Abschied zu nehmen, erklärte ich ihm nicht allein, dass nun die Zeit für Geschenke vorüber sei, sondern benutzte überhaupt die dargebotene Gelegenheit, ihm meine Meinung über sein ganzes Verhalten gegen mich zu sagen. —

Die Schwierigkeiten, welche ein Platz wie Timbuktu einem freien Handelsverkehre mit den Europäern entgegensetzt, sind unzweifelhaft sehr gross. Die eigenthümliche Lage der Stadt — an dem Rande der Wüste und an der Grenzlinie verschiedener Rassen — macht in dem gegenwärtigen entarteten Zustande der einheimischen Königreiche eine energische Regierung sehr schwierig, ja fast unmöglich, und die Entfernung sowohl von der Westküste, als auch von der Mündung des Niger ist höchst bedeutend. Aber auf der anderen Seite macht die grosse Bedeutung der Lage dieser Stadt an der nördlichen Biegung jenes majestätischen Flusses, der in einem gewaltigen Bogen die ganze südliche Hälfte von Nord-Central-Afrika umspannt und dicht bevölkerte, sowie überaus produktionsfähige Landschaften einschliesst, die Eröffnung eines Europäischen Handels höchst wünschenswerth, und überdies bietet ja der Fluss selbst für einen solchen Zweck grosse Erleichterung dar. Nun ist Timbuktu allerdings den Französischen Besitzungen in Algerien auf der einen und denen am Senegal auf der anderen Seite näher, aber von den ersteren ist es durch einen Strich erschrecklicher Wüste getrennt und zwischen ihm und dem Senegal liegt ein höherer Landstrich, ja die nächste Verbindungsstrasse wird sogar von einer ansehnlichen Höhenkette durchschnitten.

Es kommt nun noch der eigenthümliche Umstand hinzu, dass wir hier eine Familie haben, welche lange, ehe die Franzosen ihre Eroberung Algeriens anfingen, ihre Freundschaft gegen die Engländer in unzweifelhafter Weise bewies, und im gegenwärtigen Augenblick lässt es sich das hervorragendste Glied eben dieser Familie angelegen sein, freien Verkehr mit dieser Nation zu eröffnen. Selbst für den Fall des grössten Erfolges Französischer Politik in Afrika wird es doch nimmer gelingen, diese ganze weite Ländermasse des Inneren mit Waffengewalt zu erobern. Auf der anderen Seite ist die Regierung der Fulbe von Hamd-Allāhi allem Verkehr mit Europäern, gleichviel ob Franzosen, Engländer oder wer sie immer sein mögen, auf das Entschiedenste abgeneigt, und wenn daher der Stadt Timbuktu eine freisinnige Regierung gesichert wäre, indem man hier eine von jenen Machthabern unabhängige Herrschaft begründete, so möchte sich dem Europäischen Handel und Verkehre hier ein ungeheueres Feld eröffnen und es könnte dann diese ganze Gegend wieder in den Bereich einer gesunden, kräftigen Organisation gebracht werden. Alle Fürsten und Nationalitäten des Inneren sind friedlichem Verkehre freundlich gesinnt und würden sich solchen selbst von Europäern, sobald sie Gerechtigkeit und energische Entschiedenheit bei ihnen finden, gern gefallen lassen.

Die Fortsetzung meines Berichtes wird zeigen, wie ich mich unter dem Schutze des Scheichs El Bakáy bemühte, den Weg am grossen Flusse, dem Eghírrëu oder Niger, entlang zu erforschen und zu eröffnen.

## IV. KAPITEL.
Misslungener Versuch der Abreise von Timbuktu.

Am 17ten März hatte ich mich in Folge der Politik der Brüder des Scheichs, welche einen solchen Schritt als unbedingt nothwendig für die Sicherheit der Stadt und als vortheilhaft für ihre eigene persönliche Sicherheit erkannten, gezwungen gesehn, Timbuktu zu verlassen. Seit jenem Zeitpunkte war über meine Abreise fast täglich ernstlich berathen worden, aber dessenungeachtet war unter den unendlichen Verzögerungen der 19te April gekommen, bevor wir endlich unser Lager verlassen konnten, das um diese Zeit an der Spitze des bemerkenswerthen, tief eingezackten Armes von Mō-ssebángo oder Bō-ssebángo lag.

Ungeachtet der Wichtigkeit des Tages war es meinem trefflichen Freunde, dem Scheich El Bakáy, doch nicht möglich, seine Gewohnheit, alle Dinge leicht zu nehmen, einmal zu überwinden. So schlief er denn auch heute bis zu später Morgenstunde, während sich seine Schüler mit den Eigenthümern der Kameele, welche für die Reise gemiethet waren, zankten, da sie sich nicht rühren wollten. Endlich liess sich mein Freund sehn und unsere langsame Karawane verliess das Lager; sie umfasste ausser unseren eigenen Kameelen noch eine ansehnliche Menge Esel, welche den Guanīn gehörten und mit Baumwollenstreifen beladen waren. Es war aber nach 11 Uhr und die Sonne hatte schon angefangen, lästig zu werden, als wir selbst das Lager verliessen; denn der Scheich liebte Weib und Kinder mit einer solchen Innigkeit, dass es ihm schwer auf's Herz fiel, sich von ihnen für längere Zeit trennen zu müssen. Auch ich selbst war seinen beiden Söhnen, besonders dem jüngeren, Namens Sēn el 'Abidīn, so aufrichtig zugethan, dass ich mit einiger Wehmuth von ihnen schied, und ich denke mir, dass sie ihren Freund 'Abd el Kerīm lange im Gedächtniss behalten werden. Auch konnte ich ungeachtet meiner Unzufriedenheit über den Mangel an durchgreifender Energie, den mein Beschützer zeigte, doch nicht böse auf ihn sein, und als er mich nun fragte, ob er mich denn getäuscht, oder sein Wort gehalten habe, konnte ich ihn nur loben, fügte aber hinzu, dass ich erst das Ende vom Liede hören müsste. Hierauf lächelte er und bemerkte gegen seinen Begleiter, den alten Haiballah (Habīb Allah), der von A'sauād gekommen war, um einige Zeit in seiner Gesellschaft zuzubringen, ob ich denn nicht recht misstrauisch wäre. Leider erwies die Zukunft, dass mein Misstrauen nicht ungegründet war.

Der Pflanzenwuchs in der Nachbarschaft von Bō-ssebángo ist sehr reich; als wir uns aber von diesem Arme des Flusses entfernten, hörte der Baumwuchs allmählich auf; nur „kálgo" liess sich sehn, — jener Busch, den ich so oft in Haussa getroffen hatte und der auch hier sehr gewöhnlich zu werden anfing. Aber in meiner Erwartung, dass wir einen tüchtigen Tagemarsch machen würden, sah ich mich stark getäuscht; denn wir hatten nur wenige Meilen zurückgelegt, so erblickte ich mein Zelt, das vorausgegangen war, in der Nachbarschaft eines Araber-Lagers, das dem Stamme der Ergágeda angehörte, aufgeschlagen. Hier blieben wir den Rest des Tages liegen, indem wir die Gastfreundschaft dieser Leute genossen; sie hatten aber für die Ehre eines solchen Besuches schwer zu büssen, denn die Schüler und übrigen Begleiter meines Freundes hatten starken Appetit und machten daher Anspruch auf eine hübsche Menge kräftiger Nahrung, um ihren Heisshunger zu stillen; denn ausserdem, dass sie uns ein Dutzend Schüsseln mit Reis, sowie eine grosse Menge Milch zu liefern hatten, mussten sie auch ein Paar Rinder schlachten. Diese Araber, welche hier ein Lager von etwa 25 geräumigen, aus Schaaffellen — „fárruël" — verfertigten Zelten bildeten, besitzen keine Kameele und auch nur wenig Kühe, sondern ihre Heerden bestehen hauptsächlich ausser einer grossen Anzahl Esel aus Schaafen und Ziegen. Die Ergágeda sind in diesem Bezirke am Flusse seit der Zeit angesiedelt, wo sich Ssidi Muchtár, der jetzt verstorbene ältere Bruder El Bakáy's, in Timbuktu niederliess, d. i. seit dem Jahre 1832.

Bei allem Verzug war ich doch froh, dass wir wenigstens unsere Reise wirklich angetreten hatten, und streckte mich während der Mittagshitze in dem Schatten eines kleinen „kálgo"-Baumes aus, indem ich mich der Hoffnung hingab, dass ich vor Ablauf von 40—50 Tagen Sókoto erreichen würde; ich hatte ja zur Zeit noch keine Vorstellung von den ungünstigen Verhältnissen, welche zusammentrafen, meine Hoffnungen zu vereiteln.

Dieser ganze Landstrich ist dicht mit „ssiwāk" oder „irāk" *(Capparis sodata)* bewachsen und bildet einen Zufluchtsort für Löwen, die es hier in Menge gibt. Aus diesem Grunde sahen wir uns gezwungen, unseren Lagerplatz mit einem dicken Zaun — „serība" — zu umgeben, und das Lager des Scheichs, für den ein grosses Zelt aufgeschlagen war, gewährte mit seinem Gefolge, seinen Pferden und seinen Kameelen einen imposanten Anblick. — Alle meine Freunde behaupteten, dass der Löwe dieser Gegend keine Mähne habe, oder doch nur eine sehr kleine, wie derjenige von Asben.

[*Donnerstag, 20sten April.*] Der erste Theil unseres heutigen Marsches führte durch eine flache Landschaft, die einige Tage zuvor ganz und gar unter Wasser gestanden hatte. Selbst noch im gegenwärtigen Augenblick zeigten sich nicht nur auf der Südseite des Pfades nach dem Flusse zu ausgedehnte Überschwemmungen, sondern auch auf der linken oder Nordseite breitete sich ein weites offenes Becken aus. Zahlreiche Schaaren von Imō-scharh, die ihre Zeltlager nach anderen Orten verlegten, zogen an uns vorüber, und wir liessen zwei elend aussehende Lagerstätten der Schémman-A'mmas zur Seite liegen, deren Bewegungen einen Beweis des verwirrten und unruhigen Zustandes des Landes lieferten; dann erstiegen wir die höhere Schwelle des Sandbodens und hier gewahrte ich zuerst die giftige *Euphorbia*, welche meist im Schatten von Bäumen, besonders Akazien, wächst. Nach der Angabe der Eingeborenen verursacht sie häufig den Tod des Löwen, und diesem Umstande verdankt sie auch den Namen „táboru" oder „abári e' ssebūa". Wir verfolgten hierauf unsere östliche Richtung und hielten uns an dem Abhang der Sanderhebung entlang, mit einem tiefsumpfigen Boden zu unserer Rechten, bis wir auf eine Gruppe von zwei Zeltlagern stiessen, von denen das eine den I'denān, das andere den Schémman-A'mmas gehörte. Hier machten wir während der heissen Tagesstunden Halt; aber die erwähnten Stämme haben einen entarteten Charakter, und namentlich das Betragen der Frauen war eben nicht sehr anständig und achtungswerth.

Wir hatten von unserem Lager bei Bō-ssebángo aus den grösseren Theil der Mannschaft, die den Scheich auf seiner Reise begleiten sollte, längs des Flussufers zu einem Lager der befreundeten Kēl-n-Nokúnder vorausgeschickt, und es ward hier beschlossen, dass es besser wäre, wenn wir selbst gingen und den Rest unserer Gesellschaft von dort abholten, als dass wir einen Boten hinschickten. Da aber jene Örtlichkeit weit von der geraden Strasse ablag und von Sümpfen umgeben war, so liessen wir unsere Kameele und unser Gepäck zurück. Es war spät Nachmittags, als wir

aufbrachen, und wir mussten erst fast ganz denselben Weg
zurückkehren, auf welchem wir gekommen waren; dann
liessen wir die frühere Lagerstätte der beiden Häuptlinge
Muschtāba und Rummān, die ich bei früherer Gelegenheit erwähnt habe, zur Seite liegen und betraten den Sumpfboden
gen Süden. Unser Weg führte hier längs einer schmalen
Landzunge Namens Temā-harōt hin, die mit Dūmpalmen
und Gestrüpp dicht überwachsen war und daher Löwen
einen sicheren Zufluchtsort gewährte. Die ganze Scenerie
der Landschaft, nach der Seite des Flusses zu begrenzt von
hohen Sanddünen und auf der anderen Seite von grünem,
grasreichem Sumpfboden mit einem kanalartigen Wasserbecken, gewährte ein höchst anziehendes Schauspiel, von
grossem Interesse für diese eigenthümliche Flussregion.

Nach einem Marsche von etwa 3 Meilen auf diesem schmalen Erddamme hin hatten wir seinen Endpunkt erreicht und
mussten nun einen Theil des Sumpfes selbst passiren, der
diesen höheren Boden von den Dünen am Flussufer trennt.
Vor weniger als einem Monate war er unpassirbar gewesen,
jetzt aber war die Wasserfläche unterbrochen und selbst an
der tiefsten Stelle hatte das Wasser nur noch eine Tiefe von
3 bis 3½ Fuss. Wir langten dann bei den Dünen am Ufer
des Flusses selbst an und schlugen hier wiederum eine
westliche Richtung ein, indem wir zur Rechten den niedrigen Sumpfboden hatten und zur Linken einen offenen Arm
des Flusses; ich sprengte die Sanddünen hinan und begrüsste freudig den schönen Strom.

Dieser gesammte Landstrich hat einen höchst eigenthümlichen Charakter und bietet je nach der Jahreszeit einen ganz
verschiedenen Anblick dar. So erheben sich während des
höchsten Standes der Überschwemmung nur die höchsten
Dünen über die Oberfläche des Wassers, gleichwie abgesonderte Inseln, und sind dann nur mit Booten zugänglich;
im Sommer dagegen bietet der vom zurückgetretenen Was-

ser blossgelegte und reich befruchtete Sumpfboden eine ausgezeichnete Weide für unzählige Rinderheerden. Gerade in diesem Augenblick, als wir bei Sonnenuntergang auf diesem eigenthümlichen Boden längs der Dünen dahinzogen, war die ganze Landschaft in dicke Staubwolken eingehüllt, welche durch die von ihren Triften heimkehrenden Heerden der Kēl-n-Nokúnder aufgewirbelt wurden. So erreichten wir das Lager und wurden hier von den vorausgezogenen Anhängern des Scheichs, die schon mehrere Tage auf uns gewartet hatten, höchst freudig empfangen, und besonders mir selbst ward ein überaus herzlicher Empfang zu Theil von meinem jungen Freunde Mohammed ben Chottār, dem Neffen des Scheichs, den ich seines hellen Verstandes und ritterlichen Charakters wegen sehr hoch schätzte. Er schilderte mir, wie ängstlich sie meinetwegen gewesen wären in Folge der so langen Verzögerung unserer Ankunft. — Da ich kein Zelt mitgebracht hatte, ward ein grosses von Leder für mich aufgeschlagen und man bewirthete mich gastlich mit Milch und Reis.

Die Kēl-n-Nokúnder bilden eine Abtheilung des zahlreichen Stammes der I'denān, und obgleich sie in politischer Beziehung nicht die Privilegien voller Freiheit und angeborenen Adels geniessen, ist es ihnen doch vermöge des Schutzes der Kunta und insbesondere des Scheichs El Bakāy gelungen, sich den Besitz ansehnlicher Rinderheerden zu wahren. Sie sind insgesammt „tolba" (d. h. Lernbeflissene) und können Alle den Kurān lesen, ja einige Wenige sind sogar im Stande, etwas Arabisch zu schreiben; aber Keiner unter ihnen hat sich in neuerer Zeit, auch nur nach den beschränkten Ansprüchen an Gelehrsamkeit in diesem Lande, zu dem Range eines Gelehrten aufgeschwungen, wiewohl sich der Stamm in früheren Zeiten ausgezeichneter Männer rühmen konnte.

Die Bemerkung, welche ich schon früher gemacht hatte,

dass alle die Leute, welche unter die Kategorie der „tolba" fallen, sich durch ihre helle Hautfarbe auszeichnen und nicht die muskulöse Stärke besitzen, welche man gewöhnlich bei den freien Imō-scharh vorfindet, ward auch hier bestätigt. Ihre helle, ja bleiche Hautfarbe ist um so auffallender, als die Leute fast ohne Ausnahme weisse Hemden und eben solche Lithāme tragen. Insgesammt nahmen sie grosses Interesse an mir und betrachteten mit grosser Aufmerksamkeit und Neugierde die wenigen Europäischen Artikel, welche ich noch bei mir hatte; sie flössten mir aber weniger Interesse ein, als ihre wilderen Brüder, die freien Imō-scharh.

Wir blieben hier nicht lange, sondern verliessen nach kurzem Aufenthalt am nächsten Morgen diese Stätte mit zahlreichem Tross, indem nun unsere ganze Reiseschaar vereinigt war; auch Niemand blieb zurück. Ich hatte zur Zeit keine Ahnung davon, dass ich schon binnen Kurzem diese Stätte, welche „Ernésse" oder „Núkkaba el kebīra" — „die grosse Sanddüne" — heisst, zum zweiten Male besuchen sollte. Diesmal hatten wir vortreffliche Führer bei uns, welche mit dem schwierigen Boden vollkommen vertraut waren, und so nahmen wir denn, als wir die Sanddünen verliessen, unseren Weg gerade durch den sumpfigen Wiesengrund und erreichten unser Lager auf der anderen Seite von Amalélle in viel kürzerer Zeit, als auf unserem Hinmarsch, indem wir durch fortwährende Windungen die wirklichen Sümpfe fast ganz vermieden; aber ohne einen guten Führer kann Niemand diese wassererfüllten Flachlande betreten, welche einen so bemerkenswerthen und eigenthümlichen Charakterzug der Gegenden am Niger bilden. Unter den Führern der Kēl-n-Nokúnder zeichnete sich ein Mann Namens Ayōba aus, den ich gelegentlich in der Stadt gesehn hatte und den seine Redseligkeit nicht minder bemerkbar machte, als seine Thätigkeit; ich gab ihm ein kleines Geschenk. Mehrere I'denān hatten meine Leute während meiner Abwesenheit gastfreundlich behandelt und auch sie erhielten zur Anerkennung eine kleine Gabe.

Am Nachmittag verliessen wir das Lager der I'denān und erreichten nach einem Marsche von etwa 8 Meilen, zuerst durch flaches Sumpfland, dann durch eine sandige Wildniss mit leicht gewellter Oberfläche und höheren Dünen nach der Flussseite zu, ein Lager der Kēl-úlli, derselben Leute, welche mir während meines Aufenthaltes in der Stadt zu wiederholten Malen Schutz gewährt hatten. Bei unserer Annäherung thaten wir einige Schüsse und wurden von unseren Freunden mit der kriegerischen Demonstration lauten Zusammenschlagens ihrer Schilde empfangen. Die gastfreundschaftliche Behandlung, welche uns diese eigenthümliche Horde von „Ziegenhirten" im Laufe des Abends erwies, erfüllte mich in der That mit wahrem Mitleiden für sie; denn da sie weder Reis noch Milch besitzen, schlachteten sie nicht weniger als 3 Rinder und 20 Ziegen, um unsere zahlreiche hungrige Gesellschaft zu gastiren und bei dieser Gelegenheit auch sich selbst einen Feiertag zu machen. Da wir nun erst nach Sonnenuntergang angekommen waren, wurde ein grosser Theil der Nacht in Schmauserei verbracht, und das Lager mit seinen zahlreichen Feuern, der Menge von Leuten, Pferden und Lastthieren, von Bäumen rings umgeben, bildete eine höchst interessante Scene.

Im Laufe des Abends erhielt ich einen Besuch von meinem Beschützer. Ich hatte ihm noch ein schönes Geschenk versprochen, sobald er mit mir wirklich meine Heimreise angetreten hätte, und er wünschte nun zu wissen, was das wäre. Ich sagte ihm, dass es in zwei reich verzierten Pistolen bestände, welche ich ausdrücklich für diese Gelegenheit aufbewahrt hätte. Er wollte sie jedoch nicht sogleich in Empfang nehmen, sondern bat mich, sie für ihn bis zu einem anderen Zeitpunkt aufzuheben; wahrscheinlich war er sich wohlbewusst, dass unsere Reise eigentlich noch gar nicht ihren Anfang genommen hatte. Ihr verfehlter Charakter trat denn auch schon am folgenden Tage völlig klar hervor, als wir nach einem Marsche von wenig mehr als 7 Meilen nahe bei dem Gezelt Tēni's oder E' Tēni's, des ersten Häuptlings der Tarabanāssa, lagerten.

Die Örtlichkeit hiess Ténss-arōri und war so überaus sumpfig, dass wir uns eine Zeit lang vergeblich nach einem trockenen Platze umsahen, um unsere Zelte aufschlagen zu können, und diese Beschaffenheit unseres Lagerplatzes übte auf meine Gesundheit eine höchst ungünstige Wirkung aus. Hier blieben wir diesen und die folgenden beiden Tage liegen, und es lag vor Augen, dass, da Tēni in seinem Ungehorsam gegen seinen Oberherrn Alkúttabu beharrte, der andere, mächtigere Häuptling A'chbi, dessen aufrührerisches Betragen den Hauptanlass gegeben hatte, dass jener nicht nach Timbuktu gekommen war, seinem Beispiel ohne Zweifel folgen würde. Die Sache war die, dass diese Horde, aufgereizt gegen ihren Oberherrn, oder wahrscheinlicher, weil sie ihn wegen seiner Jugend und seines Mangels an Energie mit Verachtung betrachtete sich auf seine Schutzbefohlenen, besonders die Schémman-A'mmas, geworfen und sie ihres gesammten Viehes beraubt hatte.

Dies war das erste Mal, dass ich diese mehr östlichen Tuáreg in ihrem eigenen Gebiete sah, und ihr edleres Aussehen im Vergleich mit den Tademékket und I'regenāten, sowohl hinsichtlich ihrer Gesichtszüge, als der Kleidung, fiel mir sogleich auf. Sie waren auch in ihrer Weise nicht ganz ohne Schmuck, sondern trugen kleine Metallbüchsen, die sehr nett aus Zinn und Kupfer gearbeitet waren; aber ich bemühte mich umsonst, einige derselben als Kuriosität zu erhalten. Ausserdem trugen sie noch an einem um den Hals geschlungenen, auf die Brust herabfallenden Gehänge eine grosse

Menge weisser Ringe, die aus den Knochen jenes höchst merkwürdigen Thieres, des „ayū" *(Manatus)*, welches im westlichen Arme des Niger nicht weniger häufig als im östlichen zu sein scheint, verfertigt werden. Als Zeichen ihrer edlen Abkunft und freien Geburt trugen Alle eiserne Speere und Schwerter, wogegen es den erniedrigten Stämmen nicht gestattet ist, diese männlichen Waffen zu führen.

Das Lager bestand aus etwa 30 Lederzelten von ansehnlicher Grösse, und ausser den Tarabanāssa war hier noch eine Abtheilung der Kēl-hekīkan unter Síllikai gelagert. Dies war ein fataler Umstand für mich; denn diese Kēl-hekīkan betrugen sich nicht so freundlich, wie die übrigen Tuáreg, mit denen ich immer auf dem besten Fusse gestanden hatte, sondern wurden allmählich nicht wenig lästig, und ich ward ganz gegen meinen Willen in einen religiösen Streit mit einem ihrer Häupter, Namens Ayūb oder Ssínnefel, verwickelt, was mir von einigem Schaden hätte sein können. Er fragte mich nämlich, was der Grund davon wäre, dass wir unser Gebet nicht in derselben Weise verrichteten, wie sie; ich antwortete ihm, dass unser Gott nicht blos in Osten lebte, sondern allüberall gegenwärtig sei, und dass wir daher nicht einsähen, warum wir uns beim Beten ostwärts wenden sollten. Diese Antwort schien ihn zu befriedigen, aber er that die zweite Frage, ob wir auch den Gebrauch der Beschneidung hätten; als ich nun verneinend antwortete, stellte er sich auf's Höchste entrüstet und gab sich Mühe, den Fanatismus des gesammten Lagers gegen mich rege zu machen. Jedoch gelang es mir, den so verursachten schlimmen Eindruck theilweise zu verwischen, indem ich mich eines biblischen Ausdruckes bediente und bemerkte, dass wir unsere Herzen beschnitten, und nicht einen anderen Theil unseres Leibes, indem wir jenen Gebrauch ausdrücklich abgeschafft hätten, da er uns ein Sinnbild des Jüdischen Glaubens zu sein schiene. Auch erklärte ich meinen Freunden, dass, wenn sie meinten, die Beschneidung sei ein Privilegium und ein Kennzeichen des Isslams, sie stark im Irrthume wären, da viele der heidnischen Stämme in ihrer Nachbarschaft, die sie mit so tiefer Verachtung behandelten, eben denselben Gebrauch hätten. Die letztere Bemerkung insbesondere machte einen tiefen Eindruck auf diese Leute, und sie verfehlten nicht, zu bemerken, dass ich nie in Verlegenheit wäre, wenn es gälte, einem gegen meinen Glauben gemachten Angriff auszuweichen.

Diesmal führte mich der Widerspruch etwas weit, aber sonst war ich vorsichtig genug, jeden Streit zu vermeiden, und ich schätzte mich in dieser Hinsicht äusserst glücklich, dass ich nichts mit einem anmassenden Verwandten des Scheichs El Bakáy, Namens 'Abd e' Rahmān Uēlēd Ssīd, zu thun hatte, der vor Kurzem von A'sauād gekommen war, um einige Zeit in der Gesellschaft seines Onkels zuzubringen und einige Geschenke von ihm zu erhalten. Auch gelang es mir vermittelst der kleinen Gaben, welche ich den Tarabanāssa schenkte, recht gut mit ihnen durchzukommen. Auch ihre Frauen stellten sich, wie es in diesen Zeltlagern stets der Fall war, am Abend ein, um einen freundlichen Blick von mir zu erhaschen und wo möglich ein kleines Geschenk zu erbetteln. Ich liess sie aber unbeachtet; denn in dem ganzen Stamme bemerkte ich auch nicht eine einzige Frau, die sich durch Schönheit oder Anstand irgend ausgezeichnet hätte.

Der alte Tēni selbst benahm sich so ungastlich, dass meine Gefährten fast vor Hunger vergingen, und ich musste mehrere von ihnen beköstigen, erhielt aber auch dafür manche nützliche Belehrung*).

---

*) Ein vollständiges Verzeichniss aller Stämme und Abtheilungen der Imōscharh oder Tuáreg wird man in Anhang II dieses Bandes finden. Hier will ich nur die Familienverhältnisse dieser Häupter der Iguádaren erwähnen;

[*Dienstag, 25sten April.*] Endlich verliessen wir diesen unbehaglichen und ungesunden Lagerplatz, hatten aber einige Schwierigkeit, den Sumpf zu umgehen, der sich hier gebildet hatte. Auch ein dichter Wald etwas weiterhin verursachte uns grosse Schwierigkeit und vereitelte fast alles fernere Vordringen. Wir zogen dann über ansteigenden sandigen Boden und hatten darauf wiederum einen höchst schwierigen sumpfigen Strich zu passiren; der dichte Wald, mit dem er überwachsen war, nöthigte uns zu Zeiten, die hohen Sanddünen zu erklimmen, welche den herrlichen Fluss zu unserer Rechten begrenzten und eine interessante Aussicht über die umliegende Landschaft gewährten.

Allmählich traten wir aus der dichten Waldung auf den grünen Saum eines Hinterwassers hinaus, das sich hinter den Sanddünen ausdehnte; die letzteren waren von Vieh belebt. Wir hielten uns an dieser sumpfigen, grünen Einsenkung entlang und erreichten so um 11 Uhr eine Taútilt genannte Stätte. Hier hatte ein Häuptling Namens Uórhda, der Schwiegervater Uórhdugu's, eben seine Lederzelte aufge-

---

denn sie sind von Wichtigkeit, um den politischen Zustand der Dinge in diesem Theile des Negerlandes zu verstehen; auch mag ihre Kenntniss einer künftigen Expedition von Nutzen sein. Zuerst kommt A'chbí, der vornehmste Häuptling dieses Stammes und ein Sohn Ssālem's, Sohnes Hemme's, Sohnes Achēum's. Sein Nebenbuhler ist Ssadáktu, der Neffe Ssimssim's. Letzterer ist ein Sohn A'mmer's, dessen Vater Ualassuaríssiar, ein Sohn Achēum's, war; der Name des Vaters von Ssadáktu ist mir unbekannt. Verbündet mit A'chbí ist El Uórhdugu, der Häuptling einer Abtheilung der Tarabanássa, ein höchst ritterlicher Mann und grosser Freund El Bakáy's. Uórhdugu ist der Sohn Ég el Henne's, des Sohnes Manssūr's, und seine Brüder sind: Mīni, Mohammed, Anīti und Lubēd. Der oben erwähnte Tēni oder E' Tēni ist ein anderer Häuptling der Tarabanássa und ein Verbündeter A'chbí's, aber ein Erzfeind El Uórhdugu's; er ist der Sohn Agánte's, Sohnes Cháui's, Sohnes Manssūr's, Sohnes Ag e' Ssaáde's, Sohnes Auēdha's. E' Tēni's Söhne heissen: Umbúnge, Imbékke oder Bābā, Assatīl und Innóssara; Söhne eines Bruders von E' Tēni sind: Babaie und Bubákkeri. Ein anderer grosser Mann aus der Verwandtschaft E' Tēni's ist U'gasst, der Sohn Schēt's, eines Sohnes Cháui's.

schlagen und ein Theil seines Gepäckes sollte gerade im Augenblick unserer Ankunft von der kleinen Insel Kŏra herübergeschafft werden. Auf jenem Inselchen, das mit der grösseren Insel, welche wir auf unserer Flussfahrt von Ssarayāmo beim Eintritt in den Niger selbst umschifft hatten, nur den Namen gemein hat, war der Häuptling Ssául noch jetzt gelagert und die Ufer waren mit zahlreichen Heerden von Hornvieh belebt.

Solcher Art ist die eigenthümliche Lebensweise, welche diese südlichen Abtheilungen der mysteriösen „Verhüllten", jener wilden Freibeuter der Wüste, angenommen haben. Ganz umgewandelt, wie sie sind, durch den Einfluss des Charakters der neuen Landschaften, die sie in Besitz genommen haben, wandern sie umher und verlegen ihre Lagerstätten von einer Insel zur anderen und von einem Ufer zum anderen, indem sie ihr Vieh durch den Fluss schwimmen lassen. In Folge dieser Lebensweise haben sie auch den Gebrauch des Kameeles beinahe ganz aufgegeben, während ihnen doch dieses geduldige Thier in jenen wüsten Landschaften, die in früheren Zeiten ihre Heimath gewesen waren, das einzige Mittel ihrer Existenz gewährte.

Es war eine höchst interessante und charakteristische Lagerstätte. Der nächste Flussarm, etwa 800 Schritt breit und augenblicklich 6—8 Fuss tief, war von mehreren Booten belebt, und eine kleine Viehheerde, die ihren Widerwillen gegen das Wasser offen zeigte, musste hindurchschwimmen; die Tuáreg waren emsig beschäftigt, ihr geringes Eigenthum zu ordnen und ihre Zelte aufzuschlagen, oder im Begriff, ihre budenähnlichen Mattenhütten für die Sklaven und Leibeigenen zu errichten; in unserem Rücken hatten wir die Waldung, dicht mit Schlingpflanzen durchwachsen. Der nächste Arm des Flusses trocknet gewöhnlich in der warmen Jahreszeit ein; der Hauptarm ist 2—3 Meilen von hier entfernt.

Kaum waren wir am Zeltlager angekommen, als der kleine, untersetzte und lebensvolle Uórhda plötzlich mit Einem Satze aus seinem Zelte hervorsprang, um seinen Freund, den Scheich, willkommen zu heissen; es war wohl der Mühe werth, seine Gewandtheit zu beachten. Wir lagerten uns im Schatten der grossen Bäume, hart am Rande des Wassers, und erhielten hier bald den Besuch mehrerer Sonrhay-Leute, die einen kleinen Weiler auf der Insel Kōra bewohnen und daselbst Tabak bauen. Dieser Artikel bildete in früheren Zeiten den Hauptzweig des Anbaues längs des ganzen Flusses; aber heutzutage, seit der Eroberung des Landes durch die Fulbe, ist er zu einem Gegenstande der Contrebande geworden, so dass die Leute von Timbuktu heimlich hierher kommen, um diesen Anwohnern ihre Erzeugnisse mit Baumwollenstreifen — „tāri" — abzukaufen. Diese schlechtere Sorte Tabak, welche hier in der Umgegend gebaut wird und die der „táboë" von Égedesch, ja selbst der „scherikīe" von Bamba und Rhērgo an Güte bedeutend nachsteht, heisst „schauāda".

Der kleine, lebhafte, freundliche Uórhda war mir auch in anderer Beziehung interessant. Er war nämlich in seiner Jugend mit bei dem Angriff zugegen gewesen, welchen die Iguádaren bei Égedesch auf Mungo Park gemacht hatten; denn Letzterer ist, wenn auch natürlich nicht unter seinem wahren Namen, so doch nach seinem grossen, seltsam aussehenden Boote mit dem weissen Segel, seinem langen Rock, seinem Strohhut und seinen grossen Fausthandschuhen, allen alten Leuten am Eghírrëu entlang noch heutzutage wohl im Gedächtniss. Der geheimnissvolle Bootsmann hatte bei Bamba Halt gemacht, um Hühner zu kaufen, wie er sich denn in jeder ansehnlichen Ortschaft längs des Flusses bemüht zu haben scheint, einiges Geflügel zu erhalten. Uórhda behauptete auch, dass die Tuáreg damals zwei der zur Bemannung des Bootes gehörigen Christen getödtet hätten, aber dies ist offenbar ein Irrthum, da es gewiss ist, dass zwei von den vier muthigen Männern, welche allein und verlassen in ihrem wohlverschanzten Boote — ihr Alles, ihre Wohnung, ihre Festung, ihre einzige Rettung — diesen gewaltigen, aber oft schwierigen Fluss so viele hundert Meilen weit inmitten dieser feindlichen Stämme befuhren, viel weiter abwärts ihrem Heldenmuthe zum Opfer fielen.

Die Leute Uórhda's hatten augenblicklich Überfluss an Eseln, und für eine Schwertklinge aus Solingen oder der ersten besten anderen Deutschen Fabrik bekömmt man überall zwei solche Thiere, die dann in der Stadt für wenigstens 6000 Muscheln das Stück wieder verkauft werden. Aber die Gewissenhafteren unter den Arabern lassen sich mit den Tuáreg nicht auf Handel ein, da sie wohl wissen, dass das Eigenthum der Letzteren, weil durch Gewalt erworben, zum grössten Theile „harām" (d. h. verboten) ist.

Es war uns angezeigt worden, dass wir am Nachmittag wieder aufbrechen sollten, und wir hatten daher unser Zelt nicht gleich bei unserer Ankunft aufgeschlagen; aber es war kein Grund vorhanden, unsere Abreise zu beschleunigen, und wir nahmen daher hier ruhig unser Nachtlager. Wir erhielten nun zahlreiche Besuche von den Uēlād Molūk, deren Lager sich in nur geringer Entfernung von dem unsrigen befand. Es waren kleine, untersetzte Leute von heller Hautfarbe, mit hoher Stirn — wie sie dem Berber-Stamme eigen ist — und ausdrucksvollen, einnehmenden Zügen; aber Mehrere unter ihnen litten schrecklich an den Folgen einer ekelhaften Krankheit, die sie der schlechten Beschaffenheit des Wassers zuschrieben. Bei einem oder zwei von ihnen waren Nase und ein Theil des Gesichts vom Krebs ganz weggefressen, was einen wirklich scheusslichen Anblick gewährte.

Ungleich angenehmer war mir ein Besuch, den ich vom Tuáreg-Häuptling Ssául, dem Anführer der Kēl-Támulāit, erhielt, obwohl dieser Mann keineswegs so freundlich und mittheilsam war, als Uórhda. Ssául's stolzer Sinn entsprach seiner hohen, stattlichen Gestalt. Er blieb den grösseren Theil der Nacht bei uns und hatte eine sehr lebhafte Unterhaltung mit dem Scheich über die unruhigen politischen Zustände des Landes. Er stellte sich auch am folgenden Morgen, während wir unser Gepäck ordneten, in Gesellschaft eines anderen Häuptlings Namens Chassīb wieder ein, um mir seine Aufwartung zu machen, und sass eine lange Zeit schweigend neben mir, um mich zu beobachten.

Endlich waren wir wieder auf dem Marsche, indem wir den Windungen des Flusses folgten, der sich zu Zeiten zu einem schönen Wasserbecken erweiterte und dann wieder hinter den Sanddünen verbarg. Zu unserer Linken hatten wir mittlerweile eine wohlbewaldete Landschaft, die dann und wann einem niedrigen Sumpfboden Platz machte und von Perlhühnern belebt war. An dieser Stätte begegneten wir einem schönen, hoch gewachsenen Amō-scharh, welcher auf einem der höchsten „mehāra" ritt, die ich je gesehn habe. Es war Uórhdugu, der Tapferste von allen südlichen Tuáreg — Auelímmiden, Iguádaren und Tademékket zusammengenommen — und ein treuer Freund des Scheichs El Bakáy. Uórhdugu war ein schöner, breitschultriger Mann von 6 Fuss 4—5 Zoll Höhe und augenscheinlich von gewaltiger Muskelkraft, wiewohl er zur Zeit keineswegs fleischig war und selbst angab, dass seine Gesundheit nicht vom besten sei.

Zahlreiche Thaten der Tapferkeit werden von diesem Manne erzählt, die uns an das beste Zeitalter Christlichen oder Arabischen Ritterthumes erinnern. So soll er zur Zeit, als die Tuáreg den Fulbe Gúndam wieder abnahmen, vom Rücken seines Pferdes auf die Mauer des Städtchens gesprungen sein und, indem er alle Speere der dort aufgestellten Feinde mit seinem Schilde auffing, seinen Kameraden freien Weg geöffnet haben. Wenige Tage früher, als ich ihn sah, war er, als er gerade nicht einen einzigen Waffengefährten bei sich hatte, von einer Schaar von 10—12 seiner persönlichen Feinde, Anhängern E' Tēni's, überfallen worden, aber er vertheidigte sich gegen Alle und erreichte so, indem er all' ihre eisernen Speere mit seinem Schilde auffing, den Saum des Flusses, von wo aus er glücklich in einem Boote entkam.

In Uórhdugu's Gesellschaft befand sich ein jüngerer Bruder desselben, Namens Mohammed, und von diesen beiden Männern angeführt, erreichten wir bald einen Platz Namens Iséberen oder Iséberāten, der seinen Namen von zwei Sanddünen hat, die von einem flachen Ufer aufsteigen und zu Zeiten ganz und gar isolirt sind. Auch nach der Landseite zu zieht sich ein grosses sumpfiges Hinterwasser hin und lässt nur einen schmalen Landrücken trocken.

## V. KAPITEL.

### Rückgängige Bewegung nach Timbuktu.

Iséberen, wo wir jetzt gelagert waren, hatte durchaus nichts Einladendes, da es neben seiner sumpfigen Beschaffenheit nur ärmlich mit Bäumen bewachsen war, und sein Name erhielt für mich eine um so ungünstigere Bedeutung, als wir hier unsere Reise ostwärts aufgaben und eine rückgängige Bewegung nach Timbuktu zu anfingen. Die trübsten Vorgefühle beunruhigten mich, obgleich ich meinem Schicksale gefasst entgegenging.

Drei oder vier Tage verflossen an dieser Stätte in vergeblicher Streitverhandlung zwischen dem Scheich und A'chbi, dem Haupte der Iguádaren, welcher hier eben sein Lager hatte. Denn A'chbi beharrte in dem aufrührerischen Betragen gegen seinen Oberherrn Alkúttabu, und anstatt das Eigenthum zurückzugeben, welches er den unter Alkúttabu's Schutze stehenden Stämmen abgenommen hatte, kam er zu dem Entschlusse, den Eingebungen Hammādi's, des Nebenbuhlers und Feindes des Scheichs, Folge zu leisten und sich den Fulbe und ihrem Haupte, dem Herrscher von Hamd-Allāhi, in die Arme zu werfen. So ward denn A'chbi die Ursache maassloser Verwirrung in dieser ganzen Gegend, und in der That brach bald nach meiner wirklichen Abreise ein blutiger Krieg aus und ein grosses Heer der Fulbe von Mássina überzog Timbuktu.

So einförmig auch die Lagerstätte bei Iséberen, an

welche sich die trübselige Erinnerung unserer Umkehr nach Westen knüpft, an sich war, gaben ihr doch einige interessante Leute etwas mehr Leben. Darunter befanden sich auch einige Anverwandte A'chbi's und ganz besonders die Söhne Eg el Henne's, Uórhdugu und seine Brüder, Mohammed, Aniti und Mini; alle diese waren Leute von grosser Freundlichkeit und — so weit es einem Tárki möglich ist, liebenswürdig zu sein — sogar von sehr liebenswürdigem Wesen. Unter A'chbi's Verwandten zeichnete sich ein Knabe Namens Kúngu aus, dessen Anmassung mir zuerst etwas lästig war, welcher aber nachher einer meiner besten Freunde wurde und selbst gegenwärtig noch einen der ersten Plätze in meiner Erinnerung einnimmt. Kúngu war ein Neffe A'chbi's und sein Vater hatte sich durch Tapferkeit und kriegerischen Unternehmungsgeist ausgezeichnet, war aber in jungen Jahren auf dem Schlachtfelde gefallen, wie dies das Schicksal der meisten Verwandten dieses Häuptlings gewesen ist. So war denn der Knabe von seiner Mutter Tatináta erzogen worden und früh mit den westlicheren Tuáreg, den Tademékket, in Berührung gekommen; denn Tatináta war eine Tochter A'uáb's, des Häuptlings jenes Stammes, den ich zu wiederholten Malen erwähnt habe.

A'chbi selbst war ein Mann von etwa 40 Jahren, von gutem Aussehen, aber übermüthig und stolz von Charakter. Sein Vater Ssálem, welcher vor einigen Monaten in einem sehr hohen Alter gestorben war, hatte andere Gesinnung gehegt und sich durch Einsicht und Klugheit ausgezeichnet; A'chbi dagegen hatte, sobald er zur Gewalt kam, seinem Oberherrn den Gehorsam aufgekündigt und offene Feindschaft mit ihm angesponnen. Er hatte ausserdem noch Anlass dazu gegeben, dass sein kleiner Stamm, der kaum mehr als 200 waffenfähige Männer zählte, sich in zwei feindliche Heerlager theilte, und er selbst hatte in Folge dieser Fehde einen sehr schweren Verlust unter seinen eigenen Anhängern erlitten. Sein Streit mit Alkúttabu war augenscheinlich eine Folge der Intriguen der Fulbe und Hammādi's, die, überzeugt, dass die politische Macht des Scheichs El Bakáy auf die Freundschaft und Verbindung mit dem Oberhaupte der Auelímmiden begründet war, Alles in Bewegung setzten, um dem Letzteren einen Gegner entgegenzustellen; die Entwickelung dieses Kampfes mag in den politischen Verhältnissen Timbuktu's grosse Veränderungen hervorgerufen haben. Für den Augenblick war dieser Umstand auch mir überaus verderblich.

Denn das aufrichtige Bestreben, die Einigkeit und den friedlichen Bestand des ganzen grossen Stammes der Auelímmiden in politischer Beziehung zu wahren und so die freundschaftlichen Beziehungen dieses Stammes mit demjenigen der Iguádaren aufrecht zu erhalten, veranlasste meinen Beschützer, meine Privatinteressen hintanzusetzen und zu meinem tiefsten Leidwesen noch einmal wieder nach Westen zurückzukehren, um das Äusserste zu versuchen, diese wichtige Angelegenheit zu ordnen. Denn eben der Stamm der Iguádaren war vom ersten Augenblicke an, wo er sich in A'sauād niederliess, der Schutz der Kunta gewesen, jenes Stammes, zu dem die Familie Muchtār's gehörte, und hatte sie ganz besonders gegen die Feindseligkeiten der I'gelād vertheidigt, durch deren Unterwerfung doch die Ersteren ihre Macht erst begründet hatten. El Bakáy konnte also nur mit der tiefsten Bekümmerniss sehn, wie es allen Anschein hatte, dass seine früheren Bundesgenossen die Helfershelfer seiner Feinde werden wollten, und sein Bruder Ssidi Mohammed, den er in Timbuktu zurückgelassen hatte, um während seiner Abwesenheit seinen Platz auszufüllen, hatte in der Bedrängniss einen Eilboten aus der Stadt geschickt, um ihn zu ersuchen, in Person zu kommen, damit er sich mit ihm über den beklagenswerthen Zustand berathen könne.

Ich meinerseits dagegen war meiner eigenen Interessen

halber mit tiefer Besorgniss erfüllt und fürchtete selbst für mein Leben; denn ich war davon überzeugt, dass dasselbe bei nochmaliger Rückkehr nach Timbuktu ernstlich bedroht wäre, und liess daher kein Mittel unversucht, meinen Freund zu bereden, mir zu gestatten, meine Reise ostwärts in der Gesellschaft derjenigen seiner Schüler und Anhänger fortzusetzen, die er mir mitzugeben versprochen hatte. Aber mein Freund weigerte sich, dies Gesuch zu genehmigen, und ich war in Folge dessen zur Zeit höchst niedergebeugt, indem ich diesen rückgängigen Marsch nach Timbuktu nur als ein höchst unglückliches Ereigniss betrachten konnte. Es kam aber zu dem allgemeinen Übel noch ein unendlich schlimmerer Umstand hinzu, der mich in die grösste Gefahr stürzte.

Gerade zu dieser Zeit traf nämlich über Ghadāmes die Nachricht ein, dass die Franzosen die Schaámba vollständig besiegt und einen Streifzug bis nach Uárghelá und Metlīli unternommen hätten, und in Folge dieses Gerüchtes ward die Furcht vor dem Vorrücken dieser gehassten Fremdlinge und ihrem Eindringen in das Innere dieser Gegenden ganz allgemein. Dies regte in Verbindung mit anderen Umständen, auf die ich nicht näher eingehen kann, auch starken Verdacht gegen mich auf, indem diese Leute nur zu leicht dazu verleitet wurden, zu glauben, dass mein Besuch ihres Landes mit dem Vordringen der Franzosen in Beziehung stände. So schmerzlich mir aber diese Rückbewegung auf Timbuktu zu war, so fand ich doch in der Folge, dass mein Freund an und für sich vollkommen Recht gehabt hatte, wenigstens für den Augenblick meine Heimreise hintanzusetzen.

[*Sonntag, 30sten April.*] Dies war der Tag traurigen Andenkens, wo ich mit den düstersten Vorgefühlen meinen Rückmarsch nach Westen antrat. Schon hatten die deutlichsten Zeichen die Annäherung der Regenzeit verkündet und weiter südlich war sie sogar schon eingetreten, als ich mich nach so vielen wiederholten Verzögerungen gezwungen sah, noch einmal nach eben jenem Platze zurückzukehren, den endlich hinter mir zu lassen, mich so überaus glücklich gemacht hatte.

Meinem Beschützer war der Zustand meines Gemüths wohlbekannt, und in dem Augenblicke, als die Leute die Kameele beluden, kam er zu mir und entschuldigte sich nochmals wegen dieser rückgängigen Bewegung. Bei unserer Reisegesellschaft befanden sich auch einige Araber vom Stamme der Guanīn, welche nach Rhērgo wollten, um dort Tabak zu kaufen, und auch sie waren nun gezwungen, noch einmal nach Westen zurückzukehren, da sie zu viel Gefahr gelaufen wären, wenn sie die Reise allein hätten unternehmen wollen.

Ich verbiss meinen Ingrimm und ritt schweigend vor unserer Schaar her; der herrliche Fluss, längs dessen Ufer unser Weg hinführte, gewährte meinem verstimmten Gemüth den einzigen Trost. Der Vereinigungspunkt der beiden Arme, wie er sich von dieser Stelle aus zeigte, bot ein sehr schönes Schauspiel. Auch die Gerredhbäume, welche eben in voller Blüthe standen, zogen meine Aufmerksamkeit auf sich. Wir hielten uns diesmal etwas näher an den Dünen und erreichten bald unseren früheren Lagerplatz in Taútilt. Dann ging es längs des kleinen Hinterwassers von Barkánge hin, dessen Umfang innerhalb dieser wenigen Tage bedeutend abgenommen hatte, und wir lagerten etwa 4 Meilen jenseits in dem baumlosen sumpfigen Grunde Namens Erássar, den wir auf unserem früheren Marsche mit so grosser Schwierigkeit zu passiren hatten. Hier an dieser ungesunden Stätte, zwischen zwei Sümpfen und etwa 1200 Schritt vom Ufer des Flusses, wo kein einziger Baum auch nur den geringsten Schatten gewährte, hatten die Iguádaren ihr Lager bezogen. Diese sumpfigen Niederungen, die nun so oft meine Lagerstätte bildeten, waren die Ursache jener schweren rheumatischen Leiden, von denen ich später in Bórnu so viel zu dulden hatte und die ich zu Zeiten noch jetzt fühle.

Diese Lagerstätte war um so unangenehmer, da wir hier die drei folgenden Tage liegen blieben, indem El Bakáy die ganze Zeit über alle möglichen Anstrengungen machte, den Häuptling A'chbi zu überreden, das den Schutzbefohlenen seines Lehnherrn abgenommene Eigenthum zurückzuerstatten. Mittlerweile war ich bemüht, mit den Leuten, mit denen ich auf diese Weise in Berührung gekommen war, ein freundschaftliches Verhältniss aufrecht zu erhalten. Freilich waren zur Zeit nur wenige Iguádaren hier anwesend; denn der grössere Theil war schon vorausgezogen, seinen neu erwählten Sitzen entgegen, und damals in Ernésse versammelt; dagegen war der geradsinnige und furchtlose Uórhdugu mit seinem Freunde Schámuēl noch hinter uns. Ich nahm grosses Interesse an dem Namen des Letzteren; denn ich war der Meinung, dass die Namen Schámuēl, Ssául und Dániēl — alle von häufigem Vorkommen in diesem Stamme, während doch meines Wissens keiner derselben sich bei den Arabern findet — das Verhältniss engerer Verwandtschaft bestätigen, das zwischen diesen Berberischen Stämmen und den Kanaanitischen Völkerschaften obwaltet, als mit den Arabern.

Es war besonders ein Mann Namens Ssāma, der mir grosse Zuneigung bewies, und als ich bei Gelegenheit mit ihm etwas mit Tefīnagh, den ursprünglichen Berber-Charakteren Geschriebenes las, wurde ich darauf aufmerksam, dass dies Wort nichts weiter als „Zeichen" oder „Alphabet" bedeutet. Denn sobald die Leute meiner Bücher ansichtig wurden und bemerkten, dass der ganze Inhalt aus einzelnen Buchstaben bestand, brachen sie in den wiederholten Ausruf aus: „Tefīnaghen-ai-Tefīnaghen!" und mein kleiner Freund Kúngu, der gerade eben das Arabische Alphabet gelernt hatte, war sehr begierig, etwas über die Bedeutung der Buchstaben zu erfahren. Ich erhielt hier auch einen

Beweis von dem grossen Widerwillen, den die Tuáreg gegen die Erwähnung des Namens ihres Vaters empfinden; denn als der kleine Haibálla, der Spiel- und Schulkamerad vom Sohne des Scheichs, den Tod von Kúngu's Vater erwähnte, brach der kleine Bursche in gewaltige Wuth aus und war nahe daran, ihm auf der Stelle den Garaus zu machen. Vielleicht steht auch dieses tiefgewurzelte Vorurtheil in Verbindung mit jener in Afrika so allgemein verbreiteten religiösen Verehrung der Seelen der Abgeschiedenen.

Ich erhielt ausserdem noch viel Belehrung von einem jungen Manne, der vor Kurzem aus Norden gekommen war, um in der Gesellschaft des Scheichs den Studien obzuliegen und ein frommer Mann zu werden. Er gehörte dem Stamme der Uélād Yoása an, einer Abtheilung des grösseren Stammes der Méschedūf, der allem Anschein nach noch in höherem Grade als die umwohnenden Stämme ursprünglich von reiner Berber-Abkunft gewesen zu sein scheint und identisch mit dem berühmten Stamme der Ma-ssūfa, die noch im 14ten Jahrhunderte nicht allein die Hauptführer der Karawanen auf dem Wege zum Niger, sondern auch der Hauptbestandtheil der Bevölkerung von Timbuktu waren, die aber gegenwärtig durch Arabischen Einfluss umgewandelt worden sind. Er war ein stattlicher junger Mann von schönem Wuchse, mit scharfen Gesichtszügen, einer Adlernase, hoher Stirn und mit mächtigem Haarwuchs, und es war augenscheinlich, dass er von guter Familie stammte; da er jedoch von den Leuten, denen er sich angeschlossen, nur karge Kost erhielt, nahm er seine Zuflucht zu mir, und meine Gastfreundschaft in Anspruch. Bei dieser Gelegenheit lernte ich von ihm Manches in Bezug auf einige Distrikte der Wüste, von denen ich früher nichts gewusst hatte.

In eben diesem Lager erhielten wir die volle Bestätigung der Nachricht von dem Vorrücken der Franzosen nach Süden, und dass sie Uárghelā in Besitz genommen hätten. Die hierdurch verursachte Aufregung war sehr gross und machte meine Lage äusserst schwierig und gefährlich. Der Scheich El Bakáy kam zweimal an demselben Nachmittag zu mir und eröffnete mir seine Absicht, die Heeresmacht der Bewohner von Tauāt und der Auelímmiden in einem gemeinsamen Angriff auf die Franzosen zu vereinen; aber ich bemühte mich, ihm das Verkehrte eines solchen Unternehmens auseinanderzusetzen, indem ich ihm erklärte, dass sie selbst durch ein solches unbedachtes Unterfangen nichts gewinnen würden, während sie den Franzosen nur einen neuen Vorwand an die Hand geben würden, tiefer in das Innere einzudringen. Überdies erklärte ich es für meine Meinung, dass die Letzteren, wenn sie nicht dazu gereizt würden, keinen Heereszug in diese entfernten Gegenden unternehmen, sondern sich eher bemühen würden, friedlichen Handelsverkehr mit ihnen zu eröffnen. Diesmal liess man auch die Sache hierbei bewenden.

[*Donnerstag, 4ten Mai.*] Alle Anstrengungen des Scheichs, A'chbi zu überreden, das den Hintersassen der Auelímmiden abgenommene Eigenthum wieder zurückzugeben, waren erfolglos geblieben, und das aufrührerische Haupt der Iguádaren brach das Lager ab, um seinen Wanderzug nach Westen, wo er neue Beschützer und Verbündete zu finden hoffte, fortzusetzen. Um nun das Ungemach, das diese Politik A'chbi's zur Folge haben musste, abzuwenden, sah sich mein Freund gezwungen, ihm in derselben Richtung zu folgen, und ich musste ihn gegen meinen Willen begleiten. Der Fluss war bedeutend gefallen, seitdem ich diesen Gau zuletzt besucht hatte, und das spärliche Laub an den unteren Theilen des Stammes der Bäume in dem sumpfigen Strich, den wir im Anfange unseres Marsches durchzogen, legte deutlich Zeugniss davon ab, dass das Wasser einige Zeit früher einen höheren Stand gehabt hatte.

Indem wir nun unsere frühere Lagerstätte in Tenns-arōri

zur Seite liegen liessen, lagerten wir nach einem Marsche von wenig mehr als 6 Meilen wieder auf überaus sumpfigem Boden, der nicht allein all' mein Gepäck verdarb, sondern auch auf meine Gesundheit einen höchst ungünstigen Einfluss äusserte. Schon vorher hatten wir deutliche Zeichen von der Annäherung der Regenzeit gehabt, aber heute hatten wir den ersten regelmässigen Regenguss, begleitet von einem Gewitter, und um uns her fiel noch Regen in bei weitem grösserer Menge als bei uns. Meine Freunde, die Imō-scharh, waren sich wohl bewusst, dass dies der wirkliche Anfang der Regenzeit sei, und gaben ihren Gefühlen in den Worten Luft: „ákasse yū-sse" — „die Regenzeit hat ihren Anfang genommen" —; aber meine Gefährten, die Araber-Mischlinge, die mir bei aller Verzögerung meiner Abreise stets die Versicherung gegeben hatten, dass ich sicher sein könnte, lange vor dem Eintritt der Regenzeit Sókoto zu erreichen, wollten dies nicht für einen regelmässigen Regen anerkennen, sondern bezeichneten es als eine Erscheinung für sich, die mit dem Untergang der Plejaden in Verbindung stände, und nannten es daher „māghreb el thraiā".

Es herrschte in unserem Lager grosse Furcht vor Löwen und mich warnte man insbesondere, auf der Hut zu sein, da mein Lagerplatz, den ich mit einem Zaun umgeben hatte, hart an ein mit hohem Grase durchwachsenes Schilfmoor grenzte; aber wir brachten doch die Nacht ruhig und ohne Störung zu.

[*Freitag*, *5ten Mai*.] Ich hatte das feste Versprechen erhalten, dass wir diesen Punkt bei unserer rückgängigen Bewegung nach Westen sicher nicht überschreiten sollten, aber dessenungeachtet ward am Morgen plötzlich der Befehl gegeben, das Lager abzubrechen, und vorwärts ging es nach Westen, A'chbi im Vorder- und wir im Hintertreffen. Wir passirten viele kleine zeitweilige Lagerplätze der Iguádaren; der ganze Stamm war auf dem Zuge in freiwillige Verbannung vom Heimathlande. Die Landschaft erhob sich zu Zeiten in sandigen Dünen, die mit Ssiwāk und Dūmgebüsch bedeckt waren; dann wieder breitete sie sich in niedrig gelegene sumpfige Weidegründe aus; die hohen Sanddünen Indikuaī liessen wir in grösserer Entfernung zur Linken. So lagerten wir uns denn nach einem kurzen Marsche von ungefähr 4 Meilen wiederum inmitten einer Sumpfniederung, in kurzer Entfernung vom Ufer des Flusses. Glücklicherweise stieg aus dem Flachlande höherer Boden auf und eröffnete eine schöne Aussicht über den Fluss, der hier einen Arm von nicht viel weniger als 1000 Schritt Breite bildete, während das gegenüberliegende Ufer von A'ribínda einen sehr lieblichen Hintergrund abgab. Die Vorsicht gebot mir, mein Zelt an der höchsten Stelle aufzuschlagen, mit der Thüröffnung nach der Flussseite, um mich in meinem bekümmerten Gemüthszustande durch den Anblick des prächtigen Stromes, dieses grossen Gegenstandes Europäischer Forschung, einigermassen zu erheitern. Ein schöner Kautschukbaum —„djēdja"—, hier „énderen" genannt, gab dem Lager einen lebendigen und interessanten Mittelpunkt, und das sich an diesen Baum knüpfende Interesse war um so grösser, als ich mich kaum erinnerte, ein zweites Exemplar irgendwo in dieser ganzen Landschaft gesehn zu haben. Wenige Meilen gen Westen bildeten die hohen Sanddünen von U'le Tehárge auch einen Gegenstand von hohem Interesse.

Die etwas unebene Beschaffenheit dieses Bodens im Gegensatz zu der ununterbrochenen Fläche unseres letzten „ámasāgh" und meine eigene Vorsicht bildeten ein höchst glückliches Zusammentreffen; denn im Laufe des Nachmittags wurden wir von einem gewaltigen Unwetter heimgesucht. Der Sturm wüthete mit solcher Heftigkeit, dass er den Zaun, mit dem wir unseren Lagerplatz umgeben hatten, auf uns selbst und auf unsere Pferde zurückwarf und mein schwaches Zelt in Stücke zu zerreissen drohte; dann, nachdem er die

Runde um den ganzen Horizont gemacht hatte, kehrte er noch einmal von Norden her zurück und löste sich endlich auf in einem gewältigen, wolkenbruchartigen Regenguss, der länger als 2 Stunden anhielt und den ganzen niedriger gelegenen Theil der Ebene in einen grossen See verwandelte.

Dieser Gewittersturm gab einen deutlichen Beweis von der vollen Gewalt der eingetretenen Regenzeit, und da ich zu einer solchen Zeit meine Reise ostwärts, die durch Landstriche voll grosser Flüsse und sumpfiger Thalbildungen führt, noch nicht einmal angetreten hatte, so kann man sich vom Zustande meines Gemüths leicht eine Vorstellung machen. Ich war sehr unzufrieden mit dem Scheich El Bakáy und er seinerseits war sich dessen wohl bewusst. Dennoch flösste mir sein zuverlässiger und liebenswürdiger Charakter das Zutrauen ein, dass ich endlich doch glücklich über alle Schwierigkeiten hinauskommen würde; aber ein unendlicher Grad von Geduld war nöthig. So blieben wir denn hier an diesem Lagerplatze 5 Tage liegen. Glücklicherweise hatten wir einigen Verkehr mit mehreren interessanten Persönlichkeiten, die mir einige Unterhaltung gewährten. Die Interessantesten unter den Vorüberziehenden waren drei Edeldamen vom Stamme der Kēl-hekīkan, die in offenen Käfigen — „djachfa" (den eigenthümlichen Temāschirht-Ausdruck habe

ich nicht erfahren können) — von ganz einfacher Konstruktion auf Kameelen sassen. Der Kopf des Thieres war, wie uns der Holzschnitt zeigt, in seiner Art mit viel Troddelwerk geziert; die Damen selbst waren wohlgebildet, von vollen Formen, aber sehr einfach in ihren gewöhnlichsten Anzug gekleidet.

Der ganze Stamm der Iguádaren, Männer und Weiber, folgte und zog nahe an meinem Zelte vorüber. Dabei waren auch die Kēl-terārart und die Kēl-tamuläit oder, wie die Araber diesen Stamm nannten, A'hel e' Ssául und ich hatte eine lange Unterhaltung mit acht Reitern von den Letzteren, die im Laufe des Abends in mein Zelt kamen, um mir ihre Aufwartung zu machen. Ich erwiderte ihre Freundschaftsbezeigungen auf das Herzlichste und ersuchte einen der beiden Verwandten des Häuptlings Ssául, die sich unter dieser Schaar befanden, mich auf meiner Reise gen Osten zu begleiten, indem ich ihm versprach, ihn sicher nach Mekka befördern zu wollen. Er schätzte mein Anerbieten sehr hoch, fürchtete sich aber vor den Arēwan oder Kēl-geréss und vor den Einwohnern von Aïr.

Um den Scheich El Bakáy hatte sich mittlerweile eine grosse Menge verschiedener Häuptlinge versammelt und er schmeichelte sich mit der Hoffnung, dass er zwischen so eingefleischten Feinden wie E' Tēni und Uórhdugu Frieden gestiftet habe; aber die Zukunft zeigte, dass er gewaltig im Irrthume war; denn diese kleinen Stämme können nicht einen Augenblick ruhig bleiben. Eine Menge Schémman-A'mmass trieben sich in unserer Nähe umher und Alle bettelten um eine kleine Gabe von Speisen. Aber mein Vorrath an Lebensmitteln, der bis Ssai reichen sollte, war um diese Zeit schon fast erschöpft und ich war zu bitter gestimmt, um mit dem Wenigen, was ich besass, noch grosse Gastfreundschaft zu üben. Da ich selbst nur karg versehen war, freute ich mich, einen kleinen Vorrath an Milch zu erhalten; diese erkaufte ich gewöhnlich mit kleinen Spiegeln oder belohnte vielmehr die Gaben der Leute mit einem solchen Gegengeschenk. Die Schémman-A'mmass jedoch verdienten in hohem Grade Mitleid und waren sehr kläglich daran; sie kamen beinahe vor Hunger um, denn sie hatten all' ihre Habe verloren. Von ihnen hörte ich, dass die Iguádaren 12 Dörfer längs des Eghírrëu geplündert hätten, unter anderen Bámba, E'gedesch, Asslīman und Sómgoi.

Der Fluss war den ganzen Tag über mit auf- und abwärtsgehenden Booten belebt, und einige Leute behaupteten, dass diese Boote den Fúlbe gehörten, die auf der Lauer lägen, um eine Gelegenheit auszuspähen, einen Schlag zu thun. Die ganze Welt schien in einem Zustande der Aufregung zu sein, und selbst mein treuer Beschützer war im höchsten Grade aufgeregt über die Nachricht aus Norden, indem die Botschaft von dem Vorrücken der Franzosen in allen ihren Einzelheiten, wie sie von Munde zu Munde ging und von Stamm zu Stamm getragen wurde, bedeutend übertrieben wurde, und die zahlreichen Briefe, welche in Bezug auf diesen Gegenstand von den in Timbuktu angesiedelten Einwohnern von Tauāt an ihn gerichtet waren, trugen nur dazu bei, seine Besorgniss zu vermehren.

Alle diese Leute schienen ebenfalls von der Furcht beseelt zu sein, dass die Franzosen ohne Weiteres von El Goléa, das sie eingenommen haben sollten, auf Timbuktu oder wenigstens auf Tauāt losmarschiren möchten, und es war überaus gut, dass ich mich unter diesen Umständen nicht in der Stadt befand, da in der ersten Aufregung eben jene Leute von Tauāt, welche mich zuvor in Schutz genommen und mich zu wiederholten Malen vertheidigt hatten, zu meinem Verderben beigetragen haben würden. Denn in der Aufregung des Augenblicks und bei ihrem allgemeinen Vorurtheil gegen Alles, was den Namen eines Christen trug, übersahen sie allen Unterschied zwischen Engländern und Franzosen und betrachteten mich für einen Spion, dessen Schritte mit jenem Vordringen der Christen vom Norden her in Beziehung ständen.

Die Tauāter verlangten dringend vom Scheich, dass er die gesammte Gemeinde von Tauāt schriftlich auffordern sollte, in Verbindung mit den Hogār und A'sgar einen Angriff auf Uárghelā zu machen; aber ich that Alles, was in meiner Macht stand, um ihn zu verhindern, einem solchen Vorschlag seine Zustimmung zu geben, obgleich er der Meinung war, dass ich die militärische Stärke der Bewohnerschaft von Tauāt sehr unterschätzte. Wiewohl es mir nun auch gelang, einen so tollkühnen Streich zu verhindern, konnte ich ihn doch nicht davon abhalten, ein Schreiben an die Franzosen zu richten, in dem er es ihnen untersagte, weiter in's Innere vorzudringen, oder überhaupt unter irgend einem Vorwande die Wüste zu betreten, es seien denn einzelne Reisende. Er verlangte auch, ich sollte augenblicklich nach Tripoli schreiben, um das Gesuch zu stellen, einen Engländer als Konsul nach Tauāt zu schicken; aber ich erklärte ihm, wie sich dies nicht so leicht thun liesse, und dass er erst im Stande sein müsste, volle Garantie zu leisten, dass der Agent mit gebührender Rücksicht und Ehren behandelt werden würde.

Meiner Meinung nach würde es besser sein, wenn die Franzosen die Einwohner von Tauāt sich selbst überlassen wollten, indem sie dieselben nur zwängen, das Leben und Eigenthum von Europäern zu achten und den Weg in das Innere offen zu halten; aber obgleich ich damals nur sehr unvollständige Kenntniss von der zwischen den Engländern und Franzosen eingegangenen engen Verbündung hatte, war ich doch überzeugt, dass die Ersteren die Einwohner von Tauāt vor einem etwaigen Angriff der Letzteren weder schützen könnten noch wollten, ausser auf dem Wege des Friedens, dass sie dazu aber geneigt wären, weil Tauāt vorzugsweise innerhalb des

Bereiches ihres Handels läge. Wenn die Engländer und Franzosen in Bezug auf die Stämme des Inneren über eine gemeinsame Politik übereinzukommen im Stande wären, könnten meiner Ansicht nach jene ausgedehnten Landschaften leicht einem friedlichen Verkehre eröffnet werden. Mag dem aber nun sein, wie ihm wolle, unter dem Drucke der gegenwärtigen Umstände fand ich mich genöthigt, das Schreiben des Scheichs zu unterzeichnen und Aufrichtigkeit legte mir die Pflicht auf, dabei keinen falschen Namen zu gebrauchen.

Alle diese Aufregung, die mir unangenehm genug war, hatte jedoch den grossen Vortheil für mich, dass man mir nun eröffnete, dass Briefe für mich da seien und dass ich sie erhalten sollte; aber ich hörte mit Staunen, dass diese Briefe schon vor mehreren Monaten in A'sauād angekommen wären. Dieser Umstand gab mir Gelegenheit, mich sehr ernsthaft gegen meinen Beschützer auszulassen, indem ich ihm sagte, wenn sie Freundschaft und „imāna" (d. i. Sicherheit des Verkehres) mit uns zu unterhalten wünschten, so müssten sie in der Beobachtung der mit einem solchen Verhältnisse nothwendig verknüpften Bedingungen viel gewissenhafter sein. Da erhielt ich denn das Versprechen, dass ich die Briefe binnen wenigen Tagen haben sollte.

[*Mittwoch, 10ten Mai.*] Unsere Wirthe, die Kēl-gōgi, der Stamm A'chbi's, schoben wiederum ihr Lager weiter vorwärts und wir folgten ihnen ungeachtet des wiederholten Versprechens meines Beschützers, dass wir bei unserer rückgängigen Bewegung sicher nicht über den schönen Kautschukbaum hinauskommen sollten, der unser Lager schmückte. So liessen wir denn die hohen weissen Sanddünen von U'le-Tehárge an dem Ufer des Flusses liegen und hielten uns am Rande des ausgedehnten sumpfigen Weidebodens, der sich hinter den Dünen auf der Landseite ausbreitet, während mehrere kleine Zeltlager der wandernden Imō-scharh den grünen Rand dieses Sumpfes belebten. Wir überschritten dann einen höheren Boden

ausserhalb des Bereiches der weiten Ausdehnung seichter, mit dem Flusse verbundener Hinterwasser, erreichten so den wohlbekannten Arm von Amalélle und folgten seinem nördlichen Ufer, bis wir an seinen Ursprung kamen. Hier hatte unser Freund A'chbi sein Lager aufgeschlagen, inmitten eines sumpfigen Weidebodens, der seinen zahlreichen Viehheerden reiches Futter bot; denn, wie ich schon wiederholt Gelegenheit gehabt habe, anzugeben, kümmert es die Tuáreg wenig, sich inmitten eines Sumpfes zu lagern.

Wir selbst sahen uns genöthigt, uns nach einer besser geschützten und trockeneren Stätte umzuschauen, und erstiegen daher die Sanddünen, welche sich zu ansehnlicher Höhe erheben und mit Talhabäumen und „ssiwāk" *(Capparis sodata)* schön geschmückt sind. Hier schlug ich mein Zelt inmitten einer alten Umzäunung — „serība" — auf und streckte mich im kühlen Schatten aus, über den Genuss der anziehenden Scenerie der Landschaft augenblicklich meine höchst unerfreuliche Lage vergessend. Die Landschaft rings umher war überaus charakteristisch für das Labyrinth von todten Hinterwassern und seichten Armen, welche mit diesem grossen Flusse von West-Central-Afrika in Verbindung stehen.

Am Fusse der Dünen lag das Lager unserer Freunde, der Tuáreg, mit seinen grösseren und kleineren Lederzelten, von denen einige offen waren und das Innere dieser leichten beweglichen Behausungen den Blicken frei enthüllten; jenseits der sumpfige Arm, belebt von einer zahlreichen Rindviehheerde, halb in Wasser versenkt; dann ein dichter Rand von Baumwuchs und jenseits in der Ferne die weissen Sanddünen von Ernésse mit einem schmalen Streifen Wassers gerade dahinter hervortretend. Ich entwarf eine Skizze von dieser freundlichen belebten Örtlichkeit, welche in der gegenüberstehenden Ansicht vom Künstler ausgeführt ist; aber leider treten die kleinen interessanten Züge dieser eigenthümlichen Landschaft hinter dem Lager im Vordergrunde nicht alle deutlich genug hervor. Die schmale, von Dūmpalmen dicht bekleidete Landzunge zur Rechten stellt Amalélle vor. Die Scenerie war besonders im Mondenschein schön, wo ich die Dünenkette erstieg, die sich bis zu 150 Fuss Höhe erhebt.

Am Abend erhielt ich ein kleines Geschenk an Milch von der Frau eines der Häuptlinge der Kēl-gōgi, Namens Lámmege. Sie war eine gut aussehende Frau und ich machte ihr ein kleines Gegengeschenk mit einem Spiegel und einigen Nadeln. Die Tuáreg lieben ihre Frauen und alle freien Männer dieser Gegend enthalten sich, so viel ich bemerkte, der Vielweiberei gänzlich, aber sie sind auch durchaus nicht eifersüchtig und gestatten ihren Frauen einen Grad von Freiheit, der schwerlich seines Gleichen findet; gleichwohl sind nach Allem, was ich hörte, Beispiele von Treulosigkeit unter den edleren Stämmen höchst selten. Unter den erniedrigten und entarteten Stämmen und besonders unter den Kēl e' Ssūk wird allem Anscheine nach auf weibliche Züchtigkeit weniger gehalten, und denselben gesellschaftlichen Zustand finden wir bei vielen Berber-Stämmen schon zur Zeit, als El Bekrī seinen interessanten Bericht von Nord-Afrika schrieb\*).

Mittlerweile, während ich selbst auf diese Weise meinen Kummer in der Betrachtung der Anmuth der Gegend zu vergessen suchte, befand sich mein guter und wohlwollender Beschützer in einem höchst unangenehmen Dilemma zwischen seiner Rücksicht auf sein eigenes Interesse und seiner Achtung vor mir. Sein Unmuth entlud sich auf A'chbi, dem er die ernstesten Vorwürfe machte, das freundliche Verhältniss, das zwischen ihm (dem Scheich) und mir früher bestanden hätte, gänzlich gestört zu haben. Denn seit unserer rückgängigen Bewegung hielt ich mich, um den Scheich zu einem energischeren Verfahren anzuspornen, mehr zurück und ging niemals

---

\*) El Bekrī, ed. de Slane, p. 182: والري لا عناهم مباح

in sein Zelt, wiewohl er häufig zu mir kam. Nach reiflicher Überlegung hatte mein Beschützer endlich entschieden, dass ich mit dem grösseren Theile seiner Anhänger nach Ernésse gehn sollte, um dort seine Ankunft abzuwarten, während er selbst die Absicht hatte, sich erst Timbuktu mehr zu nähern, wiewohl er versprach, die Stadt unter keiner Bedingung betreten zu wollen.

So trennten wir uns denn am nächsten Morgen und ich nahm Abschied von den Freunden, die ich mir unter den Iguádaren gemacht hatte. Diese Leute verliessen ihre früheren Sitze und ihre früheren Bundesgenossen, um neue Wohnplätze und neue Freunde zu suchen; mit ihnen zog auch der kleine Kúngu, den ich schon oben erwähnt habe. Früh am Morgen stellte er sich ein auf seinem trauten Schimmel, um von mir Abschied zu nehmen. Wir waren gute Freunde geworden und er pflegte täglich mit mir über fremde Länder zu sprechen und über die Verschiedenheiten der Völkerschaften, so weit er bei seiner geringen Erfahrung eine Vorstellung von solchen Verhältnissen hatte. Er war ein verständiger und muthiger Bursche, und mit seinem langen schwarzen Haar, seinen grossen, ausdrucksvollen Augen und seiner melancholischen Geistesrichtung gefiel er mir sehr. Ich flösste ihm Muth und Hoffnung ein, dass auch er noch einst ein grosser Häuptling der Imō-scharh und ein berühmter Kämpe werden würde; aber er sprach die Befürchtung aus, dass es wohl sein Schicksal sein würde, noch jung an Jahren zu sterben, wie es das Loos seiner Brüder gewesen sei, die alle in früher Jugend auf dem Schlachtfelde gefallen wären. Ich suchte ihn jedoch zu trösten und versprach ihm, dass, wenn einmal einer meiner Freunde diese Gegenden besuchen sollte, ich es nicht unterlassen würde, ein Geschenk für ihn mitzusenden. Er bedauerte es, dass seine Landsleute die Umgegend von Bámba verliessen, die er in den beredtesten Ausdrücken wegen ihres schönen Baumwuchses und ihrer reichen Weidegründe pries; aber er sprach ebenso enthusiastisch von dem Rāfar-n-āman oder, wie es die Araber nennen, dem Rāss-el-mā mit den grasreichen Hinterwassern und Armen, welche es umgeben, zumal dem Tissórmaten genannten Thale, dessen Erinnerungen sein knabenhaftes Gemüth mit dem höchsten Entzücken erfüllten.

So nahm ich denn Abschied von diesem jungen Tārki-Burschen und ich gab ihm noch mehrere kleine Geschenke, die ich eben entbehren konnte. Da schwang er sich vermittelst des eisernen Speeres auf sein Pferd und ritt mit kriegerischem Anstande davon, vielleicht um nimmer wieder von mir zu hören. Ich schlug die entgegengesetzte Richtung längs des Ufers des Armes von Amalélle ein, begleitet von einem Führer, der von Ernésse herbeigeholt worden war, und gefolgt von Mohammed ben Chottār, des Scheichs Neffen, Ssidi Mohammed, des Scheichs Sohn, und fast allen seinen Anhängern. Jedoch flösste uns die Gesellschaft aller dieser Leute nicht so sehr das Vertrauen ein, dass mein Freund und Beschützer nicht lange zurückbleiben würde, als die Anwesenheit seiner trauten Köchin Dīko, die uns begleitete und deren Dienstleistungen mein Freund kaum entbehren konnte, und ich stimmte daher der Meinung seines vertrauten Zöglings Mohammed el A'mīn völlig bei, der, wohlbekannt mit dem Charakter seines Lehrers, auf energische Weise alle diejenigen unter meinen Gefährten bekämpfte, welche der Meinung waren, dass uns der Scheich den Befehl schicken würde, zu ihm in die Stadt zu kommen.

Ich hatte so Gelegenheit, noch einmal den höchst eigenthümlichen Charakter dieser Flusslandschaft zu geniessen, mit ihren zahlreichen Armen, ihren kleinen Landrücken und ausgedehnten Sümpfen. Seitdem wir diese Stätte zuletzt besucht hatten, hatte sich das Wasser beträchtlich zurückgezogen und die ausgedehnten sumpfigen Gründe zwischen Temáharōt und Ernésse waren ganz ausgetrocknet, so dass wir jetzt nur einen schmalen, kanalähnlichen Wasserstreifen zu überschreiten hatten. Dann hielten wir uns an den Sanddünen entlang und erreichten bald das wohlbekannte Lager der Kēl-n-Nokúnder, wo ich gleich bei der Ankunft gastfreundschaftlich mit einer Schale Ghussub-Wasser bewirthet wurde. Ich hätte gern allein, im Schatten einer „ssiwāk" ausgestreckt, die Aussicht über den Fluss genossen, aber die vielen Tuáreg, welche fortwährend vorüberzogen, gestatteten mir keine Musse; es waren nämlich die Zelte Ssaúl's sowohl wie diejenigen El Uórhdugu's in nur geringer Entfernung. Allein diese Leute, in dem Bewusstsein, Strafe von ihrem Oberherrn verdient zu haben, wurden fortgescheucht, als sich ein Ssimūm erhob; denn es herrscht hier zu Lande der Glaube, dass dieser Wind das Zeichen der Annäherung des grossen Heeres — „tābu" — der Auelímmiden sei, und insgesammt brachen sie am nächsten Morgen auf.

Der Fluss, der hier sehr breit ist, bildet eine grosse flache Insel Namens Banga-gúngu (d. i. „Hippopotamus-Insel"); eine kleinere Insel, ausgezeichnet durch einen schönen Tamarindenbaum, heisst Būre. Ich bemühte mich am Nachmittag, das Ufer des Flusses selbst zu erreichen; aber eine besondere Art sehr hohen Grases, mit der es bekleidet ist, hat so gefährliche Stacheln, dass es fast unmöglich ist, durch dasselbe hindurchzudringen. Im späteren Theil der kalten und während der heissen Jahreszeit führt ein Pfad an diesem flachen grasigen Ufer entlang; aber während mehrerer Monate im Jahre erreicht das Wasser die Dünen selbst. Es ist ein schöner Platz für ein Lager und die Luft ist gut, aber die ganze Stelle besteht einzig und allein aus einem schmalen Sandkamm, nach Norden begrenzt von einem ausgedehnten Sumpf, dessen Rand mit dem reichsten Pflanzenwuchs geschmückt ist, durchwoben von Schlingpflanzen und durchbrochen von Dūmgebüsch. Dieses Pflanzendickicht — „úggada" — bildet einen Schlupfwinkel für eine grosse Menge wilder Bestien, besonders Löwen; denn während die letzteren in den dicht bewohnten Gegenden des Negerlandes überaus selten sind, hausen sie hier am Rande der bewohnten Zone in grosser Anzahl. So gaben mir die Anwohner eine lebendige Beschreibung eines nächtlichen Kampfes, der 2 Tage zuvor um den Preis einer Löwin zwischen zwei Löwen gewüthet hatte.

Es war beschlossen worden, dass wir hier die Ankunft des Scheichs erwarten sollten; aber nachdem wir den folgenden Tag an dieser Stätte zugebracht hatten, machten unsere Freunde, die schon völlig zufrieden gestellt waren durch die Ehre, so viele Gäste einen einzigen Tag über unterhalten zu haben, den Versuch, aus unseren Händen zu entwischen, und brachen plötzlich am Sonnabend Morgen, ohne uns vorher die geringste Anzeige gemacht zu haben, ihr Lager ab. Glücklicherweise zogen sie ostwärts, und in der Richtung wäre ich ihnen gern bis an das Ende der Welt gefolgt. Während daher meine Kameraden, die „télamīd", ihnen nachstürzten, wie hungrige Geier hinter ihrer Beute, hatte ich meine Habseligkeiten in einem Augenblick gepackt und wir folgten ihnen längs desselben schmalen Dünenzuges, an dem unser Weg bei unserer Herkunft von Amalélle entlang geführt hatte; aber, anstatt dann den Sumpf an der Furthstelle in nördlicher Richtung zu passiren, hielten wir uns an ihm ostwärts entlang. Hier nehmen die Dünen allmählich an Höhe ab und sind mit Koloquinten überwachsen, weiterhin mit *Asclepias gigantea* — „túrscha"— und der blauen *Crucifera* — „daman-kádda" —. Noch weiterhin hören die Dünen ganz auf und machen einem niedrigen Ufer Platz, das während des höchsten Standes der Überschwemmung eine Verbindung zwischen dem Flusse und dem sumpfigen Unterlande bildet, welches sich hinter den Dünen ausdehnt.

Hier, wo der Fluss einen schönen Bogen nach Südosten macht und mehrere Inseln bildet, war in früheren Zeiten eine Stadt Namens Belessáro gelegen; gegenwärtig bezeichnen nur Gruppen einer schönen Art wilden Feigenbaumes, „duē" genannt, diese Stätte als den früheren Schauplatz menschlicher Betriebsamkeit. Wir durchschnitten dann ein sumpfiges Unterland, reichlich überwachsen mit „býrgu" und hohem Rohrgras, und erreichten so die hohen Sanddünen von U'le-Tehárge, die schon von unserer Lagerstätte in Tehárge aus meine Aufmerksamkeit auf sich gezogen hatten. Auf dem höchsten Punkte dieser Dünen wählten die Kēl-n-Nokúnder den Platz zu ihrem neuen Lager und ich suchte mir eine frühere Umzäunung aus, worin ich mein Zelt aufschlug, das nun von diesem hohen Standpunkte aus über den Fluss hin weit und breit sichtbar war. Aber mein junger Freund, des Scheichs Neffe, voll von abergläubischen Vorurtheilen, die er von seiner Mutter eingesogen, machte mir unaufhörlich Vorwürfe darüber, dass ich die früheren Wohnplätze anderer Leute benutzte, als fürchtete er, dass sie von bösen Geistern bewohnt wären.

Es war ein schöner Lagerplatz, etwa 150 Fuss über der Oberfläche des Flusses, und er eröffnete über denselben eine herrliche Aussicht; denn letzterer bot hier den Blicken eine höchst prächtige Wasserfläche dar und ein wenig jenseits des Abfalles der Dünen, wo er einen südlichen Lauf nimmt, gewährte er den Anblick eines ausgedehnten See's. Die Eingeborenen behaupten jedoch, dass er im Sommer an der Énssoëd genannten Stelle furthbar sei, was bei seiner grossen Breite eben kein Wunder ist. Näher am gegenüberliegenden Ufer dehnte sich eine niedrige, grasreiche Insel Namens Rábara aus und ein anderer schmaler Streifen Landes war auf unserer Seite durch einen engen, mit dem schönsten „býrgu" überwachsenen Kanal vom Ufer getrennt. Diese schmale Insel heisst Wáraka. Nach Süden werden die steilen Sand dünen von einem Streifen reichen Pflanzenwuchses begrenzt, hinter welchem sich eine grüne Sumpfebene ausdehnt, durchschnitten von einem offenen Kanal. Dieser hintere Flussarm trennte uns auf der Ostseite vom festen Lande und verursachte uns bei unserem Weitermarsch von hier einen ungeheueren Umweg. Jenseits des Armes lag wieder ein Dorf der Kēl-n-Nokúnder, dessen Hundegebell deutlich hörbar war.

Der kleine Arm, der die Insel Wáraka von unserem Ufer trennte, war voller Krokodile, von denen einige nicht weniger als 18 Fuss massen, die grösste Länge, die ich dieses gefährliche Thier überhaupt je in Afrika erreichen sah. Indem sie hart unter der Oberfläche des Wassers schwammen, mit ihrem Kopfe gelegentlich hervorschauend, bedrohten sie in hohem Grade die Sicherheit des Viehes, welches das schöne hohe Gras weidete, das am Rande des Armes wuchs. Im Laufe des Tages gelang es diesen gefrässigen und höchst gefährlichen Thieren, ein Paar von den unseren Wirthen gehörigen Kühen zu ergreifen, und sie richteten ausserdem ein Unheil an, das mich selbst persönlich traf; sie brachten nämlich einem Manne, der damit beschäftigt war, Gras für meine Pferde zu schneiden, eine sehr ernstliche Wunde bei.

Dieser Mann hatte sich meiner Gesellschaft angeschlossen, um auf diese Weise nach Haussa zurückzukehren; denn das war seine ursprüngliche Heimath. Aber es herrschte eine grosse Meinungsverschiedenheit in Bezug auf den Punkt, ob er volle Freiheit habe, zu gehn, wohin ihm gut dünke, obwohl er ein befreiter Sklave war, und viele Leute gaben mir zu verstehen, dass mich seine Gesellschaft in Streitigkeiten mit seinen früheren Herren verwickeln könne; denn im Allgemeinen verlangt man selbst von befreiten Sklaven, dass sie ein gewisses Pflichtgefühl ihren früheren Herren gegenüber bewahren. Dennoch hatte ich ihm erlaubt, bei mir zu bleiben, sah mich nun aber gezwungen, ihn nach Timbuktu zurückzusenden; denn der eine Fuss war vom Flussungeheuer fast ganz weggeschnappt worden, so dass er rein unfähig zur Reise war und unmittelbarer Hilfe bedurfte.

Die Aussicht auf den Fluss war um so interessanter, als ein starker Nordostwind — „erīfe", wie die Imō-scharh sagen — seine Oberfläche in so bedeutendem Maasse aufregte, dass die Wogen einen Kamm weissen Schaumes bildeten und einen recht belebten Anblick gewährten, indem der herrliche Wasserspiegel, die grüne Insel, das grasreiche Ufer und daneben der hohe Kamm der weissen Sanddünen einen höchst anziehenden Kontrast bildeten.

Es fehlte auch nicht an friedlichem Verkehr; denn bald waren es einige Fischer der Sonrhay, die am Abend meine Gastfreundschaft in Anspruch nahmen; bald war es ein Trupp von Tuáreg-Reitern, die ausdrücklich in der Absicht kamen, den Christlichen Fremdling zu sehn, von dem sie so viel gehört hatten. Unter ihnen zeichneten sich die Reiter der Kĕl-tabōrit*) und der Kĕl-támulāit besonders aus, und ich hatte

---

*) Zwei von den Kĕl-tabōrit gaben mir eine Liste von Ortschaften längs des Flusses bis nach A'nssongō, und da sie einige Namen enthält, mit denen ich am rechten Platze nicht bekannt wurde, und ausserdem andere Namen mit anderen Formen gibt, will ich sie hier einfügen: Edjīdji, Yō Kaina, Karre, Gōua, Kāma, Kokīschi, Bogánne, Sserēre, Arībis, Anrabēra, Adjīma, Teráruist, Kórssedjāi, Tédafō, Adjāta, Aútel-mákkoren, Tekánkant, Inssámmen, Ém-n-tabōrak, Assīa, Ssamgoi, Tághemart, Kóyaga, Taússa, Burrum, Ténésede, Hī, Gōgō, Borno, Bāra, Enedjēti, Tufádafōr, Ebélbelen, A'nssongō. Zugleich erfuhr ich auch die Namen der Lagerplätze längs des Weges von A'nssongō oder wahrscheinlich Būre nach Dōre, der Hauptortschaft von Libtāko; es sind folgende: Inbám, Edjērar, Támbelghū, Achabélbel, Énkulbā und Wendu oder Dōre. Achabélbel oder Chalébleb ist der Name eines grossen Sumpfsee's, den man auch auf dem Wege von Gōgō nach Dōre berührt und der mit seinen Nebenarmen, woran die Hauptortschaften der freien Sonrhay liegen, die volle Aufmerksamkeit künftiger Europäischer Forscher zu verdienen scheint. Jene Strasse wird nicht selten von den Bewohnern der Distrikte am linken Niger-Ufer bereist.

eine lange Unterhaltung mit ihnen, in deren Verlauf ich mich bemühte, ihnen begreiflich zu machen, dass das Ganze dieser ausgedehnten Landschaft, wovon sie nur einen kleinen Theil kennten, nichts als eine grosse Insel — „gúngu" („gúngu rhāss") — in der unermesslichen Salzfluth sei, gerade so, wie die uns gegenüberliegende Insel Rábara im Verhältniss zum Niger oder ihrem Eghírrëu stehe. So sahen denn meine Freunde ein, dass die Herrschaft zur See von einiger Bedeutung sei, da sie den Zugang zu allen diesen Ländern eröffne; vorher nämlich hatten sie nur mit einer gewissen Verachtung auf Leute geblickt, die, wie sie' meinten, ganz allein in Schiffen auf der See lebten. Sie waren nicht wenig erstaunt, als ich ihnen sagte, dass wir im Stande wären, diesen Fluss von der See her heraufzukommen. Auch sie hatten von jenem kühn unternehmenden und geheimnissvollen Christen gehört, der vor 50 Jahren diesen Fluss befahren hatte, und Einige von ihnen hatten ihn mit ihren eigenen Augen gesehn. Selbst noch nach einer solchen Reihe von Jahren ist Mungo Park diesen Leuten ein mysteriöses, unlösbares Räthsel geblieben, und auch sowohl die Gegend, aus der er so plötzlich an's Licht trat, als das Land, wohin er sein einsames Boot den grossen Eghírrëu hinab steuerte, ist ihnen ein vollkommenes Räthsel geblieben. Freundliche Unterhaltung übt einen grossen Einfluss auf diese einfachen Bewohner der Wüste, und je länger wir uns unterhielten, um so zuvorkommender wurde das Betragen meiner Besucher, bis sie mich zuletzt fragten, ob ich nicht eine ihrer Töchter heirathen und mich unter ihnen niederlassen wollte.

Zuweilen hatten wir auch ein kleines Zwischenspiel weniger friedlicher Natur. Auf der gegenüberliegenden Seite des Flusses waren nämlich einige Lagerstätten der Imedídderen und Terféntik und Einige der Letzteren statteten unseren Wirthen einen etwas überraschenden Besuch ab, wobei sie ihnen ein Stück Vieh abnahmen. Die Folge davon war, dass sich des Scheichs

Neffe gezwungen sah, über den Fluss zu setzen, um Schadenersatz von ihnen einzutreiben. Die Kēl-n-Nokúnder nämlich, die in früheren Zeiten von den Imō-scharh alle möglichen Bedrückungen hatten ruhig erdulden müssen, haben in jüngerer Zeit von ihren Beschützern, den Kunta, ein solches Gefühl der Unabhängigkeit eingesogen, dass sie jetzt nicht mehr geneigt sind, selbst auch nur die geringste Ungerechtigkeit zu ertragen, und sicherlich hatten sie diesmal das Recht, zu verlangen, dass sie nicht gerade im Augenblick, wo sie eine so zahlreiche Gesellschaft von Leuten ihres besonderen Beschützers bewirtheten, selbst eine Unbill zu dulden haben sollten. Es verursachte mir jedoch einiges Erstaunen, zu erfahren, dass selbst diese Kēl-n-Nokúnder den Fulbe oder Fullān Tribut zahlen.

Mein junger Freund, dem es einige Mühe kostete, die Freibeuter vom gegenüberliegenden Flussufer zu überreden, das geraubte Eigenthum zurückzuerstatten, schilderte mir die Terféntik als schöne, hochgewachsene Männer, aber von grosser Armuth; sie sind mit den Tarabanāssa verwandt. Diese kleine Begebenheit gab mir wiederum Anlass zu erwägen, wie höchst erstaunlich es ist, dass eine Familie friedlicher Leute einen solchen Einfluss auf diese wilden Horden ausüben sollte, die beständig Krieg unter einander führen, und das ganz allein auf Grund ihrer muthmasslichen Heiligkeit und ihrer Sittenreinheit.

Der interessante Charakter unserer Lagerstätte jedoch genügte keineswegs zu unserem materiellen Wohlsein; meine Gefährten brachten ernstliche Klagen vor über das geringe Maass von Nahrung, das sie von unseren Wirthen erhielten, und aus diesem Grunde war ihnen fast ebenso viel daran gelegen, etwas vom Scheich zu hören, als mir. Auch meine Provision näherte sich ihrem Ende und schon von unserer früheren Lagerstätte in Ernésse aus hatte ich den treuesten meiner Diener nach Timbuktu geschickt, um mir einen Vorrath von den nothwendigsten Lebensmitteln zu verschaffen, da mein früherer ganz verbraucht war, und es war desshalb gut, dass ich mir 5000 Muscheln zurückgelegt hatte, die ich ihm nun zu diesem Zwecke mitgeben konnte. Mein Diener traf hier an dieser Stätte am 14$^{\text{ten}}$ d. M. wieder bei uns ein und natürlicherweise wollte ein Jeder gleich erfahren, was er für Neuigkeiten aus der Stadt und dem Lager des Scheichs gebracht hätte. Er war in Timbuktu kurz vor Sonnenuntergang angekommen und hatte sich beeilt, ohne Zeitverlust den Einkauf der von mir gewünschten Gegenstände zu besorgen, worauf er sich unverzüglich in das Lager meines Beschützers zurückgezogen hatte; denn sobald die Nachricht von der Ankunft meines Dieners in Verbindung mit der Rückkehr des Scheichs in sein Lager in der Stadt bekannt geworden war, bemächtigte sich die äusserste Aufregung der Städter; denn sie glaubten, dass ich selbst zurückkehrte, und desshalb liess man die Alarmtrommel schlagen. Mein Diener theilte mir bei seiner Rückkehr auch mit, dass selbst die Bewohner Tauāts äusserst aufgebracht über mich wären, als wenn ich nur das Geringste mit dem südlichen Vordringen der Franzosen zu thun gehabt hätte, und er versicherte mich, wenn ich damals noch in der Stadt gewesen wäre, würden jene Leute, die mich vorher unter ihren besonderen Schutz genommen hätten, die Ersten gewesen sein, die mein Leben bedrohten. Mein Diener hatte nur eine Nacht im Zeltlager des Scheichs zugebracht und war dann früh am folgenden Morgen aufgebrochen; er konnte mir daher keine Auskunft geben in Bezug auf das Kommen oder Nichtkommen des Scheichs, aber er bestätigte die Nachricht, dass Briefe für mich daseien. Glücklicherweise hatte er auf seiner Rückkehr erfahren, das wir unseren Lagerplatz verlegt hätten, und indem er einen Führer fand, war er im Stande gewesen, uns ohne Verzug einzuholen.

Zur Zeit kostete die Ssunīe Negerhirse auf dem Markt von

Timbuktu 4500 Muscheln, ein grosses Stück Salz von etwa 60 Pfund 5000 Muscheln und eine Kōlanuss 80 bis 100 Muscheln. Bei meinen beschränkten Mitteln war es ein wahres Glück, dass ich mich nie an den letzteren Luxusartikel gewöhnt hatte.

## VI. KAPITEL.

Endlicher wirklicher Antritt der Rückreise. — Hinterwasser und Seitenarme
des nördlichen Niger-Ufers. — Rhērgo. — Bámba.

[*Mittwoch*, *17ten Mai*.] Es war gegen Mittag, als das ganze Lager durch die Ankunft zweier Anhänger des Scheichs in einen Zustand der höchsten Aufregung versetzt wurde; dieselben meldeten uns nämlich, dass unser Freund nicht allein bereits sein Lager verlassen hätte, sondern uns sogar schon überholt hätte, indem er sich an dem nördlichen Rande des Sumpfes, der sich hinter unserem Lagerplatze erstreckte, entlang gehalten habe. Alles war in Jubel und Aufregung und in einem Augenblick war mein Zelt abgebrochen und mit meinem Gepäck auf den Rücken der Kameele geladen. Aber wir hatten einen weiten Umweg zu nehmen, um die von tiefen Sümpfen umgebene und inselartig abgeschlossene Sanddünenkette von U'le-Tehárge zu verlassen; denn mit unseren Pferden und Kameelen und in Anbetracht unseres schweren Gepäckes konnten wir nicht daran denken, den Arm, welcher diese Dünen auf der Ostseite völlig abschneidet, zu passiren. So sahen wir uns denn gezwungen, den ganzen Weg nach Belessáro zurückzumachen, beinahe ganz bis zu unserer früheren Furth zwischen Amalélle und Ernésse. An dieser Stelle durchschnitten wir denn im Halbkreise die sumpfige, aber jetzt hier meist trockene Ebene längs der „tīn-éggedād" (d. i. Vogelwarte) und weiterhin „oráken" genannten Stellen, bis wir endlich wieder festeren

Boden gewonnen hatten und uns nun ostwärts über Elíggedūf und Euābe wenden konnten. Wir waren gerade 3 Stunden auf dem Marsche, als wir uns unserem früheren Lager auf den Dünen gegenüber befanden; ein Sumpfboden von nicht viel mehr als ½ Meile Breite lag dazwischen.

Nun aber hatten wir zu entscheiden, welche Richtung wir ferner einschlagen wollten, und da wir vollkommen ungewiss waren, welchen Weg der Scheich genommen hatte, fingen wir an, hie und da umherzustreifen, um ihn zu suchen; aber in Folge des Aufbruches einer grossen Anzahl von Tuáreg-Lagern war ein zahlloser Schwarm kleiner Fliegen in dieser Gegend ohne Beschäftigung und Lebensunterhalt geblieben; so griffen sie denn uns mit Blutgier an, und wir eilten daher, den Rand dieses Sumpfes zu verlassen. Wir durchkreuzten dann die niedrigen Sanddünen, welche im Norden umherlagen und dicht mit Dūmgebüsch bedeckt waren, worin eine zahlreiche Menge Perlhühner eine sichere Zufluchtsstätte fand, und betraten dann wiederum sumpfiges Flachland. Endlich, nachdem wir einen dicht bewaldeten Distrikt durchzogen hatten, erforschten wir mit Gewissheit den Platz, wohin sich der Scheich begeben hatte. Es war ein Lager von Imrhād oder Imghād, das sich an einer Stätte Namens A'kale und in einiger Entfernung von einer am Ufer des Flusses gelegenen, „Ém-aláuen" genannten Anhöhe befand. In der Freude, endlich wieder mit unserem Freunde und Beschützer zusammenzutreffen, eilten wir im Galop hinzu, aber wir fanden den frommen, gottesfürchtigen Mann im Schatten einer „ssiwāk" (*Capparis sodata*) schlafend, und das Geräusch unserer Pferde vermochte ihn nicht aus seinem tiefen Schlummer zu erwecken. So bewahrte dieser milde und friedliebende Mann seinen Charakter auch inmitten dieser kriegerischen und gesetzlosen Horden.

In der Erwartung, dass sich mein Beschützer bald von seinem friedlichen Schlummer erheben würde, setzte ich mich im Schatten einer anderen „ssiwāk" nieder und überliess mich dem Genusse der Aussicht auf meine Heimreise, die sich nun vor meinen Blicken eröffnete. Endlich erwachte mein Freund und ich begab mich zu ihm. Er empfing mich mit einem sanften Lächeln, indem er mir sagte, dass er nun bereit sei, mich ohne weiteren Aufenthalt und ohne irgend eine Verhinderung auf meiner Reise zu geleiten. Bei diesen Worten überreichte mir mein Beschützer ein Packet Briefe und sonstiger Papiere; es befanden sich dabei die Abschriften zweier Briefe von Lord John Russell vom 19ten Februar 1853, ein Schreiben Lord Clarendon's vom 24sten desselben Monates, ein Brief vom Ritter Bunsen, ein anderer vom Englischen Konsul in Tripoli und endlich deren zwei vom Agenten in Fesān. Ausserdem enthielt das Packet weiter keine Briefe, weder von meiner Familie, noch sonst von irgend einem meiner Freunde, aber es waren noch beigelegt zwei Nummern des „Galignani" und das „Athenäum" vom 19ten März 1853.

Die Freude, welche ich empfand, wieder einmal etwas von Europa zu hören, kann ich kaum beschreiben, aber noch mehr Vergnügen verursachte mir der allgemein gehaltene Brief Lord John Russell's, welcher das wärmste Interesse an meinem Unternehmen ausdrückte. Die übrigen Briefe betrafen besonders die Aussendung Dr. Vogel's und seiner Gefährten, und so eröffnete sich mir die Aussicht, einige Europäische Gesellschaft in Bórnu zu finden — im Fall, dass es mir gelingen sollte, mein Afrikanisches Standquartier in Sicherheit zu erreichen. Von der Expedition nach dem Tsadda oder Bénuë, die, wie ich später erfuhr, einige Zeit vor dem Empfang dieser Briefe aufgebrochen war, erhielt ich jedoch bei dieser Gelegenheit auch nicht die geringste Andeutung, sondern dies geschah erst im Dezember, wo die Expedition schon wieder nach England zurückgekehrt war, und doch sollte ich selbst in gewisser Beziehung daran Theil nehmen.

Ich drückte dem Scheich meinen Dank dafür aus, dass er mich endlich in den Besitz jener Depeschen gesetzt hätte, aber ich wiederholte zugleich meine schon früher gemachte Bemerkung, dass, wenn er und seine Freunde „imāna" (d. i. wohlbegründeten friedlichen Verkehr) mit uns zu unterhalten wünschten, vor Allem unseren Briefschaften Sicherheit gewährt werden müsse. Ich hatte nämlich als ganz gewiss gehört, dass dieses Packet wenigstens schon seit 2 Monaten in A'sauād gelegen habe. Aber der Scheich entschuldigte sich mit der Angabe, dass einer der einflussreichsten Männer jener Gegend — hiermit meinte er wahrscheinlich den Häuptling der Bérabīsch — die Briefschaften in der Befürchtung zurückbehalten habe, dass sie etwas seinem Lande Nachtheiliges enthalten könnten, und eine solche Besorgniss musste natürlich durch das Vordringen der Franzosen in die südwestlich an Algerien grenzenden Landschaften noch bekräftigt werden.

Die Geschichte dieses Packetes war aber überhaupt wunderbar; denn offenbar war es über Bórnu gekommen und dessenungeachtet befand sich auch nicht eine einzige Zeile vom Vezier dabei, der mir, wenn Alles in Ordnung gewesen wäre, ohne Zweifel geschrieben haben würde. Dazu kam, dass der äussere Umschlag abgenommen worden war, während jedoch die Siegel der Briefschaften selbst keine Spur von Verletzung zeigten. Die Ursache dieses Umstandes erfuhr ich erst viel später; sie bestand darin, dass, ehe das Packet Sókoto verliess, die Nachricht von der Enthauptung des Veziers schon jene Stadt erreicht hatte; da wurde denn der beiliegende, an mich gerichtete Brief Hadj Beschīr's herausgenommen und vielleicht auch noch irgend eine Kleinigkeit, die er für mich bestimmt hatte.

Nun aber ereignete es sich, dass der Reisende, welcher beauftragt war, das Packet nach Timbuktu zu bringen, unterwegs, zwischen Gándō und Ssai, von den Gōberaúa oder Mariadaúa erschlagen wurde; aber dies geschah gerade in einem Augenblick, wo er das Packet zufällig einem Gefährten übergeben hatte. Letzterer setzte seine Reise glücklich fort und brachte es nach A'sauād. Indessen trug der Tod des eigentlichen Boten, der jenes an mich adressirte Packet hatte überbringen sollen, wahrscheinlich viel zur Verbreitung des Gerüchtes bei, dass ich selbst in der Nähe von Marādi erschlagen worden wäre. Damals und sogar noch viel später hatte ich jedoch noch keine Ahnung davon, dass solche Gerüchte über mich in den Gegenden umliefen, die ich hinter mir gelassen hatte.

[*Donnerstag, 18ten Mai.*] Von überaus freudigen Gefühlen durchdrungen, dass ich mich endlich wieder in der Gesellschaft meines edlen Wirthes befand, völlig bereit, meine Reise ostwärts zu verfolgen, genoss ich den Anblick der besonderen Züge der Landschaft, durch die uns unser Weg führte, obgleich nun nicht mehr neu für mich, mit grosser Ruhe und Freudigkeit. Auch die bunte Zusammensetzung unserer Schaar, unter der mehrere mir wirklich wohlwollende Leute waren, trug viel dazu bei, mir Muth einzuflössen. Die Landschaft selbst entwickelte einige neue Züge, da wir diesmal einen anderen Pfad verfolgten. Ich war besonders erstaunt über die ungewöhnliche Grösse des Pfriemenkrautes — „retem" —, das hier die Verhältnisse von bedeutenden Bäumen (von mehr als 20 Fuss Höhe) annahm; auch „ssiwāk" *(Capparis sodata)* gab es in grossem Überfluss.

Nach einem Marsche von ungefähr 10 Meilen machten wir in einem dichten Theile der Waldung, die reich an Löwen sein soll, Halt und brachen dann am Nachmittag wieder auf; der Sumpfarm von Barkánge, an dem hierauf unser Weg entlang führte, war in der Zwischenzeit fast ganz ausgetrocknet. Dann liessen wir Tautilt zur Seite liegen und schlugen unsere Zelte etwas jenseits des früheren „ámasāgh" des Häuptlings Uórhda, nahe bei einem Lager der Uëlād

Molūk. Der Flussarm war an dieser Stelle jetzt so seicht, dass eine Schaafheerde durch das Wasser nach der Insel hinüber getrieben wurde. Wasservögel und zumal solche, welche von Fischen leben, gab es in ungeheuerer Anzahl; auch Krokodile liessen sich in Menge sehn und flössten uns einige Besorgniss um unsere Pferde ein, denen das schöne Gras am Ufer des Flusses eine treffliche Weide gewährte.

Nach dem Abzuge der herrischen Imō-scharh von den Ufern des Eghírrëu schienen die schwarzen Eingeborenen in grösserer Ruhe zu leben, und mehrere den Sonrhay gehörige Boote kamen zu uns von der Insel Kōra herüber. Von den Bewohnern des Lagers selbst, den Uëlād Molūk, welche ursprünglich ebenfalls zu dem Berber-Stamme der Limtūna gehören, hatte ich schon bei früherer Gelegenheit den männlichen Theil zu Gesicht bekommen, aber hier sah ich zum ersten Male ihre Weiber und Töchter. Von Neugierde getrieben, kamen sie in der Abenddämmerung, um einen Blick auf mich, den Christlichen Fremdling, zu werfen, und machten sich desshalb etwas an meinem Zelte zu schaffen; aber ich bemerkte unter ihnen auch nicht eine einzige anziehende Persönlichkeit und bekümmerte mich nur wenig um sie.

[*Freitag, 19ten Mai.*] Ich war so froh, dass wir nun wirklich vorwärts rückten, dass ich, während sich meine Gefährten mehr landeinwärts hielten, dem Ufer des Flusses folgte, um mich davon zu überzeugen, ob wir Iséberen (den Punkt, wo wir auf unserer früheren verunglückten Fahrt wieder umkehrten) nun wirklich hinter uns liessen, und der Fluss gewährt kurz vor diesem Punkte einen so prächtigen Anblick, dass es wohl der Mühe lohnte, ihn noch einmal zu sehn. Aber als ich von Iséberen aus wieder zu meinen Freunden stossen wollte, fand ich grosse Schwierigkeiten, da diese ganze Landschaft hinter dem Flusse zu dieser Jahreszeit voller Hinterwasser und Seitenarme und desshalb für Leute, die mit dem Charakter des Landes nicht genau bekannt sind, nicht leicht zu passiren ist; aber aus demselben Grunde gewährt auch diese Gegend, wenn der Fluss zu sinken angefangen hat, die reichsten Weidegründe. Unglücklicherweise blieb die Neigung meines Wirthes zu Aufschub und Zögerung selbst jetzt noch, nachdem wir endlich unsere Reise wirklich angetreten hatten, unveränderlich; denn nach einem Marsche von 7 Meilen machten wir bei einem kleinen Lager der Kēl-n-Nokúnder Halt, angeblich allerdings, um am Nachmittag wieder aufzubrechen, aber in Wirklichkeit, um dort die Nacht zuzubringen. Ich war jedoch froh, dass wir wenigstens so weit gekommen waren.

Der Platz war mit mehreren üppigen Exemplaren der „duē" (einer *Ficus*-Art) und mit „tagelālet" oder „agāto" geschmückt. Unter einem dieser schönen Bäume, dessen dichtes Laubwerk fast bis auf den Boden reichte, brachte ich die Tageshitze in freundlicher Unterhaltung mit Einigen der friedlichen Tolba zu, die herbeikamen, um mit dem Fremdling ein Gespräch über religiöse Gegenstände zu führen. Als dann die Abendkühle eintrat, schlug ich mein Zelt nicht weit von dem Ufer des offenen Flussarmes auf, welcher mit einem schönen Rande hohen Grases umsäumt war; aber, obgleich im Allgemeinen offen, war der Fluss hier doch von einzelnen Felsblöcken unterbrochen und gewährte so nicht ganz denselben schönen Charakter, den ich an ihm zu bewundern gewohnt war.

[*Sonnabend, 20sten Mai.*] Es war verabredet worden, zu recht früher Morgenstunde aufzubrechen; aber die Schwierigkeit, zwischen den zahlreichen Sümpfen und Seitenarmen den rechten Pfad ausfindig zu machen, hielt uns länger in unserem Lager zurück. Wir mussten wirklich einen recht bösen Sumpf umgehen, der jetzt angefangen hatte, auszutrocknen; hier bemerkten wir die ersten Spuren des wilden Schweines, das ich bis dahin längs dieses Theiles des Niger noch nicht gesehn hatte. Nachdem wir diesen Sumpf hinter uns gelassen, entfaltete der Fluss wiederum seinen wahrhaft prächtigen Charakter und wir verfolgten unseren Weg hart längs des Randes seiner klaren Gewässer, auf einem schönen sandigen Ufer. Zu unserer Linken thürmten sich hohe Sanddünen auf, die reich mit Dümpalmen und „tagelālet" bewachsen waren.

Hier bemerkte ich auch zum ersten Male die Spuren des „sanguai". Dieses Thier ist allem Anscheine nach durchaus verschieden vom Krokodil und ähnelt vielleicht dem Amerikanischen „iguana"; doch ist es auch nicht unmöglich, dass es dasselbe Thier ist, welches von El Edrīsi*) und Anderen als im Nil lebend beschrieben und „ssakankūr" genannt wird. Es ist viel kleiner als das Krokodil und seine dem Sande eingedrückten Fusstapfen kündigten einen viel breiteren Fuss an; die Zehen sind augenscheinlich vermittelst einer Schwimmhaut mit einander verbunden; der Schwanz scheint auch kleiner zu sein, als beim Krokodil. Das Thier selbst kam mir unglücklicherweise nie zu Gesicht, sondern ich konnte immer nur seine Fusstapfen im Sande bemerken; seine Länge scheint nur 6—8 Fuss zu betragen.

Der wohlmarkirte Charakter und die scharfe Begrenzung des Flusses währte jedoch nicht lange, sondern es folgte wiederum sumpfiges Flachufer, welches uns gelegentlich nöthigte, uns in grösserer Entfernung vom Hauptarme zu halten, während der Pflanzenwuchs im Allgemeinen üppig war. Auch in diesem Bezirke war „ssiwāk" (*Capparis sodata*) der vorherrschende Baum und er bot uns durch seine kleinen Beeren, die gerade der Reife entgegengingen, eine gelegentliche leichte Erfrischung dar. Man kann jedoch diese Beeren nur in höchst geringer Menge zu sich nehmen, da sie einen sehr starken Geschmack, wie Pfeffer, haben; dies ist auch der Grund, wesshalb sie getrocknet

---

*) El Edrīsi, übers. von Jaubert, I, p. 81.

viel angenehmer schmecken, und in diesem Zustande bilden sie einen nicht unbedeutenden Nahrungsartikel der nomadischen Bevölkerung dieser Gegenden. Ausser dem „ssiwăk" oder „tēssak" gibt es hier auch eine grosse Menge „retem" oder, wie er hier genannt wird, „atárkit" oder „ássabai"; weiterhin nahmen Dūmpalmen sehr überhand.

Indem wir dann die „Tahōnt" genannte Örtlichkeit zur Linken liegen liessen, erreichten wir einen sehr grossen, grasreichen Arm, der von Rinderheerden belebt war, und lagerten an seinem Rande im Schatten eines dichten Gürtels schöner Bäume, die durch eine ungeheuere Anzahl von Schlingpflanzen mit einander verflochten waren. Der ganze Thalgrund war wenigstens 1000 Schritt breit und hinter einem schmäleren Wasserstreifen sah man einen grösseren offenen Arm das fruchtbare, grasreiche Thal durchschneiden. Es ist höchst merkwürdig, dass weder die Imō-scharh oder Tuáreg, noch die Araber, so weit mir bekannt, einen völlig bezeichnenden Namen für diese seichten Hinterwasser haben. Die Araber im Allgemeinen nennen einen offenen Wasserarm „ridjl" oder „krā" (d. h. Bein) und einen weniger offenen „bot-hā", und dasselbe bedeutet der Name „ādar-n-eghírrëu", den die Tuáreg diesen Hinterwassern beilegen. (Die letztere Zusammensetzung — um dies nebenbei zu bemerken — zeigt am deutlichsten die Entstehung des Wortes „Niger" oder vielmehr „Nighīr".) Der einheimische Haussa-Name „fáddama" ist bei weitem bezeichnender. Caillié gab allen diesen seichten Armen, von deren gewaltiger Ausdehnung er jedoch nur eine schwache Vorstellung hatte, den verderbten Djolof-Namen „marigot".

Hart hinter unserer Lagerstätte bildete der Boden ein sanftes Gehänge; dies war die frühere Stätte — „tasúmbut" — einer Sonrhay-Ortschaft Namens Hendi-kīri. Es ist möglich, aber keineswegs ganz wahrscheinlich, dass diese Ortschaft identisch ist mit Kamba-kīri, der in der Geschichte Sonrhay's erwähnten Wahlstatt, wo eine höchst blutige Schlacht zwischen zwei Nebenbuhlern und Kronprätendenten gekämpft wurde\*). Es ist schwer, sich eine Vorstellung zu machen von dem verschiedenen Anblick, den dieses Land in früheren Zeiten dargeboten haben muss, wo alle günstig gelegenen Stellen von blühenden Wohnplätzen eingenommen wurden und sich am Flusse entlang ein lebhafter Verkehr ausbreitete. Es war ein schöner Rastpunkt, charakteristisch für die ganze Natur dieser Gegend; aber Erdameisen waren in grosser Menge vorhanden und störten uns während unseres kurzen Aufenthaltes sehr.

Nach einer Rast von ungefähr 4 Stunden verfolgten wir unseren Marsch ostwärts, indem wir uns während der ersten Meile nahe an der Bot-hā entlang hielten; dieses Sumpfwasser veränderte aber bald seine Natur und nahm den Charakter eines ansehnlichen offenen Wasserbeckens an. Indem wir dann dies Wasser hinter uns liessen und mehrere kleinere, mit Gras bewachsene Hinterarme durchschnitten, erreichten wir jenseits eines niedrigen Sandzuges ein anderes grosses Hinterwasser. Das Ufer desselben verfolgten wir in südöstlichen Windungen durch niedriges Gebüsch und Dūmpalmen und gelangten nach einem Marsche von ungefähr 6 Meilen auf eine sandige, in den Fluss vortretende Landspitze Namens Ém-n-kūris, an dem Punkte gelegen, wo der Hinterarm sich mit dem Hauptstrome vereinigt, indem der letztere hier eine schöne Biegung bildet und seinem bisherigen westöstlichen Lauf eine südnördliche Richtung gibt.

Auf dieser offenen Landspitze wählten wir den Platz für unser Nachtquartier; ihm gegenüber, auf der anderen Seite des schmalen Armes, befand sich ein von Dūmpalmen belebtes Lager der Kēl-antsār. Der Fluss selbst bildete ein

---

\*) Ahmed Bābā in der Zeitschrift der Deutschen Morgenländ. Ges., Bd. IX, S. 547.

schönes offenes, nur von einer kleinen Insel unterbrochenes Bett, und belebt, wie er war, von mehreren Booten, entwickelte er ein grossartiges Schauspiel. Während ich mich am Abend an dieser Scenerie erfreute, hielten die Ältesten — „ámaghār" — der Kēl-antsār eine ernstliche Berathung hinsichtlich der Politik, welche sie unter den gegenwärtigen Zuständen des Landes verfolgen sollten; denn in der allgemeinen Verwirrung waren sie ganz unschlüssig, an wen sie sich halten sollten. Bei dieser Gelegenheit erfuhr ich, dass der Stamm der I'gelād, zu dem die Abtheilung der Kēl-antsār gehört, drei gelehrte Häupter oder Richter hat, von denen der geachtetste, Namens El Tāher, am Rāss-el-mā wohnt. Die Nacht, die wir hier auf einem ansteigenden Boden hart über dem Flusse zubrachten, war lieblich frisch, und wir blieben von der in diesen sumpfigen Flachlanden herrschenden Mückenplage völlig verschont.

[*Sonntag, 21sten Mai.*] Zahlreiche Schaaf- und Ziegenheerden belebten das uns gegenüberliegende Lager unserer Freunde, während wir unsere Zelte abbrachen. Wir näherten uns jetzt einem besser bewohnten Distrikte und würden einen interessanten Tagemarsch gehabt haben, wenn nicht unsere Wirthe von voriger Nacht, wahrscheinlich um ihre zahlreichen Gäste befriedigen zu können, alle möglichen Milcharten zusammengegossen hätten. Die Folge davon war, dass fast alle meine Begleiter ernstlich krank wurden, so dass sie sogar argwöhnten, die Milch sei vergiftet gewesen; der erste Theil unseres Marsches gewährte wirklich ein überaus klägliches Schauspiel, auf dessen Einzelnheiten ich jedoch nicht näher eingehen will.

So liessen wir eine bemerkenswerthe Stätte, auf einem ansteigenden Sandufer jenseits eines ansehnlichen Hinterarmes gelegen, zur Seite liegen. Ihr Name Tamisgīda — „die Moschee" — kündigt augenscheinlich die Stätte eines früheren Wohnplatzes an und sie ist wahrscheinlich identisch mit dem

„Tírka" oder vielmehr „Tírekka" Arabischer Geographen\*), wenn anders nicht Rhērgo oder Ghērgo selbst auf diese Identität gegründeteren Anspruch hat. Hinter dieser Stätte erweiterte sich nach und nach der flache Wasserarm und war von Dämmen und Deichen durchschnitten, die zu Reisbau und Fischfang benutzt wurden. Allmählich wurden hier die grösseren Bäume spärlicher, — ein Umstand, der hinreichend anzeigte, dass wir uns einem noch nicht ganz verlassenen menschlichen Wohnplatze näherten; denn im Sudan werden die in der Nähe von städtischen Ansiedelungen stehenden Bäume gewöhnlich zur Feuerung verbraucht. Aber gerade, wie wir Rhērgo's — denn das ist der Name dieses Städtchens — ansichtig wurden, hielten wir es, um nicht in den heissen Mittagsstunden auf dem fast schattenlosen Ufer in der Nähe des Städtchens anzulangen, für besser, in dem Schatten der letzten Bäume Halt zu machen. Ich selbst fand Schutz unter dem dicht verwobenen Laube einer schönen Baumgruppe, gebildet durch die Verschlingung einer „gēsa" mit einer „ághelāl", und ich hatte hier nichts Eiligeres zu thun, als alle meine Leute mit Thee und Kaffee zu bewirthen, um ihren wankenden Muth und ihre hinschwindenden Kräfte neu zu beleben, da sie in Folge der ihnen im letzten Nachtlager zu Theil gewordenen Kost stark gelitten hatten.

Von diesem Punkte aus führte unser Weg nach der Stadt am Rande der sumpfigen Flachlande entlang, indem er in vielen Windungen den Einzackungen des Seitenarmes folgte. So erreichten wir nach einem Marsche von etwas mehr als

---

\*) Siehe die höchst interessante Beschreibung dieses Platzes, der grossen Handelsniederlage zwischen Ghāna im Westen und Tademékka im Osten, in El Bekrī's „Beschreibung Afrika's" (Ausgabe de Slane's, S. 180). Die ausdrückliche Erwähnung der Erdameisen, welche der vortreffliche Andalusische Geograph hier macht, ist von grosser Bedeutung, da wir, die wir von Timbuktu kamen, die ersten Erdameisen in der Nähe von Hendi-ḳíri beobachteten.

2 Meilen das dem Städtchen Rhērgo gegenüberliegende Ufer; aber wir sahen uns lange vergeblich nach einem guten Lagerplatz um; denn der Ort selbst lag auf der von uns durch ein breites Flachwasser getrennten Insel, die nicht zu erreichen war, und das gegenüberliegende Ufer war überaus dürr und ohne Gliederung zum Schutze einer begünstigteren Stelle. Sogar einen Busch suchte man vergebens; nur drei einzelne Bäume liessen sich auf weite Entfernung sehn und diese waren unglücklicherweise zu weit von dem Überfahrtsorte zum Städtchen entfernt, um uns während unseres Aufenthaltes von irgend welchem Nutzen zu sein. Denn um mit den Einwohnern in einiger Verbindung zu bleiben, durften wir unseren Lagerplatz natürlich nicht zu weit von jenem Punkte wählen.

Rhērgo ist ein Ort, der keineswegs allen Interesses entbehrt, und scheint von ansehnlichem Alter zu sein. Einheimischer Überlieferung zufolge soll es 7 Jahre älter sein, als Túmbutu oder Timbuktu und hat also dem Anscheine nach jedenfalls vollen Anspruch darauf, mit einem der bekannten Mittelpunkte des Lebens dieser Gegenden in der ersten Morgendämmerung historischer Aufzeichnung identificirt zu werden, und ich habe schon oben auf die Möglichkeit hingewiesen, dass wir hier vielleicht Tírekka zu suchen haben. Die Stadt lag ursprünglich auf dem Festlande, und zwar auf einer Anhöhe in einiger Entfernung östlich von unserem Lager, bis sich in jüngeren Zeiten die geschwächten und unbeschützten Einwohner aus Furcht vor den Tuáreg gezwungen sahen, im Schutze dieses Hinterwassers sichere Zuflucht zu suchen. Der so umschlossene Raum hat die Gestalt einer Insel, aber in etwas unbestimmter, keineswegs dauernder Weise; denn gewöhnlich trocknet der nördliche, seichte Arm des Flusses alljährlich einmal dermaassen aus, dass man den Ort betreten kann, ohne den Fuss nass zu machen. Ausnahmen von dieser Regel bilden nur solche Jahre, wo die

Überfluthungen des Flusses eine ausserordentliche Höhe erreichen. Jedoch schadet die Austrocknung jenes Armes der Sicherheit der Einwohner, im Ganzen genommen, eben nicht viel, da diese zu einer Jahreszeit stattfindet, wo die Tuáreg, die Zwingherren der unterdrückten einheimischen Bevölkerung, die Ufer des Flusses verlassen und sich in's Innere zurückziehen, — so dass die Bewohner von Rhērgo nicht viel von dem Umstande leiden, dass ihre Zufluchtsstätte zu Zeiten leichter zugänglich wird. Dies Jahr hatte ihnen der hohe Stand der Überschwemmung so viel Zuversicht eingeflösst, dass sie sich sogar geweigert hatten, dem Heere — „tābu" — ihres mächtigen Oberherrn Alkúttabu ihre Boote zu stellen. Der Fluss war so gewaltig gestiegen, dass er selbst die Hütten erreicht hatte; die eigentliche Stadt liegt nämlich in drei gesonderten Gruppen auf einem etwas ansteigenden Theile der Insel.

Die Einwohner von Rhērgo ziehen selbst noch in dem gegenwärtigen geschwächten Zustande des Landes viel Reis und Tabak, aber der Anbau könnte ungleich ausgedehnter sein im Verhältniss zu der weiten Ausdehnung des sumpfigen Flachlandes, das unter dem Einflusse der Überschwemmung steht. Der eigentliche Fluss ist von diesem Punkte so weit südlich entfernt, dass man ihn von hier aus gar nicht sehn kann; denn die Sanddünen, welche sein inneres Ufer bilden, verstecken ihn. Es ist aber auffallend, dass das nahrhafte und für den Niger so charakteristische „býrgu"-Gras, welches ich so oft erwähnt habe, hier fast ganz fehlt, so dass das Vieh der Einwohner in grosse Entfernung ausgetrieben werden muss. Die Folge davon war, dass ich ungeachtet der sonst reichen Fülle der sich im Flussbette ausbreitenden Weidegründe gar keine Milch bekommen konnte.

Wir blieben hier den folgenden Tag liegen. Der Morgen war recht kühl und bildete für eine solche Jahreszeit, wie der Monat Mai, eine ganz ungewöhnliche Erscheinung. Um mich geistig und körperlich zu erfrischen, machte ich einen Spaziergang die gemach ansteigenden Dünen hinauf. Sie bestanden theils aus Sand und Kies, theils hatten sie einen mehr steinigen Charakter und entwickelten in auffallendem Gegensatze zu der weiten grünen Thalebene des Flusses eine nackte Wüstenscenerie mit nach Norden zu gewelltem Boden und ohne allen Pflanzenwuchs, vereinzelte Büschel trockenen Krautes ausgenommen. Von dem Gipfelpunkte dieses ansteigenden Terrains aus hatte ich eine interessante Aussicht über die gesammte Ortschaft, wie sie inmitten der sumpfigen Seitenarme dalag; ich zählte von hier aus etwa 350 Hütten, und ein einzelner Baum begrenzte jede der beiden Seiten.

Bei meiner Rückkehr in's Lager fand ich eine grosse Anzahl der Einwohner der Ortschaft versammelt. Sie hatten dem Scheich ihre Aufwartung gemacht und ihre Ergebenheit bezeigt, waren aber auch überaus begierig, die Bekanntschaft des Fremden zu machen, um seinen Segen zu erlangen. Ich fand sie jedoch nicht interessant genug, um viel Verkehr mit ihnen zu beginnen; denn sie besassen nur sehr wenig von jener edeln, unabhängigen Haltung, welche in so hervorragender Weise ihre südöstlichen Landsleute auszeichnet, und sowohl ihre Gestalt wie ihre Gesichtszüge schienen deutlich eine sehr starke Vermischung mit Mō-ssi-Sklaven anzuzeigen. Doch ist es keineswegs unwahrscheinlich, dass die ganze einheimische Bevölkerung dieser nördlichen Ausbiegung des Niger oder Eghírrëu ursprünglich der Tómbo-Rasse angehörte. Der grössere Theil dieser Leute trug eng anschliessende weisse Hemden und Hosen; beides war aus einer breiten Art Baumwollenstreifen — „tāri" — von überaus grobem Gewebe verfertigt. Um den Kopf trugen die Meisten einen sehr zerlumpten, armseligen Turban, wenn man einen schmalen Lappen von eben jenem Stoffe so nennen darf; nur Wenige unter ihnen waren auf anständigere

Weise gekleidet. Sie ziehen eine grosse Menge Gänse von ansehnlicher Grösse und besitzen einen starken Vorrath an Butter, wagen es aber aus Furcht vor den Tuáreg kaum, sie unter der Hand zu verkaufen. Es ist kein Zweifel vorhanden, dass alle diese Anwohner in besseren materiellen Verhältnissen leben, als sie vorgeben.

[*Dienstag, 23sten Mai.*] Wir brachen in der Morgenkühle auf und hielten uns hart am Rande des sumpfigen Flacharmes hin, der sich allmählich zusammenzieht, während der Hauptarm des Flusses heranrückt. So hatten wir eine Strecke von 1½ Meilen zurückgelegt, als wir etwas vom Flusse ab in die Wüste einbogen; alsbald gewahrten wir eine grosse Menge Fusstapfen der Giraffe, gewöhnlich drei oder vier zusammen. Diese Thiere kamen offenbar nur zur Tränke hierher; denn der Pflanzenwuchs war höchst spärlich und der Boden gewöhnlich mit weiter nichts als niederem Gestrüpp bedeckt. Nachdem wir uns jedoch einem kleinen Zuge von Sanddünen genähert hatten, passirten wir eine Einsenkung, das ausgetrocknete Bett einer Pfütze — „dhaie" — und daher mit Dūmgebüsch und Tabaksbeeten umgeben.

Schon einige Zeit vorher war ein Häuptling der Kēl-antsār zu uns gestossen, der uns einlud, die heissen Tagesstunden in seiner Gesellschaft zuzubringen. Desshalb machten wir denn schon früh am Morgen Halt beim Lager dieses Mannes, das auf einem hohen Vorsprung des Ufers lag, hart jenseits eines reichen Thaleinschnittes, das dem Distrikte den Namen „Eräschar" verschafft hat; die Kírtebe und Táraschít genannten Stätten hatten wir zur Seite liegen lassen. Die Stammgenossen unseres Wirthes schlachteten ein ganzes Rind und schickten uns eine grosse Menge Schüsseln mit Reis und saurer Milch. Der ganze Stamm der Kēl-antsār ist sehr zahlreich und umfasst mehr als 1000 erwachsene Männer, aber sie sind über einen sehr grossen Landstrich verbreitet und reichen von Gōgō bis zum Rāss-el-mā und selbst bis in's Innere von Tagānet, dem Wüstengau zwischen Timbuktu und A'sauād.

Es war unsere Absicht gewesen, hier das Zelt aufzuschlagen, um uns in Ermangelung eines guten Baumschattens vor der Mittagssonne zu schützen; aber wir fanden den Boden so ausserordentlich hart, dass er die Zeltpflöcke nicht halten wollte. Übrigens setzten wir am Nachmittag unsere Reise fort und stiegen bald nach unserem Aufbruch von der Höhe hinab, wo wir eine herrliche Aussicht über den Fluss hatten, dessen zwei Arme sich jenseits einer Insel vereinigten. Bald nahm die Scenerie einen anderen Charakter an; wir liessen den Fluss in einiger Entfernung zur Seite und hielten uns zuerst über Sandboden. Aber auch hier ward unser Weg von einem grossen, jetzt jedoch ziemlich trockenen Hinterwasser durchschnitten und wir begegneten einer zahlreichen Rindviehheerde, die von ihren Weidegründen heimkehrte; wir folgten ihr und erreichten so in der Abenddämmerung ein anderes ansehnliches „ámasāgh" der Kēl-antsār. Wir wählten hier unseren Lagerplatz zwischen diesen Leuten und dem grünen, sumpfigen Ufer des Flusses. Die Stätte heisst Sár-ho, aber im Flusse liegt die Insel Kúrkosāi, die in Folge einer blutigen Schlacht, die dort 35 Jahre vor der Zeit meines Besuches zwischen den Tuáreg auf der einen und den Sonrhay und Ermā oder Rumā auf der anderen Seite gefochten wurde, eine gewisse Berühmtheit erlangt hat. Unsere Wirthe, die Kēl-antsār, deren Gastfreundschaft wir so unerwartet in Anspruch genommen hatten, schienen sehr reich an Vieh zu sein und versahen uns mit einer ungeheueren Menge frischer Milch.

[*Mittwoch, 24sten Mai.*] Während wir unsere Kameele beluden, überzog sich der Himmel mit dichten Wolken und ein heftiger Regen fiel in A'ribínda; aber bei uns verhinderte der starke Wind die Wolken, sich zu entladen. Ich habe schon wiederholt die Bemerkung gemacht, dass auf der südlichen Seite des Flusses eine bei weitem grössere Menge Regen fällt als auf der nördlichen oder Aussa-Seite. Ungeachtet des im Allgemeinen trockenen Charakters der Landschaft, durch die unser heutiger Marsch führte, verwickelten wir uns doch gerade hier mehr als je zwischen den zahlreichen Hinterwassern, welche die Passage längs des Flusses so schwierig machen; es sind aber auch wieder eben diese vielen grasreichen Seitenarme, welche dem Vieh das nahrhafteste Futter gewähren. Die Schuld an unseren Schwierigkeiten trug unser Führer, der dem Marsche eine zu südöstliche Richtung gab, bis wir, als wir endlich unseren Irrthum einsahen, zwei sehr bedeutende grasige Arme zu passiren hatten. Der erste derselben hatte 3½ Fuss tiefes Wasser und der zweite war noch tiefer, aber es war doch nicht so sehr die Tiefe des Wassers, was die Passage schwierig machte, als das hohe „býrgu"-Gras, womit es durchwachsen war. Die Folge war, dass sich die Pferde mit ihren Füssen hinein verwickelten und mehrere zu grossem Missbehagen ihrer Reiter stürzten.

Endlich hatten wir diesen Doppelarm glücklich durchschnitten und folgten dem nördlichen Ufer des hinteren Armes, als uns gerade ein heftiger Sturm entgegenwüthete und etwas Regen brachte; trotzdem mussten wir noch einen dritten grasreichen Arm passiren, der sich vom Norden her mit den übrigen verband. Hinter dieser „Ssingnethinge" genannten Stelle bildeten dann alle diese sumpfigen Hinterwasser in ihrer Vereinigung mit dem Hauptflusse eine überaus ausgedehnte „fáddama" halb Fluss, halb sumpfige Grasfläche, an der breitesten Stelle etwa 2 oder 3 Meilen breit. Die ganze Oberfläche des Wassers war mit Wasserlilien (*Nymphaea Lotus*) bedeckt. Mehrere kleinere und grössere Inseln haben sich in dieser Flusserweiterung gebildet und auf einer derselben, einem grasreichen Inselchen, liegt der Weiler — „ádabai" — Tabālit und in kleinem Abstande von ihm ein zweiter Weiler Namens A'baten. In geringer Entfernung davon hört das ausgedehnte System der Hinterwasser auf und gestattet dem Hauptflusse selbst, sich den Sanddünen zu nähern, die sich hier zu bedeutender Höhe erheben. So gewährten sie denn mir und dem Neffen des Scheichs eine weite Aussicht über den Fluss, in dem sich hier eine grosse Insel befindet; diese „autel makkōren" oder „imakkōren", wie sie genannt wird, bildet oft den Lagerplatz für Tuáreg-Stämme und hat bei den Flussanwohnern einen grossen Ruf.

Die hohen Sanddünen machten bald wiederum Hinterwassern Platz, die einen auffallenden Gegensatz gegen den trockenen aufspringenden Boden zu unserer Linken bildeten, und ihre Umsäumung war der Art eingezackt, dass unser Marsch eine sehr unbestimmte Richtung annahm. Plötzlich wurden die Schwierigkeiten des Fortkommens in Folge dieser eigenthümlichen Bodenformation grösser, als je; denn wir fanden uns auf einmal inmitten eines Sumpfes auf einem engen Deiche, dessen Bestimmung war, das bei der Überfluthung des Stromes in diesen Nebenarm eingedrungene Wasser zum Reisbau zurückzuhalten. Meine Freunde von Timbuktu, die fast ihr ganzes Leben in diesen Sumpfgegenden zugebracht hatten, wurden keine Schwierigkeit gewahr, bis wir uns dem gegenüberliegenden festen Ufer näherten, wo wir dann fanden, dass der Deich von einem engen Kanal durchschnitten war, über den unsere Pferde setzen mussten, was nicht ohne grosse Gefahr geschehen konnte. Mein Pferd machte allerdings den Satz mit glücklichem Erfolg, aber viele der anderen weigerten ihren Herren den Gehorsam und sie sahen sich daher gezwungen, sich mitten durch den Sumpf durchzuarbeiten. Es war gewiss recht interessant für mich, dass ich auf diese Weise mit den verschiedenen Zügen dieser ganzen Formation bekannt wurde, aber unserer Bequemlichkeit und Sicherheit halber hätten wir uns weiter landeinwärts halten sollen.

Endlich hatten wir auch diesen Sumpfboden hinter uns

und nun bezeugte Alles, dass wir uns einem anderen kleinen Lebensmittelpunkt in dieser vernachlässigten Landschaft näherten, die aus einem gewissen Grade von Civilisation in einen Zustand fast gänzlicher Barbarei zurückversunken ist. Zuerst zeigten sich überall Deiche zum Reisbau und Plätze, wo der „býrgu", das schon oft von mir erwähnte hohe Flussgras, in Haufen über ein schwaches Feuer gehalten wurde, um die kleinen Blätter abzubrennen und dann um so leichter aus dem getrockneten Halme den Býrguhonig zu gewinnen; dann folgten kleine Tabaksfelder und Waizenbeete; denn der Waizen kann nur in kleinen, von Wasserrinnen durchzogenen Beeten gepflanzt werden. Ja, selbst Gerste sah man hier, einen sonst in allen diesen Gegenden ganz unerhörten Artikel. Dabei zeigten die tiefen, zur Bewässerung dieser Anlagen geleiteten Rinnen einen Grad von Betriebsamkeit, den ich lange nicht gesehn hatte. Jetzt war natürlich Alles trocken und nur die Stoppeln allein standen auf den Feldern; denn Bewässerung wendet man nur während des höchsten Flussstandes an, wo das Wasser hart an diese Pflanzungen herantritt.

Hier theilte sich auch der nächste offene Arm des Flusses in zwei kleinere Arme und wir erhielten die erste Ansicht von Bámba oder vielmehr von seinen Dattelpalmen, die ihre Fächerkronen über ein sandiges Vorgebirge ausbreiteten. Leider war die Luft durchaus unrein und daher die Aussicht beschränkt. Bald hatten wir das Städtchen selbst erreicht, und da ich fast nicht eine einzige Dattelpalme gesehn hatte, seitdem ich Kanō verlassen, machte es mir grosses Vergnügen, wieder einmal einige schöne Exemplare dieses majestätischen Baumes zu erblicken. Auf der Westseite des Dorfes bildeten die Bäume Gruppen und gewährten in ihrem verwilderten Zustande, mit den alten, trockenen Blättern, die zwischen den frischen herabhingen, einen recht malerischen Anblick. Auch auf der Ostseite des Ortes, wo wir unseren

Lagerplatz nahe bei einem prächtigen Tamarindenbaume wählten, schossen zwei hohe, schlanke Palmen auf und bildeten eine besonders anmuthige Gruppe; aber im Ganzen überstieg die Anzahl aller völlig ausgewachsenen Dattelpalmen kaum 40 Stück. Sie sollen eine gute Frucht liefern, aber ich selbst hatte keine Gelegenheit, sie zu kosten, und bin daher nicht im Stande, über ihre Güte ein eigenes Urtheil zu fällen.

Das Dorf oder Städtchen selbst besteht im Augenblick aus etwa 200 Hütten, die aus Mattenwerk in ovaler Gestalt erbaut sind; eine kleine Moschee und zwei oder drei andere Thongebäude oder vielmehr Magazine machen davon eine Ausnahme. Von den letzteren ist eines das Eigenthum Bābā Ahmed's, eines jüngeren Bruders des Scheichs El Bakáy, der gewöhnlich hier seinen Wohnsitz hat, zur Zeit aber abwesend war.

So unbedeutend ist der Zustand des Ortes in gegenwärtiger Zeit; aber es kann kein Zweifel herrschen, dass Bámba vor drei Jahrhunderten ungleich bedeutender war. Dafür bürgt schon allein seine häufige Erwähnung in der Geschichte Sonrhay's. Auch muss seine Lage — an einem Punkte, wo der Fluss, nachdem er sich wenigstens während eines grossen Theiles des Jahres über eine Oberfläche von mehreren Meilen Weite ausgebreitet hat, von hohen, abschüssigen Felsufern eingeschlossen und auf eine Breite von 900 bis 1000 Schritt zusammengepresst wird — von der höchsten Wichtigkeit gewesen sein zu einer Zeit, wo die ganze Landschaft längs dieses grossen schiffbaren Flusses in dem Bereich eines mächtigen und sehr ausgedehnten Königreiches mit inbegriffen war, ja selbst in späterer Zeit, wo sie eine Provinz von Morocco geworden. Ich hege nicht den geringsten Zweifel, dass es der Statthalter von Bámba war, der den trefflichen Reisenden Ebn Batūta so gastfreundlich auf seiner Schifffahrt von Timbuktu nach Gōgō aufnahm. Leider hielt mein Reisekollege aus dem 14ten Jahrhundert kein gutes Tagebuch und vergass den Namen dieser Stadt.

Diese bedeutende Lage war offenbar der Grund, wesshalb Bámba zu jener Zeit befestigt war, und wahrscheinlich war es früher sogar eine recht starke Festung und der beständige Sitz einer Garnison. Nur so kann man es sich erklären, warum die Tuáreg, selbst noch heutzutage, dem ganzen Städtchen den Namen Kásbah geben. Auch dient dieser Umstand dazu, die Erscheinung zu erklären, dass die gesammte Bevölkerung von Bámba selbst noch heutzutage aus Rumā oder Ermā besteht, den Nachkommen der Scharfschützen, welche diese Provinz für den Herrscher von Morocco eroberten. Aber während diese Rumā in früheren Zeiten die herrschende Rasse waren, schleppen sie gegenwärtig ein etwas armseliges Dasein hin, und der Schütz der Kunta ist kaum hinreichend, sie gegen die täglichen Erpressungen zu schützen, welche die übermüthigen Herrscher der Wüste von ihnen eintreiben. So hatte der Häuptling Ssadáktu kurze Zeit zuvor fast all' ihr Vieh fortgetrieben.

Ich habe den Leser mit dem Dorfe schon einigermaassen bekannt gemacht, aber ich kehre zum Augenblick unserer Ankunft zurück. Wir Reiter waren vorausgezogen, die Kameele blieben lange aus und ich setzte mich mittlerweile auf einer das steile, hier etwa 25 Fuss hohe, Ufer überhängenden Klippe nieder, im Genuss der prächtigen Aussicht über die grosse Wasserstrasse des westlichen Binnen-Afrika. Ein starker Wind regte die Wellen des Flusses auf und einige leichte Boote, die das gegenüberliegende Ufer zu erreichen strebten, fanden bedeutenden Widerstand. Meine Gefährten bemerkten bald das Interesse, das ich an der Scene nahm, und mein liebenswürdiger Freund, Mohammed ben Chottār, setzte sich zu mir, um gemeinsam die schöne Aussicht zu geniessen. Er freute sich, zu finden, dass, seitdem wir wirklichen Fortschritt auf unserer Reise machten, mein Gemüth leichter und heiterer geworden war. Er besprach oft mit mir meine glückliche Heimkehr in's Christenland und ich gab ihm daher den Wunsch zu erkennen, dass er mich begleiten und in Person die Einrichtungen und Erzeugnisse der Europäer besehen möchte. Mein Freund hatte Bámba zu wiederholten Malen in früherer Zeit besucht und stets grosses Interesse an der Verschiedenheit des Charakters des Flusses genommen, der, nachdem er sich über flache Sumpfufer mit zahllosen Hinterwassern weit ausgebreitet hat, nun von hier an mit wenigen lokalen Ausnahmen zwischen hohen, wohlmarkirten Ufern eingeengt wird, und er wiederholte mir bei dieser Gelegenheit noch einmal seine Angaben über die bedeutende Einengung des Flusses bei Tóssaie, wo man leicht einen Stein von einem Ufer zum anderen werfen könne, und wo der Fluss zugleich so tief sei, dass eine aus schmalen Streifen einer ganzen Rindshaut gemachte Leine nicht hinreichte, den Boden des Flusses zu erreichen.

Während ich mich nun am Anblicke der interessanten Scenerie erfreute, gesellten sich mehrere Rumā-Bewohner des Städtchens zu mir. Wie störend auch ihre Gesellschaft in meine ruhige Naturbetrachtung eingriff, so war doch ihr eigener Charakter nicht ganz uninteressant. Mehrere unter diesen Leuten zeichneten sich vor den gewöhnlichen Sonrhay durch grösseren Glanz und grössere Helle ihrer Hautfarbe aus; auch ihre Züge waren regelmässiger und ihre Augen hatten mehr Ausdruck. Insgesammt trugen sie als äusseres Abzeichen ihrer edleren Abkunft eine rothe Binde von etwa 2 Zoll Breite über den Shawl, der den oberen Theil ihres Gesichtes verhüllte, und einen ledernen Gurt, der gewöhnlich lose über ihre Schultern hing, aber so, dass er beim ersten Zeichen herannahender Gefahr leicht um die Hüften befestigt werden konnte. Mehrere dieser Rumā zeichneten sich auch durch bessere Kleidung aus, und ihr Anzug verrieth

grössere Reinlichkeit und mehr Wohlstand. In Bezug auf's Rauchen machte ich die Erfahrung, dass alle Einwohner längs der Ufer dieses grossen Stromes die Pfeife gleich sehr lieb haben. Wirklich legen diese Leute ihre kleinen, niedlichen Thonpfeifchen fast nie aus der Hand; aber auch beim Rauchen halten Rumā sowohl wie Tuáreg ihren Mund bedeckt, und nur der kleine Pfeifenkopf guckt unter dem unteren Mundstück des Shawls — „tessil-gemísst" — hervor.

Endlich trafen die Kameele ein. Sie hatten ursprünglich den oberen Weg verfolgt, waren aber aus Versehen von dort zurückgerufen worden und so auch in den schwierigen Sumpfboden gerathen, den wir selbst durchschnitten hatten. So belebte sich denn unser kleines Lager zur Seite des Städtchens. Für den Scheich selbst und seine Gefährten war eine grosse, behagliche Mattenwohnung — „būge", wie man es hier nennt — auf den Sandhügeln errichtet worden; aber mir war die Nähe der schönen Palmengruppe unweit des grossen Tamarindenbaumes lieber und da liess ich denn mein Zelt aufschlagen und entwarf von diesem Punkte aus die Skizze von Bámba, welche, vom Künstler im gegenüberstehenden Bilde ausgeführt, dem Leser eine leidliche Vorstellung von der ganzen Natur dieses Ortes geben wird.

Wir blieben hier bei Bámba den folgenden Tag liegen. Zu früher Morgenstunde weckte mich das Krähen der Hähne und rief mir unwillkürlich das Schicksal des unternehmenden, aber unglücklichen Mungo Park in's Gedächtniss, der nach Angabe der Eingeborenen hier in Bámba ein paar Stunden verweilt haben soll, um sich mit Geflügel zu versehen, und so den weiter abwärts am Flusse wohnenden Tuáreg Musse gab, ihre Schaaren zu sammeln und sich ihm entgegenzustellen. Dieselbe Geschichte wird auch in Bezug auf Gōgō und einige andere Plätze am Flusse erzählt; aber es ist wahrscheinlicher, dass Park's Hauptgrund, bei den Hauptortschaften am Flusse einen längeren Halt zu machen, darin bestand, dass er mit den Eingeborenen Verkehr zu eröffnen und ganz insbesondere auch astronomische Beobachtungen anzustellen wünschte. An Park's astronomischen Beobachtungen ist nun freilich sehr wenig verloren, denn, wie das von ihm in dieser Beziehung Erhaltene bezeugt, hätten seine Längen und Breiten uns nur ein vermeintlich genaues Bild der grössten Verkehrtheit gegeben.

Von jenen verhängnissvollen Hähnen geweckt, stand ich früh von meinem Lager auf und genoss bei wunderschön klarem Himmel eine träumerische Stunde auf meinem Lieblingsfelsen vom vorigen Tage über dem steilen Abfall zum Flusse hinab; aber jetzt war der herrliche Strom nicht mehr wild aufgeregt wie gestern, sondern auf seiner Oberfläche ruhig und mehrere Boote fuhren zur Insel hinüber. Allerdings kann bei dem gewaltigen Bogen, den der Niger in das Herz der Wüste hinein macht, ein grösserer Theil seines Uferlandes nie dicht bevölkert und darum der Verkehr nie so belebt gewesen sein, wie es bei anderen Strömen der Fall ist, die ihren Lauf durch ganz fruchtbare Landstriche nehmen; aber doch wird im Laufe der Jahre auch hier wieder neues Leben und neue frische Regsamkeit geweckt werden.

Im Laufe des Morgens stattete ich dann meinem Beschützer einen Besuch ab. Einer seiner jüngeren Brüder, Ssidi I'emīn, hatte sich am vorhergehenden Tage eingefunden, um ihm auf seinem Durchzuge durch dieses Land einen Besuch zu machen, und als ich die Sandhöhe, an deren Abhange ihre Mattenbehausung errichtet worden war, hinanstieg, kam Ssidi I'emīn heraus, um mir entgegenzugehn, und begrüsste mich auf die freundlichste Weise. Er war ein angesehener Mann mit sehr wohlgefälligen Zügen und hatte seinen Sohn bei sich, einen sehr hübschen siebenjährigen Knaben.

Der Anblick dieses Mannes regte unwillkürlich die Betrachtung in mir an, welch' eine edle Familie dies sei. Sie Alle sind die Söhne Ssidi Mohammed's vom Stamme der Kunta, des Religionshauptes, der dem Major Laing in A'sauād Schutz und Beistand gewährte. Zuerst Muchtār, El Bakáy's älterer Bruder, der seinem Vater nachfolgte, als Ssidi Mohammed einem epidemischen Fieber erlegen war, das in jenem Wüstenstrich gerade zur Zeit wüthete, als Major Laing sich dort aufhielt; Muchtār starb 1847. Dann Ssidi Mohammed, ein Edelmann von wahrhaft fürstlichem Benehmen; dann El Bakáy selbst; darauf ’Abidīn, ebenfalls der ausgezeichneten Stellung eines Häuptlings wohl würdig, obgleich er eine ganz andere Politik befolgte, als El Bakáy; dann Hamma, ein Mann, mit dem ich allerdings nicht persönlich bekannt wurde, den mir aber doch Alle als einen wirklichen Edelmann schilderten; dann Ssidi I’lemīn und Bābā Ahmed, die ich auch schon erwähnt habe, und endlich Ssidi A’mmer. Ssidi A’mmer ist das jüngste, aber sicherlich nicht das an wahrem Adel geringste Glied der Familie, und als er noch zu Lebzeiten Muchtār's in Gesellschaft El Bakáy's Sókoto besuchte, machte er einen tieferen Eindruck auf die Leute und gewann sich ihre Gunst allgemeiner als sein älterer Bruder, mein Beschützer. Alauāte scheint fast das einzige Glied dieser Familie zu sein, das, abgesehen von seiner Gelehrsamkeit, so weit diese geht, nicht viel zu ihrer Ehre beiträgt; aber selbst in diesem Falle müssen wir ausser Alauāte's grösserer Jugend die Landessitten in Betracht ziehen und dürfen ihn nicht nach unseren individuellen Ansichten von Adel und Edelsinn beurtheilen.

Die leichte Mattenbehausung, die die Anwohner für meinen Beschützer errichtet hatten, war zwar einfach, aber geräumig und nett und gewährte einen kühlen Ruheplatz während der heissen Tagesstunden. Sie war von oblonger Gestalt, 20 Fuss lang und deren 9 breit, mit zwei Thüröffnungen einander gegenüber; ein grosser „angāreb" bildete einen bequemen

Ruheplatz. Die Matten, aus denen diese Hütten errichtet werden, sind sehr gross und bestehen aus vortrefflichem Flechtwerk; sie werden geschickt über ein Gerüst von schlanken Ästen ausgebreitet, so dass sie den Regen völlig abhalten. Aber die Hütte des Scheichs, obwohl sehr angenehm, war doch von Menschen zu überfüllt, und so zog ich es denn vor, mich während der heissen Mittagsstunden nach einer Gruppe sehr reich belaubter und mit einer dichten Masse von Schlingpflanzen durchflochtener „gerredh" zurückzuziehen, welche über den an der Südseite des Dorfes gelegenen Gottesacker einen prächtig kühlen Schatten ausbreiteten, wie man das bei diesem Baume, der *Mimosa Nilotica*, nur sehr selten gewahrt.

Um den Gottesacker umher lagen schöne Tabaksfelder, gerade zur Zeit in der Entfaltung des frischesten Grüns, und so gewährte denn dieser Platz einen schlagenden Kontrast zu der nackten Landschaft weiter nördlich. Denn obgleich von einer ansehnlich grossen flachen Wasseransammlung — „dhaie" — unterbrochen, die ein zum Reisbau vortrefflich geeignetes Becken bildet, sieht man dort weder einen Baum noch einen Busch mit Ausnahme von zwei oder drei einzelnen Dattelpalmen, welche nahe am Rande der „dhaie" stehn.

Wir hatten grosse Mühe, einen kleinen Vorrath von Reis und Butter von den Einwohnern zu erhalten, da sie vorgaben, dass ihre Mittel so mitgenommen seien, dass sie ausschliesslich von dem oft erwähnten Nigergras — „býrgu" — lebten; aber auch hier hatte ich Grund zu vermuthen, dass diese unterdrückten Landeseinwohner nur aus Furcht vor den Tuáreg grössere Armuth vorschützten. Jedenfalls war Tabak der einzige Artikel, den sie zum Verkauf boten, und dieser Tabak von Bámba ist unter dem Namen „scherikīe" weit berühmt längs des Niger-Ufers und sehr gesucht, obwohl er an Güte dem Tabak von Égedesch — „táboē" — nachsteht. „Býrgu" besitzen diese Leute allerdings in ungeheurer

Menge; ich kostete hier auch das Honigwasser, das sie aus diesem Niger-Grase bereiten, fand es aber geschmacklos; ausserdem hat es etwas öffnende Wirkung, nicht unähnlich dem in Haussa aus den Früchten der *Cucifera Thebaïca* bereiteten Trunke — dem „maddi" oder „gōreba"-Wasser —.

## VII. KAPITEL.

Die nördlichste Ausbiegung des Flusses. — Wüstenlandschaft längs des östlichen Flusslaufes. — Grösste Einengung. — Südöstliche Biegung.

Ein leichter Regenfall und dann ein Gewittersturm, der jedoch über unseren Häuptern hinzog, ohne sich zu entladen, verzögerten unsere Abreise am Nachmittag, und da die Kameele bei der kahlen Beschaffenheit der nächsten Umgebung, um etwas bessere Weide zu finden, in grosse Entfernung geschickt worden waren, war es bereits nach 5 Uhr, als wir unseren Lagerplatz verliessen. Eine grosse Anzahl Rumā, Sonrhay und Imō-scharh hatte sich versammelt, um Zeuge von meiner Abreise zu sein, und ich theilte eine hübsche Menge kleiner Geschenke unter sie aus, indem ich die wenigen werthvollen Artikel, die ich noch besass, für mächtigere Häuptlinge aufbewahrte.

So rückten wir endlich aus und passirten nach einem Marsche von 2 Meilen ein mit Gras überwachsenes und gegenwärtig trockenes Hinterwasser. Dahinter hatten wir die mit Gras bewachsene „fáddama" oder „bot-hā" des Stromes hart zu unserer Rechten, während das offene Wasser etwa 2 Meilen weit entfernt war. Hier sah man sehr ausgedehnten Anbau; viele mit Waizen und Tabak bepflanzte Feldgärten waren sorgsam angelegt und vermittelst kleiner Rinnen mit dem Flusse verbunden, wodurch dann, wenn das Wasser während des höchsten Standes der Überschwemmung ganz nahe herantritt, die Bewässerung sehr erleichtert wird. Unglücklicherweise erlaubte es ein heftiges Gewitter, das mit einer gewaltigen Wolkenmasse aufstieg und das ganze Land in eine dichte Sandwolke einhüllte, nicht, genaue Beobachtungen anzustellen, und wie wir in beschleunigtem Marsche dahineilten, verursachten uns die zahlreichen Kanäle, welche hier unseren Weg durchschnitten, ein höchst unerfreuliches Hinderniss. Obwohl die Wolken vorüberzogen, ohne irgend Regen zu bringen, brach doch, ehe wir den Ort unserer Bestimmung erreichten, die Dunkelheit ein, und dies verhinderte mich leider, den Charakter der ganzen Landschaft kennen zu lernen.

Aber das Unzweckmässige unseres späten Aufbruchs zeigte sich noch mehr, als wir den sumpfigen, grasreichen Rand des Flusses betraten. Nur ein kleines Feuer auf dem trockenen Ufer zu unserer Linken versprach meinen Gefährten, die fast ganz ohne Proviant reisten, ein etwas armseliges Abendessen, während ihnen dagegen eine lange Reihe von Feuerstellen in der Mitte des Flusses bessere Kost verhiess. Ohne daher die Schwierigkeiten des Bodens und die Dunkelheit der Nacht zu erwägen, hielten wir uns gerade auf die letzteren zu. Selbst dann, als wir einen engen, kaum für ein einziges Pferd hinreichend breiten und sehr verfallenen Deich betraten, liessen sich meine Freunde nicht abschrecken, sondern folgten dem Führer, welcher diesen Pfad für den einzigen erklärte, der uns durch das vor uns liegende Wasser zu dem ersehnten Lager bringen könnte. So betraten wir denn kühnen Muthes diesen Deich, aber wir hatten kaum einige hundert Schritte zurückgelegt, als selbst meine doch völlig an ein amphibienartiges Leben gewöhnten Leute den Weg für ganz unpassirbar erklärten, so dass wir uns gezwungen sahen umzukehren. Aber auf einem so schmalen, hohen Pfade mit den Pferden umzukehren, war ein höchst gefährliches Unternehmen und mein treuer Diener, der Gatrōner, hatte dabei einen höchst ernstlichen

Unfall; er glitt nämlich sammt seinem Pferde vom Deiche in's Wasser hinab. Obgleich es ihm durch seine angeborene Gewandtheit gelang, sich mit einigen Quetschungen aus seiner unerfreulichen Lage hervorzuarbeiten, machte es uns doch grosse Mühe, das Thier aus dem Loche hervorzuziehen, in welches es gefallen war; meine Gefährten wollten es erst liegen lassen, indem sie behaupteten, dass es todt sei. — Endlich waren wir glücklich vom Deiche herunter, und indem wir eine Furth im Wasser fanden, gelangten wir nun in das Lager, welches auf einem schmalen, grasreichen Landrücken lag und uns, die wir aus der Dunkelheit hervortauchten, mit dem Scheine seiner zahlreichen Feuerstätten völlig blendete. Auf der gegenüberliegenden Seite des Flusses waren zwei Sonrhay-Weiler Namens Insámmen und Takankámte gleichfalls durch ihr Feuer sichtbar.

Diese mit Wasser umgebene Lagerstätte gehörte einigen Kēl-e'-Ssūk, und zwar, wie es schien, nicht Leuten vom ersten Range; denn sie zeigten ein etwas diebisches Gelüste. Wenn auch nicht gerade ungastlich zu nennen, waren sie doch unfähig, meine Gefährten gut zu bewirthen, da in diesem sumpfigen Flachlande grosser Mangel an Brennholz herrschte. Alles in Allem genommen, war dies einer jener Lagerplätze, welche viel dazu beitrugen, meine Gesundheit zu zerstören; zum Theil war aber auch der heftige Thau daran Schuld, der in der Nacht fiel. Meinem Diener ging es noch schlimmer; denn er musste die ganze Nacht hindurch nach seinen Pistolen suchen, die er im Sumpfe verloren hatte.

[*Freitag, 26sten Mai.*] Ich liess meine Gefährten, die sich für ihr verlorenes Abendessen durchaus mit einem guten Frühstück zu entschädigen wünschten, zurück und trat meinen Marsch zu ziemlich früher Morgenstunde an, um diesen Sumpfboden so bald als möglich zu verlassen. Da ich mit Recht befürchtete, dass wir uns noch einmal in diesen endlosen Flachlanden verirren möchten, liess ich meine Leute sich in beträchtlicher Entfernung vom Flusse halten; der Weg führte über sanft gewellte Dünen, zuerst kahl, aber weiterhin mit viel trockenem Grase bekleidet. Diese nordöstliche Richtung war hier durchaus nothwendig, da wir hier die nördlichste Einbucht des Flusses mit grossen umherliegenden Sümpfen zu umgehen hatten; aber auf längere Zeit verfolgt, würde sie uns zu weit abgeführt haben, und einige Schüler des Scheichs, die mich eingeholt hatten, brachten mich aus der eingeschlagenen Richtung an den Rand eines breiten Sumpfbeckens zurück, das hier ein seichtes Gewässer voller Wasserpflanzen bildete, von zahlreichen Schwärmen von Gänsen besucht, sich aber allmählich zu einem ausgedehnten Hinterarm erweiterte, welcher dann ein schönes, offenes Wasserbecken bildete. (Dieser überaus wichtige Hinterarm des Flusses heisst „Terārart", das die Femininform von „Erárar" ist.) Der Fluss war jedoch zur Zeit fast in seinem niedrigsten Stande und muss daher während der höchsten Überschwemmung einen ganz verschiedenen Anblick gewähren. Wirklich müssen dann die schneeweissen Sanddünen, welche jetzt den Hauptarm vom Sumpfe trennten, wie eine schmale Sandbank inmitten des Wassers erscheinen.

Hinter diesen Sanddünen, aber vom Hauptarme durch einen kleineren, „Eghírrëu-n-bāho" — der falsche Fluss — genannten Arm getrennt, liegt der Weiler Égedesch, der einen ansehnlichen Ruf in diesen Niger-Gegenden geniesst. Zur Zeit war er jedoch verlassen und die Einwohner hatten sich über die im Flusse gelegenen Inseln ausgebreitet. Die drei Dörfer Garbāme, Ém-n-Tabōrak und Nschérifen liegen auf der anderen, südlichen Seite des Flusses.

Wie verschieden ist also der Fluss, wie ich ihn hier nach einer ununterbrochenen Reihe von Kompassbeobachtungen und nach genauer Schätzung der Entfernungen niedergelegt habe, von dem Laufe, wie man ihn vor meiner Reise voraussetzte!

Erst hier, mehr als 120 Meilen östlich von Timbuktu, hatten wir den nördlichsten Punkt des Flusses erreicht und vertauschten nun unsere im Allgemeinen ostnordöstliche Richtung gegen eine südöstliche. Nachdem wir in dieser Richtung 3½ Meilen unweit des Ufers des Terārart entlang marschirt waren, machten wir im Schatten eines dichten Gürtels von reichem Unterholze, der seine Ufer umsäumt, Halt, und hier stiess bald darauf der Scheich selbst zu uns.

Etwas mehr als 1 Meile jenseits dieser Stelle, bei den „Ghadīr" genannten Dünen, vereinigt sich dieses grosse Hinterwasser mit dem Hauptarme des Flusses, und hier erstiegen wir am Nachmittag, als wir unseren Marsch wieder fortsetzten, aufspringenden Boden von Sandstein in einem halb verwitterten Zustande. Nach einem Marsche von 3 Meilen stiegen wir jedoch schon wieder an das Flussufer hinab; der Strom war hier voll grüner Inseln, auf denen eine hübsche Anzahl fetten Viehes weidete. Zwei Meilen weiterhin wählten wir unser Nachtlager an einer Stelle Namens Tewílaten oder Stewílaten, zur Seite eines nicht eben sehr wohlhäbig aussehenden Lagers der Kēl-Tebankōrit; aber ungeachtet ihrer Armuth hielten es doch unsere Wirthe für Pflicht der Gastlichkeit, unsertwegen zwei Rinder zu schlachten.

Ich fand während dieses Tagemarsches weiteren Grund, damit zufrieden zu sein, dass sich unsere Reise längs der nördlichen und nicht längs der südlichen Seite des Flusses hinzog; denn während wir selbst bei etwas Wetterleuchten, das den ganzen Abend über anhielt, nur einen leichten Regenschauer hatten, fiel im Laufe des Nachmittags jenseits des Flusses, in A'ribínda, bedeutender Regen.

Vor unserem Aufbruche liess ich mich mit den Leuten des Lagers in eine freundliche Unterhaltung ein, und sie priesen mich darauf als einen ausgezeichneten Mann, machten aber zugleich das aufrichtige Geständniss, dass sie am vergangenen Abend, wo ich stumm dagesessen und nicht ein einziges Wort gesprochen, gewaltige Abneigung gegen mich gefühlt hätten. So unumgänglich nöthig für die Sicherheit des Reisenden in diesen Ländern ist die Kenntniss der Sprache der Eingeborenen, und wie unendlich eine solche Anforderung den Erfolg erschwert, kann derjenige leicht ermessen, welcher die Menge der gänzlich verschiedenen Sprachen in dieser Zone in's Auge fasst. Denn auch mit der vielseitigsten Sprachkenntniss wird der Reisende doch nur wie ein dummer Junge erscheinen, wenn er nicht gerade die Sprache desjenigen Stammes spricht, unter dem er sich aufhält, und wie der Kanōri in höchster Indignation ausruft: „Da sieh einmal den Narren, er spricht nicht einmal Kanōri!" — so zieht sich auch der Imō-scharh mit Verachtung von dem zurück, der nichts vom edlen Temā-schirht versteht. —

Bis hierher waren wir seit unserem zweiten Aufbruche mit ziemlicher Schnelligkeit vorgerückt; nun aber, wo wir das Gebiet der eigentlichen Auelímmiden, deren heimathlicher Sitz A'derār in nicht grosser Entfernung gen Osten lag, erreicht hatten, verfielen wir wieder in unsere gewöhnliche Langsamkeit und lagerten schon nach einem kurzen Marsche von kaum 3 Meilen, der über einen mit Kieseln und kleinen Steinen bestreuten und nur sparsam mit Pflanzenwuchs bekleideten Boden führte, hart am steilen Abhange des Flussufers, der Insel Samgoi gegenüber; denn hier, hiess es, sei die Residenz Ssadáktu's, des Häuptlings, der von den Einwohnern Bámba's so viel erpresst hatte und den man daher zur Wiedererstattung eines Theiles des Geraubten bewegen müsse. Das Land selbst bot an dieser Stelle nichts von Interesse dar, und es ward mir für den hier zu duldenden Verzug ein kleiner Ersatz nur dadurch geboten, dass der Charakter des Flusses nicht einförmig war. Um letzteren nun nach Möglichkeit zu geniessen, bereitete ich mir am Abhange der Ufers, welches dicht mit kleinen Bäumen bewachsen war, einen Ruheplatz.

Das Interessante des Flusses besteht hauptsächlich darin, dass hier der felsige Charakter des Gaues, durch den er weiterhin seinen Lauf nimmt, zuerst bemerkbar wird. So wird das westliche Ende einer kleinen Insel ganz von grossen Granitblöcken umgeben und sie hat daher den bemerkenswerthen Namen „Tahōnt-n-éggisch" erhalten, — ein deutlicher Beweis, dass die Berberischen Anwohner selbst diese Stelle als den „Eingangsfels" oder den Anfang der felsigen Passage für denjenigen betrachten, der den Fluss herabkommt.

Die Insel Samgoi liegt näher am südlichen Ufer und ist allem Anscheine nach von bedeutender Ausdehnung, mit dichtem Baumwuchs und mit einem kleinen Weiler — „ádabai" — besetzt. Ausser der Zerstreuung, die mir der Anblick des Flusses gewährte, und einem gelegentlichen Spaziergang über den Wüstenstrich in unserer Nachbarschaft, wo ich Ruinen von einigen Steinbehausungen bemerkte, gab mir auch die Unterhaltung mit den Eingeborenen während der drei folgenden Tage, die wir hier liegen blieben, hinreichende Beschäftigung.

Ssadáktu selbst war sehr unwohl und bedurfte daher meines ärztlichen Beistandes; aber nachdem ich ihn die ganze Wirksamkeit meiner Arzneien so stark hatte fühlen lassen, dass er erklärte, jedes Übel sei aus seinem Magen entfernt, belohnte er meinen Eifer nicht einmal mit einem Tropfen Milch. Ich konnte es daher nicht unterlassen, zum grossen Vergnügen seiner Unterthanen die Bemerkung zu machen, dass er der knauserigste Häuptling wäre, den ich je auf meinen Reisen angetroffen hätte. Es gab jedoch hier andere Leute, welche, wenn auch nicht gerade freigebiger als Ssadáktu, doch geselliger und mittheilsamer waren. Da war zuerst ein wohlhabender und gut aussehender Mann Namens Djemīl, der zu den Kēl-Burrum (d. i. Bewohner von Burrum) gehörte, und wie seine Landsleute augenscheinlich aus einer

Mischung freier Sonrhay und Imō-scharh hervorgegangen
sind, so schien auch er selbst in gewissem Grade die Eigenschaften dieser verschiedenen Nationen in sich zu vereinigen,
und seine reiche Kleidung, sowie seine Beleibtheit legten
hinreichenden Beweis ab, dass er eben kein strenger und
ascetischer Bewohner der Wüste war. Viel Mühe und Noth
verursachte mir ein anderer Mann Namens Ssimssim, ein
Sohn Ssidi A'mmer's und zwar der älteste von sieben Brüdern, ein sehr wohlhabender Imō-scharh, welcher mir bei
gänzlicher Blindheit zumuthete, dass ich ihm sein Gesicht
wiedergeben sollte; und es hatte wirklich den Anschein,
als wenn ihn mein Freund El Bakáy in seinem Glauben bestärkte, um von ihm auf diese Weise einige hübsche Geschenke für sich selbst zu erhalten.

Auch Ssimssim hatte das allen diesen östlichen Tuáreg
eigenthümliche stattliche Aussehen; denn diese Leute scheinen sich mit dem Raube der einheimischen Sonrhay-Bevölkerung bereichert zu haben, indem die Letztere in grossem Maasse zu Leibeigene herabgedrückt worden ist. Fast
insgesammt hatten sie eine sehr stolze Haltung, aber dennoch zeigten sie bei näherer Bekanntschaft eine recht herrliche Gemüthlichkeit und grosse Freundlichkeit, und obwohl von wildem Charakter und kriegerischen Gelüsten,
haben sie doch ein umgängliches Wesen und sind nicht
schwer zu leiten.

Die armen Bewohner von Bámba, denen Ssadáktu 70 Kühe
und 10 Sklaven abgenommen hatte, stiessen hier zu uns, um
es zu versuchen, ihr Eigenthum wiederzuerhalten. Sie wandten
sich auch an mich mit der angelegentlichen Bitte, den Vermittler zwischen ihnen und jenem feindlichen Häuptling abzugeben, und ich war recht froh, als Ssadáktu nach heftigem
Streite endlich die Hälfte des Raubes zurückgab. Es war
ebenfalls an diesem Lagerplatze, wo ich die Nachricht erhielt,
dass die Kēl-fadaīe oder vielmehr die gesammte Bevölkerung

von Aïr unter dem Befehle Hadj 'Abdūa's einen grossen Sieg über die Dínnik oder Auelímmiden-uēn-Bodhāl und die Arĕuan oder Kēl-gerēss errungen hätte. Der Stamm der Kēl-fadaīe hat in dieser Gegend einen grossen Namen, und es ist klar, dass sie in früheren Zeiten eine viel bedeutendere Stellung einnahmen, als sie heutzutage thun. Mein Freund El Bakáy selbst hatte sich früher lange unter jenem Stamme aufgehalten und sich dort ein Weib genommen, und man sagte mir, dass die Kēl-fadaīe Anspruch auf die Abkunft von Scherīfen machen.

Während der ganzen Zeit unseres Aufenthaltes an diesem Orte hatten wir fast täglich Gewitter, und obgleich wir selbst fast weiter nichts davon erhielten, als einen lästigen Sandwind, schien ein sehr heftiger Regenfall A'ribínda zu treffen. Bei einem dieser Gewitter verloren wir beinahe unsere Kameele, die, von einem anderen, das kürzlich von A'sauād gekommen war, angeführt, dem ungewohnten Fluss mit seinem ihnen unangenehmen „býrgu" den Rücken gekehrt und, geradewegs nach jenem Wüstengaue, ihrer geliebten Heimath zueilend, schon mehrere Meilen zurückgelegt hatten, als sie wieder eingeholt und gegen Willen zurückgebracht wurden.

[*Mittwoch, 31sten Mai.*] Endlich waren wir wieder auf dem Marsche, aber auch diesmal ging es nur wenig mehr als 2 Stunden weit vorwärts, und der wiederholte Aufenthalt und dieses Scheinreisen widerte mich so an, dass ich des Allmächtigen Gnade anflehte, mich von dieser Art Sklaverei so bald wie möglich zu befreien. Auf dieser ganzen Strecke trat die nackte Wüste, die hier aus steinigem Boden bestand und von vielen kleinen Rinnsalen zerrissen war, hart bis an das fruchtbare Bett des Flusses heran, wo ein grünes, sumpfiges Niederland das zur Zeit schon verringerte Strombecken umsäumte. Unter dem Gestein, mit dem der Boden bedeckt war, liess sich schöner weiss und roth gestreifter Fels unterscheiden. Auch bemerkte ich noch eine andere Insel mit einer dem Westen oder dem Strome zugekehrten felsigen Spitze.

Der Platz, wo wir uns lagerten, war überaus öde und wüst, ohne irgend einen Schatten; denn obwohl wenige hundert Schritt vor uns ein schöner Hain von „gerredh"-Bäumen kühlen Schatten verbreitete, waren meine Gefährten aus abergläubischen Gründen doch zu sehr in Furcht, um jenen Platz zum Lager zu benutzen, da er einen Begräbnissplatz bildete. Je heisser unser Lagerplatz war, um so mehr überraschte es mich, zu finden, dass das Wasser des Flusses mitten im heissen Sonnenbrande der Mittagsstunden so angenehm kühl war, und ich konnte diese Erscheinung nur der felsigen Beschaffenheit und der ansehnlichen Tiefe des Kanales zuschreiben. Übrigens waren sowohl Krokodile wie Flusspferde in grosser Menge vorhanden, während die ersteren im Allgemeinen besonders seichte Stellen stets vorziehen.

An diesem schutzlosen und unbehaglichen Platze blieben wir nicht allein diesen, sondern auch den folgenden Tag liegen, wiewohl nicht allein wir selbst auf's Äusserste vom Sonnenbrande zu leiden hatten, sondern auch unsere Kameele den grössten Nachtheil davon trugen, indem sie hier kein Futter fanden. Der Grund des neuen Verzuges war, dass der Scheich am Morgen auf einen Besuch zu Ssadáktu gegangen war, der sich zur Zeit noch auf Samgoi aufhielt, und von dort erst spät Abends zurückkehrte. Es war einer der heissesten Tage, die wir hatten, und hier war es auch, wo wir während der Mittagshitze eine schwarze, giftige *Arachnea* von gewaltiger Grösse und scheuslichem Aussehen in meinem Zelte entdeckten. Der Leib mass nahe an 2 Zoll in der Breite, und selbst meine Freunde aus Timbuktu hatten nie etwas Ähnliches gesehn; aber leider konnte ich das Unthier nicht genauer betrachten. Denn die Tuáreg, die sich in unserer Gesellschaft befanden, waren so entsetzt über den Anblick, dass sie das Thier, sobald wir es getödtet hatten, in grösster Eile mit ihren Schwertern fortschleuderten, so dass ich es nicht wieder sah; aber sie versicherten mich, dass es das gefährlichste und scheuslichste von allen Geschöpfen in dieser ganzen Landschaft sei.

Die ausserordentliche Hitze machte ein Gewitter, das uns am Nachmittag des zweiten Tages unseres hiesigen Aufenthaltes befiel, äusserst annehmbar, besonders da es diesmal nicht bei der heftigen Windsbraut blieb, sondern ein leichter Regen darauf folgte, der die brennende Hitze des glühenden Sandbodens sehr milderte. Es gewährte mir einige Erheiterung, auch diesmal zu bemerken, dass, obgleich ein grosses Lederzelt für den Scheich aufgeschlagen war, dennoch, wie das jedesmal der Fall war, wenn ein Unwetter sich erhob, ein Jeder sich beeilte, seine Schätze, besonders die Sättel und Bücher, unter das Obdach meines kleinen Europäischen Zeltes zu schaffen, das nun seit mehr als 4 Jahren dem wechselvollen Wetter der Tropen ausgesetzt gewesen und in solcher Weise ausgebessert und geflickt war, dass man den eigentlichen Stoff kaum noch erkennen konnte.

[*Freitag, 2ten Juni.*] Endlich verliessen wir diesen Platz, aber nur um uns 7 oder 8 Meilen weiter vorwärts zu bewegen, nach einem Zeltlager eines wohlhabenden Mannes Namens Ssidi I'lemīn, der, obgleich ursprünglich zum Stamme der Fulbe gehörig, dennoch unter den Tuáreg lebte und seit einer Reihe von Jahren an dieser Stätte angesiedelt war. Der Gegensatz zwischen der offenen Flusslandschaft, umsäumt von den schönen grasreichen Niederungen, die zur Zeit von den sinkenden Gewässern des Stromes blossgelegt worden waren, auf der einen und der nackten, dürren Wüste, die hart an den Saum der befruchtenden Wasserfurche herantrat, auf der anderen Seite war höchst auffallend. Zumal machte sich dieser Gegensatz bemerklich eine kurze Strecke vor der Lagerstätte Ssidi I'lemīn's, wo eine ausgedehnte sandige

Anhöhe eine Weile lang den Fluss den Blicken entzog und mit den wenigen einzelnen Büschen des giftigen „fernān" und des kurzen, „ellob" genannten Krautes den Beschauer in das Herz der Wüste versetzte.

Längs des ersteren Theiles unseres Weges war das niedere Flussufer mit einem Reichthum an vortrefflichem „býrgu" bekleidet gewesen, aber hier fehlte er gänzlich und die Kameele waren wiederum sehr übel daran; denn in dieser ganzen, mit nur spärlichem Baumwuchs versehenen Landschaft ist das Kameel ganz auf „býrgu" beschränkt, wiewohl dieses saftreiche, nahrhafte Gras ganz und gar Thieren nicht zusagt, die an das Laub junger Akazienbäume und das trockene Kraut der Wüste gewohnt sind. So war es denn nur zu natürlich, dass sich meine Kameele in schlechtem Zustande befanden, und mein freundlicher Beschützer hatte guten Grund, sich nach einigen frischen Thieren umzusehn, um mich so in den Stand zu setzen, mehr begünstigte Gegenden zu erreichen. Der Scheich beschloss daher, von diesem Punkte aus die nächste seiner Kameelheerden — „kissib" — zu besuchen, während wir in einer vor uns gelegenen Landschaft Namens Tin-scherīfen bis zu seiner Rückkehr warten sollten.

Der Fluss, der in seinem augenblicklichen Zustande etwa 1400 Schritt von unserem Lagerplatz entfernt war, hatte hier ein sehr seichtes und keineswegs grossartiges Aussehen; aber wenige Meilen unterhalb kömmt er in einen sehr felsigen Distrikt, wo er von steilen Felsufern eingeschlossen und durch Inseln und Klippen unterbrochen ist. Unser Platz hiess Igómaren und 4 Boote lagen hier am Ufer.

Das Lager Ssidi I'lemīn's war gross und bestand aus sehr geräumigen Lederzelten, wo Tuáreg und Fulbe, sowie auch einige Araber in freundschaftlicher Gemeinschaft beisammen lebten. Sie sind ziemlich wohlhabend, haben aber doch nur Esel, keine Pferde. Mehrere Tuáreg stiessen hier am Tage unserer Ankunft zu uns und ich gab den Angesehensten unter ihnen kleine Geschenke verschiedener Art, hätte aber einige Schwierigkeit, einen mächtigeren Edelmann Namens Mīki, den Sohn Elēssa's, zu befriedigen. Noch schwieriger jedoch war es, seinen dienstbaren Geist, den allmächtigen „Schmied" — „ēnhad" — zufrieden zu stellen, der, wie das auch bei uns häufig mit den Dienern der Fall ist, weit höhere Ansprüche stellte, als sein Herr.

Auch der blinde Ssimssim begleitete uns nach diesem Platz und belästigte mich nicht wenig mit seinen Betteleien um ein Heilmittel für seine Blindheit. Unter anderen Häuptlingen war auch Einer da, dessen Name mir einigermaassen auffallend schien; denn er nannte sich El I'ssfahāni; aber was er oder seine Vorfahren mit der berühmten Stadt I'ssfahān zu thun haben, war ich nicht im Stande zu ermitteln. Ssidi I'lemīn bewirthete uns reichlich mit einer Anzahl grosser Reisschüsseln, aber der Reis war ohne Salz zubereitet und so war ich nicht im Stande, das Gericht zu geniessen, und nun um so dankbarer, als ich am Abend eine tüchtige Portion Milch erhielt.

[*Sonnabend, 3ten Juni.*] Mein Beschützer wandte seine Schritte der Wüste zu und ich setzte mittlerweile in Gesellschaft des grösseren Theiles seiner Anhänger meine Reise längs der Ufer des Flusses fort, die nun fast eine zweite Heimath für mich geworden waren und mir mit ihren zahlreichen Hinterwassern, Inseln und Klippen eine nie versiegende Quelle des Interesses darboten. Etwa eine halbe Meile jenseits unseres Lagers passirten wir die Stätte eines früheren Wohnortes und weiterhin wichen die Sanddünen etwas vom Ufer zurück und gewährten bequeme Räumlichkeit für eine gute Anzahl von Tuáreg-Lagern. Wir liessen dann zur Rechten eine ausgedehnte sumpfige Niederung liegen, die während des höchsten Standes des Flusses überschwemmt wird, und erreichten den Anfang des felsigen Landstriches, durch den sich der Fluss Bahn brechen muss. Nach einem

sehr kurzen Marsche machten wir an einer Stätte Namens
Himberímme Halt, weil sich der Neffe des Scheichs unwohl
befand.

Der Abhang, wo wir Rast machten, war mit schönen,
schattigen „tabōrak" anmuthig geschmückt und der Fluss
war hier frei von Felsen, aber durch eine niedrige Sandbank in zwei Arme getheilt; ein paar tausend Schritt weiter aufwärts sprang ein mächtiges Riff von Granitfelsen in
das Wasser vor und etwa 1500 Schritt unterhalb unseres
Haltpunktes bot der Fluss einen überaus wilden Anblick dar.
Eine felsige Insel von ansehnlicher Grösse, aus ungeheuren
Granitblöcken gebildet, hemmte nämlich zugleich mit einem
Felsriffe, der vom rechten Ufer aus vorsprang, die halbe
Breite des Flusses ein und zwang ihn in der Richtung von
S. 30 O. nach N. 30 W. in einen Kanal von wahrscheinlich
nicht mehr als 500 Schritt Breite hinein. Diese merkwürdige
Stelle, wo der Fluss, wenn er voll Wasser ist, allem Anscheine nach eine sehr mächtige Strömung bildet, heisst
Tinálschiden.

Als die Tageshitze vorüber war, setzten wir unseren
Marsch fort, indem wir die Ausbiegung des Flusses abschnitten. Der Boden war hier erst kahl und ohne Pflanzenwuchs, bedeckte sich aber nach einer Weile mit kümmerlichen Talhabäumen, wenigem „ssiwāk" und einem grossen
Überfluss von „retem", bis, nach einem Marsche von 2 Meilen,
der Fluss zu unserer Rechten wiederum herantrat, frei von
Felsen und von einer grasreichen Niederung umsäumt, die
eine reiche Fülle des berühmten „býrgu" nährte. Zur
Linken lieferten einige wenige Tabaksfelder den Beweis
von einem gewissen Grade Betriebsamkeit auf Seite der
Eingeborenen, wiewohl keine grössere Ortschaft hier liegt.
Nur ein nomadisirendes Lager war auf unserer Seite zu sehn,
aber auf dem gegenüberliegenden Ufer zeigte sich ein Weiler.
Der ganze Distrikt gehört zu Tin-scherīfen.

Der Fluss hat hier einen sehr gewundenen Lauf und schlängelt sich zwischen steilen Ufern hin; wir liessen ihn wiederum in einiger Entfernung zu unserer Rechten, indem wir von einer sumpfigen Niederung auf höheren Boden anstiegen. Hier zogen wir an einem Tuáreg-Lager vorbei und stiegen dann, als die Dunkelheit einbrach, wieder abwärts nach dem grünen Ufer, wo der Fluss von Inseln eingehemmt zu sein schien. Parallel mit dem Ufer dehnte sich ein seichter, grasdurchwachsener Sumpf aus und jenseits des südlichen Ufers, ein wenig höher aufwärts, liess sich ein Dorf blicken. Auf der grössten Insel, welche zugleich die nächste an unserer Seite war, stand die Wohnung Kāra's, des Vaters eines jungen Mannes Namens Ssāla, der sich unter den Schülern El Bakáy's befand. Dies war der Grund, wesshalb meine Gefährten ungeachtet der Dunkelheit des Abends, und obgleich die Insel zur Zeit durch einen tiefen Kanal vom Ufer getrennt war, die abgeschmackte Idee hatten, ohne Boot nach der Insel vorzudringen. Nur nach langer Unentschiedenheit und nach vielem Hin- und Widerreden, entschlossen wir uns, auf dem schmalen Landrücken zwischen dem Sumpf und dem Flusse für die Nacht zu lagern.

Hier in Tin-scherīfen blieben wir die vier folgenden Tage liegen, da mein Beschützer erst am dritten Tage von seinen Kameelheerden zurückkehrte. Allerdings war das wiederum eine kleine Probe für meine Geduld, aber Alles in Allem genommen, war der Aufenthalt an diesem Platze nicht so uninteressant, da wir recht viele Besuche von den Bewohnern dieses und der benachbarten Gaue erhielten. Zuerst kam der oben erwähnte Kāra, der Amtmann der Insel, ein stattlich aussehender Mann, angethan mit feiner weisser Tobe und einen weissen Shawl um den Kopf gewunden, und ich liess mich leicht bewegen, ein Gespräch mit ihm zu eröffnen, wo er mir dann sogleich erzählte, ohne dass der Gegenstand von mir in irgend welcher Weise berührt worden wäre, dass etwa vor 50 Jahren ein Christ in einem grossen Boote mit weissem Zelt den Fluss herab gekommen und dass er, da derselbe zur Zeit voll Wasser gewesen, ohne Unfall die felsige Passage vor uns passirt hätte. Aber er fügte hinzu, dass die Kēl-terārart, eben die Anwohner des oben beschriebenen grossen nördlichsten Hinterarmes des Flusses ihn kurz vorher bei Samgoi angegriffen hätten. Diese Landschaft von Tin-scherīfen hatte Park am Morgen passirt, während er, Kāra, mit seinen Leuten auf den Sanddünen von A'ribínda gelagert war.

Kāra war für mich eine ganz interessante Erscheinung, und wiewohl er sich keineswegs gastfreundlich zeigte, hatte doch in der That sein ganzes Benehmen etwas, was eine Abkunft von einem edleren Stamm anzeigte; dagegen bot der übrige Theil der Einwohner der Insel ganz dasselbe Aussehen wie die weniger edlen Stämme der Tuáreg im Allgemeinen. Jedoch kann es nicht zweifelhaft sein, dass der Name des ganzen Distriktes Tin-scherīfen von dem angenommenen Ursprunge dieser Leute — von Scherīfen — herzuleiten ist. Und gewiss müssen wir in diesem Distrikte, sowie im benachbarten Gaue Burrum, wo der grosse Fluss, nachdem er diesen auffallenden bedeutenden Bogen in's Herz der Wüste hinein gemacht hat, seinen östlichen Lauf in einen südöstlichen verwandelt, die ältesten Mohammedanischen Ansiedelungen längs der Ufer des Niger suchen.

Hier in Tin-scherīfen war es auch, wo ich zuerst in intimere Beziehung zu dem eigenthümlichen Stamme der Kēle'-Ssūk trat, welche unter diesen nomadischen Stämmen viel Aufmerksamkeit verdienen, wiewohl ich noch nicht im Stande bin, alle auf ihre Geschichte sich beziehenden Punkte zu erklären; denn sie selbst nehmen sehr wenig Interesse an historischen Verhältnissen, und wenn auch geschriebene Urkunden vorhanden sein sollten, sind sie doch nicht allgemein bekannt.

So viel ist aber gewiss, dass diese Kēl-e'-Ssūk ihren Namen von einem Orte Ssūk erhalten haben, oder wenigstens von einem Platze, der gewöhnlich Ssūk*) genannt wird und fünf Tagemärsche weit von hier, sechs von Gōgō entfernt liegt. Dies war allem Anscheine nach in früheren Zeiten ein Platz von grosser Bedeutung, wurde aber in der zweiten Hälfte des 15ten Jahrhunderts von Ssonni 'Alī, dem grossen Vorgänger des noch grösseren Eroberers Hadj Mohammed A'skiā zerstört. Den ursprünglichen Namen der Stadt vermochte ich nicht zu erforschen, aber unzweifelhaft ist es eben jener Platz, den El Bekrī**) und andere Arabische Geographen nach dem Namen des Stammes Tademékka oder Tademékket nennen, der bis zur Mitte des 7ten Jahrhunderts diese ganze Landschaft beherrschte.

Diese grosse und schöngebaute Stadt ist allem Anscheine nach der Mittelpunkt verschiedener Stämme gewesen, aber ich kann mir kaum denken, dass meine Freunde Recht hatten, wenn sie behaupteten, dass ihre Vorfahren dort in Gemeinschaft mit den Hogār und Kēl-owī gelebt hätten; denn wenn diese Angabe richtig wäre, würden wir in dieser Stadt ein viel auffallenderes Beispiel einer von mehreren Berber-Stämmen gemeinsam gegründeten Gemeinde haben, als es die Geschichte von Agades uns bietet. Dem mag nun aber sein wie ihm wolle, der Name Ssūk hat sich auf diesen Stamm

---

*) Der Name „Ssūk" deutet keineswegs so bestimmt auf Arabischen Einfluss hin, wie Mancher wohl glauben möchte, da das Wort eine höchst ausgedehnte Verbreitung in den Semitischen Sprachen überhaupt hat.

**) El Bekrī, der die einzige zuverlässige Autorität in dieser Beziehung ist, in de Slane's Ausgabe, S. 181 ff. — Die neuntägige Entfernung des Platzes von Gōgō, welche El Bekrī angibt, muss man nach der Marschweise schwer beladener Karawanen ermessen, wo 8 Marschtage 6 Tagereisen mit leichten Kameelen — „mehāra" — gleich kommen. Die Lage der Stadt wird festgestellt durch das Itinerar von Tauāt, welches im Anhange mitgetheilt ist. Von der irrthümlichen Ableitung des Namens habe ich schon im vorigen Bande gesprochen.

festgesetzt, der noch heutzutage eine ganz besondere Gruppe bildet und sich vor den benachbarten Stämmen durch seine Gelehrsamkeit und friedliche Beschäftigung auszeichnet.

Ausser von mehreren angesehenen Männern dieses Stammes erhielt ich auch einen Besuch von Nássaru, einer Tochter eines der Häuptlinge, Namens Chosématen. Dies war eine der schönsten Frauen, die ich hier zu Lande zu Gesicht bekommen, und ihr zierlicher Anzug trug nicht wenig dazu bei, ihre Schönheit noch zu erhöhen; denn über ihrem Untergewand trug sie ein Obergewand von abwechselnd rothen und schwarzen Seidenstreifen, das sie gelegentlich zur Erhöhung ihres guten Aussehens über den Kopf zog. Ihre Züge waren ausgezeichnet durch sanften Ausdruck und Regelmässigkeit, aber sie war etwas zur Beleibtheit geneigt, die jedoch von den Tuáreg gerade sehr geschätzt wird. Da sie sah, dass sie mir gefiel, schlug sie mir halb im Scherze vor, dass ich sie heirathen möchte, und ich erklärte mich bereit, sie mit zu nehmen, wenn eines meiner etwas geschwächten Kameele im Stande sein sollte, sie mit ihrer Last zu tragen. Ich gab ihr als Zeichen besonderer Auszeichnung einen kleinen Spiegel, wie ich stets die Gewohnheit hatte, einen solchen der schönsten Frau in jedem Lager zu schenken, während die übrigen nur Nadeln erhielten. Sie kehrte am nächsten Tage mit einigen ihrer Verwandten zurück, die sich gleichfalls durch ihr gutes Aussehen auszeichneten und den Wunsch hegten, mich sowohl als auch den Scheich El Bakáy zu sehn. Diese Tuáreg-Edeldamen gewährten ein merkwürdiges Beispiel von der ausserordentlichen Freiheit, welche der weibliche Theil dieses Stammes geniesst, und ich war höchst erstaunt zu sehn, wie die Pfeife beständig aus ihrem Munde in den der Männer überging und von den Letzteren wiederum in den Mund der Frauen. In anderen Beziehungen, glaube ich entschieden, stehn diese Frauen höher als das schöne Geschlecht von

Tademékka, von dessen Tugenden El Bekrī in etwas zweifelhaften Ausdrücken spricht.

Weniger angenehm als die Gesellschaft dieser Leute war die Ankunft des blinden Ssimssim, der allem Anscheine nach sich in der Erwartung, sein Gesicht wieder zu erhalten, sehr getäuscht sah, besonders da mein ehrenwerther Freund es dahin gebracht hatte, ein Kameel und eine Sklavin von ihm zum Geschenk zu erhalten. Auch Ahmed el Wádáui, der angesehenste Schüler des Scheichs, den ich kaum noch wiederzusehn erwartete, traf hier bei uns ein; er kannte die Langsamkeit und Bedächtigkeit seines Meisters zu gut, um nicht sicher zu sein, dass er nimmer zu spät kommen würde. Alles in Allem genommen, war ich froh, dass er gekommen war; denn obwohl leicht geneigt, grosse Ansprüche zu machen, und mit zu grossem Eifer für seine Religion erfüllt, war er dennoch ein gutmüthiger und aufgeweckter Mensch und versprach mir durch die Menge seines Wissens und durch seine Kenntniss der Tuáreg-Häupter nach meiner Trennung vom Scheich von grossem Nutzen zu sein. Er hatte ausserdem doch auch schon selbst einige Erfahrungen gesammelt in Bezug auf den Unterschied zwischen dem aufrichtigen und zuverlässigen Charakter eines Christen und der Verrätherei und durchtriebenen Schlauheit eines Arabers. Denn als er im Anfange fortwährend die Partie meines früheren Führers, des Uéled A'mmer Waláti, gegen mich ergriffen hatte, war er von jenem Schurken zur Belohnung für seine Freundschaft betrogen worden, und um von ihm wieder zu bekommen, was jener ihm schuldete, hatte er sich gezwungen gesehn, ihm nach A'ribínda zu folgen. Unser Freund brachte die Nachricht von Timbuktu mit, dass der Rebell-Häuptling A'chbi, den wir nicht im Stande gewesen waren durch gute Worte zu seinem früheren Gehorsam zurückzubringen, ein Heer gegen seinen Oberherrn Alkúttabu sammele.

Die ganze Zeit unseres Aufenthaltes bei Tin-scherīfen über

war das Wetter ausserordentlich heiss und die Hitze ward um so fühlbarer, als in der Nähe unseres Lagers nicht der geringste Schatten zu finden war; da mein Zelt unerträglich heiss war, wanderte ich, um etwas Schatten zu erhalten, eine beträchtliche Entfernung den Abhang hinauf, der sich hinter unserem Lager erhob, und legte mich hier in dem Schatten einer kleinen „hádjilīdj" oder „tabōrak" nieder. Von diesem Punkte aus hatte ich eine interessante Aussicht über den Fluss. Gewiss verdiente er hier seiner eigenthümlichen Natur halber meine volle Aufmerksamkeit, und selbst in höherem Grade, als ich ihm zur Zeit widmen konnte, da meine Gefährten bei der Abwesenheit meines Beschützers um meine Sicherheit einigermaassen besorgt waren. So hatte ich, da mein junger gemüthlicher Freund Mohammed ben Chottār diese ganze Zeit über ernstlich unwohl war, Niemanden, der mit mir umherstreifte. Etwas weiter abwärts entfernt sich der Pfad eine ganze Strecke vom Flussufer und das ist der Grund, wesshalb ich nicht im Stande war, den Fluss zwischen diesem Punkte und Tó-ssaie mit derjenigen Genauigkeit des Details niederzulegen, welche er zur Erleichterung der Schifffahrt verdient, wie ich denn unter anderen Umständen eine besondere Zeichnung dieser eigenthümlichen Flusspartie in grösserem Maassstabe gemacht haben würde; aber die Behauptung der Eingeborenen, dass Park in seinem grossen Boote im Dezember oder Januar diese Passage ohne Unfall überwunden hätte, beruhigte mich vollkommen. Ausserdem hatte ich mich auch in Acht zu nehmen, den Argwohn der Eingeborenen nicht zu sehr zu erregen, da ich selbst am Ufer des Flusses entlang reisen sollte.

Von meinem Ruheplatz aus hatte ich eine deutliche Übersicht über den Punkt, wo der Fluss, wie er zwischen den Inseln hervorrauscht, von zwei Felsmassen Namens Schabōr und Barrōr — ich weiss nicht ganz gewiss, ob nicht Schabōr vielleicht der Name der Insel ist und nicht des Felsens —

eingeengt wird. Diese Felsmassen schlossen den Strom gleichsam wie ein eisernes Thor ein, aber die Passage zwischen ihnen war allem Anscheine nach, besonders bei hohem Wasser, offen und frei. Im Sommer jedoch, während des niedrigsten Flussstandes, wird die Schwierigkeit der Schifffahrt in Folge der Sandbank, welche sich etwas oberhalb dieser Verengung zwischen den Inseln und dem Ufer gebildet hat, in hohem Grade vermehrt. Auch auf der Insel, wo der Häuptling Kāra seinen Sitz hat, steigt eine Felsmasse, welche zu Zeiten in der Beleuchtung des Nachmittags wie ein schneeweisser Quarzblock erschien, einer künstlichen Terrasse ähnlich empor. Höher aufwärts war der Fluss in seinem gewundenen Laufe von steilen Ufern eingeschlossen, aber an einer Stelle des gegenüberliegenden Ufers, wo die Sanddünen eine Einbucht bildeten, zeigte sich ein niedriges grasiges Vorland — vielleicht war es auch inselartig abgesondert — und dies war zur Zeit von einer Anzahl Pferde, Hornvieh und Schaafe belebt und mit stattlichen Bäumen geschmückt, vor allen mit einer schönen Gruppe Dūmpalmen; denn Dūmpalmen fangen hier augenscheinlich an vorzuherrschen und finden sich weiter abwärts am Flusse gelegentlich in grosser Anzahl beisammen.

Der Abhang selbst, von wo aus ich diese Scenerie überschaute, bestand ganz und gar aus Felsen; Quarz und Grünstein zeigten sich überall und ein ununterbrochenes Riff setzte mit einer Neigung nach Osten gerade durch den Fluss. Die Abende waren schön und nichts verursachte mir grösseres Vergnügen, als auf der schönen Sandbank weit in den Fluss hinaus zu spazieren. Diese Sandbank bildet während des niedrigsten Wasserstandes eine Verbindung zwischen dem Festlande und der Insel, wo Kāra seinen Sitz hat.

Einige junge Sanguai zogen auch unsere Aufmerksamkeit auf sich, indem sie jeden Abend von dem grasdurchwachsenen Sumpf hinter dem Ufer aus, wo sie von ihren Müttern aus

Sorgsamkeit für ihr Fortkommen gelassen waren, ihr dem Hundegebell ähnliches Geschrei erhoben. Ich habe von diesem Thiere schon bei früherer Gelegenheit Einiges beigebracht; es ist nur zu wünschen, dass bald ein Exemplar desselben nach Europa komme.

## VIII. KAPITEL.

Tó-ssaie oder die Einengung des Flusses. — Burrum; alte Beziehung zu
Egypten. — Grosse südsüdöstliche Flussbiegung.

Endlich, im Laufe des 8ten Juni, kehrte mein Beschützer von seiner Kameelheerde zurück und brachte von dorther sieben frische Kameele mit. Er war von einem Edelmanne des Landes begleitet, sowie von einem nahen Verwandten Namens Ssidi 'Ali, und kam bald nach seiner Ankunft zu mir — ausdrücklich in der Absicht, mich zu fragen, ob eines unserer Dampfschiffe im Stande sein würde, diese felsige Passage zu überwinden; ich erklärte ihm hierauf, dass ich, so weit ich von diesem Punkte aus im Stande gewesen wäre, den Charakter der Örtlichkeit zu untersuchen, der Ansicht wäre, dass ein kleines Boot, wenigstens während des höchsten Flussstandes, nicht viel Schwierigkeit finden würde. Am Abend sandte er mir dann ein kleines Rind, um es für meinen Reisebedarf zuzurichten, und bald darauf auch ein Kameel, um die Stelle des am meisten erschöpften meiner Thiere zu vertreten, und es hatte nun wirklich den Anschein, als wenn wir endlich völlig vorbereitet wären, unsere Reise mit Eile zu verfolgen.

[*Freitag, 9ten Juni.*] Nachdem ich von all' den neuen Freunden, deren Bekanntschaft ich hier gemacht, Abschied genommen hatte, verliess ich diese interessante Örtlichkeit. Der Morgen war schon ansehnlich vorgerückt. Die ersten 2000 Schritt ging es hart am Ufer entlang, dann wandte ich mich ab und betrat in nordöstlicher Richtung den steinigen Abhang des Wüstenplateau's, das hier aus halb verwittertem schwarzen Sandstein besteht. An dieser Stelle, wo ich mich gezwungen sah, mich vom Ufer zu entfernen, setzt das grosse Felsriff, zu dem Barrōr gehört, mitten durch den Fluss und sperrt ohne Zweifel die Schifffahrt für grössere Boote während eines grossen Theiles des Jahres ab. Es war sicherlich dieser Fels, von dem man mir schon in Gándō erzählt hatte. Der Block war heute nicht von der Sonne beleuchtet und hatte daher dasselbe schwärzliche Aussehen, welches der ganzen Örtlichkeit eigen ist.

Der schwärzliche felsige Abhang machte bald Sanddünen Platz, welche kleine, unregelmässige Thäler, deren Boden aus kleinen schwarzen Steinen bestand, umgaben. Etwas weiterhin passirten wir eine Stätte Namens Tin-rássen, wo einst Ssadáktu eine an Zahl überwiegende Streitmacht Áchbi's überwand, indem der Letztere ungeachtet der engen Verwandtschaft, welche zwischen ihnen bestand, einen Angriff auf jenen machte. Die Frauen stürzten bei dieser Gelegenheit zum Lager hinaus und eilten ihren Verwandten entgegen, ihre Busen entblössend, mit der Betheuerung, dass diese Brüste ja ihre Angehörigen genährt hätten, und sie dringend beschwörend, doch nicht das Blut ihrer eigenen Verwandten zu vergiessen. Aber dieser Anruf um Gnade blieb ohne Wirkung, und Ssadáktu und seine Handvoll Leute, von Kummer erfüllt um das Leben ihrer Weiber und Kinder, fochten mit dem Muthe der Verzweiflung, besiegten die stärkere Macht ihres aufgeblasenen, übermüthigen Verwandten und tödteten neun freie Männer seines Stammes.

Etwas mehr als ½ Meile jenseits Tin-rássen erreichten wir wiederum das Ufer des Flusses bei jener merkwürdigen, Tó-ssaie oder Tó-ssē genannten Stelle, wo der edle Niger zwischen steilen Ufern auf eine Breite von nicht mehr als vielleicht 200 — 250 Schritt zusammengedrängt wird, während seine Tiefe der Art ist, dass die Anwohner, wie ich schon oben bemerkte, noch keinen Grund gefunden haben. Hier holte uns der Scheich ein, der, wie es seine Gewohnheit war, bis spät in den Tag hinein geschlafen hatte, und er schien grosses Interesse daran zu finden, als ich ihm erklärte, dass ich der Ansicht sei, ein kleines, stark gebautes Dampfschiff könne sicher diese enge Passage überwinden, da es ja, wenn die Strömung etwa zu stark sein sollte, vermöge an den Felsen befestigter Ketten unterstützt werden könnte. Diese Örtlichkeit ist von der grössten Bedeutung wegen des Verkehres, welcher zwischen der Wüste und der Provinz Libtāko stattfindet, da es die Araber im Allgemeinen vorziehen, den Fluss an dieser Stelle zu passiren, indem er hier, obgleich von grosser Tiefe, von Kameelen und Hornvieh doch leicht passirt werden kann, während das Vieh an anderen Stellen meilenweit zu schwimmen hat.

Unmittelbar jenseits dieser Einengung des Flusses hörten die Sanddünen auf und ein niedriger steiniger Boden von schwarzer, unheimlicher Färbung breitete sich vor uns aus. Der Fluss, wie er sich in nordöstlicher Biegung durch diesen Landstrich hinschlängelte und vom blendenden Sonnenlichte beleuchtet war, schien kaum derselbe grosse und edle Strom zu sein, den ich höher aufwärts so bewundert hatte. Der schwarze steinige Boden war von mehreren kleinen Rinnsalen zerrissen und gewährte, nur sparsam mit dem trübselig aussehenden giftigen Busch „fernān" bekleidet, einen sehr melancholischen Anblick. Aber allmählich, wie wir von diesem rauhen Boden auf das grüne Flussufer, das mit hohem „býrgu"-Gras bekleidet war, hinabstiegen, fing der Fluss wiederum an, sich zu erweitern und seinen früheren edlen Charakter anzunehmen, während sich etwas weiterhin eine grosse Insel Namens A'dar-n-háut zeigte, vom Ufer durch einen engen Kanal getrennt.

Wir lagerten dem Platze gegenüber, wo sich der Kanal wiederum mit dem Hauptarme des Flusses vereinigt und wo man beim gegenwärtigen niedrigen Stande des Wassers ein Felsenriff weit in den Fluss hinaus vorspringen sieht, während zugleich zahlreiche vereinzelte Klippen aus der Mitte des Bettes emporschiessen. Ich wählte meinen Lagerplatz wenige hundert Schritt vom Ufer unter den Bäumen, wo wir während der heissen Tagesstunden einigen Schutz fanden, und ich behauptete diese einmal in Besitz genommene Stätte sogar während der folgenden Nacht, obwohl alle Leute mich mit der Versicherung abzuschrecken suchten, dass die Löwen, welche die Nachbarschaft gefährdeten, von meinen Pferden und Kameelen nicht einen Knochen übrig lassen würden.

In diesem Lager erhielten wir einen Besuch von den Bewohnern der gegenüberliegenden Insel. Allerdings gehören diese Leute dem gemischten Stamme der Rumā an, aber sie haben doch ein ungleich besseres Aussehen, als ihre Brüder in Bámba. Ihr Häuptling Namens Mohammed zeichnete sich durch eine schöne glänzende Haut, schwarze, lebhafte Augen und regelmässige Cirkassische Gesichtszüge aus. Die Kleidung dieser Leute ist jedoch überall dieselbe, — weisse Hemden der gewöhnlichsten und gröbsten Art, aus schmalen Streifen zusammengenäht (nur Personen höheren Ranges schmücken sie mit etwas Seidenstickerei), lange weite Beinkleider und ausserdem noch eine elende baumwollene Kopfbinde (einheimisches Erzeugniss), worüber Einige von ihnen noch eine Binde von rothem Tuche tragen. Insgesammt trugen sie über ihre Schultern den offenen Ledergurt, den sie im Falle der Noth um die Hüften gürten. Der Verstand dieser Leute schien sehr beschränkt zu sein, und es war mir unmöglich, ein ernsthaftes Gespräch mit ihnen anzuknüpfen. Für mein leibliches Wohl war es gut, dass es mir gelang, für Baumwollenstreifen etwas Reis zu bekommen.

[*Sonnabend, 10ten Juni.*] Wir rückten heute nur 3 Meilen weiter vorwärts, — als sollte es nie aus diesem Niger-Lande hinausgehen. Der Fluss, an dessen Ufern wir uns entlang hielten, bildete hier mehrere Inseln, so dass die ganze Breite desselben sicherlich nicht weniger als 3 Meilen betrug, und nahm allmählich eine südlichere Richtung an. Diese so inselreiche Flusslandschaft heisst Burrum und war einst einer der Hauptsitze der Sonrhay. Eine merkwürdige Tradition haftet an dieser Stelle, welche sagt, dass vor Alters ein Pharao von Egypten her in diese Landschaft gekommen und von hier wieder zurückgekehrt sei. Diese Geschichte würde, wenn wahr, wenigstens einen frühen Verkehr des Landes mit Egypten beurkunden und sollte nach meinem Erachten selbst in ihrer näheren Beziehung nicht mit Ungläubigkeit betrachtet werden; denn wenn diese Überlieferung durchaus keine Begründung hätte, sondern nur eine allgemeine Idee ohne reelle Grundlage ausdrückte, so würde sie sich sicherlich an die Hauptstadt der Sonrhay-Nation knüpfen, und nicht an einen Platz, der keine grosse historische Bedeutung besitzt. Dabei ist es von hohem Interesse, zu beachten, dass dies der Punkt ist, wo sich der grosse Fluss, der hier in schöner Biegung seine bisher westöstliche Richtung in eine südliche verwandelt, Egypten am meisten nähert. Wir müssen ferner in Betracht ziehen, dass die Bewohner der Oase von Aúdjila, die auf der grossen Handelsstrasse von Egypten nach diesen Gegenden liegt, die Ersten waren, welche diesen westlichen Theil des Sudans dem Verkehre der Araber eröffneten, und so finden wir in neuerer Zeit schon im Anfange des 11ten Jahrhunderts unserer Zeitrechnung den Isslam und die Formen königlicher Herrscherwürde von dorther eingeführt. Die ganze Geschichte Sonrhay's weist nach Egypten; die Angaben über die von den Nasamonen verfolgte Strasse setzen, wenn richtig auf der Karte niedergelegt, deren Reiseziel in diese Gegend, und man versteht bei Berücksichtigung dieser Daten viel leichter, wie Herodot\*) beim Empfang der Nachricht, dass ein so grosser Fluss ostwärts fliesse — in einer so nördlichen Breite, beinahe unter dem 18ten Grade —, die Ansicht gewinnen konnte, dass dies der obere Nil sei. Selbst in neueren Zeiten finden wir wieder Egyptische Kaufleute vom 11ten Jahrhundert an in der Stadt Bīru oder Walāta in Gesellschaft derer von Ghadāmes und Tafilēlet; der Haupthandel von Gá-rho oder Kúkia war auf Egypten gerichtet und das grosse Handelsemporium — Ssūk — des Berber-Stammes der Tademékka, auf jenem grossen Handelswege, etwa 100 Meilen von Burrum gelegen, war augenscheinlich zu diesem Zwecke gegründet.

In früherer Zeit gab es hier drei Dörfer mit einer ansehnlichen Bevölkerung, aber im Jahre 1843 oder 1844 unternahmen die Fulbe unter dem Oberbefehle ʿAbd-Allāhi's (des Oheims des gegenwärtigen Herrschers von Má-ssina), der damals ein sehr energischer und kriegerischer Häuptling war, einen Heereszug in diese Landschaft mit etwa 6000 Mann zu Pferde und 20,000 Mann zu Fuss, während sich die ganze Masse der Tuáreg, Auelímmiden, Iguádaren und Tademékket bei Tóndibi gesammelt hatte, aber es nicht wagte, jenem eine Schlacht anzubieten. Da zerstörten denn die Fulbe jene Dörfer von Burrum und verpflanzten die gesammte Bevölkerung, nahe an 4000 Seelen stark, in die Nachbarschaft von Gúndam.

Es wird hier viel Reis gebaut und der Anbau dieses nahrhaften Getreides in dieser gesammten Gegend soll von eben dieser Örtlichkeit ausgegangen sein, — ein Umstand von nicht geringem Interesse in Beziehung auf den frühzeitigen Verkehr, den diese Gegend mit Egypten unterhalten haben soll. Selbst noch heutzutage zeichnen sich diejenigen unter

---

\*) im 32sten Kapitel des 2ten Buches.

den übriggebliebenen Einwohnern von Burrum, welche zu dem Tuáreg-Stamme der Tademékket gehören, durch Reichthum und feinere Sitten aus, und ich machte hier die Bekanntschaft zweier hervorragender Männer derselben; sie hiessen Énnas und Gedēma; der Letztere stach durch seinen Schmeerbauch besonders hervor.

An dem Orte, wo wir unser Lager wählten, war das flache, grasreiche Ufer sehr beengt; ein steil ansteigendes Felsufer von schwarzem Sandstein erhob sich hart hinter uns zur Höhe von etwa 30 Fuss und bildete auf seinem Gipfel ein flaches, mit schwarzen Kieseln bestreutes Niveau. So kam es, dass, wenn Jemand dem Flusse den Rücken zukehrte, die Scenerie beinahe denselben Charakter annahm, wie im trockensten Theil der Wüste; aber sowie er seine Augen südwärts wendete, bot sich ihm das vollkommene Gegenstück dar, — ein prächtiger Strom voll grasreicher Inseln lag vor seinen Blicken und der frischeste Windhauch blies von demselben her.

Der Scheich hatte so viel mit den Bewohnern der unserem Lager gegenüberliegenden Inseln zu thun, dass er sich genöthigt sah, hier mehrere Tage liegen zu bleiben; aber um mich zufrieden zu stellen, liess er uns ein klein wenig vorwärts rücken. Wir verlegten jedoch unser Lager nur eine einzige Meile weiterhin, indem wir jenes steile Felsufer hinter uns liessen; aber auch hier blieb der Boden steinig und war nur mit kleinen, verkrüppelten Bäumen bewachsen. Wir lagerten uns nahe am Rande des grünen Ufers; denn nur an dieser Stelle war der Boden weich genug, um die Pflöcke einschlagen zu können. Uns gegenüber erstreckte sich eine lange Sandbank, die zahlreichen Schaaren weissgeflügelter Wasserhühner einen Zufluchtsort gewährte.

Natürlich konnte diese Art Fortschritt meinen Wünschen nicht vollkommen genügen, und um mein Missbehagen zu besänftigen und mich aufzuheitern, stattete mir El Bakáy bald, nachdem wir unseren Lagerplatz gewählt hatten, einen langen Besuch ab. Er erklärte mir nun, dass er gehört habe, mein Briefpacket hätte ursprünglich wirklich ein Schreiben von Hadj Beschīr, dem Vezier von Bórnu, enthalten, und nach dieser Mittheilung zählte er diejenigen seiner Schüler — „télamīd" — auf, welche er mir mitzugeben wünschte.

In dem gegenwärtigen verwahrlosten Zustande dieser Flussufer, wo bis nach Ssinder hinab durchaus nicht ein einziger ordentlicher Marktplatz vorhanden ist, verursacht der Einkauf von Vorräthen zuweilen gewaltige Mühe, und selbst Reis, der hier in diesem Bezirke fast ausschliesslich den Ertrag bildet, ist nie in gereinigtem Zustande zu haben. Nichts als „kōkesch" (d. i. Reis in der Hülse) findet man vor, und diesen Umstand sollten Europäer, welche die Beschiffung dieses grossen Flusses versuchen, nicht aus den Augen verlieren; denn sie müssen stets darauf gefasst sein, einige Zeit zu versäumen, um ihren Vorrathsbedarf an Reis in Bereitschaft zu setzen. Hier erhielt ich das übliche Gemäss — „néffeka" — von diesem ungereinigten Reis für 2 kurze Ellen Baumwollenstreifen — „tāri" oder „tábeduk" —, entsprechend dem Werthe von 40 Muscheln. Die Néffeka Butter ward für 20 Ellen verkauft.

An dieser Stätte blieben wir 2 Tage liegen und ich sammelte manche werthvolle Nachricht ein, und zwar von einigen Arabern vom Stamme der Uëlād Molūk. Ihr Wohnsitz war A'ribínda, auf dem Südufer des Flusses, und von dort aus unterhielten sie einen Kleinhandel mit Libtāko, das von hier aus etwa 10 Tagemärsche entfernt ist. Der Fluss erreicht hier eine solche Breite, dass ich gar nicht überrascht war, von diesen Leuten zu hören, dass er in manchen Jahren während des niedrigsten Wasserstandes an mehreren Stellen furthbar wäre.

Aber ungleich interessanter als der Besuch dieser Mischlings-Berber, war derjenige eines Mannes Namens Mohammed, der mit acht Gefährten in einem mittelgrossen Boote zu Wasser von Gōgō, seinem Wohnorte, nach Bámba reiste. Denn das war Beweis genug, dass die Wasserverbindung zwischen diesen Plätzen ungeachtet des gänzlichen politischen Verfalles des Landes noch heutzutage aufrecht erhalten wird, und zwar sogar in der gegenwärtigen Jahreszeit, wo das Wasser den allerniedrigsten Stand zeigt. Er war ein begüterter Mann vom Mulatten-Stamme der Rumā und sprach nur Sonrhay. Wichtig war es für mich, dass er mir auch die jüngsten Nachrichten aus den weiter ostwärts gelegenen Gegenden brachte, und ich war erfreut zu hören, dass in Folge der Niederlage, welche der Herr von Támkala dem Heere der Aufrührer von Sabérma beigebracht hatte, die Strasse über Ssai offen wäre.

[*Dienstag, 13ten Juni.*] In dem letzteren Theile der Nacht hatten wir ein von heftigen Windstössen begleitetes Gewitter, es fiel aber kein Regen. Dies war der Grund, wesshalb wir zu etwas später Stunde aufbrachen. Wir hielten uns zuerst am grasreichen Ufer entlang, das allmählich flacher ward und sich mit zahlreichen kleinen Pfützen füllte. Dann, nachdem wir etwas mehr als 1 Meile zurückgelegt hatten, fing Felsboden an, auf unserer Linken an die Oberfläche zu treten; bald nahm der Fels die Gestalt steiler Klippen an, die zu einer Höhe von ungefähr 120 Fuss aufstiegen und an welche der Fluss während der Überschwemmung hart herantritt; aber zur Zeit war eine enge Passage längs des grünen Ufers frei gelassen. Ein heftiger Sturm trieb die Wellen des Flusses zu bedeutender Höhe an; aber der Himmel war so überzogen und die ganze Landschaft in einen so dichten Nebel eingehüllt, dass man vom gegenüberliegenden Ufer nichts erkennen konnte.

Zahlreiche kleine Ströme hatten die Klippen durchbrochen und ein reich belaubter Busch von einer mir unbekannten

Art umsäumte ihren Fuss. Etwas weiterhin nahm der Felsrand etwas in der Höhe ab und es erschienen die Felsen regelmässiger geschichtet, während sie zugleich zahlreiche Spalten und Höhlen darstellten. Wir passirten dann eine Stelle, wo die Klippen eine tiefe Einbucht bildeten, während sich das flache, grasreiche Ufer weit in den Fluss hinein erstreckte, und sahen uns weiterhin gezwungen, eine Weile das höhere Terrain zu ersteigen, indem ein offener Arm des Flusses hart an den Fuss der Felsen herantrat. Jedoch nach einer guten halben Meile stiegen wir bei zwei prächtigen Sykomoren wieder abwärts und lagerten um 11 Uhr inmitten einer dichten Masse von Dūmgebüsch, während der Scheich sein Zelt auf dem Gipfelpunkte der Dünen aufschlug, nahe bei einem Lager der Kēl-tenáksse, einer Abtheilung der Kēl-e'-Ssūk, die auch ein Lager auf einer Insel im Flusse hatten.

Das sandige Gestade, welches dicht mit Dūmgebüsch bewachsen war, ward uns als der Aufenthaltsort zahlreicher Löwen dargestellt und man warnte uns, dort nicht unseren Lagerplatz zu wählen; aber wir zogen es vor, uns dieser kleinen Gefahr auszusetzen, da uns der starke Wind nicht gestattete, unsere Zelte auf dem Gipfel der Dünen aufzuschlagen. Wir hatten es uns kaum bequem gemacht, als sich eine grosse Menge Volks, das zu den verschiedenen, in der Nachbarschaft angesessenen Stämmen gehörte, wie Tuáreg, Kēl-e'-Ssūk, Rumā und Sonrhay, um uns versammelte. Viele von ihnen hatten schöne Züge, Andere zeigten dagegen entschieden den Afrikanischen Charakter und ihre Gesellschaft war durchaus nicht erfreulich. Die Kēl-e'-Ssūk nämlich, welche sich auf ihre Gelehrsamkeit etwas einzubilden schienen, so beschränkt dieselbe auch war, traten mit ihren religiösen Vorurtheilen hervor und ich hatte mit ihnen einen heftigen Wortstreit.

Dieser gesammte Distrikt gehört noch zu Burrum; die

Rumā schienen auch ein Dorf auf einer Insel im Flusse zu haben und ziemlich wohlhabend zu sein. Eine Menge Reis wird in der Umgegend gebaut; ich kaufte davon eine Quantität und liess ihn von zwei Sklavinnen stampfen. Diese waren von sehr verschiedenem Naturell; denn während die Eine ihre Arbeit mit Lust verrichtete und fast ohne Unterbrechung lachte, war die Andere von mehr mürrischem Wesen und machte sich auch eines Diebstahles schuldig.

Fast alle Sklaven dieser Tuáreg tragen nichts weiter als einen Lederanzug, die Frauen einen langen Schurz, die Männer gewöhnlich ein enges Hemd von demselben Stoffe. Aus Allem, was ich sah, muss ich schliessen, dass der moralische Zustand dieser Tuáreg-Sklaven ein sehr niedriger ist, zumal derjenige der Kēl-e'-Ssūk. Diese waren nämlich früher die Bewohner fester Wohnsitze an der Grenze der Wüste, wo viel fremder Handelsverkehr getrieben wurde, und haben durch diesen Umstand Sitten angenommen, welche ihnen ursprünglich fremd waren. Aber wir müssen uns daran erinnern, dass von den ältesten Zeiten her Prostitution als ein Beweis von Gastfreundschaft bei mehreren Berber-Stämmen Nord-Afrika's üblich war.

[*Mittwoch, 14ten Juni.*] Wir blieben hier den ganzen Vormittag liegen und brachen erst spät am Tage auf. Mein Beschützer blieb zurück, um irgend ein Geschäft abzumachen, während ich mit den Zuverlässigsten von seinen Schülern vorauszog. Zuerst hielten wir uns längs des Flusses, der hier ganz nahe am Ufer eine bedeutende Tiefe zu haben schien; aber weiterhin wandten wir uns in einige Entfernung von ihm ab. Die Ebene war hier dicht mit kleinen Talhabäumen besetzt. So erstiegen wir denn nach einem Marsche von ungefähr 4 Meilen, von unserem Lager an gerechnet, eine Reihe von Sanddünen, hinter denen sich ein breiter Gürtel sumpfigen Wiesenlandes in einer Entfernung von mehr als 2 Meilen vom Flusse entlang erstreckte. Der höhere Boden ward bald felsiger und war mit schwarzen Kieselsteinen bestreut, zwischen denen zahlreiche Fusstapfen von Giraffen sichtbar waren. Das Land war anmuthig gewellt und von einem aufspringenden Riff von Sand- und Kalkstein wie von einer Mauer durchschnitten. Hier hörten wir von einem Schaafhirten, der gerade seine Heerde an einem kleinen, vom neulichen Regenfalle gebildeten Teiche tränkte, dass sich in geringer Entfernung ein Lager befände; wir gaben daher unserem Marsche eine mehr südliche Richtung und erreichten bald ein hart am Rande des steilen Ufers gelegenes Dorf. Es bestand aus Mattenhütten und war von einigen Arabern vom Stamme der Bū-'Ali, sowie von einigen Kēl-e'-Ssūk bewohnt. Die Mattenhütten hatten ein sehr reinliches Aussehen und waren gut gelüftet, indem jede zwei Thüröffnungen hatte, die eine auf der Nord- und die andere auf der Südseite, aber allerdings eben nicht von besonderer Grösse.

Es war spät am Abend, als wir hier ankamen, und da es gänzlich an Bäumen fehlte, hatten wir grosse Schwierigkeit, etwas Brennholz aufzutreiben; auch fehlte es an gutem Byrgu für die Pferde, da der Fluss, der sich hier in zwei Arme theilt, zu tief ist, um das Gedeihen dieses Sumpfgrases in irgend bedeutender Ausdehnung zu gestatten. Ausserdem konnte auch die Armuth der Bewohner keineswegs den Ansprüchen meiner Gefährten Genüge leisten; denn die Télamīd sehnten sich sehr nach einem guten Abendessen. Dies war auch der Grund, wesshalb El Bakáy selbst, dem dieser Umstand wohlbekannt war, diesen Platz zur Seite liegen gelassen und seine Schritte ungeachtet der späten Tagesstunde einem anderen Lager zugewandt hatte. Letzterer Umstand trug auch die Schuld, dass sich unser nächster Tagemarsch auf eine Strecke von nicht ganz 1 Meile beschränkte, indem wir unseren Lagerplatz bei Issábegen nur gegen denjenigen El Bakáy's bei Assākan Imbégge vertauschten. Und dieser Tausch war keineswegs zu unserem Vortheil, da das hoch gelegene Terrain hier einen höchst öden und dürren Anblick gewährte und von Bäumen und Gebüsch fast ganz entblösst war. Der Saum des Flusses hatte jedoch einen sehr verschiedenen Charakter und die sumpfige Niederung erstreckte sich in weite Ferne hinaus, mit einer Nulla, die zur Zeit keine Verbindung mit dem Flusse hatte. Der Reichthum dieser Stelle an Kräutern im Gegensatz zu der allgemeinen Kahlheit der Gegend setzte mich in den Stand, hier einen guten Vorrath an Butter einzukaufen. Eine ansehnlich grosse Insel hat sich hier im Flusse gebildet; sie heisst Éha und wird von Sonrhay bewohnt. Wir sahen auch von hier aus einen Bergzug Namens A'sseghárbu, den wir am verflossenen Nachmittag vor uns beobachtet hatten, in genaueren Umrissen, wie er sich von Ost nach W.15S. erstreckte.

Wir hatten kaum unsere Zelte aufgeschlagen, als wir Besuch von einer grossen Anzahl Tuáreg vom Stamme der Tin-ger-égedesch erhielten, welche mit ihren Häuptlingen Amāre und Ssadáktu in kurzer Entfernung von uns gelagert waren. Sie zeichneten sich durch edle Haltung und bessere Kleidung aus und glichen in beiden Beziehungen den Tarabanāssa, ihren Feinden. Der grössere Theil von ihnen war in Toben gekleidet, bei denen ein weisser Streifen mit einem schwarzen abwechselte; ich zählte ihrer nicht weniger als 50 Personen, — lauter sehr anständig aussehende Leute.

Der Anfang unseres gegenseitigen Verkehres war etwas unbeholfener Art, aber es dauerte gar nicht lange, so wurden wir recht gute Freunde mit einander. Diese Leute hatten nämlich etwas mit Mungo Park zu thun gehabt, dessen erzwungene Politik es gewesen war, auf einen Jeden zu feuern, welcher sich ihm in irgend drohender Stellung näherte\*). Da sie nun Einige aus ihrem Stamme durch seine gut treffenden Kugeln verloren hatten, hielten sie sich' erst in einiger Entfernung von mir, indem sie mich mit etwas verdächtigen und böswilligen Blicken ansahen. Als sie aber bemerkten, dass ich mit Einigen ihrer Landsleute eine lebhafte Unterhaltung angeknüpft hatte, überzeugten sie sich, dass ich nicht zur Klasse der wilden Thiere — „táuakasst"— gehörte; denn eine solche Vorstellung schienen sie sich nach dem Empfang, der ihnen von Park zu Theil geworden war, von den Europäern im Allgemeinen gemacht zu haben. Ich fand hier auch zu meinem grossen Erstaunen bei Einem der Kēle'-Ssūk das „Leben Bruce's, herausgegeben von Murray im Jahre 1835". Es war wahrscheinlich das Eigenthum Davidson's gewesen; denn die Kēl-e'-Ssūk hatten es von A'sauād mitgebracht, wohin es durch Hamma, einen jüngeren Bruder El Bakáy's, gekommen war, der um die Zeit von Davidson's Reise Tauāt und das Gebiet der 'Arīb besucht hatte. Das Exemplar war fast vollständig, indem nur 10 Blätter fehlten, und ich erkaufte es für 3 „benáīg" (d. i. Streifen blau gefärbter Baumwolle). Die Leute hatten es als einen Talisman benutzt und es war eine Arabische Zauberformel hineingeschrieben worden.

---

\*) Es war diese Politik Mungo Park's, die er unzweifelhaft ganz gegen seine eigene Neigung annahm, welche den Major Laing, als er während seines Aufenthaltes in Tauāt davon hörte, mit so verhängnissvoller Furcht vor dem Schicksal erfüllte, das ihn selbst erwarten möchte. So bricht er in einem der Briefe, die ich durch die Güte des Generals Sabine einzusehen bekam, nach Erwähnung des Umstandes, dass er einem Tārki begegnete, der von dem Schotten verwundet worden war, in die Worte aus: „Wie unverständig, wie unbedachtsam, ich möchte sagen, wie selbstsüchtig war es von Park, auf Kosten des Blutes der Einwohner in diesem Lande Entdeckungen machen zu wollen, zur Verhinderung alles späteren friedlichen Verkehres! wie wenig zu rechtfertigen war ein solches Benehmen!" Eben dieser Umstand war auch Schuld daran, dass Major Laing die Matrosen, welche ihn begleiteten, zurückschickte und nahe daran war, seinen Plan, den Fluss unterhalb Timbuktu zu befahren, ganz aufzugeben.

Auch hier, wie ich dies gewöhnlich zu thun pflegte, besänftigte ich den Argwohn der Anwohner und machte sie zutraulicher, indem ich ihnen einige bildliche Darstellungen von Leuten aus den verschiedensten Menschenstämmen zeigte. Ungeachtet der grossen Entfernung, welche mein Zelt vom Lager trennte, blieb doch keine Frau daheim; denn insgesammt hatten sie das dringende Verlangen, diese neue, eigenthümliche Darstellung zu Gesicht zu bekommen. Sie liessen sich auf keine Weise davon abhalten und wollten nicht eher vom Flecke gehn, als bis sie die Kupfer gesehn hätten, die ihnen je nach der geistigen Disposition einer Jeden entweder grosses Behagen oder Entsetzen einflössten. Ich hatte, wie schon gesagt, die Gewohnheit, die schönste Frau in jedem Lager mit einem Spiegel zu beschenken, und rief hier einen grossen Wetteifer um diese Ehre hervor. Ich war dabei so unglücklich, die Gefühle einer Mutter zu verletzen, indem ich den Preis der Schönheit ihrer Tochter gab, welche allerdings eine ganz hübsche Person war.

Wir blieben hier den folgenden Tag liegen, wo wir denn am Morgen einen ansehnlichen Regenfall hatten, der mehrere Stunden lang anhielt und den Scheich sammt seinen Begleitern in dem Lederzelte völlig durchnässte, während mein altes und abgenutztes kleines Europäisches Zelt, obwohl auf dieser offenen Hammáda aufgeschlagen, dem Regen trefflichen Widerstand leistete, — zum grossen Erstaunen der Tuáreg, die sich, sowie der Regen vorüber war, Alle einstellten, um nachzusehn, ob ich nicht etwa mit meiner schwachen Behausung fortgeschwemmt worden wäre; aber die Verachtung, mit der sie bisher mein Zelt betrachtet hatten, verwandelte sich in hohe Achtung, als sie fanden, dass bei mir Alles in Ordnung sei.

Ich hatte später eine sehr wichtige Unterhaltung mit den Leuten des Scheichs, worin ich meine ganze Energie aufbieten musste, um meinen Plan durchzusetzen, den Ufern des Flusses zu folgen; denn die Kĕl-e'-Ssūk suchten den Scheich zu überreden, hier die offene Wüste zu betreten und sich geradewegs nach der Lagerstätte ihres Häuptlings Chosématen zu wenden, der mich, wie sie sagten, mit allem zu meiner ferneren Reise Nöthigen versehen würde. Den Kĕl-e'-Ssūk stand bei diesem Bemühen die ganze Beredtsamkeit Ahmed el Wádáui's, des begünstigten Schülers El Bakáy's, hilfreich zur Seite, indem er behauptete, dass die Wüste nach den heftigen Regengüssen Gras in Fülle für die Pferde darböte. Aber ich widersetzte mich ihren Gründen auf die entschiedenste Weise, indem ich dem Scheich die Versicherung gab, dass ich, selbst im Falle er gehn sollte, nicht folgen, sondern meinen Weg gerade am Fluss entlang fortsetzen würde; und um einen Eindruck auf sein Gemüth zu machen, erinnerte ich ihn an sein Versprechen, mich nach Gōgō zu geleiten. Da sah denn der Scheich ein, dass ich fest entschlossen war, und blieb bei seinem Worte, und es ward nun beschlossen, dass eine Botschaft an die Häupter der Kĕl-e'-Ssūk gesandt werden sollte, mit der Bedeutung, dass sie mit uns in Gōgō zusammentreffen sollten, während wir unseren Marsch längs des Flussufers verfolgten.

So verliessen wir denn diesen etwas öden Lagerplatz am Nachmittag und stiegen bald auf einer allmählichen Absenkung von dem höheren Wüstenstrich abwärts. Auch hier hatten sich durch den heftigen Regenfall am Morgen zahlreiche Pfützen stehenden Wassers gebildet. So abwärts steigend, liessen wir mehrere Lagerstätten zur Seite liegen, bis wir das flache, grasreiche Ufer des Flusses erreichten, wo der aufspringende Boden zu unserer Linken von mehreren trockenen Wasserläufen durchrissen war und uns, freilich nur auf kurze Zeit, zwang, den grünen Thalboden gegen den felsigen Abhang zu vertauschen. An dieser Stelle war ein Flussarm, welcher hart an uns herantrat, voller Krokodile.

Wir betraten dann eine von mehreren kleinen Rinnsalen

durchschnittene offene, grasreiche Ebene, und indem wir uns mit Mühe einen Weg durch diesen „Erārar" genannten Sumpfboden bahnten, erreichten wir gegen Eintritt der Dunkelheit ein Lager der Kēl-e'-Ssūk, am Rande eines offenen Armes des Flusses gelegen, der hier etwa 600 Schritt breit war. Die Stelle heisst Tabōrak und dieser Name ist von dem gleichnamigen Baume hergenommen, obgleich man zur Zeit nicht einen einzigen Baum irgend welcher Art hier sieht; der ganze Bezirk heisst auch hier noch Éha. Der offene Fluss bot einen recht freundlichen Anblick dar im Vergleich mit dem Charakter der Landschaft während der letzten fünf Tage, wo ich nichts als sumpfige Nebenarme gesehn hatte. Nach Südosten war die wasserreiche Ebene vom Berg Tóndibi begrenzt, der in Gestalt eines Vorgebirges von bedeutender Erhebung in den Fluss vortrat. Die Örtlichkeit war jedoch so äusserst ungesund, dass ich die frische Luft draussen nicht lange geniessen konnte, sondern mich gezwungen sah, mich zu früher Stunde in mein Zelt zurückzuziehen.

[*Sonnabend, 17ten Juni.*] Als wir am Morgen unser Lager verliessen, hatten wir zwei kleine Kanäle zu durchschneiden und fanden uns dann, als wir uns in der sumpfigen Ebene entlang hielten, bald an einem grösseren Wasserbecken, das sich am Fusse des Berges Tóndibi hinzog und unsere Passage unterbrechen zu wollen schien. Wir hielten es daher für besser, diesem Sumpfboden auszuweichen, der an dieser Stelle voller Wasserlilien war und ohne Zweifel mehrere Monate des Jahres hindurch eine ununterbrochene Wasserfläche darbietet. Nachdem wir dann die Sanddünen erstiegen hatten, passirten wir einen anderen „ámasāgh" der Tin-ger-égedesch und befanden uns somit auf den nördlichen Vorhügeln des Berges Tóndibi. Sie bestanden aus gewellten Sanddünen, die sich vom Fusse der Felshöhe vorstreckten und mit Dūmgebüsch reich bewachsen waren; auf der anderen Seite bildeten sie wiederum einen Abhang in eine grasreiche Sumpfebene, die augenblicklich im Ganzen trocken, aber von Zeit zu Zeit von einem Wasserarm durchschnitten war. Der Fluss selbst war hier in ansehnlicher Entfernung.

Eine Meile jenseits erreichten wir ein aus Rohrhütten bestehendes Lager der Kēl-e'-Ssūk, machten bei der Abwesenheit des Scheichs auf Anrathen des Wádauers Halt und nahmen die Lasten von unseren Kameelen, als wir plötzlich Gegenbefehl erhielten und daher mit grossem Eifer unsere Kameele wieder beluden und unseren Marsch fortsetzten. Die Ebene war hier von mehreren gewundenen Kanälen durchzogen und wir bemerkten zahlreiche Rinder- und Schaafheerden, das Eigenthum der Sklaven Chosématen's, welche gleich allen übrigen Tuáreg im Begriff standen, den Fluss zu verlassen und die Wüstengegend und die Berglandschaft Áderār zu betreten, wo nun in Folge der Regengüsse frische Weide aufschoss*).

Hier erstiegen wir die Sanddünen, indem wir uns hart am grünen Rande der Bot-hā entlang hielten und zwei kleine Lagerstätten passirten, bis wir wiederum vom höheren Boden in den grünen Thalboden hinabstiegen. Er war hier etwa 8 Meilen breit und bildete kleine inselartige Erhebungen oder Sanddünen, reich mit Dūmgebüsch überwachsen und dazwischen mit der blauen „daman-kádda" und der auch hier nicht fehlenden „turscha" *(Asclepias gigantea).* Aber wir erhielten bald wieder eine ernste Warnung, uns diesem flachen Sumpfboden nicht anzuvertrauen; plötzlich bemerkten

---

*) Ich füge hier eine Liste der berühmtesten Brunnen und Weidegründe in A'derār bei, von denen einige in früheren Zeiten die Stätten wohlhabender Orte waren: Amāssin, A'raba, Tin-darān, Yūnhan oder Gūnhan, Ssūk oder E' Ssūk, Idjenschlschen, A'sel-adār, Kīdal (ein sehr schöner Bezirk), Ĕn-déschedáit, Taghelīb, Marret, Talābit, Tadakkēt, A'ssuai, Anemellen, An-ssāttofen, Ascheróbbak, Tin-sáuaten, Tádjemart, Eléwi, Dohendal, Tin-adjōla, Ĕn-rar, Edjārak, A'schu, A'lkit, Takelhūt, Dafolliāna, Ĕn-áfara.

wir nämlich, wie ein beträchtliches Wasserbecken, das allem Anscheine nach mit dem Hauptflusse in Verbindung stand, sich vor uns hinlagerte, und wir sahen uns daher gezwungen, uns auf den höheren Boden zurückzuziehen.

Es war ein schöner, warmer Tag, die Gegend unendlich charakteristisch für dieses Land und unsere Reisegesellschaft überaus eigenthümlich. Wie ich mich so eine Weile in einiger Entfernung vom Haupttrosse hielt, amüsirte ich mich sehr daran, diese kleine Wanderhorde zu überblicken. Es waren etwa an 30 Individuen, Einige zu Pferde, einzeln oder zu Paaren reitend, Andere zu Kameel, Andere wiederum zu Fusse sich fortarbeitend, die Einen mit Feuerwaffen, die Anderen mit Speeren bewaffnet und Alle in verschiedenem Aufzuge, die Einen in dunkel- und hellblauen und Andere in weissen Hemden, den Kopf oder vielmehr ihren dicken Haarwulst meist unbedeckt, mit Ausnahme meiner eigenen Leute, die rothe baumwollene Mützen trugen. So zogen sie auf diesem niedrigen Sumpfboden dahin, sich an die Stellen haltend, wo er sich einige Fuss erhob und mit Gebüsch besetzt war.

Der frische Sumpfboden hatte den Vortheil, dass er die glühende Hitze ein wenig milderte, und als wir den trockeneren Boden erreichten, ward die Hitze sehr lästig. Meine Begleiter waren desshalb froh, als wir ein Dorf der Sonrhay erreichten oder vielmehr jener Abtheilung derselben, welche den Namen Ibauádjiten oder Ibáudjiten führt, da sie die Hoffnung nährten, dass sie am Ende hier einige Erfrischungen erhalten würden; aber die Sonrhay sind in jetziger Zeit, wo sie fast alle ihre volksthümliche Unabhängigkeit verloren haben und täglich jeder Art von Erpressung ausgesetzt sind, im höchsten Grade ungastlich und sie bezeichneten uns daher das Lager ihres Häuptlings in ansehnlicher Entfernung längs des Ufers als den Ort, wo wir uns nach Quartier umsehen sollten. Der ganze Bezirk heisst Abūba.

Indem ich dem Beispiele meiner Begleiter folgte, welche einerseits nur leicht bepackt und andererseits nicht sehr vorsichtig waren, liess ich mich verführen, doch noch einmal den Sumpfboden wieder zu betreten, und nachdem wir uns gezwungen gesehn, zwei sumpfige Hinterarme zu passiren, gewannen wir nur mit Noth die Sanddünen wieder. Sie waren belebt durch drei abgesonderte Gruppen von Dūmpalmen, die einen Gottesacker schmückten. Hier lagerten wir uns in einem kleinen Stück Feldland, das von „fernān"-Gebüsch eingeschlossen, gegenwärtig aber leer war. Die Stätte hiess Fágonā.

Die Lage auf diesen hohen Dünen beherrschte die Umsicht über das umherliegende Land der Art, dass mein Zelt auf grosse Entfernung über das Thal hin sichtbar wurde und einen grossen Theil der benachbarten Bevölkerung heranzog, darunter auch einige Rumā. Einige von ihnen waren selbst zu Pferde, obgleich die Rasse der letzteren allerdings keine sehr edle war. Ihr Sitz bestand in einem sehr eigenthümlichen und einigermaassen unbequemen Sattel, der einfach ohne einen Leibgurt über den Rücken des Pferdes geworfen wurde und an der Rückseite ganz niedrig war. Ihre Kleidung war gleichfalls ärmlich und von derselben Art, wie die der Bewohner von Bámba und Rhērgo. Alle diese Leute gehören zum Stamme der Ibauádjiten und zeichneten sich durch mehr als gewöhnliche Unwissenheit aus. Einige derselben gingen mich um Arznei an und man kann sich allerdings nicht darüber wundern, dass in einer solchen Örtlichkeit viel Krankheit herrscht, da der gesammte Fluss sich fast gänzlich in einem 3 Meilen breiten, flachen Thale verliert. Eingeschlossen von steilen Ufern bestand es zur Zeit wenigstens ausschliesslich in einem Labyrinthe kleiner Nebenarme, die den Sumpfboden nach allen Richtungen durchzogen; aber während des höheren Flussstandes muss es vom Strome ausgefüllt werden und bildet dann ein einziges breites Wasserbett. Da ich nur so wenig

Baumwuchs hier in der Nähe sah, war ich erstaunt, alle Welt von den vielen Löwen reden zu hören, welche diesen Bezirk unsicher machen sollten; sie baten uns selbst dringend, uns des Nachts vor ihnen in Acht zu nehmen, aber wir hörten weder von Löwen noch sonst von wilden Thieren irgend das Geringste.

[*Sonntag, 18ten Juni.*] So bereiteten wir uns denn zu früher Stunde zur Abreise vor, sahen uns aber einige Zeit lang aufgehalten, da der Scheich in seiner Eigenschaft als allgemeiner Friedensstifter hier wiederum ein Geschäft abzumachen hatte. Diese Ibauádjiten hatten nämlich zwei der von Ssadáktu den Bewohnern Bámba's abgenommenen Sklaven durch Kauf an sich gebracht und fühlten keine Neigung, sie wieder herauszugeben. Endlich war die Sache beigelegt und das Zeichen zum Aufbruch ward gegeben; aber wir fanden es überaus schwierig, ein breites sumpfiges Hinterwasser zu vermeiden, das sich weit in's Land hineinzog, ein schönes Feld zum Reisbau gewährte und selbst im gegenwärtigen Verfall des Landes nicht ganz unbenutzt gelassen ward. Nachdem wir mehrere kleine Kanäle passirt hatten, gewannen wir wieder den Rand der Sanddünen, die reich mit Pflanzen bewachsen sind, wiewohl auch hier der melancholisch aussehende „fernān"-Busch neben dem „retem" und dem Talhabaume sein Recht behauptete.

Nachdem wir endlich dieses weite Sumpfwasser umgangen hatten, kehrten wir wieder in unsere südliche Richtung zurück, wurden aber bald von einigen unserer Genossen zurückgerufen. Sie führten uns an ein sandiges Vorgebirge mit auftretenden Granitblöcken und mit Knollen von Dūmgebüsch. Hier nämlich, Angesichts eines im „A'mmass" gelegenen Lagers der Sonrhay, hatte der Scheich Halt gemacht. „A'mmass" nennen die Imō-scharh den Thalboden. Allerdings hätte ich gewünscht, unseren Marsch etwas zu verlängern, aber die Aussicht von diesem Platze war in hohem

Grade interessant, da sie eine weite Fernsicht über den Fluss
darbot, wenn ich mit diesem Namen ein breites sumpfiges
Thal bezeichnen darf, das von steilen Ufern umschlossen war,
und in seiner Mitte einen Überfluss von Sumpfrohr barg, während man von einem offenen Wasserfaden zur Zeit so viel wie
nichts sah; dafür hatten sich kleinere und grössere Hinterarme und ziemlich ausgedehnte Pfützen nach allen Richtungen
hin gebildet. Noch eigenthümlicher aber war es, wenn man
den Fluss etwas höher aufwärts schaute, wo, entsprechend
dem tiefen Golf, den wir am Morgen umgangen hatten, ein
anderer Sumpfgolf auf der gegenüberliegenden Seite sich
zeigte. Hier betrug die Breite des Thales kaum weniger als
8 Meilen. Jedenfalls ist nach Allem, was ich von hier aus
sah, ganz klar, dass der schiffbare Flussarm auf der A'ribínda-Seite, d. h. auf der Südseite, läuft.

Es war ganz eine Stätte zu einem Wartthurm über den
Niger und meinen Freunden diente sie zur Spähe nach
Egyptischen Fleisch- und Reisschüsseln. Sie hatten darauf
gerechnet, dass uns die in der Sumpfniederung gelagerten
Ehétan beköstigen würden, und wir hatten in dieser Erwartung unsere Zelte aufgeschlagen und es uns bequem gemacht.
Da aber vernahmen meine Gefährten die Nachricht, dass in
einem benachbarten Lager noch bessere Aussicht auf ein gutes
Abendessen sei, und plötzlich machten sie sich auf und davon,
trotz des drohenden Heraufsteigens eines Gewitters. Glücklicherweise zog letzteres ohne Regen vorüber und das Lager
war nicht weit entfernt.

Es war ein „ámasāgh" der Kēl-e'-Ssūk und zwar ein recht
bedeutendes. Mehrere ganz anständig aussehende Männer wurden am nächsten Morgen von meinem geschäftigen Freunde
Ahmed el Wádáui bei mir eingeführt, die mich versicherten,
dass die ganze Strasse nach Ssai sicher sei. Alle diese Leute,
welche einige Kenntnisse besitzen und stolz darauf sind,
dass sie ein paar Phrasen aus dem Kurān schreiben können,

waren äusserst darauf erpicht, einige Stückchen Papier von mir zu erhalten, und ich war froh, im Stande zu sein, ausser kleinen Streifen schwarzen Baumwollenstoffes und Nadeln einige kleine Geschenke dieser Art weggeben zu können.

Wie wir das Lager verliessen, das etwa 1200 Schritt vom äusseren Flussufer lag, nahm die Landschaft einen ganz verschiedenen Anblick an, und wir hatten bald einen rauhen, felsigen Abstieg hinunterzusteigen, von geschwärztem Sandstein gebildet und mit Granitblöcken überstreut, Alles im Zustande der Verwitterung. Indem wir so mehrere Lager der Tuáreg vom Stamme der I'medídderen zur Seite liegen liessen, betraten wir eine holzreiche Ebene; der Baumwuchs war der in dieser Zone allgemein verbreitete: Talha, Hádjilídj, Retem, Fernán und von niedrigerem Wuchse und wie es schien, ausschliesslich im Schatten der Talhabäume wachsend, die giftige *Euphorbia*.

Es fehlte wenig, so wurden wir mit den Bewohnern einer dieser Lagerstätten in einen ernsthaften Streit verwickelt. Sie ergriffen nämlich einen kleinen Kasten, den ich dem Scheich gegeben hatte und den Einer seiner jungen Sklaven trug. Ich ritt gerade etwas voraus und die Leute liessen mich ganz ruhig vorüberziehen, abgesehen davon, dass sie ein paar Fragen an mich richteten. Allerdings war das ganze Land weit und breit in einem Zustande grosser Aufregung und es hatte sich das Gerücht verbreitet, dass ich in Verbindung mit dem Scheich hier ein neues Königreich gründen wollte. Aber einige besonnene Worte von den angeseheneren Mitgliedern der Schaar brachten die Tuáreg zur Vernunft und die theatralischen Stellungen, welche Einer dieser einfachen, aber energischen Bewohner Nord-Afrika's annahm, um seiner Beredtsamkeit grösseren Nachdruck zu verleihen, indem er dem Anstifter des Tumultes die Abgeschmacktheit seines Verfahrens zu beweisen suchte, waren im höchsten Grade sehenswerth.

Nachdem dieses kleine theatralische Intermezzo vorüber war, setzte sich unsere kleine Schaar wieder in Bewegung und folgte der südlichen Richtung, bis uns ein Bote vom Scheich mit dem Befehl einholte, dass wir näher an den Fluss rücken sollten. Wir hielten also nun eine mehr südwestliche Richtung ein und kamen bald an das äussere Ufer, das der Fluss während des höchsten Standes der Überschwemmung erreicht. Es war mit einer dichten Masse von Dūmgebüsch und Talhabäumen umsäumt, aber es fehlte das nahrhafte, für den Niger so charakteristische Býrgu-Gras.

Diese Stätte führt den Namen Kókoro und hier erhielten wir Befehl, auf El Bakáy zu warten. Wir machten es uns also im Schatten der Talhabäume bequem und rasteten. Es lag hier offenbar in alter Zeit eine Ortschaft, und ich glaubte erst, dass hier die Stätte der alten Sonrhay-Hauptstadt Kúkia sein könne; doch blieb ich darüber im Zweifel, und es that mir um so mehr leid, dass der Scheich mit seinen des Landes kundigeren Gefährten nicht eintraf. Denn da wir in dieser Wildniss, wo kein Lager in der Nähe war, nicht über Nacht bleiben konnten, brachen wir am Nachmittag mit fast genau südlicher Richtung wieder auf, nach Gōgō, Gáo oder Gá-rhō zu, der berühmten neueren Hauptstadt des Sonrhay-Reiches.

Wir hielten uns zuerst längs des Randes des grünen sumpfigen Seitenarmes, der weiterhin ein offenes Wasserbecken entfaltete, während zu unserer Linken zwischen dem dichten Dūmgebüsch auch Dūmpalmen hervortraten. Aber etwa 2 Meilen weiterhin verliessen wir den Arm auf einige Zeit und erstiegen Sanddünen, die einen weiten Umblick gewährten, so weit die gegenüberliegenden steilen Sandsteinufer des Niger ihn nicht hemmten. So konnten denn meine Gefährten von hier aus die Spitzen der Dattelpalmen von Gōgō erkennen, und ich begrüsste den Ort, den zu erreichen, ich so lange sehnliches Verlangen getragen hatte, mit der innigsten Freude. Die Sanddünen trugen deutlich Spuren eines früheren Tuáreg-Lagers — „ámasāgh" — und des Lagerplatzes einer zahlreichen Rinderheerde.

Nachdem wir uns auf diesen Sanddünen gehörig umgesehen, stiegen wir in eine leichte Einsenkung hinab und erreichten dann eine grössere Fáddama, zu der bald darauf ein bedeutender Arm von Nordwesten stiess, der sich, wie wir vorrückten, gemach mit Wasser füllte und dann einen offenen Flussarm bildete. Da zeigte sich von der gegenüberliegenden Seite her ein höchst behaglich aussehendes Lager, das meinen Gefährten ein viel erspriesslicherer Rastpunkt für die Nacht schien, als die verlassene Stätte der früheren Hauptstadt dieses Nigritischen Reiches; aber die schönen Tamarindenbäume und die stattlichen Dattelpalmen traten jetzt zu deutlich hervor, um mir nicht den Wunsch, sie so bald wie möglich zu erreichen, doppelt fühlbar zu machen.

Es war ein höchst interessanter und belebender Anblick, ein grosses Stück mit Negerhirse bestellten Ackerlandes an die Stelle der Wüstenei treten zu sehn. Das ganze Land verwandelte sich in eine einzige angebaute Fläche, die nicht von Dünen unterbrochen war. So gab ich mich denn eine Weile der Vorstellung hin, dass wir der Wüste für immer Lebewohl gesagt und nun die fruchtbare Zone von Mittel-Sudan betreten hätten; aber sie ward durch meine ferneren Erfahrungen nicht völlig verwirklicht. Doch fanden sich hier, selbst im gegenwärtigen Verfall des Landes, noch einige Zeichen von Betriebsamkeit und auf die Stoppelfelder von „ssāba" *(Sorghum)* folgten Tabakspflanzungen und nach kleiner Unterbrechung unter Wasser gesetzte Reisfelder. Allein die Dunkelheit brach ein, ehe wir das ärmliche Dorf Gōgō erreichten. Da lagerten wir uns denn auf einem offenen Platze, rings umher von einzelnen Mattenhütten umgeben; ein grosses, thurmähnliches, und in seinem wunderbar rohen Bau mich sogleich an Agades erinnerndes Gebäude erhob sich darüber hinaus nach Süden zu bedeutender Höhe und nach der Flussseite zu zeigte sich ein schöner Hain reicher Bäume, an den sich ein dichtes Unterholz von „ssiwāk" *(Capparis sodata)* anschloss; der Fluss selbst war von diesem Punkte aus nicht sichtbar.

# IX. KAPITEL.
### Die alte Hauptstadt von Sonrhay und ihre Umgebung.

Von dem Augenblicke an, wo ich mich davon überzeugt hatte, dass Gōgō der Platz war, welcher mehrere Jahrhunderte lang die Hauptstadt eines starken und mächtigen Reiches gebildet hatte, fühlte ich ein wärmeres Verlangen in mir, diesen Punkt zu besuchen, als es in Bezug auf Timbuktu der Fall gewesen war. Ohne Zweifel hat sich Timbuktu über ganz Europa hin einen ruhmvolleren Namen erworben — in Folge des Handels, der hier seinen Mittelpunkt fand, und in Folge des Einflusses, den es als Sitz Mohammedanischer Gelehrsamkeit auf die umliegenden Gegenden ausübte; aber dennoch bin ich völlig gewiss, dass Timbuktu nie mehr als eine blosse Provinzialstadt gewesen ist. Gáō oder Gōgō dagegen hat den Mittelpunkt einer grossen Volksbewegung gebildet; von ihm sind gewaltige und siegreiche Fürsten, wie z. B. der grosse Mohammed el Hadj A'skiā, ausgegangen und haben ihre Eroberungen von Kébbi oder vielmehr Haussa im Osten bis nach Fūta im Westen und von Tauāt im Norden bis nach Wángara und Mō-ssi im Süden ausgedehnt. Gross war daher meine Freude und meine innere Befriedigung, diese Stätte erreicht zu haben.

Nach ungestörter nächtlicher Ruhe erhob ich mich früh am Morgen und nahm vor meinem Zelte Platz, indem ich mich nun dem ruhigen Genusse der Aussicht über die einst

so lebensvolle Stätte hingab, die den einstimmigen Angaben früherer Schriftsteller zufolge die glänzendste Stadt des Sudans war, wiewohl auch hier der grössere Theil der Wohnungen aus leichteren Hütten bestand und keineswegs dem solideren Baustyle der Wüstenstadt Tademékka gleichkam. Gerade meinem Zelte gegenüber, nach Süden zu, lag der verfallene massive Thurm, der letzte Rest der Hauptmoschee — „djíngerē-bēr" — der Hauptstadt und zugleich die Grabstätte des grossen Eroberers Mohammed. Aber das war auch Alles, was von der früheren Herrlichkeit übrig geblieben war. Nur gleichsam, um auch ein Zeugniss von der Ergiebigkeit des Bodens abzulegen und um des grossen Reisenden Ébn Batūta Angabe von dem Reichthum an Früchten, die er hier antraf, zu bekräftigen*), wand sich rund um den weiten offenen Raum, wo wir gelagert waren, ein reicher Kranz belebten Pflanzenwuchses; in ihm entdeckte ich bei der schönen Morgenbeleuchtung zu meiner grossen Freude mehrere Baumarten, die ich seit langer Zeit nur höchst selten zu Gesicht bekommen hatte, wie schöne, hoch gewachsene Dattelpalmen, Tamarinden, Sykomoren — „ngáborē" — und selbst den cypressenartigen *Bombax*, wiewohl die Exemplare der letzteren Gattung etwas armselig und unansehnlich waren.

Nachdem ich mich eine Zeit lang an der Scenerie erfreut hatte, ging ich, von meinem Schūa-Burschen begleitet, aus, um mir eine Ansicht vom Flusse zu verschaffen, von dem ich bis jetzt noch nichts gesehn hatte. Indem ich aus dem schönen Baumdickicht an's Ufer herantrat, fand ich, dass nur ein sehr kleiner Neben- oder vielmehr Sackarm des

---

*) Es ist höchst merkwürdig, wie diesem Zeugniss Ébn Batūta's gegenüber schon Leo (lib. VII, cap. 7) den Mangel an Früchten ausdrücklich beklagt, indem er darüber sagt: „*vi e moltissima abbondanza di pane e di carne, ma vino o frutto non si può trovare*"; allerdings rühmt er aber den Überfluss an Melonen, Citronen und Gurken.

Flusses, welcher zur Zeit keinen Ausgang hatte, die Stadt hart berührte, während sich eine ausgedehnte Niederung weit in den Fluss hinein erstreckte. Aber während mehrerer Monate im Jahre ist diese Niederung unter Wasser gesetzt, vielleicht nur wenige Punkte ausgenommen, welche zu grösserer Höhe aufsteigen und mit Talhabäumen geschmückt sind.

Der Name Gáō beschränkt sich wenigstens heutzutage und wohl seit alter Zeit nicht auf dies Quartier am östlichen Ufer, das jedenfalls in der grössten Blüthezeit die eigentliche Stadt bildete, sondern umfasst auch die Insel und selbst das gegenüberliegende Ufer von A'ribínda; ich war eine Zeit lang der Ansicht, dass der Haupttheil der Stadt auf der Insel gelegen hätte, aber dies scheint doch nicht der Fall gewesen zu sein. Die Sache ist aber die, dass Gōgō, wie ich in den chronologischen Tabellen des vorigen Bandes auseinandergesetzt habe, in früheren Zeiten aus zwei ganz abgesonderten Quartieren bestand, nämlich dem der Götzendiener (am westlichen oder Gúrma-Ufer) und dem königlichen oder Mohammedanischen (am östlichen Ufer, nach Egypten zu, von wo aus der Isslam nebst der ihn begleitenden Civilisation eingeführt worden war). Im Laufe der Zeit hat natürlicherweise das letztere Quartier über das erstere den Vorrang gewonnen, während im Anfang, wo das Heidenthum überwiegend war, ohne Zweifel auch das heidnische Viertel am westlichen Ufer das bedeutendere war.

Selbst jetzt, wo doch dieser ganze Boden durch das Zurücktreten des Wassers trocken geworden war und sich eine grasreiche Insel gebildet hatte, waren sowohl auf der Insel, als auf dem gegenüberliegenden Ufer von A'ribínda nur wenige Hütten zu sehn. Aber allem Anscheine nach fühlen die gegenwärtigen Bewohner kaum ein Bedürfniss den Fluss zu benutzen; denn ich sah nur ein einziges wasserdichtes Boot und vier andere, die mehr oder weniger gelitten hatten, lagen am Ufer. Ich drückte den Einwohnern mein Erstaunen über den kläglichen Zustand ihrer Flottille aus, sie aber beklagten sich über Mangel an Schiffsbauholz. Zwischen den Hütten und dem kleinen Hinterarme, der vermittelst eines nördlichen Armes zur Bewässerung der Reisfelder dient, breitet sich eine kleine Tabakspflanzung aus. An derselben Stelle sind auch die schönsten Bäume zusammengruppirt, und ich bemerkte nun, dass ausser 20 — 25 Dattelpalmen auch zwei oder drei Dūmpalmen darunter waren. Die Dattelpalmen hingen gerade voller Früchte, die der Reife entgegengingen.

Nachdem ich den Fluss in Augenschein genommen hatte, machte ich einen Spaziergang um den Weiler. Er besteht im Ganzen aus ungefähr 300 Hütten, die abgesonderte Gruppen bilden und von Haufen Unrathes umgeben sind; die letzteren scheinen die Lage einiger grösserer Gebäude der früheren Stadt anzuzeigen. Während ich so zwischen den Mattenhütten — „būge" — umherging, kamen die Frauen aus ihnen heraus und sammelten sich in gemüthlicher Stimmung rings um uns, indem die Eine über die Andere ausrief: „Nassāra, Nassāra, Allah A'kbar!" (d. h. „Ein Christ, ein Christ, Gott ist gross!") Aber es schien, als nähmen sie ein ungleich grösseres Interesse an meinem jungen Schūa-Burschen als an mir; denn sie umtanzten ihn in sehr lebhafter, rührender und bezaubernder Weise. Einige unter ihnen hatten ziemlich regelmässige Züge und waren von hohem Wuchse, sowie guter Proportion. Sie waren Alle auf eine und dieselbe Weise gekleidet, aber sehr verschieden von der Tracht der Frauen in Timbuktu; ihre Kleidung bestand nämlich in einem breiten Umschlagetuch aus verschiedenfarbigen Streifen von dickem wollenen Stoffe, das unter dem Busen befestigt war, so dass es fast bis auf die Knöchel herabreichte. Einige von ihnen hatten dieses einfache, grobe Gewand sogar vermittelst ein Paar kurzer

Träger über die Schultern befestigt, während es bei Anderen einfach blos von hinten angeknüpft war.

Bei meinem Spaziergange um das Dorf begegnete ich einem alten Manne, der mich auf die freundlichste Weise grüsste und sich mir anschloss. Er hatte irgend etwas auf dem Herzen, und aus seinen Andeutungen musste ich schliessen, dass er mit dem Christen, der vor so vielen Jahren diesen Fluss in so mysteriöser Weise befahren hat, in nahe Berührung gekommen wäre; aber unglücklicherweise hatte er einen schwachen Verstand (er war nämlich geisteskrank), so dass ich seine Mittheilung nicht völlig verstehen konnte. Dies bedauerte ich um so mehr, da er mich durch die Schutthaufen zu einem langen, schmalen Thongebäude in geringer Entfernung westlich von der Moschee hinführte, wo er mir etwas Interessantes zeigen wollte; aber der Eigenthümer des Hauses verweigerte mir den Zutritt. So blieb mir denn weiter nichts übrig, als mich dem Mittelpunkte der früheren Stadt, der Djíngerē-bēr, zuzuwenden und es zu versuchen, so viel wie möglich den Plan des Gebäudes zu erkennen.

Allem Anscheine nach bestand die Moschee ursprünglich aus einem niedrigen Gebäude, an dessen Ost- und Westseite sich je ein grosser Thurm anlehnte, und der sie umgebende Hofraum war durch eine 8 Fuss hohe Mauer abgeschlossen. Der östliche Thurm liegt in Ruinen, aber der entsprechende westliche findet sich noch in einem leidlichen Zustande erhalten, wenn er sich auch nicht durch Schönheit und Leichtigkeit der architektonischen Verhältnisse empfiehlt, sondern unendlich schwerfällig ist. Er erhebt sich in sieben Terrassen, die allmählich im Durchmesser abnehmen, so dass die unterste auf jeder Seite 40—50 Fuss misst, die oberste aber allem Anscheine nach nicht mehr als 15; seine Höhe beträgt etwa 60 Fuss. Ungeachtet des Verfalles dieses Gebäudes, das die irdischen Überreste ihres wahrhaft grossen

Herrschers, des Hadj Mohammed, einschliesst und welches sie in ihrem politischen Elende nicht in leidlichem Stande zu erhalten vermögen, verrichten die Bewohner von Gá-rhō doch ihre Gebete noch heutzutage an dieser heiligen Stätte.

Das Quartier östlich von der Moschee war augenscheinlich früher der besuchteste und bestbewohnte Stadttheil. Es wird von einer dichten Masse von Ssiwāk-Büschen vollkommen umgürtet, und es ist merkwürdig, wie dieses Gebüsch augenscheinlich den ganzen jetzt unbewohnten Theil der früheren Stadt bedeckt und so die Ausdehnung derselben klar andeutet. Darnach scheint Gá-rhō in seiner blühendsten Periode einen Umfang von etwa 6 Meilen gehabt zu haben. Nach Leo's Angabe zu schliessen\*), ist die Stadt nie mit einer Mauer umgeben gewesen. Die Wohnungen scheinen sich im Allgemeinen keineswegs durch ihren Baustyl ausgezeichnet zu haben, mit Ausnahme der königlichen Residenz, von der Leo eine etwas ausführliche Schilderung gibt; aber selbst diese war von der Art, dass der Baschā Djōdar bei der Eroberung der Stadt seinem Herrn, dem Múlāi·e' Dhéhebi, schrieb, die Wohnung des Scheichs El Harām in Morocco, ein offenbar höchst unbedeutendes Haus, überträfe den Palast der A'skiā an Pracht\*\*). Es muss aber hier einst ein sehr reges Leben geherrscht haben, da Gá-rhō den Charakter der Hauptstadt eines weit ausgedehnten Reiches mit demjenigen einer höchst blühenden Handelsstadt vereinigte. Der Goldhandel hat hier im Anfang des 16ten Jahrhunderts gewiss einen sehr bedeutenden Umfang erreicht und der Karawanenverkehr zwischen Gá-rhō und Egypten scheint damals ein höchst grossartiges Bild von einem mächtigen Völkerverkehr gewährt zu haben.

Jetzt ist die Stätte öde und halb verlassen. Ich war tief

---

\*) Leo, *Descr. d'Afr.*, lib. VII, cap. 8: „*senza mura*".
\*\*) Zeitschrift der Deutschen Morgenländ. Ges., Bd. IX, S. 549.

ergriffen von dem Schauspiel dieser wunderbaren und geheimnissvollen Völkerwogen in diesem erst halb erschlossenen Welttheile, die einander unaufhaltsam folgen und verschlingen und kaum eine Spur ihres Daseins zurücklassen, ohne dem Anscheine nach einen Fortschritt im Gesammtleben zu bezeichnen. Da war das Reich Ghánata im Westen, gross und mächtig, es ward verschlungen von Mélle; aber das war ein Fortschritt, Mélle war organisirend, es schuf neue Regierungsformen und stellte ein Reich auf sicheren Grundfesten dar; da tauchte Sonrhay auf und besass bald nationale Kraft genug, sich nicht allein von Mélle wieder unabhängig zu machen, sondern auch gegen dasselbe erobernd aufzutreten; als es seine höchste Blüthe erreicht, schien es eine mächtige, grossartige Masse, aber es fiel durch innere Auflösung und ward einem fremden Eroberer zu leichter Beute. So war denn das nationale Leben am ganzen Laufe des Niger entlang gebrochen und bald folgten die Berberhorden mit ihren Verheerungen die Schaaren der Fulbe und andere Stämme. Ist die Lebenskraft dieser Völker schon erschöpft, oder findet sich hier noch ein frischer Keim zu neuen Schöpfungen und neuen Reichen? Die grösste Kraft liegt hier jetzt offenbar im Stamme der Mō-ssi, aber wie weit diese bildungsfähig sind, habe ich keine Gelegenheit gehabt, zu erforschen.

Als ich von diesem meinen ersten Ausfluge nach dem Zelte zurückgekehrt war, fand ich da eine grosse Menge Menschen versammelt, war aber nicht im Stande, die Bekanntschaft eines einzigen Individuums zu machen, das mir einige Auskunft in Betreff des Ortes hätte geben können; es gelang mir nun einmal nicht, ein freundschaftliches Verhältniss mit den Bewohnern von Gōgō anzuknüpfen. Ihr unfreundliches Benehmen scheint seine Erklärung in dem Umstande zu finden, auf den ich später zurückkommen werde, dass sie sich gegen Mungo Park verrätherisch bewiesen haben.

Ich bemühte mich auch vergeblich, von den Einwohnern

Gōgō's einen kleinen Vorrath von Durra zu kaufen; aber es war vielleicht mehr die Furcht vor den Tuáreg, wesshalb sie leugneten, dass sie davon besässen, als ihre wirkliche Armuth. So fand ich mich denn gezwungen, einen Vorrath von „enīti" oder „ūsak" einzulegen, d. h. von der Saat des *Pennisetum distichum*, das von den Tuáreg ganz allgemein als Nahrungsmittel benutzt wird. Meine Pferde hatten schon längere Zeit nur sehr spärliche Kost gehabt.

Erst am zweiten Tage nach unserer Ankunft stiess mein Beschützer zu uns. In seiner Gesellschaft befanden sich Hanna, Chosématen, Hammalába und Andere der angesehensten Leute der Kēl e' Ssūk, die gekommen waren, um sich mit uns zu bereden. Diese Herren waren theils zu Kameel, theils zu Pferde und trugen nicht wenig zur Belebung des grossen offenen Platzes bei, der sich zwischen meinem Zelt und der Moschee ausbreitete. Es dauerte auch nicht lange, so kamen die an Alkúttabu, den Oberherrn der Auelímmiden, abgesandten Boten mit der Antwort zurück, dass er binnen 3 Tagen hier beim Scheich eintreffen werde. Fast schien es, als solle Gōgō noch einmal eine kleine historische Bedeutung erlangen, als der Vereinigungspunkt zwischen den eingeborenen Häuptlingen dieser beunruhigten Landschaften und einem Europäer, dessen Bestreben es war, die Anwohner dieses grossen Stromes, den die Natur selbst als grosse Völkerstrasse geschaffen, mit frischer Energie zu beseelen und so hier einen regelmässigen Verkehr zu eröffnen.

Gerade im Augenblick der Ankunft dieser lebensvollen Schaar war ich emsig beschäftigt gewesen, meine Marschroute von Timbuktu nach Gōgō, so gut es die Umstände erlaubten, in einer kleinen Kartenskizze niederzulegen; denn mir lag sehr viel daran, dieses Stück zu vollenden, um es von hier fortzusenden und so die Hauptresultate meiner Forschungsreise zu sichern, wenn ich selbst etwa von einem Unfall getroffen werden sollte. Damals war mein kleiner

Tisch, den ich von Tripoli aus mit mir herum getragen und der mir die grössten Dienste geleistet hatte, zerbrochen und ich sah mich genöthigt, dieses Kartenblatt, auf meiner Matte sitzend, auf einem über die Kniee gelegten Stück Bret zu vollenden; denn ich besass damals weder eine Kiste noch einen Stuhl\*).

Nachdem ich diese Arbeit vollendet hatte, machte ich in Begleitung des Scheichs den Kēl e' Ssūk meine Aufwartung. Die beiden Häuptlinge Chosématen und Hanna nahmen zumal meine Aufmerksamkeit in Anspruch. Beide waren alte, ehrwürdige Leute, aber es waltete der sonderbare Umstand ob, dass beide blind waren oder wenigstens nicht weit davon. Hanna, um 2 Jahre älter als sein Amtsgenosse, hatte nur ein Auge und Chosématen war' völlig blind; dennoch aber erwartete er von mir, dass ich ihn heilen könnte. Es war gut, dass beide einige ihrer Söhne bei sich hatten, und unter den 4 Söhnen Chosématen's waren ein paar sehr aufgeweckte junge Leute; ihre Schwester Nássaru hatte ich schon in Tin-scherīfen kennen gelernt.

Ausser den Verhandlungen mit diesen Leuten, deren Wohlwollen zu erwerben, für mich besonders wichtig war, weil sie die öffentliche Meinung in diesen Nigergegenden beherrschten, gingen die Vorbereitungen zu meiner Heimreise, wiewohl nur langsam, vor sich und der Scheich verfasste zu meinen Gunsten ein Schreiben an die Häuptlinge auf der Strasse, über die meine Reise führen sollte. Dasselbe war mit viel Gelehrsamkeit abgefasst und suchte meine Stellung in das günstigste Licht zu stellen; so versprach es denn, in der Folge, nach der Trennung von meinem Beschützer, mir vom grössten Nutzen zu werden\*\*). Im Ganzen war der Aufent-

---

\*) Dieses Blatt von der Flussstrecke zwischen Timbuktu und Gōgō ist erst im vorigen Herbste in Europa angekommen und Herrn Dr. Petermann bei der Niederlegung des Flusses vom grössten Nutzen gewesen. Das Blatt von der Niger-Strecke zwischen Gōgō und Ssai war schon viel früher eingetroffen.

\*\*) Eine Übersetzung dieses Briefes findet man in Anhang IV.

halt hier nicht so einförmig, aber die Örtlichkeit ward mir lästig wegen der grossen Hitze, die hier vorwaltete; denn der Schatten, den die schönen Sykomoren in der Nähe des Flusses gewährten, war von meinem Zelte zu weit entfernt und von Vögeln zu sehr gesucht, um von Nutzen zu sein. Es war mir daher ganz recht, dass der Besuch einiger anderer Leute meinen Beschützer bewog, unseren Aufenthalt an diesem Platze durch eine kleine Exkursion zu unterbrechen.

Diese Leute waren die Gá-bēro, wie sie gewöhnlich genannt werden, oder mit ihrem eigentlichen Namen Ssúdu-kāmil, ein zahlreicher Stamm der Fulbe, der in diesen Gegenden seit mehreren Jahrhunderten angesessen ist und aus Furcht vor der Verfolgung der Ásskiā oder Ssíkkía seine eigene Sprache gegen diejenige der Landeseingeborenen vertauscht hat. Sie haben in früheren Zeiten fast ungestörte Freiheit genossen, während sie in nomineller Abhängigkeit vom Statthalter von Ssai waren; aber vor nicht langer Zeit waren sie gezwungen worden, die Oberhoheit von Hómbori anzuerkennen, indem der Statthalter dieses Platzes einen Heereszug gegen sie unternommen und einige 30 aus ihrer Zahl getödtet hatte. Sie baten daher den Scheich, zu ihnen zu kommen, seinen Schutz über sie auszudehnen und ihnen seinen Segen zu geben. Wir verliesen jedoch vor dem Nachmittag des 25sten diesen Platz nicht.

Nachdem wir das Areal der alten Stadt hinter uns gelassen und dann eine mit kleinen Talhabäumen und Dūmgebüschen bewachsene Ebene durchzogen hatten, erreichten wir nach einem Marsche von ungefähr 4 Meilen den grasreichen Rand des Flusses und betraten kühn den Sumpfboden; denn inmitten dieser Flachlande, wo sich der Fluss zurückgezogen hatte, lagen mehrere Gruppen Mattenhütten, bewohnt von Gá-bēro und Rumā, und neben ihnen wählten wir unser Nachtlager. Da wir nun keine Zelte mitgenommen hatten, so wurden sowohl für den Scheich als zu meinem Gebrauche Hütten errichtet, die aber von so kläglicher Beschaffenheit waren, dass es wahrlich ein Glück war, dass ein Gewitter, welches fast den ganzen Nachmittag über uns gestanden hatte, nach Norden zog; denn während dort eine grosse Menge Regen fiel, blieben wir ziemlich von Wind und Nässe verschont.

[*Montag, 26sten Juni.*] Die Bewohner des Weilers behandelten uns nicht eben sehr gastlich und wir brachen daher zu früher Stunde auf, um unseren Marsch in dem Sumpfthale fortzusetzen. Hier liessen wir nach etwa 1 Meile einen kleinen, mit Dūmpalmen geschmückten Weiler auf ansteigendem Boden, der vor kurzer Zeit noch eine Insel gebildet hatte, liegen. Indem wir dann mehrere kleine Kanäle passirten, wo die Leute mit Erneuerung der Deiche beschäftigt waren, durch die sie die Reisfelder eindämmen, erreichten wir wieder das feste Ufer. Es war mit Dūmgebüsch, Fernān, Kalgo, Turscha und Daman-kádda geschmückt. Der Fluss bildet hier ein ziemlich offenes Wasserbecken und ist auf der A'ribínda-Seite von einem steilen Felsufer eingeschlossen, aber etwas weiter abwärts folgen Sanddünen.

Nach kurzem Marsche jedoch sahen wir uns wiederum gezwungen, das niedrige Sumpfland zu betreten, das zur Zeit einen weiten, von Hügeln umschlossenen, grasreichen Golf bildete. In der Ebene war hier viel *Sorghum* angebaut, dessen Halme soeben aus dem Boden hervorschossen; aber das Korn reift nicht vor der Zeit, wo die Überschwemmung diese Stelle bedeckt und sie in eine seegleiche Erweiterung des Flusses verwandelt. Indem wir uns so zwischen mehreren noch nicht völlig ausgetrockneten Kanälen hindurchwanden, waren wir froh, als wir endlich wieder das feste Ufer gewannen, und hier trat das steile Felsufer hart an den offenen Fluss. Eine Schaar Kēl-e'-Ssūk stand hier gerade im Begriff, ihre Zelte aufzuschlagen.

Die Felsklippen liessen nur einen schmalen Saum vom ebenen Ufer übrig, das allmählich mehr und mehr zusammengepresst wurde und daher den Namen Tin-schēran erhalten hat. Längs dieses engen Ufersaumes nahmen wir unseren Weg und fanden uns nach einem Marsche von ungefähr 1 Meile einem Lager der Gá-bēro gegenüber, das sich auf dem flachen Sandufer ausbreitete, welches zur Zeit den Saum einer sehr ausgedehnten grasreichen Ebene bildete, aber, wenn der Fluss zu grösserer Höhe ansteigt, zu einer Art Sandbank wird, bis es die steigenden Gewässer des Niger endlich völlig bedecken. Da dies die Leute waren, welche uns eingeladen hatten, ihnen einen Besuch abzustatten, so wählten wir unseren Lagerplatz auf den hohen Sandhügeln, welche die Vorhügel des Felsenabhanges bilden, indem der letztere an dieser Stelle zu einer Höhe von 200 bis 300 Fuss sich erhob. Es war ein schöner offener Lagerplatz, und die Gá-bēro\*) drüben auf dem gegenüberliegenden Ufer des Stromes schlugen, sobald sie uns gewahr wurden, die grosse Trommel und machten sich fertig, zu uns herüberzukommen. Zu diesem Zwecke mussten sie jedoch erst einige Boote leihen, da sie selbst keine besassen, aus Furcht vor den Tuáreg, die ihnen leicht einen Besuch abstatten und sie belästigen könnten.

Die abgesandten Boten brachten als erstes Zeichen gastfreundlicher Gesinnung 3 Rinder mit über den Fluss und fingen dann an, eine sehr niedliche Mattenwohnung für den Scheich zu errichten; aber mein edler Freund verzichtete mit grosser Höflichkeit zu meinen Gunsten auf dieselbe und liess für sich eine andere Hütte aufschlagen. Die Gá-bēro zeigten sowohl in körperlicher Haltung als auch

---

\*) Die Gá-bēro sind in folgende Stämme getheilt: die Schédibē, die Buádjū, die Silléntsche (wahrscheinlich nach der allbekannten Stadt Ssilla benannt), die A'gadess und die Gorrong.

in geistiger Hinsicht grosse Überlegenheit über die Sonrhay-Bewohner; ihre Kleidung war nicht sehr verschieden von derjenigen der Fulbe, ausgenommen, dass sie etwas voller und weniger schäbig war. Einige, wie zum Beispiel ihr Häuptling Hanna und seine Leute, trugen schwarze Toben mit Brusttaschen von rothem Tuch, ähnlich wie die Tuáreg. Die Weiber kleiden sich nach der Tracht der Sonrhay-Frauen, indem sie sich ein wollenes Umschlagetuch um den unteren Theil des Körpers unterhalb des Busens wickeln und es oberhalb der Schulter befestigen.

Die Gá-bēro leiten ihre Abkunft theils von Fūta, theils vom Stamme der in Má-ssina angesiedelten U'rubē her; auch einige Scherīfen sollen sich mit ihrem Stamme durch Heirath verbunden haben, und mit grossem Interesse entdeckte ich unter ihnen auch einige Individuen mit wirklicher Pullo-Physiognomie. Dieser kleine Stamm geniesst jedoch nicht eben ein sehr ruhiges und glückliches Leben; denn sie haben grosse Furcht nicht weniger vor den Fulbe von Hómbori (Hómbori, das ich auf meiner Herreise erwähnt habe, ist nur 4 gute Tagemärsche von hier entfernt), als auch vor den Kortīta, einer etwas weiter abwärts am Flusse angesiedelten Abtheilung der Sonrhay. Aus diesem Grunde lag ihnen überaus viel daran, einen Talisman gegen diese sie bedrohende Doppelgefahr zu besitzen, und sie gaben sich nicht eher zufrieden, als bis sie sowohl von mir als vom Scheich den Segen erhalten hatten. Denn wiewohl ich ihnen zu wiederholten Malen sagte, dass des Scheichs Segen für sie ganz hinreichend sein würde, beharrten sie doch darauf, auch den meinigen zu empfangen. Hierbei erfuhr ich denn, dass Mehrere von ihnen meine persönliche Bekanntschaft bei früherer Gelegenheit gemacht hatten, indem sie sich unter der Schaar Eingeborener befanden, welche mir bei der Passage des gefährlichen Sumpfes wenige Meilen vor A'ribínda thätige Hilfe leisteten.

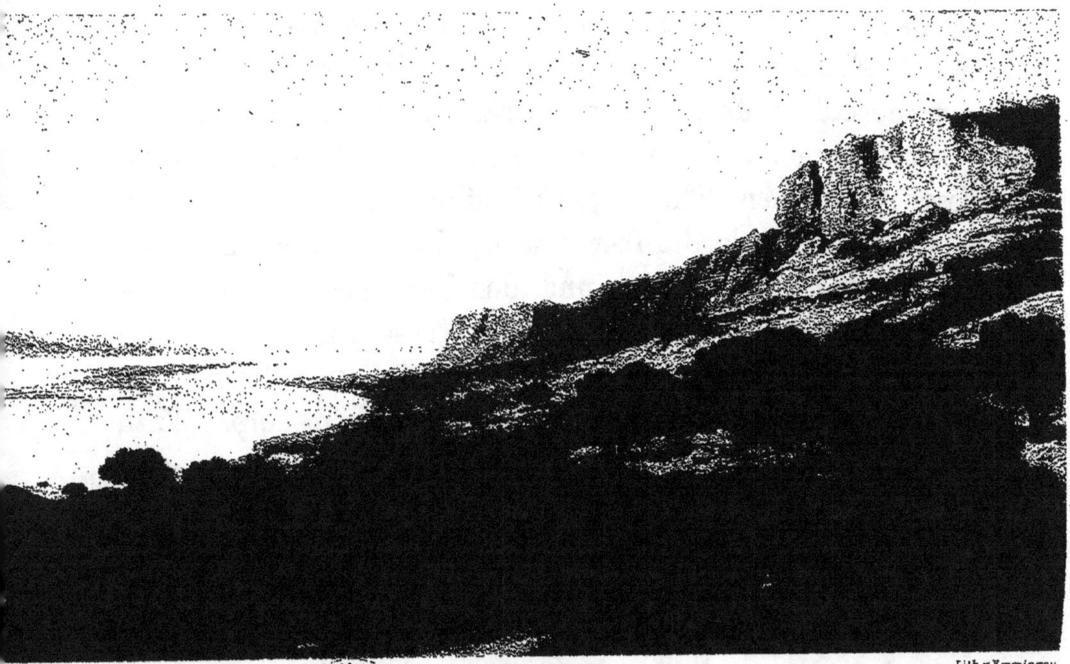

Nach Dr. Barth's Skizze gez. v. J.M. Bernatz.

Gedr. b. J. Adam. München.

Lith. v. Emminger.

BORNO AM EGIRRÊU.

19 Juni 1854.

In diesem neuen Lagerplatz, der Bornò oder Barno heisst, blieben wir die vier folgenden Tage und ich musste mein eifriges Bestreben nach rastlos und ununterbrochen fortgesetzter Reise durch die reizende Aussicht über den grossartigen Strom zu beschwichtigen suchen, während die reine Luft stärkend auf die Gesundheit einwirkte. Meine Nahrung war aber dabei keineswegs vorzüglich, da selbst die Reisspeise, mit der man uns versah, ganz ohne Salz war und es auch völlig an Milch fehlte. Die Verbindung mit dem gegenüberliegenden Ufer war nämlich durch die grosse Breite des offenen Flusses sehr erschwert; ausserdem wurde derselbe zu wiederholten Malen durch Gewitter aufgeregt und mehrere Flusspferde gefährdeten das Fahrwasser. Zu Zeiten tobten diese unbändigen Thiere ganz wüthend im Flusse herum, als wenn sie zornig darüber wären, dass man sie in ihrem Zufluchtsorte beunruhigte, und den Tag nach unserer Ankunft setzten sie unseren ganzen Tross Pferde, die am Ufer des Stromes weideten, in Schrecken und trieben sie in wilde Flucht. Zuweilen hemmten sie in ihrer Wuth den Bootverkehr zwischen beiden Ufern vollkommen und zeigten überhaupt ein überaus streitsüchtiges und unruhiges Naturell, besonders im Laufe des Abends und während der Nacht, wenn sie zu ihrem gewöhnlichen Futter an's Ufer kommen wollten. Diese Flusspferde waren hier die Hauptvertreter der animalischen Welt; sonst wurden noch zwei weisse „ar", eine in diesen Gegenden etwas seltene Art Antilope, von einigen meiner Gefährten auf den über uns ragenden Felsenhöhen erblickt. Zuweilen trieb ich mich in den Einbuchten des Felsenabhanges umher und entwarf eine Skizze von einer der lebensvollen Ansichten, die sich hier dem Auge darboten und von denen eine im gegenüberstehenden Bilde dargestellt ist, oder ich unterhielt mich mit den Leuten, welche eben vorüberzogen. Unter den Letzteren ist besonders eine Gesellschaft Scherīfen hervorzuheben, eine Abtheilung der Kēl-e'-Ssūk, aber sehr verschieden von dem gewöhnlichen Charakter jenes Stammes, dessen Haupteigenschaften Unterwürfigkeit und Friedfertigkeit sind. Diese dagegen waren Alle in voller Waffenrüstung und ihre Haltung gab Zeugniss von einem grossen Unabhängigkeitsgefühl; Manche unter ihnen waren auch gut gekleidet. Es war auffallend, dass das Haupt dieser Scherīfen mich für El Bakáy hielt und mich daher zuerst begrüsste; der Grund lag wahrscheinlich in meinem längeren Barte.

[*Sonnabend, 1sten Juli.*] Die Gá-bēro wollten dem Scheich eine Viehheerde zum Geschenk machen und es kostete ihnen keine geringe Mühe, sie durch den Niger zu bringen; einmal war es schon glücklich vollbracht, da stürzte sich plötzlich auf Antrieb des Leitstieres die ganze Heerde wieder in den Strom und schwamm dem heimischen Ufer zu. So traten wir spät am Nachmittage unseren Rückmarsch nach Gōgō an, und indem wir uns diesmal längs des felsigen Abfalles hielten, wo er sich bei Tin-scherān einwärts zieht und einen grossen Golf grasreicher Sumpfniederung umschliesst, machten wir für die Nacht in einem Lager der Kēl-gúnhan Halt. Es war von beträchtlicher Grösse, indem es mehr als 100 Lederzelte umfasste, und voller junger Sklaven, wie ich es selten bei irgend einem dieser Tuáreg-Stämme beobachtet hatte. Aber ich habe schon bei früherer Gelegenheit erwähnt, dass die Kēl-e'-Ssūk noch immer nicht ganz ihren früheren Aufenthalt in einer grossen, luxuriösen Stadt vergessen haben, und selbst heutzutage geben sie sich noch viel mit Sklavenhandel ab. Auch hier waren die Sklaven, die männlichen sowohl wie die weiblichen, über und über in Leder gekleidet, aber im Durchschnitt sahen sie gut aus und schienen guter Dinge zu sein.

[*Sonntag, 2ten Juli.*] Der Scheich blieb in dem Lager einer anderen Abtheilung der Kēl-e'-Ssūk zurück, das sie auf einer Art von in die Sumpfebene vortretenden Vorgebirges aufgegeschlagen hatten und das wir von unserem Nachtlager aus nach einem kurzen Marsche von etwa 5 Meilen erreichten. Unser Marsch ging längs des Fusses des mit Höhlen angefüllten und von Schluchten zerrissenen Felsenabhanges hin und die Umgegend war mit Bäumen und Gebüsch belebt; der Sumpfboden zu unserer Linken war zu Reisfeldern benutzt, mit deren Anbau die Leute gerade beschäftigt waren, und hie und da ragte inselartig höher gelegener Boden hervor, mit Dūmgebüsch bekleidet. Von hier setzte ich meinen Marsch nach Gōgō allein fort und war froh, bei der Ankunft in meinem Zelte mich nach der langen Entbehrung einer schmackhaften Kost mit einem Trunke vortrefflicher Redjīre, des hier sehr beliebten, aus Datteln und Käse bereiteten Getränkes, erquicken zu können. Es ist dieses Getränk ganz vortrefflich in der reineren, zehrenden Luft der Wüste, aber in den fieberhaften Gegenden des Sudan ist es sehr schwer zu verdauen.

So fing ich denn an, mich auf die Heimreise vorzubereiten; denn ich erwartete mit Zuversicht, dass ich von nun an meinen Marsch rascher, als es bisher geschehen, würde fortsetzen können. Dann stattete ich meinen Freunden, den Kēl-e'-Ssūk, einen Besuch ab. Sie waren, wie es schien, mit gutem Grunde während unserer langen Abwesenheit recht ungeduldig geworden und bezeigten mir nun einen recht freundlichen Empfang, machten aber aus blossem Übermaasse ihrer freundlichen Gesinnung dabei einen Versuch, mich zu ihrem Glauben zu bekehren. Nachdem ich sie ohne Rückhalt abgefertigt hatte, baten sie mich sehr inständig, so bald als möglich zu ihnen zurückzukehren, aber dann über Tauāt. Ich sah mich jedoch genöthigt, ihnen zu erklären, es sei sehr unwahrscheinlich, dass ich je wiederkommen werde und zumal über Tauāt, da diese Strasse äusserst gefährlich für uns sei; aber ich theilte ihnen mit, dass ich gar keinen Zweifel hegte, dass die Engländer, wenn es sich als möglich erweisen sollte, die Flussschnellen zu bewältigen, welche den unteren Lauf des Niger hemmen, gewiss nicht lange zögern würden, sie zu besuchen.

Alle meine Freunde, die nun sahen, dass meine Abreise wirklich nahe bevorstand, fingen an, mir ihre Anhänglichkeit auf stärkere Weise als je zu bezeigen, und am Abend, nachdem ich El Munīr und Inēssa, zwei Söhne Chosématen's, beides regsame junge Leute, verabschiedet, hatte ich beim Thee eine sehr lebhafte Unterhaltung mit meinem Freunde Mohammed ben Chottār und ich versprach ihm eine ansehnliche Zahl Arabischer Bücher, wenn er nach England kommen sollte*).

Am folgenden Morgen, als ich im Genuss der frischen Morgenluft vor meinem Zelte lag, wie das früh meine Gewohnheit war, sammelten sich alle meine Freunde um mich und ich musste ihnen verschiedene Stellen aus Europäischen Büchern mit Einschluss des Griechischen Textes der Evangelien vorlesen. Das Deutsche zog ganz besonders die Aufmerksamkeit dieser Leute auf sich, indem ihnen die vollen, schweren Worte jener Sprache einige Ähnlichkeit mit ihrem eigenen Idiom zu haben schienen, und sie geriethen in eine wahre Begeisterung, als ich ihnen aus dem Gedächtniss einige Verse aus „Harras", dem kühnen Springer, vortrug. Was hätte der gute Körner gesagt, sein Lieblingsgedicht an den Ufern des Niger zu hören!

Auch meine Leute waren voll Begeisterung über die hoffnungsvolle Aussicht eines schnellen Aufbruches zur Heimreise und so empfingen sie denn den Scheich El Bakáy, als er im Laufe des Morgens zu uns stiess, recht herzlich und feuerten eine hübsche Menge Pulver ihm zu Ehren ab. Später ging ich mit ihm fort, um einige Geschenke unter die Häupt-

---

*) Dieser aufgeweckte junge Mann kam wirklich im Laufe des letzten Sommers nach Tripoli, aber verschiedene Umstände, u. A. eine Krankheit, welche Leute, die aus dem Inneren kommen, gewöhnlich befällt und auch ihn nebst seinen Gefährten heimsuchte, waren die Ursache, dass er nicht nach England kam.

linge der Kēl-e'-Ssūk und einige Edelleute der Auelímmiden, die in seiner Gesellschaft gekommen waren, auszutheilen. Chosématen erhielt bei dieser Gelegenheit eine feine schwarze Nūpe-Tobe und einen gleichfarbigen Shawl, Hanna eine Túrkedī und einen Shawl, die vier Auelímmiden, nämlich Bodhāl, Rīwa, Alísso und Ssábet, je einen Shawl und noch einige kleinere Artikel, und Jeder der Söhne Chosématen's und Hanna's einen halben Shawl. Ein Jeder schien zufrieden, obwohl Einige von ihnen gern Sachen von grösserem Werth gewünscht hätten.

Da keine Aussicht da war, dass sich Alkúttabu hier mit uns vereinigen würde, denn es hiess, er habe sich aufgemacht, die Kēl-fadáie auf einem Raubeinfall zurückzutreiben, so gab ich den schönen schwarzen Rappen, welchen mir der Scheich zum Geschenk gemacht und den ich für das Oberhaupt der Auelímmiden bestimmt hatte, jenem zurück, um ihn bei seinem beabsichtigten Besuche des Alkúttabu demselben in meinem Namen zu übergeben. Auch legte ich das Geschenk zurecht, das ich Thákkefi, dem Sohne E' Nábegha's, des Vorgängers Alkúttabu's, zu machen beabsichtigte, sowie ein anderes für El A'gui, einen nahen Verwandten desselben.

Der Scheich selbst legte sein Bewusstsein von der uns bevorstehenden Trennung durch eine grössere Lebendigkeit an den Tag, und ich hatte im Laufe des Abends eine sehr lebhafte Unterhaltung mit ihm und dem Gelehrtesten seiner Schüler, Ssidi Ahmed el Wádáui, über die Gestalt der Erde; es gelang mir am Ende, ihnen die Kugelform derselben und die Kreisbewegung des ganzen Planetensystems klar zu machen. Bei dieser Gelegenheit war er nicht wenig erstaunt, als ich ihm bei Erwähnung der Ausdrücke „unter der Erde" und „über der Erde" erklärte, dass man in Bezug auf den Allgegenwärtigen, als welchen sie wie wir den allmächtigen Schöpfer des Weltalls anerkennten, die Vorstellung von einem Darunter und Darüber ganz bei Seite schieben müsste, weil solche Ausdrücke nur auf menschliche Anschauungen Anwendung fänden. Als guter Mosslīm war er von der Autorität des Kurān befangen und konnte eine solche Ansicht, wie ich sie entwickelt, nicht theilen, aber da er auf der anderen Seite das schöne Panorama der Halbkugel vor Augen hatte, überzeugte er sich doch im Ganzen, dass ich vollkommen Recht hätte, während er, so lange er zwischen den engen Wänden seines Gemaches in der Stadt eingesperrt war, stets der Ansicht gewesen, dass es ebenso absurd wie unheilig wäre, so etwas zu behaupten.

[*Mittwoch, 5ten Juli.*] Alles war schon zu unserer Abreise in Bereitschaft, als Thákkefi, der Neffe des gegenwärtigen Oberhauptes der Auelímmiden und Sohn des letzten mächtigen Häuptlings E' Nábegha, mit einigen seiner Gefährten zu uns stiess. Die Ankunft dieser wichtigen Person verursachte uns neuen Aufenthalt, aber im Ganzen war mir Thákkefi willkommen, da er von Alkúttabu beauftragt war, mir für alle in seinem Gebiete reisenden oder Handel treibenden Engländer volle Kauffreiheit und Sicherheit zu bewilligen, und im Laufe der Unterhaltung machte er mir selbst den bemerkenswerthen Vorschlag, die Engländer sollten doch den Versuch machen, mittelst einer stark bewaffneten Erforschungskolonne den Fluss aufwärts einen regelmässigen Verkehr mit ihnen zu eröffnen.

Mittlerweile brachen die Häuptlinge der Kēl-e'-Ssūk auf, um in ihre heimathlichen Sitze zurückzukehren, und ihre Abreise eröffnete mir die Aussicht, dass wohl auch ich bald folgen könnte. Thákkefi blieb fast den ganzen Tag bei mir und nahm meine Habseligkeiten mit der grössten Neugierde und Aufmerksamkeit in Augenschein. Er war ein schöner, hochgewachsener Mann von grosser Körperstärke, angeborener Gutmüthigkeit und klarem Verstand und hegte den eifrigsten Wunsch, mehr von unseren sinnreichen Erzeugnissen zu sehn. Es that mir sehr leid, dass ich ihm nur so wenig zeigen konnte, denn fast mein gesammter Vorrath war erschöpft. Er hatte bei dem plötzlichen Überfall von Seiten der Kēl-geréss bei Tin-taláit, wo sein Vater erschlagen wurde, eine gefährliche Speerwunde durch den Nacken erhalten und es lag ihm viel daran, ein wirksames Wundpflaster zu erhalten.

In meinem Verkehre mit diesem Häuptling ging Alles so gut von Statten, dass am Tage nach seiner Ankunft der Sicherheitsbrief von Daniël, dem Geheimschreiber Alkúttabu's, abgefasst war. Tags darauf kam Thákkefi mit einem allem Anscheine nach sehr wichtigen Anliegen zu mir. Nachdem er den Eingang des Zeltes behutsam verschlossen hatte, um zu verhüten, dass andere Leute unsere Unterredung hörten, gab er zu erkennen, dass es sein eigener, so wie der Wunsch seines Onkels sei, die Engländer möchten drei wohlbemannte Boote den Fluss herauf schicken, um mit ihnen Verkehr zu eröffnen. Ich gab mir jedoch Mühe, ihm auseinanderzusetzen, dass, wie viel immer den Engländern daran gelegen wäre, mit dieser Gegend Verkehr und Austausch von Erzeugnissen zu eröffnen, doch der Erfolg ihrer Bemühungen von dem Umstande abhinge, ob sie im Stande sein würden, die Flussschnellen und Felsklippen zu passiren, welche den unteren Lauf des Stromes zwischen Bŭssa und Rábba hemmten, und dass ich ihm insofern nichts Sicheres versprechen könnte. Ich gab ihm dann das für ihn bestimmte Geschenk, bestehend in einer „tob scharhaīe", zwei grossen schwarzen Toben, zwei schwarzen Shawls, drei Túrkedī's, einem Schwertgehänge aus rother Seide von Fässer Arbeit und in mehreren kleineren Artikeln.

Während unseres Aufenthalts an diesem Orte hatte ich ausser der Niederlegung meiner Marschroute zwischen Timbuktu und Ssai, von der ich schon oben sprach, eine Depesche an die Regierung geschrieben und mehrere Briefe an heimische Freunde.

Ich siegelte das Packet und übergab es dem Scheich, der es bei seiner Rückkehr nach Timbuktu unverzüglich befördern sollte; denn die direkte Strasse von Gōgō nach Tauāt, auf der in früheren Zeiten ein sehr lebhafter Verkehr stattfand, wird jetzt gar nicht mehr bereist. Leider sollte dies Packet, anstatt durch seine baldige Ankunft in England Allen, die an meinem Unternehmen Antheil nahmen, erwünschte Kunde zu bringen, mehr als 2 Jahre in Ghadāmes liegen bleiben.

Ehe ich Gōgō verliess, war mir daran gelegen, mich mit der Beschaffenheit des Stromes längs dieses Ufers genauer bekannt zu machen; denn auf unserem Marsche zu den Gábēro und auf unserer Rückkehr von dort hatten wir uns in einiger Entfernung vom Ufer gehalten. Ich verabredete mich daher mit dem Neffen des Scheichs, die Ufer des Stromes auf einige Entfernung abwärts zu verfolgen. Als ich im Begriffe stand, zu Pferde zu steigen, äusserte Thákkefi das Verlangen, ich möchte meinen Europäischen Anzug anlegen, da er sich überzeugen wolle, wie ich darin aussähe; aber unglücklicherweise hatte ich jetzt von Europäischen Kleidungsstücken nichts als einen schwarzen Anzug bei mir, der diesen Leuten eben keine sehr vortheilhafte Vorstellung von unserer Kleidung geben konnte, und obwohl ihnen die Beinkleider gefielen, konnte es doch nicht fehlen, dass sie die Façon des Rockes vollkommen abgeschmackt fanden. Aber da sie nie vorher feines schwarzes Tuch gesehn hatten, setzte sie dieses in hohes Erstaunen und in gewisser Entfernung hielt alles Volk meinen Anzug für eine eiserne Rüstung. Die Meisten derselben waren nämlich nur gewohnt, rothes Tuch zu sehn.

Indem ich dann meine kleine Rekognoscirung fortsetzte, bemerkte ich auch unterhalb des Dorfes einige schöne Gruppen Dattelpalmen. Ich gewann auch die Gewissheit, dass der Arm von Gōgō wenigstens zu dieser Jahreszeit ganz unschiffbar ist, und ich kann kaum begreifen, warum die neuere Hauptstadt des Sonrhay-Reiches nicht am offenen Strome gebaut worden ist, indem der einzige günstige Umstand, den ihre jetzige Lage gewährt, darin besteht, dass der kleine Arm eine Art verschlossenen Hafens bildet, der den Booten Schutz verleiht und im Nothfall leicht zu vertheidigen ist. In Betreff der Lage der alten Hauptstadt Kúkia oder Kūgha muss ich leider wiederholen, dass ich zu keinem bestimmten Schlusse gekommen bin.

Ich folgte dem Ufer bis zu der Stelle, wo sich der kleinere Arm mit dem Hauptarm des Flusses vereinigt; aber da sah ich mich durch den schwachen Gesundheitszustand meines Gefährten gezwungen, die Rückkehr anzutreten. Dieses Unwohlsein des Neffen des Scheichs bestimmte die Wahl meiner Begleiter auf der Rückreise; denn es war ursprünglich die Absicht El Bakáy's gewesen, seinen Neffen bis Sókoto mitgehen zu lassen. An seiner Stelle ward nun ein anderer, aber entfernterer Verwandter des Scheichs, Namens Mohammed ben Muchtār, bestellt, ein energischer und verständiger junger Mann, aber von weniger angeborenem Adel des Charakters. Nebst ihm wurden mir Folgende als Begleiter angewiesen: der Hartāni Mālek, Sohn eines befreiten Sklaven, der mit dem Vorgenannten bei Támkala umkehren sollte, dann Mústafa und Mohammed Dáddeb, ein Eingeborener von Timbuktu, beide bis Sókoto, und endlich Ahmed el Wádáui und Hadj Ahmed, die mich bis Bórnu begleiten sollten.

Am Abend vor unserem Aufbruch zeigte unser Lager ein rühriges Treiben, da wir mit den Vorbereitungen zu der Reise beschäftigt waren. Der Scheich sorgte für die Ausstattung der einen Hälfte meiner Begleiter und ich für die der anderen; aber auch die Geschenke, welche diese Leute im Namen des Scheichs den verschiedenen Häuptlingen darbringen sollten, wurden mir übergeben, damit ich sie unter meiner Aufsicht hätte. El Bakáy hatte ausserdem die Güte, mich mit einigem einheimischen Tabak und Baumwollenzeug zu versehen, um den Tuáreg und Sonrhay auf der Strasse davon mitzutheilen; er gab mir auch je ein Gewand für meine Leute und ich that dasselbe für diejenigen unter seinen Schülern, welche mir am meisten ergeben waren. Ich sah mich selbst bewogen, eine sehr hübsche Tobe von Ssan-ssándi-Fabrikat, reich mit Seidenstickerei verziert, die ich als Beispiel jener höchst interessanten Manufaktur mitzunehmen beabsichtigt hatte, Ssidi Mohammed, dem Sohne des Scheichs, zum Geschenk zu machen, da er in Folge unserer langen Abwesenheit von der Stadt etwas abgerissen war.

# X. KAPITEL.

Trennung vom Scheich. — Ich gehe auf die südwestliche Seite des Flusses über. — Verschiedene Lagerstätten. — Der Fluss mit Inseln angefüllt. — Anssóngho.

---

[*Sonnabend, 8ten Juli.*] Endlich brach der Tag an, an dem ich in Wirklichkeit meine Heimreise antreten sollte; denn alle unsere früheren Bewegungen längs des Flusses hatten mehr den Wanderungen der Eingeborenen selbst geglichen, als dem geraden Marsche eines Europäischen Reisenden, und wiewohl ich mich meinem Beschützer aufrichtig zugethan fühlte und unter anderen Umständen noch eine grosse Menge von Gegenständen in diesen Gegenden meiner Nachforschung werth gefunden haben würde, konnte ich doch nur höchst froh sein, mich endlich im Stande zu sehn, meine Schritte wieder heimwärts zu wenden, mit leidlicher Zuversicht auf glückliches Gelingen. Es war überaus erfreulich für mich, dass sich, als ich diesen Platz verliess, eine grosse Anzahl Leute zu mir drängte, um mir ein herzliches Lebewohl und glückliche Reise zu wünschen. Ja, Thákkefi trug mir sogar einen besonderen Gruss an die Königin Victoria auf, mit deren Namen er nun bekannt geworden war.

Wir verfolgten dann wieder unseren Weg durch die Ebene in einiger Entfernung vom Flusse, der hier fast genau von Nord nach Süd fliesst, und erreichten mit südwestlicher Richtung die Lagerstätte der Kēl-e'-Ssūk auf der sandigen Höhe, wo der Scheich vor ein Paar Tagen eine Nacht zugebracht hatte, aber sie war jetzt verlassen. Von hier aus stiegen wir in die Sumpfniederung nach dem Flusse zu hinab und liessen hier einen Sonrhay-Weiler zur Seite liegen, dessen Einwohner uns mit ihrer gewöhnlichen Ungastlichkeit empfingen und uns sogar einen Trunk Wasser versagten, — eine Unfreundlichkeit, die mir am meisten an einer vor Kurzem vermählten jungen Frau missfiel, die, vor ihrer neu errichteten, reinlichen Mattenhütte stehend, mit ihrer schönen Statur und ihrem bunten, aus allen möglichen Arten Glasperlen zusammengesetzten Halsschmuck eine recht anziehende Erscheinung gewährte.

Wir umgingen dann einen mit Wasser gefüllten Hinterarm des Flusses und wählten endlich unseren Lagerplatz zur Seite eines anderen Lagers der Kēl-e'-Ssūk, nicht weit vom Ufer des Stromes. Es waren nämlich noch keine Boote angekommen, um uns überzusetzen, und da es nicht möglich war, mein Gepäck und meine Leute noch diesen Abend hinüberzuschaffen, zog ich es vor, Alles bis auf den folgenden Morgen aufzuschieben. Unsere Wirthe waren wohlhabend; sie besassen eine grosse Anzahl Vieh, also Milch in Fülle, und wir wurden gut bewirthet. — Ich will hier erwähnen, dass die Tuáreg für das ganze Nordostufer des Flusses einen gemeinsamen Namen haben (von dem Ausdruck „A'ussa" habe ich schon gesprochen); nun aber nennen sie das ganze Uferland westlich von Gōgō „Tāramt" und alles nach Südosten zu gelegene „A'ghelē".

[*Sonntag, 9ten Juli.*] Dies war der Tag, an dem ich mich von dem Manne trennen sollte, den ich unter allen Leuten, mit denen ich je im Laufe meiner langen Reise in Berührung kam, am höchsten schätzte und, abgesehen von seinem Hang zum Zögern und seiner phlegmatischen Indifferenz, als einen höchst ausgezeichneten und zuverlässigen Mann kennen gelernt hatte. Ich hatte mit ihm so lange in täglichem Verkehre und unter den unruhigsten Verhältnissen gelebt, an allen seinen Verwickelungen und Besorgnissen theilnehmend, so dass ich das Scheiden recht tief fühlen musste.

Er ermahnte die Leute, welche mich begleiten sollten, nie sich zu streiten, sondern meinen Rath in allen Dingen zu befolgen, und zwar ganz besonders in Bezug auf die Schnelligkeit unseres Marsches, da es ihm wohlbekannt war, mit welcher Ungeduld ich meiner Heimreise entgegenblickte; dann gab er mir seinen Segen und versicherte mich, dass ich nun mit Zuversicht auf sichere Rückkehr bauen könne. Mohammed ben Chottār, der durch sein ernstliches Unwohlsein verhindert war, mir weiter das Geleit zu geben, sowie Ssidi Mohammed, des Scheichs Sohn, nahmen erst im Boote Abschied von mir; — eine aufrichtige Freundschaft schien zwischen weit entfernten Zweigen des Menschenstammes geschlossen. Nach sicherer Landung am anderen Ufer schoss ich, dem Wunsche des Scheichs gemäss, als Abschiedsgruss meine Doppelflinte ab.

Der Fluss war an dieser Stelle voller Sandbänke, die das Durchschwimmen meiner Pferde und Kameele in hohem Grade erleichterten, wiewohl sich zwischen ihnen und dem südwestlichen Ufer ein ansehnlich tiefer Kanal hinzog. Die Stätte, wo ich das südwestliche Ufer erreichte, heisst Gōna, ein Name, der mit demjenigen einer, wegen ihrer Gelehrsamkeit und Schulen hoch berühmten, Ortschaft in den Landschaften der Mohammedanischen Mandingo (im Süden) identisch ist. Die Sanddünen waren mit einem schönen Gürtel von Baumwuchs geschmückt, und über sie führen drei verschiedene Pfade in das Innere; der bedeutendste von ihnen ist derjenige, welcher geradenwegs nach Dōre, dem Hauptorte von Libtāko, führt und sich bei einem höchst ausgedehnten, mit dem Niger in Verbindung stehenden, seeartigen Hinterwasser Namens Chalébleb mit dem von Búrre (im Süden von Anssóngho) ebenfalls nach Dōre gehenden Pfade vereinigt. Zur Zeit dehnte sich ein breites sumpfiges Unterland zwischen den Dünen und dem Rande des Flusses aus.

Indess trat doch wieder eine Verzögerung ein; nämlich der hauptsächlichste meiner Gefährten, Ahmed el Wádáui, ward noch einmal auf die andere Seite des Flusses zum Scheich hinübergerufen, und so kam es denn, dass wir erst zu später Stunde am Nachmittag diese Stätte verliessen. Wir hielten uns zuerst an dem niedrigen sumpfigen Ufer entlang, bis nach einer Weile zu unserer Linken ein offener Arm des Flusses heranrückte und eine Insel Namens Berta bildete. Hier bot sich unseren Augen eine lebendige Scene dar: ein Hippopotamusweibchen von ungeheuerer Grösse trieb, halb aus dem Wasser hervorragend, sein Junges vor sich her, indem es dasselbe von hinten beschützte. Zu gleicher Zeit sonnte sich eine grosse Anzahl von „agamba" und „sanguai" auf den seichten Sandbänken; sie glitten aber beim Geräusch unserer Annäherung mit grosser Schnelligkeit in das Wasser hinein.

Hier zeigte das sumpfige Ufer einigen Reisbau auf, während der Fluss an der gegenüberliegenden Seite durch die Felsklippen von Tin-schēran eingeengt war; aber das schöne Sandufer, welches eine Woche früher durch die zahlreichen Lagerstätten der Gá-bēro belebt gewesen, war jetzt öde und wüst, und wir setzten unseren Marsch fort, um ihren neuen Lagerplatz aufzusuchen. Während wir eine vorspringende Landspitze Namens Gúndam erstiegen, schnellte plötzlich eine wilde giftige Schlange empor und auf meinen berittenen Diener zu, der hart hinter mir folgte; sie ward aber von meinen anderen Leuten, die glücklicherweise nicht weit entfernt waren, bald getödtet. Das Ungethüm mass etwa $4\frac{1}{2}$ Fuss in der Länge, seine Dicke aber betrug wohl nicht mehr als $1\frac{1}{2}$ Zoll.

Nachdem wir uns dann etwas mehr als 1 Meile am Abhang entlang gehalten hatten, stiegen wir abermals in die grasreiche Ebene hinab und erreichten einen ansehnlichen Arm des Flusses, der eine kleine, über einen Felsriff dahinstürzende Stromschnelle bildete und die Insel Bórnu-gúngu umspannte, wo die Gá-bēro jetzt gelagert waren. Da der Arm zu bedeutend war, als dass wir ihn mit allen unseren Habseligkeiten hätten passiren können, lagerten wir zwischen ihm und dem Sumpf an einer Stätte Namens Djúna-bária; hier vertheilte ich unter meine Gefährten die ihnen versprochenen Gegenstände.

Mehrere Flusspferde belebten an dieser Stelle den Strom und eines derselben, welches sich in der Abenddämmerung beim Suchen nach frischer Weide etwas zu weit vom Ufer entfernt hatte, ward von meinen Kameraden verfolgt. Dieselben schossen darauf, ohne es jedoch zu verwunden oder zu verhindern, das Wasser zu erreichen.

[*Montag, 10ten Juli.*] Es war ein heiterer, schöner Morgen, und während der Wádauer nach der Insel übersetzte, um etwas Reis zu holen, hatte ich hinreichend Musse, mich hier umzusehen. Das Ufer auf unserer Seite bot nur wenig Interessantes dar und war nur ärmlich mit Baumwuchs geschmückt, aber die Insel zeigte eine Fülle von Vegetation auf. Der einzige interessante Zug in der Scenerie war das gegenüberliegende Ufer mit den imposanten Felsmassen von Bórnu, wo wir einige Zeit zuvor gelagert gewesen waren.

Endlich kam unser Freund zurück und wir brachen wieder auf, sahen uns aber genöthigt, das Ufer zu verlassen, um einem ausgedehnten Sumpfe auszuweichen, und rückten gegen die Hügel heran, an deren Fuss wir einen kleinen Arm zu passiren hatten, der während eines grossen Theiles des Jahres den äusseren Rand des Flusses selbst bildet; von hier aus hielten wir uns beständig an den Dünen entlang. Eine Menge Leute, die hier in der Sumpfebene ihren zeitweiligen Aufenthalt hatten, machten mir ihre Aufwartung; diese Leute heissen Gá-bībi, ein Name, der in ihren schwarzen Zelten, welche das unterscheidende Merkmal gegen die Gá-bēro mit ihren Mattenbehausungen bilden, seine Erklärung finden soll. Ich war hier nicht wenig erstaunt über die Schwärme von Heuschrecken, welche uns der Wind in's Gesicht trieb; sie verkündeten ohne Zweifel unsere Annäherung an fruchtbarere Landschaften.

Indem wir dergestalt vorwärts rückten, erreichten wir einen anmuthigen Lagerplatz in einer Öffnung des Abhanges der Dünen, durch welche ein Pfad in's Innere führte und so den Viehheerden den Zutritt zum Strome eröffnete (aus diesem Grunde heisst er auch „Dúniăme", d. i. Tränkstätte). Ein schöner „hádjilīdj" gewährte kühlen Schatten, während die Vegetation im Allgemeinen nur aus „fernān", „retem" und „bū-rékkeba" bestand, und wir fassten sogleich den Beschluss, hier zu halten, um unseren Führer Hamma-Hamma, einen Mann vom Stamme der Gá-bēro, zu erwarten, der fortgegangen war, um seine Familie zu besuchen, aber versprochen hatte, uns an dieser Stelle einzuholen; denn ausser ihm hatten wir nur noch einen Kēl-e'-Ssūker Namens Mohammed zum Führer. Unsere Lagerstätte gewährte uns eine hübsche Aussicht über das Thal.

Eine ansehnliche Menge Bewohner der benachbarten Weiler und Zeltlager besuchte uns im Laufe des Abends und versorgte uns selbst noch in später Nacht mit einem ziemlichen Vorrath an Milch.

[*Dienstag, 11ten Juli.*] Da sich jener Mann, der uns bis Ssai begleiten sollte, nicht eingestellt hatte, machte es mir grosse Mühe, meine Gefährten zu bereden, ohne ihn die Reise fortzusetzen. Dennoch brachen wir zu ziemlich früher Stunde auf und hielten uns an den Sanddünen entlang, welche ein wenig weiterhin mit dem reichen Busch „indérren" oder „kólkoli" bewachsen waren, während Felsriffe den Strom hemmten. Allmählich nahmen die Dünen an Höhe ab und der melancholisch aussehende „fernān", sowie eine Strecke lang der reichere „tabōrak", trat an die Stelle des frischen „indérren". Die Örtlichkeit führte den Namen Alákke und weiterhin Dérgimi; aber feste Ansiedelungen irgend welcher Art sucht man zur Zeit in diesen Distrikten vergeblich. In A'ussa jedoch (d. i. auf der nordöstlichen Seite des Flusses) sahen wir zuerst einen Weiler Namens Dergónne und weiterhin einen Ort Namens A'ghadōr, der, wie der Name zeigt, in früherer Zeit ein ummauertes Städtchen gewesen sein muss; westlich von Dergónne liegt der Haltepunkt Schíndjeri. A'ghadōr ist aller Wahrscheinlichkeit nach mit einem Platze Namens Eben-efō-ghan identisch, der hier in der Nachbarschaft liegen soll. Das gegenüberliegende Ufer, wie es sich gemach hinabsenkte und mit grossem Baumwuchs bekleidet war, gewährte den Anblick einer freundlichen, anbaufähigen Landschaft. und auch das diesseitige Ufer des Flusses verbesserte sich in gleichem Maasse; — Alles in Allem genommen, hatte es wirklich den Anschein, als ob wir die Wüste weit hinter uns gelassen hätten. In Betreff des Namens dieser Landschaft bin ich nicht ganz sicher, aber ich hege die Meinung, dass sich der Distrikt A'sauāgh wohl hier bis an den Ostrand des Flusses hinabziehen mag. — Der Eghírrëu war eine Weile lang ganz frei von Felsen und bildete ein prächtiges offenes Wasserbecken, aber weiterhin ward er von einzelnen Klippen eingeengt.

Mittlerweile, während wir unseren Marsch ohne Zögerung verfolgten, stets in geringer Entfernung vom Ufer in südsüdöstlicher Richtung dahinziehend, unterhielt mich unser einziger treuer Führer, Mohammed e' Telmūdi, vom Rücken seines hohen Méhari herab mit einer Beschreibung der Macht des Tārki-Häuptlings El Chadīr; wir hatten nämlich die südliche Grenzlinie des Gebietes dieses Mannes auf unserer Herreise berührt und umgingen diesmal die „nördliche Seite desselben. El Chadīr war zur Zeit etwa 3 Tagereisen westlich von hier gelagert und sammelte, wie man uns sagte, eine Heeresmacht gegen das Fürstenthum Hómbori, dessen Machthaber die Oberhoheit über das gesammte Gebiet in Anspruch nimmt. Selbst hier herum gibt es mehrere Siedelungen der Fulbe und wir begegneten einer Schaar derselben und erkannten in ihnen junge adelige Leute, die in ihren Zügen deutliche Spuren reiner Abkunft an sich trugen. Ihr Idiom war dem Dialekt von Má-ssina nahe verwandt. Mit diesen Stämmen der Fulbe stehn die Tuáreg dieser Umgegend stets auf mehr oder weniger feindlichem Fusse. El Chadír selbst besucht alljährlich im Frühjahr gemeiniglich die Ufer des Stromes, welche da das reichste Weideland bieten.

Allmählich erweiterte sich das grüne Vorland und bildete einen Sumpfboden von mehr als ½ Meile in der Breite, mit einer Reihe von Bäumen geschmückt, welche alljährlich während der Überschwemmung gleichfalls vom Wasser verschlungen werden. Das so charakterisirte sumpfreiche Thal, „Sungay" genannt, ist auf dieser Seite mit steilen Felsufern von beträchtlicher Höhe umgürtet. Sobald ich den Sumpfcharakter der Ebene gewahrte, der das Vorwärtskommen der Kameele gewaltig verzögerte, bemühte ich mich, den Sumpfboden zu durchschneiden, um wieder das feste Ufer zu gewinnen, hatte aber grosse Mühe dabei. Meine Freunde beharrten länger, sahen sich aber weiterhin durch offenes Wasser doch endlich zu spätem Rückzug gezwungen.

Das Ufer war hier mit einer Fülle der schönsten Bäume bekleidet, die der Fluss-Scenerie einen eigenthümlichen Charakter mittheilten und uns zu einem Halt während der heissen Tagesstunden einluden. Wir lagerten uns daher Tongi gegenüber, einem auf einer niedrigen sumpfigen Insel gelegenen Weiler, den ein ansehnlicher offener Arm von uns trennte. Der Amtmann des Weilers hiess Ssälah und war ein

Bruder Hamma-Hamma's, eben des Mannes, der uns als Führer hatte dienen sollen, aber sein Wort gebrochen hatte. Die Einwohner schienen sich Dekíten zu nennen und benahmen sich sehr gastfreundlich, indem sie uns gleich bei unserer Ankunft Kuh- und Ziegenmilch als Erfrischung schickten und uns im Laufe des Nachmittags ein fettes Rind zu unserer weiteren Beköstigung überliessen. Ich hätte eigentlich schon früher Gelegenheit gehabt, zu erwähnen, mit wie grosser Grausamkeit die Bewohner dieser Gegenden das zum Abschlachten bestimmte Vieh behandeln, wiewohl sie im Allgemeinen keine besondere Grausamkeit gegen Thiere ausüben. In Übereinstimmung mit dieser grausamen Nationalsitte brachen meine Gefährten dem ihnen geschenkten Thiere die Hinterbeine und liessen es sich dann in diesem scheuslichen Zustande umherschleppen, bis sie es bequem fanden, seinem Leiden ein Ende zu machen.

Während wir den Rest des Tages hier zurückgehalten wurden, hatte ich das Vergnügen, unter den Leuten, die von der Insel aus zu uns herüberkamen, einen alten Mann zu treffen, der eine sehr lebendige Rückerinnerung von Mungo Park bewahrte und mir von seiner hohen, befehlerischen Gestalt und seinem grossen Boote eine genaue Beschreibung gab. Er erzählte ausserdem die Art und Weise, wie die Tuáreg vom Stamme der I'de-Mūssa, deren gegenwärtiger Häuptling El Getēga heisst, den mysteriösen Seefahrer bei Anssóngho angegriffen, wo der Strom von Flussschnellen eingeengt wird, ohne jedoch im Stande zu sein, ihm irgend Leid zuzufügen, während der unerschrockene Schotte Einen seiner Verfolger erschoss und zwei im Flusse ertränkte.

Es war, Alles in Allem genommen, ein schöner Lagerplatz und die Talha und Ssiwāk waren dicht von Schlingpflanzen durchwachsen; aber ein schweres Donnerwetter, von Regen begleitet, der fast die ganze Nacht anhielt, kam uns recht ungelegen. So erwachten wir denn nicht eben sehr trocken, und meine Freunde, welche die Gesellschaft des Führers ohnehin nicht leichten Herzens aufgaben, fanden einen neuen Grund zur Zögerung. Indessen sammelte ich eine hübsche Menge werthvoller Belehrungen, die ich im Anhang mittheilen werde*), zumal in Bezug auf die hauptsächlichen Sitze der unabhängigen Sonrhay, die berühmten Städte Dárgol, Tēra und Kúlman, die zwischen dem Fluss und unserer früheren Strasse über Yāgha und Libtāko liegen.

Endlich, zu sehr später Stunde am Nachmittage, gelang es mir, meine Reisegefährten in Bewegung zu setzen, und wir durchschnitten von dieser vorgeschobenen Landspitze aus einen sumpfigen Arm, der uns vom festen Ufer trennte. Dann hielten wir uns längs des höheren Bodens, der reich mit Baumwuchs bekleidet war und von Zeit zu Zeit Einbiegungen bildete, wie die „Tennel" genannte; der Fluss hatte hier einen mehr offenen Charakter, ward aber weiterhin von Riffen und Felsblöcken durchsetzt, bis er nach einer Strecke von etwa 7 Meilen in schöner südöstlicher Biegung hinter der Insel wiederum ein offenes ungetheiltes Wasserbecken darstellte. Wegen dieses seines Charakters bildet er den gewöhnlichen Überfahrtspunkt und führt den Namen „A'dar-andúrren", was eigentlich „der kleine Arm" bedeutet, auf Grund der Einengung des Flusses. Besonders Leute, die von Kúlman nach diesem Theile von A'ussa gehn, setzen gemeiniglich hier über. Ein wenig höher aufwärts liegt ein Weiler Namens Tabáliat, von Scherīfen bewohnt, mit einem Oberen Namens Mohammed. Gerade diesen Augenblick waren einige Leute in Begriff überzusetzen, aber als wir Reiter vorauseilten, ergriffen sie unverzüglich die Flucht in ihren Booten, indem sie einige Sklaven und vier oder fünf Packochsen zurückliessen, und all' unser Rufen war nicht im Stande,

---

*) Siehe Anhang V.

diese einheimischen Reisenden von unseren friedlichen Absichten zu überzeugen.

Hier zwang uns ein kleiner Hinterarm, der hart an den Fuss der Hügel herantritt, den höheren Boden zu ersteigen, und eigentlich gegen den Rath unseres vorsichtigeren Kēl-e'-Ssūki-Führers lagerten wir uns auf den Höhen, die eine weite Aussicht über die Umgegend gewährten, aber aus demselben Grunde für eine so kleine Schaar eben keinen sehr sicheren Rastort darboten. Die Höhen waren reichlich mit Kräutern bekleidet und eine grosse Menge Kletten ward sehr lästig; auch wurde die Lagerstätte trotz der ansehnlichen Höhe über den Fluss von Schaaren von Mücken heimgesucht, welche die Kameele fast zur Verzweiflung trieben und auch unsere nächtliche Ruhe nicht wenig störten.

Aber die Aussicht, welche ich von dieser hochgelegenen Lagerstätte über den nördlichen Theil der Insel genoss, war überaus interessant. Da theilte sich der prächtige Strom in vier schmale Arme und schuf so eine jener gefahrvollen Stellen für den kühnen Schifffahrer, der ohne die geringste Kenntniss vom Laufe des Flusses sich auf's Gerathewohl seinen geheimnissvollen Windungen anvertraute. Es scheint auch hier Park's guter Stern gewaltet zu haben, so dass er nicht in den westlichsten Arm gelangte; denn da wäre er unvermeidlich verloren gewesen. So wählte er wahrscheinlich den Arm an der A'ussa-Seite, hatte aber auch da nicht allein mit der Natur des Flusses, sondern auch mit feindlichen Menschen zu kämpfen — den Idan-Mūssa —, die ihn mit Wuth angriffen; aber das dunkele Geschick liess ihn auch diese Gefahr überwinden, um ihn weiter abwärts auf dem Strome, näher seinem Ziele, mit allen seinen Erforschungen, ruhmvoll für ihn selbst, aber nutzlos für die Menschheit, untergehen zu lassen.

Unsere friedlichen Abendfeuer gaben den armen Leibeigenen, die bei der Flucht ihrer Herren zurückgelassen waren, Gelegenheit, sich zu überzeugen, was für Leute wir wären, und sie fassten endlich den Muth und kamen zu uns. Da erfuhren wir denn, dass es Kēl-e'-Ssūk waren, welche in Kúlman gewesen waren und nun nach Hause zurückkehrten; sie theilten uns auch mit, dass einer von den Packochsen beim Versuch, den Fluss zu durchschwimmen, den Krokodilen zur Beute geworden wäre.

[*Donnerstag, 13ten Juli.*] Zu früher Morgenstunde setzten wir uns wieder in Bewegung und stiegen abwärts, während der uns nächste Flussarm wiederum einen ziemlich offenen Charakter annahm und auch freier von Felsen wurde. Wir sahen uns jedoch bald durch ein bis zu 20 Fuss Höhe aufspringendes Sandsteinriff, das hier das Ufer des Flusses bildete, gezwungen, das dahintergelegene höhere Ufer wieder zu ersteigen. So erhielten wir eine deutlichere Aussicht über das ganze Flussthal, das hier eine Breite von mehreren Meilen hat. Nur auf eine kurze Strecke ward die Fernsicht durch einen dichten Hain von Gerredh- und Talha-Bäumen gehemmt. Bald nachdem wir aus diesem Baumdickicht hervorgetreten waren, machte ich einen Augenblick Halt, um den eigenthümlichen Anblick zu geniessen, den der Fluss hier darbot, und um eine Skizze davon zu entwerfen; sie liegt der gegenüberstehenden lithographirten Ansicht zu Grunde. Im Vordergrunde sieht man den nächsten schmalen Arm, von dem eine gewaltige Felsenmasse, einem künstlichen Thurmbau ähnlich, mit starker Absenkung nach Norden aufsteigt; dahinter dehnt sich die lange grasreiche Insel Anssóngho aus, deren Breite schwer zu schätzen war; aus ihrem Weideboden sprangen ähnliche Felsenmassen empor, dem Anscheine nach bis zu einer Höhe von 70—80 Fuss, und wo dieser schmale diesseitige Arm sich mit den grösseren hinteren Armen vereinigte, erschien in der Ferne, auf unserer oder der A'ribínda-Seite von den Sanddünen von Tidedjitīten begrenzt, das natürliche Eisenthor von Akarámbai.

Allmählich ward das Ufer dürrer und steiniger und bil-

NSONGO UND AKARAMBEI.
13 Juli 1854.

dete eine einförmige Ebene, die von den Tuáreg „Erārār-ntéssauel" und von den Sonrhay „Farri" genannt wird. Wir liessen hier einen verlassenen Weiler zur Seite, der in früherer Zeit von den Idan- oder I'de-Mūssa bewohnt gewesen war, und hier rückte der Fluss wiederum näher an unsere Linke heran, entfernte sich dann aber nach einer Weile abermals und ward von Felsriffen eingeengt, zumal an einer Stelle Namens Tasōri, wo ein ununterbrochenes Felsenriff durch den Fluss hindurchsetzte und beim gegenwärtigen Wasserstande über der Oberfläche sichtbar war. Jedoch selbst bei diesem niedrigen Wasser bleibt ein kleiner Kanal dieses Flussarmes ausserhalb des eigentlichen Flussbettes frei, indem er sich durch den weichen Boden des Weidelandes der Insel hindurchwindet, und dieser Kanal verbindet augenscheinlich das offene Flusswasser ober- und unterhalb der Flussschnellen.

Etwa 2000 Schritt unterhalb dieses Felsenriffes erreichten wir mit südöstlicher Richtung die eigenthümliche „Akarámbai" genannte Stelle. Hier hat sich dieser westliche Arm des Flusses einen Weg mitten durch zwei bedeutende Felsmassen gebrochen; sie ragten gegenwärtig 35—40 Fuss aus dem Wasser hervor und der Zwischenraum zwischen ihnen war etwa ebenso gross. Zur Rechten erheben sich hier die Sanddünen zu bedeutender Höhe und gegenüber liegt auf der Insel Anssóngho ein ansehnlicher Weiler, der im Schmucke eines kleinen Haines von Dūmpalmen recht niedlich aussieht und denjenigen, die den Fluss herauffahren, diese schwierige Passage deutlich anzeigen mag. In diesem Weiler war A'bū 'l Hassan, der kühne Statthalter von Támkala, geboren.

Bald hinter dieser Stelle erreichten wir mit südöstlicher Richtung die „A'dar-andúrren", d. h. „kleiner Arm" genannte Flussbiegung, wo sich die verschiedenen Arme, in die sich der Fluss an dem nördlichen Ende von Anssóngho getheilt hatte, wieder vereinigen; aber bei dem gegenwärtigen Wasserstande gewährten Felsenriffe und vereinzelte Klippen einen überaus wilden Anblick und warnten vor der Gefahr, die den Beschiffer des Stromes hier droht. Es muss sich ein Solcher entschieden ziemlich nahe am A'ussa-Ufer halten und höchst vorsichtig mit dem Senkblei die zu wählende Passage untersuchen. Auch bewahrt der Fluss nicht lange diesen gefährlichen Charakter, sondern erweitert sich etwas mehr als ½ Meile abwärts zu einem breiten und ziemlich offenen Flussbecken, wo eine ganz einzelne, aber ausserordentlich schöne Tamarinde dem bisher nur vom düsteren „fernān"-Gebüsch bekleideten Ufer eine ungewöhnliche Zierde verleiht und zugleich neben den Dümpalmen auf der Insel vortrefflich als Landmarke dienen kann. Aber die bis zu einer Höhe von 300 Fuss ansteigenden Hügel traten hier so hart an den Fluss heran, dass wir uns genöthigt sahen, das steile Ufer zu ersteigen, das hier wieder mit Fernān bewachsen und ausserdem durch viele kleine Wasserläufe der Art zerklüftet war, dass es kaum einen Weg für die Kameele darbot.

Als wir von diesem Abhange wieder abwärts stiegen, erreichten wir die Überfahrtsstätte — „teauent" — von Búrre. Búrre ist der Name eines am gegenüberliegenden Ufer liegenden Weilers, der jedoch zur Zeit verlassen war und seine Bedeutung nur dem Umstande verdankt, dass der Fluss hier einen einzigen ungetheilten Arm von 1200—1400 und etwas weiter abwärts bis an 1500 Schritt Breite bildet, und mit Ausnahme weniger vereinzelter Klippen hart am Ufer nicht das geringste Hemmniss bietet. Nachdem wir eine in den Fluss vorspringende Felskuppe zur Linken gelassen, wählten wir unsere Lagerstätte nahe bei einer Gruppe von Ameisenhügeln, deren Gipfel von Gebüschknäueln der *Capparis sodata* bekränzt waren; aber es war ein ungünstiger Lagerplatz. Die Kameele, die in der Nachbarschaft nicht genug Weide fanden, gingen Abends in Folge von A'bbega's Nachlässigkeit verloren und es kostete uns den ganzen Vormittag des folgenden Tages, sie wiederzufinden. Als wir dann endlich unseren Marsch fortsetzten, sah ich mich gezwungen, den Wünschen meiner Reisegefährten nachzugeben, die, um einigen Reiseproviant zu bekommen, dringend baten, bei einem kleinen Wirthschaftsgute eines Pullo-Ansiedlers Namens Mohammed Ssidi Halt zu machen. Dies war ein entfernter Verwandter Mohammed Djebbo's, des verstorbenen wohlbekannten Statthalters von Ssai, der sich hier vor einer Reihe von Jahren zwischen Tuáreg und Sonrhay angesiedelt hatte, und meine Freunde, die gehört hatten, dass es ein frommer und grossmüthiger Mann sei, fühlten wenig Neigung, solch' eine Gelegenheit, ein paar Almosen zu erhalten, vorübergehen zu lassen.

Der beträchtlich ansteigende Boden, auf dem wir hier lagerten, gewährte uns eine ausgedehnte Aussicht über den Fluss, und unterbrochen und zerrissen von Felseninseln und Felsenriffen, wie er hier war, schien er, aus der Ferne gesehn, fast ganz verloren. Jenseits dieses Labyrinthes von Flussschnellen und abgesonderter Arme, die zusammen wohl eine Breite von 2 bis 3 Meilen ausfüllten, liessen sich auf dem gegenüberliegenden Ufer die beiden Berghöhen Ayōla und Tikanásiten sehn. Diese Stätte hat unter den umwohnenden Stämmen einen gewissen Namen, weil hier zur Zeit des mächtigen Häuptlings Káua eine blutige entscheidende Schlacht zwischen den Dinnik und Auelímmiden gefochten wurde. Nach Süden erstreckte sich dagegen eine fruchtbare und wohlbebaute Ebene, von niedrigen Hügeln umsäumt, wo die Saat von Negerkorn gerade aufschoss, während nur „retem"- und „fernān"-Gebüsch die einförmige Ebene gelegentlich unterbrach.

Das Gehöft unseres Wirthes bestand nur aus sechs Hütten, aber der ganze Gau schien keineswegs ohne Bewohner zu sein und im Laufe des Tages sammelte sich eine ansehnliche Zahl Fulbe und Sonrhay um uns her. Das war auf der einen Seite nicht uninteressant, verursachte mir aber auf der andern viele Noth, indem sie mir Alle hart zusetzten, ihnen meinen Segen zu ertheilen, entweder durch Auflegen meiner Hand auf ihren Kopf, oder indem ich einer Handvoll Sand vermöge meines Speichels höhere Wirksamkeit mittheilte, zur Heilung von Krankheiten oder zu anderen Zwecken. Selbst der Fluss schien nicht ganz ohne Leben und Regsamkeit zu sein; denn am Abend unserer Ankunft, während ich, auf den Klippen am Flusse sitzend, die Scenerie genoss, fuhren zwei mit Eingeborenen bemannte Boote vorbei und gewährten mir eine interessante Unterhaltung.

[*Sonnabend, 15ten Juli.*] Die gute Behandlung, die wir hier fanden, schien meinen Gefährten so sehr zu gefallen, dass sie den Versuch machten, mich noch einen Tag hier zurückzuhalten, indem sie eines ihrer Kameele versteckten und vorgaben, es habe sich verloren. Als ich es endlich gefunden hatte und im Begriff war, den Marsch anzutreten, brach ein heftiges Gewitter los. Da die Kameele einmal beladen waren, liess ich mich nicht zurückhalten, aber der Regen ward so heftig, dass ich mich gezwungen sah, eine volle Stunde unterwegs Halt zu machen, indem einige Buschknäuel nur geringen Schutz vor dem heftigen Sturme gewährten, der den gewaltigen Regenguss begleitete. Auch hier war der Fluss von einer grossen Anzahl Felsklippen eingeengt; das angrenzende Ufer war zum Theil angebaut, aber während der ersten Meilen nur spärlich mit Bäumen bekleidet; dann traten Talhabäume und „gerredh" auf, aber Felsklippen fuhren fort, die Oberfläche des Flusses zu unterbrechen. Wir hielten uns stets in geringer Entfernung vom Flusse und lagerten kurz vor Mittag am Fusse einer sandigen Anhöhe, wo wir denn herzlich froh waren, im Stande zu sein, unsere nassen Kleider zu trocknen und unsere Kraft mit einem Gericht Mohamssa wieder aufzufrischen.

KORIBETEN.
15 Juli 1854.

Nachdem ich von der Höhe einen Blick auf die Berge des gegenüberliegenden Ufers geworfen, begab ich mich an das Flussufer und genoss die wilde Scenerie der Stromschnellen, welche hier den Lauf hemmten und diesem westlichen Arm eine Geschwindigkeit von vielleicht 6 Meilen in der Stunde gaben. Ganz regelmässig abgeflachte Felsklippen, die zur Zeit nur wenige Fuss aus dem Wasser hervorragten, durchbrachen diese reissende Wasserfluth. Ein schöner Saum von Bäumen fasste das Ufer in geringer Entfernung vom Rande des Flusses ein und auch die Inseln waren mit reichem Baumwuchs bekleidet. Ich entwarf eine leichte Skizze von dieser Stätte, die der Ansicht hier zu Grunde liegt. Bisher hatte ich mich längs des Nigerufers umsonst nach Elephantenspuren umgesehen, aber ich machte nun die Entdeckung, dass grosse Heerden dieses Thieres diese Gegend besuchen. Der Platz heisst Tiboráuen. Nachdem wir uns mehrere Stunden lang gepflegt hatten, stiessen endlich unsere Gefährten zu uns, die, da sie sahen, dass ihre Zögerung keinen Einfluss auf mich übte, es sich angelegen sein liessen, zu uns zu stossen.

[*Sonntag, 16ten Juli.*] Wir hielten uns in geringer Entfernung vom Flusse, zuerst mit vielfachen Windungen, weiterhin in südwestlicher Richtung, und betraten dann nach einem Marsche von etwa 3 Meilen mehr gewellte und frischere Weidegründe; aber bald ward der Boden vorwiegend steinig, obwohl Pflanzenwuchs nicht völlig ausgeschlossen war. Ein aufspringendes kleines Vorgebirge „Immānan" (d. i. „Fischkap") genannt, trat vor uns in den Fluss heraus, und hier vereinigten sich die verschiedenen Arme desselben; das höhere Ufer bildet den unmittelbaren Rand des Flusses während der Periode seiner Überschwemmung, aber zu anderen Jahreszeiten, wie die jetzige, legt sich ein grasreiches Unterland vor das Hochufer. Die kahlen, an das Vorgebirge sich anlehnenden Hügel unterbrachen eine Strecke lang den frischen, grasreichen Landstrich; aber sobald wir sie hinter uns hatten, stiegen wir in ein liebliches kleines Thal oder vielmehr eine Schlucht hinab. Sie führte uns in grossen Windungen an das Ufer des Flusses, der hier eine prächtige Stromstrecke bildete; etwas weiterhin, an einer Stelle Namens Ekesirīden, setzte ein Felsenriff durch ihn hindurch und machte ihn, indem es fast die ganze Breite desselben abdämmte, zu dieser Jahreszeit wenigstens, beinahe ganz unschiffbar. Eine kurze Entfernung jenseits durchsetzte ein zweites Riff den Fluss und noch etwas weiterhin theilte eine felsige, mit reichem Pflanzenwuchs bekleidete Insel den Strom in zwei Arme. Das Ufer selbst wurde jetzt steinig und Grünstein trat überall an die Oberfläche; wir erstiegen einen kleinen Kamm, der in einiger Entfernung zu unserer Rechten eine höhere Erhebung bildete, während er zur Linken als ein Vorgebirge in den Fluss hineindrang. Der ganze Distrikt heisst Bēting.

Nachdem wir von diesem kleinen Felsrücken herabgestiegen waren, rückten wir näher an den Fluss heran. Er war hier ziemlich frei von Felsen und gewährte einen frischen, ermuthigenden Anblick. Dann betraten wir einen kleinen, aber dicht bewachsenen Hain, voll von Elephantenkoth und Spuren des Flusspferdes — „banga" —. Hier hatten wir mehrere jetzt trockene Wassersale zu passiren, von denen eines den Namen Galíndu führt und mit dem Búggoma identisch sein soll, den wir mit so viel Mühe kurz vor A'ribínda passirt hatten. Aber Felsboden ward bald wieder vorherrschend und ein anderes Vorgebirge trat in den Fluss heraus, der hier ebenfalls von Felsklippen gehemmt ist. Sein Lauf hat hier im Ganzen eine südsüdwestliche Richtung.

Etwas weiterhin lagerten wir Angesichts eines Weilers Namens Waigun. Er war gerade im Bau begriffen, während ein zweiter Weiler desselben Namens etwas höher den Fluss aufwärts lag. Doch zogen wir nicht den geringsten Vortheil von der Nachbarschaft dieses kleinen Mittelpunktes von Leben; denn da uns kein Boot zur Verfügung stand, waren wir selbst nicht im Stande, mit diesen Leuten Verkehr zu eröffnen, und sie ihrerseits fühlten wenig Neigung, unsere Bekanntschaft zu machen, da sie sich von uns keinen grossen Nutzen versprechen konnten, sondern nur erwarten mussten, dass wir ihre Vorräthe verzehrten. Mit grossem Eifer bemühte sich mein Begleiter, der Kēl-e'-Ssūki Mohammed e' Telmūdi, durch Rufen die Leute einzuschüchtern, indem er sie glauben machte, dass ihr Lehensherr Bosēri in Person anwesend wäre; aber diese List blieb ohne Erfolg. Die I'meliggisen, welche beide Ufer des Stromes beherrschen, oder vielmehr ihre Sklaven sind übel berüchtigt wegen ihrer diebischen Gelüste; aber wir schützten uns, indem wir im Laufe der Nacht eine Menge Schüsse abfeuerten.

[*Montag, 17ten Juli*.] Zu früher Stunde brachen wir auf und verfolgten unseren Weg in durchschnittlich südwestlicher Richtung, bis wir nach einem Marsche von ungefähr 4 Meilen einen schönen Fluss erreichten, der in einer Breite von etwa 25 Fuss und mit einer Tiefe von 15 Zoll ein schönes frisches Thal durchzog, dessen Abhänge Spuren mehrerer früherer Tuáreg-Lagerstätten aufwiesen. Dieses Flüsschen Namens Bītib vereinigt sich mit dem Strome an einer Stelle, wo er ein offenes, ungetheiltes Wasserbecken bildet und viel dazu beiträgt, den ganzen Charakter der Scenerie zu erhöhen; aber etwas mehr als ½ Meile abwärts wird er abermals von einem Felsenriff durchbrochen, das beinahe die ganze Breite des Stromes durchsetzt, jedoch selbst zu jetziger Jahreszeit grösstentheils vom Wasser bedeckt war. Wenige hundert Schritte unterhalb dieses Felsenriffes liegt ein kleines Inselchen mitten im Flusse und fast die gesammte Oberfläche desselben wird von einem Dorfe Namens Kátubu eingenommen, das aus etwa 200 reinlich aussehenden Hütten besteht und dem 2 Tamarindenbäume einen recht freundlichen Schmuck verleihen. Aber die friedliche Ruhe der Inselbewohner schien gestört zu sein, da sie wahrscheinlich während der Nacht unser Schiessen gehört hatten und daher auf ihrer Hut waren. Fünf oder sechs wohlbemannte Boote lagen in verschiedener Entfernung um die Insel umher und man beobachtete wahrscheinlich unsere Bewegungen; aber Einige meiner Begleiter waren der Ansicht, dass die Leute mit Fischfang beschäftigt wären.

Hier verliessen wir das Ufer eine Weile und erstiegen den höheren Boden, der eine Biegung des Ufersaumes abschnitt. Der Strom war weiterhin wieder von einem Felsenriff durchbrochen, aber der Art, dass an der A'ussa-Seite eine Passage offen blieb, und kurze Zeit darauf vereinigten sich die verschiedenen Arme und bildeten eine schöne grossartige Stromstrecke. Das Land ward hier hügeliger und besser mit Bäumen bestanden; „kórna", „hádjilīdj" und „retem" bildeten die Bekleidung. Zahlreiche kleine Wasserpfützen hatten sich in den Vertiefungen angesammelt und Antilopen verschiedener Gattungen mit Einschluss der „dádarīt" genannten Art liessen sich sehn. Indem wir in diesem „Horāra" genannten Landstrich einen Pfad zur Seite liegen liessen, der nach Tákala, einem in südwestlicher Richtung etwa 50 Meilen entfernt gelegenen Orte, führt, erreichten wir 2 Meilen, nachdem wir die Hügel betreten, den höchsten Punkt dieses gewellten Bodens und gewannen von hier eine Aussicht über eine wilde und finster aussehende Waldregion, in der der Fluss verschwand, nachdem er eine gutbewaldete Insel Namens Ssakkenéuen eingeschlossen.

Von diesem höheren Boden stiegen wir in ein schönes reiches Thal hinab, dessen Pflanzenwuchs eine besondere Zierde durch einige Tamarindenbäume — „bussū-ssu" oder „ághanāt" — erhielt. Als wir aus diesem reich bewachsenen Thale hervortraten, bot der Fluss ein höchst eigenthümliches Schauspiel dar, obgleich er kaum noch wie ein Fluss aussah;

DER EOIRRËU (NIGER) BEI HORARA.
17 Juli 1854.

er stürmte dahin durch die von einem Insel-Archipel und einem Netze von Felsklippen in wildester Verwirrung gehemmte Passage. Denn gerade wie der Strom um ein weit nach NNW. vorspringendes Gebirge biegt, das sich unter dem Wasser in einem lang gestreckten Felsenriff nach dem gegenüberliegenden Ufer zu fortsetzt und eine Art Halbkreis bildet, wird er von einer Anzahl Inseln in mehrere Arme getheilt und muss seinen Weg so gut wie möglich machen, über Klippen und Felsen, in einer Weise, dass selbst während des höchsten Wasserstandes an eine Schifffahrt längs dieses südwestlichen Ufers nicht zu denken ist; aber auf der A'ussa-Seite ist der Fluss offener und schiffbar, obwohl auch da offenbar Vorsicht nöthig ist. Jedenfalls ist dies, wie ich keinen Zweifel hege, eine der schwierigsten Passagen des Flusses. Die weit vorspringende Landspitze heisst Ém-n-íschib oder vielmehr Ém-n-áschid (d. i. „Eselsvorgebirge").

Wir wählten unseren Lagerplatz nahe hinter einer Stelle, wo der westlichste Arm einen kleinen Wasserfall von etwa 18 Zoll Höhe bildet und mit grosser Gewalt dahinschäumt. Hier zeigte das grüne Ufer ein freundliches Gehänge, mit schönen Kräutern und einigen üppigen „hádjilīdj" geschmückt, und gewährte eine volle Übersicht dieser wilden Scenerie. Ich entwarf oberflächlich eine Skizze dieser Örtlichkeit von dem höchsten Punkte bei unserem Rastplatz aus, wo ein kleiner Gottesacker ist; denn in früherer Zeit erhielt diese Stätte einiges Leben durch einen Weiler der I'meliggisen, Namens Lebbeséya. Das Lager hatte einige Bedeutung für mich, weil ich hier von unserem Führer Mohammed, dem Kēl-e'-Ssūki, Abschied nehmen musste. Diesen recht dienstfertigen Mann hatte ich zu bewegen gesucht, sein Geleit bis Ssai zu verlängern, aber allein mochte er sich den Fulbe nicht anvertrauen, während er in Gesellschaft des uns versprochenen anderen Führers, des Hamma-Hamma, der leider sein Wort brach, keine Einwendung zu machen gehabt haben würde. Es war aber auch seine Absicht, von hier aus seinen Freunden, den Udälen, einen Besuch zu machen. Überzeugt von der Billigkeit seiner Gründe, gab ich ihm sein Geschenk, aber ich vermisste ihn ungern, da er mir einige werthvolle Belehrung gegeben hatte.

## XI. KAPITEL.

Eintritt in dichter bevölkertes Land.

[*Dienstag, 18ten Juli.*] Der Anfang unserer Reise ohne Führer war keineswegs sehr glücklich; denn meine Gefährten verloren in der Morgendämmerung auf dem grasreichen gewellten Boden meine Fusstapfen und es dauerte einige Zeit, ehe wir uns wieder zusammenfanden. Der Boden ward zu Zeiten steinig, während Talha, „gerredh" und andere Mimosenarten die vorherrschenden Bäume waren. Nach einem Marsche von 8 Meilen hatten wir wieder eine Hügelkette zu ersteigen, mit dichtem Wald bekleidet, wo die „kūka" oder „tēdumt" *(Adansonia digitata),* welche mir seit so langer Zeit nicht vorgekommen war, sehr gewöhnlich zu sein schien. Dies war ein fast sicheres Zeichen, dass diese Stätte einst ein Mittelpunkt menschlichen Lebens gewesen war, aber zur Zeit liess sie weiter nichts als die Spuren eines früheren Weilers sehn.

Wir durchzogen dann ein kleines „rek" oder „faire" (d. i. eine nackte, öde Ebene) und stiegen hierauf wieder hinab, wobei der wüste Charakter des Landes anhielt; die einzigen Zeichen menschlichen Lebens, welche wir beobachteten, waren die Fusstapfen zweier Leute mit drei Stück Vieh, — wahrscheinlich Diebsgesindel von der gegenüberliegenden Seite des Flusses, das mit der gemachten Beute in seinen Schlupfwinkel heimkehrte. Aber allmählich nahm das Land einen lebensvolleren und heiteren Anblick an; es bekleidete sich mit grossen Bäumen und wies deutliche Zeichen früheren Anbaues auf, während hie und da einzelne Felsmassen an die Oberfläche traten. Im Ganzen genommen, war der Charakter der Landschaft so freundlich, dass wir in einer Einsenkung des Weidebodens, nahe bei einem seichten Wasserpfuhl, zu lagern beschlossen. Es kostete mir überhaupt grosse Mühe, mit meinen Reisegenossen täglich höchstens 15 Meilen zurückzulegen.

Wir hatten diesen Lagerplatz des schönen Weidegrüns halber gewählt, allein kaum waren unsere Zelte aufgeschlagen, als wir gewahr wurden, dass hart jenseits des Baumgürtels, der unseren Lagerplatz umsäumte, ein kleines Flüsschen dahinrauschte, das, obwohl voller Felsen, doch so tief war, dass es hinreichenden Raum für Krokodile oder Alligatoren gewährte und an dieser Stelle nicht furthbar war. Es that mir recht leid, dass wir hier keinen erfahrenen Führer bei uns hatten, der mich über die Hauptzüge des Landes hätte belehren können. Denn die Vermuthung meiner Gefährten\*), welche meinten, dass dies Flüsschen im Süden von Hómbori seinen Anfang hätte, wo es A'gelē genannt würde, war vollkommen abgeschmackt, wenn es anders richtig ist, dass der Galíndu, den wir am vorhergehenden Tage passirt hatten, wirklich der untere Lauf des Flusses in der Nähe von A'ribínda ist; aber es ist überaus schwer, anzugeben, wie diese Wasserläufe einander entsprechen, und nichts ist wahrscheinlicher, als dass sich ein und derselbe

---

\*) Unter meinen Reisegenossen besass der Hartāni Máleki, welcher Mō-ssi und Bámbara besucht hatte, interessante Kenntnisse über unbekannte oder nur wenig bekannte Landschaften dieser Gegenden, aber unglücklicherweise hatte er etwas sehr Abstossendes in seinem Charakter, und dies verhinderte mich, alles das von ihm zu erfahren, was mir unter anderen Umständen möglich gewesen wäre. Heute schrieb ich nach seiner Angabe den Namen des heidnischen Stammes der Nennmer nieder, die zwischen den Tómbo und Bámbara angesessen sind, sowie dann den der Norma, welchen besonders zwei Plätze gehören, von denen einer Pūra heisst.

Wasserlauf durch mehrere Mündungen mit dem Niger vereinigt. Wie dem immer sei, wir hielten eine lange Berathung über die Art und Weise, wie wir dies Wasser passiren sollten, und mussten doch am nächsten Morgen einen langen Umweg einschlagen, um hinüberzukommen.

Nach einem Marsch von 2 Meilen von unserem Lagerplatz aus erreichten wir einen Kreuzweg und schlugen den Pfad zur Linken ein, während der zur Rechten geradezu an den Fluss führte. Es war früh am Morgen und wir waren unserer Sache nicht ganz gewiss, ob der Strom auch hier furthbar wäre, aber es war immerhin so besser. Nachdem dann meine Gefährten ihr Morgengebet verrichtet hatten, was sie stets auf dem Marsche zu thun pflegten, setzten wir unseren Weg fort, während die offenen Weidegründe hier von grossen Granitblöcken unterbrochen waren und das Flüsschen, von schönen grossen Bäumen umsäumt, zu unserer Rechten heranrückte (es war wenigstens ein Arm desselben, da der Fluss nahe bei seiner Mündung ein Netz von einer grossen Anzahl kleinerer Arme bildet). Hier erreichten wir wieder das Ufer des Eghírrëu selbst und gaben nun unserem Marsche eine andere Richtung, an seinem Ufer hin; er hatte hier einen etwas wilden Charakter. Auf einer felsigen Insel lag das Dorf Ayōru oder Airu, wo sich gerade eine Schaar von etwa 20 Leuten ihrer Feldarbeit zuwandte. Die Meisten derselben waren hochgewachsen, aber bis auf eine weisse Mütze und einen reinlichen weissen Baumwollenschurz unbekleidet; nur zwei oder drei von ihnen trugen blaue Toben. Ihre Waffen bestanden in einem Bogen und Pfeilen oder in einem Speer, und ihr Ackergeräth beschränkte sich auf eine Hacke von eigenthümlicher Gestalt und mit langer Handhabe; dieses Instrument wird von den Arabern „djerrān" und von den Sonrhay „kámbul" genannt. Aber ausser seiner Waffe und dem einfachen Ackergeräth trug Jeder von ihnen noch eine kleine Schale mit einem grossen Kloss aus gestossener Hirse und etwas dicker Milch, und diese Provision, die ihre ganze Kost für den Tag bildete, boten sie uns gastfreundlichst an. Wir belohnten ihre Freundlichkeit mit einigen Nadeln und durch das Vorbeten der „fat-hā" (d. i. das Eingangsgebet des Kurān) \*). Es war überdies höchst glücklich, dass wir diesen Leuten hier begegnet waren; denn wenn sie uns nicht zurechtgewiesen hätten, würden wir kaum im Stande gewesen sein, ohne besonderen Unfall diese zahlreichen Hinterarme zu passiren, von denen einige einen überaus sumpfigen Charakter haben, während uns andere, von Felsen eingehemmt, langen Verzug verursachten; der Hauptarm — „gō-ru" — des Flüsschens mass nicht weniger als 50 Schritt Breite und hatte eine Tiefe von etwa 2½ Fuss; das Bett war felsig. Schöne Tamarinden — „bussū-ssu" — und sich weithin ausbreitende Feigenbäume — duē" — verliehen dem Delta besonderen Schmuck und eine grosse Menge des „adelénka" oder „donhēre" genannten Getreides ward auf den Feldern gebaut. Es ist gar keine Frage, dass dieses kleine eigenthümliche Delta zu Zeiten dem Wanderer grosse Mühe verursachen mag.

Nachdem wir endlich diesen vielgetheilten Strom hinter uns gelassen hatten, erstiegen wir eine Reihe von Sanddünen und gewannen von hier aus einen Blick über das gesammte Flussthal, welches an dieser Stelle eher einer breiten, wohlbewaldeten Fáddama glich, indem nur ein kleiner offener und nicht von Felsen eingehemmter Flussarm sichtbar ward. Der ganze Landstrich wies Anbau in ansehnlicher Ausdehnung auf, indem sich die Felder von Ayōru mehr als auf 2 Meilen weit ausdehnten, und der flache Ufersaum des Flussarmes erhielt einen ferneren Schmuck durch

---

\*) Von diesen Leuten erfuhren wir auch, dass Külman von hier 6 Stunden Wegs entfernt sei.

eine grosse Anzahl von „kenya"- oder „tedūmunt"-Bäumen.
Die reich bewaldeten Inseln gewährten einen höchst erfreulichen Anblick und eine derselben war von einer grossen Menge Pferde belebt, die hier auf der Weide gelassen worden waren; dabei bildete das Ufer einen ununterbrochenen Saum von Tamarindenbäumen. Es belebte uns nun das angenehme Gefühl, dass wir endlich gastlichere Gegenden betreten hätten; denn die Felder von Ayōru waren nur durch einen kleinen Zwischenraum von anderen wohlangebauten Äckern getrennt. Aber die Schifffahrt mag hier sehr schwierig sein, da der Fluss oder wenigstens der Theil desselben, welchen wir zu Gesicht bekamen, ausserordentlich von Felsblöcken eingeengt ist.

Nachdem wir dann eine sumpfige Einbucht umgangen hatten, betraten wir wieder höheren Boden und gewannen nun eine Ansicht von der eigenthümlich wilden Scenerie des Flusses, welcher sich an die Insel Kendādji und die Felskuppe Wárba anlehnt (die letztere hatten wir schon den ganzen Morgen über vor Augen gehabt); hierauf lagerten wir um $10\frac{1}{2}$ Uhr Vormittags auf ansteigendem Boden in einiger Entfernung von der Insel. Der Fluss hatte hier einen höchst wilden Charakter, und bei dem ersten flüchtigen Blick darauf mochte man meinen, dass die Schifffahrt ganz unterbrochen sei. Allerdings scheint es, als ob wirklich zwischen der Insel Kendādji und jener Felskuppe keine Passage offen sei; aber jenseits der Insel sind augenscheinlich noch zwei Arme und die sind, so weit man sie von hier aus übersehen kann, bei weitem nicht in solchem Maasse von Felsklippen durchsetzt. Der Ort Kendādji selbst schien von ansehnlicher Grösse zu sein, indem die Hütten die ganze Oberfläche der Insel bedeckten; aber zur Zeit unserer Ankunft liess sich ausser einem vom Guinea-Wurm gelähmten Unglücklichen auch nicht eine einzige lebende Seele sehn; denn der gesammte gesunde Theil der Bevölkerung war an die

Feldarbeit gegangen. Aber im Laufe des Nachmittags ward die Scenerie angenehm belebt durch die Ankunft einer zahlreichen Rinder- und Schaafheerde, die hierher zur Tränke gebracht wurde; sie war das Eigenthum in der Umgegend angesiedelter Fulbe.

Allmählich kehrten auch die Dorfbewohner selbst von ihrer Feldarbeit heim und trugen viel zur Belebung der Landschaft bei, indem sie in kleinen Kanoë's nach ihrer inselartig abgesonderten Wohnstätte zuruderten. Andere dagegen statteten uns, angeführt von ihrem Oberhaupt, einen Besuch ab. Dieser Herr von Kendādji war ein Mann von hohem Wuchse und wohlgenährtem Körper, aber er besass eben keinen sehr geistreichen Gesichtsausdruck und schien auch nach dem, was ich nun erfuhr, keineswegs von sehr freigebiger und gastfreundlicher Gesinnung zu sein. Er nahm nämlich die gewandte Anrede meines edlen und gelehrten Freundes, des Wádauers, welcher alle Ansprüche, die er und seine Genossen auf des Häuptlings Gastfreundschaft hätten, der Reihe nach aufzählte, mit grosser Kälte auf, indem er seine Antwort durch den Mund eines Pullo-Fāki gehn liess, der sich hier schon seit längerer Zeit aufhielt. So machte er denn selbst Anspruch auf ein hübsches Geschenk, anstatt die Forderungen, welche meine frommen Gefährten wegen gastlicher Behandlung an ihn stellten, irgendwie anzuerkennen. Das Interessanteste an diesem kleinen Häuptling war jedenfalls sein Name, der mich an die ruhmreicheren Zeiten des Sonrhay-Reiches erinnerte; er nannte sich nämlich „Farma-Érkesu is-se" („farma" ist, wie wir gesehn haben, der vom Mélle-Reiche überkommene fürstliche Titel eines Statthalters und „is-se" heisst auf Sonrhay „Sohn"; Érkesu ist der Name seines Vaters).

Es war mir auch von grossem Interesse, zu beobachten, dass diese Sonrhay, sowohl die Bewohner von Kendādji wie die von Ayōru, sich in ihrer eigenen Sprache „Kādo" (im Plur.

„Hábe") nannten, und es scheint eben dieser Name zu sein, dem die Fulbe eine allgemeinere und weitere Bedeutung gegeben haben, um die Kóhelān (d. h. die einheimische schwarze Bevölkerung) aller der von ihnen eroberten Gegenden zu bezeichnen. Es scheint fast, als ob dieser Name eben von jenem Stamme hergenommen sei.

Ausser von diesen Sonrhay empfingen wir auch einen Besuch von einem Tārki-Edelmanne Namens Mí-ssach, einem Sohne Ellékken's und Neffen Ssínnefel's, des Häuptlings der I'melíggisen von A'ribínda. Diese Stammabtheilung lebt mit ihren Brüdern in A'ussa, wo der volkreiche Gau Amāra liegt, auf feindlichem Fusse; dies ist jedoch ein günstiger Umstand, da sie auf diese Weise ihre eigene Kraft untergraben, die sie ja doch nur zu Unheil benutzen. Aber dessenungeachtet sind sie noch immer stark genug, den armen Sonrhay-Bewohnern dieser so sehr mitgenommenen Niger-Gegenden harte Steuern aufzuerlegen. So hatten sie im verflossenen Jahre von den Bewohnern von Kendādji einen Tribut von vier Pferden erhoben und von denen von Ayōru ein Kameel, sowie eine Menge Korn. Die Nachbarschaft dieser Tuáreg flösste uns indess ebenso wenig Vertrauen ein, wie das Betragen der Sonrhay auf der Insel, obgleich unser Gast, der junge Mí-ssach, ein anständiger Mann war; wir hielten daher strenge Wacht, indem wir die ganze Nacht hindurch schossen. Glücklicherweise wurde unsere nächtliche Ruhe bei solcher Wachsamkeit nicht weiter gestört; aber nichts ist wahrscheinlicher, als dass Park einen ernstlichen Streit mit diesen Inselbewohnern hatte.

So brachen wir zu früher Stunde von unserem Lagerplatz auf, um einen guten Tagemarsch zu machen; aber erst mussten wir uns nach einem Führer umsehen, der uns am vergangenen Tage versprochen worden war. Wir suchten jedoch in den beiden dem Inseldorfe gegenüberliegenden Weilern, von denen sich einer hart an den Fuss der

Felskuppe Wárba lehnt, lange vergeblich umher. Dann hatten wir kaum unseren Marsch wirklich angetreten, als ein heftiges Gewitter, das in Südost aufstieg, uns mit einer ernsthaften Fluth bedrohte und uns zwang, unter einigen Bäumen an der Seite unseres Pfades Schutz zu suchen. Wir luden daher die Kameele ab und bemühten uns, uns selbst und unser Gepäck so gut wie möglich vermittelst der Häute und Matten gegen Nässe zu schützen; aber diesmal, wo wir gerade so viel Sorgfalt anwandten, blieb das Gewitter auf einen überaus heftigen Sturm beschränkt, der die Wolken auseinandertrieb, so dass nur sehr wenig Regen fiel.

Nachdem wir auf diese Weise fast 2 Stunden der besten Tageszeit verloren hatten, verfolgten wir unseren Marsch weiter. Dieser ging nun nicht mehr wie früher an dem fast ganz verödeten Stromufer auf kleinen gewundenen Pfaden entlang, sondern folgte einer breiten wohlbetretenen Strasse, die uns durch sorgfältig angebaute und mit schönen „hádjilīdj" beschattete Kornfelder führte. Aber bald ward der Boden mehr gewellt und wir wanden uns in einiger Entfernung vom Hauptarme des Flusses an einem Hinterwasser hin und durchschnitten dann eine Einsenkung, wo Kalkfelsen den in dieser Gegend vorherrschenden Granit unterbrachen. Auch der Fluss legte bei seinem gegenwärtigen niedrigen Stande eine grosse Anzahl felsiger Inseln bloss und theilte sich weiterhin in fünf Arme, über welche wir von dem ansteigenden Ufersaum aus eine interessante Aussicht erhielten, die auf dem A'ussa-Ufer nach Norden durch eine Kuppe abgeschlossen wurde. Eine der Inseln war anmuthig mit Dūmpalmen geschmückt und das Ufer mit einer „hekīk" genannten Pflanze bedeckt.

Wir hatten hier allem Anscheine nach eine höchst fruchtbare Landschaft betreten und ihr volkreicher Zustand erschien nach der verödeten Gegend, die wir durchzogen hatten, um so auffallender; denn kaum hatten wir einen kleinen Weiler zur Seite gelassen, so hatten wir auf dem gegenüberliegenden Ufer die ansehnliche Ortschaft Tornāre und hart darüber hinaus auf einer Insel wieder ein Dorf Namens Fítschile, dicht bewohnt und voller Leben und Thätigkeit. Eben hatten wir diesen geschäftigen Ort zur Seite gelassen, als sich ein anderer Weiler Namens Kotschómere zeigte, und es gewährte ein grosses Vergnügen, zu sehn, wie der Fluss, der während des grösseren Theiles unserer Reise seinen mächtigen Wasserstrom nutzlos dahingerollt, hier mit kleinen Nachen bedeckt war, die eine ansehnliche Anzahl Leute an das diesseitige Ufer brachten, um ihren Feldarbeiten nachzugehen. Das Ufer selbst ward hier durch einen grossen Reichthum verschiedener Bäume, die in grosser Üppigkeit prangten, verschönert, wie die „kéua", die „dingi", der „baúre", der „hádjilīdj" und andere; der „hádjilīdj" (*Balanites Aegyptiacus*) entwickelte hier einen besonders reichen und üppigen Wuchs. Ein grasdurchwachsener flacher Arm trennte vom Ufer eine Flachinsel, die während des höchsten Standes der Überschwemmung unter Wasser steht.

Zwei Meilen jenseits Tornāre veränderte sich der Charakter der Landschaft; tiefer Sandboden, mit dem „rodām" genannten Kraute bekleidet, trat an die Stelle des schönen Ackerbodens; das war jedoch nicht von langer Dauer, sondern nach einem Marsche von etwa 1 Meile trat wiederum Anbau auf und erstreckte sich selbst über die Hügelkette, die wir erstiegen. Wir liessen dann ein Sklavendorf Namens Gandūtan zur Seite, das einem Tārki-Häuptling, Mohammed el Amīn, gehörte. Hier weideten zahlreiche Pferde auf den Feldern, auf denen das von den Arabern „el debēdi" genannte Kraut wuchs, in dem meine Gefährten zu grosser Freude einen alten Bekannten erkannten, da dasselbe auch im A'berass von Timbuktu in grosser Menge wächst.

Wir begegneten in dieser Ebene mehreren Reisenden,

fingen dann an, den Abhang des Vorgebirges Ém-Aláuen\*)
zu ersteigen, und erreichten bald den Wohnsitz des eben
erwähnten Häuptlings, der das Oberhaupt einer der beiden Abtheilungen der Erátafāni oder vielmehr Rhátafān ist.
Das Dorf bestand aus 150 bis 200 Mattenhütten mit einem
grösseren und einem kleineren Lederzelte in der Mitte; aber
da es keinen kühlen Schatten gewährte, sondern auf nacktem und von der Sonne durchglühtem Kiesboden lag, der
den Felsen bedeckte, schien es uns wenig einladend und wir
zogen es vor, den steilen östlichen Abhang bis zum schmalen
Ufersaume hinabzusteigen, der sich längs des Flusses hinzog
und mit „hádjilīdj", „baúre" und anderen Bäumen reich bewachsen, einen gar freundlichen Ruheplatz darbot. Man
liess uns jedoch nicht lange in Ruhe, sondern bald stellte sich
die gesammte männliche Bevölkerung des Dorfes ein, Tuáreg
und Sonrhay, Erwachsene und Kinder, die uns mit grosser
Neugierde umringten, aber ohne sich in eine Unterredung mit
mir einzulassen, da sie nicht wussten, was sie aus mir machen sollten. So gaben sie sich denn argwöhnischen Grübeleien hin, was wohl mein wirklicher Charakter sein möchte,
während mich meine Gefährten für einen Scherīf ausgaben.

Später am Nachmittage stellte sich auch der Häuptling
selbst ein; er war nämlich bei unserer Ankunft abwesend
gewesen. Da er sich sehr anständig benahm, machte ich
ihm einen halben Gesichtsshawl — „harām" — zum Geschenk;
seine Leute dagegen erhielten nichts als Nadeln. Der Ort
war trotz seiner Kleinheit ziemlich mit Lebensmitteln versehen und ich kaufte hier einen hübschen Vorrath von Butter
und Reis; aber Milch war spärlich zu haben und es gelang mir
nur, gegen Datteln, für die diese Leute eine ausserordentliche
Vorliebe hegten, eine kleine Portion des mir auf Afrikanischem Boden so werthen Getränkes umzutauschen. Auf

---

\*) Dieser Name ist aus Versehen auf der Karte weggelassen worden.

dem Unterlande etwas unterhalb unseres Lagers standen ein Pachtgehöft und auf der Insel zunächst dem Ufer zwei kleine Weiler; denn der Arm des Flusses, der allem Anscheine nach im Durchschnitt von bedeutender Tiefe ist, war voll grüner Inseln, welche sich der Länge nach in zwei parallelen Reihen hinzogen; sie waren von derselben Höhe wie das Ufer, auf dem wir lagerten, und offenbar vom letzteren abgerissen. Der an 10 Fuss hohe, steile Abfall dieses Ufers erschwerte das Tränken der Pferde ausserordentlich und nur mit der grössten Anstrengung konnten wir eins derselben, das in den Strom gefallen war, wieder herausziehen.

Der ganze Landstrich soll von Löwen sehr unsicher gemacht werden, und wir sahen die Überbleibsel von vier Pferden, die eine einzige Bestie am verflossenen Tage in Stücke gerissen hatte; aber ungeachtet der Stärke und Wildheit dieses Thieres versicherten mich doch alle Anwohner, dass der Löwe dieser Gegend, gleich dem von Aïr, keine Mähne habe, und dass sein Aussehen durchaus nichts gemein habe mit dem schönen Fell, auf dem ich zu ruhen pflegte und das von einem Löwen aus der Gegend von Lógone herrührte.

[*Freitag, 21sten Juli.*] Auf unserem gestrigen Marsche waren wir beim Dorfe Gandūtan von drei oder vier Sonrhay-Reitern eingeholt worden, die ein kriegerisches und unternehmendes Aussehen hatten und vortrefflich beritten waren. Sie hielten sich einige Zeit dicht bei uns, sprachen und fragten viel in Bezug auf meine Waffen und verschwanden dann; aber heute Morgen zu früher Stunde, als es noch völlig dunkel war und während wir unser Gepäck zum Marsch in Bereitschaft setzten, kamen sie wieder zum Vorschein und flössten meinen Begleitern einige Furcht in Betreff ihrer weiteren Absichten ein. Meine Freunde beredeten daher den Häuptling der Erátafāni, uns mit Einigen seiner Leute eine Strecke das Geleit zu geben; denn ihnen war wohlbekannt, dass die Sonrhay, welche zur Zeit ihre Unabhängigkeit fast gänzlich eingebüsst haben, nichts ohne die stillschweigende Genehmigung der Tuáreg unternehmen können. Aber was mich selbst betraf, so war ich keineswegs ganz einig darüber wer mehr zu fürchten sei, unsere Geleitsreiter oder jene Herumtreiber; denn wiewohl der Häuptling Mohammed el Amīn selbst ein achtungswerther Mann zu sein schien, so haben doch diese Leute, die eine Mischung aus Tuáreg und Sonrhay bilden, allem Anscheine nach durchaus keinen sehr verlässlichen Charakter, und ich möchte künftigen Reisenden in diesen Gegenden dringend rathen, sich vor ihnen mehr in Acht zu nehmen, als vor den reinblütigen Tuáreg. Wie die Umstände einmal waren und da diese Leute uns das Geleit gaben, hielt ich es für gerathener, sie offen mit meinem Charakter bekannt zu machen, wiewohl sich meine Freunde von Timbuktu bemüht hatten, sie in dieser Beziehung im Dunkeln zu lassen. So hatten sie mich denn für einen Ghadāmsier Kaufmann gehalten, dessen Absicht sei, ihr Gebiet zu passiren, ohne ihnen ein Geschenk zu machen. Nachdem ich ihnen nun gesagt, wer ich sei und zu welchem Zweck ich diese Gegenden besuchte, wurden die Erátafáni-Geleitsmänner viel zutraulicher und offener gegen mich und wir schieden zuletzt als die besten Freunde.

Ich erfuhr nun auch etwas von den höchst merkwürdigen Schicksalen dieses Stammes. Die Rhátafän sind nämlich ursprünglich reine Araber und leiten sich selbst von Hassan dem Sohne Mákil's, ab. Jedenfalls aber sind sie bei der grossen Wanderung der Arabischen Stämme aus Egypten, die in der Mitte des 11ten Jahrhunderts Verwüstung und Verheerung über die schönsten Gegenden Nord-Afrika's verbreitete, in jene fruchtbaren Gegenden eingewandert. Der Stamm wird von Ébn Chaldūn\*) ganz im Vorbeigehen als in enger Verbindung mit den Hilāl stehend erwähnt; mit den Zanāta

---

\*) Ébn Chaldūn, trad. par de Slane, tom. I, p. 88.

verschmolzen, ist er so allmählich berberisirt und hier an die Ufer des Niger hinabgedrängt worden. Welch' merkwürdige Schicksale mag dieser Stamm durchgemacht haben!

Der schlaue Wádauer trug übrigens auch das Seinige dazu bei, mit diesen Leuten ein intimeres Verhältniss anzuknüpfen, indem er seinen kleinen Klepper gegen eine ihrer Stuten vertauschte. Nichts macht die Leute in diesen Ländern mittheilsamer und beschwichtigt zugleich ihren Argwohn so sehr, als ein wenig Schachern.

Nachdem wir uns von unseren Freunden getrennt hatten, passirten wir zuerst mit vieler Mühe einen überschwemmten Landstrich, dann erreichten wir einen wohlbetretenen Pfad, wo zu unserer Rechten eine niedrige Hügelkette heranrückte. Hier trat etwas Dūmgebüsch auf und weiterhin verliehen Affenbrodbäume *(Adansonia)* der Landschaft einigen Schmuck; aber der Fluss, der mit seinem breiten Thalkessel eine kurze Strecke hart unsere Linke begrenzt hatte, zog sich allmählich in solche Entfernung zurück, dass wir, da wir uns nicht mit Wasser versehen hatten, Durst zu leiden anfingen. Ich ritt desshalb voraus und wählte an einer besonders ausgezeichneten Stelle einen Platz zu kurzer Rast während der heissen Tagesstunden. Eine Art „fáddama", die während des höchsten Standes der Überschwemmung einen ansehnlichen offenen Arm rings um eine mit Dūmpalmen dicht bewachsene Insel bildet, macht hier eine tiefe Einbucht in das höhere Ufer und gewährte zugleich einen schönen Teich mit klarem Wasser. Der umgebende Abhang war mit einem herrlichen Hain von Dūmpalmen geschmückt, von einigen reichen „hádjilīdj" beschattet und bot eine Fülle fetter Weide dar.

Wir rasteten an dieser freundlichen Stelle ein paar Stunden und setzten dann unseren Marsch längs dieser grünen, zur Zeit halb ausgetrockneten Einsenkung fort, die auch eine grosse Menge Tamarindenbäume erzeugte. So erreichten wir nach einem Marsche von ungefähr ½ Meile die Stelle, wo dieses seichte Hinterwasser sich mit einem bedeutenden offenen Arm des Flusses vereinigt, der leidlich frei von Felsen ist. Etwas weiter unterhalb wird der Fluss zwischen Felsmassen, die von beiden Ufern vorspringen, zusammengepresst; sie setzen fast durch die ganze Breite des Armes, so dass nur eine enge Durchfahrt offen bleibt, gleichsam wie von einem natürlichen Eisenthore eingeschlossen. Dennoch war aber die Schifffahrt selbst in gegenwärtiger Jahreszeit nicht gehemmt, wovon ein etwa 35 Fuss langes, von sechs Leuten gerudertes Boot, das schnell vor uns vorbeieilte, hinreichenden Beweis lieferte. Der Pfad war mit Erdschwämmen umsäumt, die meine Gefährten „tobl e ndēri" nannten.

Dieser Arm des Flusses mag jedoch der Schifffahrt keine geringen Schwierigkeiten entgegenstellen; denn nachdem wir höheren Boden erstiegen und so eine Biegung des Flusses abgeschnitten hatten, sahen wir, wie er hier eine Art Stromschnelle bildete, über die das Wasser dahinschäumte. Auch zog ich aus dem Umstande, dass das Boot einen anderen Arm gewählt hatte, den Schluss, dass diese Stelle zur Zeit nicht schiffbar sei. Die flachen Ufer, welche alljährlich der Überschwemmung ausgesetzt sind und selbst jetzt noch Sumpfboden zwischen uns und dem Flusse aufzeigten, waren mit Reisfeldern bedeckt; der höhere Boden dagegen, der ausser dem Bereich der Überschwemmung lag, war von einem Gürtel von „daman-kádda" und Dornengebüsch umsäumt und für Negerhirse bestimmt. Darüber hinaus wird das ganze Thal, dessen Breite an dieser Stelle bedeutend ist, von einer Bergkette begrenzt. Die felsige Beschaffenheit des Flusses war ferner klar durch eine auffallende Felsengruppe, welche von einem Inselchen etwas weiter abwärts aufstieg und eine weit sichtbare Landmarke gewährte; aber im Allgemeinen scheint dieser Theil seines Laufes klippenfrei zu sein.

Wir wussten, dass wir uns der auf einer Insel gelegenen ansehnlichen Stadt Ssínder näherten, und hatten lange umsonst unsere Augen angestrengt, um sie zu Gesicht zu bekommen; da endlich gewannen wir vom Gipfel einer Hügelkette aus, welche hier den Fluss begrenzt, einen schönen Überblick über die ganze Breite des Thales und waren im Stande, eine ausgedehnte Hüttenmasse zu erkennen, die sich über eine oder zwei Inseln des Flusses ausbreitete. Wir lagerten uns also hier zur Seite einer kleinen Gruppe von Hütten, fanden aber später, dass wir viel besser gethan haben würden, unseren Lagerplatz etwas weiter abwärts am Flusse zu wählen, wo ein kleiner Arm gerade auf die Insel Ssínder zuführt; denn dadurch wäre unser Verkehr mit derselben bedeutend erleichtert worden, während, von unserem wirklichen Lagerplatze aus gesehn, sich eine andere bedeutende Inselstadt Namens Garū vor Ssínder lagerte.

Das ganze Flussthal ist hier aller Wahrscheinlichkeit nach nicht weniger als 6 — 8 Meilen breit und mit ausgedehnten Inseln angefüllt; es ist sehr fruchtbar und ziemlich dicht bevölkert. Die beiden Städte Garū und Ssínder schienen, nach demjenigen zu schliessen, was ich davon sah, zusammengenommen nicht weniger als 16- bis 18,000 Einwohner zu enthalten. Diese zwei Ortschaften sind für Europäer bei einem Versuch, den oberen Theil dieses Flusses zu befahren, von der höchsten Bedeutung; denn einestheils müssen sich dieselben auf grössere Schwierigkeiten von Seiten der Eingeborenen vorbereiten, anderentheils sind sie gezwungen, sich hier mit einer hinreichenden Menge Korn zu versehen, um damit bis Timbuktu auszureichen. Ssínder nämlich, das in gewisser Hinsicht noch die Autorität des Statthalters von Ssai anerkennt, ist der grosse Kornmarkt für diese ganze Gegend. Zu jeder Zeit kann man hier eine grosse Menge Hirse käuflich bekommen, und während meiner Reise wurden grosse Quantitäten ausgeführt, um dem Bedürfniss der gesammten Provinzen Sabérma und Déndina zu genügen. Bei diesem grossen Abgang ist die Niedrigkeit des Preises auffallend; so handelte ich ½ Ssunīe (etwa 200 Pfund) Hirse gegen ein Stück einheimischen gefärbten Baumwollenzeuges — „feruāl" oder „sénne" — ein, das ich in Gándō für 1050 Muscheln gekauft hatte. Das ist sicherlich ein sehr niedriger Preis, nicht allein wenn man die Europäischen Verhältnisse in's Auge fasst, sondern selbst wenn man diejenigen von anderen Ländern des Sudans berücksichtigt. Ich war auch so glücklich, einen tüchtigen Klumpen von Taödénner Felssalz für 8 Drá Musselin zu bekommen. Reis bildet im ganzen Niger-Thale den Hauptertrag des Bodens und ist hier mit der Hülse in Menge zu haben, aber sehr schwer in gereinigtem Zustande.

Eine grosse Anzahl Leute besuchten mich und benahmen sich im Ganzen mit grosser Freundlichkeit. In der kleinen Vorstadt, wo wir uns gelagert hatten, weilte auch ein recht aufgeweckter Fāki Namens Mohammed Ssāleh, der ursprünglich zum Stamme der Gá-bēro gehörte. Zu meinem nicht geringen Erstaunen wurde ich nun gewahr, dass dieser Mann mit meiner ganzen Geschichte bekannt war, und auf mein Nachforschen, wie er denn zu dieser Kenntniss gekommen sei, erfuhr ich, dass vor einiger Zeit ein Wallfahrer Namens Mohammed Fādhl, ein Eingeborener des fernen Landes Fūta, zu Boote den Fluss herabgekommen sei und die Leute mit allen meinen Erlebnissen in Timbuktu bekannt gemacht habe. Dieser Fāki setzte mich auch von dem gegenwärtigen Zustande Haussa's in Kenntniss. Er erzählte mir u. A., dass Dáūd, der aufrührerische Fürst von Sabérma oder Sérma, sein ganzes Heer durch das scharfe Schwert A'bū 'l Hassan's eingebüsst und sich nach Yélu, der Hauptstadt von Déndina, geflüchtet habe, und dass sich die Aufrührer in dieser letzteren Stadt noch behaupteten;

mittlerweile sei ʽAlīu, der Emīr el Múmenīn, vor Argúngo, die Residenz des aufrührerischen Fürsten von Kébbi, gerückt, aber aus eigener Kriegsunlust und in Folge eines Streites mit Chalīlu wieder umgekehrt, ohne das Geringste von Bedeutung auszuführen. Auch erfuhr ich, dass in Folge des noch fortdauernden Aufstandes der Dendi die Strasse von Támkala nach Fōgha unsicherer als je sei; aber ein Theil von Máuri war zum Gehorsam zurückgekehrt.

Gern würde ich die Stadt Ssínder besucht haben; aber da ich nicht ganz wohl war, und auch aus anderen Gründen, hielt ich es für besser, zu bleiben, wo ich war. Die Abhängigkeit des dortigen Amtmannes von dem Statthalter von Ssai war nämlich nur sehr beschränkter und ungewisser Art, und eine ansehnliche Anzahl Tuáreg oder vielmehr Tuáreg-Mischlinge*) schwärmten hier umher, wesshalb es mir räthlich erschien, mich nicht zu weit von meinem Gepäcke zu entfernen; ich gab daher meinen Freunden aus Timbuktu ein kleines Geschenk, das sie in meinem Namen dem Haupt von Ssínder darbringen sollten. Es ward diesen meinen Abgesandten eine ehrenvolle Aufnahme zu Theil, indem ihnen der Amtmann in Person auf dem halben Wege zwischen den Städten Ssínder und Garū entgegenkam und sich sehr freundlich gegen sie bezeigte. — Zur Abendkost erhielten wir eine Menge gekochten Reises.

[*Sonntag, 23sten Juli.*] Nach einer regnerischen Nacht verliessen wir diesen reichen und wohlbevölkerten Distrikt, um unsere Reise nach Ssai fortzusetzen. Indem wir uns

---

*) Besonders hielten sich hier zur Zeit mehrere Tahabanāt mit ihrem Häuptling Kastel auf, und ausser diesem Stamme lebt auf der Insel Schikore noch ein Rest der Terka mit ihrem Häuptling Almúttu, die als Räuber sehr gefürchtet sind. Ob diese Terka mit der von El Bekrī und auch von mir oben erwähnten Stadt Tīrka (Tírekka) oder mit dem im ersten Bande (S. 246) angeführten alten Stamme Tarkā in Zusammenhang stehen, bin ich nicht im Stande zu sagen.

nahe am Ufer des Flusses entlang hielten, ward unsere Aufmerksamkeit bald von einigen jungen, mit Früchten beladenen Palmbüschen angezogen, und es entspann sich darüber ein langer Streit zwischen meinen Leuten und denjenigen des Scheichs El Bakáy, indem die Letzteren behaupteten, es sei die Ölpalme, während die Ersteren darauf bestanden, dass es die Dattelpalme sei. Diese letztere Meinung erwies sich als die richtige; auch gedeiht die Ölpalme nicht in gewisser Entfernung von Salzwasser, wie wir ihr denn auf unserer ganzen Reise durch das Innere nur im Thale von Fógha, das eine grosse Menge Salz enthält, begegnet waren. Diese Meinung erhielt fernere Bestätigung, als wir männlichen und weiblichen Samen entdeckten, dem weiter nichts fehlte, als der kultivirende Einfluss des Menschen, um gute Früchte hervorzubringen; denn ohne künstliche Verbindung des männlichen und weiblichen Samens bleiben die letzteren in einem wilden, embryoartigen Zustande.

Auch weiterhin hielten wir uns längs des Ufers und passirten mehrere Inseln im Flusse, zuerst Djuntu und in kurzer Entfernung davon Bisse-gúngu, weiterhin Kōma und Bossa, von schönen Bäumen geschmückt; dann, etwa 5 Meilen von unserem Lagerplatze, kamen wir, nachdem wir eine kleine Hügelkette Namens Māri passirt hatten, an der gleichfalls schön bewaldeten Insel Nēni vorbei, welche als der Geburtsort des grossen Sonrhay-Eroberers Hadj Mohammed A'sskiā oder Ssíkkiā bemerkenswerth ist.

Unser Marsch war um so interessanter, als wir so glücklich waren, uns der Gesellschaft des Fāki Mohammed Ssāleh zu erfreuen, dessen Bekanntschaft ich während unseres Aufenthaltes bei Ssínder gemacht hatte. Er war von sehr mittheilsamen und geselligem Wesen und ich bedauere es, dass mir nicht gestattet war, das ganze Gebiet der unabhängigen Sonrhay nach allen Richtungen hin in seiner Gesellschaft zu durchwandern. Er verweilte besonders bei dem hervorragenden Charakter von Darghol, dem Hauptsitze der freien Sonrhay, vornehmlich der Koi-sē mit dem Reste der königlichen Familie der Ssíkkiā, von welcher noch mehrere Prinzen am Leben wären\*). Er gab mir dann auch Kunde von dem Angriff, den die Eingeborenen von Gúrma im Vereine mit den Sonrhay unter dem Befehl ihres Häuptlings Uëntínne kurze Zeit zuvor auf den Emīr der Torōde oder Tórobe gemacht hatten, sowie auch einen Bericht von der ausgedehnten Herrschaft Dáūd's, des Grossvaters ʽOmar's, des gegenwärtigen Hauptes der Erátafān oder Rhátafān, dem es gelungen war, eine grosse Macht zu begründen und so die Bedeutung dieses altberühmten Stammes wieder herzustellen, bis er von einem nebenbuhlerischen Neffen ermordet und seine ganze Macht vernichtet wurde.

Unser wohlunterrichteter, mittheilsamer Reisegefährte verliess uns hier. Das ganze Land ward nun gewellt, sowie mit hohem Grase bedeckt und mit „hádjilīdj" geschmückt, so dass der Gesammteindruck von ihm ein überaus freundlicher war; zugleich gab angebauter Boden, indem die Saat bis zur Höhe von 2—4 Fuss aufgeschossen war, hie und da der Landschaft einige Abwechselung. Etwas weiterhin traten grosse Affenbrodbäume auf und darüber hinaus wurde man neben Talhabäumen von recht üppigem Wuchse auch Kalgo in reichlicher Fülle gewahr. Etwas weiter abwärts lagen auf dem jenseitigen Ufer die Dörfer Tilla-bēre und Tilla-kaina (d. h. Gross- und Klein-Tilla), deren Amtmann ʽOthmān hiess und ein Verwandter Tondo's war.

Da der Fluss in einiger Entfernung vom Pfade floss, lagerten wir etwas nach Mittag mitten im Walde, nahe bei einer sumpfigen Pfütze voller Kräuter, reich an Mücken und von grossen, üppigen Affenbrodbäumen, sowie schönen Sykomoren umgeben. Hier fühlte ich mich ausserordentlich fie-

---

\*) Etwas Näheres darüber siehe in Anhang VI.

berhaft und sah mich gezwungen, eine stärke Dosis Arznei einzunehmen.

[*Montag, 24sten Juli.*] Nachdem wir durch ein gewaltiges Donnerwetter eine Weile aufgehalten worden waren, brachen wir endlich auf und durchzogen einen dichten Wald voller Affenbrodbäume; er war etwa 2 Meilen lang. Dann umgingen wir eine grosse sumpfige Einbucht, wo auf unserer Rechten eine Hügelkette heranrückte und das Flussufer reichlich mit einem von meinen Reisegefährten „yĕu" genannten Busch besetzt war.

Etwa 2 Meilen weiterhin erreichten wir einen Weiler Namens A'semai, der sich auf einem Hügel ausbreitete, und lagerten in kurzer Entfernung davon auf der anderen, südöstlichen Seite. Das Dorf ist von Tuáreg aus dem Stamme der Erátafān oder Rhátafān bewohnt, welche ihre nomadischen Sitten gegen die Gebräuche fester Ansiedler vertauscht haben, ohne aber ihren Charakter oder ihre Sprache aufzugeben. Einige wenige Kēl-e'-Ssūk leben unter ihnen; aber fast die Hälfte der Bevölkerung des Dorfes besteht aus Fulbe vom Stamme der Sóghorān. So bietet denn dieses Dorf das merkwürdige Beispiel einer friedlichen Mischung der beiden Stämme dar. Aber die Rhátafān haben, wie ich schon oben angegeben, ihre frühere Macht eingebüsst, während sie unter ihrem Oberhaupte Dáūd alle Städte bis Ssai in ihrer Gewalt gehabt hatten. Ungeachtet ihrer beschränkten Bedeutung und trotz ihrer verringerten Macht schienen sie doch in erträglichen Umständen zu leben; denn nicht allein ihre Kleidung war anständig, sondern sie bewirtheten uns auch in gastlicher Weise mit ausgezeichneter „fūra" (dem beliebten Haussa-Trank aus gestossener Negerhirse und saurer Milch), und am Abend schickten sie uns eine grosse Menge Hirsenpudding mit Milch und machten uns ausserdem noch ein junges Rind zum Geschenk.

Ich versah mich hier auch mit einem Vorrath an Korn,

da man mir zu verstehen gab, dass es auf dem Markte von Ssai einen hohen Preis hätte; dabei fand ich aber, dass der hiesige Preis den von Ssínder doch bei weitem überstieg, indem man für einen Feruäl von Gándo nur 23 Maass Hirse erhielt. Ich hätte gern einen grösseren Vorrath eingekauft; aber meine Kameele waren ausserordentlich schwach — eines derselben war im Laufe der letzten Nacht sogar daraufgegangen —, so dass ich ihnen unmöglich noch mehr aufbürden konnte. Reis war hier nicht zu haben und kein Anbau desselben irgend zu sehn, obgleich man annehmen sollte, dass er hier vortrefflich gedeihen müsste, da das Flussthal eine ansehnliche Breite hat und eine grosse Insel Namens Délluē bildet.

[*Dienstag, 25sten Juli.*] Die gute Behandlung, welche uns Seitens der Bewohner von A'semai zu Theil wurde, machte meine Gefährten etwas unwillig, als sie diesen gastlichen Platz so bald wieder verlassen sollten, und ein kleiner Schacher verursachte einen ferneren Verzug. Als wir dann endlich unseren Marsch antraten, mussten wir einen grossen Umweg machen, um den unteren Lauf eines Flüsschens zu vermeiden, das hier nicht passirbar war. Der Pfad führte uns durch Kornfelder, bis wir das Dorf Ka-ssánni erreichten; dasselbe bestand aus zwei getrennten Gruppen, von denen die eine, mit einem Holzzaun umgeben, von Fulbe bewohnt war, während die andere nur einen Sklavenweiler bildete. Auch hier breiteten sich reiche Kornfelder, von schönen Bäumen beschattet und von aufspringenden Felsblöcken unterbrochen, nach allen Seiten hin aus.

Hart hinter diesem Weiler passirten wir ein kleines, von den Tuáreg „Téderimt" genanntes Flüsschen, das uns, obgleich an dieser Stelle nur 21 Fuss breit und 1 Fuss tief, doch einen kurzen Aufenthalt verursachte — in Folge der etwa 10 Fuss hohen Erhebung seiner Ufer. So unbedeutend das Flüsschen an sich selbst war, erhielt es doch für mich eine gewisse Bedeutung, da bei seiner Passage zum ersten Male wieder der übliche Haussa-Gruss, den ich so lange nicht gehört hatte, an mein Ohr drang. So fühlte ich mich plötzlich in eine Gegend zurückversetzt, für die ich eine so grosse Vorliebe eingesogen hatte und welche, wie ich überzeugt bin, unter allen Gebieten des Sudans, die ich besucht habe, für den Aufenthalt eines Ausländers die grössten Vortheile darbietet.

Wir setzten dann unseren Marsch durch den Bezirk Göte fort, dessen besondere Zierde der Affenbrodbaum bildet, bis wir ein kleines Dorf Namens Bō-sse erreichten, dessen Bewohner zum Stamme der Koi-sē oder Koisāten gehören, die ursprünglich aus Damgōt kamen. Das Dorf bestand aus lauter solchen Hütten, wie sie in Haussa üblich sind, und bezeugte, dass wir die Sonrhay-Bauweise nun hinter uns hatten; es besass zwar ein kleines Bethaus, aber dessenungeachtet waren doch die meisten Einwohner, selbst mit Einschluss ihres Oberhauptes, Götzendiener. Alle strebten jedoch eifrig darnach, meinen Segen zu erhalten, und bewirtheten uns dafür in gastlicher Weise mit einer Schale Ghussub-Wasser.

2½ Meilen jenseits Bō-sse liegt an einem kleinen Arm des Flusses das Dorf Hendōbo; hier lagerten wir für die Nacht, und zwar in geringer Entfernung vom Orte selbst. Der Boden war nicht sehr günstig, da das Ganze einen niedrigen Werder bildete. Auch die Ecke, die wir zu unserem Lagerplatze gewählt hatten, erhob sich nur wenige Fuss über das sumpfige Niveau; aber ein üppiger „duē" gewährte uns vortrefflichen Schatten und wir waren ja gezwungen, hier zu lagern, indem die Insel Barma-gúngu, der Sitz des Häuptlings der Kortīta oder Kortēbe, uns gerade gegenüber lag. Der Fluss veränderte an dieser Stelle seinen Lauf; während nämlich seine Richtung bisher von N.20W. nach S.20O. war, floss er hier von N.20O. nach S.20W.

Meine Gefährten von Timbuktu, denen sehr viel daran gelegen war, keinen Häuptling des Landes zu vernachlässigen, hatten beschlossen, auch dem auf Barma-gúngu einen Besuch zu machen, um zu versuchen, ob von ihm ein Geschenk zu erhalten wäre. Sie hatten ausserdem noch eine besondere Mission an ihn, indem sie ihn bewegen wollten, seine feindliche Politik gegen die Gá-bēro zu ändern. Sie fuhren daher am Nachmittag auf die Insel hinüber, aber es zeigte sich nachher, dass die Beredtsamkeit des Wádauers und seiner Gefährten bei diesen Inselbewohnern keinen Erfolg hatte; denn sie kehrten sehr missmuthig und kleinlaut von ihrer Sendung zurück. Dieses Haupt der Kortēbe, das in dem jetzigen verwahrlosten politischen Zustande dieser Gegenden einige Macht zu besitzen scheint, heisst Sslímān oder Ssolímān Gēro Kū-sse-isse (der Sohn Kū-sse's), ist aber im ganzen Lande unter dem Namen Ssolímān Ssildi bekannt. Die Insel Barmagúngu, auf der er wohnt, ist voll von Dūmpalmen und also für Schifffahrer auf dem Flusse leicht kenntlich.

Da dieser Herr uns auch nicht die geringste Gastfreundschaft erzeigte, war es um so erfreulicher, dass wenigstens mir selbst von anderer Seite her gastliche Bewirthung zu Theil ward. Die Bewohner einer kleinen Insel im Flusse brachten mir nämlich ein reichliches Abendessen, bestehend aus einem Gericht Hirsenbrei, zwei Hühnern und Milch.

[*Mittwoch, 26ten Juli.*] Bei unserem Aufbruch am Morgen hatten wir zuerst Sumpfboden zu passiren und erreichten dann nach einem Marsche von ½ Meile wiederum den geraden Pfad, der uns in geringer Entfernung vom Flussufer hinführte. Der Strom war in mehrere Arme getheilt, gewährte aber doch in der Beleuchtung der aufgehenden Sonne ein höchst anziehendes Schauspiel. Angebautes Land und Wildniss wechselten mit einander ab und der Affenbrodbaum war besonders vorwiegend, aber weiterhin fingen „duē" und „kenya" an vorzuherrschen. Auch die vom Flusse gebildeten Inseln waren reich mit Pflanzenwuchs bekleidet. Jedoch schien dieser Gau eben nicht dicht bevölkert zu sein; das einzige Dorf, das wir auf dem Festlande zur Seite liegen liessen, war Schēre. Es war mit einem Verhack umgeben und wir bemühten uns hier umsonst, etwas Milch zu erhalten.

In einer Entfernung von mehreren Meilen nach Westen lag die Stadt Lárba oder Láraba, die, wie ich auf meiner Herreise erwähnt habe, von einem kriegerischen Volke bewohnt ist, das von seinen Nachbarn mit grosser Furcht betrachtet wird; aber zur Zeit hörten wir, dass das Haupt jener unabhängigen räuberischen Gemeinde, das Bīto heisst, vor Kurzem von Ssai zurückgekehrt sei, dessen Statthalter A'bū Bakr er seine Unterwerfung gemacht haben sollte. Es ist jedoch wahrscheinlich, dass die einzige Absicht jenes rührigen Häuptlings darin bestanden hatte, sich jene Seite frei zu halten, um in seinen Unternehmungen gegen das Haupt der Torōde oder Tórobe ungestört zu sein.

Die Landschaft entwickelte einen höchst interessanten Charakter, als wir nahe hinter dem Dorfe Gárbegurū den Fluss Ssírba erreichten. Wir hatten mit dem oberen Laufe dieses Flusses schon bei Bōsse-bángo Bekanntschaft gemacht; aber an dieser Stelle hatte er einen ganz anderen Charakter und stürzte sich in einer scharfen, von Südwest nach Nordost gewundenen, knieähnlichen Biegung über ein an 100 Fuss breites Felsenbett. Das Ganze hat ein so wildes Ansehen, dass es den Eindruck macht, als wenn zur Zeit des hohen Wasserstandes der Fluss hier gar nicht passirbar wäre; doch augenblicklich fanden wir keine Schwierigkeit bei seiner Passage, da das Wasser nur 1 Fuss tief war. Allein ungeachtet seiner geringen Grösse hat dieses Flüsschen eine grosse Bedeutung in diesen Gegenden, und aus diesem Grunde nannte es Sultan Bello den „A'li Bābā" unter den kleinen Flüssen.

Nachdem wir das jenseitige Ufer dieses Stromes erstiegen hatten, gewannen wir eine Aussicht über die Hügelkette vor uns, aber das Land, durch welches unser Weg führte, war jetzt verödet und verlassen, obgleich sich hier in früheren Zeiten die Ackerfelder der wichtigen Inselstadt Koirua ausbreiteten. Wir hatten heute wieder einen langen Aufenthalt in Folge der gänzlichen Erschöpfung eines unserer Kameele und sahen uns am Ende gezwungen, es zurückzulassen. Dieser unglückliche Umstand gewährte einen neuen Beweis von der Unbrauchbarkeit der Kameele aus dem Wüstengebiete von A'sauād für eine Reise längs der Ufer des Stromes.

Der Charakter der Landschaft verbesserte sich bedeutend, nachdem wir einen kleinen Hügelzug überschritten hatten, der auf unserer Rechten heranrückte; aber es zeigte sich keine Spur von Anbau, indem sich die Bewohner auf die gegenüberliegende Seite des Flusses gerettet hatten. Wir passirten hier auch ein hübsches Flüsschen von mittlerer Grösse, von schönen Bäumen umgürtet, und wählten unseren Lagerplatz dicht jenseits der Ruinen eines Dorfes Namens Namāro, dem Dorfe Kuttuköle gegenüber, das auf einer Insel im Flusse liegt. Die Örtlichkeit war überaus reich an Kräutern, aber in hohem Grade von Erdameisen heimgesucht und daher voller Ameisenhügel; wir hielten jedoch hier nur während der heissen Tagesstunden, um unseren Thieren einige Ruhe zu gönnen.

Gerade im Augenblick, als wir unseren Marsch Nachmittags fortsetzten, stieg auf der gegenüberliegenden, der A'ussa-Seite des Flusses ein Gewitter auf. Die Wasserfläche ist hier breit und offen, und obwohl der Fluss eine Insel bildet, zeigen sich nicht die geringsten Spuren von Felsen. Das Ufer war reich mit Pflanzenwuchs bekleidet und schien etwas weiterhin selbst von einer ziemlichen Anzahl Menschen belebt zu sein, aber sie flössten uns eben kein grosses Vertrauen ein. Da mittlerweile das Gewitter drohte, von der anderen

Seite des Flusses zu uns herüber zu kommen, eilten wir vorwärts und lagerten auf dem grasreichen Flachufer Angesichts eines kleinen Weilers Namens Wántila, der auf einer mit hochgewachsenen Dūmpalmen angefüllten Insel lag, die jedoch zur Zeit nur durch einen schmalen sumpfigen Arm vom Festlande getrennt war. Wir genossen jedoch hier nicht viel Ruhe, sondern hatten eine schlaflose Nacht, da die Umgegend von Leuten aus Lárba sehr unsicher gemacht ward. Der Herr von Lárba befand sich, wie wir nun erfuhren, zur Zeit gerade in der Stadt Karma, die wir eben bei Seite gelassen und von wo Kriegslärm und Getrommel während der ganzen Nacht ohne Unterbrechung ertönte.

Froh, ohne Unfall davon gekommen zu sein, brachen wir am nächsten Morgen zu früher Stunde auf. Der Pfad führte uns in geringer Entfernung längs des Flusses; kein Zeichen von Anbau war zu sehn. Indessen nahm der steile Abhang am gegenüberliegenden Ufer fast den Charakter einer Bergkette an und die höchste Gruppe stieg zu einer Höhe von 800 bis 1000 Fuss empor. Mein Führer nannte sie Bingáui, die folgende Gruppe Wágata und den entferntesten Theil der Kette Būbo. Am Fusse dieses Zuges lag das Dorf Tagabāta, das wir etwas weiterhin passirten.

Indem wir den mannichfaltigen Charakter der Scenerie genossen, setzten wir unseren Marsch nur langsam fort, da ein Esel, den meine Gefährten auf dem Marsche eingetauscht hatten, zurückblieb und uns vielfachen Aufenthalt verursachte. Da betraten wir einen dichten Unterwald von dornigen Bäumen, die unseren Blick völlig beschränkten, und zu gleicher Zeit näherte sich zu unserer Rechten eine Hügelkette; sie führte nach einem benachbarten Dorfe den Namen Ssenudébu gerade wie die Französische Niederlassung am Falémē im fernen Westen.

Indem wir so vorrückten, bemerkten wir plötzlich, dass

das Dickicht vor uns voll bewaffneter Leute sei, und sobald sie unserer ansichtig wurden, rückten sie mit den feindseligsten Geberden auf uns zu, indem sie ihre Speere schwangen und ihre Bogen spannten. Wir wollten gerade Feuer geben, als wir unter ihnen meinen Gatrōner bemerkten, den ich einen Augenblick zuvor abgesandt hatte, um Wasser zu holen. Dieser glückliche Umstand that unseren feindlichen Absichten plötzlich Einhalt und führte eine friedliche Verständigung herbei. Die Leute erklärten uns dann, als sie uns von der Höhe des Hügels aus in der Ferne erblickt und sechs bewaffnete Reiter unterschieden, hätten sie uns für einen Trupp Feinde gehalten und sich bewaffnet. Es war höchst glücklich für meinen Diener, wie für uns selbst, dass Einer unter ihnen etwas Haussa verstand und im Stande war, aus seiner Beschreibung sich eine Vorstellung von unserem Charakter zu machen. Ohne diesen Umstand würden wir aller Wahrscheinlichkeit nach von der Übermacht erdrückt worden sein.

Der erste Trupp bestand aus mehr als hundert Männern, die Alle mit Bogen, Speeren und runden schwarzen Schilden bewaffnet waren, während Viele von ihnen ausserdem noch eine Streitaxt bei sich führten. Kleinere Abtheilungen waren in kleinen Zwischenräumen bis nahe an den Anfang ihres Dorfes aufgestellt. Es waren theils Sonrhay, theils Fulbe, und der grössere Theil derselben trug nichts als einen Lederschurz um die Hüften. Wir haben dieselbe einfache Kleidung auch schon an den Fulbe in Sánfara bemerkt.

So ernsthaft die Umstände auch waren, wurden sie mir doch in gewissem Grade lächerlich durch den neuen Beweis, den sie mir von dem kriegerischen Charakter meines Arabischen Reisegefährten 'Ali el A'geren gaben; denn so lange noch irgend wirkliche Gefahr vorhanden war, hielt er sich in ansehnlicher Entfernung hinter den Kameelen, aber sobald er sah, dass Alles vorüber war, stürmte er auf seinem kleinen, starken Mussguklepper wie im wüthendsten Kriegsmuth heran, that, als wenn er die ganze Schaar mit Haut und Haar fressen wollte, und es kostete mir viel Mühe, ihn zu beruhigen. Wenn wir ein ernstliches Zusammentreffen gehabt hätten, wäre er wahrscheinlich umgelenkt und ich hätte ihn nie wieder gesehn.

Als wir unseren Marsch fortsetzten, erfreute uns der Anblick eines weiten mit schöner Baumwollenpflanzung bedeckten Landstrichs; auf unserer Linken dagegen, wo der Fluss wiederum herantrat, zeigte sich viel „chárrua" oder „berkínde". Weiterhin traten Hirsenfelder an die Stelle der Baumwollenpflanzungen und der Anbau dauerte von jetzt an ohne Unterbrechung fort und dehnte sich bis an den Abhang der Hügel aus, während sich auf der anderen Seite des Flusses fünf Dörfer in kurzer Entfernung von einander zeigten. Wir betraten dann hügeligen sandigen Boden, aber selbst dieser weniger begünstigte Landstrich prangte mit schöner Saat. In Folge der Schwäche meiner Kameele, die daher guter Weide bedurften, hatte ich es mir zur Regel gemacht, stets in einiger Entfernung von grösseren Orten zu lagern, und so wählten wir denn auch heute unseren Lagerplatz etwa 2 Meilen diesseits der Stadt Bírni unter Affenbrodbäumen und „hádjilīdj", in kurzer Entfernung von einem sumpfigen Arme des Flusses. Unser Lager ward jedoch höchst unerfreulich, da wir hier ein starkes Gewitter, von heftigem Regen begleitet, auszustehen hatten.

Alle Einwohner dieses Gaues sind Fulbe oder Sonrhay, die die Sprache der Fulbe reden, denn der erobernde Stamm der Letzteren fängt hier an, fast ausschliesslich vorherrschend zu werden. Sie scheinen sich hier aber nicht streng von den Eingeborenen abzusondern, und anstatt sich, wie das in anderen Gegenden der Fall ist, durch weisse Kleidung auszuzeichnen, tragen sie ebenfalls insgesammt mit Indigo gefärbte Hemden. Wir begegneten hier auch einem alten Manne, der ursprünglich zum oben erwähnten Stamme der Udālen gehörte, aber zur Zeit im Dienste eines Pullo war. Von seinen Sklaven unterstützt, war er gerade beschäftigt, seine Ernte in die Stadt Bírni zu bringen, und er lud uns dringend ein, ihm bei Anbruch der Nacht dorthin zu folgen.

[*Freitag, 28sten Juli.*] Nachdem wir den grössten Theil des Morgens verloren hatten, um uns und unsere Thiere zu trocknen, setzten wir unseren Marsch fort, gerade auf eine Art von Engpass zu, der die Passage längs des Flusses fast abzusperren schien. Die Stelle würde von der höchsten Bedeutung sein, wenn der Zustand des Landes irgendwie geordnet wäre. Hier stellten sich vor 15 Jahren die Fulbe den Tuáreg entgegen, die unter Ssínnefel einen grossen Raubzug unternahmen, aber sie wurden mit bedeutendem Verlust geschlagen und Ssínnefel drang bis nahe an die Mauern von Ssai. Die Hügelkette zur Rechten schliesst sich hier dicht an eine Gruppe von Felshöhen, die ganz nahe an den Fluss herantritt und, indem sie in der Gestalt eines Hufeisens sich nach dieser Seite öffnet, nur einen sehr engen Durchgang zwischen dem südöstlichen Winkel dieses Halbzirkels von Hügeln und einer dicht über dem Rande des Flusses sich erhebenden vereinzelten Kuppe lässt; der Fluss selbst ist hier gleichfalls voller Felsen. Auf dem Abhange des Amphitheaters, das den Namen Ssāre-gōru führt, etwa halbenwegs die Höhe hinauf, liegt das Dorf oder Städtchen Bírni *), welches ungeachtet des hinfälligen Charakters

---

*) Es kann kein Zweifel darüber obwalten, dass dies Bírni in früheren Zeiten ein sehr wichtiger Platz war und den gesammten umliegenden Bezirk beherrschte, indem die Herren dieses Engpasses zugleich den ganzen Verkehr an diesem Ufer entlang in den Händen haben. In dieser Hinsicht ist der Name Bírni nicht weniger bemerkenswerth, als der Name Ssāre-gōru; denn sowohl „birni" als „ssāre" sind Benennungen, die man in verschiedenen Afrikanischen Sprachen einer Stadt oder einem ummauerten Platze gibt. „Ssāregōru" bedeutet „Fluss" oder „Rinnsal" („gōru") der „Stadt" („ssāre").

seiner Wohnungen einen sehr malerischen Anblick gewährt und ausschliesslich von Fulbe bewohnt ist.

Selbst jenseits dieses Engpasses bleibt nur ein schmaler Uferrand zwischen dem Abhange der Hügel und dem Flusse übrig, und er verengt sich besonders hinter dem kleinen Dorfe Kollónte, das durch eine Schlucht in zwei besondere Gruppen getheilt wird und sehr freundlich in einer schönen Einbucht der Hügel liegt; es zog eben durch geschäftige Scenen häuslichen Lebens unsere Aufmerksamkeit auf sich. Hier bildete das Ufer eine Biegung und der Fluss glitt in majestätischem ungetheilten Strom dahin, bildete jedoch etwas weiterhin zwei Inseln. Auf dem Festlande bemerkten wir wiederum Anbau von Baumwolle.

Wir durchzogen dann eine sumpfige Ebene, bedeckt mit mehreren grossen Wirthschaftsgehöften, die Leuten aus dem Stamme der Kortēre gehörten, und erreichten so einen kleinen vereinzelten Höhenzug auf unserer Rechten, der Kirogādji heisst und durch drei isolirte Kuppen ausgezeichnet ist. Anbau wird hier in grosser Ausdehnung betrieben und die Anzahl der auf der Ebene weidenden Pferde lieferte einen ziemlichen Beweis von der Wohlhabenheit der Bewohner. So zogen wir an dem Wohnsitz eines sehr reichen Gutsbesitzers vorbei; das Gut heisst U'ro-Módibo („úro" ist der gewöhnliche Pullo-Ausdruck für ein Gut und „módibo" der Titel eines gelehrten oder frommen Edelmannes). Auch beim Dorfe Ssāga, das wir etwas mehr als 2 Meilen weiterhin zur Rechten liessen, hinter sumpfigen Wiesengründen gelegen, zogen eine grosse Menge von Pferden und ausgedehnte Baumwollenpflanzungen unsere Aufmerksamkeit auf sich.

Drei Meilen jenseits Ssāga lagerten wir bei einem kleinen, mit üppigen Bäumen von der „gamdji" oder „ganki" genannten Art umsäumten Flüsschen, am Fusse der Hügel, deren Gehänge mit der reichsten und der Reife entgegengehenden Saat von Hirse bedeckt und mit 2 Dörfern besetzt waren. Diese Dörfer sind von Fulbe aus dem Stamme der Bitinkōbe bewohnt, und eine fruchtbare und volkreiche Insel Namens Bē-gúngu, die hier vom Flusse gebildet wird, ist der Wohnsitz eines gewissen Emīr Namens Bāte. Er weilte augenblicklich auf dem Festlande und meine Begleiter statteten ihm einen Besuch ab und erhielten von ihm ein Abendessen und ein kleines Geschenk.

[*Sonnabend, 29sten Juli.*] Wir machten einen interessanten Tagemarsch. Die Hügel, deren Gipfel hier mehrere Dörfer trägt, nähern sich dem Flusse in schöner Bogenlinie und der Pfad windet sich an ihrem Gehänge herum. Die Anmuth der Landschaft ward bedeutend erhöht durch mehrere mit Felsblöcken und Bäumen angefüllte Schluchten, und die Aussicht über den Strom war überaus anmuthig. Wir stiegen dann allmählich dieses grüne Gehänge hinab und hielten uns am Ufer des Stromes entlang, das mit Kenya- oder Nelbibäumen reich geschmückt war, während sich der Fluss selbst in einer nur durch wenige und ganz vereinzelte Felsenmassen unterbrochenen Wasserfläche ausbreitete.

Wir durchschnitten hier ein breites, jetzt trockenes Wassersal Namens Gōrul-tilkōlil oder Gōru-kēre, das von der Hügelkette herzog. Diesen Wasserlauf bezeichnete mein Führer, wahrscheinlich irrthümlicherweise, als einen Arm des Flusses Ssírba. Ihm folgten mehrere andere, von denen einer, der sich durch seine Breite auszeichnete, den Namen Gōrulluggul führte. Das Flussufer war an dieser Stelle mit grosser Sorgfalt angebaut und wir liessen mehrere Landbaudörfer zur Seite liegen, von denen eines, Namens Lellōli, der Wohnort einer jungen Pullo-Frau war, die sich am vorhergehenden Tage unserer Gesellschaft angeschlossen hatte. Sie war niedlich gekleidet, mit zahlreichen Reihen von Glasperlen geschmückt und ritt auf einem Esel.

Hier ward Anbau mit Einschluss von ausgedehnten Baumwollenpflanzungen mit grosser Sorgfalt betrieben und alle

Felder waren regelmässig eingezäunt. Aber auf diesen wohlbebauten Landstrich folgte ein dichtes und üppig wucherndes Unterholz und im Flussbette selbst dehnte sich eine Insel Namens ʿOitílli oder ʿOtílli in grosser Länge aus. Dies ist höchst wahrscheinlich die in anderen Berichten Ghūtil oder Ghūdil genannte Furth. Ein wenig weiterhin, etwa 5 Meilen von unserem Lagerplatze, machte das sanfte Gehänge einem kleinen Felszuge Platz, durch den ein kleines Flüsschen oder Bach sich einen Durchgang gebrochen hatte. Es ward dadurch hier eine sehr malerische Art von Felsenthor gebildet, das, wenn das Flüsschen voll Wasser ist, ein interessantes Schauspiel gewähren muss. Aber das Wasser enthielt zur Zeit eine solche Menge von Eisenstoff, dass mir nach einem kleinen Trunk den ganzen Tag über übel zu Muthe war, und einer meiner Gefährten ward noch unangenehmer davon berührt.

Hier traten die steilen Felsklippen, aus Gneis und Grünstein bestehend und mit frischen grünen Büschen durchwachsen, dicht an den Fluss heran, der in schöner offener Wasserfläche mit einer Geschwindigkeit von etwa 3 Meilen in der Stunde sanft dahinfloss, und wir hielten uns hart am Rande des Stromes, der während des höchsten Standes der Überschwemmung kaum breit genug ist, eine Passage zu gewähren, so dass man dann wohl weiter in's Land hinein ziehen muss. Die Klippen mit ihrer anmuthig gestreiften Vorderseite rückten selbst jetzt so nahe heran, dass bisweilen nur ein Rand von wenigen Fuss Breite übrig blieb, und dieser schmale Ufersaum war anmuthig mit Dunkubäumen geschmückt, deren dunkelgrünes Laub einen schönen Kontrast mit den steilen weissen Klippen dahinter bildete. Das Laub dieses Baumes wird von den Eingeborenen benutzt, um eine Art vegetabilischer Brühe daraus zu bereiten, mit der sie ihre Speisen würzen, ähnlich wie das Laub des Affenbrodbaumes. Weiterhin trat Untergebüsch von *Arbutus* auf. Der steile Felsrand zur Rechten war eine Weile unterbrochen und gewährte den Anblick einer eingefallenen Mauer, nahm aber weiterhin wiederum die Gestalt steiler Klippen an, obwohl nicht in derselben Regelmässigkeit der Lagerung wie in seinem nordwestlichen Theile.

Dieser Rand steiler Klippen wird von den Eingeborenen „yūri" genannt. Gerade an der Stelle, wo er sich zu senken und abzuflachen anfing, sahen wir uns gezwungen, den Rand des schönen Stromes zu verlassen, um das höhere Terrain zu ersteigen. An dieser Stelle stieg der Flussboden offenbar hart am Rande gleich zu grosser Tiefe hinab. Das Land bildet hier ein breites Vorgebirge, das mächtig in den Fluss hinaustritt, und sein ganzer Abhang war mit schöner Saat bedeckt, die der Reife entgegenging. So erreichten wir ein Wirthschaftsdorf — „rúmde" —, das dem Fíttia Imām gehörte, oder, wie der Name gewöhnlich ausgesprochen wird, Mam Fítti, einem wohlhabenden Pullo, der auch noch ein anderes Gut in der Ebene am Fusse des Vorgebirges, hart am Flusse, besitzt. Hier lagerten wir auf der Südostseite des Dorfes, wo der Boden gute Weide für die Kameele gewährte.

Ich hatte eine Weile im Schatten einer kleinen „kórna" geruht, als mir meine Leute berichteten, dass sie am Abhange der Hügel eine Quelle lebendigen Wassers entdeckt hätten, und ich liess mich durch die Ungewöhnlichkeit einer solchen Erscheinung in dieser Landschaft leicht bewegen, sie an Ort und Stelle zu begleiten; aber ich fühlte mich so schwach, dass ich kaum im Stande war, die Höhe wieder zu erreichen. Der ganze Abhang ist etwa 500 Fuss hoch und die Aussicht von diesem Punkt über den Fluss hinaus sehr ausgedehnt; aber nach Südost wird sie durch die in jener Richtung zu grösserer Höhe ansteigenden Hügel beschränkt. Diesen Gipfelpunkt der Erhebung erstiegen wir am folgenden Morgen, wo wir uns überzeugten, dass das höchste Niveau sich zu einer offenen Ebene erweiterte, wohlbekleidet mit Gebüsch und Gras und einem reichen Ertrag von Korn, wiewohl die

Saaten hier keineswegs dasselbe üppige Gedeihen zeigten, wie auf dem Gehänge der Hügel. Indem wir uns eine Meile auf dieser Ebene entlang hielten, erreichten wir ein kleines Dorf, in dessen Gehöften ausser *Sesamum* etwas „mekka", wie es hier genannt wird, oder „ghafūli-mássr" gebaut ward. Hier eilte ich mit meinen berittenen Begleitern meinem Packtross voraus, um für uns Quartier in der Stadt Ssai bereit zu halten, da wir einen langen Tagemarsch vor uns hatten. Die Landschaft bekleidete sich hier schmuckreich mit dem Góndabusch, den wir auf unserer ganzen Reise längs des oberen Laufes des Niger völlig aus den Augen verloren hatten.

Wir passirten dann ein grösseres Dorf Namens Dōgo und erhielten hier nur mit Mühe einige Tropfen Milch. Dann ging es durch einen reich angebauten Distrikt, bis wir in die Thalebene von Ssai längs der rauhen Klippen hinabstiegen, welche ihre Westseite begrenzten. Aber der grössere Theil der Thalebene war in solchem Grade mit Wasser bedeckt, dass wir jeden Augenblick in Sumpf geriethen und es desshalb vorzogen, wiederum die Klippen zu ersteigen und uns längs des höheren Thalrandes hinzuhalten. In diesem nördlichen Theile des Thales erreichte der Felsabhang im Allgemeinen eine Höhe von 150 Fuss, fing aber allmählich an, niedriger zu werden. Etwa ½ Stunde vor Mittag veränderten wir unsere Richtung und nahmen unseren Weg durch den sumpfigen Thalboden, indem wir zwei ansehnliche Wasserflächen durchsetzten, die erste von 3 und die zweite von 2½ Fuss Tiefe.

So näherten wir uns der Stadt Ssai. Wie verschieden war jetzt ihr Aussehen von dem Anblicke, den sie bei meinem früheren Besuche gewährte! Damals die ausserordentlichste Dürre und Einförmigkeit, jetzt eine solche Fülle der Vegetation auf allen Seiten des die Stadt umgebenden Erdwalles, dass von ihr selbst kaum etwas zu sehn war. Dabei war die

Stadt im Inneren zur Zeit von einem breiten Wasserbecken durchschnitten, das sie fast in zwei besondere Quartiere zu theilen schien. So kostete es einige Mühe, das Haus des Statthalters zu erreichen, aber es war mir nicht wenig erfreulich, sogleich sammt meinem Rosse als alte Bekanntschaft begrüsst zu werden. Auch quartierte man mich in derselben kleinen Hütte ein, in der ich vor länger als einem Jahr gewohnt hatte; aber eine ansehnliche Veränderung hatte man mit ihrer inneren Einrichtung vorgenommen; die kleine, behagliche, von Matten umschlossene Schlafstelle war nämlich wieder hergestellt worden und sie war sehr annehmbar in der Regenzeit, um so mehr, als sie die Zuströmung frischer Luft nicht gänzlich ausschloss, während sie mich doch in den Stand setzte, alle meine kleinen Schätze in Sicherheit zu bringen.

## XII. KAPITEL.

Zweiter Aufenthalt in Ssai. — Reise durch Déndina und Kébbi.

Nachdem ich eine Weile in meiner Hütte ausgeruht hatte, folgte ich nebst meinen Gefährten der Aufforderung des Statthalters, ihn zu besuchen, und fand unseren armen Freund A'bū-Bakr in demselben Gemache, wo ich ihn vor mehr als einem Jahre gelassen hatte. Seine Lähmung, die Folge der „sseñi" genannten Krankheit, hatte so zugenommen, dass er jetzt ganz steif war, aber trotzdem sah er etwas besser aus, als bei meiner ersten Durchreise. Ich bekam auch bald Gelegenheit, seine genaue Kenntniss des Landes zu bewundern; denn als ihm Ahmed el Wádáui die Gedichte — „kassáīd" —, welche mein Freund El Bakáy an den Emīr A'hmedu gerichtet, vorgelesen hatte und hierauf einige der interessanteren Vorfälle unserer Reise aufzutischen anfing, ward er bei der Benennung der Plätze jeden Augenblick von A'bū-Bakr verbessert, und es schien wirklich, als ob dieser Beamte die genaueste nomenclatorische Kenntniss von allen Ortschaften am Flusse entlang bis Tóndibi besässe, wo ihn die politischen Verhältnisse des Landes gezwungen hatten, auf seiner interessanten Schifffahrt den Fluss aufwärts umzukehren. Es war ganz offenbar, dass er grosses Interesse an den Bemühungen des Scheichs nahm, friedlichen Verkehr mit den Fulbe von Gándō und Sókoto zu eröffnen, und er drückte sein Bedauern darüber aus, dass das feindselige Benehmen des Tuáreg-Häuptlings El Chadīr ihn damals verhindert hätte, Timbuktu zu erreichen; aber meine Gefährten versicherten ihn, dass der Scheich auf die erste Nachricht von seiner Annäherung hin einen Boten abgeschickt hätte, um ihn vor den Tuáreg sicher zu stellen.

Selbst wenn wir diesen Versuch, die Schifffahrt auf dem Flusse entlang zu eröffnen, ausser Acht lassen, unterliegt es keinem Zweifel, dass der Herr von Ssai bei den Bemühungen von Seiten der Europäer, den Fluss zu beschiffen, von der grössten Wichtigkeit ist, und es bleibt nur zu bedauern, dass er nicht über grössere Mittel gebietet, sowohl in pekuniärer als militärischer Beziehung, um aus der günstigen Lage seiner Provinz alle möglichen Vortheile ziehen zu können. Alles in Allem genommen, waren seine Umstände zur Zeit, besonders in Folge des Aufstandes der Provinz Déndina, ausserordentlich beschränkt. Zu gleicher Zeit verhindert ihn sein geschwächter Zustand, die geringe Macht, die ihm zu Gebote steht, zur Anwendung zu bringen, und dies muss natürlicherweise seine politische Schwäche noch vermehren. Auf diese Weise lässt sich auch der Umstand erklären, dass wir nicht eben sehr gastlich behandelt wurden. Dessenungeachtet machte ich ihm diesmal ein recht hübsches Geschenk; darunter befand sich ein rother Mantel von allerdings nur untergeordneter Qualität, den ich eigens zu diesem Zwecke zurückgelegt hatte. Es war mir jedoch sehr angenehm, als Anerkennung für einige Arzneien, mit denen ich seine Krankheit zu lindern versucht hatte, etwa 1 Pfund Zucker von ihm zu erhalten; denn ich hatte dessen lange zur Würzung meines Thee's entbehrt und auf dem Markte war keiner zu haben. Auch war A'bū-Bakr grossmüthig genug, meinen Reisegefährten, als wir nach einem Aufenthalte von 3 Tagen die Stadt verliessen, ein Kameel zum Geschenk zu machen, dessen sie sehr dringend bedurften.

Der Markt von Ssai war in vielen Beziehungen jetzt besser versehen, als bei meiner vorigen Anwesenheit, aber mit diesem

Vortheil war für mich selbst der grosse Nachtheil verbunden, dass in Folge der Ankunft einer zahlreichen Karawane von Haussa-Krämern, die den Markt mit den Erzeugnissen jener Gegend gut versehen hatten, die Preise im Augenblick viel niedriger standen. So erhielt ich für das beste mit Indigo gefärbte Hemd nur 6000 Muscheln und für zwei andere nur 4000 das Stück. Negerhirse war reichlich, aber keineswegs zu niedrigen Preisen zu haben; denn der dritte Theil einer Ssunīe (24 Timbuktuer Maass) wurde für 4000 Muscheln verkauft, also zwei- bis dreimal theuerer als in jener Wüstenstadt. Reis dagegen war überhaupt kaum zu haben. Nicht ein einziges Schaaf, geschweige denn ein Rind, weder zum Schlachten noch zum Lasttragen, war auf dem Markte; ja selbst die beliebten Dodōakuchen, Tamarinden und sogar die Früchte der Kūka *(Adansonia)* fehlten; — der einzige kleine Luxusartikel, welcher auf dem Markte zu finden war, bestand ausser der Frucht der Dūmpalme in frischen Zwiebeln, — allerdings eine grosse Annehmlichkeit in tropischen Gegenden.

Das ist der armselige Charakter dieses Marktes, der in solcher Lage, am Ufer dieses prächtigen Stromes und mitten auf der Hauptstrasse zwischen dem östlichen und westlichen Theile des Sudans, nothwendig von erster Bedeutung sein sollte. Mit grossem Behagen lauschte der schwache, aber wohlmeinende Statthalter meiner Rede, als ich ihn beim Abschiede hoffen liess, dass mit Gottes Hilfe bald ein Englisches Dampfboot den Fluss heraufkommen, seine Residenz mit Europäischen Artikeln jeglicher Art versehen und sie so zu einem äusserst wichtigen Marktplatze erheben würde. Solche Aussichten machten einen um so tieferen Eindruck auf ihn, als ihn mein freundliches Verhältniss zum Scheich El Bakáy von den friedlichen Absichten der Europäer überzeugt hatte.

[*Mittwoch, 2ten August.*] Unser enges Quartier war uns

zu Zeiten um so unbequemer und lästiger geworden, als wir mehrere Gewitterstürme zu ertragen hatten, die uns zwangen, im Inneren unserer engen Hütten Zuflucht zu suchen, und so war ich denn recht froh, Ssai zu verlassen. In der That war es bei der vorgerückten Regenzeit dringend nothwendig, die Reise nach Sókoto zu beschleunigen.

Es war Nachmittag geworden, ehe wir fortkamen. Bevor wir das Ufer des Flusses erreichten, hatten wir ein grosses Wasserbecken zu passiren, das auch auf dieser Seite die Stadt durchzog und die ganze, von Dūmpalmen umsäumte Niederung ausfüllte; natürlich wird dadurch die Verbindung zwischen den verschiedenen Quartieren in sehr unangenehmer Weise unterbrochen. Dennoch schien das Niveau des Flusses zur Zeit nur etwa 5 Fuss höher zu sein, als es zu etwas früherer Zeit im verflossenen Jahre der Fall gewesen war. Die Unbequemlichkeit muss natürlich bedeutend vergrössert werden, wenn das Wasser des Flusses ein höheres Niveau erreicht, und es ist wirklich ein Wunder, dass die Stadt nicht zuweilen völlig unter Wasser gesetzt wird. Allerdings dürfen wir dabei nicht vergessen, dass der Fluss im vergangenen Jahre eine ungewöhnliche Höhe erreicht hatte, so dass also das Wasser jetzt, bevor die neue Flussschwelle eingetreten war, kaum bis zu seinem durchschnittlichen Niveau gesunken sein konnte. Der grössere der beiden Felsblöcke, welche den Fluss etwa in der Mitte seines Laufes hemmen, ragte gegenwärtig nur etwa $1\frac{1}{2}$ Fuss aus dem Wasser hervor und allem Anscheine nach muss er zu Zeiten ganz unter Wasser stehn, wie dies auch mit dem kleineren schon jetzt der Fall war. Daher müssen Fahrzeuge bei der Beschiffung dieses Theiles des Flusses sehr auf der Hut sein, da es nicht unmöglich ist, dass hier in der Nachbarschaft noch mehr Felsen im Wasser verborgen sind.

Mit einem tiefen Gefühl der Freude passirte ich diesen

prächtigen Strom zurück; hatte ich doch so lange Zeit an seinen Ufern gelebt und seinen Lauf so viele hundert Meilen weit verfolgt. Gewiss würde es von nicht geringer Bedeutung gewesen sein, wenn ich im Stande gewesen wäre, seine Ufer bis nach Yáuri zu verfolgen und so den mittleren Lauf dieses edlen Stromes mit seinem unteren Theil, so weit er von den Gebrüdern Lander und, wenigstens theilweise, von verschiedenen Englischen Offizieren besucht worden war, durch eigene Anschauung zu verbinden. Aber ein solches Unternehmen kam ganz ausser Frage, sowohl in Folge des erschöpften Zustandes meiner Mittel, als auch wegen meines geschwächten Gesundheitszustandes und der sehr vorgerückten Regenzeit, die es unabweisbar nöthig für mich machte, Sókoto so bald als möglich zu erreichen. Dazu kam der noch gewichtigere Grund des aufrührerischen Zustandes der Provinz Déndina, welcher zur Zeit jeden Verkehr längs des Flusses für eine so kleine Schaar, wie ich sie unter meinem Befehle hatte, ganz unmöglich machte. Abgesehen von Allem, wäre es, selbst wenn auch das Land in ruhigem Zustande gewesen wäre, doch zu damaliger Jahreszeit unthunlich gewesen, die Ufer des Flusses zu verfolgen.

Auch diesmal gelang es mir, den Fluss ohne Unfall zu passiren, den Umstand ausgenommen, dass sich ein Kameel, welches einem meiner Gefährten gehörte, hartnäckig weigerte, irgend eines der Boote zu betreten — denn die mir diesmal zum Gebrauche übergebenen Fahrzeuge waren keineswegs von derselben Grösse wie die im vorigen Jahr —, und so musste denn das Thier an der Seite eines Bootes den Fluss durchschwimmen und kam natürlich höchst erschöpft am jenseitigen Ufer an, da der Fluss jetzt nicht weniger als 13- bis 1400 Schritt breit war. So war es denn etwas spät geworden, und da das nächste Dorf in zu grosser Entfernung lag, sahen wir uns gezwungen, für die

Nacht auf dem sanften, grasreichen Gehänge des Ufers zu lagern. Ein wenig weiter oberhalb und auch unterhalb vom Einschiffungsplatze bildete das Ufer steile Klippen von ungefähr 80 Fuss Erhebung. Der Abend war freundlich und heiter und die Scenerie des Flusses mit den federartigen Dūmpalmen am gegenüberliegenden Ufer überaus lieblich und wohl geeignet, auf das Gemüth einen bleibenden Eindruck zu machen von dem grossartigen Wasserweg, den die Natur bis in das Herz dieses Kontinentes hinein eröffnet hat. So nahm ich also Abschied vom Niger, — der Mücken will ich nicht gedenken, denn keine Rose ohne Dornen.

[*Donnerstag, 3ten August.*] Wir setzten nun unseren Marsch längs des uns von früher her noch wohlbekannten Pfades fort; aber in dem reicheren Gewande des Pflanzenlebens, mit dem jetzt die Natur bekleidet war, gewährte er einen ganz anderen Anblick. So erreichten wir denn nach einem Marsche von 6 Meilen das Dorf Tóndifū, umgeben von schönen Feldern mit Negerhirse, die der Reife entgegengingen; die Halme erreichten die gewaltige Höhe von 15—20 Fuss. Um ihr Eigenthum vor den Angriffen der zahllosen Schwärme von Vögeln zu schützen, war fast die gesammte Bevölkerung in dieser waldähnlichen Pflanzung zerstreut und machte ein so unaufhörliches Geräusch und Geschrei, dass ein durchaus beunruhigendes Gefühl in uns erweckt wurde, um so mehr, als die Leute vor unseren Blicken versteckt waren.

Nachdem wir uns dann bis zum Dorfe Tanna in der Fáddama entlang gehalten hatten, verliessen wir unsere bisherige Strasse und schlugen eine nördlichere Richtung ein; nach einem Marsche von 5 Meilen erreichten wir die elenden Reste eines Weilers Namens Djídder, der im verflossenen Jahre von den Djermābe, wie die Bewohner Sérma's oder Sabérma's von den Fulbe genannt werden, geplündert und völlig zerstört worden war. Aber ungeachtet dieser Verheerung menschlichen Glückes legte doch die schöne Saat rundumher von der natürlichen Fruchtbarkeit des Bodens Zeugniss ab; auch der Brunnen war von Dūmpalmen umgeben. Es war ursprünglich unsere Absicht gewesen, in diesem Dorf Halt zu machen; aber in Folge eines lächerlichen Missverständnisses meines Médjebrī-Gefährten, der niemals den Marsch genug abkürzen konnte, indess diesmal für sein lästiges Betragen bestraft wurde, setzten wir unseren Weg fort und liessen das Dorf Hari-bángo in einiger Entfernung zu unserer Rechten liegen, bis wir nach einem Marsche von noch etwa 5 Meilen einen anderen Weiler erreichten. Dieser Ort, der Mínge heisst, war gleichfalls während des verwilderten Zustandes des Landes vom Feinde geplündert worden und gewährte einen höchst kläglichen Anblick; aber auch hier zeigte sich viel Anbau, und ich war nicht wenig erstaunt, in einem so verlassenen Orte einen Mann zu finden, der in seiner Hütte Fleisch im Kleinen verkaufte; aber auf weiteres Nachforschen ergab es sich, dass es das Fleisch eines kranken Thieres war. Einige wenige Stück Vieh waren nämlich im Besitze der Bewohner geblieben.

Die Hütten erwiesen sich als ungeheuer schmutzig, und um es zu umgehen, in einer von ihnen die Nacht zuzubringen, hatte ich mein Zelt draussen auf dem Rasenteppich aufgeschlagen, ward hier aber von einer Art haariger Erdameisen, wie ich sie nie zuvor beobachtet hatte, dermaassen verfolgt, dass ich fast noch weniger Schlaf genoss, als in der vorhergehenden Nacht an den Ufern des Niger, wo die Mücken in grösster Menge gehaust hatten.

[*Freitag, 4ten August.*] Der heutige Marsch brachte mich nach Támkala. Meine Kameele nahmen einen kürzeren, ich selbst einen längeren Weg, aber dessenungeachtet kam ich doch zu derselben Zeit wie jene am Stadtthore an. Vom Anfang an war es meine Absicht gewesen, diese Stadt zu besuchen, aber der unruhige Zustand des Landes hatte mich im verflossenen Jahre bewogen, eine direktere Strasse einzuschlagen. Erst jetzt, bei meiner Rückkehr, erfuhr ich nun, dass A'bū 'l Hassan bei jener Gelegenheit, sobald als er von meiner Ankunft gehört, vier Reiter nach Gárbo ausgesandt hatte, um mich zu ihm zu bringen; sie waren aber leider erst angekommen, als ich jenen Ort schon verlassen hatte.

Die Stadt Támkala, welche dieser Gegend grosse Berühmtheit verleiht, hatte während des Aufstandes von Sabérma bedeutend gelitten, und wenn die schwere Saat Korn, die damals gerade reif war, nicht den grösseren Theil der Stadt den Blicken der Feinde entzogen hätte, würde sie wohl einen noch verfalleneren Anblick gewährt haben; denn nicht allein die Stadtmauer war sehr in Verfall, sondern auch die Wohnung des Statthalters selbst fast in einen Trümmerhaufen verwandelt. Es war auffallend, dass, wie ich mich dem Gebäude näherte, eine Sklavin — sie war allerdings von hellgelber Hautfarbe — mich, den weissen Mann, in ganz vertrauter Weise begrüsste, als wäre ich einer ihrer Landsleute und Glaubensgenossen; sie gehörte, glaube ich, einem im Süden von A'damaua angesessenen Stamme an.

Wir liessen vorläufig dem Herrn unsere Huldigung melden und kehrten in unser Quartier zurück; dies war eben sonst nicht so abscheulich, aber von der Saat so eng umgeben, dass wir kaum Raum finden konnten, um unsere Pferde anzubinden. Dabei waren die Hütten so voller Ungeziefer, dass ich während meines hiesigen Aufenthaltes kaum einen Augenblick Ruhe erlangte. Ausser der allen Orten gemeinsamen Plage verschiedener Arten von Erdameisen und zahllosen Schwärmen von Mücken fand ich zu meinem grossen Erstaunen den Platz auch voller Flöhe — ein Insekt, das ich, seitdem ich Kúkaua verlassen, nicht wieder gesehn hatte und das früher als im tropischen Afrika gar nicht vorhanden angesehen wurde. So hatte ich denn hinreichend Grund zu bedauern, dass ich gezwungen worden war, mein Quartier innerhalb der Stadt zu nehmen; der Ort lag nämlich am Rande eines sumpfigen Thales, des „dallul Bosso", das zur Zeit neben seiner Fülle von Dūmpalmen voll Wasser war, und die Saat umgab die Stadtmauer so dicht, dass sich kein Raum fand, ein Zelt aufzuschlagen.

Es war gerade Markttag, aber ausser Fleisch, saurer Milch, Tabak und Pfeffer war nichts zu haben; selbst der einheimische Hirsen war sehr theuer und der ganze armselige Zustand des Marktes war wohl geeignet, die Angabe zu bestätigen, dass der grössere Theil der Einwohner von der Frucht der Dūmpalmen lebte. Ich hatte jedoch weiter keine Geschäfte in der Stadt zu verrichten, als dem Statthalter meine Aufwartung zu machen, und war desshalb keineswegs gezwungen, mich hier lange aufzuhalten. Freilich war mein Geschäft mit dem Letzteren von eigenthümlicher Art und die Leute versicherten mich, dass er sehr zornig auf mich sei, weil ich ihm im verflossenen Jahre keinen Besuch abgestattet hätte. Ja, meine Reisegefährten, die Begleiter des Scheichs, wollten mich selbst glauben machen, dass er mich gar nicht sehn wolle, aber ich hatte starken Verdacht, dass dies nichts als ein böser Streich wäre, den sie mir zur Förderung ihres eigenen Interesses spielten. Sie hatten nämlich vom Scheich ein Geschenk für diesen Herrn erhalten und wollten alles Verdienst des Besuches sich selbst zueignen; ich erklärte jedoch, wenn der Statthalter mich nicht sehn wolle, so solle er auch sicherlich kein Geschenk von mir haben, und ich erhielt nun ohne weiteren Verzug eine Audienz. Auch wurde ich so gnädig empfangen, dass ich kaum der Angabe Glauben schenken konnte, dass er irgend ein feindseliges Gefühl gegen mich genährt habe; denn bei meinem Eintritt stand er von seinem Sitze, einem Rohrdiwan, auf und kam mir bis an die Thüre entgegen.

Ich machte es mir zur Gewissenssache, seiner Herzlichkeit in der freundlichsten Weise zu entsprechen und erklärte ihm, dass nur die dringendsten Umstände und der Rath meines eigenen Führers, des Boten Chalīlu's, mich im vergangenen Jahre bewogen hätten, meinem festen Grundsatze zuwider zu handeln. Dieser Grundsatz bestehe darin, mit allen Machthabern, sowie mit allen den übrigen angesehenen und einflussreichen Männern auf meiner Strasse Freundschaft zu schliessen; somit sei er selbst mir die wichtigste Person gewesen, der ich gern zuerst meinen Besuch abgestattet haben würde, da er mir wegen seines kriegerischen Muthes und seines geraden und ritterlichen Charakters lange zuvor bekannt geworden wäre und den ersten Rang unter denjenigen einnähme, denen ich einen Besuch bestimmt hätte. Meine Rede, von einem leidlichen Geschenk unterstützt, brachte einen günstigen Eindruck auf den Herrn hervor, besonders als er vernahm, dass ich es sei, der den Scheich bewogen habe, ihn mit einer Gesandtschaft zu beehren, und er eröffnete eine sehr freundliche Unterhaltung, in der er zugestand, dass ihn die Djermābe (die Bewohner der Provinz Serma) im letzten Jahre wirklich recht hart bedrängt hätten, bis es ihm zuletzt gelungen sei, ihre Heeresmacht zu besiegen und eine grosse Anzahl von ihnen zu tödten.

Wir lasen ihm dann den Brief des Scheichs vor, der meinem Charakter grosses Lob zollte und mich in den günstigsten Ausdrücken seinen Verehrern empfahl. Ssidi Ahmed hielt eine sehr lebendige Rede, die sich besonders über die Heiligkeit und Gelehrsamkeit seines Lehrers verbreitete, dem es, wie er sagte, sehr am Herzen liege, friedlichen Verkehr längs des Niger zu eröffnen, und dessen Wunsch es sei, dass A'bū el Hassan den Berberstamm der Kēl-geréss und Dínnik verhindere, ihre Plünderungszüge auf das Gebiet und gegen die Leute Alkúttabu's fortzusetzen. Der energische Statthalter, der sich durch diese Komplimente geschmeichelt fühlte, nahm die Winke, die mein beredter Freund hinwarf, dass nämlich der Scheich neben seinen edlen Bemühungen auch nichts dagegen einzuwenden habe, wenn man seiner erhabenen Stellung durch eine kleine Anzahl anständiger Geschenke Achtung zollen wolle, wohlgefällig auf, und zwei der Schüler des Scheichs, Mohammed ben Muchtār und Máleki, wurden ihm als die Personen angedeutet, welche hier bleiben würden, um aus seiner Hand die für den Scheich bestimmten Geschenke bei der ersten Gelegenheit in Empfang zu nehmen.

Nachdem dieses ganze Geschäft im Beisein von nur ein oder zwei seiner vertrautesten Freunde abgemacht war, liess der Herr von Támkala alle seine Höflinge wieder zu sich berufen, worauf ihnen Ssidi Aʼhmed das Gedicht vorlas, in welchem der Scheich den Häuptling von Hamd-Allāhi, Aʼhmedu ben Aʼhmedu, wegen seiner Unfähigkeit, mich, wie er gedroht hatte, gefangen zu nehmen, verspottete und es rief viel Heiterkeit hervor, obwohl es im Grunde natürlich nur von denen beurtheilt werden konnte, die eine gründliche Kenntniss vom Arabischen besassen, während der grössere Theil der Versammlung wahrscheinlich auch nicht ein einziges Wort davon verstand. Es war gewiss ein eigenthümlicher Umstand, dass diese Leute ihre Zufriedenheit mit dem Fehlschlagen eines Unternehmens ihrer eigenen Landsleute und Verwandten an den Tag legten.

Alles zusammengenommen, machte Aʼbū el Hassan einen günstigen Eindruck auf mich. Er war allerdings keineswegs ein Mann von stattlichem Aussehen oder gebieterischen Manieren und seine Züge entbehrten des ausdrucksvollen Gepräges, das im Allgemeinen die Fulbe charakterisirt; er hatte keine Spur von einem Bart und sah daher bei weitem jünger aus, als er wirklich war, da er kaum unter 60 Jahren sein konnte. Seine Hautfarbe war sehr hell und seine Kleidung sehr einfach, denn sie bestand aus nichts als einem weissen Hemde und einem eben solchen Turban; nur der Ehre halber hatte er den rothen Bernus, den ihm meine Gefährten zum Geschenk gemacht, umgethan und er hing lose von seinen Schultern herab. A'bū el Hassan ist auf der Insel Anssóngho geboren, wo seine Vorfahren von alten Zeiten her angesessen waren, und er verdankt die Stellung, die er gegenwärtig einnimmt, ganz allein seinem persönlichen Muth und dem bescheidenen Maasse seiner Gelehrsamkeit. Jedenfalls scheint er es in aller Hinsicht zu verdienen, dass er einem energischeren Oberhaupte untergeben wäre, als dem mönchischen und lässigen Chalīlu, der sein Reich in Stücke auseinandergehen lässt. Bei jedem Versuche, den Niger zu beschiffen, muss der Herr von Támkala von der grössten Bedeutung sein. Die Hauptschwäche seiner Stellung besteht im Mangel an Reiterei, da es ihm so unmöglich ist, den theilweisen Vortheil, den er zuweilen über seine Feinde davonträgt, zu verfolgen.

Die Audienzhalle, wo wir unser interessantes Zusammentreffen mit A'bū el Hassan hatten, überraschte mich durch ihre einfache Bauweise, indem sie aus einem langen, schmalen und mit gegiebeltem Rohrdache versehenen Gemache bestand, wie sie in Yóruba gewöhnlich sind. Froh über den Erfolg unserer Verhandlung zogen wir uns in unser Quartier zurück; ich vertheilte hier unter diejenigen meiner Timbuktuer Freunde, welche hier zurückbleiben sollten, meine letzten Geschenke und übergab ihnen einen Brief an den Scheich, worin ich ihn abermals meiner Anhänglichkeit an sein Haus versicherte und die Hoffnung aussprach, dass wir selbst bei der grössten Entfernung von einander nicht aufhören würden, unsere gegenseitige Freundschaft zu pflegen.

Es war unsere Absicht gewesen, diesmal die Strasse über Djundju zu wählen, den Ort, von welchem ich bei früherer Gelegenheit erwähnt habe, dass er am nördlicheren Theile des Laufes des Dallul Máuri gelegen sei; aber der Statthalter rieth uns dringend, diesen Platz zu vermeiden, da er, zu klein und nicht stark genug, um eine bestimmte Politik zu verfolgen, den Intriguen von Freund und Feind ausgesetzt sei.

[*Sonntag, 6ten August.*] Ehe wir aufbrachen, schickte mir A'bū el Hassan ein Kameel zum Geschenk, aber ich gab es meinen Timbuktuer Freunden, obwohl meine eigenen Thiere in überaus schwächlichem Zustande waren. Dann brachen wir mit Zurücklassung zweier unserer Gefährten, die von hier aus zum Scheich El Bakáy zurückkehren sollten, auf. Der Pfad, den wir verfolgten, zeigte eine grosse Strecke angebauten Landes, aber die Unregelmässigkeit, mit der die Saaten aufgeschossen waren, schien eben keinen bedeutenden Grad von Sorgfalt und Betriebsamkeit zu beweisen. Meine Leute entschuldigten jedoch die Bewohner von Támkala in dieser Hinsicht und meinten, ausgehungerte Menschen, wie die bedrängten Bewohner dieser Stadt, besässen nicht hinreichende moralische Kraft, um ihren Boden genügend zu bebauen.

Wir hielten im Ganzen eine südliche Richtung ein und rückten allmählich näher an den Rand des Dallul oder Rāfi, dessen Oberfläche abwechselnd höheren und niedrigeren Boden darstellte, während die Einsenkungen einen sumpfigen Charakter hatten. Nach Osten ward das Thal von einer Hügelkette begrenzt, die zu bedeutender Erhebung aufstieg und auf ihrem Gipfel bezeichnete ein vereinzelter Baobab die Stätte eines früheren menschlichen Wohnsitzes Namens Gāō, über den die Strasse von Támkala nach Djundju führt. Allmählich nahm der Anbau ab und eine Weile trat Dūmgebüsch an seine Stelle, während ein sehr schöner, aber vereinzelter Gamdjibaum darüber hervorragte. Jedoch verbesserte sich das Land weiterhin und fing an, Spuren grösserer Betriebsamkeit aufzuweisen, in Saatfeldern und kleinen Dörfern. Die letzteren gaben wohl über die Hälfte durch ihre Namen den Ursprung von Sonrhay zu erkennen; andere wiesen auf Haussa hin.

Die Dörfer waren insgesammt mit schönen Saaten umgeben und eines von ihnen, Namens Bommo-hōgu, hatte auch einen kleinen Marktplatz. Es war ein erfreulicher Umstand, dass ein Bewohner des Dorfes Gátara, das wir weiterhin zur Seite liegen liessen, sich durch sein Gefühl der Grossmuth gedrungen fühlte, mir ein Geschenk von 50 Muscheln zu machen, und ich gewann es nicht über mich, es auszuschlagen, überliess es aber meinen Gefährten. An dieser Stelle begegneten wir auch den einzigen Reitern, die wir in dieser Provinz sahen; sie hatten ein ganz energisches und stattliches Aussehen.

Nachdem wir dann einen kleinen, aber zur Zeit unbesuchten Marktplatz inmitten der Saatfelder zur Seite gelassen hatten, erreichten wir das Dorf Bāschi. Hier erwarteten wir Quartier für uns bereit zu finden, waren aber nur nach langem Verzug im Stande, uns ein sehr unbedeutendes Nachtlager zu verschaffen.

Es gewährte uns einiges Vergnügen, hier einen einheimischen Reisenden — „mai-falkē" — von Wurno zu treffen, der uns die neuesten Nachrichten aus Haussa und Kébbi mittheilte; aber wenig Rühmliches liess sich von den ritterlichen Thaten der grossen Féllani-Häuptlinge Alīu und Chalīlu sagen, die beide den Verfall der Macht ihrer Landsleute und Unterthanen nach Kräften beförderten. Auch eine andere, noch interessantere Persönlichkeit trafen wir hier, einen einheimischen kleinen Gaugrafen, der der Anordnung des Herrn von Támkala gemäss die Reise durch die gefährliche Wildniss von Fōgha in unserer Gesellschaft machen sollte. Es war ʿAbdū sserkī-n-Tschīko, Herr von Tschīko oder vielmehr, um der Wahrheit näher zu kommen, Herr der Wildniss; sein adeliger Titel — „ráuani" (wörtlich Shawl oder Turban) — war nämlich gerade ebenso leer und eitel wie so mancher in Europa, und das Städtchen Tschīko mit seiner Grafschaft war schon vor vielen Jahren vom Feinde verheert worden. Aber wie hohl auch sein Titel sein mochte, er selbst war von adeliger Geburt, der Sohn ʿAbd eʾ Ssalām's, des wohlbekannten, einst auf seine Unabhängigkeit trotzenden

Herrn der politisch wichtigen und wohlhabenden Stadt Djĕga, die dem Djihādi 'Othmān so lange erfolgreichen Widerstand leistete\*). Bochāri, der gegenwärtige Herrscher dieses Ortes, war 'Abdū's Bruder.

Abgesehen von der adeligen, vornehmen Abkunft dieses Herrn, war seine Gesellschaft auch recht interessant durch die Entfaltung des ganzen, den kleinen Haussa-Häuptlingen eigenthümlichen Gepränges. So marschirte sein kleiner Tross beim Schalle von Trommeln und Hörnern, obgleich die gesammten militärischen Streitkräfte nur drei Reiter und sechs Bogenschützen zählten. Er selbst war mit einem grünen, prächtigen Bernus bekleidet und ritt ein muthiges, feuriges Streitross; aber sein Tross hatte keineswegs ein fürstliches Aussehen, sondern bestand in einem ungeordneten, abenteuerlichen Gewirre von Sklaven, Hornvieh, Schaafen und allen möglichen Arten von lästigem Gepäck.

Ungeachtet all' dieses leeren Gepränges war mir der Graf von Tschīko ein willkommener Gefährte auf der vor mir liegenden gefahrvollen Strasse, und als er so freundlich war, mir einen Besuch in meiner Hütte abzustatten, verehrte ich ihm sogleich einen schwarzen „ráuani" und bestätigte ihn so gleichsam meinerseits in allen seinen Titeln. Er entfaltete sogleich seine Weltkenntniss und seinen Verstand vor meinen Augen und ich entdeckte verschiedene Punkte von Ähnlichkeit zwischen ihm und Mohammed Bōro, meinem edlen Freunde von Agades.

Auch zwei Diener 'Abd el Káderi's, eines jüngeren Bruders Chalīlu's, schlossen sich hier an uns an und so schien denn unser Marsch völlig gesichert. Das Dorf jedoch, wo ich mit allen diesen Leuten zusammentraf, war recht ärmlich mit Lebensmitteln versehen, denn weder Milch

---

\*) Die ursprüngliche Residenz 'Abd-e'-Ssalām's war Kōri gewesen und von da aus hatte er 5 Jahre lang mit 'Othmān Krieg geführt.

noch sonst etwas war zu haben, und in Folge der zahllosen Mückenschwärme, welche hier hausten, war an Ruhe gar nicht zu denken.

[*Montag, 7ten August.*] Ein mässiger Regenfall am Morgen verzögerte unseren Aufbruch einige Zeit lang. Unsere Strasse durchzog eine reiche Landschaft, die bald Spuren sorgfältigen Anbaues den Blicken darbot, bald ihrem eigenen üppig-wilden Wachsthume überlassen war. So liessen wir das Dorf Belánde zur Seite liegen, das mit grossen Massen von Dūmpalmen geschmückt war, sowie den Wirthschaftsweiler U'ro-Emīro, und betraten dann im eigentlicheren Sinne die Thalsohle des „rāfi". Schon zu jetziger Jahreszeit war es zum grossen Theil mit Sumpf bedeckt, aber einen Monat später wird der Verkehr durch dasselbe unendlich erschwert. An einigen Stellen jedoch erhebt sich der Boden einige Fuss höher, als das durchschnittliche Niveau, und dieser niedrig gelegene Boden ist entschieden zum Reisbau vortrefflich geeignet; aber zur Zeit war nur sehr wenig zu sehn.

Endlich bedünkte es uns, dass wir den Sumpfboden ganz und gar hinter uns hätten; aber etwa 1½ Meilen hinter dem Dorfe Gerlädje, das wir zur Seite liessen, hatten wir einen sehr tiefen und breiten Sumpf zu passiren und hier fiel eins meiner letzten Kameele nieder und war auf der Stelle todt. Drei Meilen weiterhin erreichten wir das Dorf Gárbo, das mir schon von meiner Herreise her bekannt war; aber ich war kaum im Stande, es wieder zu erkennen, so gross war die Veränderung, welche der reichere Pflanzenwuchs, sowie die Saaten von Hirse und *Sorghum* hervorgebracht hatte, die durch den Einfluss der Regenzeit aufgeschossen waren. Aber auch die Bewohner, durch die Aussicht auf eine reiche Ernte belebt, zeigten jetzt eine bei weitem heiterere Gemüthsstimmung, als es bei meinem früheren Besuche der Fall gewesen war, und führten mich unverzüglich durch die engen Gassen zum Hause des Emīrs, der mich auf herzliche Weise als alten Freund empfing. Auch er war, wie ich zu meinem Erstaunen gewahrte, als ich mit ihm eine Unterredung anknüpfte, mit allen Umständen meines Aufenthaltes in Timbuktu bekannt. Er quartierte mich in derselben kleinen, aber niedlich eingerichteten Hütte ein, wo ich während meines früheren Aufenthaltes gewohnt hatte; leid that es mir dabei, dass ich die betriebsame Wirthin aus ihrer niedlichen kleinen Behausung vertreiben musste.

Der Stadtherr bewirthete mich auf höchst gastfreundliche Weise und schickte mir ausser Milch und Korn auch ein kleines Rind, obwohl ich ihm nur ein sehr kleines Geschenk gemacht hatte. Sein Name ist ʿAbd el Wahāb und er ist väterlicherseits ein Bruder A'bū el Hassan's. So genossen wir denn bei so freundlicher Behandlung unseren Aufenthalt hier in Gárbo in voller Gemüthlichkeit, da das Wetter sich aufgeklärt hatte und ein schöner Nachmittag auf einen regnerischen Morgen folgte.

Die freundliche Gesinnung des Stadtherrn war uns um so willkommener, als wir auch noch den folgenden Tag hier bleiben mussten. Mehrere meiner Gefährten waren nämlich durch Erkranken zum Reisen untauglich geworden und der Sserki-n-Tschīko wollte auch einen Vorrath an Korn für die Reise mitnehmen. Ich verbrachte einige dieser mir wider Willen aufgebürdeten Mussestunden in der Gesellschaft des Letzteren, indem er mir die einzelnen Umstände des Kampfes seiner Familie mit dem Djihādi erzählte und besonders bei der Schilderung der Stadt Djēga verweilte. Djēga ist ein überaus wichtiger Marktplatz, und es that mir recht leid, dass die Jahreszeit mich auch diesmal verhinderte, diese Stadt zu besuchen; der Markt ist besonders für rohe Seide bedeutend, womit er ganz Sánfara und selbst den entfernten Markt von Alōri oder Ilōri versorgt. In der That bin ich fest davon überzeugt, dass jene Seide, welche man von der Missions-Station in Yóruba als eine Probe einheimischer Industrie nach England geschickt hat, weiter nichts als eben dieser Artikel ist, den man von Tripoli hier einführt und dann wiederum nach Haussa ausführt. In unserer Unterhaltung erwähnte Sserki-n-Tschīko auch eines mir sehr auffallenden Umstandes, dass nämlich die Haussa-Leute keinen allgemeinen Namen für die Sonrhay hätten; ihre einzige Bezeichnung für sie wäre „Yammatáua" (d. h. die Westlichen), und diesem Ausdruck stehe der andere, „Gabbestáua" (d. h. die Östlichen) ohne die geringste Rücksicht auf Nationalität gegenüber.

[*Mittwoch, 9ten August.*] Als wir am Morgen das Dorf Gárbo verliessen, verführte uns das Beispiel unseres Haussa-Gefährten, geradezu die steile Felspassage zu ersteigen, die wir auf unserem früheren Marsche umgangen hatten; aber wir fanden auch diesmal das Sprichwort bestätigt: „der gerade Weg ist nicht immer der nächste", denn die Passage erwies sich als so schwierig, dass alles Gepäck vom Rücken der Kameele herunterfiel, was uns einen langen Aufenthalt verursachte. Um so ununterbrochener ging es dagegen vorwärts, sobald wir das flache Niveau des Waldes erreicht hatten, bis endlich unser früherer Lagerplatz hinter uns lag. Da wir jedoch hier kein Wasser fanden, zogen wir weiter, und zwar ging der leichtere Theil unserer Reisegesellschaft voraus, um das so nöthige Element aufzusuchen; mittlerweile kam es aber von einer Seite, wo wir es gar nicht geahnt hatten. Es zog sich nämlich ein dichtes Gewitter zusammen, und der Umstand, dass unsere Freunde vorausgezogen waren, erlaubte uns nicht, zurückzubleiben. So brach es denn los, ehe wir einen Lagerplatz gewählt hatten, und als der Boden einmal durch den heftigen Regenfall in einem Augenblick hoch mit Wasser bedeckt war, durfte man an ein Lagern gar nicht mehr denken. Obgleich bis auf die Haut durchnässt, sahen wir uns nun doch genöthigt, in der unerquicklichsten Weise unseren Marsch fortzusetzen, bis der Regen ein wenig nachliess und wir auf etwas aufspringenden Boden gelangt waren, wo uns die Äste eines Waldlagers Mittel an die Hand gaben, unser Gepäck gegen die ausserordentliche Nässe des Bodens zu schützen. Solche Lagerstätten wie diese sind ganz geeignet, in dem Reisenden den Keim vieler Krankheiten zu erzeugen. Ich fühlte mich ganz und gar unbehaglich, bis es mir endlich mit grosser Mühe gelang, innerhalb meines durchnässten Zeltes ein Feuer anzuzünden, während der Regen draussen mit verdoppelter Gewalt anhielt. Es war eben kein Wunder, dass das Wetter meine Leute, die ja bei ihrer Arbeit seinem Einfluss mehr als ich selbst ausgesetzt waren, dermaassen angriff, dass sie am folgenden Morgen vor Nässe und Kälte zitterten; es war daher spät am Morgen, ehe wir an einen Aufbruch denken konnten.

Wir waren noch nicht lange auf dem Marsche, als wir einigen energisch und kriegerisch aussehenden Reitern aus Fōgha begegneten. Der gestrige Regen hatte mehrere kleine Wasserpfützen im Walde gebildet. Dann stiegen wir etwas abwärts, und indem wir über nur leicht bewaldetes Hügelland dahinzogen, näherten wir uns allmählich wieder dem eigenthümlichen Thale Fōgha. Ich hatte beschlossen, diesmal die Stadt Kallīul zu besuchen, und zog daher an der südwestlichen Seite des Thales entlang; der schmale Pfad war jetzt mit hohem Grase bedeckt und die zahlreichen Salz producirenden Weiler waren menschenleer und mit Vegetation überwachsen. Es machte uns auch um der ausgehungerten Bewohner dieses Gaues willen Freude, zu sehn, wie schön die Saat auf den Feldern prangte; auch etwas Hornvieh weidete in der Nähe. — Ein Lager einheimischer Handelsleute, welches wir zur Seite liegen liessen und das aus leichten, von Rohr errichteten Schattendächern bestand, verlieh dem Ganzen einiges Leben.

So erreichten wir die Stadt Kallīul und wurden hier vor dem Thore von zwei Reitern empfangen, die mich ohne Weiteres in einer geräumigen sauberen Thonhütte einquartierten, deren Durchmesser an 30 Fuss betrug. Hier hatte ich es mir kaum bequem gemacht, als mir Sseñīna und die angesehensten Bewohner ihre Aufwartung machten. Jeder begrüsste mich auf die freundlichste und ermunterndste Weise als alten Bekannten und unternehmenden, mit Erfolg gekrönten Reisenden und ich wünschte ihnen meinerseits Glück dazu, dass sie einige ihrer Einbussen im Kriege wieder gut gemacht hätten, indem sie dem Feinde eine schöne Rinderheerde abgenommen. Ich war wirklich hoch erfreut, meine Freunde nicht in demselben ausgehungerten Zustande zu finden, worin ich sie vor einem Jahre verlassen hatte, und ich erkannte mit einem Gefühle tiefer Dankbarkeit den, wenn auch dürftigen, Beweis von Gastfreundschaft an, den sie mir zu geben im Stande waren; er bestand in etwas „tūo", einer grossen Menge Milch und einigen Kōlanüssen. Auch belohnte ich ihre Freundlichkeit so gut, wie es mir in meinen damaligen beschränkten Umständen möglich war.

Hier in Kallīul war es, wo ich mit Gewissheit den Tod meines Freundes, des Veziers von Bórnu, erfuhr. Allerdings hatte schon der Herr von Ssai, als wir ihm den Empfehlungsbrief vorlasen, den der Scheich El Bakáy zu meinen Gunsten geschrieben, bemerkt, dass 'Omar nicht mehr Herrscher von Bórnu sei, und auch einige leichte Andeutungen auf den Tod des Veziers gemacht, aber ich setzte noch keinen Glauben darein. Jetzt dagegen wurden mir die Umstände in so bestimmter Weise dargelegt, dass ich die Wahrheit der Angabe nicht länger bezweifeln konnte, und ich dachte mit einiger Besorgniss an Dr. Vogel und seine Begleiter, sowie an meine eigenen Angelegenheiten in Bórnu.

Gegen Abend wanderte ich etwas umher, wobei ich die

Stadt nur sehr dünn bewohnt fand. Ich habe jedoch schon vorhin erwähnt, dass die Weiler, in denen das Salz bereitet wird, um diese Jahreszeit verlassen sind, da, so lange der Boden des Thales mit Wasser bedeckt ist, kein Salz gewonnen werden kann; ich weiss indess nicht, wohin die Bewohner mittlerweile gehn, denn offene Dörfer gibt es bei dem Kriegszustande hier nicht. Die Lage der Stadt selbst ist von bedeutender Stärke, indem sie auf der Ostseite mit einer Mauer, auf der Westseite aber, wenigstens einen Theil des Jahres hindurch, mit einem Sumpfe umgeben ist. Dieser Umstand macht es eher begreiflich, wie die Bewohner im Stande gewesen sind, sich gegen die wiederholten Angriffe der aufständischen Déndi zu vertheidigen.

Der für mich am meisten interessante Gegenstand, welcher allein schon diesen Ort eines Besuches werth gemacht haben würde, war ein Exemplar einer Ölpalme *(Elaeis Guineensis)*. Allerdings war es ganz vereinzelt, aber dessenungeachtet lieferte es doch in Verbindung mit einigen Büschen derselben Gattung den Beweis, dass diese Palme selbst im Inneren in grosser Entfernung von der See an Stellen fortkommen kann, wo der Boden mit Salz geschwängert ist, wie es hier der Fall war. Aber im Allgemeinen scheint doch die Erfahrung die Richtigkeit der Annahme bewiesen zu haben, dass die Ölpalme in grosser Entfernung vom Ocean nicht gedeihen kann.

Wir hatten unser Quartier im Inneren der Stadt genommen, weil ʿAbdū behauptet hatte, dass es möglich sein würde, das Thal an dieser Stelle zu passiren, aber zu meinem nicht geringen Verdruss erfuhr ich, dass ich mehrere Meilen weit umwenden müsste, nämlich bis zu der Stelle, wo ich das Thal auf meiner Herreise passirt hatte. Um daher nicht noch mehr Zeit zu verlieren, als nöthig war, verliess ich Kallīul Nachmittags des nächsten Tages, indem ich beabsichtigte, auf der anderen Seite des Thales am Eingange der Wildniss zu lagern. Nach vielem Widerstande von Seiten meiner Gefährten setzte ich meinen Plan durch und ward von Sseñīna mit zwei berittenen Bogenschützen zur Stadt hinaus geleitet. Auch folgte mir alles Volk, das dieselbe Strasse einschlagen wollte, als sie einmal sahen, dass ich mit vollem Vertrauen ausrückte, und als ich mein Zelt auf der Höhe über dem Thale aufgeschlagen hatte, da wo die Dūmpalmen anfangen, lagerten sie sich, Einer nach dem Anderen, in engem Kreise umher, als wenn mein Zelt ein Talisman wäre, das sie gegen jeden Angriff schützen könnte. Mitternacht war kaum vorüber, als sich die Trommel 'Abdū's in der Ferne hören liess und zu erkennen gab, dass auch der vornehme Edelmann, der Graf von Tschīko, nicht zauderte. Aber die Schaaren der hier hausenden Mücken hatten meinen Leuten im ersten Theile der Nacht keinen Schlaf gestattet, und so waren sie lässig und wollten durchaus nicht das Gepäck zum Marsche in Ordnung bringen. Auf diese Weise kam unser Freund heran, ehe wir uns in Bereitschaft gesetzt hatten, und es war 3 Uhr Morgens, ehe wir endlich aufbrachen; dann kostete uns der Fall eines Packochsen aus 'Abdū's Tross auf dem schmalen Waldwege noch eine Stunde, ehe wir völlig in Gang kamen.

Nun ging es aber rastlos fort, so schnell, als es der bunt zusammengesetzte Tross nur gestatten wollte, und wir erreichten ½ Stunde vor Mittag die Stätte von Dēbe im dichtesten Theile der Wildniss, die jetzt hier fast 1 Fuss hoch mit Wasser bedeckt war. Hier machten wir etwas Halt, ohne abzusteigen, um den Haussa-Leuten Zeit zu gönnen, ihre Furā zu trinken. Es waren etwa 100 eingeborene Händler — „fatāki" — und der grössere Theil derselben transportirte das geringe Quantum von Waaren, das sie besassen, auf Packochsen oder Eseln; Einige aber trugen es auch auf dem Kopfe als „dan-garúnfu". Nachdem wir einige Erfrischung genossen hatten, setzten wir unseren Weg fort, lagerten aber bald aus Furcht vor einem Gewitter, das sich über unseren Häuptern zusammenzog, nahe bei einer seichten Ansammlung von Wasser. Es fiel jedoch nur wenig Regen, und wir hatten einen ziemlich ruhigen Abend; aber auch hier mussten wir stark von Mücken leiden und diese kleinen, so unendlich lästigen Thiere, die des Reisenden beste Kraft verzehren, trugen nicht wenig zu der durch die ausserordentliche Unsicherheit des Verkehrs verursachten Beschwerde einer Reise durch Kébbi bei.

[*Sonntag, 13ten August.*] Etwa 2 Meilen von unserem Lagerplatze hatten wir nach einem unbedeutenden Anstieg die steile felsige Passage herabzusteigen, während sich der höhere Boden mit seiner dichten Beholzung wie eine Hügelkette vor uns hinzog. Diese stiegen wir dann wiederum hinan und erreichten den Teich — „tebki" —, den ich auf meiner Herreise erwähnt habe. Wir waren durstig und gingen hin, um zu trinken, aber das Wasser war so abscheulich, dass meine Gefährten aus Timbuktu, die an das gute Nigerwasser gewöhnt waren, von ernsthaftem Unwohlsein befallen wurden, und besonders Ssidi Ahmed bekam plötzlich einen so heftigen Fieberanfall, dass er wähnte, das Wasser sei vergiftet; mir selbst verursachte es nur Übelkeit. Man könnte glauben, dass der Feind den Teich, woraus alle Vorüberreisenden sich mit Wasser versorgen, wirklich auf irgend eine Weise vergiftet hätte, aber das war sicherlich nicht der Fall, sondern die ungesunde Beschaffenheit des Wassers hatte ihren Grund in derselben Ursache, wie diejenige des Baches bei U'ro Béleng, von dessen Wasser ich und einer meiner Gefährten bei früherer Gelegenheit ganz krank geworden war.

Nach einem anderen felsigen Abstieg liessen wir die Stätte eines früheren Lagers Sultan Bello's zur Seite liegen, das er als Standquartier benutzt hatte, als er die Städte Dēbe und Kūka zerstörte. Die Ansicht dieser Stätte, sowie die daran sich knüpfende Erinnerung an den verheerenden Krieg, der von hier ausgegangen, gab meinen Begleitern Gelegenheit, die grosse Macht zu rühmen, die das Land Kébbi in früheren Zeiten besessen, wo ihm ganz Gúrma mit allen Sonrhay-Ortschaften bis nach Tēra unterworfen war; aber ich hörte auch jetzt nicht, dass sich die Herrschaft dieses Landes oder irgend einer anderen Provinz Haussa's zu irgend einer Zeit bis nach Timbuktu erstreckt habe.

Wir setzten unseren Marsch rüstig fort, bis wir die ersten Adansonien am Rande der Waldung erreichten, und hier erfreute uns der Anblick schöner Rindviehheerden und herrlicher Saatfelder, die den Einwohnern von Tilli gehörten. Ein Theil der Saat war schon geschnitten oder vielmehr gehauen — denn der stämmige Halm des Negerkorns kann nur mit einer kleinen Axt gebrochen werden —, um die dringendsten Bedürfnisse der Bevölkerung zu befriedigen. Der ganze Bezirk mit seinem schönen Baumwuchs, der jetzt seinen grössten Reichthum an Belaubung entwickelt hatte, machte einen höchst angenehmen Eindruck.

So erreichten wir die Stadt Tilli, aber das westliche Thor war so eng, dass wir den halben Umkreis der Mauer zu umgehen hatten, um an den östlichen Eingang zu kommen, und nachdem wir endlich das Innere der Stadt betreten hatten, ward uns ein Quartier nahe am westlichen Thore angewiesen, wo wir eine Stunde zuvor angelangt waren. Von diesem Hin- und Herziehen hatte ich wenigstens den Vortheil, eine ziemliche Einsicht in die Bevölkerungsverhältnisse der Stadt zu gewinnen, und ich fand, dass sie besser daran war und eine dichtere Bevölkerung hatte, als Sogírma; der Unterschied zwischen beiden besteht darin, dass der Herr von Sogírma den Rang eines kleinen Sultans einnimmt und auch einige Reiterei, die Stärke Afrikanischer Heeresmacht, unter seinem Befehle hat, der Herr von Tilli dagegen ein blosser Amtmann ohne allen höheren Rang ist. Der gegenwärtige Amtmann besass noch weniger Ansehen als gewöhnlich; denn er lag an derselben Krankheit darnieder, welche den Statthalter von Ssai gelähmt hatte. Dieser Rheumatismus —„sseñi"— ist, wie ich bei früherer Gelegenheit auseinander gesetzt habe, eine Krankheit, die sich jeder Afrikanische Reisende, der sich lange Zeit den Einflüssen der Regenzeit, zumal in sumpfigen Gegenden oder in lecken Fahrzeugen aussetzt, leicht zuziehen kann. Ich selbst litt stark daran nach meiner Rückkehr nach Bórnu.

Die Schüler des Scheichs El Bakáy machten dem Herrn persönlich ihre Aufwartung, um wo möglich seine Krankheitsschwäche durch ihre Gebete und ihren Segen zu erleichtern; ich selbst schickte ihm ein kleines Geschenk und erhielt von ihm als Gegengeschenk Reis. Der kleine Markt war ziemlich gut versehen und ich war froh, dort ausser *Sorghum* die grossen zuträglichen Zwiebeln von Gándō und einige Dodōakuchen zu finden; auch saure Milch war in beträchtlicher Menge vorhanden. Es war interessant, zu beobachten, wie ungleich lebensfroher die Bewohner unter den gegenwärtigen Umständen waren, als sie im verflossenen Jahre gewesen. Gern würde ich meinem Freunde von Sogírma die Aufwartung gemacht haben, um zu sehn, wie es ihm jetzt ginge, wo ihm ein grosser Theil der Sorgen, die ihn im verflossenen Jahre zu drücken schienen, abgenommen war; aber, um den Verzug zu vermeiden, beschloss ich, meinen Weg von hier gerade auf Bírni-n-Kébbi zu verfolgen.

[*Montag, 14ten August.*] Schon auf der Reise hierher hatten wir erfahren, dass wir im allerletzten Augenblicke angekommen wären, um mit einem gewissen Grade von Sicherheit die sumpfige Fáddama des Gulbi-n-Sókoto zu passiren; denn in etwas späterer Jahreszeit ist ihre Passage mit ausserordentlicher Schwierigkeit verknüpft. Jedenfalls traf es sich glücklich, dass in den letzten paar Tagen kein Regen gefallen war; sonst würden wir diesen Sumpfboden kaum haben passiren können. Selbst jetzt hatten wir drei Wasserbecken zu passiren, deren erstes von ansehnlicher Breite und etwa 3 Fuss tief war; das zweite, obwohl nicht so breit wie das erste, bildete das eigentliche Flussbett und zog mit südwestlicher Biegung dem Kuára zu; das dritte endlich bildete ein stehendes Hinterwasser. Dieses Thal könnte in der weitesten Ausdehnung zum Reisbau benutzt werden, aber gegenwärtig sah man nur wenig Reisfelder. Ein Marsch von 3 Meilen führte uns endlich aus der sumpfigen Thalrinne hinaus, und wir erstiegen nun mit Saat bedeckten höheren Boden. Die Saat gehörte den Einwohnern von Diggi und bald dahinter hatten wir die Stadt selbst zu unserer Rechten. Sie war uns Allen wohl im Gedächtniss, weil wir hier von den ritterlichen Söhnen des Herrn von Sogírma eingeholt worden waren. Hier ward „duchn" und „durra" zusammen auf denselben Feldern gezogen, was den Beweis lieferte, dass dieser Boden für beide Arten Korn gleich gut geeignet ist.

Da wir hier auf unsere frühere Strasse zurückgekommen waren, eilte ich auf dem bekannten Pfade nach Bírni-n-Kébbi voraus, da hier weiter keine Beobachtungen im Einzelnen erforderlich waren; im Allgemeinen bot jedoch der ganze Pfad jetzt ein anderes Bild, da die Landschaft durchgängig mit hohen Saaten bedeckt war. So wandten wir uns rings um die Stadtmauer von Kōla herum und erreichten das Thor von Bírni-n-Kébbi. Der Anblick dieser Stadt hatte gleichfalls eine vollständige Veränderung erlitten, aber keineswegs zu ihrem Vortheile; denn sie, die an sich selbst schon eng ist, ward jetzt von der Saat noch mehr eingeengt. Auch hatte die Stadt für den Augenblick ein etwas verlassenes Aussehen, da der grössere Theil der Einwohner augenblicklich auf einem von 'Abd el Káderi-Ai, einem jüngeren Bruder Chalílu's, angeführten Streifzug war.

Mein Eintritt in die Stadt hatte aber doch seine erfreuliche Seite; denn wie ich am Hause des Statthalters — „mágadji" — Mohammed Loël ankam, sass er gerade mit Einigen seiner Leute in der Vorhalle und sie erkannten mich sogleich wieder als ihren alten Bekannten ʿAbd el Kerīm und kamen heraus, um mich auf höchst freundliche Weise willkommen zu heissen. Da jedoch die ausgerückte Kriegerschaar an demselben Abend zurückerwartet wurde, war kein Platz für uns innerhalb der Stadt übrig und wir sahen uns genöthigt, ausserhalb derselben Obdach zu suchen. So stiegen wir denn den steilen und rauhen Abhang zum Rande der sumpfigen Fáddama hinab und erlangten hier mit einiger Noth Quartier in einem vereinzelten Wirthschaftsgehöft. Die mir angewiesene Hütte war äusserst eng und voller Ameisen, aber der Eingang war mit einer besonderen Art Vorhang versehen; er bestand nämlich aus den Blättern der Delébpalme und schloss, während er den Zutritt gestattete, die Mücken völlig aus, und das war von der höchsten Bedeutung, da dieselben diesen Platz in ungeheuerer Menge heimsuchten. Der Besitzer des Pachthofes — „maigīda" — bewirthete uns gastfreundlich; er hatte nämlich dazu den ausdrücklichen Befehl vom Mágadji erhalten, dem ich ein kleines Geschenk sandte, wobei ich ihm in's Gedächtniss zurückrief, dass ich ihm im verflossenen Jahre ein grösseres gemacht habe. Diese Gastfreundschaft war um so willkommener, als der Markt sehr unvollständig versorgt war. So war weder Hirse noch Reis zu haben; auch saure Milch war äusserst theuer, da das Vieh wegen der Saat und der Menge Wasser, welches den Boden des Thales bedeckte, in grosse Entfernung von der Stadt weggetrieben worden war, selbst bis in die Umgegend von Gándō.

Spät am Abend kehrte der Heereszug zurück und brachte etwa 100 Stück Vieh und 30 Sklaven mit, welche sie dem Feinde abgenommen hatten. Der Anführer selbst wollte bald von hier nach Gándō zurückkehren, aber ich mochte nicht auf ihn warten und brach am nächsten Morgen früh auf. Ich folgte unserem alten Pfade, der sich zur Zeit nur durch die

Menge Wasser, welches ihn bedeckte, auszeichnete, besonders in der Nähe des Dorfes Haussaua, wo die gesammte flache Thalsohle ein 3 Fuss tiefes Wasserbecken bildete. Viel Reisbau war jetzt zu sehn. So erreichten wir Gúlumbē, und hier sah ich mich durch die Menge des gefallenen Regens, der den Boden bis hart an die Stadtmauer heran überschwemmt hatte, gezwungen, mein Quartier innerhalb der Stadt zu nehmen, und erhielt eine leidlich gute Wohnung. Ein überaus reicher Pflanzenwuchs und herrliche Bäume umgaben meinen Hof; aber der Amtmann bewirthete uns nicht ganz so freundlich, als ich erwartet hatte, obgleich ich ihm einen schwarzen Shawl zum Geschenk machte. Auch hier war der Markt schlecht versehen und es kostete mir grosse Mühe, einen genügenden Vorrath Korn für mein Pferd zu erhalten.

Wir hatten kaum die engen Gassen der Stadt mit ihrem ungewöhnlichen Reichthum an Baumwuchs hinter uns, als ein heftiger Regen hereinbrach, und wir wurden so von oben wie von unten durchnässt, da der Pfad entweder durch die hohe nasse Saat oder durch Pfützen stehenden Wassers führte. Weiterhin war der Weg, wie wir von Leuten hörten, denen wir begegneten, vollkommen unter Wasser gesetzt, und das war der Grund, wesshalb wir, als wir den westlichen Arm der Fáddama nahe beim Dorfe Badda-badda erreichten, eine südlichere Richtung einschlugen, nach dem grossen offenen Dorfe Kōtschi. Unsere Absicht war, diese Nacht hier zuzubringen, aber es kostete uns die äusserste Anstrengung, Quartier zu erhalten, und auch nicht die geringste Gastfreundschaft ward uns zu Theil. Ein gewaltiger Regen fiel draussen und eine Unzahl von Mücken belästigte mich auf's Äusserste, da ein zusammengeschrumpftes Stück Fell, das vor dem Eingang aufgehängt war, sie nur höchst ungenügend abhielt.

[*Donnerstag, 17ten August.*] Sobald es das Wetter gestattete, verliessen wir dieses ungastliche Dorf und betraten bald darauf Waldung, worauf schöne Saatfelder folgten. Vier Meilen jenseits Kōtschi hatten wir eine grosse, mit Wasser angefüllte Fáddama zu passiren, die uns eine Vorstellung von den Schwierigkeiten gab, die mit dem Reisen in dieser Landschaft in gegenwärtiger Jahreszeit verbunden sind, während sie einen Monat später für einen einigermaasen mit Gepäck versehenen Europäer ganz unpassirbar sein würde. Ein von sehr vielen Wasserlilien umgürteter Strom durchschnitt das ganze Thal in der Mitte; aber die Strasse war leidlich belebt und wir begegneten einem langen Zuge breitschulteriger, vierschrötiger Nūpe-Frauen, jede mit einer Tracht von sechs bis acht ungeheueren Kürbisschalen auf dem Kopfe und auf dem Wege zum Freitagsmarkt in Djēga.

Djēga ist der bedeutende Ort, der unter der Anführung ʿAbd e' Ssalām's dem Urheber der reformatorischen Bewegung der Fulbe einen so langen erfolgreichen Widerstand geleistet und wegen seiner merkantilen Bedeutung schon vor vielen Jahren die Aufmerksamkeit von Europa auf sich gelenkt hat. Allerdings hat es jetzt von seiner früheren Bedeutung etwas verloren, aber doch war es noch von hinreichender Wichtigkeit, um mir den Wunsch einzuflössen, es zu besuchen; doch die grosse Menge Regen, welche um diese Zeit fiel und die Wege für Kameele ungangbar machte, verhinderte mich, diesen Plan auszuführen.

Etwas weiterhin begegnete mir eine jener kleinen Episoden, die, wiewohl einfach und unwichtig an und für sich, doch oft dazu dienen, den einsamen Reisenden in fremden Ländern mehr aufzumuntern und zu beleben, als die glänzendste Aufnahme. Nachdem wir nämlich eine Thalebene durchschnitten und die letzte Felspassage, bevor man Gándō erreicht, erstiegen hatten, begegneten wir einem Trupp reisender Eingeborenen und sobald mich der Eine in der Ferne erblickte, rief er freudig aus: „Márhaba, márhaba,

'Abd el Kerīm". Bei der Rückkehr aus so fernen Gegenden und nach so langer Abwesenheit in einen Ort, wo ich mich nur kurze Zeit aufgehalten, musste es mir hoch erfreulich sein, mich sogleich wieder erkannt und auf so herzliche Weise begrüsst zu sehn, wiewohl mein Aufenthalt in Gándō mit mancher unerquicklichen Rückerinnerung verknüpft war.

Hier auf der Höhe der Felserhebung gewannen wir einen Überblick über die Thalebene von Gándō, und nachdem wir herabgestiegen, erreichten wir bald das Thor der Stadt, worauf wir geradewegs nach dem Hause des fürstlichen Mönches ritten. Hier umgaben uns sogleich eine Menge Leute, die mir zu meiner glücklichen Rückkehr gratulirten. Da erschien denn auch nach einer Weile mein Quälgeist El Bakáy, und wie ich ihn sah und seinen Namen aussprach, erschien es mir wie eine blosse Satyre, dass dieser habgierige Araber denselben Namen führen sollte, wie jener edle, grossmüthige Häuptling, der mir so uneigennützige Freundschaft bewiesen. Als er aber seine alten Kunstgriffe wieder anfing, erhob ich sogleich ernstlich Protest und erklärte ihm ein- für allemal, dass das Einzige, was ich ihm jetzt geben könnte, sich auf eine schwarze Tobe und eine rothe Mütze beschränke, und selbst dies — versicherte ich ihn — solle er nicht eher bekommen, als bis zum Augenblick, wo ich bereit wäre, die Stadt wieder zu verlassen.

## XIII. KAPITEL.
Zweiter Aufenthalt in Gándō, Sókoto und Wurnō.

Die unfreundliche Thonhalle, die mir während meines früheren Aufenthaltes in Gándō zur Wohnung gedient hatte, war seitdem verfallen, und es wurde mir ein anderes Quartier angewiesen, welches aus einem Hofraum und zwei Hütten bestand und gegen jenes wenigstens den Vortheil der Luftigkeit hatte. Als ich mich hier eingerichtet hatte, stattete mir mein früherer Führer Dahōme einen Besuch ab. Meine erste Frage war ganz natürlich, ob er das Briefpacket, welches ich ihm bei seinem Abschiede in Dōre anvertraut, dem Mállem 'Abd el Kāder in Sókoto treulich überliefert habe. Da machte er denn ein etwas trübseliges Gesicht, nahm aus seiner Mütze ein kleines Ledertäschchen, öffnete es und zog ein schmutziges Stück Papier hervor, wobei er zu meinem äussersten Erstaunen und zur bittersten Enttäuschung ausrief: „Hier ist Dein Brief!" Da erfuhr ich denn, dass in Folge der heftigen Regengüsse, in denen dieser Bote seinen Weg zu machen hatte, und wegen der vielen Flüsse und Sümpfe, welche er passiren musste, der ganze Umschlag des Briefpacketes, der die Zeilen enthielt, die ich in Betreff der Weiterbeförderung der Einlage an meinen gelehrten Freund in Sókoto geschrieben hatte, vernichtet worden sei, so dass 'Abd el Kāder nur die Englisch geschriebene Einlage selbst erhielt und in der Ungewissheit, was er mit diesem für ihn hieroglyphischen Schreiben machen solle, es endlich dem Überbringer wieder zurückgegeben hatte, der, höchlichst zufrieden mit dieser Wendung, unbekümmert um meinen geistigen Verkehr mit der fernen Heimath, das geheimnissvolle Schreiben als schützenden Talisman auf seinem Haupte zu tragen beschloss.

Ausser diesem kleinen Unfall, der meinen Brief so lange verzögert hatte, anstatt dass er geradewegs nach Europa hätte geschickt werden sollen, um meine Freunde von meinen Reiseschicksalen und Forschungen in Kenntniss zu setzen, erwartete mich hier noch eine zweite unerfreuliche Kunde; während meiner Abwesenheit war nämlich die eine Hälfte der das Innere der Stadt bildenden Hütten von einer Feuersbrunst verzehrt worden und so waren alle die Bücher, welche ich hier zurückgelassen hatte, gleichfalls ein Raub der Flammen geworden.

Ich blieb 4 Tage in Gándō, indem ich mich auch diesmal vergeblich bemühte, eine Audienz beim Fürsten zu erhalten. Dabei nährten meine Begleiter, die Télamīd, die Hoffnung, von diesem kargen, ungrossmüthigen Fürsten ein hübsches Geschenk zu erhalten, und es ward mir schwer, ihnen diesen Gedanken auszureden und sie zur Abreise anzutreiben. Leider war auch ich durch meine erschöpften finanziellen Verhältnisse gezwungen, mich nach einer kleinen Unterstützung umzusehen, und ich hatte für die bedeutenden Geschenke, welche ich dem Fürsten gemacht, wohl einigen Anspruch darauf; aber Alles, was er mir schickte (wenn ich das Verfahren seiner Sklaven ihm selbst anrechnen darf), bestand in einer gewöhnlichen schwarzen Tobe und 3000 Muscheln. Ich hatte erwartet, wenigstens ein Kameel von ihm zu erhalten; denn die beiden Thiere, welche ich noch besass, waren fast ganz aufgerieben. Jedoch vergass ich über dies kleinliche Betragen nicht den Dank, welchen ich Chalīlu schuldig war dafür, dass ich sein ausgedehntes Gebiet sowohl auf meiner Hinreise als bei meiner Rückkehr hatte unbelästigt durchziehen können; ja, so weit es seine hinfällige Macht vermochte, hatte ich selbst Schutz genossen.

In politischer Beziehung, nämlich hinsichtlich der Sicherheit dem Feinde gegenüber, befand sich Gándō zur Zeit noch nicht in besseren Verhältnissen, als ein Jahr zuvor; denn der von 'Alīu unternommene Heereszug der Fulbe gegen Argúngo, die Residenz des aufständischen Häuptlings der Kabáua, von dem ich schon unterwegs gehört hatte, war zu einer blossen Farce geworden, und die Folge davon war, dass die aufständischen heidnischen Bewohner mächtiger und unternehmender waren, als je zuvor. Ganz so, wie es schon bei meinem früheren Aufenthalte in dieser Stadt der Fall gewesen war, fand auch jetzt noch jeden Dienstag und Donnerstag ein grosser Auszug des älteren Theiles der männlichen Bevölkerung mit den Weibern statt, um mit einem gewissen Grade von Sicherheit in der Umgegend der Stadt Feuerung einzusammeln.

Im Ganzen genommen, ereignete sich nichts von Interesse; nur will ich noch der ungeheueren Regenmenge gedenken, welche sowohl während meines Aufenthaltes in Gándō fiel, als auch schon vor meiner Ankunft da gefallen sein, sollte. Diese Erscheinung bestätigte vollkommen den schon früher auf mich gemachten Eindruck, dass Gándō zu jenen Orten gehöre, welche am reichlichsten mit Wasser versehen sind; es war mir überaus interessant, bei näherer Erkundigung über dieses Phänomen von den Eingeborenen zu hören, dass sie jährlich im Durchschnitt 92 Regentage rechnen. Wenigstens davon bin ich völlig überzeugt, dass der durchschnittliche Regenfall in Gándō sicherlich nicht weniger als 60 Zoll beträgt; eher mag er über 80, ja vielleicht sogar 100 Zoll messen.

[*Mittwoch, 23sten August.*] Ich war herzlich froh, Gándō endlich hinter mir zu haben; denn ich hatte hier viel Noth und Unannehmlichkeit erfahren. Ich erkenne aber dabei gern an, dass es, wenn es mir nicht bis zu einem gewissen Punkte gelungen wäre, die Freundschaft der einflussreichsten Leute in dieser Stadt zu gewinnen, keineswegs mein Loos gewesen sein würde, auch nur die Ufer des Niger zu erreichen. Dessenungeachtet muss ich mich jedoch zum Besten dieser Gegenden Afrika's der Hoffnung hingeben, dass Chalīlu bald einen energischeren Fürsten zum Nachfolger haben möchte, der dem ausgedehnten Gebiete, wovon Gándō die Hauptstadt ist, Ruhe und Frieden wiedergebe. Unter so verbesserten Verhältnissen könnte es gar nicht fehlen, dass Gándō wegen seiner Handelsbeziehungen mit den Provinzen längs des Niger sich zu einem Orte von der grössten Bedeutung erhöbe.

In dem Bezirke, den wir jetzt zu durchziehen hatten, waren süsse Erdäpfel — „dánkali" — in grosser Ausdehnung angebaut, aber die Saaten sahen keineswegs erfreulich aus; dagegen standen die Affenbrod- oder Baobabbäume zur Zeit in der schönsten Fülle ihrer Belaubung. Wir liessen diesmal unsere frühere Strasse im Norden liegen und schlugen einen südlichen, nach der Stadt Dōgo-n-dădji führenden Pfad ein. In letzterem Orte ward gerade an diesem Tage Markt gehalten und der Weg war daher von Menschen belebt. Der Markt war wirklich viel bedeutender, als derjenige von Gándō; Hornvieh, Schaafe, Salz und Glasperlen bildeten die Hauptgegenstände des Verkaufes. Aber gerade im Augenblick unserer Ankunft brach ein Gewitter los; alle Marktleute stoben nun auseinander und liessen uns zusehen, wie wir uns das, was wir bedurften, verschaffen könnten. Die Stadtmauer war sehr in Verfall, sonst aber gewährte der Ort einen interessanten Anblick, da er voll von „gónda" (*Erica Papaya*) und Dattelpalmen war; die letzteren strotzten überdies von Früchten, — ein Anblick, den man im Sudan nicht oft hat.

[*Donnerstag*, *24sten August*.] Beim Aufbruch von Dōgon-dādji passirten wir den Marktplatz; fünf Adansonien breiten ihre kolossalen Äste darüber aus, aber er war zur Zeit menschenleer und hatte ein etwas ödes Aussehen.

Heutzutage sind in den Vororten fast aller grösseren Städte des Sudans Fulbe-Familien angesiedelt und treiben Viehzucht — ausdrücklich zu dem Zweck, den täglichen Bedarf der Einwohner an Milch zu befriedigen. Diese Leute, die zu ordentlichen Hökern geworden sind, haben die ursprüngliche löbliche Sitte der Gastfreundschaft ihres Stammes gänzlich eingebüsst, versorgen aber Reisende gern mit jenem dort sehr schätzenswerthen Trunke, wenn sie dafür gut bezahlt werden. — Wir liessen weiterhin die Stadt Ssāla in einer Entfernung von ungefähr 2 Meilen nördlich liegen und durchzogen einen dicht bevölkerten Bezirk, der auch reich an Triften, sowie Reis- und *Sorghum*-Feldern war. Bei der Stadt Kussāda sah man auch eine ansehnliche Menge Dūm- und Delébpalmen. Bevor wir dann Schagāri erreichten, hatten wir einen sehr schwierigen Anstieg, indem der mit unzähligen Löchern versehene Boden durch die Menge des gefallenen Regens fast unwegsam geworden war. In Schagāri, dem Städtchen, wo wir auf unserer Herreise übernachtet hatten, wurde jetzt gerade Markt abgehalten; hinsichtlich unseres Quartieres waren wir jedoch diesmal glücklicher als damals und wurden auch gut bewirthet.

Die ganze Landschaft, die wir auf dem Marsche des folgenden Tages durchzogen, war mit dem reichsten Pflanzenwuchs bekleidet und die Saaten gingen der Reife entgegen, aber Rindvieh und Pferde gab es nur in geringer Anzahl. So erreichten wir nach einem starken Marsche die Stadt Bodínga. Wir hatten hier das Unglück, bei der Passage eines jener sumpfigen Thäler, wie sie in diesem Theile des Sudans so häufig sind, abermals ein Kameel einzubüssen; es fiel mit seiner Last rücklings hin, um nicht wieder aufzustehen. Aber das viele Wasser, mit dem wir sowohl von oben wie von unten zu kämpfen hatten, war nicht allein für die Thiere, sondern auch für uns höchst verderblich, und ich fühlte mich sehr unbehaglich, schwach und ohne Appetit. Wirklich trug ich schon damals die Keime der Dysenterie in mir, die sich bald entwickeln und meine Gesundheit in der ernstlichsten Weise untergraben sollten. Meine Gefährten waren kaum besser daran und von den Sendboten des Scheichs war ausser Ssidi Ahmed Keiner im Stande, mit uns Schritt zu halten.

Vor dem westlichen Thore der Stadt (Bodínga) ward gerade ein grosser, stark besuchter Markt abgehalten und besonders eine ansehnliche Menge Rinder und Esel feil geboten; aber um so öder und verlassener erschien der ausgedehnte, gegenwärtig unbenutzte Raum der Stadt selbst. Alles, mit Ausnahme weniger, hie und da zerstreut liegender Hütten, war jetzt mit hohem Grase bekleidet oder in Küchengärten umgewandelt. — Auch diesmal zog ich es wieder vor, mein Quartier draussen zu nehmen, und zwar in demselben Gehöft, wo ich früher gewohnt hatte; aber ich versäumte nicht, dem Statthalter meine Aufwartung zu machen. Er bezeigte die grösste Freude über meine glückliche Wiederankunft in seiner Provinz von der so gefahrvollen Reise nach Westen und bewirthete mich auf die gastfreundlichste Weise. Ich bedurfte jedoch auch in vollem Maasse des Beistandes eines mächtigen Freundes, da ich keine Kameele hatte, um den kleinen Rest meiner Habe weiter schaffen zu können. Aber der gutmüthige Sohn meines alten Freundes Módibo 'Ali half mir nicht allein aus dieser Verlegenheit, sondern bestieg auch in Person am folgenden Morgen ein stattliches Kriegsross und geleitete mich mehrere Meilen weit auf meinem Wege nach Sókoto.

Ich erreichte die alte Residenz der Fōdi'schen Dynastie in einem höchst erschöpften Zustande; denn unterwegs hatte ich noch das Unglück eines höchst langen und unangenehmen Verzuges gehabt, indem ich inmitten einer sumpfigen

Fáddama auf eine zahlreiche Karawane beladener Esel stiess, die den gewundenen, hoch mit Wasser bedeckten Weg gänzlich absperrte. Aber ungeachtet meines kränklichen Zustandes fand ich doch unendliches Vergnügen an dem so ganz anderen und unendlich reicheren Anblick, den diese Landschaft gegenwärtig darbot, im Vergleich mit der fast völligen Kahlheit und Einförmigkeit, welche sie vor 16 Monaten bei meinem Aufbruche von Sókoto charakterisirten. Als ich mich endlich wieder in dieser Stadt, der westlichsten Grenze von Captain Clapperton's Entdeckungen, befand, beseelte mich ein Gefühl unendlicher Beruhigung und Dankbarkeit gegen die Vorsehung; hatte ich doch mehr ausgeführt, als ich je erwartet hatte, im Stande zu sein.

Ganz Sókoto, Vorstädte, Stadtmauer, Hütten, Gehöfte und Gärten, — Alles bildete jetzt eine dichte Masse von Pflanzenwuchs, und es war in der That nicht leicht, durch diese reiche Fülle hindurch sich einen Weg zu bahnen und Plätze wiederzuerkennen, welche Einem von früher her wohlbekannt waren. Kaum hatte ich eine bequeme Hütte zum Quartier angewiesen bekommen, als mir mein Freund 'Abd el Káder dan Taffa seinen Gruss bieten liess, und es währte nicht lange, so stellte er sich selbst ein. Er gab die lebhafteste Freude zu erkennen, mich wiederzusehen, drückte aber zugleich aufrichtiges Mitleid über meinen schwachen Gesundheitszustand aus.

Nicht weniger ermuthigend war die Aufnahme, welche ich bei meinem alten Freunde, dem trefflichen Módibo 'Ali, fand. Als ich ihm ein kleines Geschenk machte mit dem Bedauern, dass ich, weil ich so lange ohne neue Mittel geblieben sei, nicht im Stande wäre, ihm etwas Besseres zu verehren, war er so freundlich, sein Erstaunen darüber auszudrücken, dass ich überhaupt noch etwas besässe. Er bat mich auch, nicht ohne Weiteres nach Wurnō zu gehn, sondern erst vorher an 'Alīu zu schreiben und ihm meine glückliche Rückkehr anzuzeigen, mit dem Bemerken, dass ich seiner Unterstützung bedürfte. Dies that ich denn auch, und während ich ihm andeutete, wie dankbar ich ihm sein würde, wenn er mich mit Pferden und Kameelen unterstützen wollte, benutzte ich zugleich diese Gelegenheit, den Emīr el Múmenīn zu ersuchen, mich mit so wenig Verzug als möglich meine Reise fortsetzen zu lassen. Um mit einem Male alle meine Wünsche auszusprechen, erklärte ich ihm noch beiläufig, dass ich, da mir selbst meiner geschwächten Gesundheit halber Alles daran liege, auf dem geradesten Wege in meine Heimath zurückzukehren, für einen Landsmann, der soeben in Bórnu angekommen sei, um die Erlaubniss bäte, die südöstlichen Provinzen seines Reiches besuchen zu dürfen. Mein Sendschreiben ward sogleich befördert und am folgenden Abend traf ein Bote vom Vezier 'Abdū, dem Sohne Gedādo's, ein, der mir anzeigte, dass ich am nächsten Tage nach Wurnō aufbrechen sollte, wo ich dann auf der anderen Seite des Flusses von Sókoto Kameele finden würde. Schon vorher hatte ich erfahren, dass dies Flüsschen, welches ich bei meinem früheren Besuche fast ausgetrocknet gesehn hatte, sehr stark angeschwollen und die Passage in Folge seiner reissenden Strömung höchst schwierig sei.

So bezeigten mir denn meine schwarzen Mósslimischen Freunde die grösste Liebe und Freundlichkeit und behandelten mich auf die gastlichste Weise. Aber ein Gleiches konnte ich leider nicht rühmen von meinen Freunden in Europa; denn deren Benehmen gegen mich war zur Zeit nur wenig ermuthigend und keineswegs dazu geeignet, meinen sinkenden Muth aufzurichten. So hörte ich denn rein durch Zufall von einer befreiten Sklavin aus Konstantinopel, die mich bald nach meiner Ankunft besuchte, den mir so unendlich wichtigen Umstand, dass fünf Christen mit einem Packtross von 40 Kameelen in Kúkaua angekommen seien. Nur mit grösster Mühe konnte ich dabei die Mitglieder der

Expedition, wie sie mir diese Person in ihrem eben nicht offiziellen Berichte von einem höchst eigennützigen Gesichtspunkte aus beschrieb, mit den Angaben in Lord Russell's Depesche identifiziren. Die letztere hatte ich, wie ich zu seiner Zeit angegeben, bei Timbuktu erhalten; sie setzte mich davon in Kenntniss, dass eine neue Expedition ausgerüstet sei, um mir zu Hilfe zu kommen, und gab mir einige Details über die sie bildenden Persönlichkeiten. Während ich nun so von dieser Sklavin, die mit jenen Europäern von Tripoli gekommen war, die Nachricht erhielt, dass sie vor geraumer Zeit glücklich in Bórnu angekommen wären, konnte es nicht fehlen, dass ich höchst erstaunt und davon unangenehm berührt war, nicht einmal eine einzige Zeile von diesen Herren erhalten zu haben, die doch wenigstens ebenso leicht einen Brief hierher senden konnten, als es jener Person möglich war, ihren Weg hierher zu nehmen. Aus allem diesem zog ich schon damals den Schluss, dass da etwas nicht ganz in Ordnung sei; jedoch hatte ich noch immer keine klare Andeutung von dem Gerücht, das über meinen vermeintlichen Tod in Umlauf gesetzt worden war. Jedenfalls war es von Herrn Dr. Vogel nicht ganz umsichtig, dass er es ungeachtet des Gerüchtes, das in Bórnu umging, nicht versuchte, sich für den Fall, dass ich doch noch am Leben wäre, mit mir in Verbindung zu setzen.

[*Dienstag, 29sten August.*] Es dauerte einige Zeit, ehe wir bei unserer körperlichen Schwäche und dem Mangel an genügenden Mitteln zum Fortkommen auf dem Wege zum Flusse waren. Der Abhang des Hügels, auf dem Sókoto liegt, bei meinem früheren Besuche ganz nackt und dürr, war jetzt mit Saaten bedeckt und der Gúlbi war aus einem unbedeutenden Bache zu einem mächtigen Strome von etwa 300 Schritt Breite geworden und stürzte mit der gewaltigsten Heftigkeit dahin, die Ufer unterwühlend und in seinem Laufe kleine Bruchstücke grasreicher Inseln zurücklassend,

SÓKOTO.
30 August 1854.

welche die Passage äusserst erschwerten. Das Ganze gewährte ein Bild, wovon die gegenüberstehende Ansicht freilich nur eine schwache Vorstellung geben kann. Es machte uns einige Mühe, den Strom mit unseren schwachen Barken zu passiren, indem wir unsere Pferde und Kameele längs ihrer Seiten hindurchbringen mussten. Als wir nun endlich am jenseitigen Ufer angekommen waren, mussten wir eine geraume Zeit warten, ehe die uns von Sókoto aus entgegengeschickten Kameele zu uns stiessen. Darauf legten wir einen Marsch von etwa 8 Meilen zurück und wählten, nachdem wir von einem heftigen Gewitterschauer überrascht worden waren, unser Quartier in A'tschi-da-láfia, einem grossen, weit auseinander gelegenen Landbaudorfe. Hier fühlte ich mich ausserordentlich schwach und erschöpft und schon zeigten sich deutliche Symptome von Dysenterie.

Glücklicherweise war der folgende Tag rein und klar, und so brachte uns ein angenehmer Marsch von etwa 6 Meilen nach Wurnō, der gegenwärtigen Residenz 'Alīu's. Hier ward uns wieder unser altes Quartier zur Wohnung angewiesen, aber es hatte die meisten seiner früheren Bestandtheile eingebüsst und nichts weiter war stehn geblieben, als das Thongebäude. Auch am Hofe des Emīr el Múmenīn ward ich mit grosser Freundlichkeit aufgenommen, und so sonderbar es auch Europäern vorkommen mag, schien mein feindliches Verhältniss zu den Fulbe von Hamd-Allāhi mein Ansehen in den Augen dieser Leute nur noch erhöht zu haben. 'Alīu hatte selbst schon von dem unedlen Betragen des jüngeren Bruders des Scheichs gegen mich gehört, und während er die aufrichtige Freundschaft, die mir El Bakáy selbst erwiesen hatte, in hohen Lobeserhebungen pries, unterliess er es nicht, Alauāte niedrige Gesinnung vorzuwerfen. 'Alīu's gastfreundliche Behandlung war ich übrigens nicht im Stande zu würdigen; denn so unbedeutend auch die wenigen Genüsse waren, die mir hier geboten wurden, erschienen sie mir doch im Vergleiche zu meiner kargen Lebensweise in den politisch und materiell zu Grunde gerichteten Niger-Gegenden als schwelgerisch.

Da ich gefunden hatte, dass meine Thonhalle gar keine frische Luft zuliess, hatte ich mir ein Schattendach aus Matten vor der Thüre meiner Halle erbaut; aber die grosse Feuchtigkeit des Bodens, eine Folge des gefallenen Regens, trieb mich bald in das solidere Haus zurück. Nur dadurch, dass ich mich der strengsten Diät unterzog, besonders aber dadurch, dass ich mich an saure Milch hielt und der Ruhe pflegte, gelang es mir nach vielen Leiden meine Krankheit zu bewältigen. Jedoch ging meine Erholung im Anfang nur langsam und zwar zuerst nur scheinbar vor sich, und am 13ten des folgenden Monats brach die Dysenterie mit grosser Gewalt aus, so dass ich aller meiner Kraft beraubt war; nach ernstlicher Krise wurde ich jedoch durch Anwendung von Dover's Pulver Herr über das Übel. Aber auch dann noch blieb eine einfache Diät das wirksamste Heilmittel, indem meine Nahrung aus weiter nichts als gestampftem Reis, mit dicker Milch und den Samenkörnern der *Mimosa Nilotica* vermischt, bestand; dies war nämlich die einheimische ärztliche Vorschrift, welche mir meine Freunde hier im Herzen Afrika's gaben. So war ich denn endlich am 22sten September wieder im Stande, einen kleinen Ritt zu machen, und von da an fuhr meine Gesundheit fort, sich von Tag zu Tag zu bessern.

Die ganze Breite des Thales bis an den Fuss des Felsrandes hin war ansehnlich hoch mit Wasser bedeckt und mit Wasserlilien geschmückt; kaum ein kleiner Fusspfad blieb übrig. In dem tiefer gelegenen Theile der Thalebene war viel Reis zu sehn, während auf dem höheren Boden der ganze Anbau ausschliesslich nur aus *Sorghum* bestand. Aber der Reichthum der umliegenden Landschaft war kaum von irgend einem Nutzen, da die Unsicherheit jetzt noch grösser

war, als zur Zeit meines ersten Besuches, selbst bis auf die
Entfernung weniger Meilen von der Hauptstadt. So war es
einer kleinen feindlichen Schaar gelungen, ausser einer bedeutenden Beute an Vieh auch eine grosse Anzahl Menschen in einer Entfernung von weniger als 10 Meilen von der
Hauptstadt in die Sklaverei zu schleppen\*). Eine andere Raubbande von Búgadje aus Alakkos trieb einige Tage später zwei
Viehheerden aus dem ganz nahe gelegenen Dorfe Giáua weg,
und am 2ten Oktober plünderte eine kleine Schaar Tagáma
das meinem Freunde 'Abd el Káder dan Taffa gehörige
Dorf Ssaláme, sowie noch einen benachbarten Weiler, und
schleppte ebenfalls eine grosse Anzahl Leute fort. Die Folge
solcher Unsicherheit des offenen Landes war, dass die Lebensmittel (nicht allein Fleisch, sondern auch Korn) ausserordentlich im Preise stiegen, und dies Verhältniss setzte uns
in um so grösseres Erstaunen, als wir von Timbuktu aus an
sehr niedrige Preise gewöhnt waren, ungeachtet der grossen
Entfernung, aus der die Lebensmittel dorthin gebracht wurden. So hatten wir z. B. in Timbuktu ein Schaaf mit 500
bis 600 Kurdī bezahlt, während hier keines unter 3000 zu
bekommen war; ja, ein guter Hammel wurde hier nicht unter 5000 weggegeben. Um auf Korn zu kommen, würden
wir für die Ssunīe, welche wir in Timbuktu für 3- bis 4000
Muscheln zu kaufen pflegten, gern deren 10,000 gegeben haben, wenn so grosse Quantitäten überhaupt auf den Markt
gekommen wären. Dabei war es für mich ausserordentlich

---

\*) Dieser von Dan Ghaladīma Göber angeführte Raubzug überfiel den
Grenzbezirk Djüdju, der in der folsigen Gegend zwischen Giáua und Wurnō
liegt und mehrere kleine Weiler — „gída" (Plur. „gídadje") — umfasst; zu
diesen gehören: die Gīda-n-Rīa, die Gīda-n-Alissōa, die Gīda-n-Gorgābe, die
Gīda-n-Kōla-Dalīadi, die Gīda-n-Maidanga, die Gīda-n-Yakūbu, die Gīda-n-
Ruggu-n-dādji, der Rúmde-n-Ghaladīma und Alkāli Assben. Ein Bruder des
Dan Ghaladīma Göber plünderte Wāno, das von Ssaláme nur durch ein enges
Thal getrennt wird.

schwierig, mir Muscheln zu verschaffen, so dass ich mich gezwungen sah, 5 Spanische Thaler, die mir in Timbuktu 15,000 Muscheln eingetragen haben würden, für 11,000 zu veräussern. Auch verkaufte ich die Korallen, welche ich noch besass, zu einem sehr niedrigen Preise, um die Kosten meines Unterhaltes bestreiten zu können. Baumwollenstreifen, welche, wie in Bórnu, auch hier in den Landstädten beliebter sind als Muscheln, waren noch schwerer zu haben.

Der erschöpfte Zustand meiner Mittel warf mich gegen meine Neigung auf die Grossmuth des Fürsten. Mein treues Bórnu-Ross, das mich durch so viele Gefahren getragen hatte, war völlig aufgerieben und für fernere Anstrengung ganz unbrauchbar, und meine Kameele waren entweder gefallen oder ebenfalls vollkommen erschöpft. Um daher das Wohlwollen 'Alīu's anzuregen und seine Hand zu öffnen, gab ich ihm ausser dem Geschenk, das ich schon bei meiner ersten Audienz überreicht hatte, in einer zweiten noch 10 Dollar in Silber; denn dies in Afrika gänzlich fehlende Metall wird selbst von der vornehmeren Klasse der Bewohner sehr hoch geschätzt, da auswärtiger Handel fehlt, um sich damit leicht zu versorgen. Allerdings besass ich noch einen schönen Bernus, aber ich hatte es mir fest vorgenommen, denselben für den Statthalter von Kanō aufzuheben, da ich, ohne es zu ahnen, dass ich auch dort noch keine Mittel vorfinden würde, bestimmt voraussah, dass jener Beamte bei dem anarchischen Zustande, in den Bórnu gegenwärtig versunken zu sein schien, für mich von grosser Bedeutung sein würde. Leider war 'Alīu nicht grossmüthig und edel genug, mir ein hübsches Geschenk zu machen; anstatt eines edlen Rosses gab er mir ein Thier, das sich zwar gerade nicht so schlecht für Reisestrapazen eignete, aber sonst unansehnlich war, einen unangenehmen Gang hatte, nicht galopiren konnte und überhaupt mehr einem Esel als einem Pferde glich. Allerdings war ʿAlīu so freundlich, mir ausserdem noch einen grossen Englischen Zuckerhut zu schenken, wie man sie hier zu Lande eben nicht häufig sieht, da fast nur kleine Hüte hierher kommen. In der That kam mir diese Gabe unendlich erwünscht und gelegen, da ich zur Zeit ganz ohne Zucker war.

Besorgt, wie ich war, meine Reise so bald wie möglich fortzusetzen, machten mir meine Reisegefährten viel zu schaffen; denn ihnen fiel es nicht ein, diese Stadt so bald wieder zu verlassen, wie es meine Absicht war. Dies galt nicht allein von den Boten des Scheichs, die insgesammt viel von Krankheit zu leiden hatten, sondern auch, und zwar noch mehr, von meinem Hauptdiener ʿAli el A'geren, der es höchst angenehm fand, auf meine Kosten Handel zu treiben, während er weiter nichts zu thun hatte, als einen hübschen Lohn in Empfang zu nehmen, und er setzte daher Alles in Bewegung, um mich hier zurückzuhalten — ganz so, wie er es in Timbuktu gemacht hatte. Ich würde ihn gern schon längst fortgeschickt haben, wenn ich im Stande gewesen wäre, ihm sein Geld auszuzahlen. Doch gelang es mir trotz wiederholter Verzögerungen, meine Abreise auf den 5$^{ten}$ Oktober festzusetzen, und wie ich mich in der Folge aus eigener Erfahrung überzeugte, würde der Zustand der Wege, die wir zu passiren hatten, kaum den Antritt der Reise vor jener Zeit gestattet haben. Aber die Regenzeit war jetzt schon beinahe vorüber, und während die Schaaren jenes lästigen, „tumúnragaie" genannten Insektes, welches gegen das Ende dieser Jahreszeit überall in der Erde haust, an Zahl zunahmen, nahm der Regen ab.

Mittlerweile, wie ich mich etwas besser und stärker fühlte, fing ich auch wieder an, mich etwas zu Pferde umzuthun; aber die sumpfige Beschaffenheit des Thales, das Wurnō auf fast allen Seiten umgibt, verbunden mit dem felsigen Charakter der Umgegend, verhinderte mich, weite Ausflüge zu machen. Während dieses meines zweiten Aufenthaltes in der Hauptstadt dieses ausgedehnten Reiches hatte ich wiederum volle Gelegenheit, die ausserordentliche Schwäche und den gänzlichen Mangel an Energie zu beobachten, die in diesem Mittelpunkte der Gewalt herrschen. Dabei kann ich jedoch nicht unterlassen, das Gefühl von Gerechtigkeit anzuerkennen, das den Regenten selbst bei seinem Mangel an Muth und Unternehmungsgeist beseelt. Zum Beweise hierfür will ich anführen, dass er, als er eines Tages hörte, dass fünf von seinen jungen Söhnen dumme Streiche auf dem Markte verübt hätten, in gewaltige Wuth gerieth und auf der Stelle seine beiden ersten Hofleute, ʿAbdū und den Ghaladīma, mit dem ausdrücklichen Befehle absandte, die jungen Frevler zu ergreifen und gefangen zu setzen, und da es ihnen gelang, zu entwischen und sich 1 oder 2 Tage zu verbergen, liess er den Hauptsklaven, in dessen Gesellschaft sie sich befunden hatten, hinrichten.

Bei alle dem war aber die Schwäche des Herrschers so gross, dass seine ganze Umgebung in Schlaffheit versunken war, und die Feigheit seiner Leute trat ebenso klar zu Tage, wie ihre Unterdrückung des Schwachen und Schutzlosen. So ereignete sich um diese Zeit folgende höchst schimpfliche Begebenheit: ein Trupp friedlicher Handelsleute, die in Gáuassū lagerten, ward nämlich von ihnen überrumpelt; Mehrere wurden erschlagen und die Übrigen ihrer ganzen Habe beraubt. Diese Leute hatte das Gerücht als heidnische Feinde — „A'sena" — aus dem Bezirk Ssādje in Gōber geschildert, die unter dem Schutze der Kēl-geréss und Auelímmiden-uēn-Bodhāl ständen, und man hatte gesagt, dass sie mit den Bewohnern von Tlēta, das den Féllani feindlich war, gehandelt hätten; aber nachdem diese grausame Ungerechtigkeit begangen war, liess sich die feste Meinung hören, dass es friedliche, auf dem Wege nach Kanō begriffene

Handelsleute gewesen wären, ja dass sich sogar mehrere Bewohner Wurnō's unter ihnen befunden hätten.

Fast hatte es den Anschein, als ob sich der politische Horizont dieses Theiles des Sudans immer mehr verdunkeln sollte. Die Gerüchte nämlich, welche ich am Niger gehört hatte, dass sich die alte Fehde zwischen den Kēl-owī und Kēl-geréss abermals in einem blutigen Kampfe Luft gemacht habe, wurden hier in jeder Beziehung bestätigt. Die Kēl-owī hatten dies Jahr einen Heereszug in grossem Maassstab unternommen; sie zählten 5000 Mann (zu Ross und zu Kameel) und waren dem Gerüchte nach mit nicht weniger als 1000 Feuergewehren bewaffnet. So waren sie denn gegen die Kēl-geréss und Auelímmiden zu Felde gezogen und bis nach Ssádje vorgedrungen, worauf sie den Ort in Brand steckten. Es war eine Folge der Theilnahme der Kēl-geréss an dem Heereszuge der Gōberaúa gegen Sókoto, dass das Verhältniss der Kēl-owī zu letzterem einen freundlicheren Charakter angenommen hatte; so hatte denn unser alter Freund Annūr der Stadt Kátsena einen Besuch gemacht.

Mein Freund ʿAbd el Káder, der Sultan von Agades, der, wie ich früher erwähnt habe, abgesetzt und an dessen Stelle Hāmed e' Rufāi eingesetzt worden war, war jetzt ein grosser Handelsherr geworden, wobei er sich zugleich bemühte, die Fulbe in sein Interesse zu ziehen. Sein gewöhnlicher Aufenthaltsort war zur Zeit Kátsena. Im verflossenen Jahre hatte er in Gesellschaft des Statthalters jener Provinz dem Emīr el Múmenīn einen Besuch abgestattet und demselben ausser einer Anzahl Bernuse und anderen werthvollen Artikeln 13 Pferde von Tuáreg-Zucht als Geschenk mitgebracht, wofür er von ʿAlīu ausser einer Menge Toben 3 Millionen Muscheln und 260 Sklaven als Gegengeschenk erhielt. Nach einem etwa zweimonatlichen Aufenthalte in Wurnō, wo er die ausgezeichnetste Bewirthung genossen hatte, war der Exkönig von Agades mit einem zahlreichen Geleit entlassen worden; denn ungeachtet seiner ausserordentlichen Schwäche, vom Europäischen Standpunkt aus betrachtet, ist dieses Reich doch selbst jetzt noch nicht ganz von Mitteln entblösst. So trafen während meines hiesigen Aufenthaltes Boten von Sária mit einem zweimonatlichen Tribut von 300,000 Muscheln, 85 Sklaven und 100 Toben ein.

Nachdem ich endlich die Lässigkeit meiner Begleiter überwunden, hatte ich, wie schon gesagt, die Genugthuung, meine Abreise auf den 5ten Oktober festgesetzt zu sehn, und es fügte sich so, dass der Ghaladīma, in dessen Gesellschaft ich auf meiner Reise von Kátsena hierher gekommen war, auch wieder auf meiner Rückreise nach Osten mein Reisegefährte sein sollte. So vollendete ich denn meine Vorbereitungen und nahm am 4ten Oktober Abschied — „babankuāna." — von 'Alīu, wobei ich die Gelegenheit benutzte, mich bei Letzterem zu entschuldigen, dass ich ihm diesmal, wie die Arabischen Scherīfe, welche ihn zu besuchen pflegten, etwas mit Bitten zugesetzt hätte, indem ich hinzufügte, dass ich, wenn nicht meine Mittel beinahe ganz erschöpft gewesen wären, es vorgezogen haben würde, mir selbst ein Pferd zu kaufen. Nach dieser Einleitung bemühte ich mich, ihm den gefährlichen Zustand der Strasse eindringlich zu empfehlen, und als er zur Erwiderung darauf den in Haussa üblichen Ausdruck gebrauchte: „Allah schibúdeta!" („Gott möge sie öffnen!"), protestirte ich gegen ein solches Übermaass von Vertrauen auf die göttliche Vorsehung und ermahnte ihn, zu solchem Zwecke seine eigene Stärke und Macht anzuwenden; denn ohne Sicherheit der Strassen, versicherte ich ihn, könne weder friedlicher Verkehr noch Handel existiren. Er hegte den dringenden Wunsch oder nahm wenigstens die Miene an, als wenn er dies thäte, dass die Engländer Handelsverbindungen mit ihnen anknüpfen möchten, und ich berührte sogar den Umstand, dass es zur Erleichterung eines solchen Verkehres am besten sein würde, gewisse Felsen, welche die Schifffahrt zwischen Yáuri und Būssa hemmten, in die Luft zu sprengen; jedoch überzeugte ich mich, dass es gerathener sei, von einem solchen Unterfangen nicht zu viel auf einmal zu sagen, da man einer solchen Angelegenheit ihre Zeit lassen müsse.

'Alīu hatte mit mir bei allen Gelegenheiten die freundlichste Unterhaltung angeknüpft und mich stets ohne Rückhalt über alle möglichen Gegenstände befragt. Er gab mir auch vier Empfehlungsbriefe mit, nämlich einen an den Statthalter von Kanō, einen an den von Bautschi, einen dritten an den von Adamaua und einen vierten, der mehr in allgemeinen Ausdrücken abgefasst und an alle Statthalter der verschiedenen Provinzen seines Reiches gerichtet war. So nahm ich denn Abschied von ihm und seinem Hofe, um wahrscheinlich diese Gegend nie wieder zu sehn, und voll Bedauern, dass dies ausgedehnte Reich, das für einen ununterbrochenen Verkehr mit Europa so vortheilhaft gelegen ist, nicht in den Händen eines energischen Häuptlings sei, der im Stande wäre, der Eroberung Dauer zu verschaffen und die Regierung dieser von der Natur so reich ausgestatteten Provinzen mit starker Hand zu leiten.

[*Donnerstag, 5ten Oktober.*] Es war etwa 3 Uhr Nachmittags, als ich mit meinen Begleitern Wurnō verliess. Zweimal hatte ich mich in dieser Hauptstadt längere Zeit aufgehalten und im Ganzen viel freundliche Behandlung erfahren. Für das gewagte Unternehmen meiner Hinreise hatte mich 'Alīu mit einer einflussreichen Empfehlung an seinen Verwandten Chalīlu versehen und auf meiner Heimreise war ich wiederum, obwohl ich in feindliche Berührung mit einer anderen Abtheilung desselben Stammes gekommen war, zu dem die Bewohner dieser Landschaft gehören, ohne den geringsten Argwohn aufgenommen, ungeachtet des so sehr erschöpften Zustandes meiner Finanzen doch mit grosser Rücksicht behandelt worden und, sobald die trockene Jahreszeit den Verkehr mit der benachbarten Provinz wieder eröffnete, hätte man mir erlaubt, meine Reise fortzusetzen.

Wir nahmen diesmal eine ganz andere, südlichere Strasse als diejenige, welche wir auf unserer Hinreise verfolgt hatten, und wählten an diesem Tage unseren Lagerplatz in Dan Schaúra\*). Die Stadt ist ummauert, mit drei Gräben versehen, leidlich gut bewohnt und mit schönen Baumgruppen geschmückt, worunter einige grosse Gondabäume *(Carica Papaya)* besonders ausgezeichnet waren. Dan Schaúra gehört zum Bezirk Rába und daher ist der Titel seines Grafen „sserki-n-Rába". Er war ein anständig aussehender Mann und bewirthete uns gastfreundschaftlich. Bei unserer Abendmahlzeit befand sich auch ein Fisch, fürwahr ein grosser Leckerbissen in dieser Binnenlandschaft, der zugleich Zeugniss ablegte von der bedeutenden Ausdehnung einer grossen Lache, welche die Stadt auf der Ostseite begrenzt und allem Anscheine nach mit dem Gulbī-n-Rába oder Bugga in Verbindung steht. Der Abend war heiter und ich überliess mich lange Zeit bei der schönen Mondbeleuchtung dem Genusse der Scenerie, der die Mannichfaltigkeit der Belaubung, zumal der *Carica Papaya*, einen wunderbaren Reiz verlieh. Der Sserki-n-Rába hatte mir einige Zeit lang Gesellschaft geleistet, aber wie der Mond aufging, zog er sich zurück, da er, wie er sagte, einen Einfluss desselben auf seine Gesundheit befürchtete; denn er hielt diesen für bei weitem nachtheiliger als den der Sonne. Vielleicht war es aber auch die Ausdünstung der Bäume, was er befürchtete.

---

\*) Ich gebe hier eine Liste der Städte und Dörfer, die auf der Seite von Dan-Schaúra am Fluss entlang liegen: Dogáua, Tungámmasa, Tunssumáua, Töfa, Gīda-n-dan-Damáua, Gīda-n-Laudam, Bassánssan, Gīda-n-Ssomāba, Gīda-n-Mágadji, Gelgil, Gīda-n-Atafīru, Djan Tumbagēbo, Birni-n-Dangēda, Gadjēre, Dorōa-n-birni, Dakuráua, Kundussṣ, Rára. Zwischen der Stadt Rába, die dem Flusse den Namen Gulbī-n-Rába gegeben hat, und Sókoto liegen folgende Städte: Kurfi, Torónka, Káuassa, Durbel, Dúngudji, Tungadúatssu, Kabánga (Ungua Ibrahīma), Garī-n-sserki-n-A'sena.

[*Freitag, 6ten Oktober.*] Unsere nächtliche Ruhe ward zuerst durch Mücken und später durch eine heftige Windsbraut gestört. Als wir dann aufbrachen, betraten wir eine schöne Landschaft, die weiterhin von einer breiten Fáddama durchschnitten war. Nachdem wir dann mehrere halb ausgetrocknete Lachen zur Seite liegen gelassen, hatten wir nach einem Marsche von etwa 10 Meilen ein grösseres, mit Wasser gefülltes Thal zu unserer Rechten und 3 Meilen weiterhin mussten wir es an einer Stelle passiren, wo das Wasserbecken zur Zeit bis auf etwa 150 Schritt in der Breite und 3 Fuss in der Tiefe eingeengt war und ungeachtet einer bedeutenden Strömung eine leichtere Passage gewährte, als der übrige Theil des Bettes mit höherem Wasserstande. Denn hier lag jetzt der Sumpfboden zu Tage, theilweise mit hohem Grase überwachsen, und war sehr schwierig zu passiren; wenige Tage zuvor war diese ganze Strasse für Pferde und Kameele vollkommen ungangbar gewesen.

Nach einem Marsche von etwas über 4 Meilen jenseits dieses Flusses, durch eine mit schönen Bäumen geschmückte, aber von Anbau entblösste Landschaft, erreichten wir wiederum ein grosses Wasser von ungefähr 400 Schritt Breite und durchschnittlich mehr als 5 Fuss Tiefe, das an dieser Stelle in nordöstlicher Richtung dahinfloss. Es war ohne Zweifel derselbe Fluss, den wir kurz vorher passirt hatten; aber wie es kommt, dass er hier viel mehr Wasser enthält, als weiter abwärts, bin ich nicht im Stande, mit Gewissheit anzugeben; jedoch ist meine Meinung, dass ein grosser Theil davon nach Norden abzieht, wo die Waldwildniss eine allmähliche Absenkung nach der Mitte hin zu bilden scheint. An dieser Stelle, die den Namen Gúndumi führt, sammelt sich in einer Art muldenförmiger Vertiefung ein grosses, seeartig stehendes Gewässer. Es war ein unglücklicher Umstand, dass ich keine Gelegenheit hatte, einen der Begleiter des Ghaladīma über diesen Gegenstand um Belehrung zu bitten; denn anstatt das erste

Wasser zu passiren, hielt sich der Ghaladíma an seinem nördlichen Ufer entlang und brauchte sich so gar nicht einzuschiffen, um Gandi zu erreichen, hatte aber dafür einen weiten Umweg zu machen und musste wahrscheinlich auch einen schwierigen Sumpfboden passiren. Wir selbst mussten, ehe wir die Stadt betraten, eine andere, in weit offener Landschaft sich hinziehende kleine Fáddama passiren, wo *Sorghum* und Baumwolle auf denselben Feldern gezogen wurden.

Die Stadt selbst ist mit einer halb verfallenen Mauer und zwei Gräben umgeben und von bedeutender Grösse, aber halb verlassen. Vor dem Eingang war sie mit drei sehr hohen Bentangbäumen *(Bombax)* geziert, die wir schon aus grosser Entfernung erblickt hatten. Ein hölzernes Thor erschwerte den Eingang sehr und verursachte uns einige Verzögerung, und das Innere der Stadt stellte eine grosse verlassene Fläche dar, mit hohen Kräutern, Dūmpalmen und Kórnabäumen überwachsen. So erreichten wir das Haus des Mágadji, eines der fünf Herren dieser grossen wüsten Stadt; aber wir hatten viel Mühe, uns in einem leeren Hofraume Quartier zu verschaffen, und ich war der Ruhe höchst bedürftig, da ich mich in Folge meiner langen Krankheit und des gänzlichen Mangels an kräftiger Nahrung von diesem Tagemarsch überaus angegriffen und erschöpft fühlte. Ich hatte überdies noch die Unannehmlichkeit, mich zu überzeugen, dass Einer meiner Leute, ein befreiter Nūpe-Sklave, zurückgeblieben und nicht zu finden war. Leider erlaubte mir mein schwacher Zustand nicht, mich viel umzuthun, um Nachforschungen nach ihm anzustellen, da ich der Ruhe um so mehr bedurfte, als wir einen langen Tagemarsch vor uns hatten und sehr früh aufbrechen mussten\*).

---

\*) In der Nähe von Gandi liegt der kleine Hügel Dan-Fáua, auf dem die alte Stadt stand, und in einer Entfernung von ungefähr 10 Meilen die wohlbekannte Stadt Bakūra, die dem Flusse den Namen Gulbī-n-Bakūra gegeben hat.

Wir waren am folgenden Morgen wirklich schon um 3 Uhr um das Quartier des Ghaladīma versammelt, aber leider war unser Eifer vergeblich. Der Führer nämlich, der versprochen hatte, uns durch die Waldwildniss zu geleiten, wagte es nicht, sich diesen Leuten anzuvertrauen, ohne seinen Lohn voraus empfangen zu haben, und darauf wollte man sich nicht einlassen. Die Folge war, dass wir unseren Marsch nicht vor 4½ Uhr Morgens antraten, nachdem wir gähnend und müde neben den gesattelten Thieren im Grase gesessen und die frische Rüstigkeit zu einem langen Tagemarsch eingebüsst hatten. Der Wald war mit hohem Grase überwachsen und im Anfange zeigten sich einige grosse Wasserpfützen. Der Hauptbaum war die „dorōa" und nur dann und wann verlieh eine Dūmpalme dem Pflanzenwuchs einige Abwechselung. Es war eine dichte Wildniss und unser eiliger Marsch glich einer wahren Flucht, so dass es mir unmöglich war, diese Strecke Wegs mit derselben Genauigkeit niederzulegen, wie ich es mit grosser Beharrlichkeit während meiner ganzen langen Wanderung durchgeführt hatte. Wenn also ein Fehler auf dem Kartenblatte Nr. 12 ist, das die Strassen zwischen Kátsena und Ssai darstellt, muss er diesem Marsche oder dem Nachtmarsche zwischen Kámmanē und U'mmadau zugeschrieben werden.

Nach einem Marsche von mehr als 20 Meilen erreichten wir endlich den Anfang der grossen Wasserlache Ssubūbu, die mir als das Ende der gefährlichsten Wegstrecke dargestellt worden war; sie war jedoch jetzt fast ganz ausgetrocknet und stellte nichts als kleine Wasserpfützen dar, und in meiner Hoffnung, hier einige Ruhe zu geniessen, ward ich auf das Traurigste getäuscht. Obgleich wir nämlich augenscheinlich eben dieses Wasserbeckens wegen dem Marsche eine von unserer nordöstlichen Hauptrichtung abweichende Richtung gegeben hatten, ward der Platz doch für zu unsicher gehalten, um hier einen längeren Halt zu machen. Aber ich war so vollkommen erschöpft, dass ich mich gezwungen sah, mich heimlich zu entfernen — denn der Tross rückte in militärischer Ordnung vorwärts und Niemand durfte zurückbleiben — und unter dem Schutze eines treuen Dieners, der Wache hielt, mich einige Augenblicke niederzulegen, worauf ich etwas gestärkt in Eile der Schaar folgte.

So rückten wir vorwärts, der Tag neigte sich, ohne dass sich irgend eine Spur von einer Stadt zeigte, und ich schleppte mich in einem überaus verzweifelten Zustande der Erschöpfung hin. Endlich, nach vielen Täuschungen, erreichten wir bebautes Land und wählten unseren Lagerplatz in einiger Entfernung von der Stadt Danfáua oder Dan-Fáua auf einem offenen Landstück. Ich war so ermattet, dass ich nicht im Stande war, zu warten, bis das Zelt aufgeschlagen war, und in Schlaf verfiel, sobald ich vom Pferde gestiegen war. Ein sehr heftiger Thau fiel in der Nacht.

[*Sonntag, 8ten Oktober.*] Kein Dorf war in unserer Nähe, aber wir verschafften uns etwas Wasser und ein paar Hühner von einigen Landbauern. Auch meine Leute waren so vollkommen erschöpft gewesen, dass sie unsere Kameele während der Nacht hatten davon wandern lassen und es kostete uns einige Mühe, sie wiederzufinden. So brachen wir erst kurz nach Mittag auf, indem wir dicht an der Stadt hinzogen, wo ein leidlicher Markt gehalten wurde. Das war recht günstig; ich kaufte einen Vorrath von Korn für die nächsten Tage ein.

Die Stadt Dan-Fáua ist ziemlich volkreich und eine hübsche Anzahl Hütten liegt auch ausserhalb der Stadtmauer umher; aber ich war höchst erstaunt, als ich die schmutzige Pfütze bemerkte, aus der sich die Bewohner mit Wasser versorgen. Der Anblick konnte nicht verfehlen, meine frühere Vermuthung zu bestätigen, dass die meisten Krankheiten der Eingeborenen, zumal die goldene Ader, ihren Grund in dem Schmutze haben, den sie zu gewissen Jahreszeiten mit dieser Sorte Wasser einschlürfen.

Ich verlor einige Zeit auf dem Markte und holte meine Leute ein, wie sie den Windungen des steil abgerissenen Ufers eines ansehnlichen Flusses folgten. Es war offenbar derselbe Wasserlauf, mit dem wir bei Katūru Bekanntschaft gemacht hatten und der sich in nördlichem Laufe mit dem grossen Flussthale von Gōber vereinigt, wenige Meilen nordwestlich von Ssan-ssánne 'Aïssa. An der Stelle, wo wir ihn passirten, war er etwa 300 Schritt breit, aber sehr seicht, da er nur 1 Fuss Tiefe hatte, und voll von Sandbänken. Dabei enthielt jedoch das Wasser eine sehr grosse Menge Fische und eine Anzahl Leute waren beschäftigt, sie bei Trommelschlag einzufangen. Das Ufer war jetzt steil, aber es zeigten sich deutliche Zeichen, dass es nur kurze Zeit zuvor mit Wasser bedeckt gewesen war; ja selbst ein Theil der Saaten darüber hinaus war von der Überschwemmung beschädigt worden.

Die Landschaft war allem Anscheine nach gut bevölkert und wir hatten ein wenig weiterhin zu unserer Linken eine andere volkreiche und umwallte Stadt, Namens Dōle, und ein allem Anscheine nach noch grösserer Ort ward auf der gegenüberliegenden Seite sichtbar. Auch das Vieh auf den Weidegründen zeichnete sich durch seine Trefflichkeit aus. Nachdem wir den Fluss passirt hatten, sah ich den höchsten Halm von *Sorghum*, der mir je vorgekommen; er maass nicht weniger als 28 Fuss. Das Korn ging der Reife entgegen; daneben wurden auch süsse Erdäpfel — „dánkali" — in grosser Menge gebaut.

Von hier hatten wir einen steinigen Landstrich zu passiren und erreichten so die Stadt Morīki mit einem Marktplatz zu ihrer Seite. Der Fluss tritt hier bis auf wenige 100

Schritt heran\*). Ich ritt in die Stadt, um dem Ghaladīma meine Aufwartung zu machen, und da ich bei dieser Gelegenheit die engen Gassen bemerkte, zog ich es vor, in ansehnlicher Entfernung jenseits der Stadt nahe bei einem Weiler zu lagern. Er war von Fulbe aus den Stämmen der Djakabáua und Kukodáua bewohnt und, obgleich nur klein, doch mit einem dicken Holzverhack umgeben. Die Umgegend von Morīki wird nämlich von den Einwohnern Tlēta's unsicher gemacht, die nächtliche Streifzüge machen sollten, um Pferde und Rindvieh fortzuschleppen; aber dessenungeachtet hatten wir eine ungestörte nächtliche Ruhe, ausser dass wir mehrere Schüsse abfeuerten.

[*Montag, 9ten Oktober.*] Nachdem wir unser Zelt von dem äusserst starken Thau, der in der Nacht gefallen war, getrocknet hatten, verliessen wir unser schönes freies Lager, um uns dem Tross des Ghaladīma wieder anzuschliessen. Der Weg führte uns durch denselben felsigen Gau, den wir auf unserer Hinreise durchzogen hatten, und so erreichten wir wieder den wohlbekannten Ort Dūtschi, wo wir in den engen, von aufspringenden Granitblöcken eingehemmten Gassen wieder eines unserer Kameele einbüssten. Wir schlugen dann unser Zelt auf einem kleinen offenen Platze gegenüber dem Hause auf, wo sich der Ghaladīma einquartiert hatte. Einige aus dem Abhange einer Felshöhe, die hinter unserem Ruheplatze emporstieg, aufschiessende Tamarindenbäume gewährten uns während der heissen Tagesstunden einen leidlichen Schutz.

[*Dienstag, 10ten Oktober.*] Unser Tagemarsch führte uns bis nach Búnka und auch heute fiel wieder eines unserer ganz erschöpften Kameele. Wir lagerten diesmal in einem

---

\*) Der Wasserlauf ist hier von ansehnlicher Grösse, kommt mehrere Meilen aus Südost her, von einem Orte Namens Gósaki, und fliesst an den Städten Kaúri-n-Namōda und Gōga vorüber.

ziemlich geräumigen Hofraume innerhalb der Stadt, da die
die Stadtmauer umgebenden Felder jetzt mit hoher Saat
bedeckt waren und nicht genügenden Raum zum Lager darboten. Überhaupt gewährte das Land zur Zeit einen sehr
verschiedenen Anblick von dem, der sich auf unserer Hinreise
gezeigt hatte, und der Wasserlauf bei Sýrmi bot mit seinen
steil abgerissenen Ufern eine schwierige Passage, wiewohl das Wasser zur Zeit nicht mehr als $1\frac{1}{2}$ Fuss Tiefe hatte.
Da meine Kameele theils todt, theils wenigstens völlig erschöpft waren, wollte ich mir gern einen guten Lastochsen
verschaffen, aber leider hatte ich kein Muschelgeld und
so waren meine Bemühungen vergeblich. Die Folge davon
war, dass ich am nächsten Tage grosse Mühe hatte, Kámmanē zu erreichen, wo sich der Ghaladīma einquartierte.

Je unsicherer und verzweifelter der ganze Zustand des
Landes ist, um so erfreulicher waren die Beweise von Betriebsamkeit, die sich hier dem Auge darboten. Schon auf
dem Wege bemerkte ich zu meiner grossen Freude, dass Indigo und Baumwolle in grosser Menge zwischen *Sorghum*
angebaut waren; hier hart an der Stadt fanden wir den Boden zwischen Reis- und Indigobau getheilt, und bald erfuhr
ich denn, dass die ganze Betriebsamkeit der Bewohner in
Weberei und Färberei bestände. Dagegen sind sie in Hinsicht auf Nahrungsmittel sehr schlecht bestellt und, da
sie nur sehr wenig Hirse irgend welcher Art haben, hauptsächlich auf Erdmandeln — „koltsche" — beschränkt; auch
haben sie kein Vieh. Aber ihre Baumwolle ist wegen
ihrer Stärke berühmt, und die Hemden, die sie färben,
zeichnen sich durch den besonderen Glanz aus, den sie ihnen
zu geben wissen. Dabei hat diese Betriebsamkeit die Bewohner von Kámmanē keineswegs entnervt und sie hatten es
im verflossenen Jahre eben nicht schwierig gefunden, einen
Heereszug der Góberaúa zurückzutreiben; sie halten auch
ihre Mauer in ausgezeichnetem Stande, und selbst gegenwär-

tig war nur ein einziges Thor für beladene Thiere überhaupt zugänglich, während die übrigen nur einen ganz beschränkten Zutritt vermittelst einer engen Zugbrücke — „kadárku" — gewährten. Übrigens war ihre Angabe, dass sie dem Feinde 5000 Bogenschützen gegenüberstellen könnten, jedenfalls übertrieben; Pferde haben sie nur sehr wenig, kaum mehr als zwanzig.

Das ganze Innere der Stadt gewährte ein interessantes Schauspiel und schlanke Dūmpalmen schossen zwischen den verschiedenen Granitmassen auf, die zu bedeutender Erhebung emporsteigen*). Auch die Gehöfte entfalteten viel Betriebsamkeit, indem die Leute bis zu später Abendstunde mit ihren Arbeiten beschäftigt waren. Dabei fehlte es nicht an gastfreundschaftlicher Behandlung, und ich erhielt vom Eigenthümer der Wohnung, wo ich mein Quartier gewählt und die, nebenbei gesagt, mit einer ganzen Reihe von Hütten ein grosses Gehöft bildete, gleich nach meiner Ankunft den beliebten Furātrank und Abends „tūo". Auch war ich so glücklich, von den Dorfbewohnern in der Nähe der Stadt etwas Milch zu bekommen.

[*Donnerstag, 12ten Oktober.*] Es war nicht eben früh, als wir Kámmanē verliessen, abermals zu einem langen, forcirten Marsche, während dichter Nebel die Landschaft einhüllte. Für meinen Freund, den Ghaladīma, schien es noch immer zu früh zu sein, indem er dabei war, einen neuen Herrn hier einzusetzen, wofür er ein Pferd und grosse Haufen Muschelgeld zum Geschenk erhielt. So wurde es fast 10 Uhr Morgens, bevor wir wirklich auf dem Marsche waren, und ich vermuthete fast, dass es in Wirklichkeit der unsichere Zustand der Strasse war, der den Verzug unseres Aufbruches hervor-

---

*) Kámmanē ist einer jener Plätze, die sich durch ihre Granithöhen auszeichnen; dieselben erstrecken sich von A'yo und Mágarē bis nach Tschábanē, A'djia und den 15 Felshöhen von Kotórkoschē, wohin der Sultan von Sókoto im verflossenen Jahre seine Kriegsunternehmung gerichtet hatte.

gerufen hatte, indem unseren Gefährten daran lag, den Feind zu täuschen; denn wenn die Letzteren, wie wahrscheinlich, die Nachricht von unserer Ankunft in Kámmanē gehört hatten, mussten sie natürlich erwarten, dass wir am Morgen aufbrechen würden.

Als wir dann einmal auf dem Marsche waren, eilten wir vorwärts und nach einer Strecke von etwa 15 Meilen durch dichte Waldung liessen wir eine Granithöhe und die epheuumrankte Mauer von Rūbo zur Seite, wo ebenfalls ein hoher, stolzer Bentangbaum — „rīmi" — den Eingang zur Stadt bezeichnete; die Stätte war bedeckt mit einem Überfluss frischen Grases von hohem Wuchse. Weiterhin ward der Wald lichter und wir erreichten einen bedeutenden Teich — „tebki" —, der als das Ende des gefährlichen Landstriches angesehen wurde. Meine Begleiter kamen daher zu mir, um mir Glück zu wünschen, dass ich nun endlich die Gefahren der Strasse hinter mir hätte. Aber unser Tagemarsch war noch nicht abgemacht, sondern dehnte sich im Ganzen auf 12 Stunden aus, und ich hatte bei meinem Unwohlsein grosse Mühe, mit meinen Begleitern Schritt zu halten. Das Unangenehme dabei war, dass wir in Folge unseres späten Aufbruches den schwierigsten Theil unseres Marsches in der Dunkelheit zurückzulegen hatten. Das war die Strecke nächst U'mmadau, die von Granitblöcken durchsetzt ist, und unser Marsch wurde daher häufig unterbrochen, zumal an einer Stelle, wo zwei mächtige Granitmassen nur einen engen Durchgang frei liessen. Viel Indigo ward hier zwischen der Hirse gebaut. U'mmadau ist eine ansehnliche, grosse Stadt, aber in Folge unserer späten Ankunft hatten wir nicht wenig Mühe, Quartier zu erhalten, da alles offene Land mit Saat bedeckt war, und wir waren am Ende sehr froh, einen freien Platz zu finden, wo wir unser Zelt aufschlagen konnten.

[*Freitag, 13ten Oktober.*] In U'mmadau trennte sich meine Strasse von derjenigen des Ghaladīma; mein Ziel war nämlich Kanō; während er sich auf diesem grossen Umwege in Folge der Unterbrechung der geraden Strasse durch den Feind nach Kátsena wandte. Am vorhergehenden Abend waren wir wegen unserer späten Ankunft ohne Erfrischung geblieben und wir hatten uns daher vorerst ein Frühstück zu bereiten. Dann nahm ich ein kleines Geschenk zu mir und ging, um vom Ghaladīma und denjenigen aus seinem Gefolge, die mir besonders Freundlichkeit erwiesen hatten, Abschied zu nehmen. Ich bin mir einer so geraden Handlungsweise ihnen gegenüber bewusst, dass ich hoffe, sie werden meiner lange Zeit freundlichst gedenken.

Nachdem ich diese Pflicht erfüllt, brach ich mit meinen Leuten auf, um meinen Marsch allein fortzusetzen. Die Landschaft war ziemlich offen, nur an einzelnen Stellen von Granitblöcken unterbrochen, während der Pflanzenwuchs dann und wann durch Dūmpalmen belebt war. Der Anbau beschränkte sich auf einzelne Strecken, aber ungeachtet des unsicheren Zustandes des Landes waren die Triften nicht ganz von Vieh entblösst. Ich war höchst vergnügt, dass ich endlich ganz meiner Neigung folgen konnte, und genoss die Landschaft um so mehr. Es war ursprünglich meine Absicht gewesen, die Strasse bis Koróſi zu verfolgen; aber aus Irrthum war ich, nachdem ich Wurnō verlassen, auf die nach Birtschi führende Strasse gerathen. Indem ich so meine frühere Strasse von Kúraiē nach Kúrreſi passirte, erreichte ich die Stadt Birtschi nach einem Marsche von ungefähr im Ganzen 12 Meilen. Die Féllani-n-Kátsena hatten zu dieser Zeit einen Heereszug gegen die Stadt Káura unternommen und alle männlichen Bewohner des Ortes hatten sich angeschlossen. So schlug ich mein Zelt vor dem Hause des Ghaladīma auf, ward aber von den Leuten, welche zur Aufsicht zurückgelassen worden waren, eingeladen, die heissen Tagesstunden in der kühlen Eintrittshalle des Hofraumes zuzubringen. Obgleich Birtschi keine bedeutenden Spuren von Reichthum oder Wohlhabenheit aufwies, fand ich doch zu meiner Freude, dass das Korn hier billiger war, als in U'mmadau; auch sah ich mich im Stande, etwas Butter zu kaufen. Dabei war meine Bewirthung sehr gastfrei und die Abwesenheit des Statthalters übte gar keinen Einfluss darauf; ein alter Mállem zeigte besonders eine freundliche Gesinnung gegen mich.

[*Sonnabend, 14ten Oktober.*] Nach einem Marsche von etwa 14 Meilen über die Stadt Rauëō, wo gerade ein kleiner Markt gehalten wurde, und durch die Vorstadt von Ssakássar mit ihren schönen Feigenbäumen — „ngáborē" — erreichten wir die Stadt Mādje. Dieser Ort war uns als reich an Vieh und Milch geschildert worden, aber ich fand ihn halb verlassen. Er war vor etwa 12 Jahren bedeutend in Verfall gerathen, als das ganze Land mit Einschluss der Orte Takabáua, Matāsu, Korōfi und Kúrkodjángo einen Aufstand erregte und einem feindlichen Heere der Gōberaúa freien Durchzug gewährte. Ich war froh, ein gutes Schaaf für den mässigen Preis von 1500 Muscheln zu kaufen. Der Amtmann war zur Zeit in Kátsena anwesend, wo er gewöhnlich seinen Sitz hat. Wir hatten unser Zelt im Schatten eines schönen Feigenbaumes aufgeschlagen und brachten den Nachmittag sehr angenehm zu; aber eine grosse Menge Mücken belästigte uns bedeutend während der Nacht.

Wir waren zu früher Stunde auf dem Marsche und durchzogen eine schöne Landschaft; so erreichten wir am Nachmittag die ansehnliche Stadt Kussāda und lagerten hier ausserhalb der Ringmauer, nicht weit vom Marktplatze. Dieser war zur Zeit unserer Ankunft ganz ohne Besucher, ward aber in der folgenden Nacht durch eine ziemliche Anzahl von Reisenden, die dort Quartier suchten, belebt genug. Auf diesem Marsche nach Kussāda bemerkte ich ein Beispiel von Betriebsamkeit in kleinem Maassstabe; die Einwohner von Mādje kaufen nämlich in einem ziemlich entlegenen Platze Namens Kánkia saure Milch und versehen damit die Stadt

Korōfi. Zahlreiche Dorfschaften lagen auf beiden Seiten des Weges und Acker- und Brachland wechselten mit einander ab; indische Hirse war hier nebst Baumwolle das Haupterzeugniss. Auch die Weidegründe waren von einer hübschen Anzahl Pferde belebt.

Von hier verfolgte ich meine alte Strasse durch die schöne Provinz Kanō, so gut versehen mit allen Arten von Erzeugnissen und so reich an Viehheerden. Nachdem ich während der nächsten Nacht mein Lager hart jenseits der Stadt Bitschi aufgeschlagen hatte, erreichte ich die grosse Handelsmetropole des Sudans am 17ten Oktober Nachmittags.

# XIV. KAPITEL.

Zweiter Aufenthalt in Kanō unter ungünstigen Verhältnissen. — Marsch nach Kúkaua.

Da ich einen Boten vorausgesandt hatte, fand ich bei meiner Ankunft in Kanō Alles in Bereitschaft und nahm mein Quartier in dem für mich bestimmten Hause. Aber sonst fehlte mir, was mir das Liebste war und was mir allein den Aufenthalt in diesen Gegenden erträglich machen konnte; ich fand nämlich auch nicht einen einzigen Brief vor und auch von den erwarteten neuen Hilfsmitteln war nicht das Geringste angekommen. Dabei war ich gänzlich von Mitteln entblösst und hatte doch in dieser Stadt eine Menge Schulden zu bezahlen, und zwar besonders den meinen Dienern schuldigen Lohn; denn während der ganzen Reise von Kúkaua nach Timbuktu und zurück hatte ich ihnen noch nichts bezahlt. Kaum war ich im Stande, mir zu erklären, wie dies Alles habe geschehen können, da ich mich völlig darauf verlassen hatte, hier Alles zu finden, was ich bedürfte, sowie besonders auch günstige Nachrichten über die Unternehmungen Dr. Vogel's und seiner Gefährten, deren Ankunft in Kúkaua ich, wie schon erwähnt, bis dahin nur gelegentlich von einer Freien in Sókoto erfahren hatte.

Unter solchen Umständen war es sehr gut, dass ich, ohne mich sehr auf Ssidi Ráschid zu verlassen, welcher, wie ich wusste, zur Zeit Geschäftsführer des Brittischen Vicekonsuls in Mursuk war, mein Vertrauen bereits früher Ssidi ʿAli geschenkt hatte, dem Kaufmanne, den ich schon bei Gelegenheit meines ersten Aufenthaltes an diesem Platze als eine ziemlich zuverlässige Person kennen gelernt hatte. Auch unterliess ich nicht, mir sogleich das Wohlwollen dieses Mannes zu sichern, indem ich ihm fast Alles opferte, was ich noch von Werth besass, eine kleine sechsläufige Pistole mit inbegriffen. Dagegen versprach er mir seinerseits, meine Bedürfnisse zu befriedigen, bis ich in den Besitz des Geldes und der Waaren kommen würde, die ich in Sinder deponirt hatte.

Das Erste, was ich am nächsten Morgen that, nachdem ich dem Ghaladīma, sowie dem Statthalter meine Aufwartung gemacht und Jedem von ihnen ein schönes Geschenk, so gut es meine Mittel erlaubten, dargebracht hatte, bestand darin, dass ich meinen Diener Mohammed, den Gatrōner, nach Sinder absandte. Auf diesen Diener konnte ich volles Vertrauen setzen; ich gab ihm daher die umfassendste Vollmacht und versprach ihm ein schönes Geschenk, wenn es ihm gelingen sollte, alle meine Habseligkeiten mitzubringen, nämlich sowohl das, was bei früherer Gelegenheit dort deponirt worden war, als auch die Waaren, welche man später auf meine Rechnung dorthin gesandt hatte. Ein geringeres Geschenk sollte er im Falle erhalten, dass er nur den kleineren Theil vorfinden würde; denn nach Allem, was ich gehört, war ich keineswegs überzeugt, dass die Kiste mit Stahlwaaren und den 400 Dollars während der ernstlichen bürgerlichen Kämpfe, welche Bórnu in meiner Abwesenheit zerrissen hatten, unangetastet geblieben sei.

Mittlerweile, bis zur Rückkehr des Boten, bemühte ich mich, meine Zeit so nützlich wie möglich zuzubringen, indem ich eine oberflächliche Aufnahme der Stadt, welche ich während meines früheren Aufenthaltes angefangen, aber unvollendet gelassen hatte, zum Abschluss brachte. Zugleich erforderte der Zustand meiner Gesundheit ununterbrochene körperliche Bewegung; denn der Unterschied zwischen dem engen Quartier, in dem ich hier hausen musste, und meiner bisherigen unstäten Lebensweise im Freien war zu gross, und in Folge der grossen Veränderung in meiner Lebensweise war ich zu wiederholten Malen starken Fieberanfällen unterworfen.

Kanō wird für Europäer, welche diese Gegenden besuchen, stets einer der ungesundesten Orte bleiben, und es war daher wohlgethan, dass Dr. Vogel während des ersten Jahres nach seiner Ankunft im Sudan absichtlich diese Stadt vermied. Selbst meine Thiere entgingen dem verderblichen Einflusse des Klima's nicht und meine drei Pferde wurden nach einander von einer ansteckenden Krankheit ergriffen. Dieselbe nahm mit einem Anschwellen der Schenkel ihren Anfang, das sich von da nach Brust und Kopf verbreitete, bis es gewöhnlich in 6 oder 8 Tagen den Tod herbeiführte. Auf diese Weise verlor ich zwei von meinen drei Pferden, mit Einschluss meines alten Gefährten, der mich durch so viele gefahrvolle Feldzüge glücklich hindurchgetragen und alle Mühen und Leiden fast 3 Jahre hindurch mit mir getheilt hatte. Dagegen kam das kleine, hässliche, aber starke Pferd, das mir der Sultan von Sókoto zum Geschenk gemacht hatte, mit dem Leben davon.

Dieser Verlust meiner Pferde trat natürlich hemmend zwischen meine Ausflüge und beraubte mich fast allen Vergnügens, das sie mir unter anderen Umständen gewährt haben würden. Aber obgleich ich kein gutes Reitpferd mehr besass, genoss ich dennoch die offene Landschaft, die sich ausserhalb der Thore dieser malerischen, aber ausserordentlich schmutzigen Stadt ausbreitete und nah und fern mit grossen Dörfern besät war. Besonders folgte ich mit lebendigem Interesse der östlichen der drei von der Kōfa-n-Káura ausgehenden Strassen, welche zu dem kleinen, Kōgi-n-Kanō genannten Flüsschen führt. Gelegentlich besuchte ich auch einige Viehhürden, um etwas frische Milch zu erhalten; denn ich war nicht im Stande, solche in der Stadt zu bekommen, mit alleiniger Ausnahme von etwas Ziegenmilch. Die von der Regenzeit erzeugten Wasserpfützen waren jetzt fast überall ausgetrocknet, und eine besondere, „maiua" genannte *Sorghum*-Art war eingeerntet worden. Auch begegnete ich einige Tage darauf, als ich südwärts einen Ausflug machte, den Dienern des Statthalters, welche Korn für ihren Herrn einsammelten.

Ausser meinen persönlichen Sorgen und der mir durch meine Schulden verursachten Bedrängniss, sowie der Ungewissheit in Bezug auf das von mir in Sinder zurückgelassene Eigenthum, zogen besonders zwei Umstände meine ganze Aufmerksamkeit auf sich und verursachten mir viel Sorge und Noth. Zuerst und vor Allem beschäftigte mich die von der Englischen Regierung den Benuë hinaufgesandte Expedition. Von dieser Unternehmung hatte ich zur Zeit, wo sie ausgeführt wurde, auch nicht die leiseste Ahnung, da die Depeschen, welche ich nach so langem Verzug in Timbuktu erhalten hatte, nicht ein einziges Wort über dieses Vorhaben enthielten; die Briefe, welche mir später zugesandt worden waren und die die Nachricht enthielten, dass eine solche Expedition ausgesandt werden sollte, blieben nämlich in Kúkaua liegen und ich erhielt sie erst bei meiner Ankunft in jener Stadt, zu Ende Dezember. So erfuhr ich denn erst den 29sten Oktober, gerade auf dieselbe zufällige Weise, wie ich gelegentlich in Sókoto die Ankunft des Herrn Dr. Vogel in Kúkaua erfahren hatte, aus dem Munde der Eingeborenen, dass eine solche Expedition stattgefunden hätte.

Zuerst war ich der Ansicht, dass dieses Unternehmen von dem Captain Mac Leod ausgegangen sein möchte, da ich von dessen Vorhaben, den Niger hinaufzuschiffen, durch eine

Nummer des „Galignani" Kenntniss erhalten, und erst am 13ten November gelang es mir, mit einem Manne zusammenzutreffen, der die Expedition mit eigenen Augen gesehn hatte. Er erzählte mir da, dass sie aus einem grossen und zwei kleineren Booten — ob aus Eisen oder Holz, wisse er nicht — bestanden habe; die Bemannung derselben gab er auf 7 Herren und 70 Sklaven an (es ist ganz natürlich, dass er die Kruleute für Sklaven hielt). Ich hörte überdies von ihm, dass die Mitglieder dieser Expedition nicht bis Yōla hinaufgegangen wären, da sie der Herr von Hamárrua vor einer von den Bergen gebildeten Verengung der Flusspassage gewarnt habe. Auch sagte er mir, dass sie ihre Heimreise früher angetreten hätten, als man allgemein erwartet habe, und dass er selbst sie bei seiner Rückkehr von Yákoba, wohin er gegangen sei, um mehr Elfenbein für die Expedition zu holen, zu seinem grossen Erstaunen nicht mehr angetroffen habe.

Der andere Gegenstand, welcher mich zu dieser Zeit stark beschäftigte, war der politische Zustand von Kúkaua. Im Anfange, als ich die erste Nachricht von der politischen Umwälzung in Bórnu erhielt und erfuhr, dass Scheich 'Omar entthront und sein Vezier erschlagen worden sei, hatte ich mein Vorhaben, über Bórnu zurückzukehren, aufgegeben und den Plan gefasst, noch einmal die schwierige Strasse durch Aïr und mitten durch die Tuáreg zu versuchen. Als ich jedoch später vernahm, dass 'Omar wieder eingesetzt sei, nährte ich die Hoffnung, es könnte doch möglich sein, die im Vergleich sicherere Strasse durch das Tēbu-Land einzuschlagen, zumal da ich zu gleicher Zeit die Nachricht von dem höchst blutigen Kampfe erhielt, der zwischen den Kēl-owī und Kēlgeréss stattgefunden habe. In diesem Kampfe sollte eine grosse Menge der edelsten Männer des ersteren Stammes gefallen sein, sowie auch mehrere hundert Mann vom gemeinen Kriegsvolke auf beiden Seiten. Grossen Kummer verursachte mir die Kunde, dass meine besten Freunde in diesem Kampfe gefallen seien, besonders Hamma und Býrgu.

Mittlerweile blieb die Nachricht von Kúkaua doch im Ganzen sehr unerfreulich und falsche Gerüchte kamen beständig von dorther. So ward am 1sten November berichtet, dass die Ssugúrti 'Omar besiegt hätten und dass er sich, nur von wenigen Reitern begleitet, durch schnelle Flucht gerettet habe. Erst am 9ten erhielten wir die zuverlässige Nachricht, dass dieser legitime Herrscher seine Stellung gegen die Intriguen der Partei seines Bruders mit Kraft behaupte und dass er den Letzteren im Gefängniss bewahre. Jedoch gewann ich erst volles Zutrauen und fühlte mich ganz beruhigt, als ich nach Verlauf einiger Tage 'Omar's Boten ankommen sah, um seinen Friedensgruss dem Statthalter von Kanō zu überbringen. Da liess ich sie denn sogleich zu mir einladen und machte ihnen ein paar kleine Geschenke, um meine Freude darüber zu erkennen zu geben, dass ihr Gebieter sein Königthum wieder erlangt habe und sich in seiner Würde erhalte. Denn es war ein überaus wichtiger Punkt für mich, meinen Weg nach Bórnu offen zu sehn und dort mit Dr. Vogel und dessen Gesellschaft zusammenzutreffen, um ihm meinen Rath und Beistand zukommen zu lassen in Bezug auf die Länder, von denen es am wünschenswerthesten sei, dass er sie besuche.

Obgleich sich nun der politische Horizont etwas aufgeklärt, hatte ich doch noch immer grosse Schwierigkeit, Kúkaua zu erreichen, da mir kein Geld zur Verfügung stand; denn zu meinem grossen Entsetzen war der Diener, den ich am 18ten Okt. nach Sinder geschickt hatte, um mein daselbst deponirtes Eigenthum zu holen, am 4ten November mit leeren Händen zurückgekommen. Ein paar Briefe von altem Datum und ohne Bedeutung waren das ganze Resultat seiner weiten Reise. Da hörte ich nun, dass das Gerücht von meinem Tode überall Glauben gefunden habe und dass ein Diener Dr. Vogel's mit einem Sklaven 'Abd e' Rahmān's von Kúkaua nach Sinder gekommen sei, um alle Waaren, die auf meine Rechnung dort angekommen wären, mitzunehmen; die Kiste mit den Stahlwaaren und den 400 Thalern sei schon lange zuvor gestohlen worden, nämlich unmittelbar nach der Ermordung des Scherīfen.

So war ich denn von allen Seiten verlassen und ich fühlte den Mangel an Mitteln um so mehr, als mein erster Diener, ʿAli el Aʿgeren, auf Grund des Wortlautes des mit ihm abgeschlossenen Vertrages auf das Entschiedenste hier an Ort und Stelle Bezahlung des rückständigen Lohnes verlangte. Die Summe belief sich auf 111 harte Thaler und ich hatte mich genöthigt gesehn, Ssidi ʿAli zu bevollmächtigen, dies Geld auf meine Rechnung zu bezahlen. ʿAli el Aʿgeren hatte mir bedeutende Kosten verursacht, und ich würde ihn, wie ich schon an Ort und Stelle angegeben habe, wenn ich hinreichende Mittel besessen hätte, schon in Timbuktu entlassen haben; denn, sobald er sich meiner gefährlichen Lage bewusst geworden, hatte er mir dort jeden Gehorsam aufgekündigt. So war er mir denn auch auf meiner Rückreise nur von geringem Nutzen gewesen, aber natürlicherweise war er jetzt eifrigst bemüht, sich wegen seines Betragens unterwegs zu rechtfertigen, und er machte selbst Anspruch auf das Geschenk, das ich ihm im Falle eines vollkommen guten Betragens versprochen hatte. Dies jedoch verweigerte ich ihm mit gutem Grunde und ich war froh, dass meine übrigen Diener, deren Gesammtlohn sich auf beinahe 200 Dollars belief, geneigt waren, auf ihre Bezahlung zu warten, bis wir Kúkaua erreicht hätten.

Trotz dieser Enttäuschung enthielt das Packet, das mir mein Diener von Sinder brachte, doch einiges Erfreuliche, wie es denn z. B. ausser einigen Briefen von Europa nebst einer Karte von Süd-Afrika vom Herrn Cooley noch zwei sehr schön geschriebene Arabische Empfehlungsbriefe enthielt, von denen der eine an ʿAliu den Emīr von Sókoto, adressirt, während der andere an alle Häuptlinge der Fulbe gemeinsam gerichtet war. Um solche Briefe hatte ich ausdrücklich gebeten, und sie würden mir, wenn ich sie zwei Jahre früher erhalten hätte, von grossem Nutzen gewesen sein. Immerhin übersandte ich den an 'Alīu bestimmten dem Statthalter und er war so erfreut darüber, dass er ihn durch einen besonderen Eilboten an seine Bestimmung beförderte. Da legte ich denn noch einen eigenen Brief bei, worin ich mein Bedauern ausdrückte, dass ich nicht im Stande gewesen wäre, das Schreiben bei Gelegenheit meines eigenen Besuches zu überreichen; auch entschuldigte ich mich zugleich darüber, dass ich ihm nicht ein kleines Geschenk mitschicken könne, da ich hier nicht, wie ich erwartet, neue Mittel gefunden hätte und in Folge dessen von Allem entblösst sei. Ich hatte das Gerücht gehört, welches sich später allerdings als unbegründet erwies, dass der Statthalter von Hamárrua mit dem Plane umgegangen sei, die Bemannung des Englischen Dampfbootes mit grosser Heeresmacht anzugreifen, und ich benutzte daher die Gelegenheit, um mich in diesem Briefe gegen ein solches Verfahren in starken Ausdrücken auszusprechen, indem ich dem Häuptling die friedfertigen Absichten der Expedition auseinandersetzte.

Daneben schien das Packet doch selbst auch die Hoffnung irgend einer Art von materieller Hilfe zu gewähren; es enthielt nämlich auch einen Brief von Hrn. Dickson, dem Brittischen Agenten in Ghadāmes, vom Ende des Jahres 1853, der einerseits allerdings die wenig erfreuliche Nachricht brachte, dass er im Begriff wäre, seinen Posten zu verlassen, um nach der Krim zu gehn, andererseits mir aber doch dadurch sehr wichtig wurde, dass ihm zwei Empfehlungsbriefe an ein paar Ghadāmsier Kaufleute beigelegt waren, Namens Hadsch Ahmed ben Sslīmān und Mohammed ben Mūssa, die, wie er mir anzeigte, von seinem Eigenthum in ihren Händen hätten, um mir Unterstützung zu gewähren, im Fall ich Geld bedürfen sollte. Die Briefe wurden jedoch von den Leuten, an die sie gerichtet waren, mit grosser Kälte aufgenommen, und man gab mir zu verstehen, dass man mir nicht helfen könne. Glücklicherweise ward die Unannehmlichkeit meiner pekuniären Verhältnisse einigermaassen durch das Anerbieten des Fezzäner Kaufmanns Chuëldi beseitigt, desselben, dessen Freundlichkeit gegen mich ich auch schon bei früherer Gelegenheit erwähnt habe. Dieser Mann machte mir nämlich das Anerbieten, mir 200 Dollars baar zu leihen, und er liess es nicht bei den Worten bewenden, sondern wenige Tage darauf traf ein Diener von ihm mit der erwähnten Summe wirklich ein.

Die Summe von 200 Dollars reichte jedoch zu meinem Bedarf keineswegs aus, und ich hatte auch keine Neigung, wegen der Einbusse der erwarteten Unterstützung den Plan aufzugeben, den ich gehegt hatte, Proben von den Manufakturen dieser rüstigen Betriebsstadt mit heimzubringen. Dazu hatte ich zwei Pferde und ein paar Kameele zu kaufen, sowie tausend andere Dinge, und ich war also genöthigt, mir weitere Mittel zu verschaffen, wie schwierig es auch sein mochte. Ich hatte selbst viel Noth mit dem Kaufmann Ssidi ʿAli, der sein Versprechen, mich mit dem Nöthigen zu versehen, von Tag zu Tag aufschob. Er war jedoch der Ansicht, die Kaufleute aus Ghadāmes, die Englisches Eigenthum in den Händen hätten, müssten mir helfen, und ich wandte mich an den Ghaladīma, der mir zu dem Zwecke eine öffentliche Audienz bewilligte. In dieser Audienz, wo eine grosse Anzahl anderer Leute zugegen war, begründeten die Kaufleute ihre Weigerung, auf mein Verlangen einzugehen, auf das alte Datum des Briefes, in dem sie von ihrem Korrespondenten Befehl erhalten hätten, meinen Wünschen nachzukommen. Erst als der Ghaladīma ihnen geboten hatte, Alles, was sie von dem Brittischen Agenten besässen, zu ihm zu bringen, willigten sie ein, mir eine Summe Geldes zu leihen, aber zu den üblichen 100 Prozent.

So nahm ich denn 500,000 Muscheln auf, hier dem Werthe von 200 Dollars entsprechend, und musste mich verpflichten, nach Verlauf von 4 Monaten dafür das Doppelte in Tripoli zurückzuzahlen. Diese Anleihe, an sich nicht sehr gross und die ganz unnöthig gewesen sein würde, wenn ich meine eigenen Mittel vorgefunden hätte, setzte mich auf der anderen Seite in den Stand, mit der grössten Leichtigkeit und Sicherheit meine Depeschen zu entsenden; denn es lag natürlicherweise im Interesse dieser Herren, meine Briefschaften auf dem sichersten und kürzesten Wege nach Tripoli zu übermachen. Ein erfahrener und wohlbekannter Mann ward zu dem Ende als Eilbote unmittelbar abgesandt, um ohne Gefährdung seinen Weg durch Aïr zu nehmen, das in seinem jetzigen unruhigen Zustand jedem anderen Wanderer verschlossen war.

Die Schwierigkeit, die ich hatte, meine Bedürfnisse zu befriedigen und diejenigen Artikel einzukaufen, die meiner Meinung nach zu meiner Ausrüstung nöthig waren, stieg um so höher, als zur Zeit gerade Alles sehr theuer war. Denn die Kaufmannschaft am Orte war der Meinung, dass in Folge des unsicheren Zustandes der Strasse im Laufe dieses Jahres keine Karawane aus Norden eintreffen würde, alle Artikel von dorther also bedeutend im Preise steigen würden. Aber auch Kameele waren ausserordentlich theuer und von sieben schönen Thieren, welche Chuëldi von Sinder her geschickt hatte, ward jedes für 60,000 Muscheln verkauft — ein sehr hoher Preis für ein Kameel. Ich schätzte mich daher sehr glücklich, dass ich Gelegenheit fand, ein Kameelweibchen von allerdings keineswegs erster Güte für 45,000 Muscheln zu kaufen; auch war ich so glücklich, eine vortreffliche Stute für 70,000 Muscheln — etwas weniger als 30 Dollars zu erhalten.

Nachdem ich mir auf diese Weise Alles, was ich bedurfte, angeschafft hatte, machte ich mich ganz fertig, um am 21sten November abzureisen, und ich war sehr froh, als ich diesen letzten Abschnitt meiner langen Wanderung im Sudan mit der Aussicht begann, dass ich ungefähr in 6 Monaten wieder die stärkende Luft des Nordens einathmen würde. Auch die beiden Letzten meiner Freunde aus dem fernen Westen — zwei Andere waren in Wurnō zurückgeblieben — wollten Kúkaua besuchen, mehr in der Absicht, die Grossmuth des Herrschers jenes Landes zu ihrem eigenen Besten und zum Vortheil ihres Herrn in Anspruch zu nehmen, als weil sie mir noch weiter von Nutzen sein konnten; aber sie waren erst vor Kurzem angekommen und wollten mir so bald wie möglich nachfolgen. Sie und Ssidi 'Ali gaben mir das Geleit zur Stadt hinaus.

Ich verfolgte meine Strasse mit heiterem Sinne, und obwohl mir der Charakter der Landschaft im Allgemeinen nicht neu war, hatte ich doch diese nördlichere Strasse, die ich zu nehmen mich gezwungen sah, zuvor noch nicht bereist. Auch schien sie, obwohl vielleicht weniger volkreich, den Vortheil eines reicheren Pflanzenwuchses darzubieten, und Deléb-palmen zumal bildeten den Schmuck mancher Weiler oder auch der offenen Landschaft; auch schönes Vieh liess sich in bedeutender Menge sehn und, Alles zusammengenommen, war es ein angenehmer Ritt. So erreichten wir nach einem Marsch von etwa 11 Meilen die Stadt Wāsse oder Wāssa und nahmen hier unser Quartier; aber, wie das gewöhnlich bei diesen Städten der Fall war, fanden wir das Thor so eng, dass wir uns genöthigt sahen, den grössten Theil des Gepäckes vom Rücken der Kameele zu nehmen. Das war eben der Grund, wesshalb wir es immer vorzogen, im Freien zu lagern; aber hier ward dies für zu unsicher erachtet; selbst innerhalb der Mauern war das Volk in äusserster Furcht vor Dieben. Die Stadt war ziemlich volkreich und die Hofräume waren mit Hecken von lebenden Bäumen umzäunt, fast in derselben Weise wie in U'ba, und der Platz, wo wir lagerten, war recht hübsch beschattet. Trotz ihrer unbehaglichen

Lage bei dem augenblicklichen unruhigen Zustande des Landes und bei der Aussicht auf eine andere Kriegsunternehmung Bochāri's bewirtheten uns die Einwohner doch leidlich.

[*Freitag, 24sten November.*] Die Schwierigkeit, die wir hatten, wieder zur Stadt hinauszukommen, bestärkte mich in meinem Entschluss, wo möglich nie wieder eine zu betreten; denn ich war dieser Plätze herzlich überdrüssig. Das Indische Korn *(Sorghum)* war eben geschnitten oder vielmehr gehauen worden, lag aber noch ungedroschen auf den Feldern. Der Dorōabaum *(Bassia Parkii)* schien der vorherrschende Baum dieser Gegend zu sein und trat etwas weiterhin in grosser Menge auf; auch Dattelpalmen liessen sich in der Nähe eines Weilers sehn. Wir durchzogen dann ein mehr offenes Land und die Scenerie wurde überaus schön und blieb so, bis wir die Stadt Ssabō-n-garī erreichten, die wir in einiger Entfernung zu unserer Linken liegen liessen. Der Marktplatz, belebt durch zwei schöne Baurebäume, lag hart an der Seite unseres Pfades. Es war diese Stadt, wo der Statthalter von Kanō seine Truppen zu sammeln beabsichtigte, um sich Bochāri entgegenzustellen; aber es war bei seinem eigenen Mangel an Thatkraft und der feigen Gesinnung seiner ganzen Kriegsschaar nicht eben wahrscheinlich, dass er jenem energischen und unternehmenden Häuptling und dessen sieg- und beutetrunkenen Kriegsschaaren ernstlichen Widerstand entgegensetzen würde.

Zwölf Meilen jenseits Ssabō-n-garī, durch einen weniger begünstigten Distrikt, erreichten wir die Stadt Yerímarī, umgeben mit einem Kéffi, während auf seiner Aussenseite gerade Markt abgehalten wurde. Da es hier an Futter für die Kameele fehlte, verfolgten wir unseren Marsch durch einen mit Unterholz bedeckten Distrikt, bis wir etwa 2 Meilen weiterhin ein Dorf Namens Gīda-n-Allah („das Haus Gottes") erreichten, das ebenfalls von einem Kéffi umgeben und auch sonst so vollständig hinter einem eng verwachsenen Baumdickicht versteckt lag, dass wir es kaum finden konnten. Aber innerhalb des Dickichts breitete sich ein schönes offenes Feld aus; hier schlugen wir unser Zelt auf und erhielten vom Amtmann und den übrigen Vornehmen des Orts bald einen Besuch. Sie benahmen sich gegen uns sehr freundlich und versorgten uns mit Allem, was wir nur bedurften. Das Dorf ist nämlich reich an Negerhirse und Indischem Korn, aber mit Wasser nur sehr schlecht versehen, da der Brunnen weit entfernt lag. Unser Lagerplatz war im höchsten Grade freundlich, der offene grüne Platz durch dichte Baumgruppen belebt und der übrige Pflanzenwuchs obendrein von einer grossen Menge Delébpalmen unterbrochen.

Der Weg, den wir am folgenden Tage verfolgten, war dichter mit Dorngebüsch besetzt, aber auch hier waren Delébpalmen zahlreich und Doróa- und Tamarindenbäume trugen viel dazu bei, begünstigteren Stellen ein mannichfaltigeres Leben zu verleihen. So erreichten wir die Stelle, wo sich diese nördliche Strasse mit einer südlicheren vereint, die über Gesaua geht, aber nicht dieselbe ist, die ich auf meiner früheren Reise verfolgt hatte. Hier beschleunigten wir unsere Schritte, da alle Leute, denen wir begegneten, in eiliger Flucht vor Bochāri ihr Heil suchten. So zogen wir an Dúkaua vorüber, einem ansehnlichen und ebenfalls mit einem Holzverhack — „keffi" — umgebenen Dorfe; rings umher standen Adansonien, die gegenwärtig entlaubt waren, während die Frucht der Reife entgegenging.

Da wir ohne Wasser waren und die Hitze sehr drückend wurde — die Pfützen waren nämlich insgesammt ausgetrocknet — ritt ich voraus, nach Hóbiri zu; dies ist ein Dorf, welches, wie die meisten Weiler in dieser Gegend, mit einem Verhack umgeben und aussen mit grossen Tamarinden- und Affenbrodbäumen geschmückt ist. Hier tränkten wir unsere Pferde und ich erfrischte mich mittlerweile an einem Trunke saurer Milch. Indem ich dann eine dichte Waldung passirte, erreichte ich den vor der Stadt Gérki gelegenen Brunnen, wo ich meine Leute bereits antraf. Sie waren aber noch nicht im Stande gewesen, sich auch nur die kleinste Quantität Wasser zu verschaffen; denn der Brunnen war bei seiner geringen Tiefe und in Anbetracht der Menge Menschen, die er zu versorgen hatte, eben nicht reichhaltig. So musste ich denn 300 Muscheln bezahlen, um nur mein eigenes Bedürfniss, sowie das meiner Thiere befriedigen zu können.

Auch diesmal fühlte ich, wie bei meinem früheren Aufenthalte, keine Lust, innerhalb der Mauern von Gérki zu lagern, und wählte daher meinen Lagerplatz auf der Nordseite der Stadt. Es war ein freundlicher Platz; aber unglücklicherweise befand sich nicht weit davon ein grosser Affenbrodbaum, der im Laufe der Nacht einem verwegenen Dieb einen vortrefflichen Hinterhalt gewährte, hinter dem er höchst geschickt zwei Leistungen seiner Kunst ausführte, und ich möchte daher jedem zukünftigen Reisenden, welcher diese Gegenden berührt, deren Bewohner sich durch ihre Gewandtheit im Stehlen auszeichnen, dringend anrathen, es zu vermeiden, sein Zelt zu nahe bei einem grossen Baume aufzuschlagen. Genug, es gelang dem Burschen zu meiner höchsten Entrüstung, erst die Tobe und dann die Beinkleider eines meiner Diener fortzuschleppen. Ich hegte allerdings starken Verdacht, dass dieser verwegene Dieb ein Einwohner Hóbiri's sei, von dem ich am verflossenen Abend für 9000 Muscheln einen Lastochsen gekauft hatte; aber Gérki ist doch wegen der vielen Diebstähle berüchtigt, die hier in der Nachbarschaft begangen werden.

Um so freundlicher und aufmerksamer bewies sich dagegen der Statthalter selbst gegen mich und er begleitete mich am nächsten Morgen mit 10 Reitern, von welchen vier seine eigenen Söhne waren. Er war eine recht stattliche

Persönlichkeit und gut beritten. Sie geleiteten mich bis an die Grenze des Gebietes von Kanō und Bórnu, wo ich von ihnen Abschied nahm. Darauf setzte ich meinen Marsch allein fort und erreichte Birmenáua, jenes kleine eigenthümliche Grenzstädtchen von Bórnu, das ich schon auf meiner früheren Reise erwähnt habe; es hatte jedoch seitdem grössere politische Bedeutung erlangt, da es sich dem gegenwärtigen Machthaber in Gúmmel, Schēri, nicht unterworfen hatte, sondern dessen Gegner und Nebenbuhler, dem Herrn von Tymbi, anhing. Dies war der Grund, wesshalb die Bewohner des Ortes bemüht waren, den friedlichen Verkehr zwischen Gúmmel und Kanō abzuschneiden, und ich hielt es bei diesen politischen Zerwürfnissen, um irgend ein unerfreuliches Ereigniss zu vermeiden, für gerathen, dem kleinen Häuptling meine Aufwartung zu machen und mir durch ein kleines Geschenk sein Wohlwollen zu gewinnen, während meine Leute die gerade Strasse fortsetzten. So erreichten wir Gúmmel und lagerten in einiger Entfernung nordöstlich davon.

Auf meiner Reise nach Westen hatte ich Gúmmel unter der Regierung des alten Dan Tanōma im Genusse eines ansehnlichen Grades von Wohlstand verlassen; aber der Bürgerkrieg, der die schönsten Blüthen menschlicher Glückseligkeit vernichtet, hatte auch hier gewüthet, und der von Bórnu als Nachfolger des früheren Statthalters eingesetzte Machthaber war von Schēri, seinem nahen Verwandten und Nebenbuhler, besiegt und dieser Usurpator wiederum vom Statthalter von Sinder, den der Scheich von Bórnu gegen ihn gesandt hatte, vertrieben worden; aber der Aufrührer hatte im Gebiete von Kanō Zuflucht gefunden, dort frische Streitkräfte gesammelt und so die Herrschaft wieder erobert; hierauf wurde er denn bei dem schwachen Zustande, in den das Königreich Bórnu in Folge des Bürgerkriegs gestürzt worden, von seinem Oberlehnsherrn schweigend anerkannt.

Die Stadt, damals so voller Leben und Regsamkeit, war jetzt fast ganz verlassen; das Haus des Statthalters war ausgeplündert und vom Feuer zerstört und Schēri selbst, der glückliche Usurpator, dem es nach langem blutigen Kampfe mit seinem Nebenbuhler endlich gelungen war, von seiner Herrschaft Besitz zu ergreifen, residirte mitten unter den Trümmern der halb eingestürzten königlichen Wohnung. Das Ganze, vom Feuer geschwärzt, gewährte das trübseligste Schauspiel, und mit einem sehr wehmüthigen Gefühle gedachte ich besonders jenes schönen Tamarindenbaumes, der bei meiner früheren Anwesenheit, wo ich Zeuge der Hofetiquette dieser kleinen Herrschaft gewesen war, dem ganzen Hofraum des Palastes dichten Schatten verlieh. Jetzt hatte Alles den Charakter der Armuth und des Elendes und der Machthaber selbst war äusserst armselig gekleidet, indem er weiter nichts als eine schwarze Tobe trug; sein Haupt war unbedeckt. Er stand ungefähr im 35$^{\text{sten}}$ Lebensjahre, aber seine Züge waren ohne allen Ausdruck, und so imponirte denn seine Erscheinung nicht im Geringsten, sondern wurde vollkommen verdunkelt von der eines Mannes, welcher ihm zur Seite sass. In diesem erkannte ich sogleich meinen alten Freund Mohammed e' Ssfáksi, denselben Tunesischen Kaufmann, der uns beim Aufbruche von Mursuk begleitet hatte; damals ein Agent Herrn Gagliuffi's, war er seitdem in Folge glücklicher Spekulationen ein wohlhabender Kaufmann geworden. So spekulirte er denn auch jetzt gerade auf den erfolgreichen Ausgang einer Kriegsunternehmung seines Beschützers Schēri gegen die Stadt Birmenáua, deren Einwohner seinem Ansehen trotzten. — Es war ein Glück, dass die Summe, welche ihm Herr Richardson schuldete, endlich ausgezahlt worden war, und unser alter Gläubiger legte das höchste Wohlwollen gegen mich an den Tag. Er wünschte mir dazu Glück, und zwar allem Anscheine nach aus vollem Herzen, dass ich von meiner gefahrvollen Wanderung in jene politisch zerrissenen westlichen Landschaften wohlbehalten zurückgekehrt sei, und pries in Gegenwart des Statthalters meinen Muth und meine Ausdauer in den schmeichelhaftesten Ausdrücken.

Ich machte Schēri ein kleines Geschenk — es bestand in einer rothen Mütze, einem Turban und einem Fläschchen mit Rosenöl — und ersuchte ihn dabei, mir einen Führer zu stellen, der mich zum Herrn von Máschena begleitete. Er willigte ein, obgleich er vielleicht nicht die Absicht hatte, sein Versprechen zu erfüllen; auch ich selbst hatte zur Zeit noch keine Vorstellung von den Schwierigkeiten, mit denen dieser Marsch verbunden war. Diese beruhten darauf, dass der Weg nach Malám, wo der Herr von Máschena zur Zeit seine Residenz hatte, hart an dem Gebiete von Týmbi, wo sich der Nebenbuhler Schēri's aufhielt, vorbeiführte.

Nachdem ich wieder in mein Zelt ausserhalb der Stadt zurückgekehrt war, statteten mir Mehrere meiner Bekannten Besuche ab; unter Anderen kam auch Mohammed Abbëakūta, jener sonderbare Freigelassene aus Yóruba, den ich schon bei früherer Gelegenheit erwähnt habe. Interessanter aber war mir der längere Besuch, den mir der Ssfákser im Laufe des Abends abstattete, da ich von diesem Manne endlich den ersten authentischen Bericht über den politischen Zustand in Bórnu, sowie auch weitere Kunde über die Englische Expedition erhielt, welche dort angekommen war. Dabei brachte er eine Menge Leckerbissen aus seiner wohlversehenen Speisekammer mit und verpflichtete mich dergestalt, dass ich ihm für sein Wohlwollen und die mir gegebene Belehrung ein junges Kalb, das mir der Statthalter zum Geschenk gemacht hatte, überliess. Leider war ich bei dem zurückgekommenen Zustande der Stadt nicht im Stande, mir hier neue Kameele zu verschaffen, um meine alten, ganz erschöpften Thiere ersetzen zu können, und dies verursachte mir unendlich viel Verzug auf der Weiterreise.

[*Montag, 27sten November.*] In Erwartung des versprochenen Führers verlor ich selbst viel Zeit, ehe ich meinen Leuten, die ich hatte vorausgehen lassen, nachfolgte. Die Strasse war in Folge des Bürgerkrieges, der zwischen Schēri und seinem Nebenbuhler gewüthet hatte, ganz öde; denn die Anwohner hatten ihre Dörfer mit den gereiften Saaten auf den Feldern sammt Allem, was ihnen sonst in ihrer einfachen, beschränkten Lebensweise am Herzen lag, im Stich gelassen. So liess sich denn auf einer Strecke von mehr als 25 Meilen auch nicht ein einziges menschliches Wesen sehn; da endlich begegneten wir einer Gesellschaft einheimischer Reisender — „fatāki" —, die auf dem Wege nach Kanō begriffen waren. Bald darauf erreichten wir das kleine Städtchen Fányakangua, das mit einer Mauer und Holzverhack umgeben ist, und lagerten auf den mit niedrigem Dūmgestrüpp bedeckten Stoppelfeldern, und zwar in geringer Entfernung von einem tiefen Brunnen. Wir waren in der That froh, als wir fanden, dass wir endlich einen ziemlich wohlhabenden Landstrich erreicht hatten; denn das Korn war hier nur halb so theuer als in Gúmmel. Auch Rindvieh gab es in Menge und ich erhielt daher einen reichlichen Vorrath an Milch; aber Wasser war augenblicklich nur in sehr spärlichem Maasse vorhanden, und ich kann mir kaum vorstellen, was die Leute in der Regenzeit anfangen.

Ein Marsch von etwas mehr als 2 Meilen führte uns nach Malám. Dieser Ort besteht aus zwei Dörfern; das östliche davon war mit einem Erdwall umgeben, der gerade ausgebessert wurde, während das westliche, wo der gegenwärtige Graf von Máschena seine Residenz hatte, eben mit einem Verhack umgeben werden sollte. Mitten zwischen den beiden Dörfern liegt der Marktplatz, wo jeden Sonntag und Donnerstag Markt gehalten wird. Der gegenwärtige Herr von Máschena, dessen Vater ich auf meiner früheren Reise besucht hatte, ist ein junger, unerfahrener Mann, dem es wohl einige Mühe machen mag, seine Provinz in dem wirrenvollen Zustande, in welchen das Reich Bórnu in Folge des Bürgerkriegs zwischen dem Scheich ʿOmar und seinem Bruder ʿAbd e' Rahmān versunken ist, zu beschützen.

Während ich die heissen Tagesstunden an diesem Orte zubrachte, erhielt ich Besuche von mehreren Arabischen Handelsleuten; von Einem derselben vernahm ich, dass Dr. Vogel nach Mándarā gegangen sei, aber ohne irgend einen von seinen Gefährten mitgenommen zu haben. Am Nachmittag setzte ich, sobald es die Hitze gestattete, die Reise nach der Stadt Máschena fort, und wir lagerten diesen Abend an dem Brunnen eines Dorfes Namens Allamáibe (ein in dieser Gegend keineswegs so ungewöhnlicher Name), wo wir von den Einwohnern höchst gastfreundlich aufgenommen wurden. Während sie sich mit Tanzen und Singen vergnügten, feierten sie meine Ankunft durch einen besonderen Gesang; auch sandten sie mir ausserdem mehrere Schüsseln mit ihrer Hauskost.

[*Mittwoch, 29sten November.*] Der ganze Landstrich, den wir auf unserem Marsche von hier bis nach der Stadt Máschena durchzogen, war hauptsächlich mit Dūmpalmen geschmückt, was nicht eher aufhörte, als bis wir Demánmária erreichten. Der Boden war gut angebaut und das Land leidlich bewohnt; auch an Vieh fehlte es nicht, und es fiel mir als ungewöhnlich auf, dass in einem Dorfe, welches wir nahe bei der Stadt Mairimádja passirten, das Vieh noch nicht ausgetrieben war, wiewohl es beinahe schon $9\frac{1}{4}$ Uhr Vormittags war. Hier schien das Wasser nur in geringer Tiefe unter der Oberfläche des Bodens zu sein; denn einige Brunnen massen nicht mehr als 4 Klaftern Tiefe. — Dann folgte ein besonders mit schönen Tamarindenbäumen geschmückter Landstrich und so erreichten wir die Stadt Máschena mit ihren in der Landschaft zerstreut umherliegenden Felshöhen, worauf wir einige hundert Schritt westlich von der Stadt lagerten.

Über Máschena habe ich schon bei der Beschreibung meiner früheren Durchreise Einiges angeführt, aber weder damals noch diesmal betrat ich sein Inneres und kann daher auch nichts Näheres darüber angeben. Von der Felshöhe, welche die Stadt beherrscht und deren Höhe bald nach meiner Abreise von Herrn Dr. Vogel gemessen wurde, muss man eine sehr weite Aussicht haben. Ich will nur noch hinzufügen, dass es hier war, wo Mohammed el Fässi, der in Sinder ansässige Agent des Veziers von Bórnu, bei dem meine Hilfsmittel deponirt waren, bei der Revolution des Jahres 1853 erschlagen wurde. Auch jetzt noch wirkten die Folgen jenes traurigen Ereignisses hier nach. Nicht lange, nachdem ich mein Zelt aufgeschlagen hatte, stattete mir nämlich ein Araber aus Ben-Ghási, Namens ʽAbd Allāhi Schēn, einen Besuch ab; derselbe hatte dem Usurpator ʽAbd eʼ Rahmān als eine Art Mäkler zur Seite gestanden, war in Folge dessen vom Scheich ʽOmar, sobald dieser wieder von der höchsten Gewalt Besitz genommen, in die Verbannung geschickt worden und kam nun, um mich zu bitten, ihm Verzeihung beim Scheich auszuwirken. Auch theilte mir dieser Araber mit, dass die vor mir liegende Strasse zur Zeit keineswegs sicher sei, sondern von den Leuten aus Bédde beunruhigt werde, die aus dem geschwächten Zustande, in den das Königreich Bórnu in Folge des Bürgerkriegs verfallen sei, dadurch Vortheil zögen, dass sie auf den ihr Gebiet berührenden Strassen Wegelagerei trieben. Unter solchen Verhältnissen war es denn nur zu natürlich, dass das Korn hier äusserst theuer oder vielmehr überhaupt kaum zu haben war; Bohnen waren das Einzige, was ich erhalten konnte.

Als ich von meinem Lager bei Máschena aufbrach, folgte ich zuerst meinem früheren Pfade, bis ich den Punkt erreichte, wo ich damals den Weg verlor; hier schlug ich eine südlichere Richtung ein und brachte die heissen Tagesstunden in Lamī-sso zu, einer mittelgrossen, mit einem niedrigen Erdwall umgebenen Stadt. Vor derselben befand sich ein Marktplatz, wo gerade Markt gehalten wurde, welcher mit Allem ziemlich gut versehen war; denn es gab nicht allein Korn in reichlicher Menge, sondern auch Baumwolle, und daneben bildeten Bohnen, Dodōa, die Früchte der Dūmpalme, getrocknete Fische und Indigo die Hauptartikel des Verkaufes. Auch kaufte ich hier einen Lastochsen für 10,000 Muscheln.

Sobald der Handel abgeschlossen war, setzte ich meine Reise fort und kehrte nach einiger Zeit auf meinen alten Pfad zurück, wo ich dann das Städtchen Allamái erreichte und mein Zelt innerhalb des dichten Dornenverhackes aufschlug. Denselben Ort hatte ich schon auf der Herreise passirt und damals hatte der Anblick einer zahlreichen Rinderheerde einen höchst wohlgefälligen Eindruck auf mich gemacht, aber im jetzigen verfallenen Zustande des Landes war nicht eine einzige Kuh zu sehn, der ganze Ort wüst und verödet; selbst das Wasser war schlecht und nur mit Mühe zu haben.

Am nächsten Morgen erreichte ich nach kurzem Marsche Búndi, indem ich meinen Kameelen vorauszog, um dem Statthalter meine Aufwartung zu machen und von ihm eine Eskorte durch den unsicheren Bezirk zu erbitten, der diese Stadt von Surríkulo trennt. Nach einigem Hin- und Herreden willigte mein alter Freund, der Ghaladīma ʽOmar, ein und gab mir einen Führer, der mir, wie er mich versicherte, im Dorfe Scheschēri eine Eskorte verschaffen würde; dort war nämlich zu grösserer Sicherheit der Strasse eine Schwadron Reiterei stationirt. Ich hatte die ungastliche Gesinnung des Ghaladīma während meines früheren Aufenthaltes an diesem Orte kennen gelernt und fühlte daher wenig Neigung, ihn zum zweiten Male zu belästigen; hätte ich aber eine Ahnung davon haben können, dass Herr Dr. Vogel so nahe wäre, so würde ich mich natürlich gern länger aufgehalten haben, um hier mit ihm zusammenzutreffen.

Nachdem ich am anderen Ende der Stadt mit meinem Packtross wieder zusammengestossen war, brach ich ohne weiteren Verzug auf und betrat die Waldwildniss. Von dem treuen Gatröner begleitet, war ich dem Zuge etwa 3 Meilen weit vorausgeritten, als ich eine Person höchst fremdartigen Aussehens auf mich zukommen sah; es war ein junger Mann, dessen überaus helle, mir schneeweis erscheinende Gesichtsfarbe auf den ersten Blick zeigte, dass seine Kleidung, eine Filfiltobe, wie ich sie selbst trug, und der um seine rothe Mütze in vielen Falten gewundene weisse Turban nicht seine eigenthümliche Tracht sei. Da erkannte ich in einem seiner schwarzen berittenen Begleiter meinen Diener Mádi, den ich bei meinem Aufbruche von Kúkaua als Aufseher im Hause zurückgelassen hatte, und sobald er mich sah, benachrichtigte er seinen weissen Begleiter, wer ich sei, und nun eilte Herr Dr. Vogel (denn er war es) vorwärts und wir hiessen uns einander in höchster Überraschung vom Pferde herab herzlich willkommen. Ich selbst hatte in der That nicht die entfernteste Ahnung, dass ich ihm begegnen könnte, und er seinerseits hatte erst kurz zuvor die Kunde erhalten, dass ich noch am Leben und glücklich aus dem Westen zurückgekehrt sei. Ich hatte ihm von Kanō aus einen Brief geschrieben, und der war ihm unterwegs zugekommen; aber wegen der Arabischen Adresse, die ich der sichereren Besorgung halber auf den Umschlag gesetzt, hatte er gemeint, es wäre ein Brief von einem Araber, und hatte denselben, ohne ihn zu öffnen, zu sich gesteckt, bis er Jemanden träfe, der ihn vorlesen könnte. Es war ein unendlich erfreuliches, überraschendes Ereigniss. Inmitten dieser ungastlichen Waldung stiegen wir nun vom Pferde und setzten uns nieder. Mittlerweile kamen auch meine Kameele nach und meine Leute waren höchst erstaunt darüber, einen weissen Landsmann neben mir zu finden. Ich holte einen kleinen Vorrathssack hervor, wir liessen uns Kaffee kochen und waren ganz wie zu Hause. Seit länger als 2 Jahren hatte ich kein Deutsches oder überhaupt Europäisches Wort gehört, und es war ein unendlicher Genuss für mich, mich wieder einmal in der heimischen Sprache unterhalten zu können. Aber unser Gespräch wandte sich bald Gegenständen zu, die keineswegs so ganz erfreulich waren. So hörte ich zu meinem grossen Entsetzen von Herrn Dr. Vogel, dass in Kúkaua keine Mittel vorhanden seien und dass, was er selbst mitgebracht hätte, verbraucht sei. Der Usurpator ʿAbd e' Rahmān, sagte er mir, habe ihn sehr schlecht behandelt und das von mir in Sinder zurückgelassene Eigenthum in Besitz genommen. Er theilte mir auch mit, dass er selbst auf dem Wege nach Sinder wäre, theils um zu sehn, ob etwa dort frische Hilfsmittel angekommen wären, theils um die Lage jener Stadt durch eine gute astronomische Beobachtung zu bestimmen und so meinen Arbeiten eine festere Grundlage zu geben. Die Nachricht von dem Mangel an Geldmitteln berührte mich kaum so unangenehm, als die Angabe, dass er nicht eine einzige Flasche Wein besitze. Ich war nämlich damals länger als 3 Jahre ohne einen Tropfen irgend eines Reizmittels ausser Kaffee gewesen und fühlte, da ich von häufigem Fieber und Dysenterie stark gelitten hatte, ein unwiderstehliches Verlangen nach dem stärkenden und belebenden Rebensafte, dessen wohlthuende Wirkung ich durch frühere Erfahrungen kennen gelernt. So hatte ich mir auf meiner früheren Reise durch Klein-Asien in den Sümpfen Lyciens ein ernstliches Fieber zugezogen und gewann meine Kräfte schnell wieder durch den Genuss von gutem Französischen Wein. Es that mir unendlich leid, dass Herr Dr. Vogel der Nachricht von meinem Tode so schnell Glauben geschenkt hatte, ohne zuvor genügende Nachforschungen anzustellen; aber da er erst vor Kurzem in dies Land gekommen und mit der Sprache unbekannt war, konnte ich wohl einsehen, dass ihm kein Mittel zu Gebote gestanden hatte, die Wahrheit oder Unwahrheit jenes Gerüchtes zu untersuchen.

Bei diesen wenig erfreulichen Nachrichten konnte mich die Mittheilung des Herrn Dr. Vogel, dass in Kúkaua Depeschen für mich lägen, nicht trösten, da die Kunde, die sie enthielten, nämlich über die den Benuë hinaufgesandte Expedition, mir nun doch vollkommen unnütz war. Er selbst hatte die Absicht gehabt, sich jener Unternehmung vom Inneren aus anzuschliessen, und das war, wie er mir sagte, der einzige Zweck bei seiner Reise nach Mándará gewesen; er habe sich nämlich durch die irrthümliche Meinung meiner Freunde in Europa täuschen lassen, die da meinten, ich sei über Mándará nach Adamaua gegangen; erst in Morá, der Hauptstadt oder vielmehr, bei dem jetzigen steten Vordringen der Fulbe, dem einzigen noch selbstständigen Mittelpunkte jenes Ländchens, sei er sich seines Irrthumes bewusst geworden, aber leider zu spät, und sein Bemühen, seinen Irrthum durch einen Marsch auf Udjē wieder gut zu machen, habe keinen Erfolg gehabt, da der Sturz des Usurpators 'Abd e' Rahmān und die Wiedereinsetzung seines Bruders 'Omar ihn gezwungen hätte, nach Kúkaua zurückzukehren. Er erzählte mir auch, wie ihn der Herrscher von Mándará, wahrscheinlich auf Antrieb 'Abd e' Rahmān's, äusserst schlecht behandelt und sogar mit dem Tode bedroht habe.

So drehte sich denn unsere Unterhaltung um Vergangenes und Zukünftiges und die Aussichten auf grössere Erfolge von seiner Seite schienen sich zur Zeit gebessert zu haben. Mittlerweile kamen die übrigen Mitglieder der Karawane an, in deren Gesellschaft Herr Dr. Vogel reiste. Sie waren meinen Leuten begegnet, denen ich geheissen hatte, mich in

Kálemrī zu erwarten, und waren ausser sich, als sie uns beide hier inmitten des Waldes ruhig dasitzen sahen, während die ganze Umgegend von Feinden bedroht war. Diese Arabischen Handelsleute im Sudan sind meist Feiglinge, und ich erfuhr von meinem Landsmanne, dass er eine grosse Anzahl derselben in Borsāri angetroffen habe, wo sie sich vor einer kleinen Schaar Strassenräuber gefürchtet hätten, und dass sie erst, nachdem er sich mit seinen Begleitern ihnen angeschlossen, die Weiterreise gewagt hätten.

Nach einer etwa zweistündigen Unterhaltung mussten wir uns wieder trennen, und während Herr Dr. Vogel seinen Marsch nach Sinder fortsetzte (von wo aus er vor Ende des Monates wieder zu mir stossen wollte), eilte ich, meine Leute einzuholen, denen ich, wie gesagt, Befehl gegeben, in Kálemrī auf mich zu warten. Diesen Platz habe ich schon bei meinem früheren Besuche als ein betriebsames Dorf beschrieben. Damals bestand es aus zwei sich weit ausbreitenden Gruppen mit vielem Vieh und sonstigen Zeichen von menschlicher Thätigkeit; aber auch hier war Verödung an die Stelle menschlichen Glückes getreten und wenige, weit und breit zerstreute Hütten waren Alles, was noch zu sehn war.

Meine Leute hatten die Thiere in geringer Entfernung vom Brunnen abgeladen und wir rasteten hier etwa 1 Stunde; dann setzten wir gegen 3 Uhr Nachmittags unseren Marsch fort und erreichten Schetschēri. Hier sollte ich meine Eskorte erhalten und hatte mich einzig und allein aus diesem Grunde entschlossen, von der Hauptrichtung meiner Strasse abzulenken. Ich hatte hier schon einmal eine Nacht zugebracht, aber draussen unter den Bäumen; diesmal dagegen lagerten wir auf dem freien Platze innerhalb des Dorfes, wo wir denn dem Staub und Schmutz ausgesetzt waren, den eine zahlreiche Rindviehheerde auf ihrer Heimkehr von der Weide aufwirbelte. Dies war allerdings doch ein Zeichen von einem kleinen Reste von Wohlhabenheit; aber im Laufe der Nacht schreckte uns ein wilder Schrei auf, der sich in Folge der eben erhaltenen Nachricht erhob, dass eine Schaar einheimischer reisender Händler — „fatāki" — von den Tuáreg angegriffen worden sei. So kam es denn, dass die Gefahr verdoppelt schien, und am folgenden Morgen hatte ich grosse Mühe, zwei Reiter als Eskorte zu erhalten. Nach langem Verzuge brachen wir auf, aber anstatt die gerade Strasse nach Surríkulo zu verfolgen, machten wir einen Umweg nach Süden und erreichten so das Städtchen Kerī-semán, das 2½ Meilen südwestlich davon liegt. Der Weg war mit einem dichten Hain von Dūmpalmen geschmückt.

So erreichte ich Surríkulo zum dritten Male während meiner Reisen im Sudan. Ich fand es diesmal in bei weitem schlechteren Umständen, als wo ich die Stadt zuletzt (im Jahre 1851) besucht hatte, und obwohl die Umfangsmauer um ein Beträchtliches verengt worden war, war sie doch immer noch viel zu weit für die kleine Anzahl der Einwohner. Ich schlug mein Zelt in geringer Entfernung von der Wohnung des hier befehlenden Offiziers Kaschélla Sáīd auf, und er besuchte mich im Laufe des Abends und bat mich auf das Dringendste, ich möchte bei meiner Ankunft in der Hauptstadt meinen Einfluss bei dem Scheich verwenden, um ihn zu bewegen, ihm entweder eine genügende Anzahl Hilfstruppen zu senden, oder ihn von diesem gefahrvollen Posten abzurufen; sonst würde er sich gezwungen sehn, mit dem noch übrigen Theile der Einwohner die Flucht zu ergreifen. Es fanden sich hier einige Araber, die sich kaum vorstellen konnten, wie ich diese schwierigen Wege ganz allein, ohne Karawane bereisen könnte.

Um nun die Gefahr nach Kräften zu verringern, beschloss ich, in nächtlicher Stunde zu reisen, und brach daher 2 Uhr Morgens auf. Ich betrat nun eine Landschaft von ganz verschiedenem Charakter, mit hohen Sanddünen und unregelmässigen Einsenkungen, die voller Dūmpalmen waren und hie und da den Sammelplatz für eine Sumpflache bildeten, wo das wilde Schwein allem Anscheine nach einen angenehmen Zufluchtsort findet. Der zahlreichen Sandabhänge halber, die wir bergauf, bergab zu gehn hatten, war der Marsch sehr ermüdend für unsere Kameele, bis wir den kleinen Weiler Gabōre erreichten, der eine recht beherrschende Lage besitzt, auf einer Anhöhe, die nach Norden von einer beträchtlichen Einsenkung begrenzt wird. Ich lagerte hier auf der östlichen Seite des Dorfes und war froh, im Stande zu sein, meinen Leuten mit einem Schaafe und einigen Hühnern einen kleinen ausserordentlichen Genuss zu verschaffen. Der Umstand, dass diese Luxusartikel hier zu haben waren, führte mich zu dem Schlusse, dass die Bewohner des Ortes sich in leidlichen Verhältnissen befänden; aber ich hörte zu meinem nicht geringen Erstaunen, dass sie den Tuáreg einen gewissen Tribut zahlten, um ihren räuberischen Einfällen nicht ausgesetzt zu sein. So zerrüttet ist der jetzige Zustand von Bórnu.

[*Montag, 4ten Dezember.*] Es war noch nicht 4 Uhr Morgens, als ich mich schon wieder auf dem Marsche befand; ich machte auch jetzt wieder die Bemerkung, dass der Himmel vor Sonnenaufgang stets bedeckt war; dennoch war weder Regen noch überhaupt die geringste Feuchtigkeit zu bemerken. Wiederum erfreute mich auch diesmal das niedliche kleine Dorf Kálua, dessen Anblick bei meiner früheren Durchreise einen so tiefen Eindruck auf mich gemacht hatte. Weiterhin wich ich südlich von meinem früheren Pfade ab und durchzog einen gut angebauten Landstrich; die Betriebsamkeit der Einwohner zeigte sich vorzugsweise in der Errichtung von erhöhten Platformen, als Standpunkten für die Wächter, wie ich solche bei früheren Gelegenheiten beschrieben habe. So zogen wir an einer grossen Anzahl von Dörfern vorbei und machten dann während der heissen Tagesstunden beim Dorfe Dimíssugā unter einer Gruppe schöner Hádjilīdj Halt, wo uns die Bewohner gastfreundlich behandelten.

Wir setzten unseren Marsch zu früher Stunde am Nachmittag fort und liessen bald darauf ein Dorf zur Seite liegen, das sonst nichts von Interesse darbietet, dessen Name aber bemerkenswerth ist, da er Zeugniss ablegt von dem witzigen Ausdruck der Eingeborenen. Sein Name: „Būne, kayérde Sáīd", bedeutet nämlich: „schlaf' und verlasse dich auf Sáīd", und er ist dem Dorfe offenbar von den aus Bórnu kommenden einheimischen Händlern gegeben worden, die auf diese Weise das Zutrauen ausdrückten, das sie beim Betreten der Provinz des energischen Kaschélla Sáīd beseelte, der, wie sie wussten, sein Gebiet in einem solchen Zustande von Sicherheit bewahrte, dass da keine Gefahr vor Räubern war. Das liess sich nun jetzt allerdings nicht sagen und der Name hatte schon seine wahre Bedeutung verloren.

Ich hatte einen Führer von Surríkulo, aber er verliess mich, ehe ich mein Ziel erreichte, so dass ich den geraden Weg nach Borsāri verfehlte. Ich liess mich nämlich durch die grössere Breite eines anderen Pfades verleiten, der mich über Djíngerī nach dem Orte Wādi führte. Das Dorf Djíngerī war zur Zeit von einer Gruppe lebhafter Frauen im besten Anzuge belebt, die gerade eine Hochzeit feierten, und ich hätte mich hier gern ein wenig aufgehalten, um das Ende der Feier abzuwarten. Ich wollte in Wādi, das ich auch auf meiner ersten Reise von Kanō nach Bórnu berührt hatte, nicht bleiben und setzte meinen Marsch nach Borsāri fort, indem ich voraussetzte, dass meine Leute an letzterem Orte zu mir stossen würden, aber ich erwartete sie die ganze Nacht über vergeblich; sie hatten nämlich die Strasse nach Grémarī eingeschlagen. Der Statthalter bewies mir grosse Gastfreundschaft; er hatte aber dabei die Absicht, mich zu bewegen, ein Wort zu seinen Gunsten bei seinem Oberherrn zu sprechen, und seine Gaben waren an mir eigentlich recht verschwendet, da Niemand da war, der von ihnen hätte Gebrauch machen können. Er liess auch ein recht geräumiges Zelt für mich aufschlagen.

Die Folge des Ausbleibens meiner Leute war, dass ich den ganzen Vormittag des folgenden Tages verlor und etwa 7 Meilen jenseits Grémarī nahe beim Dorfe Mariámarī mein Lager aufschlug. Hier hörte ich wieder einmal das sonst im Sudan ungewöhnliche Gebrüll eines Löwen; aber man muss berücksichtigen, dass ein Arm des „komádugu" in geringer Entfernung südlich von diesem Orte vorüberfliesst; und dies bestätigt vollkommen meine Annahme, dass man, in Bórnu wenigstens, selten Löwen begegnet, ausser in dem verwickelten Netz von Wasserläufen, das ich hier erreicht hatte.

Am nächsten Tage marschirte ich geraume Zeit am nördlichen Ufer dieses Wasserarmes entlang; er war mit schönen Tamarinden- und Feigenbäumen umsäumt und wies auch hie und da eine Gruppe von Dūmpalmen auf. So liessen wir das Dorf Dāmen zur Seite liegen und durchzogen einen weiten Sumpfboden; darauf passirten wir den ersten Arm, der ein schönes Wasserbecken von etwa 150 Schritt Breite bildete, aber nur 3 Fuss tief war; die einzige Schwierigkeit bei seiner Passage bestand in der Steilheit des jenseitigen Ufers. Wir brachten die Mittagshitze unter einem nahen Tamarindenbaume zu und setzten dann unseren Marsch in südöstlicher Richtung nach dem Dorfe Dáuai fort. Hier schlugen wir unser Zelt auf dem hübschen kleinen Platze in der Nähe des von Mattenwerk umgebenen einfachen Bethauses — „mssīd" — auf; auch alle Mattenzäune um die Hütten waren neu und hatten ein reinliches Aussehen.

Der Zweck meines hiesigen Aufenthaltes war der, mich mit dem Amtmanne — „bíllama" — über die besten Mittel zu berathen, um den grösseren Arm des „komádugu" zu passiren, der in geringer Entfernung jenseits dieses Dorfes sich hinzieht. Seine Passage sollte zur Zeit sehr schwierig sein, wenigstens für uns, die wir einen ansehnlichen Tross bei uns hatten. Es war sonderbar, dass diese Leute behaupteten, der Fluss sei jetzt höher, als er vor 10 Tagen gewesen; jedoch fand ich am folgenden Morgen bei der Passage diese Angabe keineswegs bestätigt, indem das Wasser deutliche Spuren der Abnahme zeigte, und diese Beobachtung stimmte genau damit überein, was ich bei früherer Gelegenheit in Bezug auf die Natur dieses „komádugu" bemerkt habe. Der Fluss hatte hier eine bedeutende Breite und es kostete uns einige Mühe, ihn zu passiren. Die grösste Tiefe betrug nicht mehr als 4 Fuss, aber diese geringe Tiefe war eben die Folge davon, dass der Fluss sich hier so weit ausbreitete, und nur aus dem Grunde war er überhaupt passirbar. Weiter abwärts dagegen, zwischen dieser Stelle und Séngirī, konnte man ihn nicht zu Fuss passiren, während das Wasser andererseits doch schon zu seicht war, um die einheimischen Boote gebrauchen zu können.

Wir passirten weiterhin drei kleinere Flussarme und liessen das Dorf Kindjéberī zur Seite, das einst eine grosse umwallte Stadt gewesen war. Wir nahmen dann unser Nachtquartier in einem armseligen Weiler, der seinen Namen Margua Scheríferī von einem Scheríf erhalten hat, der hier vor mehreren Jahren angesessen war. Es war allerdings noch früh am Tage, aber um mir nach den grossen politischen Wirren, die Bórnu zerrissen hatten, eine gute Aufnahme vom Landesherrscher zu verschaffen, hielt ich es für gerathen, einen Boten vorauszuschicken und ihm meine Ankunft anzuzeigen. Um meinem früheren Beschützer meinen Brief wohlgefällig zu machen, brauchte ich nur meinen wirklichen Gefühlen vollen Ausdruck zu geben; denn wie mich die Nachricht von ʿAbd eʾ Rahmān's gewaltsamer Thronbesteigung erschreckt hatte, so war auch meine Freude bei der Nachricht, dass der gesetzmässige und gerechte Scheich ʻOmar wieder zur Herrschaft gelangt sei, sehr gross gewesen.

Während mein Bote vorauseilte, verfolgte ich langsam meinen Weg durch den Distrikt Koiam mit seinen weit auseinander liegenden Dorfschaften, seinen schönen Kameelheerden und seinen tiefen Brunnen, von denen einige mehr als 40 Klafter Tiefe haben, und als ich mich so am 11ten Dezember der Stadt näherte, fand ich ʻAbd eʼ Nebi, den ersten Eunuch des Scheichs, mit 30 Reitern beim Dorfe Kalílua aufgestellt, um mir einen ehrenvollen Empfang zu erweisen. So den gerade vollen Marktplatz durchziehend, betrat ich denn wieder die Stadt Kúkaua, von wo aus ich meine gefährliche Reise nach Westen begonnen hatte, in stattlichem Aufzuge und war beim Eintritt in mein altes Quartier angenehm überrascht, die beiden Sappeure, den Korporal Church und den Gemeinen Macguire, zu treffen, die in Begleitung des Herrn Dr. Vogel von England ausgesandt worden waren, um mir Beistand zu leisten.

## XV. KAPITEL.

Letzter Aufenthalt in Kúkaua. — Wohlthätiger Einfluss Europäischer
Gesellschaft.

So hatte ich denn wieder mein altes Standquartier erreicht, und ich konnte glauben, dass ich durch meine glückliche Rückkehr nach Kúkaua alle Schwierigkeiten, die sich einem vollständigen Erfolg meines Unternehmens in den Weg stellen konnten, besiegt hätte und mich nun an diesem Platze, von wo aus ich meine Forschungsreisen im Sudan begonnen hatte, mit Genuss noch einige Zeit würde aufhalten können, ehe ich die letzte Strecke meiner Heimreise zurücklegte. Dies war jedoch keineswegs der Fall, vielmehr war es mir bestimmt, 4 Monate unter recht unerfreulichen Umständen in dieser Stadt zuzubringen.

In der Erwartung, dass ich hier hinreichende Mittel vorfinden würde, hatte ich die Übereinkunft getroffen, die Summe von 200 Thalern, welche mir der Fesāner Kaufmann Chuëldi in Kanō geliehen hatte, hier bezahlen zu wollen; aber wie mir mein neuer Kollege schon im Walde von Bundi zu meinem grössten Schrecken mitgetheilt hatte, waren von den Vorräthen und Geldern, welche derselbe mitgenommen, nur noch wenige Thaler übrig, und die Mittel, welche ich selbst in die Hände des Scherīf el Fāssi in Sinder niedergelegt hatte, nämlich 400 Thaler baar Geld und eine Kiste mit einer ansehnlichen Menge Englischer Stahlwaaren, waren während des unruhigen Zustandes, in den das Land in Folge der politischen Umwälzung versetzt war, gestohlen worden. Es ergab sich sogar bei näherer Untersuchung, dass von den Waaren, welche vor Kurzem nach Sinder gesandt und von da aus auf Herrn Dr. Vogel's Anordnung nach Kúkaua geschafft worden waren, ein grosser Theil entwendet worden war. Indem ich mich durch diese unerfreulichen Umstände in Geldnoth befand und die Überzeugung hatte, dass, wenn man einen solchen Schimpf ungerügt hingehen liesse, ein friedlicher Verkehr der Europäer mit diesem Lande unmöglich sein würde, setzte ich diese Verhältnisse sogleich in der ersten Audienz auseinander, die ich beim Scheich hatte.

Indem ich ihm daher bei dieser Gelegenheit ein kleines Geschenk (im Werthe von etwas mehr als 50 Thalern) darbrachte und ihn abermals meiner unbegrenzten Freude versicherte, ihn wieder in seine Herrscherwürde eingesetzt zu finden, ersuchte ich ihn inständigst, es nicht zu dulden, dass Diebe und Räuber mir auf diese Weise mitspielten, und seine Macht zur Wiedererstattung meines Eigenthumes zu benutzen. Einen solchen Schritt hielt ich in meiner Lage für nöthig, aber er verwickelte mich in eine Reihe von Schwierigkeiten und regte auch den Zorn Díggama's gegen mich auf, zur Zeit eines der einflussreichsten Höflinge, aber dabei von niedrigem Charakter. Dessen Diener nämlich oder vielmehr er selbst hatte den grössten Theil des Raubes in Beschlag genommen. Um nun die Intriguen dieses Mannes zu hintertreiben, bemühte ich mich, mir die Freundschaft Yússuf's, des nächstältesten Bruders des Scheichs und eines einsichtsvollen, aufrichtigen Mannes, zu sichern. Ich machte ihm also ein anständiges Geschenk und erklärte ihm in unzweideutigen Ausdrücken, dass ein freundschaftlicher Verkehr zwischen ihnen und den Engländern nur dann bestehen könnte, wenn sie auf eine gewissenhafte Weise handelten.

Ein anderer Umstand, der dazu beitrug, meine Lage in dieser Stadt noch unbehaglicher zu machen, war das Missverhältniss, welches zwischen Herrn Dr. Vogel und dem Korporal Church, dem Einen der von England ausgesandten Sappeure, obwaltete, und es that mir leid, dass die lobenswerthe und grossmüthige Absicht, welche die Regierung bei Aussendung dieser beiden nützlichen Personen gehabt hatte, nicht im vollsten Sinne gelingen, sondern durch gegenseitige persönliche Abneigung vereitelt werden sollte. In dieser Beziehung war ich schon tief berührt worden, als ich von Herrn Dr. Vogel bei meinem Zusammentreffen mit ihm auf der Strasse gehört hatte, dass er allein nach Mándará gegangen wäre, ohne die Dienste seiner Gefährten zu benutzen. Ich that Alles, was in meinen Kräften stand, um die Letzteren davon zu überzeugen, dass sie unter den Umständen, in denen sie sich befänden, kleine Eifersüchteleien vergessen müssten, da nur gegenseitiges Wohlwollen vollkommenen Erfolg in solchen Unternehmungen zu sichern im Stande sei. Macguire sah dies ein, aber Korporal Church wollte sich durchaus nicht damit einverstanden erklären.

Mittlerweile benutzte ich meine Zeit auf ziemlich nützliche Weise, indem ich einige von den Büchern durchsah, welche Herr Dr. Vogel mitgebracht hatte, besonders Herrn Jomard's (des alten, um Afrika so hoch verdienten Ingenieurgeographen, welcher auch unserem Unternehmen mit der grössten Theilnahme folgte) Einleitung zur Übersetzung des „*Voyage au Wádáï*" von Herrn Perron und die „*Flora Nigritia*" von Sir William Hooker; das erstere Werk habe ich schon am Ende meiner Nachrichten über Wádáï erwähnt. Auch das Durchlesen eines Packetes mit Briefschaften gewährte mir viel Vergnügen, obgleich ihre Data bis zum Dezember 1851 zurückgingen; dasselbe hatte nämlich mit in der Kiste gelegen, welche geplündert worden war.

Theils um ein Gelübde zu erfüllen, das ich gethan hatte,

theils um mir die freundliche Gesinnung der Eingeborenen um so sicherer zu gewinnen, machte ich am Weihnachtstage den Bewohnern der Hauptstadt ein Geschenk von 14 Rindern, indem ich dabei weder Reich noch Arm, weder Blinde noch wandernde Bettler und auch nicht die Arabischen Fremdlinge vergass.

Alles änderte sich aber in Folge der Ankunft des Herrn Dr. Vogel am 29sten Dezember, und mein Aufenthalt in der Stadt ward nun unendlich angenehmer. Wirklich war mir die allerdings nur kurze Periode von 20 Tagen, die ich in der Gesellschaft dieses unternehmenden, muthigen jungen Reisenden zubrachte, überaus erfreulich. Es war auffallend, mit welcher Leichtigkeit er sich in alle Verhältnisse dieses fremdartigen Lebens fand; aber während er selbst vom Impuls seines Enthusiasmus fortgerissen wurde und alle Ansprüche auf die Bequemlichkeiten und Annehmlichkeiten des Lebens aufgab, beging er unglücklicherweise das Versehen, von seinen Gefährten dasselbe zu erwarten. Diese waren aber erst kürzlich aus Europa angekommen, hatten weniger erhabene Ideen und machten daher mehr Ansprüche, und so war denn der Anlass zu einem bedauerlichen Zwiste gegeben, der die Absichten der Englischen Regierung bei Aussendung jener Leute in bedeutendem Maasse vereitelte.

Wir brachten die Zeit mit dem Austausch unserer Ansichten über die Landschaften hin, die ein Jeder von uns besucht hatte, und machten Pläne für den weiteren Lauf, den Herr Dr. Vogel verfolgen sollte, besonders für seine nächste Reise nach Yákoba und Adamaua, und so verstrich denn die Zeit höchst angenehm. Ich theilte ihm, so weit es in einem so kurzen Zeitraume möglich war, alle Erfahrungen mit, welche ich während meiner ausgedehnten Wanderungen gesammelt hatte, und machte ihn auch auf mehrere Punkte aufmerksam, die er aufklären möchte, und zwar hauptsächlich auf einige bemerkenswerthe Exemplare aus dem Pflanzenreich und auf die sonderbare Seejungfer des Benuë, den „ayū". Bei diesen Unterhaltungen war es ein recht fataler Umstand, dass er kein Exemplar der Karte, welche Herr Dr. Petermann nach meiner Originalkarte und den von mir nach Hause gesandten Materialien angefertigt hatte, besass; so kam es, dass er über manche Punkte im Dunkeln blieb, die ich schon aufgeklärt hatte; denn ich selbst besass keine Kopie von jener Karte und konnte ihm daher nur einen allgemeinen Abriss der erforschten Gegenden entwerfen.

Ich überlieferte Herrn Dr. Vogel auch die Empfehlungsbriefe, welche ich von dem Herrscher von Sókoto erhalten hatte und die an die verschiedenen Statthalter der Provinzen in diesem Theile des Reiches gerichtet waren, und er hatte daher volle Aussicht auf eine gute Aufnahme. Überdies verloren wir keinen Augenblick, den Scheich um Einwilligung zu dieser Reise zu bitten, und liessen zugleich Messaúd gefangen setzen, einen Diener Herrn Dr. Vogel's, der durch sein Mitwissen den an meiner Habe begangenen Diebstahl erleichtert hatte. In Folge dieses energischen Verfahrens kamen mehrere der gestohlenen Artikel wieder an's Licht, ja sogar einige von denen, welche den Inhalt der von England aus abgeschickten Kiste mit Stahlwaaren gebildet hatten.

So traten wir hoffnungsvoll das Jahr 1855 an, in welchem ich von meiner langen Laufbahn voller Mühsal und Entbehrungen nach Europa heimkehren, mein neuangekommener Freund hingegen sich bemühen sollte, meine Entdeckungen und Untersuchungen zu vervollständigen, und zwar zuerst in südwestlicher Richtung, nach dem Benuë zu, dann in südöstlicher Richtung, nach dem Nil zu. Zu gleicher Zeit gaben wir uns der Hoffnung hin, dass es ihm gelingen würde, nach der Erforschung der Provinzen Baútschi und Adamaua, auf jener höchst interessanten Strasse, die von Ssaraū nach Lóggonē führt, um die südliche Grenze des Gebirgsländchens Mándarā herum ostwärts vorzudringen.

Mittlerweile brachten einige interessante Ausflüge nach den Ufern des Tsād eine angenehme Unterbrechung in den Gang unserer Studien und wissenschaftlichen Mittheilungen und diese kleinen Ausritte gewannen besonderes Interesse durch die wunderbare Art, wie sich die Ufer des Sumpfsee's verändert hatten, seitdem ich sie zuletzt, nämlich auf meiner Rückkehr von Baghírmi, gesehn; denn das Wasser hatte fast die ganze Stadt Ngórnu zerstört und breitete sich bis zu dem Dorfe Kúkia aus, wo wir auf unserem Heereszuge nach Mússgu das erste Nachtlager gehalten hatten.

In Bezug auf die Aussichten dieses unternehmenden Reisenden waren es zweierlei Umstände, die mir einige Unruhe verursachten, — zuerst sein Mangel an Erfahrung, wie man es bei einem frisch aus Europa gekommenen 25jährigen Manne, der noch nie zuvor etwas Ähnliches unternommen hatte, gar nicht anders erwarten konnte, und zweitens die Schwäche seines Magens, welche es ihm unmöglich machte, irgend Fleisch zu essen. Ja, schon der Anblick eines Fleischgerichtes machte ihn krank und er lief davon, und man kann sich denken, dass dies die Gemüthlichkeit unserer einfachen Mahlzeiten nicht eben erhöhte. Ich machte übrigens die Bemerkung, dass Macguire ganz denselben Zufällen unterworfen war.

Nachdem wir mit einiger Mühe vom Scheich einen Empfehlungsbrief erhalten und Alles in Bereitschaft gesetzt hatten, was Herr Dr. Vogel auf dieser Reise mitnehmen sollte, so dass er mit seinen Mitteln auf ein ganzes Jahr ausreichen könnte, gab ich meinem Freunde und Nachfolger in der Erforschung dieser unbekannten Weltgegenden am Nachmittag des 20sten Januar das Geleit zur Stadt hinaus. Aber, wie das beim Antritt einer längeren Reise so oft der Fall ist, war auch unser Auszug keineswegs glücklich, indem mehrere Sachen zurückgelassen worden waren; überdies hatten wir unsere Leute vorausgeschickt und trafen erst nach vielem Umherirren zu später Stunde im Dorfe Díggigī wieder mit ihnen zusammen. Hier aber brachten wir einen gemüthlichen Abend zu und tranken mit Begeisterung auf den glücklichen Erfolg des Unternehmens, das mein Gefährte anzutreten eben im Begriff stand.

Herr Dr. Vogel hatte auch alle seine meteorologischen Instrumente mitgenommen und sein Gepäck war von so mannichfaltiger Art und so schwer, dass ich gleich vorhersah, es würde ihm grosse Mühe machen, dasselbe durch das schwierige Terrain jenseits Yákoba hindurchzuschaffen, zumal während der Regenzeit. So geht denn auch aus dem, was wir von seinen weiteren Schritten wissen, klar genug hervor, dass er seine Instrumente entweder in der Hauptstadt von Baútschi zurückliess, oder bei der Passage eines zwischen jener Stadt und Sária befindlichen Flusses, wahrscheinlich der Gurāra oder Kadūna, wo er auch seine damals gemachten botanischen Sammlungen verlor, einbüsste. Sein Barometer dagegen, das er mit grosser Sorgfalt bis Kúkaua gebracht hatte, gerieth in demselben Augenblick in Unordnung, als es wieder von der Wand herabgenommen wurde.

Von Díggigī begleitete ich ihn noch während des folgenden Tagemarsches und verliess ihn dann mit den besten Wünschen für seinen Erfolg. Ich hatte mir viel Mühe gegeben, seinen Gefährten, den Korporal Macguire, im Gebrauche des Kompasses zu unterweisen, da mir eine genaue Aufnahme der Bodengestaltung in gebirgigen Landschaften wie Baútschi und Adamaua von der höchsten Wichtigkeit schien. Denn Herrn Dr. Vogel selbst war ich nicht im Stande zu bewegen, eine solche Arbeit vorzunehmen, da sie ihn im Einsammeln von Pflanzen sehr gestört haben würde, und das war neben astronomischen Beobachtungen sein Hauptzweck; ausserdem hatte Herr Dr. Vogel auch nicht die Geduld und Ausdauer, die zu dieser auf die Länge so äusserst ermüdenden Arbeit erforderlich ist. Macguire sollte Herrn Dr. Vogel auf diesem Ausflug begleiten und er versprach, ihn auf alle Weise zu unterstützen, um die Absichten der Regierung zu erfüllen. Was dagegen den Korporal Church betraf, so schien es das Beste zu sein, wenn er in meiner Gesellschaft nach Europa zurückkehrte. Ich fürchte nur, dass selbst Macguire meine Anweisungen nicht lange befolgte, besonders da er wiederholt äusserst krank war. Da er Herrn Dr. Vogel nicht über Yákoba hinaus begleitete, so scheint es jedenfalls klar, dass wir selbst für den Fall, dass sein Tagebuch gerettet würde, in ihm wohl nicht volle Auskunft über alle Einzelheiten der von ihm durchzogenen Strasse finden würden, wie sie in einem solchen Lande wünschenswerth ist; denn während aller von ihm gemachten Reisen, so weit wir mit ihren Resultaten bekannt sind, verliess er sich ganz allein auf seine astronomischen Beobachtungen. Diese Reise übrigens, die sich nicht allein bis zu dem noch nie zuvor von einem Europäer besuchten Yákoba erstreckte, sondern selbst an mehreren Punkten den Benuë erreichte, ja selbst über ihn hinausging, musste für die Kenntniss dieses Erdtheiles von allerhöchster Wichtigkeit sein. Möchte es uns nur bestimmt sein, einst noch sein Tagebuch zu erhalten, da wir bis jetzt nur einzelne der wichtigsten Resultate haben kennen lernen.

Man kann sich leicht vorstellen, dass ich mich bei meiner Rückkehr von diesem Ausfluge, nachdem ich von einem so aufgeweckten Landsmann, der mir hier plötzlich in dieser Einöde menschlicher Geistesentwickelung begegnet war, Abschied genommen, in Kúkaua recht verlassen und einsam fühlte. Dazu kam nun noch, dass ich in Folge einer Erkältung, die ich mir in der Nacht zugezogen hatte, einen heftigen Anfall von Rheumatismus bekam, der mich für lange Zeit darniederwarf, und indem er mich des nächtlichen Schlummers beraubte, in ausserordentlichem Grade schwächte, so dass ich mich erst gegen Ende des Monates wieder erholte. Ungeachtet meines schwachen Zustandes aber liess ich nicht ab, den Scheich in den dringendsten Ausdrücken zu ersuchen, mich meine Reise antreten zu lassen und wenigstens mit Kameelen zu versehen, als Ersatz für den Verlust, den ich während des Bürgerkrieges erfahren. Ich hatte auch Hoffnung, dass er mir erlauben würde, im Anfang des nächsten Mohammedanischen Monates aufzubrechen, und ich empfand daher keine geringe Freude, als sich mir zwei angesehene Araber als Begleiter auf meiner Reise nach Fesān anboten, obwohl ich in ihre übrigen Versprechungen nicht viel Vertrauen setzte.

Mittlerweile trafen am 3ten Februar die Schüler des Scheichs El Bakáy, welche so lange in Kanō zurückgeblieben waren, in Kúkaua ein, und ihre Ankunft war mir keineswegs unangenehm, obwohl sie mir einige neue Ausgaben verursachte; denn durch ihr Ansehen als die Anhänger eines hoch verehrten Mohammedanischen Häuptlings vermehrten sie die Wahrscheinlichkeit, dass ich meine Heimreise in Sicherheit antreten würde. So brach ich denn mit meinen Freunden aus dem fernen Westen auf, um einem angesehenen Manne von dort einen Besuch zu machen. Dies war Sēn el ʿAbidīn, der Schwiegersohn des Scheichs El Bakáy; aber die fromme Tochter des Scheichs, „Sēna" („die Zierde der Schönheit"), hatte ihn so stolz und abstossend behandelt, dass der arme Mann seinen Trost in einer Pilgerfahrt nach Mekka gesucht hatte, und da er sich nun einmal von den Familienbanden losgerissen, schien er keineswegs geneigt zu sein, den Bitten seines reuevollen Weibes, die seine Rückkehr zu ihr nun sehnlichst zu wünschen begann, Gehör zu geben. Er hatte sich nämlich in diesen Landen, obgleich

Fremdling, grosses Ansehen verschafft und war vom Scheich ʿOmár als Friedensbote an den Emīr von Sókoto gesandt worden; so beabsichtigte er denn auch jetzt, noch einmal ostwärts zu ziehen. Ich fand in ihm einen einfachen Mann von anständigem Äusseren, und seine Manieren gefielen mir um so mehr, als er sich des Bettelns gänzlich enthielt. Ich bezeugte ihm die Verpflichtung, die ich gegen seine Familie hatte, dadurch, dass ich ihm ein Rind, ein Schaaf und einige andere kleinere Gastgeschenke schickte.

Ich hatte auch das Vergnügen, hier mit dem Scherīf ʿAbd eʾ Rahmān zusammenzutreffen, demselben Manne, den wir vor 4 Jahren im Lande Aïr getroffen hatten und der vor Kurzem aus Adamaua zurückgekehrt war. Er gab mir die neueste Nachricht vom Zustande jenes Landes, und da er auch wieder dahin zurückzukehren gedachte, hielt ich es später, als ich neue Mittel empfangen hatte, für gerathen, ihm ein Päcktchen mit einigen Túrkedī und etwa 15 Pfund Zucker für Herrn Dr. Vogel mitzugeben.

Nachdem ich zu wiederholten Malen gegen den Scheich erklärt hatte, dass meine durch fünfjährige unablässige Reisen in diesen Landschaften und zu allen Jahreszeiten völlig erschöpfte Gesundheit mir nicht erlaube, noch länger zu warten, hatte ich einen Führer bis Fesān gemiethet und verliess die Stadt am 20sten Februar, um mich auf meine lange Wüstenreise vorzubereiten. Ich schlug daher mein Zelt auf den Sandhöhen von Dauerghū auf, gerade oberhalb des Sumpfes oder der grossen Wasserpfütze, die sich hier alljährlich ansammelt. Während der Tageszeit bildete sie die Tränkstätte für zahlreiche Rinderheerden und während der Nacht ward sie von einer grossen Anzahl Wasservögel besucht. Am südlichen Rande war *Sorghum* in weiter Ausdehnung angebaut, wie denn überhaupt diese je nach der Jahreszeit bald sumpfigen, bald von trockener Hitze zerklüfteten Einsenkungen in dem schwarzen Thonboden um Kúkaua zu dieser Kultur vorzüglich sich eignen und daher in der kalten Jahreszeit den interessanten Anblick von gleichzeitigen Saat- und Erntearbeiten gewähren, den man sonst vergeblich sucht.

Ich fühlte mich überaus glücklich, endlich die Stadt hinter mir zu haben, der ich so vollkommen überdrüssig geworden war; aber es war nicht meine Bestimmung, so leicht davon zu kommen und dies Land so bald zu verlassen. Der Hauptgrund war wohl sicherlich, dass meinen Ansprüchen auf Ersatz des entwendeten Vermögens nicht nachgekommen ward. Ich hatte nämlich, wie schon gesagt, in Betreff jener Angelegenheit sehr ernstliche Berathungen mit dem Scheich selbst sowohl, wie auch mit seinem Bruder Abba Yússuf gehabt und nach langer Berathung, nicht sowohl wegen des Werthes des Gestohlenen, der sich kaum auf 1000 Thaler Preussisch belief, als wegen des Prinzipes, hatte der Scheich versprochen, mir wiedergeben zu wollen, was ich verloren hätte. Ich wusste aber aus Erfahrung zu gut, dass für diese Leute Zeit gar keinen Werth habe, und da ich ausserdem meine Gesundheit mit schnellen Schritten sich auflösen sah, war ich zu dem Entschlusse gekommen, nicht länger zu warten. Der Scheich gab nun auch, als er sah, dass mein Entschluss fest stand, allem Anscheine nach seine völlige Einwilligung zu meiner Abreise, indem er mir am 21sten Febr. Morgens 5 Kameele nach Dauerghū hinausschickte, die, obwohl von untergeordneter Güte, mir doch eine schwache Hoffnung gewährten, dass ich meine Reise wirklich antreten könnte. Aber am 22sten d. M. Nachmittags sandte er meinen alten Freund, den Hadj Edrīss, zu mir, um mich zu bewegen, in die Stadt zurückzukehren, und der Letztere machte mir alle möglichen Versprechungen, wie mir der Scheich Genugthuung geben wolle für alle Ansprüche, die ich gegen ihn zu erheben hätte. Um nun dem Landesherrscher zu beweisen, dass ich nichts an seinem eigenen Benehmen zu tadeln hätte, und um ihn noch einmal dringend zu bitten, mich ohne weiteren Aufenthalt abreisen zu lassen, ritt ich gleich darauf in die Stadt, um ihm meine Aufwartung zu machen.

Der Scheich sprach den Wunsch aus, dass ich mit allen meinen Habseligkeiten in mein altes Quartier zurückkehren möchte; aber ich erklärte ihm, dass dies unmöglich sei, da mein Gesundheitszustand die sofortige Heimreise unumgänglich nothwendig mache, während ich bei ihrem langsamen Verfahren sicher wäre, nicht vor Verlauf von ein paar Monaten fortzukommen, wenn ich meine Wohnung noch einmal innerhalb der Stadt nähme. Aber ich wollte gern, sagte ich, noch einige Tage ausserhalb der Stadt bleiben, und wenn es sein Wunsch wäre, täglich in die Stadt kommen, um zu sehn, ob er mir etwas mitzutheilen habe. Hiermit schien nun der Scheich einverstanden zu sein, und so nahm ich von ihm auf die ruhigste und freundlichste Weise Abschied und es hatte den Anschein, als wenn Alles in Ordnung wäre und meine Abreise ferner auf keine Weise hintertrieben werden sollte. Ich kaufte daher am folgenden Tage noch zwei Kameele aus einer grossen Anzahl, welche die Tēbu vom Bahhr el Ghasál in die Stadt gebracht hatten, und zahlte am 25sten d. M. dem Führer Hadj el Bíggela, den ich für die Reise bis Bílma gedungen hatte, die Hälfte des Lohnes im voraus. An demselben Abend schickte mir der Scheich ʿOmar auch noch weitere Lebensmittel.

So war denn endlich Alles für meine Abreise in Bereitschaft, wenn ich auch allerdings nicht eben viel Leute zur Verfügung hatte. Da verzögerte ein Zufall meinen Aufbruch um Einen Tag und plötzlich erschien den 28sten d. M. Nachmittags ʿAli Síntelma, derselbe Diener Díggelma's, der einen Theil der Waaren, deren Geleit von Sinder nach Kúkaua ihm oblag, gestohlen hatte, an der Spitze von vier mit Flinten bewaffneten Reitern und brachte mir den bestimmten Befehl vom Scheich, in die Stadt zurückzukehren. Der Charakter dieses Menschen überzeugte mich, dass, wenn ich dem Befehle nicht gehorchte, ich mich allen Arten grober Beleidigungen von Seiten dieses verächtlichen Schurken aussetzen würde, ich müsste mich denn seiner auf gewaltsame und gesetzlose Weise entledigen. So hielt ich es denn für besser, wie kläglich es immerhin sein mochte, mich in Gehorsam dem tyrannischen Willen dieser Leute zu fügen. Es war bei alledem noch ein günstiger Umstand, dass Ssidi Ahmed, der Vornehmste unter den Boten des Scheichs von Timbuktu, sich zur Zeit bei mir im Lager befand.

Ich sandte also meine Leute in mein altes Quartier voraus und ging selbst zum Scheich ʿOmar, ihm meine Aufwartung zu machen. Da legte ich nun gegen ein solches Verfahren einen förmlichen Protest ein, aber der Scheich selbst sprach kein Wort, sondern ein jüngerer Bruder desselben, Namens Abba ʿOthmān, leitete die Unterhaltung und erklärte mir, dass es dem Scheich unmöglich sei, mich auf diese Weise abreisen zu lassen. Aus Allem schien mir hervorzugehen, dass es vornehmlich dieser Mann war, der seinen älteren Bruder überredet hatte, mich nicht unbefriedigt gehn zu lassen, sondern zuvor meinen Ansprüchen zu genügen, abgesehen von den ernsten Gefahren des Weges. Aber der Hauptgrund war wahrscheinlich die Ankunft eines Tēbu-Boten aus Norden mit Briefschaften für den Scheich. Zur Zeit erfuhr ich allerdings den Inhalt dieser Schreiben nicht, aber ich hörte später, dass dieser Bote die Nachricht vom Herannahen einer Karawane gebracht habe, und es war ganz natürlich, dass der Scheich den Wunsch hegte, ihre Ankunft abzuwarten.

Für mich selbst war dieser Bote nur der Überbringer einer Depesche von Lord Clarendon, datirt vom 10ten Juni 1853 und folglich mehr als 20 Monate alt. Das Gerücht von meinem Tode schien in Tripoli und Fesān vollen Glauben zu finden; mein von Kanō aus abgesandter Brief war natür-

lich zur Zeit des Abganges dieses Packetes noch nicht in
Fesān angekommen. Das Einzige, was mir in meiner unerfreulichen Lage Genugthuung gewährte, waren einige Maltesische Blätter von viel jüngerem Datum als die Briefschaften,
welche mir Nachricht von den vor vier Monaten in Europa
stattgehabten Vorgängen gaben.

Genug, unter den gegenwärtigen Umständen blieb mir nichts
Anderes übrig, als mich in Geduld zu fassen; aber der Aufschub lastete mit unbeschreiblicher Schwere auf mir und
ich hatte kaum Energie genug, um mir Mühe zu geben,
meine Zeit nützlich anzuwenden. Jedoch ereignete sich ein
sehr erfreuliches Intermezzo, das zugleich eine der Bedingungen erfüllte, von denen meine Reise abhängig war. Dies
war die Ankunft der Araber-Kafla aus Norden, und am
28sten März machte ich mich auf, um sie in ihrem Lager in
Dáuerghū zu besuchen; der dahin führende Pfad war voll
von Leuten jeden Standes, die ihren Freunden entgegen
gingen, um zu hören, was für Nachrichten die neuen Ankömmlinge mitgebracht hätten. Die Kafla bestand aus
mehr als 100 Arabern, hatte aber nur 60 Kameele. Der
Vorstand der Reisenden war ein Mann Namens Hadj Djāber,
ein alter erfahrener Fesäner Kaufherr, und es befand sich
ausserdem dabei eine einflussreiche junge Person mit nicht
unbedeutenden Geistesanlagen; dies war Abba Ahmed ben
Hamma el Kānemi.

Die Kafla war von Fesān aufgebrochen unter dem Eindrucke, dass ich todt sei, und die Leute waren daher nicht
wenig erstaunt, als sie mich sahen, vornehmlich jener
Mohammed el 'Akerūt, der mir in Sinder die 1000 Dollars
überbracht hatte und der während der Dauer unserer Expedition nun schon zum dritten Male den Sudan auf einer
Handelsreise besuchte. Der Vorstand der Kafla hatte auch
eine höchst wichtige Bedeutung für uns, indem er 1000 Dollars
für die Mission bei sich führte; aber die Sendung war nicht

an mich adressirt — denn man hielt mich ja schon lange für todt —, sondern an Herrn Dr. Vogel. Allerdings erbot sich Hadj Djāber in der Folge, mir die Summe, wenn es mein Wunsch wäre, auszuliefern; aber doch vermehrte alle diese durch das falsche Gerücht meines Todes verursachte Verwirrung das höchst Unerfreuliche meiner Lage um ein Bedeutendes; denn anstatt dieses Land unter ehrenvollen Bedingungen zu verlassen, ward ich als in Ungnade gefallen angesehen und man meinte, dass die Regierung, die mich ausgesandt, die Leitung der Unternehmung aus meinen Händen genommen und einem Anderen übergeben hätte. Ohne Zweifel trug diese Ansicht viel dazu bei, meine Abreise so bedeutend zu verzögern; denn sonst würde sich der Scheich auf ganz andere Weise bemüht haben, dieselbe zu beschleunigen, und er hätte sich gewiss zu jedem Opfer gern verstanden, um meine Ansprüche zu befriedigen.

Unter solchen Umständen war es denn sehr erfreulich, dass mir der Herrscher von Bórnu in Folge der Vorstellungen des oben erwähnten Abba Ahmed am 28sten d. M. die gestohlenen 400 Dollars zurückerstatten liess, und es war um so erfreulicher, dass die Zurückerstattung durch eben jenen Díggelma stattfand, dem ich meine traurige Lage zum grössten Theil verdankte. Ja, der Scheich erbot sich, mich für den Verlust der in der Kiste enthalten gewesenen Stahlwaaren zu entschädigen; aber ich hielt aus verschiedenen Rücksichten für besser, das letztere Anerbieten nicht anzunehmen. Übrigens war auch das, was ich erhielt, schon eine grosse Hilfe für mich, da ich auf diese Weise, ohne die von der Kafla mitgebrachte Summe anzurühren, im Stande war, die mir vom Fesāner Kaufmann Chuëldi baar geliehenen 200 Dollars zurückzuerstatten und meinem Diener Mohammed, dem Gatrōner, der allein noch von meinen früheren freigeborenen Dienern bei mir war, den grösseren Theil des ihm schuldigen Lohnes auszuzahlen. Es war mir nämlich schon gelungen, meine übrigen Diener mit dem Gelde, das ich durch den Verkauf der über Sinder gekommenen Waaren gelöst, abzulohnen.

Mittlerweile liess ich es mir angelegen sein, meine Zeit so nützlich wie möglich hinzubringen. Ausser meiner Hauptbeschäftigung, dem Studium der Geschichte des Bórnu-Reiches, hatte ich bisweilen eine längere Unterhaltung mit den besser Unterrichteten unter meinen Bekannten, oder ich machte dann und wann einen kurzen Ausflug; aber im Allgemeinen war meine gewöhnliche Energie erschöpft und meine Gesundheit völlig untergraben, so dass der einzige Gegenstand, der meine Gedanken ununterbrochen beschäftigte, der war, wie ich meinen schwachen Körper heil heimbringen sollte. Auch das Wetter trug nicht wenig dazu bei, den erschöpften Zustand meines Körpers und Gemüthes zu verschlimmern; denn es war während dieser ganzen Zeit ausserordentlich heiss und das Thermometer stieg in der letzten Hälfte des Monats April um 2½ Uhr Nachmittags bis 45° C.*) Aber mein erschöpfter Gesundheitszustand hatte dafür auch das Gute, dass er dazu diente, meine Abreise zu beschleunigen, indem man sich davon überzeugte, dass ich nicht im Stande sein würde, dieses Klima noch länger zu ertragen. So machte man mir denn vom 20sten April an Hoffnung, dass es mir gestattet sein sollte, meine Reise in Gesellschaft eines Tēbu-Kaufmanns, Namens Kōlo, anzutreten. Bei allen diesen Bemühungen um Beschleunigung meiner Abreise war mir der oben erwähnte Abba Ahmed von sehr grossem Nutzen, und nachdem am 25sten d. M. eine kleine Tēbu-Kafla vorausgezogen war, um Salz von Bilma zu holen, begleitete er mich den 28sten Nachmittags zum Scheich, um meine Übereinkunft mit Kōlo abzuschliessen.

---

*) Schon am 15ten April fielen einige von wiederholtem Donner begleitete Regentropfen und überhaupt nahm die diesjährige Regenzeit, wie die Folge zeigte, in Kúkaua zu einem ungewöhnlich frühen Zeitpunkt ihren Anfang.

Dieser Tag war entschieden der glücklichste oder vielmehr der einzig glückliche, den ich nach der Abreise des Herrn Dr. Vogel in Kúkaua zubrachte; denn gleich am Morgen fand ich bei meiner Rückkehr von einem kleinen Ausfluge nach Dáuerghū einen Boten mit Briefen von meinem Gefährten vor. Der älteste derselben war von Gúdjeba datirt, der jüngste von Yákoba, und mein Freund benachrichtigte mich in ihnen vom Fortgang seiner Reise und dass er den letzteren Ort, der nie zuvor von Europäern besucht worden war, glücklich erreicht habe. Auch zeigte er mir an, dass er eben im Begriff stehe, nach dem Lager — „ssanssánne" — des Statthalters aufzubrechen, der während der letzten 7 Jahre eine heidnische Völkerschaft bekriegte und geschworen hatte, nicht eher in seine Hauptstadt zurückkehren zu wollen, als bis sie unterworfen wäre. Die so eröffnete Aussicht, dass es meinem Reisegenossen, den ich in diesen Gegenden zurücklassen wollte, wohl gelingen würde, die Lücken, die ich selbst in meinen Entdeckungen gelassen hatte, auszufüllen, erfreute mich sehr und ich machte daher dem Boten ein hübsches Geschenk. So aufgeheitert und voll Hoffnungen war ich nun auch im Stande, mit Geduld und ruhiger Hingebung einige kleine Unfälle zu ertragen, die sich noch vor meiner Abreise ereigneten; am unangenehmsten war mir der Verlust zweier der vor Kurzem zu meiner Reise gekauften Kameele.

## XVI. KAPITEL.
#### Wirklicher Aufbruch. — Kleine Reisegesellschaft.

Endlich am 4ten Mai verliess ich die Stadt und lagerte draussen, in geringer Entfernung vom Thore. Hier blieb ich einige Tage liegen, indem ich auf meinen Reisegenossen Kōlo wartete, der noch in der Stadt zurückgeblieben war. So nahm ich erst am 9ten d. M. vom Scheich Abschied. Er empfing mich mit grosser Freundlichkeit, war aber auch dafür keineswegs zurückhaltend, sogar um verschiedene Gegenstände zu bitten, welche ihm die Englische Regierung senden möge, vor Allem eine kleine Kanone; dies stand jedoch in gar keinem Verhältniss zu dem armseligen Geschenk, das er mir gemacht. Allerdings hatte er mir ausser den schon früher abgelassenen Kameelen, deren Werth indess überaus gering war, noch ein Kameel und ein junges Pferd geschenkt, aber das letztere war von so schwächlicher Beschaffenheit, dass es für die Wüstenreise nicht eben sehr geeignet schien, und wurde auch in der Folge für mich eher eine Last als eine Hilfe. Jedoch versprach er mir, dass ich noch ein Kameel von ihm erhalten sollte, und dies war mir in der That sehr nöthig, obgleich ich den Verlust eines anderen, welches ich durch A'bbega's Sorglosigkeit einbüsste, schon selbst ersetzt hatte. Dies geschah im letzten Augenblicke, und ich sah mich dadurch gezwungen, doch noch die kleine Summe von 30 Dollars auf jene 1000 Dollars zu erheben, welche die Kafla gebracht hatte und die ich dringend für Herrn Dr. Vogel zurückzulassen wünschte. Überhaupt war ich diesmal mit meinen Kameelen höchst unglücklich; denn als ich mich kaum einige Meilen von der Stadt entfernt hatte, unterlag noch eines, so dass ich mich gezwungen sah, verschiedene Gegenstände, mit denen meine Leute die Thiere überladen hatten, wegzuwerfen. Es versteht sich von selbst, dass die Lasten bei dem Antritt einer solchen Wüstenreise, wo für die Dauer von 2 Monaten Proviant mitgenommen werden muss, im Durchschnitt sehr schwer sind.

So war denn auch unser Aufbruch von Dáuerghū am Nachmittag des 10<sup>ten</sup> Mai sehr ungünstig, und da ich, um die Pferde zu tränken, etwas vom Wege abgewichen war, verlor ich bei dem Toben eines gewaltigen Unwetters, das die ganze Gegend in undurchdringliche Finsterniss hüllte, meine Leute und hatte grosse Mühe, mich wieder mit ihnen zu vereinigen. Von hier aus rückten wir in sehr kurzen Märschen vorwärts und nur das für diese Landschaft ungewöhnlich reich mit Bäumen besetzte Thal „hénderi Gálliram" zog meine Aufmerksamkeit auf sich. Von Nghurhútua aus erreichten wir dann am 14<sup>ten</sup> d. M. die Stadt Yō und schlugen unsere Zelte in ihrer Nähe auf. Hier mussten wir zu meinem grossen Missbehagen die folgenden 5 Tage bleiben, wobei mir der Komádugu mit seinem Saume schöner Bäume nur ungenügende Unterhaltung gewährte. Immerhin würde es für jeden Europäer, welcher dem Gedanken einer Verbindung des grossen östlichen Armes des Niger mit dem Tsād längs dieser Thalrinne einen Augenblick nachgehangen hat, interessant gewesen sein, uns hier auf dem trockenen Boden des Thales gelagert zu sehn.

Endlich kam der glückliche Augenblick unseres Aufbruchs von dieser nördlichen Grenzstadt des Bórnu-Reiches; denn obgleich noch ein weiter Landstrich nördlich von demselben, ja selbst Kānem dem Namen nach hinzugerechnet wird, so hört doch bei dem gegenwärtig heruntergekommenen Zustande des Reiches in der Wirklichkeit die Herrschaft hier auf. Bis zum letzten Augenblicke hatte ich die Besorgniss gehegt, dass noch irgend eine Störung eintreten und meine Abreise vereiteln könnte, und ich fühlte mich daher unendlich glücklich, als wir endlich am Nachmittag des 19ten Mai (es war ein Sonnabend) den Komádugu nordwärts durchzogen, während ich mit grosser Genugthuung auf diese Landschaften zurückschaute, wo ich volle 5 Jahre in ununterbrochener Arbeit und Anstrengung zugebracht hatte. Indem ich so meine Schritte nach Norden zurücklenkte, überliess ich mich der lebhaften Hoffnung, dass mir die gütige Vorsehung wohl gestatten würde, meine Heimath in Sicherheit zu erreichen, damit ich einen vollständigen Bericht über meine Arbeiten und Entdeckungen liefern und wo möglich die Verbindungen, welche ich mit dem Inneren angeknüpft hatte, dazu ausbeuten könnte, einen regelmässigen Verkehr mit jenen Gegenden zu eröffnen.

Unser erster Tagemarsch war keineswegs sehr glücklich und wir hatten gar vielen Aufenthalt und Verzug, wie sie im Anfange einer Reise gewöhnlich vorkommen. Nachdem dann die Dunkelheit eingetreten war, erregten drei Affen, welche ich mitzunehmen wünschte, durch ihr Lärmen und Schreien in meinen Kameelen eine solche Furcht, dass sie im Galop davonrannten und mehrere Stücke des Gepäckes zerbrachen, u. A. ein starkes Gewehr. Dadurch sah ich mich gezwungen, diese kleinen bösartigen Geschöpfe loszulassen, die sich ohnehin fortwährend damit unterhielten, alle Stricke, mit denen das Gepäck auf dem Rücken der Thiere befestigt war, aufzulösen.

Wir lagerten zu später Stunde in der Entfernung weniger Meilen von Bárrua, das wir am folgenden Tage erreichten und wo wir den ganzen Tag über blieben, um uns mit getrockneten Fischen zu versehen, welche es hier in Überfluss gibt; denn dieselben bilden den besten Artikel, um sich im Tēbu-Lande die nöthigen Bedürfnisse zu verschaffen. Hier trafen wir mit den Dāsa oder Búlgudā zusammen, in deren Gesellschaft wir die Reise nach Bilma machen sollten und die seit dem verflossenen Tage an dieser Stätte lagerten. Von Bárrua aus verfolgten wir die Strasse nach Ngégimi, dem Orte, welchen ich auf meiner Reise nach Kānem hin- wie rückwärts passirt hatte. Aber wie ausserordentlich hatte sich der Anblick der Landschaft verändert, seitdem ich sie damals durchzogen! Der ganze Weg, den ich zu jener Zeit verfolgt hatte, war jetzt mit Wasser bedeckt (die diesjährige, ungewöhnlich grosse Überschwemmung des Tsād war nämlich noch nicht in ihre gewöhnlichen Grenzen zurückgetreten) und das ganze Ufer schien wie bei Ngórnu auch hier nachgegeben zu haben und einige Fuss tief eingesunken zu sein. Ausser diesem veränderten Anblick des Landes verliehen mehrere Weiler von Kanembū-

Viehzüchtern, wie umstehend einer dargestellt ist, der Scenerie einiges Leben. Auch war es interessant, zu beobachten, wie die Búdduma — die seeräuberischen Bewohner der in der Sumpfläche liegenden Inseln — emsig mit ihrer Lieblingsarbeit, nämlich der Salzgewinnung aus der Asche von Ssiwāk *(Capparis sodata)*, beschäftigt waren. Wir rasteten hier während der heissen Tagesstunden und schlugen am folgenden Abend unser Lager in kurzer Entfernung jenseits eines zeitweiligen Dorfes dieser Insulaner auf. Die Búdduma scheinen nämlich mit den Tēbu, mit denen sie allem Anscheine nach seit alten Zeiten in politischer Verbindung gewesen sind, auf freundschaftlichem Fusse zu stehn; aber dessenungeachtet war auch hier Wachsamkeit erforderlich, um sich vor dem diebischen Gelüste dieser guten Leute zu wahren.

[*Dienstag, 22sten Mai.*] In der Entfernung von etwa 1 Meile von unserem Lager liessen wir die Stätte von Wūdi hart zu unserer Linken liegen; sie war von einigen Dattelpalmen belebt, während die ganze Grasebene zu unserer Rechten, über welche unser früherer Weg nach Kānem geführt hatte, auf grössere oder kleinere Strecken mit Wasser bedeckt war. Beim Beginn der Tageshitze machten wir wiederum in einem wohlbewaldeten Landstrich Halt und bemerkten bei unserem Weitermarsch am Nachmittag eine Heerde Elephanten, welche die heisse Tageszeit gemächlich inmitten des Wassers zubrachte; darunter befand sich auch ein Weibchen mit seinen Jungen. Weiterhin begegneten wir einem Rudel von fünf Büffeln, was mir sehr auffiel, da ich dieses Thier auf meiner früheren Reise in der Nähe des See's nicht wahrgenommen hatte.

So erreichten wir das neue Dorf Ngégimi — denn die frühere offene Ortschaft war von der Überschwemmung vollkommen weggerissen worden —, welches am Abhange der Hügel liegt. Hier blieben wir den Vormittag des folgenden

Tages liegen; das Lager ward von einer grossen Anzahl Frauen aus dem Dórfe belebt, die ausser einigen Hühnern, Milch und „témmari" (d. i. Same der Baumwollenpflanze) auch Fische, sowohl im trockenen als frischen Zustande, feil boten. Aber ihr Hauptverlangen beim Tauschhandel stand nach Korn, und ausserdem waren sie nur noch geneigt, eine kleine Quantität Glasperlen zum Schmucke für ihren ebenholzfarbigen Körper anzunehmen. Lieb war es mir, anstatt der hässlichen Bórnu-Weiber die weit proportionirteren Gestalten der Kanembū-Frauen zu sehn, bei denen die glänzende Schwärze der Haut durch ihre weissen Zähne und die gleichfarbigen Glasperlen angenehm gehoben wird.

Unsere Freunde, die Dāsa, welche vor 5 Wochen bei einem ähnlichen Versuche, die Wüste zu passiren, von den Tuáreg zurückgetrieben worden waren, hatten hier ihr Gepäck wieder aufgenommen, das sie damals in der Eile bei den Dorfbewohnern in Sicherheit gebracht hatten. Sie wollten sich hier auf einige Zeit von uns trennen, da sie aus irgend einem Grunde einen westlicheren Pfad einzuschlagen gedachten, über Bīr el Hammām oder Metémmi, das von den Mitgliedern der früheren Expedition erwähnt worden ist. Unser Freund Kōlo dagegen beabsichtigte, sich näher an die Ufer der Sumpfläche zu halten, über Kíbbo.

Nach kurzer Unterhaltung mit dem Häuptling des Ortes — „mai-Ngégimibe" — brachen wir am Nachmittag wieder auf. Die Kameele waren noch immer sehr schwer beladen und wir rückten daher nur langsam vorwärts; nach einem Marsche von etwa 8 Meilen hatten wir einen weit offenen Arm der Lache zur Seite. Hier begegneten wir einigen einzelnen, von Kānem kommenden Reisenden und lagerten gegen 8 Uhr Abends auf etwas unebenem Boden. Die Unsicherheit der Gegend zwang uns, während der Nacht abwechselnd Wache zu halten.

[*Donnerstag, 24sten Mai.*] Wir brachen zu früher Stunde

auf und hatten bald Hügelland zu ersteigen. Diese ganze Gegend ist so unsicher, dass der Reisende die wenigen menschlichen Wesen, denen er auf dem Wege begegnet, ganz natürlich für Spitzbuben oder für Spione hält, welche ihn einer Raubbande verrathen wollten, — es sei denn, dass sie den entschiedenen Charakter von Reisenden an sich tragen. So ward denn unser kleiner Trupp nicht wenig beunruhigt, als sich zu unserer Rechten Leute sehn liessen, und wir drei Reiter verfolgten sie, bis sie sich in die Aussenwasser des See's zurückgezogen hatten. Die meisten dieser mehr oder weniger abgesonderten Pfützen enthalten salziges Wasser, aber nach einem Marsche von etwa 9 Meilen machten wir Halt bei einem fast ganz getrennten Hinterwasser, das ganz süss war.

Bei unserem Weitermarsche am Nachmittag liessen wir wieder ein Hinterwasser oder einen abgesonderten See zur Seite liegen und zogen auf einem von Elephanten geöffneten engen Pfade dahin; denn diese Thiere gibt es hier in grosser Anzahl. So erreichten wir nach einem Marsche von wenig mehr als 10 Meilen die schön belaubte Thalsenkung — „hénderi" — Kíbbo und wählten unseren Lagerplatz am jenseitigen Rande. Abgesehen von der Wichtigkeit des Brunnens, ist diese Stätte auch dadurch interessant, dass sie augenscheinlich die nördliche Grenze der weissen Ameise bildet. Die Dunkelheit verhinderte uns, den Brunnen gleich bei unserer Ankunft zu benutzen, denn diese Thalbildungen sind voll wilder Thiere, und so sahen wir uns denn gezwungen, den Vormittag des folgenden Tages hier liegen zu bleiben, welcher Aufenthalt mir keineswegs unlieb war, da ich mich durchaus nicht wohl fühlte und mich genöthigt sah, zu meinem beliebten Heiltrank, nämlich Tamarindenwasser, Zuflucht zu nehmen.

Immerhin hatte die Sonne noch nicht ihre grösste Gewalt erreicht, als wir Kíbbo verliessen; aber wiederholter Aufenthalt unterbrach unseren Marsch, da die Sklaven unserer Tĕbu-Gefährten, die schwer bepackt waren und auf welche das halb bittere Brunnenwasser seine Wirkung nicht verfehlte, kaum im Stande waren, mit uns Schritt zu halten; Einer unter ihnen, ein grosser Kerl, legte sich nieder, um nimmer wieder aufzustehen. Ich machte überhaupt die Bemerkung, dass die Tĕbu ihre Sklaven viel grausamer zu behandeln schienen, als selbst die Araber; so lassen sie denn dieselben alles mögliche Geräth tragen, besonders aber ihren beliebten stinkenden Fisch, und die Folge davon ist ungeheure Erschöpfung dieser armen Menschen.

So zogen wir in die Dunkelheit hinaus, und als wir nach einem Marsche von nicht mehr als 12 Meilen in geringer Entfernung östlich vom Brunnen Kufē Halt machten, verursachte uns die Annäherung unserer Reisegenossen, der Dāsa, nicht geringe Aufregung, indem wir sie im ersten Augenblick nicht erkannten. Überhaupt gehört diese Stätte, die auf dem nächsten Wege von den Wohnsitzen der räuberischen Tuáreg-Horden im Süden von Damerghū nach dem unglücklichen, zerrissenen Kānem liegt, zu den unsichersten, und besonders für unsere kleine Reisegesellschaft war hier kein Bleiben. So brachen wir denn schon gleich nach Mitternacht wieder auf und rückten rüstig dem Norden zu, bis wir nach einem Marsche von etwa 15 Meilen einem von Kauār kommenden Eilboten begegneten, wodurch wir uns bewogen fühlten, Halt zu machen. Wirklich waren die Neuigkeiten, welche dieser Bote brachte, von grosser Bedeutung und berührten uns ganz unmittelbar. Nämlich einerseits war Hassan Baschā, der Statthalter von Fesān, welcher schon seit mehreren Jahren an schwerer Krankheit gelitten, endlich unterlegen, und andererseits hatten die Éfedē, jener unruhige Stamm auf der Nordgrenze von Assben, der uns im ersten Abschnitte unserer Unternehmung so ungeheure Noth verursachte, gerade zur Zeit einen Raubzug nach Tibésti unternommen.

Besonders der letztere Umstand übte direkten Einfluss auf unser Verhalten aus; denn wir waren so der sicheren Gefahr ausgesetzt, mit dieser Raubbande zusammenzutreffen, während schon im Allgemeinen die Gefahr, welche mit dem Durchzuge dieses sich zwischen dem Sudan und der angebauten Zone Nord-Afrika's weit ausbreitenden Wüstengürtels verbunden ist, gross genug erscheint.

Diese drängende Gefahr, verbunden mit der grossen Hitze während der Mittagsstunden in dieser heissesten Jahreszeit, nöthigte uns, ohne die geringste Rücksicht auf unsere Bequemlichkeit den grössten Theil der Nacht zur Reise zu benutzen, und dies war denn der Grund, dass ich mit einzelnen Ausnahmen ausser Stande war, die Beobachtungen der früheren Expedition zu berichtigen und zu vervollständigen; denn solcher Berichtigungen wäre die Strasse, deren ganze Lage durch Herrn Dr. Vogel's astronomische Daten verändert worden ist, wohl auch im Einzelnen fähig.

Nach einer mittägigen Rast machten wir uns gegen 2 Uhr Nachmittags wieder auf den Weg und betraten nach einem Marsche von etwa 2 Meilen schönes Hügelland, das sich zu Weidegründen für Kameele und Schaafe gut eignete, aber bei dem gegenwärtigen verödeten Zustande des Landes unbewohnt war. $1\frac{1}{2}$ Meilen weiterhin liessen wir den Brunnen Mul zur Seite liegen, der zur Zeit trocken war, und zogen dann die schöne Thalbildung entlang. Hier verursachte uns der abermalige Verlust eines Kameeles einen langen Aufenthalt. Wir machten nun nur noch etwa 10 Meilen, lagerten dann, um unsere einfache Abendkost zu verzehren, brachen aber schon 1 Stunde nach Mitternacht wieder auf und erreichten nach einem Marsche von etwa 13 Meilen den Brunnen von U'nghurutīn. Derselbe liegt in einer von schönem Baumwuchse umgebenen Einsenkung, die ausser „hād" (jenem wohlbekannten vortrefflichen Kameelfutter) auch eine grosse Menge Pfriemenkraut — „retem" — hervorbringt.

[*Montag, 28sten Mai.*] Das strenge Gesetz der Wüstenreise harmonirte hier schön mit Christlichen Grundsätzen, indem wir in U'nghurutīn stille Sonntagsfeier hielten, denn unsere Glieder bedurften der Ruhe. So gestärkt und erfrischt brachen wir dann etwas nach Mitternacht auf und legten ohne Rast 15 Meilen zurück. Wie die Morgendämmerung anbrach, machte ich die sehr interessante Bemerkung, dass längs dieses ganzen Wüstenstriches eine ansehnliche Menge Regen gefallen und in Folge dessen der Boden mit „hād" und „sseböd" bedeckt war; aber wir waren herzlich froh, dass wir endlich die grosse Plage des Reisenden im Sudan, die gefiederte Klette — „ngibbi" —, hinter uns hatten.

Als wir am Nachmittag unseren Marsch fortsetzten, ward das offene Land, welches wir nun zuerst durchzogen, durch einige Exemplare des Ssimssim-Baumes belebt. Ein Marsch von 12 Meilen brachte uns so zu dem Brunnen Beduāram oder Bélkaschī-farri, wo wir einige Stunden rasten wollten, um frische Kräfte zu sammeln; wir wählten daher sorgsam den geeignetsten Platz und lagerten am Fusse der östlichen Anhöhe. Einigen Schutz versprach dabei die Nähe einer Anzahl Tēbu von derjenigen Abtheilung der Gunda, welche den Namen Wándala oder Ausa führt. Im Allgemeinen gewährt nämlich der Brunnen keineswegs einen sicheren Aufenthalt, und allem Anscheine nach war es an derselben Stätte oder wenigstens nicht weit davon, wo der Sappeur Macguire auf seiner Heimreise im verflossenen Jahre, nach Empfang der Nachricht vom Tode seines Vorgesetzten, des Herrn Dr. Vogel, nach tapferer Gegenwehr erschlagen wurde.

Eine gewisse Sicherheit war uns hier um so willkommener, als wir grosse Mühe hatten, die Brunnen aufzugraben; denn wir bedurften einer grossen Menge Wasser, da wir nicht allein unsere Schläuche füllen, sondern auch alle unsere Kameele tränken mussten, und doch war zur Zeit nur ein einziger

Brunnen offen, der überdies nur sehr wenig Wasser enthielt. Aus einem solchen Verhältniss kann man leicht ersehen, in welch' gefährlicher Lage sich eine kleine Kafla befinden muss, die unter ähnlichen Umständen von einer Bande Raubzügler angegriffen wird, wie das wohl mit Macguire der Fall war. In dieser Hinsicht fühlte ich mich dem Scheich 'Omar zu grossem Danke verpflichtet, dass er mir den Schutz der Salzhändler, der Dāsa, verschafft hatte; denn diese bei Wüstenreisen aufgewachsenen Afrikaner waren den ganzen Tag über beschäftigt, die Brunnen aufzugraben. Auch die zeitweiligen Anwohner des Platzes betrugen sich nicht allein ruhig und anständig, sondern brachten mir sogar etwas Kameelmilch zum Geschenk, wofür ich sie mit kleinen Spiegeln belohnte.

Auch noch den 30sten Mai blieben wir hier liegen und brachen dann am Nachmittag des letzten auf. In frischer Rüstigkeit legten wir nun mit einem Male eine Strecke von beinahe 20 Meilen zurück, worauf wir auch nur eine kurze Rast hielten, indem wir schon nach 4 Stunden wieder aufbrachen. Wir nahten uns nun dem Herzen der Wüste und betraten nach einem Marsche von 6 Meilen das offene Sandmeer; kurz vorher passirten wir noch eine schöne Gruppe von Ssimssim-Bäumen. Jetzt hatte ich volle Gelegenheit, die unermessliche Fläche dieses offenen Wüstenmeeres zu übersehen; denn nachdem wir weitere 6 Meilen zurückgelegt hatten, lagerten wir gerade in der Mitte desselben. Früher hatte man die ganz falsche Vorstellung, dass dies der Charakter der ganzen Wüste wäre, während doch nur das eigentliche Centrum derselben solcher Natur ist, obgleich auch da noch die Fläche unendlich erscheint. Ungeachtet ihrer Einförmigkeit hat die Wüste doch etwas unaussprechlich Grossartiges und ist gar wohlgeeignet, dem Menschen das Bewusstsein seiner eigenen Nichtigkeit tief einzuprägen. Allerdings stellte sie sich aber zur Zeit in ihrem ernsthaftesten Charakter dar und die Hitze war so ungeheuer, dass man sie bei ungesunder Luft nicht hätte im Freien ertragen können.

Wir hatten nun das Schlimmste vor uns, nämlich die ausgedehnte, leblose und schreckhafte Wüste von Tintúmma, und brachen daher schon eine Stunde nach Mittag auf, ehe noch die Hitze ihren höchsten Grad erreicht hatte und sich zu mildern anfing; aber es würde jedenfalls besser gewesen sein, noch ein paar Stunden zu warten, da die Hitze so gross war, dass die armen Sklaven, das Eigenthum meiner Reisegefährten, fast ganz aufgerieben waren, ehe sich die Sonne zum Untergang neigte. Nur um 8 Uhr Abends ward eine kurze Rast von 40 Minuten bewilligt, um unser kaltes, aus gestampfter Negerhirse bestehendes Abendessen zu geniessen; dann brach die Kafla wieder auf, um den mühevollen nächtlichen Marsch über diese grenzenlose Sandwüste fortzusetzen. Da ich nun sammt meinem Hauptdiener beritten war, konnte ich es wagen, noch einige Zeit zurückzubleiben und in einer Tasse Kaffee — ein unendlicher Genuss auf ermüdendem Marsch — zu schwelgen. Jedoch blieb ich fast zu lange, und als ich endlich nachfolgte, leitete mich nur der Schall der Schüsse, mit denen sich meine Leute gegen meinen Befehl vergnügten, um ihre eigene Müdigkeit wie die der Sklaven zu vertreiben. Angefeuert durch dieses Spiel, vielleicht auch unter dem Eindrucke der schrecklichen Wüstenei, die sie zu nächtlicher Stunde durchzogen, hatten die ihrer Freiheit und Heimath beraubten armen Schwarzen, ihre Erschöpfung rein vergessend, in ihrer einfachen Weise einen Gesang angestimmt, dessen Schall, von Schüssen unterbrochen, gelegentlich, wie ich dem Trosse in ansehnlicher Entfernung nachfolgte, mein Ohr traf. Unter dem Einflusse dieser Aufregung und erfrischt und belebt von der Abendkühle, rückte die Gesellschaft mit solcher Schnelligkeit vorwärts, dass ich sie erst nach Mitternacht einholte. Da aber war auch die unnatürliche Aufregung vorbei und Freie wie Leibeigene fingen an, sich ihrer Erschöpfung völlig bewusst zu werden; ja, sie würden sich gern in den Sand niedergeworfen haben, um dann heimlich zurückzubleiben, und ich musste Mehrere dieser Unglücklichen antreiben, um zu verhüten, dass sie dem Durst und der Erschöpfung zum Opfer fielen. Aber vergebens suchte ich Einen von meinen eigenen Leuten; er war nirgends zu sehn und Niemand wusste, wo er geblieben war. Die Wüste von Tintúmma, schon von der vorigen Expedition her bekannt, ist in der That dadurch übel berüchtigt, dass Reisende leicht den Weg verlieren; der sich in unermessliche Ferne ausbreitende weisse Sand umnebelt die Sinne so vollkommen, dass auch an diesen Wüstenweg lange gewöhnte Leute mitunter in ihrer Richtung völlig irre werden.

Die Mühseligkeit dieses Nachtmarsches war in der That überaus gross, und als die Morgendämmerung eintrat, benutzte ich mit Freuden die Gelegenheit, wo der Boden etwas trockenes Gras darbot, meinem völlig erschöpften Gaule eine kleine Erfrischung zu gewähren und mich selbst, von Müdigkeit gepeinigt, einen Augenblick auf den weichen Sandboden niederzuwerfen. Dann setzten wir unseren einförmigen Marsch wieder fort, während sich ein heftiger Wind erhob und den Anblick der Wüste durch aufgewirbelte Sandwolken noch wilder machte. Endlich erblickten wir die Felshöhen von A'gadem vor uns, aber erst nach 7 Uhr Morgens betraten wir die ihnen eigenthümliche Thalbildung und wählten unseren Lagerplatz in einem von Ssiwākgebüsch umgebenen Winkel. Dieser Strauch *(Capparis sodata)* wächst hier nämlich in solcher Menge, dass er eine kleine Pflanzung bildet, die sogar gelegentlich zeitweilige Ansiedler, vorzugsweise vom Stamme der Bolodūa oder A'm-wadēbe, herbeilockt. Die Sandwehen waren jedoch so heftig, dass unser hiesiger Aufenthalt recht unerfreulich war, und dazu kam noch der Umstand, dass der Boden voller Kameelläuse war, da dies der gewöhnliche Lagerplatz für alle Karawanen ist. Aber dafür fehlte es hier nicht an dem Wichtigsten, einem Brunnen, und das Wasser war klar und vortrefflich, obgleich es keineswegs in reichlicher Menge vorhanden war, so dass wir uns für den vor uns liegenden Marsch aus einem weiter nördlich gelegenen Brunnen versorgen mussten.

Da derjenige von meinen Dienern, welcher sich verirrt hatte, bis dahin nicht aufgefunden worden war, erwarteten wir ängstlich die Ankunft der Dāsa, welche sich es, weil nicht von Sklaven gehemmt, bequemer gemacht hatten und erst am Nachmittag wieder zu uns stiessen. Sie hatten den Verirrten glücklicherweise erblickt, als er, von seiner Richtung ganz abgekommen, in grosser Entfernung südwärts wanderte; es war dies ein recht glücklicher Zufall, und der Mann, welcher ihn zurückgeholt, verdiente wohl ein Geschenk. Unseren Freunden, den Salzhändlern, verdankte ich es auch, dass ich mich im Stande sah, meinen erschöpften Vorrath an Butter zu erneuern. Sonst gab es hier keinen anderen Genuss, als die wilde Frucht des Ssiwāk.

[*Montag, 4ten Juni.*] Obgleich wir auch den Sonntag hier gerastet hatten, befanden sich doch die armen Sklaven bei unserem heutigen Aufbruche in Folge der Mühseligkeit des Marsches in einem solchen Zustande der Erschöpfung, dass sie alles Andere einer Fortsetzung solchen Leidens vorgezogen haben würden, und da es noch dämmerig war, versuchte es eine Sklavin, zu entwischen, indem sie sich in dem dichten Ssiwākgebüsch versteckte; natürlicherweise wurde sie bald entdeckt und mit empfindlichen Schlägen bestraft. Glücklicherweise überzeugte sich indess unser Freund Kōlo, dass diese armen Geschöpfe noch der Ruhe bedürften, und wir blieben diesen ganzen Tag und auch den folgenden Vormittag am nördlichen Brunnen gelagert, der nur etwa 4 Meilen Wegs (längs eines recht interessanten Natronbeckens) vom

südlichen entfernt liegt, und zwar am Fusse des Felszuges. Es war eine für die Wüste freundliche, offene Landschaft, während die Höhen auf der Ostseite in grössere Ferne rückten; aber es machte uns einige Mühe, unsere Freunde, die Dāsa, zurückzuhalten, indem diese ihre Reise ohne Aufenthalt fortzusetzen wünschten.

[*Dienstag, 5ten Juni.*] Gerade um Mittag — wir ordneten eben unser Gepäck zum Aufbruch — stieg ein Gewitter auf der östlichen Höhenkette auf und es fielen einige Regentropfen, während wir unseren Marsch antraten. Die ersten 3 Meilen hielten wir uns in der unregelmässigen Thalebene entlang, dann erstiegen wir bei östlicher Richtung höheren Boden und gewannen eine Ansicht von dem östlichen Abhange der Kette, die das Thal einschliesst; sie ist nicht so hoch wie die westliche, schien aber dennoch gegen 300 Fuss zu haben. Ich überzeugte mich hier, dass ganz A'gadem eine Art ansehnlich weiter Vertiefung bildet, die in Osten von diesem Felszug und nach Westen (in einer Entfernung von etwa 3 Meilen), sowie nach Norden zu von Sanddünen begrenzt wird.

Gegen 3 Uhr Nachmittags, gerade als wir aufbrachen, hatten wir wieder einen leichten Regenschauer. Wir stiegen sogleich anwärts und der höhere Boden, über den sich unser Pfad hinzog, war von ansehnlichen Einsenkungen unterbrochen, die von Ost nach West liefen und so steile Abhänge bildeten, dass Clapperton's Ausdruck, der von hohen Sandhügeln spricht, die er hier überschreiten musste, völlig gerechtfertigt erscheint. Auch wir wählten unseren Lagerplatz nach einem Marsche von wenig mehr als 11 Meilen in einer solchen Einsenkung, die nach Westen zu von hohen Sandhügeln umgürtet war. Unsere Rast war jedoch nur von sehr kurzer Dauer, indem wir schon bald nach Mitternacht unseren Marsch wieder fortsetzten; denn die Wüste, welche hier ebener wurde, erlaubte jetzt bei Nachtzeit ruhige Märsche.

Wir schritten diesmal rüstig vorwärts und lagerten nach einem Marsche von etwa 16 Meilen an einer Stelle, wo jene, auch von Clapperton und Denham erwähnten, eigenthümlichen krystallisirten Sandstangen in grosser Menge umherlagen; die Kanōri nennen dieselben „bargom-tschídibe" und die Haussa-Leute: „kautschin-kassa" (d. h. Erdschote). Ihre Entstehung hat man auf sehr verschiedene Weise erklärt, indem die Einen annahmen, dass der Blitz ihre Bildung bewirkt habe, Andere dagegen der Ansicht waren, dass sie weiter nichts seien, als die bedeckten Gänge, mit denen die weissen Erdameisen die stämmigen Halme der Negerhirse umgeben hätten. Die letztere Ansicht ist wohl sicherlich unrichtig.

Die weite offene Sandwüste, welche wir betraten, als wir um 2 Uhr Nachmittags unseren Marsch fortsetzten, verdiente ganz vorzüglich mit der weiten Fläche des Ozeans verglichen zu werden; aber selbst hier brachen an einzelnen Stellen kleine Felsrücken hervor, und wir lagerten nach einem Marsche von ungefähr 10 Meilen im Schutze eines solchen Höhenzuges.

[*Donnerstag, 7ten Juni.*] Zu sehr früher Stunde in der Nacht brachen wir wieder von hier auf und erreichten nach einem Marsche von ungefähr 6 Meilen den Brunnen von Díbbela. Als wir uns der Stätte näherten, überraschte mich ihr romantischer Charakter nicht wenig: rings umher hohe Sandhügel, aus denen schwarze Felsmassen emporragten, und tiefe Einsenkungen, mit vereinzelten Dūmpalmen geschmückt. Aber das Wasser war abscheulich, indem es eine ungeheure Menge Natron enthielt. Es war hier, wo Herr Henry Warrington, der Herrn Dr. Vogel nach Kúkaua begleitet hatte, auf seiner Rückreise den Folgen der Dysenterie unterlag, von der er auf dem Marsche befallen wurde; wahrscheinlich hatte die schlechte Beschaffenheit des Wassers das Übel zu einer Krisis gebracht. — Durch die rund umher aufgethürmten blendend weissen Sanddünen erschien die Hitze als ganz besonders gross, obwohl sie die gewöhnliche Höhe von 109° im schönsten Schatten um 2 Uhr Nachmittags nicht überstieg, und der Charakter der ganzen Örtlichkeit besass einen wilden Zauber.

Sobald die Hitze ihren höchsten Grad erreicht hatte und nun wieder abzunehmen anfing, verliessen wir Díbbela und erstiegen die Sanddünen mit bedeutender westlicher Abweichung von unserer bisherigen Richtung. Gleich hinter der Einsenkung, in der sich der Brunnen befindet, ist eine zweite ähnliche, aber anstatt der Dūmpalmen sieht man darin nur Talhabäume. Die höher gelegene Sandebene, über die unser Weg führte, ward von einem noch höheren Sandrücken überragt, und in einer Entfernung von etwa 5 Meilen zeigte sich hier eine grosse Menge „kadjĭdji". Wir legten im Ganzen 17 Meilen zurück und lagerten zu später Stunde auf hartem Sandboden. Es war für mich auf dieser mühevollen Wüstenreise stets ein unendliches Vergnügen, mich allemal bei unserer Ankunft am Lagerplatze der Länge nach auf dem reinen Sande auszustrecken; denn gemeiniglich ist der letztere so fein und weich, dass man gar kein besseres Lager haben kann. Und dazu der schöne nächtliche Himmel! Es waren stets ein paar schöne Stunden, aber die Rast war nur zu kurz und das Bedürfniss nach Ruhe und Schlaf ward blos halb befriedigt.

[*Freitag, 8ten Juni*.] Da wir später als gewöhnlich aufgebrochen waren, ereilte uns die Hitze bald und wir machten schon nach einem Marsche von 8 Meilen Halt. Der Boden war hier umher auffallenderweise am vorigen Tage durch einen Regenguss befeuchtet worden, was wieder einen starken Beweis von der Unrichtigkeit der bis dahin allgemein gehegten Ansicht lieferte, dass dieser ganze Wüstenstrich niemals vom Regen befruchtet würde. Aber allerdings hatte das belebende Element hier weiter keine Folgen und von Gras sah man nicht die geringste Spur; dagegen war der Sand voller Fusstapfen des „bagr-el-wāhesch" *(Antilope bubalis)* und es hatte ganz den Anschein, als wenn die Heerden dieser Wüstenbewohner hier vor den Jägern von A'gadem und Díbbela eine Zuflucht gesucht hätten.

Wir hatten hier wieder eine recht ermüdende Reise; denn nachdem wir am Nachmittag eine Strecke von etwa 10 Meilen zurückgelegt hatten, machten wir gegen Sonnenuntergang einen Halt von nur 4 Stunden und brachen dann schon wieder zu einem mühsamen Nachtmarsche auf. So erreichten wir nach einer Strecke von 18 Meilen — die letzten über einen schwierigen Rücken von Sandhügeln und zwar mit ansehnlicher Abweichung von unserer bisherigen Richtung — am anderen Morgen den Brunnen von Sau-kurā. Es war gut, dass wir am Ziele waren; der Marsch kostete uns vier Kameele und wir Alle waren in einem entsetzlich ermüdeten und erschöpften Zustande. So war es denn um so erfreulicher, zu finden, dass der nun erreichte Wüstenhafen doch einigen Reiz darbot; es war nämlich eine mit „ssiwāk" *(Capparis sodata)* stattlich geschmückte Thalebene mit reichhaltigen, von Palmgestrüpp umgürteten, Brunnen (nur wenige Fuss unter der Oberfläche), die einen ganz freundlichen Eindruck machte. Dazu kam, dass wir hier eine kleine Karawane von Tēbu-Leuten trafen; es waren Bewohner des sehr alten Tēbu-Ortes A'gherim oder A'ghram, den ich bei der Aufzählung der Thaten des Bórnu-Königs Edrīss erwähnt habe und der 3 Tagereisen (über Yaui) westlich oder vielmehr westnordwestlich von hier liegt. Die Tuáreg nennen dieselbe Oase Fāschi, und so ist sie auch auf dem östlichen Blatte der allgemeinen Karte niedergelegt*).

---

*) Diese Niederlegung ist nur ganz allgemein gehalten, als Station der Strasse von Agades, die, weil auf Berichten der Eingeborenen beruhend, nur in gerader Linie gezogen worden konnte; aber aus dem Umstande, dass diese

Diese Tēbu waren auf dem Wege nach Bórnu begriffen und wünschten daher, ihre Kameele gegen die meinigen zu vertauschen, da die letzteren an das Klima des Landes, wohin ihre Reise ging, gewöhnt waren. Ein solcher Austausch ist sicherlich Reisenden anzurathen, welche die eine oder andere Richtung verfolgen, vorausgesetzt, dass die Thiere beider Theile von gleicher Güte sind; aber was mich anbetraf, so bedurfte ich einerseits zu dringend der wenigen Kameele, welche die Beschwerden des Marsches ertragen hatten, und andererseits waren die Thiere jener Wanderer zu armselig, um mir die Annahme ihres Anerbietens zu gestatten. So mussten sie bei ihrem Aufbruche von hier die fünf Pferde, die sie bei sich führten, mit Wasserschläuchen beladen. Kein Tēbu-Kaufmann bereist nämlich diese gefährliche Wüstenstrasse, ohne ein Pferd bei sich zu haben, um im Falle der Noth wenigstens sein Leben und seine werthvollste Habe retten zu können. Dabei ist es freilich immer am gerathensten, wenigstens einen kleinen Wasservorrath schon auf dem Pferde zur Hand zu haben, indem die Gefahr hier urplötzlich hereinbrechen kann.

Diese Leute gaben uns übrigens die höchst wichtige und beruhigende Nachricht, dass die Raubschaar der Tuáreg von Tibésti heimgekehrt sei, dass wir also kein unerfreuliches Zusammentreffen mit derselben zu befürchten hätten; allerdings hatten sie aber die Drohung geäussert, dass sie bald wiederkommen würden. Die Tēbu von Tibésti waren nämlich wohl auf ihrer Hut gewesen, so dass die Räuber diesmal nur eine kleine Beute von 40 Kameelen und 30 Sklaven gemacht hatten.

---

auf dem Wege nach Bórnu begriffenen Leute von A'gherim zuerst nach Sau-kurā gingen, müsste man schliessen, dass Fāschi bedeutend nördlicher liege, als es angegeben ist, es sei denn, dass diese Reisenden erst Bilma besucht hätten. Aber die nordwestliche oder wenigstens westnordwestliche Richtung dieser Tēbu-Oase von Sau-kurā steht wohl fest.

Wir blieben auch den folgenden Tag in Sau-kurā im Genusse der Ruhe liegen, deren wir so sehr bedurften. Ein heftiger Wind hatte die ganze Nacht über geweht, aber dennoch erreichte die Hitze um 2 Uhr Nachmittags fast ihre gewöhnliche Höhe und das Thermometer zeigte 108° im kühlsten Schatten. Montag Nachmittags brachen wir dann auf, um nun die Tēbu-Oase zu erreichen, der wir uns bis auf Weniges genähert hatten. Zuerst mussten wir die südöstliche Ecke der ansehnlichen Berggruppe umgehen, der die Thalsenkung ihre Entstehung verdankt; zur Rechten hatten wir hier Sanddünen. So zogen wir wohlgemuth fort, aber gerade an der Stelle, wo wir die den Wüstenreisenden unter dem Namen Sau-kañua bekannte kleine Oase zu unserer Linken liessen, bemerkten wir die Fusstapfen einer kleinen Menschenschaar und wir drei Reiter, Kōlo, ich und der Gatrōner, hielten es in der Voraussetzung, dass es wohl Wegelagerer wären, für räthlich, sie eine Strecke weit zu verfolgen; da überzeugten wir uns denn, dass es Leute waren, die einem entlaufenen Sklaven nachsetzten. Wir legten diesmal ungefähr 16 Meilen zurück, machten um 9 Uhr Abends einen kleinen Halt, brachen dann um Mitternacht wieder auf und erreichten nach einem Marsche von 14 Meilen Musskátenu. Damit hatten wir denn den einen grossen südlichen Abschnitt unserer Wüstenreise vollendet; denn Musskátenu ist die südlichste Grenze der Oase Kauār. Es ist jedoch erst ein leichter Übergang von der nackten Wüste zum Fruchtlande und besteht in einer unbedeutenden flachen Einsenkung voll Mergel und Alaun.

Die Hitze war heute etwas stärker als gewöhnlich, indem das Thermometer auf 110° stand, aber wir waren so begierig, die eigentliche Oase zu erreichen, dass wir mit grossem Eifer Nachmittags bei Zeiten wieder aufbrachen. Ist ja doch diese Oase ein unendlich wichtiger Punkt in diesem Wüstenleben, der Sitz einer eigenen kleinen Nationalität, der Tĕbu, mit ihrer eigenthümlichen Bildungsweise hier im Herzen der Wüste, wo die Natur diese Kulturstätte geschaffen hat, um den Verkehr zwischen weit getrennten Völkerschaften zu erleichtern.

Ehe wir den eigentlichen Anfang des Thales erreichten, hatten wir mehrere Sandhügelrücken zu übersteigen, die sich uns entgegenstellten, obgleich der Sand nicht so tief war, wie ich nach der Beschreibung Anderer erwartet hatte. Da öffnete sich das Palmenthal der Tĕbu — „hénderi Tegē oder Tedä", wie es die Eingeborenen selbst, „Kauār", wie es die Araber nennen — am westlichen Fusse einer grossen und breitkuppigen Felshöhe. Die Landschaft ward sogleich höchst interessant und der grüne Boden, wo kleine, mit leichten Zäunen von Palmblättern umgebene Gärtchen mit „ghedeb" *(Melilotus)* und etwas Gemüse bepflanzt waren, wurde von schönen Palmbaumgruppen überragt. Dieser Anblick belebte und erfreute mich nach dem öden Marsche, den wir zurückgelegt hatten, so sehr, dass ich meinen Leuten ein paar Schüsse nicht versagen konnte; denn sonst sparte ich meinen kleinen Pulvervorrath immer für dringendere Fälle auf.

Unsere Freunde, die Dāsa-Salzhändler, trennten sich hier von uns und wählten ihren Lagerplatz zur Seite des dichtesten Palmenhaines, wo das verfallene Städtchen Bilma gelegen ist; wir selbst zogen dagegen weiter, kamen in eine nackte Salzmulde und lagerten etwa 1 Meile weiterhin bei einem elenden, kleinen Dorfe Namens Kalāla. Es war ein höchst unerfreulicher Lagerplatz, wie ich mir ihn in dieser Palmenoase keineswegs gedacht hatte; es gab nämlich hier nicht den geringsten Schatten und der Boden war so ausserordentlich hart (ein von Salz geschwängerter, jetzt ausgetrockneter Morast), dass wir nur mit der grössten Mühe im Stande waren, unser Zelt aufzuschlagen. Wir hatten überdies nicht einmal Feuerung, um uns eine einfache Abendmahlzeit zu kochen, und so war denn ein kleines Gastgeschenk von unserem Freund Kōlo überaus annehmbar; er sandte uns nämlich zuerst eine Schüssel mit frischen Datteln und später ein Gericht Pudding. Aber allerdings hatte er einigermaassen Verbindlichkeit dazu, denn nur aus Rücksicht auf ihn, der hier Freunde besass, hatten wir diesen unfreundlichen Platz zum Lager gewählt. Der elende Weiler enthielt übrigens ausser ein paar kaum vom Erdboden zu unterscheidenden Thonwohnungen nur die Ruinen einer Moschee, die in ein Salzmagazin umgewandelt worden war.

Unser Aufenthalt an diesem unfreundlichen Platze ward um so unangenehmer, als gegen Morgen des folgenden Tages ein heftiger Wind eintrat, gegen den diese offene Stätte auch nicht den geringsten Schutz darbot. Ein Besuch der Salzgruben verschaffte mir dafür einige Unterhaltung, da ihr eigenthümlicher Charakter grosses Interesse gewährte. Sie lagen einige hundert Schritt östlich von unserem Lagerplatz in hohen Schutthaufen und bildeten kleine regelmässige Becken von 12—15 Fuss im Durchmesser, tief in den Fels eingehauen. Hier sammelt sich der ganze Salzgehalt des umliegenden Bodens und wird gewonnen, indem man das so angesammelte, mit Salztheilen reich erfüllte Wasser in Thonformen von der Grösse und Gestalt giesst, wie ich sie bei früherer Gelegenheit, als ich selbst in Gesellschaft der Salzhändler von Assben reiste, beschrieben habe. Wohl sicher ist die Höhe dieser Salzwassergruben auf gleichem Niveau mit den See'n weiter in der Mitte dieses eigenthümlichen Thales. Das Salz, das auf den Seiten dieser Gruben hervordrang, hatte ganz die Gestalt langer Eiszapfen. Aber zur Zeit lag hier nur ein kleiner Vorrath zubereiteten Salzes; denn die Jahreszeit, wo die Kēl-owī es holen, ist einige Monate später. Dann muss allerdings diese Gegend einen ganz anderen Anblick gewähren und einen bedeutenden Grad von Thätigkeit zeigen, und es wäre höchst interessant gewesen, wenn Herr Dr. Overweg, wie er es beabsichtigte, damals im Stande gewesen wäre, von Assben aus diese Örtlichkeit zu besuchen.

Es war abermals von grossem Interesse für mich, dass wir auch heute wieder gegen 2 Uhr Nachmittags während das Thermometer im schönsten Schatten, den ich finden konnte, 42° C. zeigte, einen kleinen Regenschauer hatten. Da meine Kameele sehr mitgenommen und mehrere derselben von geringem Werthe waren, so vertauschte ich die beiden schlechtesten gegen eines der Dāsa, unserer früheren Reisegefährten. Denn da die Letzteren fest entschlossen waren, einige Tage hier zu bleiben, um ihren Salzvorrath einzunehmen, ehe sie ihre Rückreise nach Bórnu anträten, konnten sie warten, bis die Thiere ihre Kraft wieder gewonnen hatten.

[*Donnerstag, 14ten Juni.*] Zu früher Morgenstunde, lange vor der ersten Dämmerung, setzten wir unseren Marsch nordwärts im Wādi Kauār entlang fort. Etwa 3 Meilen zur Rechten hatten wir die steilen Felsklippen, welche zu Zeiten malerische Terrassen bildeten. Mittlerweile ward das Thal schön bewaldet und bei eintretender Morgendämmerung zeigten zahlreiche Wanderer einen gewissen Grad von Betriebsamkeit in dieser eigenthümlichen Oase. Nach einem Marsche von ungefähr 12 Meilen setzte ein niedrigerer Felsrücken durch das Thal und engte dasselbe ein; hier lagerten wir zur Seite eines Palmenhaines, wo mit Hilfe einer Menge von Ziehbrunnen — „cháttatīr" — jede Art Gemüse leicht gezogen werden konnte. Aus eigener Kraft brachte der Boden hier „aghūl" *(Hedysarum Alhadji)* und „moluchīa" *(Corchorus olitorius)* hervor. Hohe Sanddünen lagerten sich umher und in einiger Entfernung nach Osten zeigte sich ein Dorf Namens Éggir.

Wir rasteten etwa 5 Stunden und setzten dann unseren Marsch fort. Der Baumstreifen rückte hier hart an den Abhang der Felsklippen heran und nach einem Marsch von 3 Meilen hatten wir das Dorf Ém-i-máddama zur Rechten und weiterhin ein zweites, Namens Schemídderu, das theils am Fusse, theils auf dem Abhange der Felsklippen zur Rechten lag. Dann liessen wir einen kleinen vereinzelten Palmenhain auf derselben Seite und erreichten so den Anfang der Pflanzung von Dírki. Der Hain, den wir durchzogen, war sehr schön und die edle Dattelfrucht ging gerade der Reife entgegen, aber die Stadt nebst ihrer Mauer gewährte einen über alle Maassen elenden Anblick. Auch der schmutzige, stinkende Salzpfuhl zu ihrer Rechten machte sich abscheulich; zwischen ihm und der verfallenen Mauer führte uns der Pfad entlang und wir lagerten dann auf der Nordseite der Stadt.

Ungeachtet seiner gegenwärtigen Bedeutungslosigkeit hat Dírki noch immer einen gewissen Namen im ganzen Umkreise der Wüste und auch für mich war es von einiger Bedeutung. Denn hier wohnte der einzige Grobschmied in der ganzen Ausdehnung der Tēbu-Oase und einen solchen brauchte ich, um mir zwei Doppelpaare starker Hufeisen für jedes meiner Pferde machen zu lassen, da wir, sobald wir diese Thalebene verliessen, einen sehr steinigen Landstrich zu durchziehen hatten. Der Schmied versprach uns, die Hufeisen zu machen und sie nach Aschenúmma zu bringen, aber er hielt leider nicht Wort und war so zum grossen Theil Schuld daran, dass ich in jener schwierigen Gegend eins meiner Pferde einbüsste.

Nachdem wir die Dörfer Tegimāmi und Elīdji passirt hatten, erreichten wir das Städtchen Aschenúmma. Dies ist der Wohnsitz des Häuptlings dieser Tēbu und liegt auf einer niedrigen Terrasse, die von einem sanften Gehänge am Fusse der steilen Felsklippen gebildet wird. Wir lagerten jedoch nicht bei dem Städtchen, wo die von den bleichen Felsen abprallende Hitze ungeheuer ist, sondern stiegen in das Thal hinab und lagerten uns unter den Palmen bei einer vereinzelten Gruppe Sandsteinfelsen, an deren Fuss sich die Feuchtigkeit in grossen Löchern kaum 1 Fuss unter der Oberfläche des Kiesbodens ansammelt. Ringsum breitet sich ein ziemlich dünner Palmenhain aus und weiter nach Westen sieht man die beiden Salzsee'n, welche schon die Mitglieder der früheren Expedition nach Bórnu erwähnt haben.

Am Nachmittag ging ich in die Stadt, um dem Häuptling meine Aufwartung zu machen. Aschenúmma scheint die Aufmerksamkeit Arabischer Geographen von frühen Zeiten an auf sich gezogen zu haben. Jetzt besteht das Städtchen aus ungefähr 120 niedrigen Hütten, die ohne Ordnung und Symmetrie gebaut sind und auf dem Abhang der Anhöhe zerstreut stehn; daneben sieht man ein paar mit Palmblättern umzäunte, nur halb bedeckte Hofräume und auch eine einzelne runde Hütte, gleich denen im Sudan. Eine einzige der Steinwohnungen zeigte einen grösseren Grad von Betriebsamkeit durch ihre weisse Tünche, aber die Wohnung des Häuptlings zeichnete sich in keiner Weise aus. Der allgemeine Titel des Häuptlings ist „maina" und der besondere Name des gegenwärtigen ist Bakr oder Abu Bakr; gewöhnlich nennt man ihn Mai Bakr. Er war ein Mann von vorgerücktem Alter und von achtungswerthem Benehmen, aber ärmlich gekleidet. Wie wir eintraten, sass er in seinem Vorzimmer — „ssegīfa" — auf frisch gestreutem weissen Sande vor seinem Rohrbett — „diggel" —. Dankbar nahm er mein Geschenk an, das in einer schwarzen Tobe, zwei Túrkedī und einem „harām" bestand und im Ganzen 4 Spanische Dollars werth war, und sprach die Hoffnung aus, dass ich in Sicherheit den noch vor mir liegenden Wüstenstrich durchziehen würde, wenn ich keine Zeit mehr verlöre. Mittlerweile, während ich in ein Gespräch mit diesem armen Wüstenfürsten verwickelt war, machte mir ein zufällig anwesender Tēbu-Handelsmann die höchst zweifelhafte Mittheilung, dass die Einwohner von Tauāt den Franzosen einen jährlichen Tribut von 60,000 Dollars zahlten.

Die Lage der Einwohner von Aschenúmma und den benachbarten Plätzen ist sehr verschieden von derjenigen der Leute von Dírki und Bilma. Die Letzteren nämlich werden wegen ihrer Stellung als Vermittelungsglied im Salzhandel von den Tuáreg geachtet und ihr Eigenthum geschont; denn sie sind es ja eben, die für diese halbcivilisirten Halbnomaden das Salz in Bereitschaft halten. So plündern die Kēl-owī also nicht allein diese betriebsamen Tēbu nicht aus, sondern sie beschützen sie auch, wie ich bei früherer Gelegenheit auseinandergesetzt habe, und die Folge davon ist, dass Kaufleute von Dírki und Bilma über Assben nach Haussa reisen. Während das die bevorzugte Stellung dieser Tēbu ist, sind dagegen die Bewohner der anderen Plätze, wie Aschenúmma u. s. w., jeder Art Bedrückung von Seiten der Tuáreg ausgesetzt und laufen sogar Gefahr, von ihnen, wenn vereinzelt, erschlagen zu werden. Was die Tēbu betrifft, so habe ich schon im Allgemeinen zu wiederholten Malen ihr enges Verwandtschaftsverhältniss zu der Kanōri-Rasse erwähnt und die Namen der verschiedenen Abtheilungen ihres Stammes aufgezählt, so weit sie zu meiner Kenntniss gelangt sind; über ihre Sprache gedenke ich in einer Vorrede zu den von mir gesammelten Vokabularien mehr zu sagen.

Wir blieben den folgenden Tag hier bei Aschenúmma liegen und die eigenthümliche Scenerie des gen Osten von einem steilen, nackten und regelmässig geschichteten Felszuge begrenzten Palmenthales mit dem den ganzen Tag über von den Tēbu-Frauen besuchten offenen Brunnen machte mir viel Vergnügen und ich entwarf eine Skizze davon, die in der gegenüberstehenden Ansicht dargestellt ist. Auch ersuchte ich meinen Begleiter, den Korporal Church, der wissen wollte, dass Captain Clapperton die Bergkette auf der westlichen Seite des Thales aus Versehen auf seiner Karte niedergelegt habe, den Aschenúmma überragenden Höhenabhang zu ersteigen, um sich zu überzeugen, ob jener verdiente Reisende ein so wunderliches Versehen begangen habe. Da entdeckte er denn mit Hilfe meines kleinen Fernrohres in weiter Entfernung nach Westen einen die Thalebene auch auf jener Seite abschliessenden Höhenzug, — eine Breite des Thales, die selbst schon durch die A'gherim oder Fāschi von Bilma und Dírki trennende Entfernung angezeigt wird. Es war ein bemerkenswerther Umstand, der sich aber leicht erklären lässt, dass es hier in diesem Thale war, wo ich auf meiner Reise durch die Wüste den höchsten Grad von Hitze erfuhr, indem das Thermometer um 2 Uhr Nachmittags täglich bis auf 110° oder 112° stieg.

Es war der Festtag des 'Aīd el fotr und die Bewohner des kleinen Städtchens feierten denselben mit einer Prozession, in der nicht weniger als 10 Pferde erschienen, und selbst ein Paar Freudenschüsse wurden abgefeuert. Auch schickte mir der kleine Häuptling eine Festtagsschüssel; sie bestand in einer Art aus einheimischer Hirse bereiteter Maccaroni mit einem Teige aus Bohnen. Es ist wohl zu beachten und von keinem Reisenden zu übersehen, der diese Strasse berührt, dass die Bewohner des Tēbu-Landes nichts auf der Welt höher schätzen, als getrocknete Fische, den stinkenden „būni", so dass sie im Besitze aller möglichen Schätze vor Hunger umkommen wollen, wenn sie diesen Artikel nicht bei sich führen. Ich selbst sah mich gezwungen, das Gras — „ghedeb" —, das ich für meine Kameele bedurfte, mit getrocknetem Fisch zu erhandeln, und ich bedauerte es, dass die schon ohnehin schweren Lasten meiner Kameele mich verhindert hatten, einen grösseren Vorrath dieses unschätzbaren Artikels von Bárrua mitzunehmen.

[*Sonntag, 17ten Juni.*] Ehe ich meinen Marsch antrat, hielt ich es für gerathen, dem kleinen Häuptling Mai Bakr noch einen Besuch zu machen und förmlich Abschied von ihm zu nehmen; denn schutzlos, wie ich war, lag es mir am Herzen, meinen Rücken zu sichern. Dann folgte ich meinen Kameelen. Wir durchzogen zwei Engpässe, von vorspringenden Felsen gebildet, die das Thal unterbrechen, und erreichten nach einem Marsche von 7 Meilen die Stadt Anikímma. Dieser Ort, die Vaterstadt meines Freundes Kōlo, liegt an einem vereinzelten Vorgebirge, das von dem Felszuge, der hier eine Art weiter Einbucht bildet, in's Thal vortritt. Hier hatten wir uns kaum am Rande des Palmenhaines gelagert, als wir auch schon von Kōlo ein freundliches Gastgeschenk erhielten.

Dieser Weg über Anikímma ist die neuere Strasse, die jetzt allgemein bereist wird; das Städtchen Kissbi oder vielmehr Gésibi, das auf der westlichen Seite des Thales liegt und von den Mitgliedern der früheren Expedition berührt wurde, ist zur Zeit verlassen. Kissbi hatte übrigens eine so grosse Bedeutung, weil die Strasse in früheren Zeiten von hier nach Asanēres ging.

Ungeachtet der gastfreundlichen Behandlung, die uns hier zu Theil wurde, wollte ich doch keine Zeit verlieren, sondern war begierig, geradezu auf A'nai zu marschiren, die nördlichste Ortschaft im Thale Kauār, um mich daselbst ohne den geringsten Zeitverlust für den zweiten grossen Abschnitt meiner Wüstenreise vorzubereiten. Dies war allerdings ein gewagtes Unternehmen; denn ich sollte diese lange und schwierige Strecke von hier nach Fesān ganz allein mit meinen paar Leuten zurücklegen, da mein Freund Kōlo hier zurückblieb und vor einem Monat oder länger die Weiterreise nicht antreten wollte. Ich empfahl ihm daher meinen Freigelassenen 'Othmān, der in Folge seines Leidens an der goldenen Ader auf unserem Marsche von Bilma zurückgeblieben war und den er mir nachzubringen versprach. Kōlo gab mir auch bei meinem Aufbruche Nach-

## Das Dorf A'naï.

mittags einige hundert Schritt weit das Geleit in Gesellschaft eines Tēbu von Tibésti, Namens Maina Dadakōre, der vor Kurzem eben von jener Raubhorde der Éfadē, mit der er zusammengetroffen, all' seines Eigenthumes beraubt worden war.

Bald erreichte ich A'naï, denn die Entfernung dieses Ortes von Anikímma beträgt nur ungefähr 2½ Meilen. Die Lage von A'naï ist sehr eigenthümlich, wie man schon aus der Beschreibung der früheren Expedition*) entnehmen kann, deren Mitglieder von seiner sonderbaren Erscheinung sehr überrascht waren; aber die Ansicht, die sie von der Örtlichkeit mitgetheilt, hat gar keinen Anspruch auf Genauigkeit. Das Erste, was ich hier zu thun hatte, war, mir vermittelst meiner Dollars, Nelken und der getrockneten Fische, die ich noch bei mir führte, einen möglichst grossen Vorrath des nahrhaften „ghedeb" zu verschaffen, um meine Kameele in den Stand zu setzen, diese angreifende Reise zu ertragen. Denn bei meiner kleinen Schaar Leute bestand meine einzige Sicherheit in der grösstmöglichsten Eile. Es war daher ein grosses Unglück für mich, dass der Grobschmied von Dírki sein Wort brach, indem er mich mit den Hufeisen für meine Pferde im Stiche liess. Es wäre aber noch schlimmer gewesen und hätte mich sicher in's Verderben gestürzt, wenn ich auf dem Marsche angegriffen worden wäre, da meine beiden Pferde lahm wurden.

[*Montag, 18ten Juni.*] Nachdem wir im Laufe des Nachmittags Alles in Bereitschaft gesetzt hatten, traten wir unsere einsame und gefährliche Reise mit einem inbrünstigen Gebete an. Schon nach weniger als 2 Meilen hatten wir die Thalebene — „hénderi" — von Kauār hinter uns und traten durch einen felsigen Engpass in die offene Wüste hinaus,

---

*) *Denham's and Clapperton's Travels*, p. 17.

deren höheres Niveau wir nun erstiegen. So marschirten wir 16 Meilen und lagerten dann.

Da es keineswegs unwahrscheinlich war, dass uns bei diesem ersten Ausmarsch aus bewohnter Gegend Diebsgesindel gefolgt sei, hielten wir gewissenhaft Wache und brachen schon zu früher Stunde, lange vor der Dämmerung, wieder auf. Nach einem Marsche von ungefähr 13 Meilen erreichten wir I'ggeba (Denham's Ikbar), eine am westlichen Fusse einer Berghöhe sich ausbreitende flache Einsenkung. Sie war mit einigen Kräutern bekleidet und mit einer grossen Menge Dūmpalmen geschmückt, und da auch das Wasser des Brunnens von der köstlichsten Frische war, so hätte sie einen prächtigen Lagerplatz abgegeben, wenn sie nicht für unsere kleine Reiseschaar zu unsicher gewesen wäre; I'ggeba wird nämlich eben seiner vielen Vorzüge halber häufig von Raubbanden besucht. Aus diesem Grunde hielten wir es am gerathensten, unseren Marsch schon am Nachmittag wieder fortzusetzen.

Wir wählten den westlichen Weg über Ssíggedim, welcher von der früheren Expedition sehr unrichtig niedergelegt worden ist, indem man sich wahrscheinlich auf die bei der Hinreise verfolgte und mit Genauigkeit niedergelegte gerade Marschroute verliess. Diese Strasse wird Nefássa sserhīra genannt, nach einem Engpasse — „thnīe" —, den wir $2\frac{1}{2}$ Meilen von unserem Aufbruchsplatze passirten. Etwa 10 Meilen weiterhin lagerten wir.

Bald nach unserem Aufbruche am folgenden Morgen durchschnitten wir den Pfad einer kleinen, von Brābu kommenden Eselkarawane und erreichten nach einem Marsche von 10 Meilen, der über eine grossartige Kiesfläche führte, den Anfang der Oase Ssíggedim. Diese begünstigtere Ruhestätte breitet sich am westlichen Fusse einer ansehnlichen, von West nach Ost ziehenden Berggruppe aus und ist reichlich mit Dūm- und Dattelpalmen, sowie mit „gerredh" *(Mimosa*

## Das Thal Djeháia.

*Nilotica)* geschmückt; dabei ist der Boden, obgleich an mehreren Stellen eine Salzkruste offen zu Tage liegt, stark mit „ssebót" überwachsen. Indessen konnten wir uns hier nicht lange aufhalten und rasteten daher während der heissen Mittagsstunden etwas mehr als 1 Meile weiterhin hart am Brunnen. Obgleich die Stätte zur Zeit öde und ohne Bewohner war, erhielt ich doch die Versicherung, dass etwa 1 Monat später in der Jahreszeit dann und wann Leute ihre zeitweilige Wohnstätte hier nehmen, und einige wenige einsame Steinwohnungen auf einem vorspringenden Felsenriff bezeugten die gelegentliche Anwesenheit von Ansiedlern.

Von hier aus erreichten wir nach einem Nachmittags- und einem langen Morgenmarsch von insgesammt nahe an 34 Meilen das flache Thal Djeháia (Denham nennt es Izhya) oder Yāt. Dies war für uns ein überaus erschöpfender Tagemarsch, da zu der Ermüdung noch völlige Blendung durch den glänzend weissen Sand während der Tageshitze hinzutrat, und ein kleiner Streifen Pflanzenwuchs auf der westlichen Seite der in diesem Landstrich hie und da auftauchenden einzelnen Felshöhen hatte uns schon geraume Zeit zuvor die falsche Hoffnung eingeflösst, dass wir das Ziel unseres Marsches erreicht hätten. Als wir dann aber endlich an Ort und Stelle angekommen waren, fanden wir das Thal mit seinem Reichthum an Kräutern höchst erfrischend, und sowohl wir Menschen als unsere Thiere hatten volle Gelegenheit, unsere Kräfte wieder ein wenig zu stärken.

[*Freitag, 22sten Juni.*] In Folge des zum Theil höchst rauhen Charakters der Wüste war das Pferd, welches mir der Scheich zum Geschenk gemacht hatte, schon völlig lahm geworden, und so wollte ich denn das einzige meiner Kameele besteigen, welches stark genug schien, nebst seiner übrigen Last noch eine solche Bürde zu tragen, aber selbst dieses Thier war zu sehr ermattet und weigerte sich, sich mit mir vom Boden zu erheben, und so sah ich mich denn gezwungen, den eselsgleichen Klepper zu besteigen, den mir der Sultan von Sókoto gegeben hatte, während mein Hauptdiener, der bisher stets geritten hatte, zu Fuss gehn musste. Gewiss ist es bei beschränkten Mitteln höchst schwierig, Pferde durch diese schreckliche Wüstenei hindurchzubringen, aber auf der anderen Seite ist es für eine kleine Gesellschaft von Reisenden um so nöthiger, ein oder zwei Pferde bei sich zu haben, um die umliegende Gegend zu durchstreifen und zu sehn, ob volle Sicherheit herrscht, und um im Nothfall entweder einen kühnen Angriff zu machen oder im Falle eines Diebstahles die Räuber zu verfolgen.

Wir rückten im Laufe des Abends etwas mehr als 18 Meilen vorwärts, durchzogen dann früh am nächsten Morgen einen auf beiden Seiten von Felshöhen eingeschlossenen Engpass in einem höchst rauhen Landstrich und machten nach einem Marsche von ungefähr 12 Meilen in geringer Entfernung von der Berggruppe Tíggera-n-dúmma in einem reich mit Kräutern und einigen wenigen gerade in Blüthe stehenden Talhabäumen bewachsenen Thale Halt. Tíggera-n-dūmma bildet die Grenze zwischen Fesān und dem Gebiete der unabhängigen Tēbu. Von hier aus erreichten wir nach einem weiteren Marsche von 16 Meilen den Brunnen Máfarass, den südlichsten von Fesān, in einem Zustande so vollkommener Erschöpfung, dass uns selbst die dringende Gefahr vor den Éfadē nicht abhalten konnte, uns und unseren erschöpften Thieren eine kleine Ruhe zu gestatten; ich selbst bedurfte derselben ganz vorzüglich, da ich während der letzten paar Tage viel an Rheumatismus zu leiden gehabt hatte. Dazu kam noch der Umstand, dass der Brunnen so wenig Wasser enthielt, dass es eine ungeheuere Zeit erforderte, die Thiere zu tränken und unsere Schläuche wieder zu füllen. Es war daher recht erfreulich, dass das Thal mit einer grossen Anzahl schöner Talhabäume anmuthig geschmückt war und so einen gar angenehmen Rastort gewährte; selbst eine Dūmpalme liess sich sehn, die aber freilich ganz einsam dastand (von einer anderen war nur noch der Stamm da). — Es fiel uns auf, dass, obgleich wir so ansehnlich nach Norden vorgerückt waren, wir doch nicht die geringste Abnahme der Temperatur wahrnahmen; das Thermometer zeigte diese ganze Zeit über um 2 Uhr Nachmittags beständig 109°.

Dieses Máfarass ist der südlichere Brunnen des Namens, etwa 19 Meilen südlich von dem Máfarass, wo Herr Dr. Vogel seine astronomische Beobachtung angestellt hat. Das letztere passirten wir erst am Morgen des 26sten d. M. Hier führte unser Marsch über eine weit offene Wüstenebene, eine wahre Spiegelfläche — „meraie" —, deren wild-öder Charakter auf uns einen um so tieferen Eindruck machte, als hier die Erschöpfung unserer Thiere völlig an den Tag trat, so dass auch wir uns gezwungen sahen, an derselben Stelle, wo eine kleine Tēbu-Kafla, die einige Tagereisen Vorsprung vor uns hatte, eines ihrer Kameele hatte zurücklassen müssen, gerade dasjenige unserer Thiere preiszugeben, auf dessen Stärke und Ausdauer wir bisher das grösste Vertrauen gesetzt hatten.

Etwa 11 Meilen jenseits des nördlichen Brunnens Máfarass machten wir während der Tageshitze an einer von Kräutern ganz und gar entblössten Stelle Halt und legten dann am Nachmittag einen Marsch von 15 Meilen zurück, indem wir den wohlbekannten Berg Fādja, an dem die Strasse nach Tibésti entlang führt, in einiger Entfernung zur Rechten liessen. Aber, auf unserem Lagerplatze angelangt, hatten wir nicht allein für uns selbst zu sorgen, sondern auch, und zwar noch mehr, für unsere armen Thiere, und um ihre Kräfte etwas aufzufrischen, verabreichten wir ihnen ein gutes Abendfutter, bestehend aus Datteln, Erdmandeln und Negerhirse, so dass sich jedes der armen Geschöpfe je nach seiner Gewohnheit oder seinem Appetit auswählen konnte, was seinem Gaumen am meisten zusagte.

[*Mittwoch, 27sten Juni.*] Ein Marsch von etwa 13 Meilen brachte uns zum Brunnen El A'hmar oder Máddema. Derselbe liegt in offener Wüstenlandschaft, die nach Westen zu von einer grossen, imposanten Berggruppe begrenzt wird und reich mit „cháreb" oder „kaie" bewachsen war; der ganze Boden war mit Koloquinten — „handal" — bedeckt und mit Knochen wie übersät. Hier brachten wir einen ungeheuer heissen Tag zu, indem das Thermometer um 2 Uhr Nachmittags in dem schönsten Schatten, den ich finden konnte, 114° F. und um Sonnenuntergang 105° zeigte; es blieb auch den ganzen Abend überaus heiss, bis endlich nach Mitternacht ein heftiger Wind zu wehen anfing. Die Natur zeigte hier einiges Leben und Käfer fanden sich in ausserordentlicher Menge; auch eine Heerde Gazellen kam uns zu Gesicht, aber kein einziges Raubthier.

Zu sehr früher Stunde brachen wir am folgenden Morgen auf, mit einem tüchtigen Wasservorrath versehen, und nachdem wir etwa 10 Meilen zurückgelegt hatten, erreichten wir ein ziemlich reich mit Talhabäumen besetztes und mit trockenen Kräutern bewachsenes Thal. Hier sahen wir uns genöthigt, den ganzen Tag zu bleiben, um den auf's Äusserste erschöpften Kameelen einmal ruhige Weide zu gewähren; auch mussten wir uns hier mit trockenem Holze, sowie wieder mit Wasser versehen, und so kam der folgende Vormittag heran. Dennoch hatten wir kaum ein paar Meilen zurückgelegt, als wir wieder eines unserer Kameele verloren, und so waren wir denn genöthigt, am Abend früher Halt zu machen, als es unsere Absicht gewesen war. Um diesen Zeitverlust wieder beizubringen, brachen wir schon vor Mitternacht wieder auf und legten ohne Unterbrechung eine Strecke von 24 Meilen zurück; dann machten wir nur während der heissesten Tageszeit einen kurzen Halt und lagerten am Abend des

30sten Juni nahe am Brunnen El Wār oder Temmi. Wir drangen nämlich in das eng gewundene Thal ein, welches in das Herz der überaus rauhen und wilden Berggruppe selbst führt, während andere Karawanen gewöhnlich an der Öffnung desselben lagern. Hier in diesem Felsennest blieben wir den folgenden Morgen liegen, und als die Sonne höher stieg, fand ich vor der zunehmenden Hitze in der Höhle Schutz, wo sich das schöne, frische Wasser ansammelt. Ein heftiger Wind, welcher sich schon am Abend zuvor erhoben hatte, hielt mittlerweile ununterbrochen an.

Wir durften jedoch hier keine Zeit verlieren; denn dies war der schlimmste und mühevollste Theil unserer Reise, und wenn wir alle Verhältnisse berücksichtigen, hat man allerdings keinen Grund, sich darüber zu wundern, dass Herr Dr. Vogel während seines ganzen Marsches durch diese wildwüsten Gegenden auf eine Strecke von $3\frac{1}{2}$ Grad auch nicht eine einzige astronomische Beobachtung angestellt hat. Wir füllten also unsere Wasserschläuche, tränkten unsere Thiere und setzten dann, noch ehe die Sonne den Zenith erreicht hatte, unseren Marsch fort. Nachdem etwa 15 Meilen zurückgelegt worden waren, machten wir eine kurze Abendrast, brachen um Mitternacht wieder auf und marschirten bis zur Mittagshitze 20 Meilen. Nach einer vierstündigen Rast brachen wir auch da schon wieder auf, marschirten bis zu später Abendstunde, legten uns nach dem einfachen Abendessen wiederum nur für ein paar Stunden auf dem schönen Wüstensande zur Ruhe nieder und machten dann abermals einen Marsch von etwa 15 Meilen. Es war ein schöner, kühler Morgen, so kühl im Vergleich zu der Hitze, an die wir gewöhnt waren, dass es uns bei Sonnenaufgang recht kalt vorkam; das Thermometer zeigte nämlich 68° F., während wir am vergangenen Morgen 81° gehabt hatten. Auf diesem Morgenmarsche hatten wir einen recht rauhen Pass zu durchziehen, Namens „thnīe e' sserhīra", wo die Felsen in höchst auffallender Weise wie die Wellen des Meeres gekräuselt waren. Wiederum folgte auf kurze Mittagsrast ein angreifender Marsch bis zum Abend.

[*Dienstag, 3ten Juli.*] Schon kurz nach Mitternacht brachen wir wieder auf und durchzogen früh am Morgen mit ansehnlicher Schwierigkeit und beträchtlichem Zeitverluste einen rauhen, sandigen Pass Namens „thnīe el kebīra"; dann machten wir Halt. Wir waren $8\frac{1}{2}$ Stunden marschirt, hatten aber nur eine Strecke von 15 Meilen zurückgelegt. Gern hätt ich hier einen längeren Aufenthalt gemacht, denn ich war ausserordentlich erschöpft, aber der Brunnen war noch weit entfernt und ein langer Marsch stand uns daher bevor. So brachen wir denn am Nachmittag wieder auf und erreichten nach einem höchst mühsamen und beschwerlichen Marsche von mehr als 18 Meilen, mit wiederholtem Aufenthalte und verschiedenen schwierigen Passagen über die Sandhügel verbunden, den Brunnen Méscheru. Dieser ist allgemein berüchtigt wegen der grossen Menge von Gebeinen unglücklicher Sklaven, mit denen er umgeben ist; aber obgleich diese menschlichen Überreste ohne Unterlass von dem Sturm, der über die Wüste peitscht, in den Brunnen getrieben werden, gilt doch das Wasser allgemein für ausgezeichnet; augenblicklich war es jedoch nicht eben sehr rein. Die ganze Umgegend gewährt ein höchst merkwürdiges Schauspiel, zumal der nördliche Landstrich, welcher hart an den Brunnen grenzt und den die Araber in etwas bösartigwitziger Weise „dendal Ghaladīma" (d. i. Promenade des Ministers) genannt haben. Dieses Landschaftsbild würde für einen in Wasserfarben erfahrenen Landschaftsmaler ein gutes Studium bilden, aber es würde unmöglich sein, in einer Bleistiftskizze die charakteristischen Züge desselben wiederzugeben.

Auf unserem fluchtähnlichen Marsche war es uns nicht einmal gestattet, uns hier die geringste Ruhe zu gönnen, und wir blieben nur eben lange genug, um einen hinreichenden Wasservorrath einzunehmen und eines unserer Kameele zu schlachten, das zum Weitermarsche vollkommen unfähig war. So legten wir denn heute etwa nur 18 Meilen zurück und erreichten am folgenden Tage nach einem mässigen Marsche von 19 bis 20 Meilen den südlichsten vereinzelten Palmenhain von Fesān. Hier waren wir so glücklich, mit einer kleinen Tēbu-Karawane zusammenzutreffen; darunter befanden sich auch einige sehr angesehene Männer, die uns die jüngsten Nachrichten von Mursuk brachten, und ich war hoch erfreut, zu hören, dass mich daselbst Herr Frederic Warrington, der mir vor länger als 5 Jahren so freundlich das Geleit aus Tripoli gegeben hatte, erwarte und dass der Mann, der während meines ersten Aufenthaltes als Statthalter von Fesān eingesetzt worden war, einige Tage zuvor dasselbe Amt wieder übernommen habe.

[*Freitag, 6ten Juli.*] Dies war ein wichtiger Tag meiner Reise. Ich hatte nämlich nun den gefahrvollsten Theil dieses mühseligen Wüstenmarsches zurückgelegt und erreichte heute Tegérri oder Tejérri, die erste bewohnte Ortschaft von Fesān. Ungeachtet der Kleinheit und Unwichtigkeit des Städtchens machte es doch einen tiefen und wohlthätigen Eindruck auf uns, als uns die hohen, kastellähnlichen Thonmauern, die es einschliessen, plötzlich durch den lichten Blätterschmuck zu Gesicht kamen, und ich konnte daher meinen Leuten nicht wehren, ihrer Freude, diesen wild-wüsten und unsicheren Landesgürtel in so kleiner Gesellschaft glücklich durchzogen zu haben, durch eine Menge Schüsse Ausdruck zu verleihen. Diese Demonstration hatte zur Folge, dass die ganze Bevölkerung des kleinen Städtchens herauskam, um mich zu begrüssen und mir wegen des Erfolges meiner Unternehmung Glück zu wünschen. Das war aber auch der einzige Vortheil, den wir daraus zogen, einen Ort mit festen Ansiedlern erreicht zu haben. Denn nachdem wir unseren Lagerplatz unter den Dattelpalmen auf der nordwestlichen Seite des Städtchens gewählt hatten, kostete es uns die grösste Mühe, uns auch nur den kleinsten Genuss zu verschaffen, und ich war froh, als es mir endlich gelang, ein einziges Huhn und ein paar Maass Datteln zu erhalten. So war es denn nicht möglich, uns hier länger aufzuhalten und unseren Thieren eine kleine Ruhe zu gestatten, sondern wir sahen uns genöthigt, ohne Verzug unseren Marsch nach dem Dorfe Madrūssa fortzusetzen. Das war jedoch bei dem Zustande, in dem sich unsere Thiere befanden, keineswegs so leicht und ich hatte die grösste Mühe, den Ort am Abend des 8ten d. M. zu erreichen, mit abermaliger Einbusse eines Kameeles und eines meiner Pferde; dazu sah ich mich gezwungen, von den mir übrig gebliebenen Thieren noch eines in Madrūssa im Stich zu lassen, um dafür ein Paar Kameele zu miethen, die mein Gepäck nach Mursuk schaffen sollten.

Madrūssa war der Geburtsort meines Dieners, des Gatröners, der mir während der Dauer von beinahe 5 vollen Jahren (mit Ausnahme einer einjährigen Dienstfreiheit, die ich ihm gewährte, um Weib und Kind zu besuchen) mit der grössten Treue und Anhänglichkeit gedient und sich fast ohne Ausnahme untadelhaft benommen hatte. Natürlicherweise empfand er grosse Freude, seine Familie wiederzusehen, aber er war zugleich auch dankbar gegen mich. So schickte er mir denn ein gutes Frühstück und ein Paar Hühner und gab mir ausserdem einige Weintrauben zum Geschenk; besonders die letzteren waren mir höchst willkommen, da es ein ganz ungewöhnlicher Genuss war. Ich war jedoch zu sehr darauf bedacht, den noch übrigen Theil dieses Wüstenstriches hinter mir zu haben, um mich hier lange der Ruhe zu überlassen, und brach daher kurz nach Mittag desselben Tages wieder auf. Da begegnete ich etwa 6 Meilen weiterhin beim Dorfe Bachīl einer Tēbu-Kafla, bei welcher sich ein Eilbote von Kúkaua befand; dieser Bote hatte jedoch in dem unruhigen Zustande des Landes eine Entschuldigung gefunden, 9 Monate auf seiner Sendung nach Múrsuk auszubleiben, anstatt ohne weiteren Aufenthalt in seine Heimath zurückzukehren. Nach Erkundigung der Neuigkeiten setzten wir unseren Marsch fort und erreichten etwa 4 Meilen weiterhin Gatrōn. Der Ort besteht aus mehreren engen, nahe beisammen liegenden Hüttengruppen und bildet mit dem Saume seines Palmenhaines einen sehr lieblichen Kontrast gegen die nackte, kahle Sandwüste rund umher.

Auch in Gatrōn wurden wir gastfreundlich von den Verwandten eines anderen Dieners behandelt; auch er war froh, seinen heimathlichen Heerd erreicht zu haben. Dann lagerten wir am folgenden Tage bei Dekīr, hatten aber hier erst grosse Mühe, die Stelle des Brunnens aufzufinden und dann ihn auszugraben, da er ganz und gar mit Sand gefüllt war. Von Dekīr aus erreichten wir dann in zwei sehr langen Tagemärschen, von denen der erste einen nächtlichen Marsch inbegriff, den $2\frac{1}{2}$ Meilen diesseits des Dorfes Bedān gelegenen Brunnen und hörten hier, dass Herr Warrington 5 Meilen weiterhin im Dorfe Yessē warte.

[*Freitag, 13ten Juli.*] Wir machten uns zu früher Stunde fertig und durchzogen wohlgemuth die auf einem mit Salz geschwängerten Boden sich ausbreitende lichte Palmenpflanzung, indem wir im elenden Dorfe nähere Auskunft erhielten. Da erblickten wir allmählich die solide, behagliche Zeltbehausung des Herrn Warrington und feuerten einige Schüsse bei unserer Annäherung ab. Gewiss musste es einen tiefen Eindruck auf mich machen, als ich mich nach so langer Abwesenheit wiederum in befreundeten Händen befand und im Bereiche Europäischer Genüsse. Um Nachmittag zogen wir dann ein wenig weiter bis zu einem freundlicheren Platze und betraten dann Mursuk am folgenden Morgen. Hier wurden wir bei unserem Einzug von einer grossen Anzahl der Einwohner höchst ehrenvoll empfangen; auch ein Offizier des Baschā befand sich dabei, der uns weit entgegen kam.

So hatte ich denn wieder die Stadt erreicht, wo unter gewöhnlichen Verhältnissen alle Gefahren und Schwierigkeiten zu Ende gewesen sein würden. Aber das war zur Zeit nicht der Fall, da in Folge der Unterdrückung der Türkischen Regierung ein sehr ernsthafter Aufstand unter den mehr unabhängigen Stämmen des Tripolitanischen Baschaliks ausgebrochen war, der sich von Djebel über den gesammten Ghuriān ausbreitete, stets weiter um sich greifend und allen Verkehr abschneidend. Der Anstifter dieses Aufstandes war ein Häuptling Namens Rhōma, der vor vielen Jahren von den Türken in Gefangenschaft gesetzt worden und nun vor Kurzem in Folge der Kriegsereignisse in der Krim aus seiner Haft in Trebisond entwichen war. Dieser Umstand setzte denn selbst meinem Zuge durch diese Gegenden ernstliche Schwierigkeiten entgegen und verursachte mir einen längeren Aufenthalt in Mursuk, als ich mir ihn unter anderen Verhältnissen erlaubt haben würde, da mir unendlich viel daran lag, meine Reise so sehr wie möglich zu beschleunigen. Dennoch verweilte ich nicht länger, als 6 Tage.

In Mursuk hatte ich einige Vorbereitungen für diesen letzten Abschnitt meines Marsches zu treffen und so volle Gelegenheit, mit dem gewaltigen Unterschiede in den Preisen der Lebensbedürfnisse bekannt zu werden, wie sie hier gültig sind, im Vergleich mit denen im Sudan und vor Allem in Kúkaua. So musste ich für die kleine Ausrüstung, die ich zu meiner Reise nach Tripoli bedurfte, an 100 Mahbūben bezahlen. Wären solche Preise im Inneren des Kontinents gültig, so würden sich die Kosten einer Expedition leicht vervierfachen. Neben der Beschaffung des nothwendigen Reisebedarfs bestand mein Hauptgeschäft hier in der Auszahlung des Lohnes einiger meiner Diener, besonders meines Hauptdieners Mohammed, des Gatrōners, dessen Treue und Anhänglichkeit ich schon oben gerühmt habe. Zu dem kleinen Reste seines Lohnes, den ich ihm noch schuldete, fügte ich das versprochene Geschenk von 50 Spanischen Thalern hinzu, das ich gern verdoppelt haben würde, wenn ich die Mittel besessen hätte; denn er verdiente es in vollem Grade, und nur die gewissenhafteste Aufrichtigkeit und ein grossmüthiges Benehmen setzt den Europäischen Reisenden in Stand, sich in diesen Gegenden Bahn zu brechen.

Um den Gefahren, welche meine Marschroute unter den obwaltenden Umständen bedrohten, zu begegnen, traf der Baschā die Anordnung, dass eine Abtheilung Soldaten, die er entlassen hatte und die gerade jetzt in ihre Heimath zurückkehrten, mich begleiten sollte, aber das schien mir von sehr zweifelhaften Folgen. Denn solche Gesellschaft, die in manchen Gegenden allerdings etwas grössere Sicherheit gewährt haben würde, hätte dagegen in jenen Gegenden, wo der Aufstand gegen die Türkische Regierung Wurzel gefasst hatte, die einheimische Bevölkerung unfehlbar gegen mich gekehrt. Der Baschā war einige Zeit lang der Ansicht gewesen, dass der einzig sichere Weg, den ich nehmen könnte, der über Ben-Ghāsi sei, um die in Aufstand verwickelte Landschaft ganz und gar zu vermeiden. Aber ein solcher Plan schien mir keineswegs annehmbar, sowohl wegen der grösseren Entfernung dieser Strasse und der damit verknüpften Ausgaben, als auch in Hinsicht auf die Gesinnung der Araber jener Gegend, die, im Falle der Aufstand erfolgreich gewesen wäre, sicherlich keinen Augenblick verloren hätten, dem Beispiele ihrer Brüder zu folgen.

[*Freitag, 20ten Juli.*] Nachmittags verliess ich Mursuk und lagerte mich in der lichten Palmenpflanzung; dann rückte ich am folgenden Tage eine kurze Strecke nach

Schéggua vor und hier nahm Herr Warrington Abschied von mir. Den grösseren Theil des folgenden Tages rastete ich in der Nähe des Dorfes Delēm und erreichte von hier aus nach einem starken Abend- und Morgenmarsch das Dorf Rhódua mit seinem hübschen Palmenhain und zahlreichen Resten früheren Wohlstandes. Am Nachmittag brachen wir dann wieder auf und lagerten nach einem langen nächtlichen und einem kürzeren Nachmittagsmarsche am Abend des folgenden Tages am Rande der Pflanzung von Ssebhā, das vor einigen 20 Jahren der Wohnsitz des Häuptlings der Üēlād Slimān war. Hier blieben wir den nächsten Tag, um einige Ruhe zu geniessen. Diese ganze Zeit über war die Hitze sehr bedeutend und das Thermometer stand um 2 Uhr Nachmittags gewöhnlich zwischen 110 und 112° F.

[*Donnerstag, 26sten Juli.*] Ein Marsch von 18 bis 19 Meilen brachte uns von Ssebhā nach der kleinen Stadt Temāhint und hier lagerten wir etwas jenseits des Brunnens. Er war augenblicklich stark belebt, denn eine zahlreiche Kameelheerde, die zu einem nahe liegenden Araberlager gehörte, ward gerade getränkt. Diese Araber gehörten zum Stamme der Üēlād Slimān, die, seitdem sie sich in diesen Gegenden festgesetzt, stets einen Hauptansiedelungspunkt in Temāhint gehabt haben. Eine grosse Menge derselben setzte mir während meines Haltes stark zu; einestheils nämlich waren sie begierig, über die neuesten Verhältnisse ihrer Angehörigen in Kānem nähere Nachricht zu erhalten, anderntheils bettelten sie um Geschenke. Mein freier Marsch durch die Wüste mit einer Handvoll Leute machte grosses Aufsehen bei ihnen und sie wunderten sich, dass nicht diejenigen ihrer Landsleute, welche die Absicht hatten, in ihre Heimath zurückzukehren, diese Gelegenheit benutzt hatten, um sich gegen die Türkischen Behörden einigermaassen sicher zu stellen.

Wir hielten uns nur wenige Stunden während der heissesten Tageszeit bei Temāhint auf, dann setzten wir unseren

Marsch fort, machten am Abend wiederum einen kleinen Halt, brachen kurz nach Mitternacht wieder auf und lagerten am folgenden Tage in geringer Entfernung östlich vom Städtchen Sīghen. Hier musste ich frische Kameele miethen, um meine Reise fortzusetzen, und konnte desshalb erst am Nachmittage des folgenden Tages wieder aufbrechen. Da erreichten wir denn nach einem Marsche durch nackten Wüstenstrich, der über O'm el 'Abīd und über einen sehr rauhen Bergpass führte, am Morgen des 2ten August die wichtige Stadt Ssōkna.

In Ssōkna vermehrten sich die Schwierigkeiten meiner Reise in Folge des aufrührerischen Zustandes der Provinz, und bei unserem längeren hiesigen Aufenthalt war es gut, dass wir ein reinliches und luftiges Quartier ausserhalb des eng zusammengebauten Städtchens angewiesen erhielten. Ich war hier einigen angesehenen Leuten empfohlen und musste mit ihnen überlegen, was zu thun sei; da fand sich denn nach langer Berathung, dass das allein mögliche Verfahren darin bestehe, die übliche Strasse über Bóndjem ganz und gar aufzugeben und einen anderen Weg einzuschlagen. Aber auch die Strasse über Ben-Ghāsi erwies sich als unbenutzbar und so entschied ich mich denn für eine mehr westliche Strasse, die sogenannte „trīk el Mer-hōma", die über eine Reihe von Europäern noch nicht besuchter Thäler ging.

Die Stadt Ssōkna ist selbst heutzutage noch ein recht interessanter Punkt, sowohl wegen der hier noch immer regen Handelsthätigkeit und der schönen Pflanzungen von Dattelpalmen und anderen Fruchtbäumen, als auch in Hinsicht des eigenthümlichen Charakters ihrer Bewohner, die noch gegenwärtig einen besonderen Dialekt der Berbersprache bewahrt haben, der auch im benachbarten Fok-ha, 3 Tagereisen von hier auf der Strasse nach Ben-Ghāsi, gesprochen wird. Jedoch augenblicklich war die Lage der Stadt keineswegs eine günstige und die Einwohner waren unter den gegenwärtigen

Verhältnissen völlig unentschieden in ihrer Politik; auch war in Folge der gänzlichen Unterbrechung des Verkehrs mit der Küste der Preis der Lebensmittel sehr hoch. Unter den Leuten, die mir Freundschaft und Aufmerksamkeit bewiesen, zeichnete sich vorzüglich ein Kaufmann Namens Beschāla aus, der sich überaus freundlich gegen mich benahm.

Für's Erste war es nöthig, bis zur Ankunft des Eilboten — „rekāss" — zu warten, um die neuesten Nachrichten vom Kriegsschauplatze zu erhalten. Da diese nun keineswegs günstig waren, sah ich mich gezwungen, den Lohn meiner Kameeltreiber, die ich schon früher bedingungsweise gemiethet hatte, verhältnissmässig zu erhöhen, und war endlich am 12ten August im Stande, meine Reise fortzusetzen. Die „trīk el Mer-hōma", die ich einschlug, führte mich über die Brunnen von El Hammām, El Marāti, Erschidīe und Gedafīe nach dem Wādi Ghirsa, das mit seinen interessanten alten obeliskenartig gestalteten Gräbern einst den Gegenstand Afrikanischer Erforschung für den hochverdienten Lieutenant, jetzt Admiral, Smyth gebildet hatte, der zuerst die Aufmerksamkeit der Engländer auf die günstige Lage von Tripoli lenkte. Von dem anmuthig zwischen steilen Felswänden gelegenen Wādi Ghirsa aus erreichten wir am 19ten August über ein rauhes Felsplateau das Wādi Sémsem. Hier in dieser letzteren berühmten Thalebene befand sich zur Zeit ein ansehnliches Lager von Arabern und selbst einige Führer der gegenwärtigen Revolution hatten augenblicklich hier ihren Aufenthalt, so dass meine Lage keineswegs leicht war. Aber diese Stämme hatten eine zu hohe Achtung vor den Engländern, um sich meinem Durchzuge zu widersetzen, obwohl sie mir das offene Geständniss machten, wenn sie argwöhnen könnten, dass die Engländer dem Aufstande der eingeborenen Arabischen Bevölkerung feindlich wären, so würden sie nicht allein mir, sondern auch jedem anderen Europäer, der in ihre Hände fiele, ohne Weiteres den Hals abschneiden würden. Es entspann sich so zwischen uns eine lange, ernste Unterhaltung, wo ich mich denn bemühte, ihnen in aller Ruhe auseinanderzusetzen, was ihrem Interesse am meisten zuträglich sei, und ihnen zu zeigen, dass ihre Aussicht, sich von der Türkischen Herrschaft unabhängig zu machen, höchst gering sei. Indem ich dann einem der einflussreicheren Männer unter ihnen ein hübsches Geschenk versprach, erhielt ich die Erlaubniss, meine Reise fortzusetzen und miethete nun bis Tripoli frische Kameele, was mir aber nur mit vieler Mühe gelang; denn ein Jeder fürchtete sich natürlich, von diesem Sitze des Aufruhrs aus die Hauptstadt zu betreten, und ich musste für die Kameele haften. So setzte ich meine Reise nach Benī-Ulīd fort, jener schon von Lyon her wohlbekannten Gruppe kleiner, aus halb verfallenen Steinwohnungen bestehender Dörfer mit ihrem von den Ruinen zahlreicher mittelalterlicher Kastelle überragten und mit schönen Ölbäumen geschmückten, tief eingeschnittenen Thale. Wie ich mich dieser Stätte näherte, hatte ich die Freude, einem Boten zu begegnen, den Herr Reade, der Englische Vice-Konsul in Tripoli, freundlichst an mich abgesandt hatte und der mir ausser einigen Briefen auch eine Flasche Wein brachte, einen Genuss, den ich so manches Jahr entbehrt hatte.

In Benī-Ulīd hielt sich zur Zeit ein Bruder Rhōma's, des Hauptes des Aufstandes, auf und ausserdem verursachte mir die Mannichfaltigkeit der Interessen der verschiedenen Häuptlinge der Ortschaft nicht geringe Schwierigkeiten, wie sie mir freilich auf der anderen Seite allerdings mein Durchkommen erleichterte. Rhōma selbst hatte meinetwegen einen besonderen Boten geschickt, den ich kaum zu befriedigen vermochte. Alles zusammengenommen, war ich herzlich froh, als diese kleine unruhige Gemeinde hinter mir lag; denn nun durfte ich hoffen, die letzte Schwierigkeit besiegt zu haben, die meiner Heimreise sich entgegenstellte. Rhōma ward erst im folgenden Jahre ganz aus dem Felde geschlagen und ist bei einem zweiten Versuche im Anfange dieses Jahres in der Nähe von Rhāt gefallen.

Am Abend des vierten Tages nach meinem Aufbruche von Benī-Ulīd erreichte ich die kleine Oase ʿAīn Sāra, dieselbe Stätte, wo ich beim Antritt meiner langen Afrikanischen Wanderung mehrere Tage zugebracht hatte, um mich auf sie vorzubereiten. Hier ward ich mit grosser Freundlichkeit von Herrn Reade empfangen, der mit seinem Zelte und einem hübschen Vorrath Europäischer Bequemlichkeiten aus der Stadt gekommen war, um mir an der Schwelle der Civilisation einen angenehmen Empfang zu bereiten, und man kann sich denken, dass ich empfänglich dafür war.

Nach einem angenehm zugebrachten Abend trat ich am folgenden Morgen meinen letzten Marsch auf Afrikanischem Boden an, um nun, meinen festlichen Einzug in Tripoli zu halten. Wie wir uns der Stadt näherten, die ich vor $5\frac{1}{2}$ Jahren verlassen hatte und die mir nun als Eingangsthor zu Ruhe und Sicherheit erschien, wallte mein Herz vor Freude über und nach einer so langen Reise durch öde Wüsteneien war der Eindruck, den der reiche Pflanzenwuchs in den die Stadt umgebenden Gärten auf mein Gemüth machte, ausserordentlich; jedoch bei weitem grösser war noch die Wirkung des Anblickes der unermesslichen Oberfläche des Meeres, das im hellen, dieser mittleren Zone eigenthümlichen Sonnenschein im dunkelsten Blau sich entfaltete. Es war das prächtige, vielgegliederte Binnenmeer der alten Welt, die Wiege Europäischer Bildung, das von früher Zeit an der Gegenstand meiner wärmsten Sehnsucht und meines eifrigsten Forschens gewesen war, und wie ich in Sicherheit und wohlbehalten seinen Saum betrat, fühlte ich mich von solcher Dankbarkeit gegen die göttliche Vorsehung erfüllt, dass ich nahe daran war, von meinem Pferde abzusteigen, um am Gestade des Meeres dem Allmächtigen ein Dankgebet darzubringen, der mich mit so sichtlicher Gnade durch alle die Gefahren hindurchgeführt hatte, die meinen Pfad umgaben, sowohl von fanatischen Menschen, als von einem ungesunden Klima.

Es war gerade Markttag und der offene Platz, der die Meschīah von der Stadt trennt, war voll Leben und Rührigkeit. Aber wie hier die Künste des Friedens vertreten waren, so fehlte auch selbst nicht das Schaugepränge des Krieges; denn die Soldaten, die ganz vor Kurzem von Europa angekommen waren, um den Aufstand zu unterdrücken, wurden nahe am Meeresgestade gemustert, um die Eingeborenen einzuschüchtern, und ich bemerkte unter ihnen eine grosse Menge wohlgewachsener, kräftiger Leute, die da geeignet schienen, den ungeheuren Länderkreis des Osmanischen Reiches trotz der Fehler der Regierung und der Oberen eine Zeit lang zusammenzuhalten. Alles zusammen bildete ein überaus bewegtes, tief ergreifendes Schauspiel: das dichte Menschengewoge in den verschiedensten Charakteren und Gruppirungen, das dunkelblaue, weit offene Meer mit seinen Schiffen, der dichte Saum des Palmenwaldes rings umher, dann die schneeweiss getünchten Mauern der Stadt, Alles beleuchtet und erwärmt vom glänzendsten Sonnenschein. So ritt ich dahin, bis in das Innerste meiner Seele erschüttert, und betrat die Stadt. Der General-Konsul, Colonel Herman, war abwesend, aber ich ward in seiner schönen, von Warrington erbauten Wohnung einquartiert und von allen meinen früheren Freunden höchst liebreich und theilnehmend aufgenommen.

Ich blieb 4 Tage in Tripoli und schiffte mich dann auf dem Türkischen Regierungsdampfschiff ein, das die Truppen gebracht hatte und nun nach Malta zurückkehrte. Die Fahrt war schön und schnell, und selbst die beiden Afrikanischen Freigelassenen, A'bbega und Dýrregu, die ich mit nach Europa nahm, um bei ferneren Unternehmungen in jenem abgeschlossenen Binnenlande hilfreich zu sein, hatten nur wenig zu leiden und gewöhnten sich bald an das ihnen so ganz neue und wunderbare Element. Auch in Malta hielt ich mich nur kurze Zeit auf und benutzte das Dampfboot nach Marseille, um England auf dem kürzesten Wege zu erreichen. So passirte ich denn ohne Aufenthalt Paris und kam am 6ten September in London an. Die Zeit meiner Ankunft war übrigens keineswegs günstig, da Alles abwesend war; aber Lord Palmerston sowohl wie Lord Clarenton empfingen mich mit grosser Freundlichkeit und nahmen das lebhafteste Interesse an dem wahrhaft grossen Erfolge, der mein Unternehmen begleitet hatte. Von den übrigen Herren, die mir Theilnahme bewiesen, will ich nur den trefflichen Herrn Osborne Smith erwähnen; von Deutschen war Niemand zugegen.

So beschloss ich meine lange und erschöpfende Laufbahn als Afrikanischer Forscher, von der diese Bände Bericht erstatten. Vorbereitet zu solchem Unternehmen an Geist und Körper, in Studien, Erfahrungen und körperlichen Strapazen, durch eine ausgedehnte, auf eigene Kosten ausgeführte Reise durch Nord-Afrika und Vorder-Asien, hatte ich mich diesem Unternehmen unter höchst ungünstigen Bedingungen als Freiwilliger angeschlossen.

Die ganze Anlage der Expedition war im Anfang äusserst beschränkt und ihre Mittel gering; nur durch den glücklichen Erfolg, der unser Unternehmen begleitete, konnte ihm eine grössere Ausdehnung gegeben werden, und dieser Erfolg entsprang wieder insbesondere aus meiner Reise zum Sultan von Agades, die das durch grosse Unglücksfälle erschütterte Vertrauen in unserer kleinen Schaar wieder herstellte. Als dann der ursprüngliche Anführer unseres Reiseunternehmens seiner schwierigen Aufgabe unterlegen war, hatte ich, anstatt mich der Verzweiflung hinzugeben, meine Laufbahn unter grossen Schwierigkeiten fortgesetzt und ausgedehnte, vorher unbekannte Landschaften fast ganz ohne Mittel erforscht. Nachdem ich mich so eine Zeit lang durchgeschlagen, ward in Folge des Vertrauens, das die Englische Regierung auf mich setzte, die Leitung der Mission mir übertragen, und obgleich die mir bewilligten Mittel keineswegs gross und die mir wirklich zugekommenen selbst gering waren, und obwohl ich den einzigen Europäischen Begleiter, der mir noch geblieben war, gerade damals verlor, beschloss ich doch, eine Reise nach dem fernen Westen zu unternehmen und den Versuch zu machen, Timbuktu zu erreichen und denjenigen Theil des Niger zu erforschen, der durch den zu frühen Tod Mungo Park's der wissenschaftlichen Welt unbekannt geblieben war. Dieses Unternehmen gelang mir über alle Erwartung und so riss ich nicht allein jenen ganzen ungeheuren Länderstrich, der selbst den Arabischen Handelsleuten unbekannter geblieben war, als irgend ein anderer Theil Afrika's\*), aus dem Dunkel der Verborgenheit, sondern es gelang mir auch, mit all' den mächtigsten Häuptlingen am Flusse entlang bis zu jener mysteriösen Stadt selbst freundschaftliche Verhältnisse anzuknüpfen.

Alles dies, mit Einschluss der Bezahlung der von der früheren Expedition hinterlassenen Schulden, führte ich mit ungefähr 10,000 Thalern aus. Se. Majestät der König von Preussen trug 1000 Thaler und ich selbst 1400 Thaler bei. Allerdings liess ich selbst auf der Strasse, die ich persönlich erforschte, gar Manches meinen Nachfolgern zur Verbesserung; aber immerhin habe ich die Genugthuung, mir bewusst zu sein, dass ich den Blicken des wissenschaftlichen Europäischen Publikums eine höchst ausgedehnte Länderstrecke der abgeschlossenen Afrikanischen Welt eröffnet habe. Ja,

---

\*) „Es erscheint auffallend, dass das Land unmittelbar östlich von Timbuktu bis nach Kaschna [Kátsena] den Maurischen Kaufleuten unbekannter sein sollte, als der übrige Theil Central-Afrika's" *(Quarterly Review,* Mai 1820, S. 234). In demselben Sinne drückt sich Captain Clapperton über die Gefahren der Strasse von Sókoto nach Timbuktu aus (zweite Reise, S. 235).

ich habe diese Gegenden nicht allein leidlich bekannt gemacht, sondern auch die Eröffnung eines regelmässigen Verkehrs zwischen Europäern und jenen Landschaften ermöglicht, und ich hoffe, dass diese glückliche Erforschung des Inneren Afrika's stets als eine ruhmvolle Errungenschaft Deutschen Geistes dastehen wird.

# ANHANG.

# I.

Sammlung von Reiserouten zur Kenntniss der westlichen Hälfte der Wüste, ihrer verschiedenen Abtheilungen und ihrer Bewohner, sowie des Laufes des oberen Niger.

## A. Östliche Strasse von Tauāt nach Mabrūk und von da nach Timbuktu.

Vorbemerkung. Diese Strasse hat ihren Ausgangspunkt in Aúlef, einem Orte in Tidīkelt, der einen kurzen Tagemarsch von A'kabli (die zweite Silbe in diesem Namen ist kurz) und 3 Tagemärsche von I'nssala oder 'Aīn Ssālah entfernt ist; die Entfernung A'kabli's von letzterem Punkte beträgt ebenfalls 3 Tagereisen.

2ter Tag: Terischumīn, ein Brunnen.

4ter Tag: Derīm.

7ter Tag: I'n-sīse, ein Brunnen. Bis zu diesem Punkt nimmt die Strasse eine etwas östlich von Süden abweichende Richtung, augenscheinlich auf Gōgō zu, aber von I'n-sīse an wendet sie sich nach Südwest. — Die Silbe „ín" oder „in" scheint die alte Semitisch-Berberische Form für „aīn" zu sein.

Es wäre von Wichtigkeit, zu wissen, ob Laing seine astronomische Beobachtung am Anfange von Tanesrūfet bei diesem Brunnen angestellt hat.

14ter Tag: I'n-denān, ein Brunnen. Man hat hier den wüsten, „Tanesrūfet" genannten Landstrich hinter sich.

17ter Tag: I'n-tabōrak. Der letzte Rastort ist nur ½ Tagemarsch entfernt.
19ter Tag: Moila.
22ster Tag: Taunant; nur ½ Tagemarsch.
24ster Tag: Mabrūk.

Die gewöhnliche Strasse von Mabrūk nach Timbuktu führt über A'rauān, und zwar in folgenden Märschen:

2 Tagereisen: Mámūn  ⎫
2 Tagereisen: Bū-Djebēha  ⎬ Diese Plätze werde ich in der allgemeinen Beschreibung von A'sauād näher besprechen.
2 Tagereisen: A'rauān  ⎭
4 Tagereisen: Tenég el haie oder Tenég el hādj.
1½ Tagereisen: Timbuktu.

Zwischen Tenég el hādj und Timbuktu liegen folgende Plätze: El A'rie, El Rhāba, El Merēra, A'thelet el Megīl, Éllib el A'ghebe, Tiāre el Djefāl, Tiāret el Wāssa.

Ich will hier auch die Strasse verzeichnen, welche von der *Hilleh* (deren Entfernung von Timbuktu ich im vierten Bande, S. 463, näher angegeben habe) nach *Tō-ssaie* oder *Tō-ssē*, der bedeutungsvollen Verengung des Niger, führt; die Märsche sind lang. Die Richtung soll nach meinem Berichterstatter völlig südlich sein; hat dies seine Richtigkeit, so wäre die Eintragung auf der Karte bedeutender Veränderung zu unterwerfen; aber allerdings möchte es aus mehreren Gründen scheinen, dass die ganze Strasse über Mabrūk und die benachbarten Punkte etwas östlicher liegt, als wir sie niedergelegt haben.

1ster Tag: Nūr, eine Berggruppe ohne Wasser.
2ter Tag: Eine Örtlichkeit diesseits eines Platzes Namens Dergel.
3ter Tag: Kasúft, zur Regenzeit eine grosse Wasserpfütze.
5ter Tag: Tō-ssaie oder Tō-ssē, die grosse, in der Beschreibung meiner Rückreise von Timbuktu näher dargestellte Verengung des Niger.

Von der *Hilleh* nach *Gōgō* rechnet man eine Entfernung von 8 Tagereisen.

## B. Strasse von I'n-sīse nach Gōgō.

4ter Tag: Tímmī-ssau. Dies ist der Berberische Name für „hāssi Mū-ssa", obwohl ich der Ansicht bin, dass es nicht gut der mit demselben Namen bezeichnete Brunnen auf der geraden Strasse von Tauāt nach Mabrūk sein kann; denn das würde dieser ganzen Strasse eine bei weitem westlichere Richtung geben. Jedoch befindet sich jedenfalls auch in der Nähe dieses Brunnens eine einer Feste ähnlich sehende felsige Anhöhe, an die sich dieselbe Sage von der „Fusstapfe von Mosis Pferd" knüpft, wie an den anderen Brunnen. Immerhin ergibt sich aus den bezeichnenden Zügen dieser Strasse, dass die nackte Wüste, die Tanesrūfet, sich nach Osten zu immer mehr verengt.

7ter Tag: I'n-asāl; der letzte von diesen 3 Tagemärschen beträgt nur ½ Tag.

9ter Tag: Ssūk oder E' Ssūk (Essūk), die alte Wohnstätte der Kēl-e'-Ssūk; es liegt zwischen zwei Höhen — „kódia" —, von denen die eine nach Osten und die andere nach Westen läuft, gerade so, wie die Lage der alten Stadt Tademékka beschrieben wird, und es kann gar kein Zweifel darüber obwalten, dass es damit identisch ist, wie ich schon in der Beschreibung meiner Wanderung an den Ufern des Niger entlang angedeutet habe. Die Stadt ward in der zweiten Hälfte des 15ten Jahrhunderts von dem Sonrhay-Eroberer Ssonni 'Ali zerstört und ist zur Zeit ohne stetige Bevölkerung. Die Thalebene soll reich mit Baumwuchs bekleidet sein.

11ter Tag: Gúnhan, eine andere Stätte eines alten Wohnplatzes, der dem Stamme der Kēl-gúnhan den Namen gegeben hat. Auch hier befindet sich eine Hügelerhebung.

13ter Tag: Takerénnat, eine ebenfalls jetzt leere Wohnstätte.

14ter Tag: Tel-ákkewīn (oder Tin-ákkewīn), ein Brunnen.

16ter Tag: Tin-ōker; der zweite dieser beiden Tagemärsche beträgt nur ½ Tag.

18ter Tag: Gōgō oder Gá-rhō. Der letzte Tagemarsch erfordert wieder nur ½ Tag.

## C. Westliche Strasse von Aúlef nach Mabrūk.

1ster Tag: Dhāhar el hamār, eine Hügelkette, die wegen ihres rauh gezackten Rückens „das Eselsrückgrat" genannt wird.

3ter Tag: El Immerāghen.

5ter Tag: Wallen, ein Brunnen.

12ter Tag: A'm-rannān, ein 2 Tagereisen westlich von I'ndenān gelegener Brunnen. Die ganze Strecke führt über die öde Wüste Tanesrūfet und man legt sie während der heissen Jahreszeit in Nachtmärschen zurück; in der kalten Jahreszeit dagegen kann man, wenn man Tag und Nacht mit nur kurzem Anhalt marschirt, den Weg in 4 Tagen zurücklegen.

17ter Tag: I'n-asserēr, ein Brunnen. Der Name bedeutet vielleicht „Brunnen des steinigen Bezirkes (oder der Hammāda)"; „sserīr" ist nämlich im Arabischen wenigstens der gewöhnliche Ausdruck für eine solche Landschaft.

20ster Tag: Tin-hekīkan, ein Brunnen. Diese Örtlichkeit bildete in früheren Zeiten den gewöhnlichen Ansiedelungspunkt desjenigen Stammes, der von ihr den Namen erhalten hat, nämlich der Kēl-hekīkan; sie liegt westlich oder vielmehr südwestlich von dem Brunnen Taunant.

22ster Tag: Mabrūk. Der zweite dieser beiden Tagemärsche ist ein kurzer.

## D. Einiges Nähere über die Landschaft A'sauād und die benachbarten Bezirke.

Der Name A'sauād ist eine von den Arabern herrührende Verderbung des Berber-Namens A'sauāgh oder A'sauārh; dies ist ein verschiedenen Wüstenbezirken zukommender Begriffsname. Die Landschaft nun, von der wir hier sprechen und die den Europäern unter dem Namen A'sauād bekannt geworden ist, umfasst einen ausgedehnten Landstrich nördlich von Timbuktu, der sich nordwestlich bis zum „El Djūf" hinzieht, der grossen salzgeschwängerten Einsenkung oder dem „Magen" der Wüste, und nordnordöstlich, etwas nördlich, von Mabrūk. Der südliche Theil von A'sauād dagegen, der etwa einen Tagemarsch weit von Timbuktu beginnt und sich bis 3 Tagereisen weit nordwärts erstreckt, führt den besonderen Namen Tagānet. Ich will nur hinzufügen, dass Caillié die Benennung A'sauād missverstand und für den Namen eines Stammes hielt; er schreibt ihn überdies fälschlich „Zauāt" (im 2ten Theil der Engl. Übersetzung, S. 97 und sonst).

Die Landschaft A'sauād, die uns ganz natürlich als ein überaus unfruchtbarer Landstrich erscheint und schon von Arabischen Reisenden aus dem begünstigteren Norden, wie Ebn Batūta, und dem jungen, später Leo Africanus genannten, aufgeweckten Andalusier als solcher bezeichnet worden, ist für den in diesen Strichen geborenen umherziehenden Mauren eine Art Paradies. In den begünstigteren Örtlichkeiten dieses Wüstenstriches findet er nämlich reichliche Nahrung für seine Kameele, ja selbst für einige Stück Rindvieh, und dabei gewährt ihm der Transport des Salzes von Taŏdénni nach A'rauān und Timbuktu die Mittel, sich Korn zu verschaffen, und was er sonst noch braucht. A'sauād enthält vier kleine Städte oder Dorfschaften, unter denen A'rauān die bedeutendste ist. Denn obgleich A'rauān nur eine geringe Ausdehnung und eine Bevölkerung von kaum mehr als 1500 Seelen hat, wie es auch von Caillié beschrieben worden\*), ist es doch für diese Weltgegend ein ganz bedeutender Punkt, wo viele Geschäfte gemacht werden, besonders in Gold, wie ich bei Auseinandersetzung des Handels von Timbuktu angegeben habe. Dies ist eben der Grund, wesshalb mehrere Ghadāmsi-Kaufleute hier angesessen sind.

Es ist eine Thatsache, die früher unbekannt war, aber unbestreitbar ist, dass die ursprünglichen Bewohner dieses Platzes sowohl wie diejenigen von ganz A'sauād zur Sonrhay-Nation gehören; so ist denn auch noch heutzutage das Sonrhay-kinī die bevorzugte Sprache, der sich alle Einwohner mit Einschluss der Arabischen Ansiedler bedienen. Der gegenwärtige Amtmann der Stadt ist Ssidi Mohammed, ein jüngerer Sohn des bekannten Häuptlings El Habīb, Uëlēd Ssidi Ahmed Agāde, der in dem Jahre vor meiner Ankunft in Timbuktu starb. Bei dem Tode des Vaters erhielt der jüngere Sohn den Vorrang über seinen älteren Bruder O'ba einzig und allein in Folge der edleren Geburt seiner Mutter, die eine Schwester Hāmed's war, des Sohnes (Uëlēd) 'Abēda's, des Sohnes (Uëlēd) Rehāl's, des Hauptes der Bérabīsch und Mörders Major Laing's. O'ba hat eine Wallfahrt nach Mekka gemacht. Die Familie El Habīb's gehört zum Stamme der I'gelād, die gegenwärtig eine kleine Abtheilung der grossen Grüppe der Auelímmiden bilden. Jetzt sind sie nur durch ihre Gelehrsamkeit ausgezeichnet, aber in früheren Zeiten besassen sie grosse Macht und waren in Gemeinschaft mit den Imedídderen die ältesten Bewohner von Timbuktu. Die Bewohner von A'rauān zahlen eine jährliche Abgabe von 60 Mithkāl Gold an die Hogār, um zu

---

\*) Caillié's Reise nach Timbuktu, Th. II, S. 99 ff. — Meinen Nachforschungen zufolge scheint A'rauān etwa 15 Grad nordwestlich von Timbuktu zu liegen.

verhüten, dass sie von deren Raubzügen fortwährend heimgesucht werden.

Die drei übrigen kleinen Städtchen oder beständigen Wohnplätze in A'sauād, nämlich Bū-Djebēha, Mámūn und Mabrūk, liegen alle in einer Linie nordnordöstlich von A'rauān und beinahe in gleicher Entfernung von einander, einen zweitägigen gemächlichen Marsch mit Kameelen; aber diese Orte sind viel kleiner und unbedeutender als A'rauān. Allerdings ist Bū-Djebēha zur Zeit etwas bedeutender als die beiden anderen; es ist vornehmlich von Kēl-e'-Ssūk bewohnt und treibt etwas Handel; aber Mabrūk scheint in früheren Zeiten von grosser Bedeutung gewesen zu sein. Damals war es von Sonrhay-Volk bewohnt, bildete den Markt von Walāta und hatte einen Sonrhay-Namen; der Name Mabrūk dagegen ist neueren Ursprungs und dem Ort von den Arabern gegeben worden. In dieser und anderen Beziehungen könnte es scheinen, als hätte der Ort einen Anspruch darauf, mit dem alten Aúdaghost identificirt zu werden, und allerdings gibt es dort in der Umgebung die Stätten einiger früherer Wohnplätze, besonders Tel-Aröást, zwei Tagereisen nordöstlich von Mabrūk sowohl wie von der Hilleh; aber ich habe schon bei früherer Gelegenheit (Theil IV, S. 603) die Gründe angegeben, wesshalb wir die Lage von Aúdaghost in einer ganz entgegengesetzten Gegend zu suchen haben und nicht, wie Herr Cooley meinte, hier in dieser Nachbarschaft. Östlich von Mabrūk gibt es einige mit Palmbäumen bekleidete Thäler (s. Theil I, am Ende), vor allen das Thal Te-ssillīte, das zwei verschiedene Dattelarten hervorbringt, die „tíssagīn" und die „tin-ā́sser".

Die Namen der bezüglichen Häuptlinge der drei Plätze sind folgende: Mohammed Uēlēd Ssidi 'Omar, der Häuptling des Stammes der Ergágeda, wohnt in Mámūn; Nadjīb Uēlēd el Mústapha, vom Stamme der Kēl-e'-Ssūk (derselbe, der den Brief Auāb's, des Häuptlings der Tademékket, unterzeichnete, worin den Engländern in dem von Gúndam, Bamba, Timbuktu, A'rauān und Bū-Djebēha eingeschlossenen Gebiete völlige Sicherheit des Verkehrs und Handels verliehen ward), gemeinschaftlich mit 'Asīsi in Bū-Djebēha, und Mēni Uēlēd Ssidi 'Omar in Mabrūk. Bū-Djebēha ist in dem gegenwärtigen verwahrlosten Zustande dieser Gegenden schon allein darum wichtig, weil kein Kaufmann aus Norden diesen Ort passiren kann, ohne von einer wohlbekannten Person aus dem Stamme der Tademékket begleitet zu sein.

In früherer Zeit gab es in A'sauād noch einen Ort mit stetiger Bevölkerung, nämlich „'el Hilleh" oder „Hillet e' Scheich Ssidi Muchtār", das ich bei früherer Gelegenheit erwähnt habe. Es lag 2 Tagemärsche östlich von Mámūn und etwa ebenso weit von Mabrūk; aber vor einigen Jahren wurde es aufgegeben in Folge des Einsturzes des Brunnens Bū-Lanuār, der eine Tiefe von 40 Klaftern gehabt haben soll. Die „hilleh" war im Thalkessel — „bātn" — gelegen, am nördlichen Fusse einer schwarzen Felskette Namens „Ellib el Hedjar". Nördlich von hier und östlich von der „hilleh" gibt es wieder eine „ellib", aber diesseits und zwar noch innerhalb des „bātn" gibt es eine Stätte Namens „El Mādher" mit guten Weidetriften für Pferde. Zwei andere wohlbekannte Örtlichkeiten in jener Umgegend sind „Schirsche el Kebīra" und „Schirsche e' Serhīra".

Von den Brunnen A'sauād's sind folgende die bekanntesten: zuerst im südlichen Theile des Bezirkes, nach Tagānet zu, Mámūn, verschieden von dem oben erwähnten Orte desselben Namens; Énnefīss, ein reicher Brunnen, 2 Stunden südwestlich von Mámūn und in einem hügeligen Gau gelegen, mit Unterholz dicht bewachsen und Steingruben mit schönem schwarzen Sandstein enthaltend, woraus die Tuáreg ihre schweren Armringe — „áschebe" — verfertigen; ferner Merēta, Machmūd, Schīker, Gīr, Kartāl, ein sehr reicher Brunnen, 'En-filfil und andere. Weiter nach N. und NW. liegen die Brunnen

## Die Landschaft A'sauād.

Halūl, El Hōde, Schēbi, Temandōrit, Tékạrāt, Aníschai, A'schorāt, ein Brunnen, wo der Scheich Ahmed el Bakáy in seinen jüngeren Jahren lange Zeit seinen Wohnsitz hatte; A'nnasau, etwas nördlich von Mabrūk; Alibāda ('Ali Bābā?), Bū el Mehāne oder Bel Mehān, der früher (Theil IV, S. 463) erwähnte Brunnen, welcher etwa 10 Meilen von der „hilleh" entfernt liegt; Belbōt, südlich von Bel Mehān; I'rakschīwen, Mersähe, südlich von letzterem; Megágelāt, 2 Tagereisen südlich von der „hilleh", und andere.

Die bekanntesten Brunnen im Bezirke von Tagānet sind folgende: Wēn-alschīn, 4 Tagemärsche von Timbuktu und deren 3 von der „hilleh", wo Mohammed e' Serhīr, El Bakáy's älterer Bruder, gewöhnlich einen Theil des Jahres gelagert ist; Tin-tatīss, eine halbe Tagereise südwestlich vom vorigen; 'En-ōschif, I'mmilāsch, 'En-gībe, 'En-sséek, 'En-odēke, ein Brunnen, wo Bābā, ein jüngerer Bruder El Bakáy's, sein Lager hat, 3 Tagemärsche südlich von Mámūn und deren 4 nordöstlich von Timbuktu; A'menschōr, A'rrasaf, 'Arūk, El Machmūd, verschieden von dem früher von mir erwähnten gleichnamigen Brunnen; Igárre, Mérisīk, Tuīl, Warusīl.

Gegen Norden trennen den Landschaftsbezirk A'sauād die beiden kleinen, Afelēle („afelēle" heisst „die kleine Wüste", Diminutiv von „afélle") und A'herēr genannten Bezirke von der trockenen, wasserlosen Wüste, die unter dem allgemeinen Gattungsnamen Tanesrūfet bekannt ist. Afelēle ist eine für die Kameelzucht gar sehr günstige Landschaft und enthält einige bei den Eingeborenen berühmte Thäler — „wádiān" —, wie Techatīmit oder Teschatīmit, Afūdénakān oder Afūd-n-akān, Tadulīlit, 'Abatōl, Schánissīn, Agār und andere. A'herēr, nördlich vom Vorigen gelegen, gilt ebenfalls bei den Arabern für eine schöne Landschaft, besitzt eine Mannichfaltigkeit anmuthiger Thäler und Hügel, einen Reichthum an Brunnen und selbst hie und da hübsche Strombäche. Dies ist aller Wahrscheinlichkeit nach der Bezirk, wo Major

Laing in einem der Thäler von den Tuáreg zu nächtlicher Stunde angegriffen und für todt auf der Wahlstatt zurückgelassen wurde.

Nach Osten grenzen an die Wüstenlandschaften A'sauād und Tagānet mehrere kleinere, wo die Arabische Bevölkerung mit dem Berber- oder Tuáreg-Element, zumal den I'foghass, stark gemischt ist. Zugleich trennen diese Landschaften A'sauād von A'derār, dem schönen Hügellande der Auelímmiden, das nicht allein zur Kameel-, sondern auch zur Rindviehzucht trefflich geeignet ist. Diese zwischenliegenden Gaue sind: *I'm-eggelāla*, ein Bezirk von etwa zwei Tagereisen Umfang in's Quadrat, bestehend aus schwarzem Boden und reich an nicht tiefen Brunnen; östlich und ostnordöstlich von Tagānet liegt *Tilímssi*, ein an Kameelfutter reicher Gau; ostnordöstlich von der Hillet e' Scheich el Muchtār liegt ein Gau Namens *Timitrēn*, der zahlreiche Brunnen und einige Dörfer enthält, und ostnordöstlich von letzterem der Gau Tirhéscht oder *Tighéscht*, der an A'derār grenzt.

Von Arabischen Stämmen in A'sauād und den benachbarten Gauen sind zuerst mehrere Abtheilungen des grossen Stammes der *Kunta* zu erwähnen, die sich durch ihr reineres Blut und ihre Gelehrsamkeit fast vor allen anderen Stämmen der Wüste auszeichnen. Diese Kunta zerfallen in folgende Abtheilungen:

Die Ergágeda, die früher den Rang der Wēlaie (d. i. „des heiligen Stammes") hatten.

Die Uēlād el Wāfi, gegenwärtig die Wēlaie, mit dem Scheich Ahmed el Bakáy als Wólī, dessen älterer Bruder, Ssidi Mohammed, grosses Ansehen in ganz A'sauād geniesst. Die Uēlād el Wāfi hegen freundschaftliche Verhältnisse mit den Hogār, während die Uēlād Ssidi Muchtār die Todfeinde der Letzteren sind. Sie sind in drei Unterabtheilungen geschieden, nämlich: El Messádhefa, Uēlād ben Haiballa und Uēlād ben 'Abd e' Rahmān.

Die Uëlād Ssidi Muchtār,

El Hemmāl.

Auch der kleine Stamm der Togāt soll zu den Kunta gehören.

Ausser den Kunta sind noch zu erwähnen die *Bérabīsch* (im Singular Berbūschi). Dieser Stamm ist weniger zahlreich als jener und stellt ungefähr 260 mit Feuerwaffen versehene Streiter, sowie 180 Mann Reiterei; auch ist er nicht über einen so weiten Landstrich verbreitet, sondern beschränkt sich auf die zwischen A'rauān und Bū-Djebēha gelegene Landschaft. Sie zahlen eine Abgabe von 40 Mithkāl Gold an die Hogār und werden daneben von den Uëlād 'Alūsch unaufhörlich mit Einfällen heimgesucht. Ich meinerseits bin völlig überzeugt, dass die Bérabīsch (Berbūschi) mit den *Perorsi* der alten Geographen identisch sind. Seit jener Zeit sind sie südwärts gewandert, während sie früher in El Hōdh lebten. Der Spanier Marmol Carvajal, der im 17ten Jahrhundert schrieb, erwähnt sie als Besucher des Marktes von Ssēgo, und im Anfange des 16ten Jahrhunderts wohnten sie noch weiter westlich und besuchten vorzüglich den Markt von Djinni\*). Sie sind deutlich von sehr gemischtem Geblüt und zerfallen in zwei Gruppen, deren hauptsächlichste den Häuptling Hāmed Uëlēd 'Abēda Uëlēd Rehāl zum Vorstande hat und folgende Abtheilungen bildet:

Die Uëlād Slimān, die Schiūch oder Häuptlingsfamilie, die ihre Macht und ihren Reichthum auf den Untergang und die Beraubung der Uëlād Rhānem gegründet haben.

Die Uëlād 'Esch.

Die Uëlād Bū-Hinde.

---

\*) De Barros (*Asia,* lib. III, cap. VIII, p. 220) sagt von Djinni oder, wie er schreibt, Gennā: „*concorriam a ella os póvos quelhe sao mais vizinhos: assi com os Caragolees, Fullos, Jalofos, Azaneges, Brabaxijs, Tigurarijs, Luddayas*". — Siehe die chronologischen Tafeln am Ende des vierten Bandes.

El Guanīn el kohol.

El Guanīn el bēdh.

Uēlād Ahmed.

Dies sind die freien Abtheilungen dieser Gruppe; die folgenden sind die herabgewürdigten und geknechteten (die „lahmen" — „chóddemān" —): die Yadáss, die Lādim oder vielmehr nur ein kleiner Theil dieses Stammes, die A'rakān, die A'hel ʿAīssa Tadjáua und El U'ssera.

Die zweite Gruppe der Bérabīsch trägt als Ganzes zusammengefasst den bemerkenswerthen Namen „Botn el djemel" in Folge der Mannichfaltigkeit der Elemente, aus denen sie zusammengesetzt ist, die rein der Zufall so zusammengebracht hat, gerade wie es der Fall ist mit den verschiedenen Nahrungselementen im „Magen des Kameeles". Diese Gruppe steht unter der Leitung eines Häuptlings Namens Hamma und besteht aus folgenden Stämmen: den Uēlād Relān, Uēlād Derīss, die von Tafilēlet stammen; Uēlād Bū-Chassīb, Uēlād Rhānem und den Turmuss. Von den Letzteren habe ich in meinem Tagebuche schon gesprochen.

### E. Strasse von Dalla über Konna nach Hamd-Allahi.

Dalla, der Hauptort der gleichnamigen Provinz, ist von ansehnlicher Grösse und auch Sitz eines Statthalters. Der frühere Gewalthaber, Mōdi Bōle, welcher einige Bedeutung besass, war kurz vor dem Zeitpunkte meiner Reise gestorben. Die Stadt ist zum grössten Theil von Tómbo bewohnt, welche wahrscheinlich einst alles Land südlich von der grossen Biegung des Niger besassen; nur ein kleiner Theil der Bevölkerung gehört zum Stamme der Sonrhay. Auch die Ssāna, welche die Berge bewohnen und sich bis auf den heutigen Tag ihre Unabhängigkeit bewahrt haben, bilden wahrscheinlich eine Abtheilung der Tómbo. Dalla ist zwei gute Tagemärsche von Hómbori und einen von Bōne entfernt.

1 Tagereise: Duëntsa, ein ansehnlicher Ort, der der Aussage meiner Berichterstatter zufolge an Grösse Kúkaua gleichkommen soll und als Marktplatz wichtig ist. Der Weg führt durch eine Gebirgslandschaft, die der Beschreibung nach fliessende Ströme enthält (jedenfalls wohl nur in der Regenzeit) und reich mit Bäumen bewachsen ist.

1 Tagereise: Dúmbarā, ein grosser Ort und Sitz eines Statthalters, aber ohne irgend ein Gewerk. Landschaft gebirgig.

1 Tagereise: Nyimi-nyāba, eine Stadt von mittlerer Grösse. Landschaft etwas gebirgig.

1 Tagereise: Bōre, eine grosse Stadt, Sitz eines Statthalters. Landschaft gebirgig und von Kanälen zur Bewässerung der Gemüsegärten durchschnitten; der Anbau besteht in Baumwolle, Reis und Korn.

[Allem Anscheine nach sind dies lauter lange Tagemärsche.]

2 Tagereisen: Timme, eine grosse Stadt und Sitz eines Statthalters. Auf dem Marsche erblickt man zur Rechten den Dhiúlibā oder vielmehr seine Überschwemmung, wenigstens während eines Theiles des Jahres. Der Anbau beschränkt sich auf Reis.

2 Tagereisen: Karī oder Konna (wie es die Sonrhay nennen), Sitz eines Statthalters und wichtiger Marktplatz. Die schwarzen Bewohner der Stadt reden insgesammt die Sonrhay-Sprache. Konna hat auch noch einen dritten Namen, nämlich Benne-n-dúgu oder Bana-n-dúgu, da sich der Stamm der Benni in früherer Zeit wahrscheinlich viel weiter nach Norden ausbreitete (s. Caillié, II, p. 16).

2 Tagereisen: Niakóngo, Sitz eines Statthalters Namens Hadj Mōdi, eines Bruders des Hadj 'Omar. Nach der Regenzeit tritt der Fluss nahe an die Stadt heran.

1 Tagereise: Hamd-Allāhi.

## F. Strasse von Timbuktu über Gúndam nach Yóaru und von da nach Hamd-Allāhi.

3ter Tag: Gúndam. Zwischen Timbuktu und Gúndam gibt es keine festen Haltpunkte; gewöhnlich legt man diese Strecke in 2½ Tagen zurück.

Ich gebe hier eine Liste der zwischen diesen beiden Plätzen gelegenen Ortschaften: Tēschak, Finderīe, El Hándema, Aristoremēk, Egēti, Tin-getān, Tin-rēro, Timbarágeri, zwei Dörfer Namens El Meschra, Takémbaut, Tenkerīe, Naudis, Gámmatōr.

Gúndam, ein ansehnliches umwalltes Städtchen („ksar" oder „koira"), ist der Hauptort der Landschaft Aússa; seine Bevölkerung besteht aus Sonrhay, Rumā und Fulbe oder Fullān. In der westlichen Vorstadt wohnen die Tōki, eine Abtheilung der Fullān, und in der auf der Wasserseite gelegenen die Erbēbi. Auf der Nordseite liegt ein schwarzer Hügel, welcher dicht mit „fernān"-Gebüsch bewachsen ist, und auch nach Süden zu sieht man eine eben so beschaffene Erhebung. Die Stadt selbst liegt auf der Nordseite eines grossen Armes — „chālidj" oder „ridjl" — des Flusses, der von Dīre kommt und nach Rāss-el-mā (dem berühmten „Anfang des Wassers") hinzieht, das von hier 2 Tagereisen (einerlei ob zu Wasser oder zu Lande) in nordnordwestlicher Richtung entfernt ist. Ein anderer Hinterarm läuft von Gúndam nach Kábara, aber während des höchsten Standes der Überschwemmung bildet die Landschaft fast nur ein einziges ununterbrochenes Wasserbecken. Auf der Ostseite von Gúndam ist ein trockener Arm Namens Arāschaf, 1 Tagereise lang und ½ Stunde breit; an dessen östlichem Rande, ostsüdöstlich von Gúndam, liegt die Örtlichkeit Waie e' ssemen mit einem Arm, dem der Baum „táderess" besonderen Schmuck verleiht.

4ter Tag: Ein umwalltes Städtchen — „koira" —, von Imō-scharh und Sonrhay bewohnt und schon am Hauptflusse selbst gelegen. Am Morgen überschreitet man den Arm, an dem Gúndam liegt.

5ter Tag: Arabēbe, ein von Fulbe bewohntes Dorf.

6ter Tag: Niafúnke, ein grosses Dorf, in früheren Zeiten von Imō-scharh, gegenwärtig aber von Fulbe bewohnt.

7ter Tag: I'ketáuen. Am Morgen überschreitet man gleich hinter Niafúnke einen grossen Arm des Flusses und macht um Mittag in einem Dorfe Namens Scherīfikoira Halt.

8ter Tag: A'tarā, ein grosses Fulbe-Dorf auf der Ostseite eines ansehnlichen Flussarmes, der nach Gassī Gūmo zieht.

9ter Tag: Fadhl-Allāhi, ein Fulbe-Dorf.

10ter Tag: Yóaru. Dies ist einer der beiden Hauptplätze von Fermāgha und soll, obgleich er ganz aus Rohrhütten besteht, an Einwohnerzahl Timbuktu wenig nachgeben. Schon aus der Höhe der jährlichen Abgaben ergibt sich zur Genüge die Wichtigkeit des Platzes; sie betragen nämlich („seká" und „modhār" zusammengenommen) an 4000 Stück Vieh. Während der jährlichen Überschwemmung liegt Yóaru am äussersten Rande des See's Débu, der sich dann von Ssá bis Yóaru erstreckt; aber für die Dauer der trockenen Jahreszeit liegt die Stadt etwa 1 Meile von dem kleinen Arme entfernt. Nahe am letzteren liegt eine Vorstadt, wo die Ssurk oder Kórongoi, eine entartete Abtheilung der Sonrhay, wohnen. Diese sprechen ein besonderes Idiom, aber leider war ich nicht im Stande, auch nur ein kleines Vokabular davon anzulegen, indem es mir nur gelang, zwei bei ihnen übliche Redensarten zu erfahren, nämlich „úmbai" (wie geht's dir?) und „éna" (willkommen!).

In Yóaru und der Umgegend lebt eine grosse Anzahl Fulbe oder Fullān, die zu folgenden Stämmen gehören:

Ssonnābe, Yalálbe, Feroibe, Yóạrunkōbe und endlich Djauámbe oder Soghorān (in Haussa „Soromáua" genannt).

## G. Strasse von Yóaru nach Tenéngu.

1ster Tag: Urungīe, ein bedeutender Ort.
2ter Tag: Māyo, ein Dorf, so benannt nach einem kleinen Arme, dem Māyo Ssórroba, an dem es liegt. Zwischen Urungīe und Māyo liegen, wie es scheint, die Dörfer Ssēri und Niamihāra, von denen das erstere von Sonrhay, das letztere von Fulbe bewohnt ist.
3ter Tag: Ganga.
4ter Tag: Kōgi oder Djōgi. Auf dem Marsche lässt man mehrere Weiler zur Seite liegen, und zwar zuerst Gínneō (einen von Viehzüchtern bewohnten Weiler mit einem „ksar"), dann Dokō, Ngúdderi, Djóñeri, Ssabāre und endlich Burlul.
5ter Tag: Kóra.
6ter Tag: Konna.
7ter Tag: Tenéngu.

Die Strecke zwischen Urungīe und Tenéngu kann jedoch in 2 guten Tagemärschen zurückgelegt werden.

Zwischen Urungīe und Mōbti liegen die folgenden Ortschaften: U'ro-Mōdi; Kāram, ein Sonrhay-Dorf; Rogónte, ein Fulbe-Weiler; Yerēre, ein von Sklaven der Fulbe bewohnter Weiler; Wālo, am Māyo Fenga gelegen; Kaia, ein von Assuānek bewohntes Dorf, und endlich Ssāre-mēle und Ssāre-bēle. Allem Anscheine nach macht der Fluss bei Wónyaka eine grosse Biegung, so dass man diese letzteren Städte berühren muss, von welcher Seite man auch immer kommen mag, ob von Norden oder von Süden.

## H. Strasse von Yóaru nach Ḥamd-Allāhi.

1ster Tag: Dōgo, an einem kleinen Arm.
2ter Tag: Schai, ein wichtiger Einschiffungspunkt auf der

Nordwestseite des Flusses, der an dieser Stelle sehr breit ist. Von diesem Umstande hat der Ort' wahrscheinlich seinen Namen erhalten, gerade wie die gleichnamige Stadt (Ssai) am unteren Niger. Auf dem Marsche passirt man (zu Boot) einen oder zwei Arme stehenden Wassers, und es ist nicht unwahrscheinlich, dass einer von ihnen derselbe ist, an dem das Dorf Māyo liegt.

3ter Tag: Man lagert am Ufer eines kleineren Armes (des Māyo dhannéo?).

4ter Tag: Niakóngo.

5ter Tag: Berber. Ein sehr kurzer Marsch.

6ter Tag: Ssīe. Kurzer Marsch; man kommt schon am Morgen an.

7ter Tag: Hamd-Allāhi, die Hauptstadt des Königreiches Má-ssina.

I. Verzeichniss von Städten und Dörfern, die an dem Ufer des Hauptarmes\*) des Flusses von Dīre aufwärts bis nach Ssan-ssándi liegen.

*Dīre*, ein sehr bedeutender Ort und eine der ältesten Sonrhay-Ansiedelungen in dieser Gegend, gelegen am Vereinigungspunkte zweier Arme, die sich weiter oberhalb im See Débu getrennt hatten\*\*).

*Tindírma*, einer der ursprünglichen Wohnsitze der Sonrhay und von Vielen als der Ursitz des ganzen Stammes an-

---

\*) Dieser Arm heisst I'-ssa bēre oder Māyo-mangho und ist der nordwestliche; der andere, den Caillié befuhr, ist der südöstliche und heisst Bara-I'-ssa.

\*\*) Als von Dīre abwärts am Flusse liegend, nach Timbuktu zu, gab mir mein Berichterstatter mehrere Plätze an, die weder von Caillié noch von mir bei der Beschiffung des Flusses erwähnt worden sind, nämlich: *Būram*, ein grosses Dorf (Kōra, Danga), Ssemssāro (Koiretāgo), Lenga, alle auf der Südseite des Flusses gelegen; Ssegallīe, auf der Nordseite; ein Weiler — „ádabai" —, der zu Būram gehört; Élua, auf einer Insel; Hendi-bángo.

gesehen. Jedenfalls waren hier vorzugsweise die Ssáhena, eine Abtheilung derselben, angesiedelt; gegenwärtig ist es jedoch hauptsächlich von den Tschōki bewohnt, die in früherer Zeit in Gúndam ansässig waren. Über die Bedeutung des Ortes während der Blüthe des Sonrhay-Reiches, als Hauptstadt der Provinz Kúrmina, habe ich schon früher gesprochen (s. Bd. IV, S. 428). Wäre es nicht die Hauptstadt einer besonderen Provinz, so könnte man leicht in Versuchung kommen, den Namen Tindírma von Dírma und der Berberischen Präposition „tin" abzuleiten. In geringer Entfernung vom Ufer des Flusses liegt Gitigátta und auf der Insel im Flusse die „Al Mohalla" genannte Stätte, welche ihren Namen wahrscheinlich dem Umstande verdankt, dass hier ein Theil der Moroccanischen Armee — „mohalla" — gelagert war. Bei Tindírma sondert sich der Arm von Gúndam vom Hauptarme des Flusses ab.

Hamma-koira.

Niafúnke.

Ssībo. Dies ist augenscheinlich die Stadt Sseebi, wo sich Mungo Park auf seiner Reise von Djenni nach Timbuktu längere Zeit aufgehalten haben soll (s. Clapperton's zweite Reise, Anhang, S. 334 der Engl. Ausgabe); denn dort hatte, wie ich weiter unten noch näher angeben werde, ein Rumā-Beamter zur Zeit seine Residenz.

Dháhabi-koira (so genannt nach einem Scherīf, der zur Familie des Múlāi el Dhéhebi gehörte).

Gúmmo.

A'tara.

Tongomāre.

U'ro.

Yóaru. Wenn man von Yóaru aus den nächsten Arm passirt und Gūram zur Seite lässt, erreicht man in 4—5 Stunden Sinso, auch Djindjo oder Gīdjo genannt. Diese verschiedenen Namensformen werden nämlich einem anderen sehr alten Wohnsitze der Sonrhay beigelegt, und wahrscheinlich ist dies der Punkt, von dem aus sich der Isslam über diese Gegenden ausbreitete. Es befindet sich hier nämlich das Grab eines verehrten Heiligen Namens Mohammed el Káberi, der zu dem Stamme der Idau el Hadj gehörte, und es ist sogar nicht unmöglich, dass dies eben der Wallfahrtsort ist, wohin der Matrose Scott als Gefangener durch die Giblah und über den See geführt wurde *). Auch in dem benachbarten Weiler Togga befindet sich das Grab eines Heiligen Namens Morimāna Bāka. In Sinso selbst läuft dabei noch eine Überlieferung um von einem Heiligen Namens Elfa Sakkaría, der diesen Ort zu einer Zeit besucht haben soll, wo hier noch kein Dorf existirt, sondern nur eine Höhle bewohnt war.

Südöstlich von Sinso, in geringer Entfernung vom See Débu, liegt A'ui. Der Débu ist während der trockenen Jahreszeit so seicht, dass sich selbst die flachen Boote der Eingeborenen nur mit grosser Mühe auf dem Hauptarme entlang halten können und oft ganz und gar festfahren; ja, man kann dann oft sogar hindurchwaten. Die Schifffahrt wird dadurch erschwert, dass der Hauptarm, den die Fulbe „māyo balléo" nennen, an der Stelle,

---

*) *Edinburgh Philological Journal*, vol. IV, p. 35 et seq. — Es gibt zwar in jener Gegend keinen Bezirk Namens „El Sharray", wie Scott angab, aber ich hege nicht den geringsten Zweifel, dass dieser Name nur eine Verzerrung des Ausdruckes „e' scherk" ist, mit dem die Maurischen Bewohner jener Gegend den Süden bezeichnen. Allerdings enthält Scott's kurzer, undeutlicher Bericht einige Ungenauigkeiten, die seine Aufrichtigkeit in ein zweifelhaftes Licht stellen könnten; dazu gehört besonders der Umstand, dass er die Maurischen Stämme der Ergebāt und Ssokarna, welche beide in den nördlich gelegenen Landschaften leben, als am See (Débu) angesessen erwähnt. Immerhin ist es höchst bemerkenswerth, dass er jenes Grab an der Süd- oder Südostseite des See's mit dem Namen „Ssaïdna Mohammed" bezeichnen sollte.

wo er in den See einmündet, sich wenigstens während der Regenzeit in ein Netz kleinerer Arme zertheilt; dagegen besteht der Vorzug des kleineren Armes, des Bara-I'-ssa („Fluss von Bara"), darin, dass er das ganze Jahr hindurch eine ungetheilte Wassermasse bewahrt, und dies war denn auch offenbar der Grund, wesshalb die Reisegesellschaft, mit der Caillié von Djinni aus den Niger abwärts fuhr, diesen Arm wählte (die Fulbe nennen ihn „māyo dhannéo", d. i. „weisser Fluss"). Neben dem Māyo balléo und Māyo dhannéo sind nun die Hauptarme, welche dem Débu zufliessen, der Māyo Pīru und der Māyo Djōga, beide während und gleich nach der Regenzeit nicht unbedeutend, aber sehr klein während der trockenen Monate.

Der See enthält ausser Fischen auch eine grosse Menge jenes eigenthümlichen Thieres, des „ayū" *(Manatus)*, von dem ich schon wiederholt gesprochen habe.

Vom See aufwärts liegen längs des Hauptarmes des Flusses folgende Plätze:

Būri.
Bánghida.
Walādu.
Ingárruë.
Mányata.
Kossanánna.
Tánnare.
Bóa.
Kirrínkiri.
Gánde-Tāma.
Ssar-bēre.
Kāra, ein bedeutender Ort, nach dem der Fluss zuweilen
„Fluss von Kāra" genannt wird.
Ingánschi.

Dággada.

Kumāi, eine Stadt von einiger Bedeutung und 2 Tagemärsche von Yā-ssalāme entfernt. Yā-ssalāme, eine Stadt von ungefähr derselben Grösse wie Yóaru, liegt etwa 3 Tagereisen von dem bedeutenden Marktplatz Tenéngu, und zwar, wie der letztere, auf der Westseite des Flusses, aber an einem Hinterwasser in ansehnlicher Entfernung von dem Hauptflusse.

[Ich will hier auch eine kurze Wegbeschreibung von Yóaru nach Yā-ssalāme einschieben:

1ster Tag: Hassi Djollūb, mit einer Ansiedlung von Mohammedanischen Mönchen — „suaie" —, die den Beinamen Ssombúnne führen.

2ter Tag: Ein Brunnen.

3ter Tag: Yā-ssalāme.

Von Bassikúnnu nach Yā-ssalāme sind es 4 Tagereisen.]

Djūgi.

Niāssu.

Kóliñango.

Ssabāre.

Búrruë.

Fenga, ein Platz mittlerer Grösse, nach dem dieser ganze Flussarm auch „māyo Fenga" benannt wird; es liegt etwa 2 Stunden östlich von Tenéngu und einen guten Tagemarsch von Fáfarák.

Wir wenden uns jetzt an dem südöstlichen Ufer des Débu und am Māyo dhannéo entlang:

Gūram, ein ansehnlicher Platz. Er liegt an einer grossen Felshöhe — „kódia", wie die Araber sie nennen, oder „haire", wie sie von den Fulbe genannt wird, bei denen diese Anhöhe als der „haire maunde Gūram" einen grossen Namen hat —. In dem flachen, angeschwemmten Flusslande ist sie so hervorragend, dass sie selbst von Yóaru aus sichtbar ist; Caillié erblickte sie aus einer Entfernung von 3—4 Meilen (II, S. 18) und wiederum weiterhin, wo er ihr den Namen St. Charles-Insel beilegt (II, S. 20). Das Dorf ist in drei besondere Gruppen getheilt, von denen die eine, welche am nördlichen Fuss der „kódia" liegt, Gūram-Fulbe genannt wird; die zweite, besonders von Sonrhay bewohnte, heisst Gūram-Hābe und die dritte Gūram-Ssúrgube (das Quartier der [gesunkenen] Tuáreg — „Ssurgu" —).

Mēro ⎫
Bang ⎭ beide vón Kórongoi bewohnt.

Ssōba.

Ssórroba, am Fusse einer anderen kleinen, „haire Ssórroba" genannten Felshöhe auf der Südseite des Flusses, und zwar Gūram gegenüber, gelegen; der Fluss macht nämlich hier offenbar eine grosse Biegung. Dieser Fels wird schon von Mohammed el Má-ssini erwähnt (s. Anhang zu Clapperton's zweiter Reise, S. 331 der Engl. Ausgabe); Caillié gab ihm den lächerlichen Namen „Henry-Insel".

Djantaie, ein ansehnlicher Platz.

Māyo Tīna, ein nahe bei dem eben erwähnten gelegener Ort, der von Tuáreg bewohnt wird.

Kōbi (vergl. Caillié's Bericht, II, S. 16).

Nie.

Batamāne.

Ssāyo, ½ Tagereise von dem vorigen entfernt (vorher liegen nämlich die Ortschaften am Ufer des Stromes nahe beisammen, hier werden sie aber seltener).

Wáñaka, an der Stelle gelegen, wo sich die beiden Flussarme, zu denen ausserdem noch ein dritter, aber kleiner Arm kommt, vereinigen; der letztere wird von Einigen Māyo Fenga genannt.

Hombólbe, der Hauptsitz der Kórongoi oder Ssurk. Derselbe Stamm bildet auch in den Ortschaften Ngárruë und Toi den Kern der Bevölkerung.

Kara-schīru.

Kara-ūra.

Neménte und nicht weit davon landeinwärts das „rúgga Böde" genannte Dorf.

Nāta.

Kammi.

Mōbti oder I-ssāka, an dem Vereinigungspunkt der beiden Flussarme gelegen, die sich bei Djafarābe getrennt hatten. Letzteres ist allem Anscheine nach eine niedrige Landspitze, die vom Flusse in eine Gruppe von 6 Inseln getheilt wird, wo alle von Hamd-Allāhi und dem unteren Fluss kommenden Boote, die nach Ssan-ssándi gehn, genöthigt sind, ihre Waaren auszuladen, da die letzteren von hier aus auf Eseln nach ihrem Bestimmungsorte geschafft werden müssen. Von diesen beiden Armen trägt der nordwestliche *) auch den Namen „māyo Djāgha", nach einem sehr bedeutenden Orte, dem berühmten Sāgha der Arabischen Geographen, das in Folge seiner Lage, ausserhalb der grossen Handelsstrasse, zur Zeit in jenen Gegenden nicht so allgemein bekannt ist. Die ursprüngliche Form des Namens, sowohl bei Sonrhay als Fulbe, ist allem Anscheine nach „Djāka" oder „Djāgha"; aber wie wir schon zu wiederholten Malen gesehn haben, werden die Buchstaben s (j) und dj beständig mit ein-

---

*) Am südöstlichen Arm des Flusses nach Djenni oder Djenne zu aufwärts liegen die folgenden Städte und Dörfer (ich will vorerst nur bemerken, dass Djenni oder Djenne die Assuānek-Form des Namens ist, Djinne die Form der Bámbara und Senne oder Sinno die der Sonrhay): Bōlai, ein „ksar" oder „koira"; Ssildoi, Konne, Kōme, I-ssāka oder Mōbti, Kūna, Ssofāra, Sinne. — Ssofāra liegt mitten zwischen Hamd-Allāhi und Djenni oder Sinno und hat jeden Mittwoch und Donnerstag einen bedeutenden Markt. Die östliche Seite von Ssofāra wird von einem kleinen Arm des Niger, Namens Golónno, bespült und am östlichen Ufer des letzteren liegt ein Dorf Namens Góñima.

ander verwechselt. Diese wichtige Stadt soll 1½ Tagemärsche südwestlich von Ssāre-dīna — „der Stadt der (Mohammedanischen) Religion" — liegen und nur ½ Tagereise nordöstlich von Djafarābe\*). Auch jetzt ist sie noch rühmlich bekannt wegen ihrer ausgezeichneten „tāri" oder „leppi".

Ich füge hier ein kurzes Verzeichniss der Städte und Dörfer bei, die zwischen Kūna und Mōbti liegen; Kūna ist wichtig, weil die Leute, welche von Ssofāra nach der Insel des eigentlichen Má-ssina gehn, hier gewöhnlich den Fluss überschreiten. Etwa 6 Meilen östlich von Kūna, auf der Ostseite des Flusses, liegt Nēma; dann Tikkétīa, auf der Westseite; Ssāre-bēle, auf der Ostseite; Ssāre-mēle, auf der Westseite des Flusses, nördlich von Tikkétīa; Gōmi, eine grosse Stadt am Ufer des Flusses; Mōbti, auf der Ostseite, mit bedeutenden Befestigungen, die, wenn ich nicht irre, aus älterer Zeit herrühren (hier vereinigen sich die beiden Arme); endlich Nymitōgo, auf der Ostseite des Flusses.

Die Entfernung Kūna's von Tenéngu beträgt ebenfalls 1½ Tagemärsche, und wenn man von Tenéngu ausgeht, passirt man folgende Plätze: Takanēne, Tschūbe (einen von Sklaven bewohnten Weiler), Kumbel, Ingellēye, Taikiri, Kóllima und Warángha.

Von Djafarābe aufwärts am Flusse entlang liegen folgende Ortschaften:
Kongu-n-koro („Alt-Kongu").
Kōno.
Djōru.
Ssíbila.

---

\*) Diese näheren Nachrichten sammelte ich, nachdem ich meine handschriftliche Karte in Timbuktu vollendet hatte.

Maddīna.

Ssan-ssándi (dies ist die Sonrhay-Form) oder Ssan-ssánne (die Mandingo-Form), der wohlbekannte Ausgangspunkt von Mungo Park's Schifffahrt auf dem Flusse abwärts. Herr Cooley ist der Ansicht, dass die Endsilbe „di" nur eine abgekürzte Form von „ding" sei und „klein" bedeute.

## K. Strasse von Hamd-Allāhi über Ssá zu Lande nach Kábara.

1 Tagereise: Niakóngo, eine grosse Stadt in ansehnlicher Entfernung vom Flusse. Viel Anbau.

1 Tagereise: Denéngu (?), ein von Fulbe und Sonrhay bewohnter Ort, jedoch so, dass die Letzteren zahlreicher sind, als die Ersteren. Die Stadt liegt hart am Flusse.

1 Tagereise: U'ro-Būlo, ein von Fulbe bewohnter Ort an der Ostseite des Débu.

1 Tagereise: Ssá, ein grosser Ort, auf der Ostseite des Māyo dhannéo oder Bara-I'-ssa gelegen und vorzugsweise von Bámbara bewohnt. Noch heutzutage ist es Sitz eines Statthalters, wie es auch in früheren Zeiten der Mittelpunkt einer Provinz gewesen zu sein scheint. In der Umgegend wachsen Palmen, wahrscheinlich Delébpalmen, und Timbuktu wird von hier aus mit Tragbalken zum Häuserbau versorgt. Die Überfluthungen des See's und der verschiedenen Flussarme während der Regenzeit sind so bedeutend und unterbrechen die direkte Verbindung so sehr, dass in jener Jahreszeit ein Reisender Hamd-Allāhi nicht in weniger als 6 Tagen erreichen kann.

1 Tagereise: Kōma, eine kleine Bámbara-Stadt in beträchtlicher Entfernung östlich vom Flusse.

1 Tagereise: Tschīai, hart am Ufer des Māyo dhannéo.

1 Tagereise: Ssāre-feréng, ein Bámbara-Ort. Die Strasse führt durchweg am südöstlichen Ufer des Flusses entlang.

1 Tagereise: Djangināre, ein Bámbara-Ort.
1 Tagereise: A'rkodja, eine theils von Bámbara, theils von Sonrhay bewohnte Stadt, jedoch so, dass die Ersteren an Zahl überwiegend sind.
1 Tagereise: Dāri, ein grosser, von Fulbe bewohnter Ort und von ihnen Dār e' Ssalām genannt. Keine Bámbara-Bewohner.
1 Tagereise: Bongessémba, ein von Fulbe-Ssudūbe bewohntes Dorf, hart an dem „I'ssofai" genannten Vereinigungspunkte der beiden Arme des Dhiúliba, des weissen (dhannéo) und des schwarzen (balléo). Wie schon die Namen bezeichnen, ist die Beschaffenheit des Wassers dieser beiden Arme völlig verschieden, indem der eine voll Krokodile, Flusspferde und Fische ist und der andere nichts Lebendiges enthält, ganz wie es der Fall mit den verschiedenen Wasserbecken des Tsād ist. Dabei erdrückt bei der Vereinigung das Wasser des schwarzen Flusses das weisse Wasser des „dhannéo" und der ganze Strom nimmt hier eine und dieselbe dunkle Farbe an. Man geht auf die andere Seite des Flusses.
1 Tagereise: Tindírma, ein grosser Sonrhay-Ort. Ein langer Tagemarsch.
1 Tagereise: Dīre, eine der ältesten Ortschaften der Sonrhay.
1 Tagereise: Dongoi, ein auf der Ostseite des Flusses gelegener und von Sonrhay bewohnter Ort; gar keine Fulbe.
1 Tagereise: Tōyai, ein Sonrhay-Dorf; die Tademékket schwärmen in der Umgegend. Die Landschaft ist ganz flach und baumlos und wird zeitweilig unter Wasser gesetzt.
2 Tagereisen: Kábara. Man hält sich hart am Flusse entlang und überschreitet ein kleines Flüsschen oder einen Arm des Flusses.

L^a. Strasse von Hamd-Allāhi nach Káñima.

1ster Tag: Ssīe.
2ter Tag: Niakóngo. Man bringt die heissen Tagesstunden in dem Weiler Berber zu.
3ter Tag: Benne-n-dúgu oder Konna. Man bringt die heisse Tageszeit in Námet-Allāhi zu. Ein langer Tagemarsch oder eigentlich zwei von gewöhnlicher Länge.
4ter Tag: Toi. Man kommt schon vor Mittag an.
5ter Tag: Ein Sonrhay-Dorf — „ksar" —.
6ter Tag: Konssa, ein Fulbe-Dorf.
7ter Tag: Ein von Fulbe, Sonrhay und Bámbara bewohntes Dorf.
8ter Tag: Takōti.
9ter Tag: Ssambedjerāhit.
10ter Tag: Ungūma.
11ter Tag: Káñima, an einem Arm des Flusses, der vom Städtchen Bámbara oder Hudāri kommt, gelegen (s. Th. IV, S. 368) und einen Tagemarsch von dem letzteren Städtchen entfernt.

L^b. Eine andere kurze Wegbeschreibung von Káñima nach Hamd-Allāhi.

1ster Tag: Lābo.
2ter Tag: Dōra, ein Sklavenweiler — „rúmde" —.
3ter Tag: Takōti oder Djengināre, je nachdem man etwas früher oder später zu lagern wünscht. Beide Ortschaften liegen am Bara-I'-ssa, Djengināre etwas südwestlich von ersterem.
4ter Tag: Eine andere am Niger gelegene Stadt, deren Namen mein Berichterstatter vergessen hatte, wahrscheinlich Ssāre-feréng.
5ter Tag: Gulúmbu an der seeartigen Erweiterung des Máyo, dem Débu oder Dōbu. (Eine andere Strasse führt von

Káñima über Lābo, Langōma, Konsse und noch einen Ort nach Gulúmbu.)

6ter Tag: Doi oder Toi, ein grosser Sonrhay-Ort.

7ter Tag: Karri, Konna oder Benne-n-dúgu (lauter Namen eines und desselben Platzes). Man lässt auf dem Marsche ein grosses Pullo-Dorf Namens Kori-ántsa zur Seite liegen.

8ter Tag: Námet-Allāhi, ein von Feroibe bewohntes Städtchen.

9ter Tag: Fatōma, der Marktort von Konāri, aber von geringem Umfang. Der Markt wird jeden Sonnabend gehalten.

10ter Tag: Hamd-Allāhi; ein guter Tagemarsch von 10 Stunden.

## M. Verzeichniss von Städten in Djimbálla, Sánkara und Aússa.

a) Städte in Djimbálla, der auf der Südseite des Flusses und westlich vom Bezirk Kīsso gelegenen Provinz.

Ayūn, Kūfa, Ssāre-feréng, wahrscheinlich der Sitz eines mächtigen Statthalters „farma" oder — „feréng" — unter der Herrschaft von Melle; Tē-ssi, A'rkodja, Hōre-ayō, Dangal, Bória, Ngorko oder Gorofiya, ein ansehnlicher Marktort zwischen Sánkara und Ssan-korē, 1½ Tagereisen südlich von Dāri gelegen; Kūle-ssongho, Guddunga. Die folgenden Ortschaften liegen in der mittleren Landschaft von Djimbálla: Tórobe, Gmoi, Gunki, Gúngare, I'tschi al Hābe, Ssēri, Ssegúl, Būgolintschēre, Gnóridja.

Es ist bemerkenswerth, dass drei Ortschaften, auf welche der Ursprung der Bámbara-Nation zurückgeführt wird, den Angaben nach die ältesten Städte in Djimbálla sind, nämlich: Kanembūgu, Djéngenabūgu und Tsorobūgu.

Nun gebe ich ein Verzeichniss der in Djimbálla angesiedelten Fulbe-Stämme:

Fíttobe, Ssangho, Uralífonā, Bússurā, Kaia, U'ro-Mōdi, Dugurābe, Tongābe in Ssēri, Sukkāre, Torōdi (wahrscheinlich in der Stätte, die den Namen Tórobe führt, angesiedelt), Narhau, Yaffōli. Ausserdem lebt dort auch ein mit Rumā gemischter Fulbe-Stamm Namens Dóngo, angesiedelt in vier Ortschaften von Djimbálla, nämlich in Kurúm am Māyo balléo, Ssēbi, Wāki und Gong. In Ssēbi, dem schon oben erwähnten Orte, hat noch jetzt ein Rumā-Häuptling seinen Sitz; in früheren Zeiten beherrschte er den ganzen Flussverkehr und so musste sich denn auch Park mit ihm verständigen (das ist augenscheinlich mit den Arabischen Worten ausgedrückt gewesen, die Herr Silame in der oben angeführten Stelle in Clapperton's Anhang abgeschmackterweise ganz unverständlich und sinnlos folgendermaasen übersetzt hat: „dass sie den Weg des Flusses überschreiten möchten").

Südlich von Djimbálla liegt der Bezirk Sákkerē, noch zur Herrschaft der Fulbe von Má-ssina gehörig, aber hauptsächlich von Sóghorān bewohnt. Der Hauptort der Provinz ist Dōko, einen Tagemarsch von Keussa und nicht weit von U'ro-Būlo entfernt.

b) Ortschaften in Sánkara, der Landschaft an der Südseite des Flusses, von letzterem und den Landschaften Kīsso und Djimbálla eingeschlossen.

Tomme, Tschángarā, Mandjebūgo, A'ndjau, Djebār, Bāko, Bánikan, Djū, Djū-kárimā, Wāki, Tondo, Djindigatta, Wabango, Kūgu, Bādi, Gom. Die Hauptstadt dieser Provinz ist Dāri oder Dār e' Ssalām, Wohnsitz des Statthalters 'Abd-Allāhi, eines der Söhne des verstorbenen Schēcho Ahmedu. Südöstlich von Dāri liegt Gannāti, ein ansehnlicher Marktort.

c) Ortschaften in Aússa, der auf der Nordseite des Flusses zwischen Timbuktu und Fermāgha gelegenen Provinz.

Tomba, Mékore (bei Gúndam), Bankorīe, Django, Akeuren-éhe, Hammakoire, Kamba-dumba, Ungurúnne, Niafúntsche,

Hardánia oder Béllaga, Gnōro, Baba-danga, Báñaga, Tóndidāro, Gubbo, Dháhabi-koire, Ssībo, Aluēli-koira, Gombo, Tommi, Gaudel, Kurbal, Kattáuen, Fadhl-illāhi, A'ttora, Nūnu, Nyódogu, Gaudē, ein zweites Mékore (bei Kurbal), Kábara-tanda, Duē-kirē (bei Dongoi), Tá-ssakál, Mánkalāgungu (zwischen Dongoi und Kábara), Telfi, Koddi-ssabāri. Ssobónne dagegen ist nach meiner Ansicht nicht der Name einer Ortschaft, sondern einer Abtheilung der Fulbe, die sich hier angesiedelt hat.

Ich will hier auch einige Verzeichnisse von Städten einschieben, die längs verschiedener Strassen liegen, welche die Landschaft Fermāgha, die Provinz, zu der Yóaru gehört, und Bergu, die südlich an die vorige angrenzende Landschaft, durchschneiden, aber ich bin nicht im Stande, die Genauigkeit der Reihenfolge, in der die Städte aufgezählt sind, zu verbürgen. Zuvor will ich bemerken, dass die ursprüngliche Form des Namens Bergu, wie er von einigen Eingeborenen ausgesprochen wird, allem Anscheine nach „Marka" ist. Yā-ssalāme ist der Hauptort der Provinz. Es ist ein sehr flaches Land, fast ohne allen Baumwuchs und ohne irgend einen Ernteertrag, hat aber wegen seines Reichthums an Wasser schöne Weidegründe. Fermāgha dagegen ist eine schön bewaldete Provinz.

Ich folge nun den Angaben Dáūd's, eines Bruders des in meinem Tagebuch wiederholt erwähnten Pullo-Häuptlings Mohammed ben 'Abd-Allāhi:

Zwischen Yóaru und Yā-ssalāme sollen längs der westlichen Strasse folgende Ortschaften liegen, wenn man bei Yóaru beginnt: Bánghita, ein von gelehrten Leuten — „mállemīn" — bewohntes Dorf; Ssāredīna, Dōgo, der Ort, den man auf dem Wege von Yóaru über Schai nach Niakóngo berührt; Urúnde, Gogórla, Launiánde, Launérde, Merē-únuma, Urungīe, welches Dorf in der trockenen Jahreszeit einen halben Tagemarsch vom Flusse entfernt liegt und das Manche als noch zu Má-ssina gehörig betrachten (1ster Tag); — Tanna, Kánguru (zwischen diesen beiden Dörfern überschreitet man einen kleinen Arm), Heráua, Bandāre, Tschūki, Kalassēgi, Gatschi- (oder Gassi-) lūmo, Nanka, Kārangérre, Ssurángo, Kūru (2ter Tag); — Mōdi Massanāre, Kunāba, Djūre, Ikāre, Búrburankōbe, Nyōdji, Digge-ssīre, Yā-ssalāme, eine ansehnliche, von Assuānek und Fulbe bewohnte Stadt (3ter Tag).

Zwischen Yóaru und Yā-ssalāme längs der westlichen Strasse liegen, wenn man Urungīe passirt hat: Alamáie, Utscha-malángo, Ukánnu, Djoëngéña, ein Dorf Namens Almāme, ein anderes Namens Fíttobe, Doroi, Ssāre-yāru, Digge-ssīre, Yā-ssalāme.

Zwischen Yā-ssalāme und Ssāre-dīna (ein Marsch von 3 Tagen) liegen: Kōra, Túguri,. Djappēdje, Ssendekūbi, ein von Sklaven der Fulbe bewohnter Weiler, Djāka, Ssende-kórrobe, Tschūbe, Bū-derādje, Gánda, Gauye, Nomárde, Ssāre-dīna. Dieser Weg zieht wahrscheinlich in nicht grosser Entfernung westlich von Tenéngu vorüber.

Zwischen Yā-ssalāme und Konāri (ein Marsch von 3 Tagen) liegen: Burtupédde, Gelēdji, Dōko (verschieden von dem oben erwähnten), Djónyori (1ster Tag); — Kōle, Wandebūte, Kollekómbe, Ssalssálbe (2ter Tag); — U'nguremādji, Konāri.

Zwischen Ba-ssikúnnu und Yā-ssalāme liegen: Kussumāre, Djáfera, Djerri-Djáfera, ein von Sklaven bewohntes Dorf (1ster und kurzer Tagemarsch); — Bínyamūss, ein von Arabern bewohnter Ort, Terebékko, Ssorbāra, Kóllima, Túgguri (2ter Tag); — Tūre-ssangha, gegenwärtig von Arabern bewohnt, aber in früheren Zeiten wahrscheinlich von Máleki, einer Abtheilung der Sonrhay (das bedeutet wahrscheinlich das Wort „tūrī"); Kódjole, Pātsche, Batáua, ein von „hárratīn" bewohnter Ort, Kāre, Wohnsitz Búgonē's, des Häuptlings der Boār; Búburankōbe, Um-mussuēle, Yā-ssalāme.

Zwischen Ba-ssikúnnu und Yóaru (eine Reise von 5½ Tagen)

liegen: Barkánne oder Barkánnu (1ster Tag); eine andere Strasse geht über Djéppata; — Schám, Lēre (2ter Tag); — Nimmer, ein Flussarm, von den Arabern „el mā hammer" („das rothe Wasser") genannt; hier bringt man die Hitze zu und passirt dann Dogomēra, Nyentsche, Báia (3ter Tag); — Karúnna, Gungu, Ssaléngurū, Tschíllunga, Gassī-Lūmo (man lässt Gassī-Djerma nördlich liegen) (4ter Tag); — Kalassēge, Tschūki (5ter Tag); Yóaru.

Zwischen Ikánnu, einer Stadt, die einen Tagemarsch westlich von Urungīe liegt, und der Stadt Gúndam liegen: Ssēda, Bundūre, Ssabēre-lōde, Tánuma, Djamuēli, Tómorō (diese beiden letzteren Dörfer von Sonrhay und Assuānek gemeinschaftlich bewohnt), Ssurángo, Djábatā, Lēre, Gassī-Djerma, Nōssi, Kāti, Kábara, auf der Ostseite eines grossen stehenden Wassers — „dhaie" — gelegen; Kokónta, ein Sonrhay-Dorf, Katáō, Ssumpi, Tákadjī, Nyódogō, Hōro, Tēle, Gundō oder Gúndam.

## N. Strasse von Timbuktu über Ba-ssikúnnu nach Ssan-ssándi.

(Nach Schēcho Uōlēd A'mmer Walāti.)

2ter Tag: Gúndam. Man kann, wenn man will, über Kábara gehn, aber es ist keineswegs nöthig; dann Tá-ssakalt oder Tá-ssakant, ein anderes Dorf — „ádabai" —, ein Dorf Namens Duē-kirē und Dunge, ein von Rumā bewohntes Dorf.

3ter Tag: Tēle, ein Arm — „ridjl" — mit zahlreichen Dörfern.

4ter Tag: Téridjīt, ein Dorf an einem Nebenarm des Flusses.

5ter Tag: Katáō, ein anderes Dorf, ursprünglich von Tuáreg bewohnt.

6ter Tag: Kábara, auch, um es von dem anderen Dorfe desselben Namens zu unterscheiden, Kábara Tanda genannt, bewohnt von Sonrhay.

7ter Tag: Djanga, ein von Assuānek bewohnter Ort.

8ter Tag: Lēre.

9ter Tag: Barkánni, ein von Arabern besuchter Brunnen; ein langer Tagemarsch.

10ter Tag: Ba-ssikúnnu, ein Städtchen — „ksar" — von mittlerer Grösse, von Arabern bewohnt, besonders den Uëlād ʿAlūsch, einem sehr kriegerischen Stamme, der etwa 700 Bewaffnete in's Feld zu stellen vermag; aber der grössere Theil der Bewohnerschaft besteht aus den Sklaven der Letzteren. Ba-ssikúnnu liegt in der Landschaft Eríggi und ist 9 oder 10 Tagemärsche von Kassambāra entfernt.

14ter Tag: Kīri, ein Brunnen unweit der Stadt Kāla. Die gerade Strasse geht hart an der Westseite der Stadtmauer vorüber, aber mein Berichterstatter wollte sie vermeiden.

15ter Tag: Ssaradōbi, ein verlassener Platz.

16ter Tag: Falambūgu, ein von Bámbara bewohntes Städtchen.

17ter Ssuēra, ein ansehnliches Städtchen.

18ter Tag: Ssan-ssándi.

## O. Strasse von Ssan-ssándi nach Timbuktu mit stellenweisen Abweichungen von dem gewöhnlichen Wege (aus Furcht vor den Fullān).

(Nach dem Berichte des Ssidi Ahmed el Masūki el Bágheni.)

1ster Tag: Assēr (wahrscheinlich einerlei mit Ssuēra, das wohl nur die Diminutivform ist), ein von Bámbara bewohntes Dorf. Man kommt kurz nach Sonnenuntergang an, wenn man von Ssan-ssándi am Nachmittag aufgebrochen ist.

2ter Tag: Ein Ort mit einem Teich — „dhaie" —. Man bringt die Tageshitze in einem veröadeten Städtchen zu, indem man Karadūgu etwas östlich zur Seite lässt. Diese ganze Landschaft ist in Folge des zwischen den Benāber oder Bámbara und den Fullān andauernden Krieges durch unaufhörliche Raubzüge verwüstet und verheert.

3ter Tag: Akōr, ein verlassener „ksar".

4ter Tag: Man bringt die Tageshitze in einer von den Arabern „Akúmbu djemel" genannten Örtlichkeit zu und lagert in der Wildniss. Man lässt das ansehnliche Städtchen Kāla mit seiner Bámbara-Bevölkerung westlich liegen.

5ter Tag: Man lagert in der Wildniss.

6ter Tag: Ssāre-bāla, ein früher von den Uēlād-ʻAlūsch. und den Idélebō bewohnter, aber jetzt verlassener Ort.

7ter Tag: Gello, ein Dorf in der Umgebung einer grossen „dhaie", 2 Tagemärsche von Yóaru und zur Zeit von den Teghdaust bewohnt.

8ter Tag: Bīr el Hadj ʻOmar, ein Brunnen mit einem gelegentlichen Lager der Suaie. Der Weg, der im ersten Theil der Reise fast von Süden nach Norden ging, wendet sich hier östlich.

9ter Tag: Lēre, ein Dorf — „ksar" —, das den Uēlād Saiem gehört, einem Araber-Stamme, der den Fullān unterworfen ist. Ein Arm des Flusses bespült seine Ost- und Südseite. Selbst in der trockenen Jahreszeit sammeln sich hier ungeheure Wasserflächen, wie es in ganz Fermāgha der Fall ist. Fermāgha begreift diesen gesammten Landstrich und ist umfangreicher und besser bewohnt als Aússa.

10ter Tag: Gassī e' Sságheli oder Gassī-Djerma, 1¼ Tagemärsche nördlich von dem bedeutenderen Orte Gassī-Ghūma oder Gassī-Lūmo. Dies Letztere ist ein grosser Marktort für „killa" (grobe farbige, aus Wolle und Baumwolle gemischte Stoffe) und nach Yóaru der bedeutendste Ort in Fermāgha. Gassī-Djerma dagegen hat keine grosse Gewerbthätigkeit, besitzt aber viel Korn; Muscheln haben keine Gültigkeit. Die Stadt ist von Sonrhay und Sóghorān bewohnt und liegt 5 Tagemärsche östlich von Ba-ssikúnnu. Gassī-Ghūma liegt an den Hinterwassern des Flusses, die dem zwischen dem See Débu und Gúndam sich hinziehenden Hauptarme parallel laufen und sich bei Ssalga mit dem Flusse vereinigen; ein Arm läuft von hier nach Gassī-Djerma und von dort nach Lēre.

11ter Tag: Ssunfi, ein von Sonrhay bewohnter Ort, der zu Aússa gehört. Man bringt die heissen Tagesstunden im „ksar" Nyeddūgu zu.

12ter Tag: Kein Ort.

13ter Tag: Ein Dorf — „ksar" — an einem Arm des Flusses. Man wartet die Tageshitze an der „dhaie" Hōr ab und hält sich dann an diesem Wasserbecken entlang, das ein Arm des Rās el mā ist und meinem Berichterstatter zufolge sich bis nach Gassī-Ghūma erstreckt.

14ter Tag: Gúndam. Vielleicht ist hier die Station Tēlē ausgefallen.

17ter Tag: Timbuktu.

## P. Strasse von Timbuktu nach Walāta.

1ster Tag: Farscha, eine am Fusse eines Hügels gelegene Örtlichkeit.

2ter Tag: Múdjerān, ein See, der mit dem Flusse in Verbindung steht vermittelst des Armes, welcher sich zwischen Betagúngu und Toga-bango von letzterem absondert. Der See ist von Hügeln umschlossen. Die Kēl-antsār, eine Abtheilung der I'gelād, deren Haupt Thāher ist, haben hier gewöhnlich ihre Lagerstätte. Es ist ein kurzer Tagemarsch. Gúndam liegt von hier südsüdwestlich.

3ter Tag: Geléb el Rhānem, eine fruchtbare Stätte mit einem hohen Berge, den man schon von Gúndam aus sieht, am Ufer eines Flussarmes gelegen. Zwischen 9 und 10 Uhr Morgens lässt man Abánko zur Seite, ein kleines Dorf, das von Sklaven und einigen Sonrhay bewohnt ist.

4ter Tag: A'm-gunnān, eine begünstigte Stätte, wo Sklaven der Tuáreg den Boden bebauen. Die so oft wiederkehrende Silbe „ám" ist nicht rein Arabisch, sondern Semitischen Ursprungs.

5ter Tag: Rāss el mā („der Anfang des Wassers"), von den Tuáreg oder Imō-scharh „áraf-n-áman" genannt, der weit in's Land hineinziehende Hinterarm, wo in früheren Zeiten der aus Norden kommende Reisende auf seinem Wege nach Walāta zuerst das System des grossen Flusses erreicht zu haben scheint. Er liegt allem Anscheine nach südsüdwestlich von Timbuktu. An dieses Wasser knüpft sich die Überlieferung, dass es ein künstlicher Kanal sei, der vom Baschā Djōdar und seinen „Ermā" oder „Rumā" herrühre. Diese abgeschmackte Überlieferung wird einfach durch den Umstand widerlegt, dass schon El Bekrī den Rās el mā erwähnt (S. 160 der Ausgabe de Slane's). Auf der Südseite dieses berühmten schönen Wasserbeckens liegen mehrere kleine Dörfer — „ádabai" — (Plur. „tádebīt") mit einer Bevölkerung von I'délebō, einem armen Maurischen Stamme, der mit den Schemman-A'mmass verwandt sein soll. Es verdient Erwähnung, dass aller Waizen, den man in Timbuktu verbraucht, am Rāss el mā gebaut wird; Caillié's Angabe (Reise nach Timbuktu, Thl. II, S. 20 der Engl. Ausg.), dass er aus Norden eingeführt würde, ist unrichtig.

Vom Rāss el mā verlässt die gerade nach Walāta führende Strasse das Flussbecken und erreicht jene Stadt in 7 oder, wenn man wie ein Eilbote reist, sogar in 5 Tagemärschen. Die Richtung ist westlich mit geringer nördlicher Abweichung. In der trockenen Jahreszeit findet man auf dieser Strasse kein Wasser, dagegen zeigt sich in der Regenzeit ein Überfluss von Teichen — „dhaie" —, so dass man dann, wenn man will, ganz bequem reisen und diese Strecke in 10 oder 12 Tagen zurücklegen kann. Unser Weg dagegen hält sich in geringer Entfernung von den äusseren Hinterwassern des Flusses und man erreicht nach einem langen Tagemarsch am

6ten Tage Ulákiáss, einen etwa 20 Klaftern tiefen Brunnen. Auf dem Wege lässt man die Stätte Tádemēt zur Seite, die ihren Namen von einer Gruppe „tédumt" erhalten hat; „tédumt" ist nämlich das Wort, mit dem die Bewohner Timbuktu's den Baobab bezeichnen.

7ter Tag: A'dar, ein Brunnen mit einer kleinen Wohnstätte — „ksar" —, die Sonrhay und Sklaven der I'délebō inne haben.

8ter Tag: Bīr e' Sselem, ein Brunnen.

9ter Tag: Bū-Sserībe, ein Brunnen; ein langer Tagemarsch. Man lässt einen anderen Brunnen Namens Segsīg zur Seite liegen.

10ter Tag: Ba-ssikúnnu.

15ter Tag: Walāta, wie die Stadt von den Arabern und Tuáreg genannt wird, oder Bīru, wie die Schwarzen sie nennen, vorzugsweise die Asēr, eine Abtheilung der Assuānek, welche die ursprünglichen Bewohner des Ortes sind. Walāta ist eine ansehnliche Stadt, deren Häuser mit Sorgfalt gebaut sind; der Thon, aus dem diese bestehen, ist vortrefflich, und wie es scheint, werden die Wände noch mit einer schönen gypsartigen Bekleidung bestrichen. Diese sorgsame Bekleidung ist aber auch Alles, was den Ort jetzt auszeichnet; denn die Lage von Walāta, am östlichen Rande des Bezirkes El Hōdh, am Fusse einer Hügelkette Namens Dhāhar Walāta, von welcher sie auf dieser Seite umschlossen wird, während ein grosses Thal, das reich mit Baumwuchs bekleidet ist, die Nord- und Ostseite umsäumt, gilt für äusserst ungesund und die Stadt führt desshalb den unglimpflichen Beinamen „chāneg el haie", „Schlund der Schlange"; die Landschaft El Hōdh wird nämlich für eine Schlange angesehen. So gleicht denn Walāta in dieser Hinsicht ganz und gar Ghánata oder vielmehr der Hauptstadt des gleichnamigen Reiches. Einst aber war es ein Sitz gewaltigen Reichthumes und grossen barbarischen Glanzes, während die Stadt jetzt, ausser dass sie ein Siechbett ist, auch den Sitz von Armuth und Elend bildet. Denn, wie wir in den dem vorhergehenden Bande angehängten chronologischen Tabellen gesehn haben (S. 620), ward im Laufe des 15ten Jahrhunderts alle kommerzielle Wichtigkeit Walāta's nach Timbuktu verpflanzt und nichts blieb dort zurück, als der Umsatz von Lebensmitteln, vorzüglich Negerkorn — „éneli" —.

Die Bewohner von Walāta sind ein gemischtes Geschlecht von Schwarzen und Weissen. Von diesen gehören die Ersteren, deren Zahl zur Zeit sehr vermindert ist und die in ihrer moralischen Stellung beträchtlich gesunken sind, zu der weit verbreiteten Nation der Ssuanínki oder Asēr; die Weissen dagegen sind Berber und Araber, von denen die Letzteren verschiedenen Stämmen angehören, vorzüglich jedoch dem Stamme der Méhadjīb. Diese sind aber dermaassen von der schwarzen Nation berührt worden, dass sie selbst unter einander sich fast ausschliesslich des Asérīe-Idioms bedienen; dies ist nämlich die einheimische Sprache.

Etwa 1 Meile westlich von Bīru sind die Ruinen eines alten Platzes Namens Te-súght. Dieser Ort war früher vom Berber-Stamme der Idáu el Hādj bewohnt, welche die hauptsächlichsten Verbreiter des Isslam in diesen Gegenden waren und sie lange Zeit beherrschten; Bīru selbst hatte damals nur eine Bevölkerung von den eingeborenen Schwarzen. Noch heutzutage soll gelegentlich viel Gold in diesen Ruinen gefunden werden. So kommt denn auch dieser Umstand hinzu, um zu beweisen, dass diese Örtlichkeit die Stätte einer altberühmten, blühenden Stadt war. Allerdings war einst der ganze El Hōdh genannte Landbezirk mit Städten — „ksūr" — dicht besetzt, aber dennoch kann man, wenn man alle Umstände in Betracht zieht, nicht leugnen, dass die Doppelstadt von Tesúght-Bīru mehr Anspruch auf eine Gleichstellung mit der berühmten Hauptstadt des Ghánata-Reiches hat, als irgend eine andere Örtlichkeit, und es macht mir Freude, hier dem kritischen Urtheile des Herrn W. Desborough Cooley meine Anerkennung zu zollen; mit dem höchst ungenügenden Material nämlich, das ihm damals (1841) zu Gebote stand, als er sein verdienstvolles Büchelchen über das Negerland der Araber schrieb, gelangte er zu demselben Resultat. Die Entfernung Ghánata's vom Rās el mā, — wenn man die 5 Tage nach der Schnelligkeit eines Eilboten berechnet — und die von Amīma oder Mīme oder, wie der Name gewöhnlich ausgesprochen wird, Maima, einer Örtlichkeit, die noch jetzt trotz ihrer Verödung diesen Namen trägt, etwas westlich von Lēre, stimmt hiermit ganz genau; die Entfernung von 3 Tagemärschen zwischen jenem Orte und dem Flusse (bei Ssáfnakū oder [nach de Slane's Lesart] Ssáfekū) entspricht nicht ganz genau dem wirklichen Zustande des Landes, da die geringste Entfernung Walāta's vom Flusse 5 Tagemärsche beträgt; aber es ist nicht unmöglich, dass die äusseren Hinterarme vor 8 Jahrhunderten der Stätte Walāta's weit näher rückten.

Was die Entfernung von 20 Tagemärschen zwischen Ghánata und Ssilla anlangt, so ist sie nach dem Marsche mit wohlbeladenen Karawanen zu bemessen. Ssilla ist entschieden die Stadt am Ufer des Niger, die Mungo Park besucht hat. Dies war in früheren Zeiten ein sehr bedeutender Ort und nach ihm sind die Ssillāt benannt worden, jene Abtheilung der Ssuanínki oder Assuānek, die sich wegen des Alterthums und der Reinheit ihres Glaubens besonders auszeichneten; aber die Stadt ist vor Kurzem in den Kriegen zwischen den Bámbara und Fūllān zerstört worden.

Walāta enthält eine geräumige Moschee von hohem Alter, deren Erbauung aber sicherlich mit Unrecht dem berühmten Ssidi 'Ukba el Músstadjāb zugeschrieben wird.

Zwischen Walāta und A'rauān zählt man 10 Tagemärsche in ostnordöstlicher Richtung durch die „A'kela". Gerade dieser Name in der Form Aúkār wird einem Theile des alten Ghánata beigelegt, einer Landschaft, die aus vereinzelten leichten Sandhügeln besteht, voll von vortrefflichen Kräutern für das Kameel, aber ganz entblösst von Wasser. So ist denn der Stamm der Kóbetāt, der hier umherwandert, nicht weniger als seine Kameele hinsichtlich des Bedarfs an Flüssigkeiten lediglich auf Wassermelonen angewiesen, die hier in grosser Menge wachsen und viel erfrischenden Saft enthalten.

Q<sup>a</sup>. Strassen von Walāta nach Ssan-ssándi.

Die meisten Reisenden, welche diesen Marsch unternehmen, gehn von Walāta nach Ba-ssikúnnu und wenden sich von dort nach Ssan-ssándi längs des oben beschriebenen Weges; die gerade Strasse nämlich, die ich nun nach den Angaben meiner beiden Berichterstatter mittheilen will, führt durch eine Landschaft, die von Arabern aus El Hōdh zahlreich besucht und daher von friedlichen Reisenden möglichst vermieden wird. Zuerst theile ich die Beschreibung der Strasse mit nach Schēcho Uēlēd A'mmer Walāti.

1ster Tag: Ssimberínne, eine Stätte auf den Sandhügeln; ein kurzer oder vielmehr nur ein halber Tagemarsch.

2ter Tag: Rīni, ein Brunnen.

3ter Tag: E' Schemīn, ein sehr tiefer Brunnen.

4ter Tag: Ssigánnedjāt, eine Gruppe flacher Brunnen, im Sommer trocken.

5ter Tag: Dendāre, ein grosser Teich — „dhaie" —, die Stätte eines früheren „ksar", mit einer ausgedehnten Waldung — „rhāba" —.

6ter Tag: Kork, eine hügelige, bewaldete Stätte.
7ter Tag: El Barūk, ein Brunnen.
8ter Tag: Búgla, ein tiefer Brunnen, umgeben mit schönen Gruppen von Baobabbäumen — „tēdum" —. Auf dem Wege lässt man die Brunnen El Rhánimāt und Djellūk zur Seite.
9ter Tag: El Tréik, ein Brunnen, oder etwas weiterhin El Mákrunāt.
10ter Tag: A'tuēl, ein Brunnen östlich von Ssinyāre; wenn man aber einen weiten Marsch machen will, geht man bis nach Farabūgu, einem Bámbara-Dorf.
11ter Tag: Kāla, eine grosse, schon zu Bámbara gehörige Stadt, nur 2 oder 3 Stunden von Farabūgu. Es ist ohne Zweifel dasselbe Kāla, das einst ein kleines unabhängiges Königreich bildete und das Ahmed Bābā so oft erwähnt (Zeitschrift der Deutschen Morgenländ. Gesellsch., Bd. IX, S. 527). Im Verlaufe der Zeit bildete es dann eine der drei grossen Abtheilungen des Reiches Mélle; die beiden übrigen Abtheilungen waren Benne-n-dúgu und Ssabar-dúgu.
12ter Tag: Ssara-dóbū oder Ssara-dúgu.
13ter Tag: Falam-búgu.
14ter Tag: Ssuēra.
15ter Tag: Ssan-ssándi.

## Q$^b$. Dieselbe Strasse.
### (Nach El Beschīr.)

Zuerst ist zu bemerken, dass mein Berichterstatter mit einer Karawane von Kameelen und Packochsen reiste, wo die Kameele vom frühen Morgen bis etwa 4 Uhr Nachmittags marschirten, die Lastochsen dagegen während der Tageshitze rasteten und am Abend nachfolgten.

1ster Tag: Arēni (augenscheinlich einerlei mit Rīni) oder eine andere Gruppe von Brunnen Namens A'djel el A'hmar.

2ter Tag: Arēk, Sandhügel. Man bringt die heissen Tagesstunden am Bīr A'schim-mēn (E' Schemīn) zu.
3ter Tag: Adjābi oder, wenn man seinen Marsch etwas weiter fortsetzt und sich etwas östlicher hält, Tenuakkar.
4ter Tag: El Rhánimāt, ein Brunnen mit einem Teich — „dhaie" — in der Nähe.
5ter Tag: Man lagert am Fusse einer ansehnlichen Anhöhe, „e' Ssīn" genannt und zur Bergkette Dhāhar Walāta gehörig, welche El Hōdh auf der Ostseite umschliesst und an dieser Stelle überschritten wird.
6ter Tag: Man lagert an einer Stätte ohne Wasser.
7ter Tag: Ssinyāre, ein von Ssuánínki oder Assuānek bewohntes Dorf — „ksar" —.
8ter Tag: Kāla, gleichfalls von Assuānek bewohnt, die nach der Aussage meines Berichterstatters auch diese Stadt, gleichwie die letzte Station vor Ssan-ssándi, Ssuēra nennen.
9ter Tag: Falam-búgu, wenige Meilen westlich von Kara-dúgu.
10ter Tag: Ssuēra.
11ter Tag: Ssan-ssándi. Ein kurzer Marsch.

## R. Strasse von Ka-ssambāra nach Walāta.

Ka-ssambāra gilt für den Hauptort in der Landschaft Bághena und ist oft der Aufenthaltsort des Häuptlings der Uēlād Mebārek.

1ster Tag (ein recht langer Marsch): Lombo-tendi. Dies ist der Name eines Brunnens und zugleich der eines aus Thonhütten bestehenden Dorfes — „ksar" — mit einer Bevölkerung von Rumā oder Ermā. Ausser Lombo-tendi gibt es in Bághena noch zwei „ksūr", die ebenfalls von dieser merkwürdigen Klasse von Mischlingen bewohnt sind; beide heissen Bara-ssāfa und der eine liegt in nicht grosser Entfernung südöstlich von Lombo-tendi, der andere in geringer Entfernung nordöstlich von Bi-ssāga.

Diese drei Dörfer zusammen bilden die in Bághena „ksūr e' Rúmme" genannte Gruppe.

2ter Tag: Tamāra, ein Teich — „dhaie" —.

3ter Tag: Agámmu, ein Brunnen oder Teich.

4ter Tag: Bū-Lauān, ein Brunnen.

5ter Tag: Náma, ein hübsches Städtchen — „ksar" —, vor etwa 50 Jahren von einem Enkel Múlāi Issmááīl's erbaut, und zwar in Folge eines Bürgerkrieges, der unter den in Walāta angesiedelten Schurfa ausgebrochen war. Es ist von Schurfa, Méhadjīb und I'délebō bewohnt; die Häuser sind aus Thon und Stein gebaut. Náma liegt am Fusse der Hügelkette, welche das ganze Bassin von El Hōdh einschliesst, und an seiner Westseite zieht sich ein Thal entlang, das einige hundert Palmbäume enthält und in dem etwas Tabak gebaut wird. — Man trifft früh am Morgen ein.

8ter Tag: Walāta.

## S. Strasse von Ka-ssambāra nach Djauāra.
#### (Nach den Angaben Ssidi Ahmed el Masūki el Bághenī's.)

1ster Tag: Man lagert in der Wildniss, nachdem man 2 oder 3 Stunden in Bi-ssāga ausgeruht hat.

2ter Tag: Retánne, eine Gruppe flacher Brunnen — „hassiān" —. Man bringt die heissen Tagesstunden in Benōn zu, einem zur Zeit von Assuānek bewohnten „ksar"; augenscheinlich ist dieser Ort identisch mit dem Lagerplatz des Häuptlings der Ludamār oder vielmehr Uēlād 'Omar (dieser letztere Name wird „A'mmer" ausgesprochen), wo Mungo Park so viel zu erdulden hatte. Eine andere Strasse von Bi-ssāga nach Benōn führt über einen Ort Namens Dūnu.

3ter Tag: Djauāra (von den Fulbe oder Fullān Djāra-Mélle genannt), einst die Hauptstadt des Reiches Mélle, zur Zeit aber verlassen; während der letzten Periode seiner

Existenz war es von Rúmme (Rumā) und Gurmābe bewohnt.

Djauāra liegt 1½ Tagereisen von Djebēga und deren 2 von Ssamakēde; man schläft eine Nacht in Mellēri, einem von den Uëlād Dābo, wie die Araber eine Abtheilung der Assuānek oder Wákorō nennen, bewohnten „ksar", und bringt die heissen Tagesstunden in einem Orte Namens Ardjōga zu. Nach dieser Stadt, Djauāra oder Djaura, nennen die Fulbe die Ssuánínki oder Ssēbe, die vornehmste und edelste Abtheilung der Assuānek „Djaura-n-kōbe".

In geringer Entfernung südlich von Mellēri liegt der „ksar" Djemdjúmmu und westlich davon Ssāra.

## T. Strasse von Ka-ssambāra nach Bū-Djedūr oder Bākel.

1ster Tag: Bi-ssāga, ein „ksar" der Assuānek. Man hat die Tageshitze in Djōga zugebracht.

2ter Tag: Djorōni, ein „ksar" der Assuānek. Am Morgen lässt man bald hinter Bi-ssāga eine grosse Stadt Namens Medīna und weiterhin Demmundāli zur Seite liegen und ruht während der Tageshitze in A'guënīt, einem ansehnlichen „ksar", der ebenfalls von Assuānek bewohnt ist.

3ter Tag: Tūreghámme, auch ein „ksar" der Assuānek. Man bringt die heissen Stunden in einem Orte Namens Kurtsche zu.

4ter Tag: Djebēga, ebenfalls ein „ksar" der Assuānek. Der Reisende betritt Kaarta und die Strasse theilt sich. Djebēga soll 2 Tagereisen südöstlich von Messīla liegen.

5ter Tag: Ssamankēde, ein zur Zeit von Bámbara bewohnter Ort. Man bringt die heissen Stunden in einem Dorfe Namens Arēri zu und lässt das Dorf Tschentscha zur Seite liegen.

6ter Tag: El Kāb, wieder ein „ksār" der Assuānek. Man

lässt einen Ort Namens Bū-Ssuēde zur Seite liegen und rastet während der grössten Hitze in Kórkorō.

7ter Tag: Brenta, einer der Hauptplätze der Assuānek. Man bringt die Hitze in Yōri zu, einer anderen Assuānek-Stadt.

8ter Tag: Tenge, ein von Bámbara bewohntes Dorf, welches einen Bergpass beherrscht. Man hält während der heissen Tagesstunden in Kā-ssa, einem gleichfalls von Bámbara bewohnten Dorfe.

9ter Tag: Má-muru, Wohnsitz eines Häuptlings Namens Dembo Uēlēd Mū-ssa Korbo, in einem weit offenen Thale gelegen. Man rastet während der Hitze in Moëdīna, einer von Bámbara bewohnten Stadt, die von einem Häuptling Namens Hassan Bébelē beherrscht wird.

10ter Tag: Lewāna, ein grosser Ort und Wohnsitz eines vom König von Ssēgo abhängigen Statthalters. Man ruht um Mittag in einem von Sklaven der Bámbara bewohnten Dorfe.

11ter Tag: Gūri, der Hauptort von Djáfunu (augenscheinlich identisch mit Raffenel's „Kōghi" [zweite Reise, Th. I, S. 223 ff.]), eine ansehnliche, aus Thon gebaute Stadt; nach den Angaben einiger Berichterstatter soll sie nicht weniger als 60 Betstellen — „mssīd" — enthalten. Die Bewohner sind Assuānek und bilden einen besonderen Stamm, den die Fulbe „Djáfuna-n-kōbe" nennen. Auch die Bevölkerung der Landschaft Kadjāga oder Gedjāga (südlich von Djáfunu) soll aus Assuānek bestehen; diese bilden einen eigenen Stamm, der von den Fulbe Haira-n-kōbe genannt wird. Man rastet um Mittag in Tschāma, einer von Bámbara bevölkerten und von einem Sohne Morbo's regierten Stadt; jenseits derselben betritt man Djáfunu, Djáfuna oder, wie der Nâme von den Arabern ausgesprochen wird, Djáfena.

15ter Tag: Bū-Djedūr. Dies ist der Arabische Name einer

Französischen Ansiedelung am Senegal, aber ich bin jetzt keineswegs mehr so ganz überzeugt, dass dies, wie ich noch in der Englischen Ausgabe behauptet habe, die grösste Französische Ansiedelung am oberen Senegal, nämlich Bākel, ist; vielleicht entspricht es dem Fort St. Joseph. Dass es südsüdöstlich von Bot-hadīe liegt, steht fest.

Auf dem Wege von Gūri nach Bū-Djedūr liegen zahlreiche Städte und Dörfer, aber mein Berichterstatter hatte deren Namen vergessen. Am Tage, nachdem man Gūri verlassen hat, betritt man die Provinz Fūta.

## U. Strasse von Ka-ssambāra nach Messīla.

1ster Tag: Bi-ssāga. Von hier bis Benōn ist es 1 Tagemarsch (von Morgens bis Sonnenuntergang, wobei man in Dūnu Halt macht).

2ter Tag: In der Wildniss.

3ter Tag: Ferénni, ein von Assuānek bewohnter „ksar", und zwar der westlichste von Bághena; er liegt etwa 6 Meilen nordnordwestlich von Benōn.

4ter Tag: Gōgi, ein kleiner Brunnen — „ha-ssi" —, der zu Terméssa gehört, einem Bezirk von El Hōdh. Ankunft um Mittag.

5ter Tag: Man lagert jenseits eines Brunnens Namens Talli, der reich an Wasser und mit kleinen Bäumen geschmückt ist und an dem man die Hitze zubringt.

6ter Tag: Böār, ein reichhaltiger Brunnen, welcher die westliche Grenze von El Hōdh bildet und von den Stämmen der Senāgha oder Ssenhádja, der Henūn und Fāta zahlreich besucht wird.

7ter Tag: Messīla, eine Gruppe kleiner Brunnen, deren erster den Namen Akerūd führt. Von Pflanzen findet man hier fast weiter nichts als den „dirss".

## V. Strasse von Ka-ssambāra nach Nyámina.

1ster Tag: Náma, ein „ksar" der Uëlād Masūk. Man rastet während der Tageshitze in einem Dorfe Namens Ssanfāga.

2ter Tag: Dýnnia, eine grosse, wohlhabende Stadt der Uëlād Yággerē und Wohnsitz eines Statthalters Namens Mū-ssa Nādjem, eines Sohnes von Bankōro, der vom König von Bámbara abhängig ist; es ist reich an Pferden. Die Tageshitze bringt man in einer Stadt Namens Sséredū zu, die von Assuānek und Bámbara bewohnt wird. — Dýnnia liegt 1 Tagemarsch westlich von Alássa; man hält um Mittag in einem „ksar" Namens Wēssat, der von Bámbara bewohnt ist.

3ter Tag: Djōre, zum Bezirk von Dýnnia gehörig. Man bleibt während der heissen Tageszeit in Wáterē, einem grossen Bámbara-Ort.

4ter Tag: Debāla, eine Bámbara-Stadt, zu Kētsche, der nordwestlichen Provinz des Bámbara-Reiches, gehörig.

5ter Tag: Mekoie, ein grosser Ort und Wohnsitz des Statthalters von Kētsche. Auf dem Wege lässt man Ka-ssambūgu (eine grosse, von Arabern und Bámbara bewohnte Stadt) zur Seite liegen.

13ter Tag: Nyámina, eine ansehnliche Stadt und stark besuchter Marktplatz auf der Nordseite des Dhiúlibā. Der Markt von Nyámina übertrifft in mancher Hinsicht den von Ssan-ssándi und versorgt einen grossen Theil der Einwohner der westlichen Wüste. Die zwischen Mekoie und Nyámina mitten inne liegende Landschaft ist dicht bevölkert, aber mein Berichterstatter erinnerte sich nicht der Namen der Ortschaften, wo er übernachtet hatte. In nicht grosser Entfernung westlich von Nyámina löst sich ein bedeutender Hinterarm vom Flusse ab und eröffnet eine ausgedehnte Binnenschifffahrt; er theilt sich in zwei Arme, von denen der östliche einer fast nördlichen Richtung folgt und sich dem Orte Tumbúlle (einem in der Landschaft der A'hel Yággerē gelegenen „ksar", der 1½ Tagereisen südsüdwestlich von Dýnnia entfernt ist) bis auf geringe Entfernung nähert und sich dann nach Djungúnta hinzieht (dasselbe liegt ebenso weit südsüdwestlich von Dýnnia), worauf sich der Arm in südsüdwestlicher Richtung nach dem Gebiete der A'hel Mā-ssa wendet. A'hel Yággerē sowohl wie A'hel Mā-ssa sind von den Arabern herrührende Namen, aber die einheimischen Worte dafür sind mir nicht bekannt. Zwischen Dýnnia und Djungúnta macht man während der Mittagshitze am 1sten Tage in Farku Halt, schläft in Ssillintíggera und kommt am folgenden Morgen in Djungúnta an.

## W. Strasse von Ka-ssambāra über Murdja nach Nyámina und von Murdja nach Mekoie.

### a) Von Ka-ssambāra nach Murdja.

1ster Tag: Dāli, einer der Hauptplätze der Assuānek. Auf dem Marsche lässt man das Dorf Seghēri zur Seite, das aller Wahrscheinlichkeit nach mit dem Orte زغاري des Arabischen Reisenden Ébn Batūta (*Journal Asiat. Soc.* 1852, p. 50) identisch ist, der ohne allen Zweifel in dieser Gegend liegen muss; weiterhin liegt Sserēre und dann Báĭhbāla, wo man die heissen Tagesstunden zubringt. In geringer Entfernung östlich von Dāli lag in früherer Zeit der „ksar" Debbūss und ein wenig östlich von Báínbāla befindet sich das Dorf Kōschi. Die Richtung der Hauptstrasse ist SO. oder vielmehr OSO.

2ter Tag: Alássa, ein „ksar" des Stammes der Tegh'dausst. Dieser Stamm gemischten Ursprungs, nämlich halb Assuānek und halb Arabischen Geblütes, war einst sehr mächtig und weit verbreitet, ist aber zur Zeit zu der Stellung von „lhame" oder „chóddemān" (d. i. Leibeigenen oder Tributpflichtigen) erniedrigt, aber immer noch durch. Gelehrsamkeit ausgezeichnet. Die Stadt Alássa selbst ist bemerkenswerth wegen ihrer Palmbäume; denn mit Ausnahme dieser und noch zweier Bäume in Ka-ssambāra, das früher deren vier besass, gibt es jetzt in ganz Bághena keine Dattelpalmen.

Etwa 6 Meilen südsüdöstlich von Alássa liegt Ssafantāra, ein grosser Bámbara-Ort. Der Weg verfolgt eine südsüdöstliche Richtung und man hält während der Hitze in Yengōt. In eben diesem Orte macht man, wenn man in kurzen Märschen von Alássa nach Djauāra geht, am 1sten Tage Halt; dann schläft man die 1ste Nacht in El Auēna, hält den 2ten Tag in Sseghálli, schläft in Djurni (Djorōni), am 3ten Tage in Kúrtsche, am 4ten in Torangúmbu (Tūraghámme) und erreicht am 5ten Djauāra.

Von Alássa nach Akúmb ist es ein Marsch von 2½ Tagen (in südöstlicher Richtung). Am 1sten Tage schläft man, nachdem man um Mittag in Tambe-bōgo einen kurzen Halt gemacht hat, in Raranrúlle, am 2ten in Rullúmbo, nachdem man in Fúgti die Hitze abgewartet; am 3ten Tag kommt man nach einem Marsche wie von Timbuktu nach Kábara in Akúmb an. In geringer Entfernung nördlich von Akúmb liegt Díggena mit einer gemischten Bevölkerung von Bámbara, Assuānek und Fullān.

3ter Tag: Tambe-bōgo, ein von Bámbara bewohnter „ksar". Man rastet während der Mittagshitze ein paar Stunden in Gala-bōgo, dessen Bevölkerung ebenfalls aus Bámbara besteht.

4ter Tag: Nyāme-bōgo, wieder ein Bámbara-Ort. Ankunft um Mittag.

5ter Tag: Man schläft in der Wildniss, nachdem man um Mittag in Dambar- (oder Damboi-) kessēba gerastet hat.

6ter Tag: Murdja. Ankunft am Morgen.

### b) Von Murdja nach Nyámina.

1ster Tag: Cherssanāne, ein Bámbara-Ort. Man kommt zwischen 3 und 4 Uhr an, ohne auf dem Marsch Halt gemacht zu haben.

2ter Tag: Mansánne.

3ter Tag: Kanū, wieder ein Bámbara-Ort. Ankunft etwa um 3 Uhr Nachmittags.

4ter Tag: Kssēr (Diminutiv von „ksar") el Mállemīn, ein kleiner, von Assuānek-Gelehrten bewohnter Ort (darum von den Arabern mit diesem Namen belegt).

5ter Tag: Nyámina. Ankunft vor Mittag.

### c) Von Murdja nach Mekoie.

1ster Tag: Gellu, ein ansehnlicher Ort. Er war in früherer Zeit von Murdja abhängig, hat sich jedoch, als der letztere Platz 4 Jahre lang öde und wüst dalag, mit Erfolg von dem Joche befreit und auch seit dem Wiederaufbau von Murdja in den Jahren 1852 und 1853 seine Unabhängigkeit bewahrt. Mehrere Städte und Dörfer in der Nachbarschaft gehören zu Gellu.

2ter Tag: Debāla. Auf dem Marsche lässt man zahlreiche kleinere Städte — „ksūr" — zur Seite liegen.

3ter Tag: Mekoie. Ein langer Marsch.

Ich füge hier noch einige weniger genaue Angaben in Bezug auf diese Landschaft nach den Mittheilungen Dáūd's bei:

Zwischen Marikoire (wahrscheinlich einerlei mit Mekoie) und Debāla liegen folgende Städte und Dörfer: Belāla, Dundē, Ssīde, Nauelénna und Kalúmbu (ein Bámbara-Ort).

Zwischen Debāla und Dinga (ein Weg von wenig mehr als 1 Tagemarsch) liegen folgende Ortschaften: Wálterē, Marénna, Ssírankōro, Tōa und Dótscherē. — Dinga soll nach dem Berichterstatter Dáūd der Mittelpunkt der A'hel Yéggara sein, eines Stammes der Bámbara.

Zwischen Marikoire und Danfa (ein Marsch von 2½ oder, wenn man nicht so schnell reist, von 4 Tagen) liegen in der Richtung von West nach Ost: Būle, Tolókkorō, Ssēle, Būlo, Bāne, Túnturubāle, Kossa, Barakōra, Bássala, zwei ansehnliche Dörfer — „ksūr" — mit Bámbara-Bevölkerung, und Bankorondúgu.

Zwischen Danfa und Debāla (eine Strecke von 2 Tagemärschen) liegen folgende Ortschaften: Dogoie, A'rssa, Marénna, Námbara, Babanūru, Mariám-Babanūru, Djeraudu und Bóngel.

Zwischen Yā-ssalāme und Ssókolo (eine Strecke von 3 Tagemärschen) liegen: Nientschélle, Niarinyarínde, Kāre (s. unten) und Urlī; aber zwischen Urlī und Ssókolo liegt ein grosser unbewohnter Landstrich.

## Xª. Gerade Strasse von Ka-ssambāra nach Kōla.

1ster Tag: Tschappāto, ein „ksar" der Bámbara, wenige Meilen westlich von Dāli gelegen. Um Mittag macht man in Báinbāla Halt.

2ter Tag: Djibónfo, eine von Fulbe bewohnte Stadt. Man wartet die Hitze in U'm el 'Arūk ab. 1 Tagemarsch von letzterem Orte liegt Mū-ssaúelī, ein ansehnlicher „ksar" der Assuānek, etwa 2 Stunden nördlich von Kolī.

Eine andere Strasse von Mū-ssaúelī nach Ka-ssambāra führt am 1sten Tage nach U'm el 'Arūk, am 2ten über Kúsch nach Kōla, am 3ten nach Sserēre, am 4ten nach Ka-ssambāra. 1½ Tagereisen von Djibónfo liegt Tangenāgha; man hält auf diesem Wege um Mittag in Raranrúlle, einem Bámbara-Dorf, schläft in Fúrti oder Dambosselli und erreicht am Mittag des nächsten Tages Djibónfo.

3ter Tag: Kolī, ein ansehnlicher, 2 Stunden südlich von Mŭssaúelī gelegener Ort. Ankunft um 3 Uhr Nachmittags.

4ter Tag: Man lagert in der offenen Landschaft, nachdem man während der heissen Stunden in Kúmba Halt gemacht hat. Letzterer Ort ist von Kolī nicht weiter entfernt als Kábara von Timbuktu und besteht aus zwei Dörfern, welche durch ein Thal, wo der Markt abgehalten wird, von einander getrennt sind; das nördliche Dorf heisst Ferbăga, das südliche Lellăga.

5ter Tag: Kōla, ein Bámbara-Ort, 2 Tagereisen nordwestlich von Kāla und deren 6 von Ssan-ssándi. Ankunft vor Mittag.

## X[b]. Strasse von Ssan-ssándi nach Ka-ssambāra.

[Richtung gewunden; Marschweise langsam, mit Kameelen.]

(Nach den Angaben El Muchtār's vom Stamme der Idē-ssan.)

Ich muss im Voraus bemerken, dass es nach manchen Anzeichen scheint, als ob dieser Berichterstatter das Land in dem blühenderen Zustand beschriebe, dessen es sich einige Jahre vor meinem Besuche des Sudan erfreute.

2ter Tag: Karandúgu, ein von Bámbara abhängiger Ort. Landschaft eben; alle Wohnungen aus Thon gebaut, keine Rohrhütten.

4ter Tag: Denfō, ein grosser, ummauerter Ort unter der Herrschaft von Bámbara, Wohnsitz eines Statthalters; reicher Baumwuchs, Reis, Rindvieh und Schaafe, viel Baumwolle. Die Eingeborenen tragen Toben oder lange Hemden, versorgen sich mit Wasser aus den Brunnen. In Karandúgu vertauschte mein Berichterstatter seine nordnordöstliche Richtung gegen eine westliche.

5ter Tag: Ssalákorō, ein kleines, aber dicht bewohntes Bámbara-Dorf. Landschaft sorgfältig angebaut. Ankunft um Sonnenuntergang.

6ter Tag: Bernínkorō, ein kleines, aber stark bevölkertes

Dorf. Selbst die kleineren Städte und die Dörfer in dieser Gegend sind aus Thon gebaut. Korn in Überfluss, viel Honig und Butter.

7ter Tag: Murdja, ein grosser, ummauerter Ort; Wohnsitz eines Statthalters Namens Mamāri, der aber auch den Spottnamen Elli-Bū-Sserwāl führt. Die Einwohner sind mit Einschluss des Statthalters insgesammt Götzendiener, aber sie kleiden sich gut; wie alle Bámbara-Leute haben sie eine goldene Perle im rechten Ohr. Eine grosse Menge von ihnen spricht Arabisch; sie sind auch ausser mit Pfeilen mit Feuergewehren bewaffnet. Das Land ist vollkommen flach, und ganz ohne Thalbildung; so gibt es denn auch keine Ströme und die Brunnen müssen allen Wasserbedarf liefern.

8ter Tag: Man lagert bei Sonnenuntergang im offenen Lande. Hier wird es von Sandrücken durchzogen, die den Verkehr sehr erschweren und von den Eingeborenen „nebāk" (von „nebka", wie am Niger) oder „erreg" genannt werden. Kein Landbau, aber hoher Baumwuchs; kein Wasser.

9ter Tag: Kúmba, erste Stadt von Bághena und durch eine Thalschlucht in zwei besondere Quartiere geschieden, von denen jedes seinen eigenen Statthalter hat. In der Schlucht oder dem Thaleinschnitt wird der Markt abgehalten. Die Bewohner sind insgesammt Mohammedaner und sprechen Bámbara. Mein Berichterstatter nahm aus irgend einem Grunde nicht die gerade Strasse von Murdja über Alássa nach Ka-ssambāra.

10ter Tag: Kolī, eine grosse, ummauerte Stadt, halb aus Thongebäuden, halb aus Rohrhütten bestehend. Ankunft bei Sonnenuntergang. Das ganze Land ist angebaut; kein fliessendes Wasser, nur Brunnen. Rindvieh und Schaafe. Die Uēlād e' Rahmūn, die Schébahīn haben neben den Assuānek Dörfer an der Strasse. Auch gibt es daselbst Fulbe-Stämme, nämlich die Boār mit dem Häuptling Búgenō und die Há-ssinibōro mit dem Häuptling Ssumbúnne, aber sie erkennen die Oberhoheit von Bághena an.

11ter Tag: Roríngo, ein zeitweiliger Wohnort der nomadisirenden Stämme mit Einschluss der Idē-ssan. Ankunft um 4 Uhr Nachmittags, mit einem Halt um Mittag.

12ter Tag: U'm el 'Arūk, ein grosses Dorf mit kleinen Brunnen. Viel Baumwolle und Indigo. Ankunft um Mittag.

13ter Tag: Tschapāto, ein von Ssellāt, einer Abtheilung der zum Isslam bekehrten Assuānek, bewohnter Ort; viele zeitweilige Ansiedler. Ankunft früh am Morgen.

14ter Tag: Kúsch, ein grosser Ort, den die Hel-būbu Uëlād Mahbūb bewohnen. Diese Mischlinge unternehmen Kriegszüge in Gesellschaft mit den Arabern; sie sind mit Feuerwaffen versehen und sprechen drei verschiedene Idiome: Bámbara, Assuānek und Arabisch. Alle Wohnungen bestehen aus Thon.

15ter Tag: Tónorār, ein kleiner Ort, dennoch aber, wie gewöhnlich, aus Thonwohnungen bestehend, Mittelpunkt der Arússiīn mit dem Häuptling Ssidi Ssāla; sie haben Rindviehheerden, keine Kameele, viel Honig.

16ter Tag: Ksserāt Schigge, eine Gruppe kleiner, aber ummauerter Dörfer, zur Zeit von Kessīma, einer Abtheilung derer in Ssūss, bewohnt. Der Name bedeutet wahrscheinlich „die fabrizirenden oder Weberstädte", da man in diesen Gegenden die fabrizirten Baumwollenstoffe allgemein. „schigge" nennt. Ankunft früh am Morgen.

17ter Tag: Ka-ssambāra, ein grosser Ort, aus Thonwohnungen und Rohrhütten bestehend; zur Zeit der Reise meines Berichterstatters. Wohnsitz Muchtār's, des Sohnes Mohammed's, dem der Reisende zutraute, er wäre im Stande, 6- bis 7000 Mann Reiterei in's Feld zu stellen, aber nur wenig Infanterie.

## Y. Einige Bemerkungen über den gegenwärtigen Zustand von Bághena.

Bághena begreift dem Namen nach einen Theil des alten Gebietes von Ghánata und hat augenscheinlich auch den alten Namen verdrängt; zur Zeit aber bildet es nicht eine von natürlichen oder politischen Grenzen umschlossene und geeinigte Landschaft. Denn wenn man die natürliche Bildung des Landes in Betracht zieht, ist Bághena ein Theil der Landschaft El Hōdh, zum wenigsten der Theil derselben, der von der Natur am meisten begünstigt wird, und in politischer Beziehung besteht es aus den heterogensten Elementen, indem es Bezirke umfasst, die von Assuānek, Arabern und Fullān bewohnt sind. Die Assuānek waren selbst noch am Ende des letzten Jahrhunderts sehr mächtig; damals nämlich lernte sie Venture durch Vermittelung jener beiden Moroccanischen Kaufleute, welche zu jener Zeit Paris besuchten, unter dem Namen „Marka" kennen (*Vocabulaire Berbère*, ed. Jaubert, Anhang, S. 225). Marka ist nun der Name, den die Bámbara den Assuānek geben, und sie nennen ihr Land Marka-kanne oder Marka-kanda; auch sind sie in bedeutendem Grade mit ihnen vermischt. Auch die in diesen Gegenden angesiedelten Fullān besassen in früheren Zeiten grosse Macht und sind unter dem Namen Köār bekannt geworden.

Die Assuānek, Ssuánínki, Ssēbe oder Wákorē waren die ursprünglichen Bewohner des Landes und bildeten einst den Hauptbestandtheil der Bevölkerung im ausgedehnten und berühmten Reiche Ghánata. Dies sagt El Bekrī ausdrücklich. Es ist nicht unwahrscheinlich, dass die herrschende Klasse dagegen zum Púllo-Stamme gehörte und den Leucoaethiopes des Ptolemaeus entspricht, die wenigstens schon seit jener Zeit in eben dieser Gegend angesiedelt waren, bis sie von dem mit den Wákorē eng verwandten Stamme der Mandingo oder Djūli überwältigt wurden, die auf den Ruinen des Reiches Ghánata ein neues Reich gründeten, dessen Einfluss sich über den ganzen mittleren Lauf des grossen Flusses erstreckte. Dies neue Reich erhielt den Namen Mélle vom Worte „mélle", „frei", „edel", wie sich der herrschende Stamm der Mandingo im Gegensatz zu ihren unterdrückten Brüdern, den Assuānek, nannte, ganz in derselben Weise, wie die frei Umherziehenden unter den Berbern sich von alten Zeiten her Māsigh, Imō-schagh oder Imō-scharh genannt zu haben scheinen im Gegensatz zu den entarteten und geknechteten Bewohnern der Städte. Die schwachen Reste des Reiches Mélle wurden, nachdem es von den Sonrhay fast vernichtet war, allem Anscheine nach im Anfange der Herrschaft Múlāi Issmááīl's aufgelöst, als die Araber auf der einen und die Bámbara auf der anderen Seite anfingen, die bedeutendste Rolle in diesen Landschaften zu spielen, während sich zu derselben Zeit die Fulbe oder Fullān schon im Hintergrunde zeigten.

Die Katastrophe der Vernichtung dieses letzten Überbleibsels des Reiches Mélle ist nicht ohne Interesse in der neueren Geschichte des westlichen Theiles von Central-Afrika. Als sich nämlich zwischen den königlichen Prinzen Dābo und Ssagōne, Söhnen des Feréngh Mahmūd, des verstorbenen Herrschers von Mélle, ein Krieg entsponnen hatte — Herrscher war jener allerdings, aber der Titel „feréngh" anstatt des höheren „Manssa" dient zum Beweise seines geringeren Ranges — nahmen all' die mächtigsten Stämme in jener Gegend des Festlandes Antheil am Streite. Die eine Partei ward von den Bámbara gebildet, die inzwischen ihren Herren und nahen Verwandten, den Mandingo, Ssēgo abgenommen hatten, ferner von den Uëlād Masūk, der edelsten Abtheilung der Uëlād Mebārek, und der A'hel Ssembōru, d. h. einer Abtheilung der Fullān, die sich mittlerweile in dieser Gegend angesiedelt hatten. Die feindliche Partei dagegen bestand aus den

Rumā oder Ermā, den Moroccanischen Eroberern des Landes Sonrhay, die sich in gewissen Plätzen jenes ausgedehnten Reiches angesiedelt und mit den Frauen des Landes verheirathet hatten; die Senāgha; die Uēlād 'Alūsch, der kriegerische Stamm dieses Namens, den ich vorhin erwähnt habe, und die A'hel Mā-ssa oder Ssáro, eine Abtheilung der Wákorē. In diesem Kampfe ward die Hauptstadt von Mélle zerstört, und während die Bámbara den südwestlichen Theil ihres Gebietes in Besitz nahmen, machten sich die Uēlād Mebārek mit ihren Verbündeten, den Uēlād Masūk, zu Herren der nordöstlichen Landschaften. Hennūn nämlich, der Sohn Bóhedel's, eines Sohnes Mebārek's, der seinen Stamm in diesem blutigen und lange andauernden Kriege angeführt hatte, empfing aus den Händen Múlāi Issmáāīl's, des energischen Herrschers von Morocco als eine Art Lehnsherrschaft die Regierung über Bághena, und seine Nachfolger haben sie wenigstens theilweise bis auf den heutigen Tag behalten.

Ich lasse hier ein Verzeichniss dieser Häuptlinge folgen und füge die Dauer ihrer Regierung bei, wo ich im Stande war, sie zu erfahren:

'Omar (A'mmer) Uēlēd Hennūn, ein mächtiger Häuptling, der dem herrschenden Stamme seinen Namen gegeben hat. Dieser wird nämlich nach ihm Uēlād 'Omar (A'mmer) genannt, ein Name, den Park in „Lúdamar" verderbt hat.

'Ali Uēlēd 'Omar, herrschte beinahe 40 Jahre und erhielt den Besuch Park's kurz vor seinem Tode.

'Omar Uēlēd 'Ali, herrschte ungefähr 13 Jahre.

Mohammed Uēlēd 'Omar, war ungefähr ebenso lange Häuptling.

'Ali Uēlēd Mohammed, führte die Regierung 7 Jahre lang.

Hennūn Uēlēd Mohammed, mordete seinen Bruder 'Ali, behielt aber die Scheichswürde nur 4 Monate, da auch er ermordet wurde von

Muchtār, einem seiner nahen Verwandten, der dann etwa 12 Jahre lang Häuptling war. Ihm folgte

Babūne. Zwischen diesem Häuptling und Hamed Uēlēd ʿAli eʾ Scheich Uēlēd Hennūn Uēlēd Bóhedel brach ein Bürgerkrieg aus, der 7 Jahre dauerte, ganz Bághena verwüstete und besonders die Macht der Araber schwächte. Am Ende des 7ten Jahres starb Hamed, während ihn Babūne, der im Ganzen etwa 9 Jahre lang Häuptling war, um 1 Jahr überlebte. Ihm folgte

ʿAli Uēlēd el Muchtār, der gegenwärtige Häuptling der Uēlād Mebārek, der im Jahre 1853 schon 2 Jahre regiert hatte.

Während aller dieser Begebenheiten waren die Fullān oder Fulbe sehr zahlreich in Bághena geworden und hatten mehrere „ksūr" in Besitz genommen, besonders Dágunī, Djibónfo, Kemeñyōmo, Nara, Kebda, Barréu und Gurúnge; sie wurden aber von ʿOmar Uēlēd Hennūn aus diesen Plätzen getrieben, worauf die meisten derselben verlassen blieben. Aber die Politik der Fullān von Bághena änderte sich vollkommen, als ihre Stammverwandten auf der anderen Seite des Flusses, angeführt vom fanatischen und energischen Häuptling Mohammed Lébbo, im Jahre 1821 die Fahne des „djihād" erhoben. Besorgt um ihre politische Unabhängigkeit, die sie auf diese Weise bedroht sahen, schlossen sie sich den Arabern in ihrem Kampfe gegen das neue Reich Hamd-Allāhi an und unterstützten sie. Dessenungeachtet machte der Häuptling Ahmedu, Sohn Mohammed Lébboʾs, durch den Bürgerkrieg, der unter den Häuptern der Araber wüthete, begünstigt, bedeutende Fortschritte in Bághena, die erst ganz neuerlich unterbrochen wurden. Gegenwärtig hat Ssumbúnne, Sohn Bū-Bakrʾs, der jetzige Emīr der Fullān in Bághena, einen neuen „ksar" gebaut, nämlich den oben erwähnten Ort El Imbedīe, der wenige Meilen östlich von Lombo Tendi und nördlich vom „ksar" Gurúnge liegt.

Es gibt auch einen Púllo-Emír in Bághena, Namens A'bū el Hádji Ibrahīma, der grosses Ansehen zu geniessen scheint.

So ist denn diese Landschaft von einem höchst bewegten Volksleben aufgerührt, aber die Assuānek, die, wie schon die oben mitgetheilten Itinerare zur Genüge beweisen, Herren mancher „kssūr" sind, haben es sich zur Politik gemacht, sich klug im Hintergrunde zu halten und ihre Kraft für eine zukünftige grosse Anstrengung zur Behauptung ihrer Unabhängigkeit aufzusparen. Hier füge ich ein Verzeichniss der verschiedenen Abtheilungen bei, in welche die Assuānek zerfallen, so weit ich damit bekannt geworden bin:

Die Komēten, angesessen in Ssan-ssándi oder Ssan-ssánni, das ursprünglich eine Assuānek-Stadt war.

Die Ssīsse, wahrscheinlich identisch mit den von den Schriftstellern erwähnten Ssūssu.

Die Ssássa.

Die Konne.

Die Berta.

Die Berre.

Die Dúkkera oder Dúkerāt.

Die Ssilláua oder Ssillāt.

Die Kágorāt, ein sehr bemerkenswerther Stamm, ausgezeichnet durch eine hellere Farbe und den Angaben nach selbst durch ein besonderes Idiom. In anderen Beziehungen dagegen, besonders durch drei Einschnitte, welche sie sich an beiden Wangen entlang machen, nähern sie sich mehr den Sitten der Bámbara und der A'hel Mā-ssa.

Die Kúnnatāt.

Die Djáuarāt, die nur die reine Assuānek-Sprache reden und in die beiden Abtheilungen der Uélād Dābo und der Ssuāgi zerfallen. Die letztere dieser beiden Abtheilungen zumal ist sehr zahlreich und kriegerisch.

Die Fófanāt.

Die Dárissāt.

Der Häuptling der Assuānek in Bághena ist Mū-ssa, Sohn Benēdik's, der in Erschān seinen Sitz hat, das in geringer Entfernung westlich von Bi-ssāga liegt.

Verwandt mit den Assuānek sind auch die Ssāro, deren Wohnsitze einen Tagemarsch südlich von Djinni liegen. Dieser Stamm kämpft jetzt im Verein mit den Bámbara gegen die Fulbe. Ihr früherer Häuptling hiess Tschong Uēlēd Mū-ssa.

Die Feindseligkeiten, welche zwischen den Bewohnern der nördlichen Ufer des Niger (den Dhiúliba als einem Ganzen) auf der einen Seite und den Fulbe von Hamd-Allāhi auf der anderen Seite wüthen, üben ihren Einfluss auch auf die Verhältnisse aus, welche zwischen den Arabern Bághena's und den Bámbara existiren, und diese können daher zur Zeit nur freundlicher Art sein.

Im Ganzen ist die Landschaft Bághena nicht weniger geeignet zu festen Ansiedelungen, als zu einem Wanderleben — „rehāla" —, aber keineswegs zur Kameelzucht. Alles in Allem genommen, verdient sie in vollkommenem Maasse die Aufmerksamkeit der Europäer. Neben dem Anbau von „duchn" oder, wie es hier zu Lande genannt wird, „bīschen" oder „hēni" und „dhurra" oder „ssāba" wird wilder Reis von den zahlreichen Sümpfen geliefert, die sich in der Regenzeit bilden, wie dies gleichfalls in der ganzen Ausdehnung von El Hōdh der Fall ist. Die gewöhnlichsten Bäume in Bághena sind der Baobab — „tédum" —, zum wenigsten in den südlichen Bezirken, die „rōma" oder „líene", die „schígfit", die „baferéua" und die „aúrnal"; von der Dattelpalme habe ich früher gesprochen.

Z. Strasse von Ka-ssambāra nach Tischīt (Schētu).

(Nach den Angaben El Imām's, eines Eingeborenen des letzteren Ortes.)

1ster Tag: Mabrūk, ein grosser Brunnen — „ha-ssi" —.

5ter Tag: Adjuēr, ein grosser, vielbesuchter Brunnen, eine lange Tagereise westlich vom berühmten (Brunnen) Bīr Nuál.

Bis nach Adjuēr ist die Richtung beinahe nördlich, aber nun wird sie nordwestlich.

10ter Tag: A'geridjīt, in früheren Zeiten nur ein Brunnen, aber seit dem Jahre 1850 ein Dorf — „ksar" —. In Folge eines Bürgerkrieges nämlich, der in Tischīt ausgebrochen war, verliess eine Abtheilung der Uëlād Bílle ihre Heimath und siedelte sich nahe bei diesem Brunnen an, wo sie einen „ksar" baute. An dieser Stelle wird die Richtung der Strasse eine westliche.

11ter Tag: Tischīt oder, wie der Ort von seinen ursprünglichen Bewohnern genannt wird, Schētu. Die ursprünglichen Bewohner Tischit's sind die Má-ssina, eine Abtheilung der Assuānek oder Asēr, die aus zwei verschiedenen Elementen besteht, einem von dunklerer und einem von hellerer Farbe. Diese Má-ssina sind die Gründer des Königreichs Má-ssina oder Má-ssīn, dessen Mittelpunkt die Insel — „rūde" — war, die der Māyo balléo und der Māyo dhannéo oder rannéo einschliessen, mit Tenéngu als Hauptort. Es ist noch im Augenblick ein ansehnlicher Marktplatz. Tischīt ist nach der Angabe der Araber um das 5te Jahrhundert der Hedjra von 'Abd el Mūmen gegründet worden, d. h. seine Gründung schreibt sich von der Zeit her, als die Berber die Stadt in Besitz nahmen und ihren ursprünglichen Namen in Tischīt verwandelten. Zur Zeit leben in der Stadt, gemischt mit den Má-ssina, die Uëlād Bílle. Diese bildeten vor ungefähr 200 Jahren einen höchst reichen und mächtigen Stamm, jetzt aber ist ein Theil derselben, wie vorher angegeben, ausgewandert. Die Folge ist, dass die Stadt sehr abgenommen hat; gegenwärtig scheint sie kaum mehr als ungefähr 3000 Einwohner zu haben. Ausser den Uëlād Bílle leben in Tischīt auch eine ziemliche Anzahl Suaie oder Tolba, besonders die A'hel Hindi Nislim (?).

Tischīt liegt nicht weit vom südlichen Fusse der Kódia, welche El Hōdh einschliesst. In geringer Entfernung davon liegt eine Ssebcha, wo man eine untergeordnete Gattung Salz gewinnt. Das einzige Erzeugniss von Tischīt sind zur Zeit Datteln von verschiedener Güte, deren Namen folgende sind: Bássebúrk, Dérmakūl, Dérmassúggin, Batáie, Mandínga, Géti, Habbess, Getfāf, Dāram, Birkeráui, Sengīt, Tamaranīe (Temmar e' nīe). Alle übrigen Nahrungsartikel werden von Nyámina*) herbeigeschafft, das den grossen Marktplatz von Tischīt und der umliegenden Landschaft bildet.

Es gibt noch eine andere, westlichere Strasse von Kassambāra nach Tischīt, auf der man am 4ten Tage den „bīr Fōg" oder vielleicht „fōk" (d. i. den oberen) genannten Brunnen, am 8ten einen anderen Brunnen — „ha-ssi" — Namens „A'djue" erreicht und am 10ten Vormittags in Tischīt ankömmt.

## AA. Verzeichniss von Stationen zwischen Tischīt und Walāta.

1 kurzer Tagemarsch: A'geridjīt, der oben erwähnte Brunnen, wo die Strasse von Ka-ssambāra hinzustösst.

1 kurzer Tagemarsch: Tuédjínīt.

1 langer Tagemarsch: Bottat el abéss.

1 kurzer Tagemarsch: A'ratān.

1 kurzer Tagemarsch: 'Imōd-elān, steile Hügel oder eigentlich „Säulen" von Sand; einer derselben führt den Namen „Amadh el abiadh". Diese Station ist sehr bedeutend, da sie der Punkt ist, wo sich die gerade Strasse von Wadān

---

*) „Nyámi" im Englischen Text ist ein Druckfehler.

nach Walāta mit diesem Pfade vereinigt (s. weiter unten).

½ Tagemarsch: Bū-mehaie.

1 Tagemarsch: I'ghelād Timassōra.

½ Tagemarsch: Schebbi, Minen weissen Alaun's — „máden scheb abiadh" —.

1 langer Tagemarsch: Odjāf.

1 Tagemarsch: Tagorāret.

½ Tagemarsch: El 'Ayūn Chanfóreten 'Aíssa.

1 Tagemarsch: Wādi Nīti, mit Brunnen („ha-ssiān") und „ighelād".

1 Tagemarsch: Walāta.

## BB. Strasse von Tischīt nach Bot-hádīe.

3ter Tag: Týggebo, ein Dorf — „ksar" —, bewohnt von den Teghdausst, einem recht beachtenswerthen Stamme, über den ich weiterhin mehr sagen werde und von den Tádjakánt. Das Dorf gehört zu der „Erkīs" genannten Landschaft, die vielleicht identisch ist mit dem von Anderen „Tasskast" genannten Landstrich. Etwa 10 Meilen westlich von Týggebo liegt ein alter Ort Namens Niadásch, gleichfalls von den Teghdausst bewohnt.

4ter Tag: Ergēbe, oder vielmehr ein Ruhepunkt in der Hügellandschaft Ergēbe. In einem anderen Theile dieses hügeligen Gebietes, an der Grenze von Afólle, haben einige Suaie vor Kurzem ein Städtchen — „ksar" — Namens Makāmet gebaut.

5ter Tag: Énuassār, ein kleiner Brunnen — „ha-ssi" —.

10ter Tag: Bū-bot-hā, ein Brunnen — „ha-ssi" —, augenscheinlich am Rande einer „bot-hā" (d. i. eines sumpfigen Werders). Zwischen Énuassār und diesem Platze liegen noch andere Wasserplätze, aber mein Berichterstatter hatte ihren Namen vergessen.

11ter Tag: Djōk, ein Brunnen — „ha-ssi" —.

14ter Tag: Limōdu, ein Dorf — „ksar" —, bewohnt von den Medrámberīn, einer Abtheilung der Kunta.

16ter Tag: Djígge, ein Thal, reich an Wasser während der Regenzeit.

17ter Tag: El Mal, ein kleines Inselchen in einem See frischen Wassers, der selbst während der trockenen Jahreszeit nicht austrocknet.

19ter Tag: „Krā el ássfar", ein von den Arabern „der gelbe Arm" genannter Arm des bahhr Fūta oder Senegal.

21ster Tag: Bīr el Ghāla, ein Brunnen.

22ster Tag: Tesstaie, ein Brunnen.

23ster Tag: Bot-hádīe oder El Bot-hā. Ich habe schon oben darüber gesprochen, ob dieser Ort mit Bākel oder einer benachbarten Französischen Station am Senegal identisch ist.

## CC. Stationen auf der Strasse von Wadān nach Tischīt.

5 Tagemärsche: Bū-Ssefīe.

½ Tagemarsch: Chat el Meuna oder Schuēch.

1 Tagemarsch: Lobēr.

1 langer Tagemarsch: Tin-tēt oder Ghaléb e' dál.

1 Tagemarsch: Felísch el milha.

1 Tagemarsch: Kātib.

1 Tagemarsch: El Bádiāt.

1 Tagemarsch: El Djerádiāt.

1 Tagemarsch: Ganeb, ein Brunnen — „ha-ssi" — mit Dattelpalmen.

1 Tagemarsch: Dikil ghāleb.

1 Tagemarsch: Tischīt.

Von Wadān bis zur Ssebcha I'djil, einem Salzbecken am Fusse einer ansehnlichen Berghöhe, ist ein 10tägiger Marsch mit beladenen Kameelen und ein 7tägiger mit leeren Thieren und schnellem Vorrücken.

1 Tagemarsch: Tagālift, auf der Nordseite des Thales.
½ Tagemarsch: U'm el bēdh.
2 Tagemärsche: Auschīsch, in der Landschaft Magh-tēr, die aus hohen Sanddünen besteht.
½ Tagemarsch: Bot-hā el haie.
1½ Tagemärsche: El Argīe, der dem Salzsee nächste Brunnen.
   Eine Tagereise südlich von der Ssebcha liegt der hohe Berg I'djil.

## DD. Stationen auf der Strasse von Wadān nach Walāta.

3½ Tagemärsche: Warān.
1 kurzer Tagemarsch: Tésserat-ú-Láhiat.
1 langer Tagemarsch: Temnakarārit.
1½ Tagemärsche: Idjūfa, lauter Sanddünen.
1¼ Tagemarsch: Akáratīn e' ssbot und Akáratīn el had.
1 Tagemarsch: El Mehāmer.
½ Tagemarsch: El Ksar-rauāt.
1 Tagemarsch: Engéuel.
1 Tagemarsch: Agamíirt.
1 Tagemarsch: 'Imōd-elān; hier vereinigt sich diese Strasse mit der vorhergehenden.
1 Tagemarsch: Bū-Meháie.
1 kurzer Tagemarsch: Begēre, eine „dhaie".
½ Tagemarsch: Schebbi.
½ Tagemarsch: Keddāmu.
½ Tagemarsch: Warásch.
1 kurzer Tagemarsch: El Atilt (El Éthelet?) sseráie.
1 kurzer Tagemarsch: Rek Érdhedhīr.
1 langer Tagemarsch: El Ogūdh el himmāl.
1 Tagemarsch: Rodh el hamra.
1 Tagemarsch: El Felīsch.

1 Tagemarsch: El Derrúmbekät.
½ Tagemarsch: Waláta.

## EE. Stationen zwischen Wadān und El Chat, auf einem Umweg.

1 kurzer Tagemarsch: Tanū-schirht, ein „ha-ssi" mit Dattelpalmen. „Tanū" bedeutet „Thal", besonders angebautes.
1 Tagemarsch: A'herūr.
4 Tagemärsche: A'uakan. Dieser Theil des Weges durchschneidet einen wüsten Landstrich ohne Brunnen, Namens Táyarāt Idáu.el Hādj.
1 Tagemarsch: Scharanīe.
1 Tagemarsch: Ha-ssi el harka.
1 Tagemarsch: Itīlen, eine Berghöhe.
1 Tagemarsch: El Chat. Man wartet in Bū-Ssefīe die Tageshitze ab. El Chat ist ein reiches Thal, von dem ich bei der Beschreibung von El Hōdh mehr sprechen werde, und eine bedeutende Örtlichkeit, wo der grössere Theil der diese Gegend durchschneidenden Strassen sich vereinigt. A'uakan wird auch wieder in einem der nächstfolgenden Itinerare erwähnt werden und seine Lage ist daher ziemlich sicher zu bestimmen.

## FF. Strasse von Waláta über El Chat nach Raschīd*).

1 Tagemarsch: Rodj, ein Brunnen.
1 Tagemarsch: Schingīt, ein altes Städtchen, das sich in allen östlichen Ländern dadurch einen grossen Namen erworben hat, dass nach ihm alle Araber des Westens benannt worden sind. Der Grund hiervon soll darin liegen, dass ein ausgezeichneter Mann Namens 'Abd e' Rahmān,

---

*) Dieses Itinerar habe ich bei der Kartenskizze der westlichen Wüste, die ich von Timbuktu aus nach Hause sandte, nicht benutzt.

aus diesem Orte gebürtig, den Hof Harūn e' Raschīd's besuchte. Ich werde weiterhin noch Einiges über diesen Ort beibringen; hier will ich nur bemerken, dass er vor 6 Jahren von Herrn Panet, einem Mulatten vom Senegal, besucht worden ist *(Revue coloniale 1852)*, dessen Ansetzung des Ortes mit der meinigen ziemlich übereinstimmt.

1 Tagemarsch: Man lagert jenseits der A'kela an einer Stelle ohne Brunnen.
1 Tagemarsch: Hauēschi.
1 Tagemarsch: Auásgar (ob identisch mit A'uakan?) mit einem „ha-ssi" am Fusse der „kódia". Man lässt das kleine Städtchen A'tar östlich liegen.
1 Tagemarsch: Tákenuss und El Chō-ssa.
1 Tagemarsch: El Scharanīe., ein Brunnen — „ha-ssi" —, der den Uëlād el Wāfi gehört und noch einen. Theil von A'derēr e' temar bildet.
1 Tagemarsch: El Chat Ssmirār, ein Landstrich mit vielen Brunnen, aber allem Anscheine nach ziemlich hoch gelegen, so dass Tedjígdja, Kasr el Barka, Raschīd und selbst die Station Tissīgi sichtbar sind.
1 Tagemarsch: Tagānet el bēdha.
1 Tagemarsch: Raschīd.

## GG. Strasse von A'tar nach Tedjígdja oder nach Raschīd.

Ich will hier zuerst bemerken, dass das Städtchen A'tar südöstlich von Schingīt liegt und dass Odjúft, auch ein kleines Städtchen oder grosses Dorf — „ksar" — 2 Tagemärsche südöstlich von Schingīt und 1 Tagemarsch südsüdwestlich von A'tar zu liegen scheint; aber ich bin nicht ganz sicher hinsichtlich der genauen Richtung und man wird daher einige Widersprüche finden. (Im Englischen Text haben sich hier einige Druckfehler eingeschlichen.)

1 Tagemarsch: Tosarótīn mit einem Brunnen — „ha-ssi" —.
1 kurzer Tagemarsch: Serībe, eine grosse Pfütze — „dhaie" —.
1 Tagemarsch: A'úss, schwieriger Marsch, hohe „kódia".
1 Tagemarsch: Eine Örtlichkeit in kurzer Entfernung südlich von Schingīt. Der Weg bis hierher offenbar sehr gewunden.
3 Tagemärsche durch die A'kela, ohne Brunnen; dann erreicht man Kīder Wāmu, einen Brunnen 3 Tagemärsche von Schingīt.
1 Tagemarsch: A'uakan, der oben erwähnte Brunnen.
1 Tagemarsch: Ha-ssi il harka.
1 Tagemarsch: Schuēch oder Chat el Meuna, auf der Südseite des Chat.
1 Tagemarsch: El Laie (El Haie?), ein Brunnen.
½ Tagemarsch: Tanū-schirht, der oben erwähnte Platz.
1 kurzer Tagemarsch: Atuēl und Auēn Tissba.
1 Tagemarsch: E' Nualīk Warsāk.
½ Tagemarsch: Entweder Tedjígdja oder Raschīd, 2 Ortschaften in Tagānet, beide in gleicher Entfernung von hier. Tedjígdja ist ein berühmtes Städtchen

## HH. Strasse von Tedjígdja nach Djáfena oder Djáfunū.

2 Tagemärsche: Uëdān, mit einer grossen Pfütze — „dhaie"—.
1 kurzer Tagemarsch: Adírg el Medjūdj.
1 Tagemarsch: Dhū el Rodīe; man passirt Daúdad.
1 Tagemarsch: E' Nugga.
½ Tagemarsch: Korkol, eine Hügelung — „kódia" — an der Grenze von Tesīssai, zwischen Aúkār und El Kódia.
½ Tagemarsch: Gárrugāt.
1 kurzer Tagemarsch: Agúrsch Gassāmu.
1 Tagemarsch: Gundēge nuamēlen (uan mellen?), zwei Berghöhen mit Brunnen in der Thalbildung.
1 Tagemarsch: Kīfa, ein Brunnen — „ha-ssi" —.

1 Tagemarsch: U'm el A'chsseb, eine „dhaie" oder „tamurt", umgeben von Baobabbäumen.
1 Tagemarsch: Ssamba-ssandíggi, ein Brunnen mit zahlreichen Dūmbüschen — „ssgillem" — und Delébpalmen.
1 Tagemarsch: Issíl, eine „dhaie".
1 Tagemarsch: Gār-allah, eine grosse „dhaie". Südlich von hier liegt die Landschaft Assāba.
1 Tagemarsch: Erīsch.
1 Tagemarsch: Elgílte el chaddra, eine grosse Pfütze — „dhaie" — voll Fische.
1 Tagemarsch: Man lagert in offener Landschaft.
1 Tagemarsch: Djáfena oder Djáfunū, oder vielmehr Gūghi oder Gūri, die oben erwähnte Hauptstadt genannter Provinz, die 4 oder 5 Tagemärsche südlich von Böār oder ʽAkerūt liegt, einem Brunnen in der Landschaft Me-ssīla.

## II. Strasse von Kasr el Barka nach Bū-télimīt.

Kasr el Barka liegt einen kurzen Tagemarsch südwestlich von Raschīd.

1ster Tag: Gébbu, eine „tamurt" oder „dhaie", wo „ssāba" oder „dhurra" und Waizen von den Uëlād Ssidi Haiballa gebaut wird. Dieser Stamm hat hier gewöhnlich seinen Lagerplatz.
2ter Tag: Ti-ssīgi, ein kleiner Brunnen am Fusse einer „kódia", von deren Gipfel die Pässe, welche über die Hügelkette im Süden gehn, sichtbar sind.
3ter Tag: El Djúëlāt e' Tuāma, zwei dieser Pässe, von denen man nach Belieben einen wählen kann.
4ter Tag: U'm e' dēr, ein Brunnen — „ha-ssi" —, zur Landschaft Agān gehörig. Dieses Agān liegt nicht, wie ich es auf meiner handschriftlichen Kartenskizze niedergelegt habe, zwischen Aftōt und Assāba, sondern zwischen Aftōt und El A'biār.

5ter Tag: El ʿAíni, ein Brunnen — „ha-ssi" —.

6ter Tag: Titārikt oder Aʾssabai, ein Brunnen von etwa 35 Klaftern Tiefe. Dies ist der östlichste Brunnen von „El Aʾbiār" (d. i. „den tiefen Brunnen", die dem ganzen Landstrich „El Aʾbiār" den Namen gegeben haben).

Ausser den hier erwähnten Brunnen sind die berühmtesten in „El Aʾbiār" folgende, die insgesammt westlich von Aftōt liegen: Aʾr-éddeke, Bū-Telehīe, Réselān, Bīr el Barka, Duchn, Bū-Tuërīge, Yāre und Bū-Tumbússki. Weiter nordwestlich von Aftōt und etwa 2 Tagemärsche nördlich von Bū-Tuërīge ist ein berühmter Brunnen Namens Bū-télimīt. Ich zweifle jedoch, ob dies der gleichnamige Brunnen ist, den ich weiter unten erwähnen werde. Im Landstrich Aftōt gibt es nur kleine Brunnen.

7ter Tag: El Wasstha, ein tiefer Brunnen, in steinigem Boden ausgegraben.

8ter Tag: Tuërssāt, eine Gruppe kleiner Brunnen.

9ter Tag: Ein Brunnen, der einem Manne Namens Eʾ Scheich el Kādhi als Privat-Eigenthum gehört, mit einem Lager der Idjédjebō.

10ter Tag: Tin-dámmer Abēl, ein Brunnen.

11ter Tag: Bū-télimīt, ein grosser, stark besuchter Brunnen — „ha-ssi" — nahe bei den Lagerplätzen der Brákena. Von hier soll Bot-hadīe nur 1½ Tagemärsche entfernt sein; wenn dies wirklich der Fall ist, muss dasselbe mit einer Französischen Ansiedelung in der „Ile de Morfil" zusammenfallen.

## KK. Strasse von Kasr el Barka nach Kahaide.

2ter Tag: Té-ssigī, die oben erwähnte Örtlichkeit.

3ter Tag: Létfatār, eine grosse Pfütze — „tamurt" —.

4ter Tag (langer Marsch): Agāyar, ein Brunnen — „ha-ssi" —.

5ter Tag: Gímī, ein „ha-ssi", der wie der vorhergehende zum Landstrich Aftōt gehört.

6ter Tag: Kerēni, ein „ha-ssi".

7ter Tag: El Wād, ein Thaleinschnitt ohne Wasser.

8ter Tag: El A'rrua, ein „ha-ssi".

9ter Tag: Man lagert in der Wildniss ohne Wasser.

10ter Tag: Schemmāma, ein Name, der von den Arabern der gesammten Landschaft längs der Nordseite des Senegal gegeben wird. Man erreicht den Fluss 2 Dörfern gegenüber, die bei den Arabern den Namen Gūru 'l hadjar führen. Es scheint wenigstens zweifelhaft, ob dieser Ort einerlei ist mit dem Gūri 'l haire der Fulbe, da das letztere einen kurzen Tagemarsch von Bākel entfernt ist; unsere Strasse dagegen nimmt augenscheinlich eine westlichere Richtung, sogar westlich von derjenigen, die ich im Begriffe stehe mitzutheilen. Mit voller Sicherheit liessen sich diese Strassen auf dem allgemeinen Kartenblatt nicht niederlegen.

## LL. Strasse von Kahaide nach der Grenze von Tagānet (in nordnordöstlicher Richtung).

(Nach den Angaben des Hadj I'brahīm von Kahaide.)

1ster Tag: Éndjekūdi oder Tissīlit Tāleb Mahmūd, ein Brunnen mit einem Araber-Lager. Diese Araber nennt mein Berichterstatter mit dem Kollektivnamen Schénagīt und Limtūna.

2ter Tag: Monge, ein Dorf der Limtūna, aus Zelten von Kameelhaaren bestehend.

3ter Tag: Moiet, ein anderes Dorf der Limtūna oder vielmehr zweier kleinerer Abtheilungen dieses einst mächtigen, aber jetzt herabgesunkenen Berber-Stammes, nämlich der

Dagebámbera (was wahrscheinlich nicht der eigentliche Name ist) und der Uëlād e' Schefāga.

4ter Tag: Bassengíddi, ein von den Limtūna, den Tuäbēr (einer Abtheilung jener), El Hedjādj, den Rehāla, El Hēba und den Uëlād ʿAbd-Allah bewohntes Dorf. Landschaft ziemlich hügelig.

5ter Tag: Wandja oder Djenūr, je nach Belieben. Beide Arabische Siedelplätze liegen nämlich nahe bei einander. Hier leben die Tagāt, die Idáu el Hassan, die Uëlād Biyēri und die Djédjeba; die Nahrung dieser Leute besteht aus saurer Milch, "dhurra" und Früchten. Von diesem Platze aus hat man eine Ansicht der Gebirge von Tagānet und Assāba.

6ter Tag: Marde, ein Brunnen mit einem Lager derselben Stämme wie in Wandja. Die Landschaft ist hügelig und reich an Kräutern und die Berge oder wenigstens die Thäler sind mit sehr vielen Bäumen geziert.

7ter Tag: Tēri, eine Pfütze stehenden Wassers in der Regenzeit; in der trockenen Jahreszeit findet man hier blos einen Brunnen. Die Landschaft ist hügelig.

8ter Tag: A'scherām, eine Ansiedelung verschiedener Stämme. Die Berghöhen von Tagānet scheinen ganz nahe zu sein.

9ter Tag: Tissīlit Akerārer, eine Thalbildung in einem bergigen Landstrich mit zerstreuten Zeltgruppen der Araber.

10ter Tag: Duenki, eine Bergerhebung mit einer Pfütze stehenden Wassers an ihrem Fusse, aber nur in der Regenzeit; während der trockenen Jahreszeit findet man nur einen Brunnen.

11ter Tag: Yogbāschi, eine Bergerhebung mit zeitweiligen Bewohnern. Wenig Baumwuchs.

12ter Tag: Nufni, ein Bergpass, "der Eingang oder das Thor von Tagānet". Die Bergerhebungen sehr hoch.

Von Nufni nach Kasr el Barka ist ein zweitägiger Marsch.

## MM. Strasse von Bākel über Assāba nach der Grenze von Tagānet.

1ster Tag: Ssamba-raindji, ein ansehnlicher, von Assuānek bewohnter Ort, in einem ebenen Landstrich gelegen, der auf der einen Seite vom Fusse der Berge und auf der anderen Seite vom Flusse eingeschlossen ist.

2ter Tag: Ha-ssi Uëlēd ʽAli Bābā, ein Brunnen, der in der von den beiden Bergreihen eingeschlossenen Thalsenkung liegt, in welcher sich der Weg hinwindet.

Ein ansehnliches Assuānek-Dorf Namens Kómandō liegt auf einer östlicheren Strasse.

3ter Tag: Ha-ssi Schagār, ein anderer Brunnen mit einem Araber-Lager in der trockenen Jahreszeit.

4ter Tag: Tektāke, wie der Ort von den Arabern, oder Bū-túmke, wie er von den Assuānek und Fullān oder Fulbe genannt wird; die Bevölkerung selbst besteht hauptsächlich aus Assuānek. Das Dorf liegt mitten in den Bergen; die Häuser sind aus Thon gebaut und einige Gärten in der Nachbarschaft angelegt. Allerdings gibt es hier keinen fliessenden Strom, aber Wasser soll schon 1 Fuss tief unter der Oberfläche zu finden sein; auch sind die Berghöhen — „gidē", wie sie auf Assuānek heissen — voller Bäume. Das Land steht angeblich unter der Herrschaft von Fūta.

5ter Tag: Djibāli oder, wie der Name von den Arabern ausgesprochen wird, Djubélli, ein mitten in den Bergen gelegenes Dorf, zu Zeiten bewohnt, dann wieder verlassen. Auf dem Marsche überschreitet man einen Gebirgsrücken und windet sich dann in einem Thale entlang. Die Berghöhen enthalten ausgezeichnete Schleifsteine, von der Natur in viereckige Stücke gestaltet und ähnlich dem Steine, den die Berge bei Mekka liefern.

6ter Tag: Búnga, ein Assuānek-Dorf, umgeben von steilen Felsmassen; einiger Gartenbau in der Umgegend.

7ter Tag: Meula, ein Assuānek-Dorf. Der Weg hält sich stets in dem Berglande.

8ter Tag: Ssamma, ein Assuānek-Dorf.

9ter Tag: Tattopútti, in früherer Zeit ein Dorf, gegenwärtig aber verlassen.

10ter Tag: Wákurē, wie es von den Fullān, oder Wolō, wie es von den Eingeborenen genannt wird, ein in einem tiefen und unregelmässigen Thale gelegener grosser Ort; in geringer Entfernung westlich davon fliesst das Flüsschen Gallūla.

11ter Tag: Babbu, ein Dorf in einer Berggegend.

12ter Tag: Katschukorōne, ein anderes Dorf.

13ter Tag: Golléil.

14ter Tag: Garáf Bafāl, mitten in den Bergen gelegen und zeitweiliger Aufenthaltsort verschiedener Wanderstämme.

15ter Tag: Fūmo-bātsche, eine andere Ansiedelung derselben Art.

16ter Tag: Fūmo-láuel, ebenso.

17ter Tag: Nebék, ein Ort von derselben Beschaffenheit; lauter Gebirgsland.

18ter Tag: A'uenet A'r, der Anfang von Tagānet, dessen südöstlicher Winkel hier von den Bergen Assāba's eingeschlossen wird.

Assāba ist nach der Angabe des Berichterstatters ein breiter Bergzug, der sich als ein nördlicher Arm von der Hauptkette absondert. Die Hauptrichtung der letzteren ist nach Bundu zugekehrt, wird aber durch den Fluss von dieser Provinz geschieden. Die Fulbe geben dieser Berglandschaft den Namen „Hairi-n-gar" und die Assuānek nennen sie „Gidē".

## NN. Strasse von Hamd-Allāhi, der gegenwärtigen Hauptstadt von Má-ssina, nach Meschīla und von da nach Kahaide *).

(Nach den Angaben Hadj I'brahīm's.)

### a) Von Hamd-Allāhi nach Meschīla.

1ster Tag: Kunna (s. oben), ein kleines Städtchen, aber bedeutend als Marktplatz. Ursprünglich lag es am westlichen Ufer des Māyo balléo (des „blauen Flusses") und des Māyo dhannéo (des „weissen Flusses"), aber jetzt ist es am östlichen Ufer des Māyo balléo erbaut. Es verdient Beachtung, dass die Stadt von Sonrhay bewohnt sein soll. Ein kurzer Marsch von 3 Stunden.

2ter Tag: Núkuma, ein Platz oder Bezirk auf der Insel — „rūde" —, eingeschlossen von den beiden Armen des Flusses. Hier hatte im Anfange seiner Laufbahn Mohammed Lébbo, der Gründer des Pullo-Reiches, seinen Wohnsitz. Wie es scheint, umfasst der Bezirk mehrere Weiler, von denen einer Ssébbera heisst.

3ter Tag: Tummai, noch auf der Insel — „rūde" — gelegen.

4ter Tag: Ssāre-dīna, ein grosser Ort und augenscheinlich eine der ersten Städte, die in diesen Gegenden zum Isslam bekehrt wurden, am westlichen Ufer des Māyo dhannéo gelegen, den man hier überschreitet, einen halben Tagemarsch ostnordöstlich von der alten Stadt Sāgha oder Djāka. Die Einwohner gehören zum Sonrhay-Stamme.

5ter Tag: Tógorō, eine Gruppe Dörfer oder Weiler, bewohnt von den Fullān-Eroberern. In Tógorō theilt sich die Strasse und der eine Arm, den wir zur Seite lassen, führt durch den von Fulbe bewohnten, ausgedehnten Landstrich Tumūra**) in nordöstlicher Richtung und in 2

---

*) Diese Strasse ist stark gewunden und muss daher erst nach den schon von mir mitgetheilten anderen Strassen berichtigt werden.

**) Eine recht interessante Beschreibung dieses Landstriches findet man in kurzen Tagemärschen nach Tenéngu, der ursprünglichen Hauptstadt von Má-ssina.

6ter Tag: Ssomógirī, ein ansehnlicher Ort, bewohnt von Bámbara.

7ter Tag: Diggī-sserē, eine wichtige Bámbara-Stadt, einige Meilen südwestlich von Tenéngu. Die Strasse, die nach der letzteren Stadt und von dort nach Yā-ssalāme führt, hat der Berichterstatter zur Linken gelassen. Nach Yā-ssalāme kann man auch von Diggī-sserē aus gelangen. Das Land ist offen und reich mit *Zizyphus* bewachsen.

8ter Tag: Fetokōle, ein kleiner Ort. Das Land ist reich an Baumwuchs; Hauptprodukte Reis und Baumwolle.

9ter Tag: Kāre, eine Bámbara-Stadt, Wohnsitz eines Statthalters Namens Búgonī. Die umliegende Landschaft ist reich an Rindvieh und Kameelen, aber die Brunnen sollen ungeheuer tief sein, nach der Angabe des Berichterstatters nicht weniger als 60 Klaftern. Baumwollenstreifen bilden den Wechselpreis des Marktes.

14ter Tag: Ssókolō, eine von Bámbara-Leuten bewohnte Stadt, die noch zu Má-ssina gehört. Zwischen den beiden Stationen durchzieht man 5 Tage lang eine offene Landschaft, bewohnt von Arabischen Stämmen, wie den Uēlād Ssaīd, den Uēlād ʽAlūsch und den Gelágema, und reich an Elephanten, Giraffen und Büffeln; Überfluss von Wasser findet sich in stehenden Pfützen. Am 2ten Tage dieses Marsches lässt man die Stadt Kāla zur Linken liegen.

19ter Tag: Alā-sso oder Alássa, eine zu Bághena gehörige Stadt, bewohnt von den Uēlād ʽOmrān. Die Landschaft, die man durchzieht, ist dicht mit Bäumen bewachsen

---

Hodgson's „*Notes on North Africa*", p. 70, niedergeschrieben nach den Aussagen eines von dort gebürtigen Pullo, welcher als Sklave nach den Vereinigten Staaten kam.

und bildet den Wohnplatz der Nimādi, einer wilden Menschenrasse, die nach der Aussage meines Berichterstatters nichts Anderes in Besitz hat, als Hunde, mit denen sie die grosse, von den Arabern „bakr-el-wāhesch" genannte Antilope jagen. Übrigens ist „Nimādi" aller Wahrscheinlichkeit nach nicht der wahre, ursprüngliche Name dieser Leute. — Man schläft 4 Nächte in offener Landschaft ohne Wohnplätze.

22ster Tag: Kabūde, ein Brunnen mit zeitweiligen Ansiedlern. Man bringt 2 Nächte in offener Landschaft ohne Wohnplätze zu.

26ster Tag: Mū-ssáueli, ein ansehnlicher Platz in Bághena. Man lässt auf dem Marsche mehrere andere Plätze zur Seite liegen, auf deren Namen mein Berichterstatter sich nicht besinnen konnte.

27ster Tag: Dúgunī, eine Stadt mittlerer Grösse.

28ster Tag: Debámpa, eine grosse Stadt Bághena's. Alle Häuser sind aus Thon gebaut.

29ster Tag: Toróngu, ein anderer wichtiger Platz.

30ster Tag: Tíndi, ein kleines Städtchen, etwa 7 Tagemärsche nordwestlich von Kolī, einer anderen Stadt Bághena's. Tíndi ist von Assuānek oder Ssuānínki bewohnt.

31ster Tag: Chat e' demm, ein zeitweiliger Wohnplatz von Arabern, die zu den Stämmen der Uëlād Mohammed, der Funti und der Henūn gehören, mit dem Scheich Mohammed Fādhel, einem Sohne des religiösen Häuptlings Muchtār. Alle Wohnungen bestehen aus Zelten von Kameelhaar. Chat e' demm bildet den Anfang der Landschaft El Hōdh.

33ster Tag: Tokko, eine grosse Pfütze stehenden Wassers, um die sich ein Araber-Lager ausbreitet.

35ster Tag: Derīss, ein Wohnplatz der „weissen Araber", wie sie mein Berichterstatter nannte. Manche Stämme wandern hier umher, aber fast alle Städte sind zur Zeit in den Händen der Fulbe oder Fullān. Námā, das kleine Städtchen, das ich oben erwähnt habe, als von den Schurfa erbaut, liegt drei Tagemärsche von Derīss in östlicher Richtung, aber mit etwas nördlicher Abweichung.

37ster Tag: Nuāl, ein Brunnen mit einem Araber-Lager.

42ster Tag: Tādirt, ein Brunnen mit einem ähnlichen Zeltlager.

47ster Tag: Lībe, ein eben solcher Brunnen.

50ster Tag: Me-ssīla, eine Quelle lebendigen Wassers am Fusse der „kódia", die El Hōdh umgibt. Das Wasser von Me-ssīla soll nach Süden fliessen.

Ich muss hier bemerken, dass man bei Eintragung dieser Strasse bedenken muss, dass mein Berichterstatter, ein Pullo, die Wohnsitze der Uëlād Mebārek zu erreichen suchte und desshalb bei seiner im Allgemeinen nördlichen Richtung einen weiten Umweg nahm.

56ster Tag: Afúlle oder vielmehr ein offenes Araber-Dorf im Landschaftsbezirke dieses Namens. Am 52sten Tage dieser Reise hat man die Berglandschaft betreten. Afúlle grenzt an Kaarta und sein östlicher Theil ist von Bámbara bewohnt, die nördliche Landschaft aber von folgenden Araber-Stämmen: den Fāta, den Uëlād e' Nāssr, den Elkoési oder Lighoési, den Asskīr, den Uëlād Bōde, und von zwei Abtheilungen der Suaie oder Merábetīn, nämlich den Tenuaidjīō und den Lághelēl. Einige Abtheilungen dieser Stämme sind in den Gebirgslandschaften angesiedelt, während andere in der Ebene El Chénaschīsch leben. Diese Ebene ist reich an Weidegründen und zwischen ihr und den Bergen liegt ein kleines Städtchen Namens Túgguba.

59ster Tag: Tiñírgi, ein Brunnen mit Arabischen Ansiedlern. Landschaft gebirgig.

62ster Tag: U'mmat el adhām, ein Brunnen. Während der 8 letzten Tage findet man längs der Strasse kein Wasser, während im Allgemeinen selbst in dem Zwischenraume zwischen zwei Plätzen, die mein Berichterstatter als Anhaltspunkte gemerkt hatte, gelegentlich Wasserplätze zu finden sind.

67ster Tag: Kauāl, ein reicher Quell. Landschaft sehr gebirgig.

73ster Tag: Túgguba, ein offenes, von Arabern bewohntes Dorf. Viele Quellen in den Bergen.

76ster Tag: Waia, ein anderes Araber-Dorf.

78ster Tag: Meschīla, von meinem Berichterstatter „räss el Fūta" genannt, da es wenigstens in früheren Zeiten der Anfang von Fūta war.

### b) Von Meschīla nach Kahaide.

1ster Tag: Ssamōga, ein zum Gebirgsgau Assāba gehöriger Berg.

2ter Tag: Wákorē, ein von Assuānek bewohntes Dorf, das jedoch einerseits zu Fūta gehört, andererseits aber den Senāgha, d. h. den herabgesunkenen und mit Arabischem Geblüt vermischten Berberstämmen der Wüste, Abgaben zahlen muss.

3ter Tag: Galūla, ein von Assuānek bewohntes und von Wákorē abhängiges Dorf, am Fusse eines Berges gelegen, von dessen Gipfel ein Bach lebendigen Wassers herabstürzt. Dieser Bach führt denselben Namen wie das Dorf, nämlich Galūla, und soll sehr fischreich sein.

4ter Tag: Dē il Kurbān, eine Arabische Ansiedelung an einem Wadi, welches während der Regenzeit ein fliessendes Wasser hat, das dem Senegal zueilt. Das Land nicht angebaut.

5ter Tag: Djumlanīe, wieder ein Wohnort der Senāgha, an demselben Wadi gelegen.

6ter Tag: Wau Ssámberlām, ein hoher Bergzug, der sich bis nach Bundu erstreckt.

7ter Tag: Gílte, eine Stätte in demselben Höhenzug. Die

Landschaft unangebaut und nur nach dem jährlichen Regen auf gewisse Zeit bewohnt.

8ter Tag: Taschōt, ein Wadi mit Wasser in der Regenzeit. Kein Anbau.

9ter Tag: Bū-'Amūd, eine offene Landschaft mit Weidegründen für das Vieh der Fullān.

10ter Tag: Tara-múl, eine Stätte an demselben Wadi. Das Land reich an der grossen Antilopenart, an Giraffen, Elephanten und Büffeln und mit üppigem Baumwuchs.

11ter Tag: Schillīul, dasselbe Wadi, mit reichem Baumschmuck. Die Landschaft beinahe eben, nur von wenigen Hügeln unterbrochen. Überfluss an Vieh herrscht.

12ter Tag: Ssugurēre, ein Fullān-Dorf. Landschaft hügelig.

13ter Tag: Bailabūbi, an demselben Wadi. Landschaft hügelig; nichts als Weidegründe.

14ter Tag: Píttangāl, eine andere Ansiedelung von Fullān-Schaafhirten.

15ter Tag: Bogiltschēle, ein Ort von derselben Art. An dieser Stelle vereinigt sich der Gurgul balléo („schwarze Gurgul"), ein kleiner Wasserlauf, der aus NO. kommt, und zwar in der Richtung von Gallūla, mit dem Gurgul dhannéo, der von Akerēre in Tagānet herfliesst, und beide zusammen bilden von hier an einen ansehnlichen Wasserlauf, zum wenigsten während der Regenzeit. Nach der Angabe des Berichterstatters können kleine Fahrzeuge diesen Hinterarm beschiffen, aber die Französischen Berichte vom Senegal geben keine Andeutung von einer solchen Verbindung.

16ter Tag: Machtatschūtschi oder, wie die Stelle in der Fulfúlde-Sprache genannt wird, „Lumbírde tschūtinkōbe", eine grosse Pfütze stehenden Wassers mit Flusspferden und mit schönen Weidegründen umgeben. Eine Abtheilung der Limtūna soll diesen Boden bebauen.

17ter Tag: Rak Hil-hēbe, die Ebene von Hil-hēbe, Eigenthum der Brákena.

18ter Tag: Kerfāt, die Felder von Kahaide.
19ter Tag: Kahaide, auf der Westseite einer grossen Biegung des Senegal. Auf dem Wege passirt man das grosse Dorf Djēri-lúmburī.

Hier will ich nun ein Verzeichniss der Hauptabtheilungen von Fūta einschliesslich des Wolof-Gebietes hinzufügen, wie es mir I'brahīm, der Futauer, mein Freund aus Bórnu, mittheilte: Lōre, Damga, Ferlō, Nange-hōre, der Mittelpunkt von Fūta, Torō, Walbrek, Ndér, U'l, Niān, Batschár, Kimínta, Ballindúngu, Ssālu, Djolōf, Kayōr.

## OO. Strasse von Me-ssīla nach Bākel.
(Sehr kurze Märsche.)

1ster Tag: Ssamba-ssandīggi, ein Wadi in der Wildniss mit Arabischen Ansiedlern.
2ter Tag: Dáuodā, ein Wadi.
3ter Tag: Nachēle, Ansiedelung von Ssidi Machmūd, einem Häuptling der Senāgha.
4ter Tag: Dundumúlli; wenige Ansiedler.
5ter Tag: Ssélefél, Dorf der Fulbe.
6ter Tag: Tektāket. Man hält sich immer am Thale Messīla oder Me-schīla entlang, das dem Senegal zuläuft.
7ter Tag: Yōra, Dorf oder Stadt der Fulbe, Assuānek und Araber, die hier einen gemeinsamen Wohnsitz haben.
8ter Tag: Abólli, ein Weiler, von Arabern, Uēlād Wēssi und Fullān Rungābe unter dem Häuptling 'Omar Uēlād Bū-Ssēfi bewohnt.

Das Wadi Mangol zieht hier vorbei. Nur wenige Berge unterbrechen die Ebene.

9ter Tag: Ssuēna, ein Weiler der Fulbe mit wenigen Arabern.
10ter Tag: Nahāl, einen Tagemarsch östlich von der Stadt Butti.
11ter Tag: Báyadjām, ein kleiner Weiler der Fulbe Rungābe und Hel Mōdin Alla.

12ter Tag: Tīschi, ein kleiner Weiler.

13ter Tag: Melge, grosses Dorf, von Fulbe und Hel Mōdin Alla bewohnt.

14ter Tag: Dorf des Tschermo-Makkam, der einige Zeit vor meiner Reise starb, worauf ihm sein Sohn Baidal Tschermo folgte.

15ter Tag: Dār-Ssalāme, jetzt Wohnort von Assuānek, in früherer Zeit von Hel Mōdin Alla.

16ter Tag: Kídibíllo, kleiner Weiler, von Assuānek bewohnt.

17ter Tag: Nénetschō, ein Dorf der Assuānek.

18ter Tag: Waigílle, ein mittelgrosser Ort, von Assuānek bewohnt. Das Land eben; kleine Hügel; reicher Baumwuchs, besonders der „kuddi". Man hält sich stets im Thale Mangol oder Me-ssīla entlang.

19ter Tag: Kābu, grosser Ort der Assuānek, an der Stelle, wo der Me-ssīla sich mit dem Senegal vereinigt.

20ster Tag: Lāni, ansehnlicher Platz der Assuānek, auf der Südseite des Flusses, den man hier überschreitet.

21ster Tag: Kotēra, ein Assuānek-Dorf, hart am Senegal.

22ster Tag: Gútschubel (Gútubé der Franzosen), der Punkt, wo sich der Falēmē mit dem Senegal vereinigt. Gegenüber liegt Yogúnturō.

23ster Tag: Arúndu, ein Assuānek-Dorf. Man überschreitet zuvor den Falēmē.

24ster Tag: Yáferē, am Senegal.

25ster Tag: Golme, Assuānek-Dorf unter Bundu.

26ster Tag: Gūri 'l haire, Assuānek-Dorf.

27ster Tag: Bākel.

Selbst jenseit Bākel nach Kahaide hin erstrecken sich die Wohnsitze der Assuānek oder, wie sie sonst heissen, Tscheddo, Wákorē oder Serracolet bei den Franzosen, bis zur vereinzelten Berghöhe — Waunde —, die am Nordostufer liegt. Das ist wahrscheinlich der Grund, dass dieser ganze Landstrich an dem nördlichen Ufer des

Senegal den Namen Gángara oder Wángara führt, „das Land der Wákorē".

---

Die Strassen von Wadān und I'djil nach Ssākiet el hamrah will ich hier unberücksichtigt lassen, da Panet's Marsch von Schingīt nach Wadi Nūn *(Revue coloniale 1851)* die trockenen Details meiner Beschreibung gewissermaassen ersetzt hat; aber in das westliche allgemeine Kartenblatt sind diese Details doch eingetragen worden.

## II.

Verzeichniss der Arabischen oder vielmehr Maurischen Stämme, die über den westlichen Theil der Wüste verbreitet sind, je nach den Landschaftsbezirken oder den natürlichen Abtheilungen der Wüste, wo sie angesessen sind.

Die ursprünglichen Bewohner dieser Landschaften, wenigstens seit der Mitte des 8ten Jahrhunderts unserer Zeitrechnung, waren die Berber, vorzüglich die Senāgha oder Ssenhādja; aber diese Stämme sind, wie es scheint, seit dem Ende des 15ten Jahrhunderts von den im Süden Morocco's und Algeriens angesessenen Araber-Stämmen zurückgedrängt, ja zum Theil sogar besiegt worden, und jene Stämme haben sich mit ihnen vermischt oder sie zu einer erniedrigten Stellung herabgedrückt. So gibt es dort nun vier verschiedene Klassen von Stämmen, nämlich erstens die freien kriegerischen oder, wie sie dort insbesondere genannt werden, „Arab" oder „Hharār"; zweitens die „Suaie" oder freien friedlichen Stämme; drittens die „Chóddemān" oder „Lahme" (identisch mit dem Namen „Senāgha" in den südwestlichen Landschaften), das sind die ihrer freien Stellung verlustig gewordenen Stämme, und viertens die „Hárratīn" (d. h. Mischlinge), meist Abkömmlinge befreiter Leibeigenen.

Der charakteristische Zug dieser Maurischen Stämme, so weit sie frei sind, ist der volle Haarwuchs — die „guffa" —, welcher ihnen ohne jede weitere Kopfbedeckung ein ganz stattliches Ansehen gibt und eine wahre Zierde für sie sein würde, wäre er nicht stets von Schwärmen Ungeziefers heimgesucht. Dagegen zeichnen sich die Senágha durch eine andere Art, ihr Haar zu tragen, aus; sie schneiden nämlich dasselbe auf beiden Seiten des Kopfes kurz ab und lassen nichts als einen Kamm auf dem Scheitel stehn, von wo aus eine einzelne ungeheuere Locke herabhängt, welche zuweilen bis auf die Füsse herabreicht, deren Ende aber gewöhnlich um die Taille herum festgeknüpft wird.

Der muthmaassliche Ahn der Maurischen Stämme war Odē ben Hassan ben A'kil aus dem Stamme der Rhátafān oder Ghátafān (demselben, dessen letzte Bruchstücke ich am Niger abwärts fand). Dieser A'kil soll mit seinem Stamme aus Egypten gekommen sein.

## A$^a$. Arabische Stämme in Bághena.

Die Uëlād Mebārek (Sing. „Mebárki"), bestehen aus folgenden Abtheilungen:
   A'hel 'Omar Uëlād 'Ali.
   A'hel Hennūn (e' Schiūch).

Fāta, getrennt in folgende Abtheilungen:
   Uëlād Monūn.
   Uëlād Dóchanān.
   A'hel Bū-Ssēf.

Fúnti, in folgenden Abtheilungen:
   Uëlād Hammu el kohol.
   A'hel Hammu el biadh.
   A'hel Múmmu.
   A'hel Ssidi I'brahīm.
   Uëāld Senāghi.
   A'hel 'Omar Schemāti.

[Die folgenden Stämme sind von den eben erwähnten abhängig — ihre „lahme" oder „chóddemān":
   Idābuk.
   Ifolēden.
   A'hel 'Abd el Wāhed.

El Hárratīn (kein Eigenname).

El Mehádjerīn (nur theilweise erniedrigt).

Yadáss.]

Nun wieder freie Stämme:

Uëlād el ʿAlīa.

A'hel Ahmed Hennūn.

[Chóddemān der Letzteren sind die folgenden Stämme:

E' Röassīl.

Uëlād Ssālem.

Bā-ssim.

I'schalān.

Uëlād Bílle, die Brüder des gleichnamigen Stammes in Tischīt, früher ʿArab" (d. h. freie, unabhängige Araber) und sehr mächtig (s. Bd. IV, S. 669), aber zur Zeit „chóddemān", jedoch nur so weit geknechtet, dass sie nur die „medárie" bezahlen und nicht die „kerāma".

El ʿAbedāt.

A'hel Udēka.]

Zunächst der grossen Gruppe der Uëlād Mebārek sind zu nennen:

Die Uëlād Masūk, welche zusammen mit den Uëlād ʿOmar in „ksūr" leben.

Die Érmetāt und die Nādj.

[Als deren Geknechtete — „chóddemān" — sind zu erwähnen:

El Schébahīn.

El Habāscha.]

Hier will ich noch eine besondere Gruppe oder Bundesgenossenschaft erwähnen; dies sind die kriegerischen Stämme „El Imrháfera" oder „Megháfera". Der Bund derselben begreift folgende Stämme:

Uëlād el ʿAlīa.

Fāta.
ʽAbedāt.
Uëlād Masūk.
A'hel e' Senāghi.
A'hel ʽOmar Schemāti.

A^b. Die Suaie oder Merábetīn in Bághena.

Die Teghdáusst, ein gemischter Stamm, aber noch als „ʽArab"
  angesehen:
Die Edē-ssan oder Idē-ssan.
Gelágema.
Idū-Belāl, in Bághena sowohl als in El Hōdh.
Tafulālet. (Ich glaubte erst, dass dieser Stamm etwas
  mit Tafilēlet gemein habe, aber das soll durchaus
  nicht der Fall sein.)
Die Gessīma, theils in Bághena, theils in El Hōdh lebend;
  sie zerfallen in folgende Abtheilungen:
Uëlād Tāleb.
Idáu-ʽEsch.
Uëlād ʽAbd el Melek.
Ténagīt.
El ʽArussiīn, ein in alten Zeiten sehr mächtiger Stamm,
  zu dem Schenān El ʽArūssi, der berüchtigte Gewalt-
  herrscher von Walāta und Tesúght, gehörte.
E' Nuasīr.
A'hel Tāleb Mohammed.
Die Tenuaidjīo, welche das Gummi sammeln und nach den
  Europäischen Ansiedelungen bringen, in folgenden Ab-
  theilungen:
A'hel Yíntit.
Idjādj Búrke.
A'hel Bābā.
A'hel I'brahīm e' Schiūch (dieser Stamm geniesst eine
  grosse Verehrung).

Diese vier Abtheilungen leben in Bághena, die folgenden dagegen sind über die Landschaft Ergēbe zerstreut, wo die Tenuaidjīo sehr zahlreich sind:

Uëlād Delām ma intis *(sic)*.

Uëlād Bū Mohammed.

Die Semārik, in zahlreichen Unterabtheilungen:

Uëlād Mūssa.

El Horsch.

El Hárebāt.

Djéwaule.

El Mechainse.

Ardēl.

Uëlād Schēfu.

El A'thamīn.

Uëlād 'Aleyāt.

A'hel Dombi.

A'hel 'Abd (dies sind die Schiūch).

A'hel e' Schegēr.

Uëlād e' Dhīb.

E' Semārik (eigentlich so genannt), sehr zahlreich.

Zwischen Bághena und Tagānet leben die Uëlād Lighoési, die Verwandten, aber zugleich auch Feinde der Uëlād Mebārek.

## B. Maurische Stämme in El Hōdh.

El Hōdh ist ein sehr ausgedehnter Landstrich, der diesen Namen (er bedeutet „das Bassin") von den Arabern erhalten hat, und zwar in Folge des Umstandes, dass er von einer Kette von Felshöhen, mit dem allgemeinen Gattungsnamen „El Kódia" belegt, umgeben ist. Am westlichen Fusse der Ostseite dieser Höhenzüge liegt Walāta und nahe am südlichen Fuss Tischīt. Diese beiden Städte gehören nämlich zu der Landschaft El Hōdh; ja, in früherer Zeit, vor einigen Jahrhunderten, war ihre ganze Oberfläche mit kleinen Städten und Dörfern dicht besät. Der nordöstliche Theil dieses Landstriches, der sich von ½ Tagereise südlich von Waláta bis auf etwa 3 Tagereisen erstreckt und in Westen und Osten von leichten Sandhügeln — „ellib" — eingeschlossen ist, führt den besonderen Namen A'rik und ist reich an Brunnen, unter denen folgende am bekanntesten sind: El Kedáie, Unkūssa, Bū-el-gedūr, Nedjām, A'uetofēn, El Imbediāt, El Mebdūya, Bū-'Asch, Rádjat, Teschimmámet, Tekiffī, Nuaiyār, Tanuallīt, und nicht weit davon Aréngis el tellīe und Aréngis el giblīe („das nördliche" und „südliche Aréngis"), Tunbúske (nördlich von dem grossen Brunnen Nuāl, den ich oben erwähnt habe), El Beddá Ummi e' Dúggemān u. a. m.

Von A'rik in südwestlicher Richtung bis nach Me-ssīla erstreckt sich die Landschaft *Adjaúmera*; zu ihr gehört der berühmte Brunnen El U'ggela, welcher durch seine Lage (in gleicher, nämlich 5tägiger Entfernung von Tischīt, Waláta, Tagānet und Bághena) den Beinamen „ssurret el Hōdh", d. h. „Schooss oder Mittelpunkt von Hōdh", erhalten hat. Ausser ihm gibt es in dieser Landschaft noch andere namhafte Brunnen, wie Adjuēr (beinahe an ihrem nördlichen Ende), Fōgiss, Bū-Derge, Bīr el Hauāschar, Adjōsch, Gúnnëu, El Beádh; diese letzteren liegen nach Ergëbe zu. Die Nordgrenze von El Hōdh, welche sich zwischen Waláta und Tischīt längs der Basis der „kódia" hinzieht, heisst *El Batn*.

Ausser Adjaúmera gibt es in El Hōdh noch mehrere Bezirke, die den Gattungsnamen *Aukār* führen, — ein Berber-Name, der mit „A'kela" identisch oder vielmehr nur eine andere Form desselben Ausdruckes ist und eine wasserlose Landschaft bezeichnet, die aus vereinzelten abgerundeten Sandhügeln besteht. Das eine Aukār — vielleicht dasselbe, von dem El Bekrī in seiner Beschreibung von Ghánata spricht — liegt eine kurze Strecke westlich von Waláta und nicht weit von Tesúght und würde also vollkommen den von diesem vortrefflichen Forscher angegebenen topographischen Verhältnissen jener Örtlichkeit entsprechen; ein anderer Landstrich dieses Namens liegt zwischen Tischīt und Me-ssīla, nördlich von Adjaúmera.

Ich zähle nun die in El Hōdh angesiedelten Stämme auf:
Die A'gelāl, in mehrere Abtheilungen zerfallend, nämlich:
Die Uēlād Ahmed, welche wiederum in folgende Unterabtheilungen — „lefchāt" — zerfallen:
 A'hel Tāleb Djiddu.
 A'hel Chalīfa.
 A'hel Ahmed e' Tāleb.
 A'hel Tāleb Ssidi Ahmed.
 Uëd *(sic)* Yebūi.
 Uëlād Ssidi { El Kóbetāt. / A'hel Málūm. / A'hel Issmáāīl, die Ssóltana. / El A'mera.
Die Uëlād Mū-ssa, in folgenden Unterabtheilungen:
 Uëlād Hadj 'Abd e' Rahmān.
 Uëlād Hadj el Amīn.
 Uëlād Mū-ssa (im engeren Sinne).
Die Uëlād Melek, in folgenden Unterabtheilungen:
 A'hel 'Abd-Allāhi Uëlēd Tāleb I'brahīm.
 A'hel Hadj A'hmedu.
 A'hel Boghádīe.
Die Uëlād Mohammed von Walāta, in mehreren Unterabtheilungen, von denen einige von Tischīt stammen, während die Häuptlingsfamilie ursprünglich zu den Bidūkel gehört. Ihr jetziges Haupt heisst 'Ali Uëlēd Nauāri el Kuntaui und seine Mutter ist die Tochter des Häuptlings der Legáss. Die Unterabtheilungen sind folgende:

A'hel Tīki.

Uëlād Legáss e' Schiūch.

Lemualīsch.

Uëlād e' dhīb.

Targālet.

Derágela (ursprünglich zu den Brákena gehörig).

Uëlād el Modjūr.

Uëlād el horma.

Ssekákena.

A'hel e' Tāleb Musstuf, eine Familie von „tolbā".

I'de Mū-ssa.

Uëlād Aili.

Uëlād Alū.

Uëlād Ssékie.

Lúkarāt.

Die Uëlād e' Nā-ssir, sehr mächtig und in folgende Abtheilungen zerfallend:

Die Uëlād 'Abd el Kerīm Uëlēd Mohammed el Mátūk mit Bakr Uëlēd Ssenēbe als ihrem Häuptling.

Die Uëlād Massáúd Uëlēd Mátūk, in folgenden Unterabtheilungen:

El A'yassāt.

El I'kemámera.

Berárscha.

Ghéraber.

A'hel Mū-ssa, die Schiūch, mit dem mächtigen Häuptling 'Othmān el Habīb.

Die Uëlād Yáhia Uëlēd Mátūk.

Die Uëlād Mohammed Uëlēd Mátūk.

Die Djáfera oder vielmehr Jáfera (das „djīm" in diesem Worte wird nämlich ähnlich wie das Französische *j* in „*jour*" ausgesprochen).

Die 'Atarīss, theils hier, theils in Bághena.

Die I'djumān, in verschiedenen Abtheilungen, von denen ich aber nur die Namen dreier erfuhr:

I'djumān el 'Arab.

I'djumān e' tolbu.

A'hel Mohammed.

Die Méschedūf, nicht unabhängig und allem Anscheine nach von fast reinem Berber-Ursprung. Sie sind nämlich eine Abtheilung der Limtūna und höchst wahrscheinlich identisch mit den Ma-ssūfa, einem von den Arabischen Schriftstellern wiederholt erwähnten Berber-Stamme; so erscheinen sie bei El Bekrī, Ebn Batūta und Anderen als zwischen Sídjilmēssa und Timbuktu angesiedelt. Sie zerfallen in folgende Abtheilungen:

Lahmennād (Lahme e' Nād?).

Uĕlād Mahām.

Udjenābdje und Andere, wie die Uĕlād Yoása.

Die Lághallāl, ein ansehnlicher Stamm in fünf Abtheilungen — „chomáīs" —.

## C. Maurische Stämme in Tagānet.

Tagānet ist ein ansehnlicher und begünstigter Landstrich, der gegen O. und SO. an El Hōdh grenzt oder vielmehr an die „kódia", welche El Hōdh einschliesst und abgrenzt; nach SW., auf welcher Seite eine bedeutende Gebirgsgruppe sich erhebt, an Aftōt stösst und durch diese Provinz von Fūta geschieden wird, sowie nach W. oder WNW. von A'derār durch Hügelketten, die mit einander parallel ziehen und „die Rippen" — „e' dhelōa" — genannt werden. Tagānet — augenscheinlich ein Berber-Name, der eine gewisse Verwandtschaft mit dem Namen A'gan zu haben scheint — zerfällt auf natürliche Weise in zwei besondere Landschaften, nämlich in Tagānet el káhela („Schwarz-Tagānet") und Tagānet el bēdha („Weiss-Tagānet"). Die erstere Landschaft umfasst den südlicheren Theil von Tagānet und besteht aus fruchtbaren Thälern voll Palmbäumen, „nebek", u. s. w., ausgezeichnet zur Rinder- und Schaafzucht, aber heimgesucht und beunruhigt von einer grossen Menge Löwen und Elephanten, während sie für das Kameel nur während der trockenen Jahreszeit taugt. „Weiss-Tagānet" dagegen, das in Asérīe oder der Sprache von Tischīt den Namen „Gēr e' kúlle" führt, besteht aus weissem Wüstensand mit ausgezeichnetem Kameelfutter und an einigen begünstigten Stellen mit Pflanzungen von Dattelpalmen; diese letzteren Stellen enthalten auch die Dörfer — „ksūr"—.

Dieser „ksūr" gibt es drei, nämlich:

Tedjígdja, 4 Tagereisen westnordwestlich von Tischīt, bewohnt von den Idáu 'Ali und den Ghálli.

Raschīd, 1 Tagereise westnordwestlich von Tedjígdja, im Besitz der Kunta.

Kasr el Barka, das bedeutendste dieser drei Dörfer, 2 Tagereisen westsüdwestlich von Tedjígdja und 3 Tagereisen vom Bergpass Nufni, der den Zugang zu Tagānet über Aftöt eröffnet. Dieser Ort ist gleichfalls von den Kunta bewohnt, welche die reisenden Kaufleute in diesem Theile der Wüste bilden und nicht allein Schingīt, sondern alle diese Gegenden mit deren Bedürfnissen versorgen.

Neben diesen drei „ksūr" ist 1 Tagemarsch von Tedjígdja und 3 Tagemärsche von Tischīt noch eine Pflanzung von Dattelpalmen, aber ohne einen „ksar"; sie heisst El Gobbu oder El Kubba von dem Heiligthume eines Wéli Namens 'Abd-Allah und gehört den Idáu 'Ali.

Von den Araber-Stämmen, die nicht in den „ksūr" angesiedelt sind, aber innerhalb der Grenzen Tagānets umherwandern, sind zuerst zu nennen:

Die Senāgha oder Ssenhādja, auch Idáu-'Aīsch genannt, ein gemischter Berber-Stamm, der eine bemerkenswerthe Gruppe in der Geschichte dieses Theiles von Afrika bildet und daneben die hauptsächlichsten Aktoren bei der Zerstörung des Reiches der Rumā oder Ermā geliefert hat. Er ist zur Zeit in mehrere Abtheilungen zersplittert, die insgesammt nach den Söhnen und Enkeln Mohammed Schēn's benannt worden sind, eines fanatischen Mannes, der vor etwas mehr als einem Jahrhundert in diesem Stamme sich erhob und die Häuptlingswürde in Beschlag nahm. Sein ältester Sohn, Mohammed, der ihm nachfolgte, liess bei seinem Tode die Würde eines Häuptlings unbesetzt, und auf diesen Anlass hin entstand ein blutiger Krieg zwischen seinem Bruder Muchtār und seinem ältesten Sohne, Ssuēd Ahmed. Die Anhänger des Ersteren erhielten den Namen Schératīt und die des Letzteren den Namen A'bakāk von den rothen Früchten der Talha, auf die sie für ihren Lebensunterhalt angewiesen waren. Ssuēd Ahmed erlangte endlich die Oberhand und tödtete alle seine Oheime. Ihm folgte nach seinem Tode sein Sohn Bakr, der gegenwärtig die Zügel der Regierung in Händen hat. Das Haupt der Schératīt heisst E' Rassūl Uēlēd 'Ali Uēlēd Mohammed Schēn.

Hel 'Omar Uēlēd Mohammed Schēn, die Ssóltana kabíla der Senāgha, in folgenden Unterabtheilungen:

Hel 'Ali Bābā Uēlēd 'Omar.
Bū-Bakr Uēlēd 'Omar.
Rassūl Uēlēd 'Omar.
Hel 'Ali Uēlēd Mohammed Schēn.
A'hel Ssuēd; dies ist die stärkste Abtheilung der Senāgha.
A'hel Ressūl Uēlēd Alimbúgga.
Hel Bakr Uēlēd Mohammed Schēn.
A'hel Ressūl Uēlēd Mohammed Schēn.

Ausser diesen gibt es auch noch die Söhne Mohammed e' Srhīr's, nämlich:

Mohammed,

Muchtār,
Bū-Ssēf,
'Ali,
Ssidi el Amīn,
Hennūn.

Alle diese Männer haben verschiedenen Abtheilungen des grossen Stammes der Senāgha ihren Namen verliehen. Jedoch sind die Senāgha in Folge ihrer inneren Fehden von dem hervorragenden Range, den sie unter allen Arabischen Stämmen früher behaupteten, herabgesunken; denn obgleich sie entschieden Berberischen Ursprung haben, gelten sie doch auf Grund der Sprache, die sie zur Zeit reden, für Araber.

Die Kunta, oder vielmehr eine Abtheilung dieses weit verbreiteten Stammes, den wir schon in anderen Landschaften gefunden haben, ausgezeichnet durch Gelehrsamkeit und Frömmigkeit und, so weit sie in Tagānet leben, in folgende Abtheilungen zerspalten:

Uëlād Bū-Ssēf, die kriegerischste Abtheilung.

Uëlād Ssidi Bū-Bakr.

Uëlād Ssidi Haiballah (eigentlich Habīb-Allāhi), in folgenden Unterabtheilungen:

El Nogūdh.

Uëlād el Bah.

Érkabāt. Wenn wir annehmen, dass der Matrose Scott, von dem wir schon oben sprachen, wirklich den See Débu besucht hat, so müssen die Érgebāt, von denen er sagt, dass sie nicht weit von dem nordwestlichen Ufer des See's angesessen wären, unsere Érkabāt sein. Mit den Érgebāt, wie Herr W. Desborough Cooley meint, können sie auf keinen Fall zusammengestellt werden, da dieser Stamm seine Wohnsitze in El Gāda nie verlässt.

Uëlād Ssidi Wāfi, in folgenden Unterabtheilungen:

Uëlād Ssidi Bū-Bakr el kăhel.
Uëlād Ssidi Bū-Bakr el bēdh.

## D. Maurische Stämme in A'derēr.

A'derēr ist ein ziemlich hoch gelegener Landstrich, gebildet von Sandhügeln, die sich um einen ansehnlichen Höhenzug gruppiren. Eine solche Natur wird schon vom Namen selbst angezeigt, denn er bedeutet „Bergland" und ist ganz identisch mit dem Namen der zwischen A'sauād und Aïr liegenden Landschaft; allein die Verschiedenheit der Aussprache des Vokallautes in der Endsilbe unterscheidet beide, indem man die letztere Landschaft allgemein A'derār nennt.

A'derēr wird in Norden von dem schrecklichen Gürtel von Sandhügeln umsäumt, die den Namen „Magh-tēr" führen, und in Süden von einer ähnlichen, aber nicht ganz so unfruchtbaren Zone, die Warān heisst. Diese beiden Landschaften vereinigen sich östlich von A'derēr an einem „El Gedām" genannten Punkte, 6 Tagereisen von Wadān, wenn man von Ost nach West geht (1ster Tag: Metuëschtīe; 2ter Tag: Máderáss, ein „ha-ssi"; 3ter Tag: A'massīt; 4ter Tag: Suīri wēn Suëmra; 6ter Tag: Wadān). Man passirt auf diesem Wege eine grosse Menge Quellen. Zwischen A'derēr und El Hōdh und von jener Landschaft El Hōdhs, die den besonderen Namen „El Batn" führt, durch eine Hügelreihe getrennt, im Norden von Tagănet, liegt eine sehr ausgedehnte Thalebene Namens Chat e' demm. Sie läuft, wie es scheint, von West nach Ost am nördlichen Fusse des Höhenzuges von A'derēr entlang, an dessen südlichem Fuss El Hōdh liegt. Die Thalebene von Chat ist reich an Brunnen und enthält selbst ein paar dauernd bewohnte Dörfer — „ksūr" —. Ich gebe hier ein Verzeichniss einiger weniger dieser Örtlichkeiten:

Motschénge, ein kleiner Brunnen mit einem „ksar", der den

Gessīma gehört. Bélle, ein Brunnen und ein „ksar", von Bámbara oder wohl vielmehr von Assuānek bewohnt. Diese liegen auf der Südseite des Chat, wo sich eine grosse Menge kleiner, aber wasserreicher Brunnen findet; unter ihnen ist der, welcher den Namen Chat el Meuna führt, einer der bedeutendsten. Im mittleren Theile des Chat liegt O'fanī, eine grosse Pfütze — „dhaie" —, ferner Fetēle, Kēbi, Sorūgo, lauter Wasserlachen; aber die grösste derselben ist U'm el Medék, die auf dem Wege vom berühmten Brunnen (Bīr) Nuál nach Wadān liegt, dann Tuéschtair und El Bahēra, ebenfalls grosse Teiche. Auf der Westseite des Chat liegt der grosse Brunnen Tischti. Genug, die Thalebene ist so fruchtbar und wasserreich, dass der wandernde Araber über ihre Vorzüge gerade ebenso begeistert ist, wie der Europäer über die romantischsten Gegenden der Schweiz und Italiens. Die Breite des Thales ergibt sich aus der Entfernung von drei Tagereisen zwischen dem Brunnen Tálemist und dem berühmten Brunnen Bū-Ssefīe auf dem Wege von Tischīt nach Wadān.

A'derēr zerfällt nach der verschiedenen Beschaffenheit seiner besonderen Theile in die Landschaften „A'derēr e' temar" und „A'derēr ssuttuf"; die Dattelkultur beschränkt sich auf die erstere. Im eigentlichen A'derēr gibt es vier Städte — „ksūr" —, deren bedeutendste und fast einzig in Europa bekannte *Wadān* ist, ein Städtchen, das allerdings von Tischīt an Umfang übertroffen wird, aber doch bis in die neuere Zeit, wo es gleichfalls von inneren Unruhen gelitten hat, besser bewohnt war, als letzteres. Es besass jedenfalls eine gewisse Bedeutung in der ersten Hälfte des 16ten Jahrhunderts, wo die Portugiesen hier eine Faktorei anlegten. Da hätte es eine ewig denkwürdige Rolle spielen können, aber die Entfernung von der Küste war zu gross und die umliegende Landschaft zu kahl und öde, so dass die Portugiesen schon nach wenigen Jahren diesen schwer zu vertheidigenden Posten aufgaben. So weiss der Deutsche Ferdinand, dessen interessante Nachrichten über die Afrikanische Westküste uns in neuerer Zeit bekannt geworden sind, schon nichts mehr davon.

Wadān war ursprünglich so gut wie Tischīt ein Platz der Asēr und das Asérīe ist noch jetzt die Sprache der einheimischen Bevölkerung. Ausserdem hat es aber auch eine ansehnliche Arabische Bevölkerung, die folgenden Stämmen angehört:

El Arsāsir.

Idáu el Hadj, ein Stamm von grosser Bedeutung in der Geschichte der Afrikanischen Entwickelung und wahrscheinlich die Gründer des Reiches Ghánata. So weit sie in A'derēr leben, zerfallen sie in folgende Abtheilungen:

A'hel Ssidi Machmūd, der Ssóltana-Stamm, zu dem das Haupt von Wadān, 'Abd-Allah Uelēd Ssidi Machmūd gehört.

Idé Yakōb.

Ssíām.

A'hel el Imām.

Die folgenden beiden Abtheilungen dagegen leben in Ergēbe, nämlich:

El U'tetād und

El Idō-Gedjā.

Was die Rayān in Wadān betrifft, so sind sie die „chóddemān" der Idáu el Hadj.

Die Medrámberīn, eine Abtheilung der Kunta.

Wadān hat eine hübsche Pflanzung von Dattelpalmen verschiedener Gattungen und von besserer Art als die von Tischīt. Ihre Namen sind folgende: Ssekáni, Tennā-ssīdi, El Hommor, Tigībirt, Oëtérdel und Bésal el bagrah.

Die Stadt, die aus Stein- und Thonwohnungen besteht, liegt auf der Ostseite des Thales, auf steinigem, ansteigendem Boden. Die Bevölkerung übersteigt sicherlich nicht

5000 Seelen, bleibt vielleicht sogar bedeutend hinter dieser Zahl zurück. Sie versorgen sich mit dem, was sie bedürfen, aus Tischīt und es scheint, als besuchten sie nicht persönlich den Markt von Nyámina oder anderen Plätzen.

*Schingīt* oder vielmehr Schinghīt, ein kleines Städtchen, aus Stein gebaut und von derselben Grösse wie die Stadt Dál in Bághena, 2 Tagereisen südwestlich oder vielmehr westsüdwestlich von Wadān\*). Über die weite Verbreitung seines Namens habe ich schon bei früherer Gelegenheit gesprochen. Das Städtchen liegt inmitten kleiner Sandhügel, wo etwas Salz gefunden wird, und hat eine schöne Pflanzung von Dattelpalmen, welche die beiden Gattungen „tíggedirt" und „ssukkān" liefern. Dem Anscheine nach hat es keine Negerbevölkerung, sondern alle Bewohner sind Araber oder vielmehr von gemischter Maurischer Abkunft; sie gehören zu folgenden Stämmen:

Uëlād Djāhē ben ʿOthmān, in folgenden Abtheilungen:
    Uëlād ʿOthmān, zu denen das despotische Oberhaupt der Stadt, Namens Ahmed ben Ssidi Ahmed ben ʿOthmān gehört.
    El Aʿuessiāt, welche den Dialekt der Senāgha sprechen und ein eigenes Oberhaupt haben.
Eʾ Redān.
Uëlād Bū-Láhie.
Uëlād Égschar.
Idáu ʿAli.

---

\*) Die Lage dieser Ortschaften, wie ich sie in meiner Originalkarte niedergelegt hatte, musste nach dem später von mir noch hinzugesammelten und hier in den Itinerarien mitgetheilten Material und auch zum Theil — besonders was die Lage Wadāns zu Schingīt betrifft — nach den Daten der Reise des Herrn Panet vom Senegal nach Schingīt, die in der *Revue coloniale* von 1851 veröffentlicht sind, verändert werden; aber es war unmöglich, die von meinen Berichterstattern angegebenen Richtungen in der ganzen Konstruktion der Routen zu bewahren.

*A'tar*, ein wohlbevölkertes kleines Städtchen —"„ksar"—, das nach den Angaben Einiger grösser sein soll, als Schingīt. Von dieser Stadt liegt es 2 Tagereisen in fast ganz östlicher Richtung entfernt, indem der Weg in dem Landstrich El O'ss herabsteigt. Hier findet man Bäume und Wasser an vielen Stellen. A'tar liegt am Fusse einer „kódia", wo sich das Wasser ansammelt und eine kleine Pflanzung von Dattelbäumen nährt. Keine schwarze einheimische Bevölkerung.

*Odjúft*, ein „ksar", nicht so gut bevölkert wie die beiden vorhergehenden, nach den Angaben meiner Berichterstatter 2 Tagereisen südöstlich von Schingīt und 1 Tagemarsch südsüdwestlich von A'tar, gleichfalls mit einem Palmenhain. Seine Hauptbewohner sind E' Ssmēssid oder Ssmássida, ein Stamm von Suaie, und nur diese unternehmen Handelsreisen, aber nicht die übrigen Bewohner; im Allgemeinen erhalten nämlich die Bewohner Alles über Kasr el Barka, wo einiger Handel getrieben wird.

Neben diesen Arabischen Stämmen, die ich soeben als theilweise in den „ksūr" lebend aufgeführt habe, muss ich nun noch folgende Stämme erwähnen, die ihre Lagerplätze vorzugsweise oder vielmehr ausschliesslich in A'derēr haben.

Den ersten Platz nehmen hier die Tádjakánt ein. Dieser bedeutende Stamm wird als zur Himyaritischen Familie gehörig angesehen und trägt die „gubba"; er ist zahlreich und von grosser Bedeutung in dem ganzen Verkehr zwischen dem westlichen Theile Morocco's oder E' Ssáhel, wie dies Land am Niger genannt wird, und Timbuktu, so dass hier der Handel ausschliesslich in ihren Händen ist. Gegenwärtig sind sie in Folge ihrer Fehde mit den Érgebāt in einen Bürgerkrieg unter sich verwickelt, mit den Kunta dagegen leben sie in Frieden. Ich erwähne hier die Tádjakánt mit

Bezug auf A'derēr, wiewohl die Abtheilung derselben, welche innerhalb der Grenzen dieser Landschaft angesiedelt ist, ausserordentlich gelitten hat. Ein Theil der Tádjakánt dagegen hat seinen hauptsächlichen Wohnsitz in der Landschaft Gīdi oder Igīdi; auch ziehen sie in El Giblah umher. Ihr Name hat Veranlassung gegeben, sie mit Tagānet in Verbindung zu bringen, aber mit jener Landschaft haben sie gar nichts zu thun. Tádjakánt nämlich ist die Kollektivform für „Djakāni", in der weiblichen Form „Djakanīe", wie das einzelne Individuum dieses Stammes heisst. Ihr Häuptling ist der Merābet Mohammed el Muchtār, ein vortrefflicher Mann. Sie sind in folgende Bruchstücke getheilt:

E' Rumadhīn oder El A'rmadhīn, in mehreren Unterabtheilungen:
   ʿAīn el Kohol.
   Uelād Ssidi el Hadj.
   El Mssaid.
   Uelād Ssáīd.
Uelād Mússánni, in zwei Abtheilungen, deren Namen ich nicht erfahren habe.
El U'djarāt.
A'hel e' scherk.
Dráua.

Diese letzten drei Hauptabtheilungen bilden zur Zeit die eine Partei der Tádjakánt und die beiden ersten mit dem Merābet an der Spitze die andere. Insgesammt sind sie sicherlich im Stande, 2000 Musketiere in's Feld zu stellen, aber in Reiterei scheinen sie keineswegs stark zu sein.

Die Ssidi Mohammed, eine Abtheilung des Stammes der Kunta.

Im Allgemeinen bilden die Kunta und die Uelād e' Nāssir eine Gruppe für sich im Gegensatz zu den Tádjakánt, den Idáu el Hadj und den Senāgha.

## E. Maurische Stämme in El Giblah und Schemmāmah.

Der ganze Landstrich der Wüste zwischen A'derēr und der See heisst im weiteren Sinne Tīriss, aber eigentlich und im engeren Sinne wird dieser Name nur auf den nördlichen Theil dieser Landschaft bezogen, indem man den mittleren Theil „Magh-tēr" und den südlichen „El Giblah" nennt. Man muss sich jedoch hüten, diese so speziell bezeichnete Landschaft mit dem überaus vagen Namen „El Giblah" zu verwechseln, wie er bei den Arabern von A'sauād gebräuchlich ist, indem sie damit jenen ganzen Theil der Wüste bezeichnen, der sich westlich von ihnen von Walāta bis an den Atlantischen Ocean erstreckt. Wir haben nämlich schon bei anderer Gelegenheit gesehn, dass „gibleh" oder „giblah" in der Mundart der Araber dieser Landschaften die Bedeutung des „Westens" angenommen hat. Dieser Landstrich El Giblah nun, von dem wir hier sprechen, wird im Norden von Magh-tēr begrenzt, im Osten von A'derēr, im Südosten von El A'biār und im Süden vom Senegal. Dieser südliche, von der Natur mehr begünstigte Strich jedoch, der mit dichten Gummibaumwaldungen bedeckt ist, führt den besonderen Namen Schemmāmah. Ein anderer, aus Reihen von Sandhügeln bestehender Theil der Giblah dagegen heisst Igīdi oder E' Ssuēhel. Im Allgemeinen enthält weder die Giblah noch Tīriss nie versiegende Brunnen, da beide Landschaften einen äusserst trockenen und unfruchtbaren Charakter haben, aber in der Regenzeit findet man Wasser dicht unter der Oberfläche.

Leider hatte ich keine Zeit, während meines Aufenthaltes in jenen Gegenden ein vollständiges Wörterverzeichniss der eigenthümlichen, halb verderbten Mundarten der Maurischen Araber zusammenzustellen; aber einige wenige von den besonderen Ausdrücken der Mundart der Bewohner der Giblah will ich hier anführen: ssengetti: der beliebte Sonrhay-Trank, dukno oder dakno; tefángurūt oder tadjimāchet: kohémmi; nīscha: hasse, Brei; áganāt: bussū-ssu, Tamarinde; adélagān: dúngurī; tarer: hoi, eine Art Gemüse; ghursch: hak („so ist es"); ssofīf: Geschicklichkeit; assūfaf: geschickt; likschāscha: grosse Kürbisschale; bíschena: ssāba *(sorghum);* mútteri: hēni *(Pennisetum distichum);* ta-ssāret: Rohrmatte; tarsai, Plur. tersiāten: auēba (Teppichvorhang vor dem Zelt); ssmángeli: ich habe vergessen, es ist mir entgangen; sselli: lass dies Reden.

Die *Brákena,* ein zahlreicher Stamm, der ursprünglich allen Tribut von den Häfen Bot-hádīe's und der Umgegend erhob, aber zur Zeit sehr heruntergekommen und zum Theil die „chóddemān" und „lahme" der glücklicheren Terársa geworden ist. Die Brákena zerfallen in mehrere Abtheilungen:

A'hel Agrēschi, der Ssóltana-Stamm.

A'hel Uēlēd ʿAbd Allah. Von diesem ʿAbd Allah, einem Sohne Kerūm's, leiten alle Abtheilungen der Brákena ihren Ursprung ab.

Uēlād Ssaīd.

Uēlād Bakr.

Uēlād ʿAīd, in früheren Zeiten sehr mächtig, jetzt „lahme".

Uēlād Manssūr.

Uēlād Nurmāsch.

Uēlād A'hmedu.

A'hel Mehémedāt.

Uēlād A'gram und vielleicht noch andere.

Die Terársa — der Name hat nichts in aller Welt zu thun mit Teghāsa, dem früher bearbeiteten grossen Salzlager der Wüste — ein mächtiger Stamm mit Mohammed el Habīb Uēlēd ʿOmar Uēlēd el Muchtār als Häuptling. Sie zerfallen in zwei grosse Abtheilungen:

Uĕlād Ahmed ben Damān und

Uĕlād Damān.

Diese zwei Abtheilungen zerfallen wiederum in mehrere Unterabtheilungen, deren Namen ich jedoch nicht im Stande war, mit Gewissheit zu ermitteln, mit Ausnahme der Unterabtheilung der ersten Gruppe, zu der Mohammed el Habīb gehört. Sie heisst:

A'hel 'Omar Uĕlēd el Muchtār.

Die Elleb, ein ansehnlicher Stamm, der einen gewissen Verwandtschaftsgrad mit den Terársa zu haben scheint. Von ihnen in gewisser Hinsicht abhängig sind die Erháhela.

Die Uĕlād Abēri oder Abiēri, ein mächtiger Stamm mit einem hochverehrten Häuptling Namens E' Scheich Ssadīe", der gewöhnlich in der Nähe des Brunnens Bū-Télimīt seinen Wohnsitz hat. Diesen Brunnen habe ich oben als zu El A'biār gehörig erwähnt und angegeben, dass er etwa 7 Tagereisen südwestlich von Wadān und deren 9 von Odjúft entfernt liegt.

Die Temékket mit ganz und gar vorwiegenden Berberischen Elementen:

Idáu el Hassan.

Idedjfāga.

Idjédjebō.

Tenderār.

Teschímscha.

El Bārek-Allah.

Die Limtūna. Dieser grosse, einst unter den Berber-Stämmen mächtig hervorragende Stamm ist jetzt gänzlich zersplittert und hat alle politische Bedeutung verloren; ja sie sprechen fast durchgängig Arabisch, aber ein sehr verderbtes und gemischtes, sowie auch die in Aftōt angesessenen, wo sie ebenfalls sehr zahlreich sind. Sie sind weit über die verschiedenen Landschaften der Wüste zerstreut und erscheinen hier als Méschedūf, Idé-lebō, Idé-silli, Udēschen, Bedūkel oder Ibedūkel, Lēdem, Tuabēr und Uëlād Molūk. Von diesen gehören die Idé-lebō zur Gruppe der Schemman-A'mmass.

## F. Maurische Stämme in Magh-tēr und Tīriss.

Tīriss — ein Wort, das in der Temāschirht-Sprache „kleiner Brunnen" bedeutet — ist, wie ich oben angab, von El Giblah durch den Bezirk von Magh-tēr geschieden. Dies ist ein Gürtel ungeheurer Sandhügel, der sich vom Ufer des Oceans östlich bis 5 Tagereisen jenseits Wadān erstreckt und an Breite zwischen 3 und 5 Tagereisen wechselt. Tīriss ist so ziemlich von derselben Beschaffenheit wie El Giblah und in der trockenen Jahreszeit ohne Wasser, hat aber dagegen hinreichend Kameelfutter. Jedoch bietet die ganze Landschaft nicht einen und denselben Charakter dar, da der westliche Theil — „Tīriss el Chauāra" — viel trockener ist, als der östliche, der sich vom Brunnen (Ha-ssi) El Audj bis in die Nähe von I'djil erstreckt und den Namen „Tīriss el Firār" führt.

In diesen beiden Landstrichen können der Natur der Sache nach keine dauernden Wohnplätze sein, aber doch gibt es zwei Örtlichkeiten, die der Erwähnung werth sind und die gelegentlich einiges Leben und einige Geschäftigkeit zeigen. Dies sind der A'ghadīr-Dōme genannte Hafen am Ocean und die Ssebcha von I'djil. Der erstere Platz ist identisch mit dem bei den Europäern seit den Entdeckungsfahrten der Portugiesen wohlbekannten Arguin und aller Berechnung nach wahrscheinlich auch mit dem Uëlīli der Arabischen Schriftsteller. Dieser Hafen zieht nun zu Zeiten, wenn er von einem Europäischen Fahrzeuge besucht wird, Schaaren von Arabern herbei, besonders vom Stamme der Malsen, und die Démessāt übernehmen dann die Rolle von Mäklern zwischen den Letzteren und den Fremden.

Die „ssebcha" von I'djil soll vor etwas mehr als 60 Jahren entdeckt sein. Sie liegt, wie es scheint, in einer Öffnung der Sandhügel von Magh-tēr, die man übersteigen muss, wenn man von Wadān oder von Ssákīet el Hamrah kommt; südlich von diesem Salzbecken scheint sich ein höherer Berg zu erheben, auf dessen Gipfel ein heiliger Mann einen Palmenhain gesehen haben soll. Das war aber sicherlich ein Lügner. Die Ssebcha liegt etwa auf dem halben Wege zwischen Wadān und A'ghadīr und hat reiche Lager Salz von grosser Güte, aber schwarzer Farbe, wahrscheinlich von derselben Art wie das der vierten Schicht in Taödénni, das den Namen „El Káhela" führt. Ein grosser Nachtheil ist aber, dass sich frisches Wasser nicht näher als in der Entfernung eines guten Tagemarsches findet, nämlich bei El Argīe, so dass keine dauernde Ansiedelung hier bestehen kann, und die Araber von verschiedenen Stämmen, die in ansehnlicher Anzahl kommen, um Salz zu holen, es sich angelegen sein lassen, so schnell als möglich wieder fortzuziehen. Der Scheich Ssidi Mohammed el Kuntaui, der gewöhnlich seinen Sitz in der Nähe des Brunnens Ssidāti hat, übt eine Art von Oberherrlichkeit über die Ssebcha und erhebt einen kleinen Tribut von denen, die das Salz verführen. Es scheint jedoch, als sei die Salzablagerung bei I'djil keineswegs sehr ausgedehnt und in keiner Weise zu vergleichen mit den Lagern von Taödénni. Ausser ihnen gibt es allem Anscheine nach in dieser Nachbarschaft, vielleicht in grösserer Nähe des Oceans, noch eine Ssebcha, Namens U'm el Chaschéb, die den Uëlād Haie Ben 'Othmān gehört; ich bin jedoch nicht im Stande gewesen, ihre Lage genau zu erforschen.

Unter den Arabischen Stämmen nun, die in Tīriss und Maghtēr, sowie den benachbarten Landstrichen umherwandern, müssen wir zuerst die Uëlād Delēm erwähnen. Dieser Stamm ist dem Anscheine nach der zahlreichste unter allen Stämmen der Wüste. Sie werden, wenigstens von den Arabern A'sauād's, in zwei Gruppen getheilt, nämlich in die Uëlād Māref und in die Delēm el A'hmar. Zur ersteren Gruppe gehören folgende drei Stämme:

Uëlād Molād, die zahlreichste Abtheilung der Uëlād Delēm, aber übel berüchtigt wegen ihrer Räubereien; sie leben theilweise auch in Gīdi und zerfallen in folgende Unterabtheilungen:

Uëlād Bū-Karssīe, zu denen das Haupt der ganzen Abtheilung, Hennūn Uëlēd (nicht Uëlād) Tuēta, gehört.

El Hamáia mit einem Häuptling aus ihrer Mitte, Namens El Fādhel Uëlēd Schuēn.

E' Schehāli mit einem besonderen Häuptling, dem Sohne Allād's.

Uëlād Schāker.

Uëlād Bū-Hínde. Diese Letzteren leben nicht in Tīriss, sondern in A'sauād.

Ssekárna, ebenfalls in mehreren Abtheilungen; aber ich bin nicht im Stande gewesen, den Namen irgend einer derselben zu erforschen, mit Ausnahme des der A'hel Dēde, welche die Schiūch sind.

Uëlād Ssālem mit dem Häuptling Mohammed Uëlēd 'Omar, theils hier, theils in Gīdi.

Zu den Delēm el A'hmar gehören folgende Abtheilungen:
El O'dekāt, die Häuptlingsfamilie der Uëlād Delēm. Ihr hochberühmtes Haupt, Ahmed Uëlēd Mohammed el Fodēl, starb vor einigen Jahren hochbetagt, angeblich 120 Jahre alt. Sie zerfallen in folgende Unterabtheilungen:

Uëlād e' Schīa.

Uëlād Manssūr.

Uëlād Allāb.

Uëlād Ermithīe.
Sseráchna.
Uëlād Tagéddi.
Uëlād Schuēch.
Uëlād Bū ʿOmar, deren Schiūch-Familie den Angaben nach die Aʾhel ʿOmar Uëlēd eʾ Scheich Umbrēhi sind.
Uëlād el Chalēga (?) mit der Schiūch-Familie Aʾhel ʿOmar Uëlēd Barka.
Uëlād Ssiddūm.
Lógorā (?).
Uëlād Tédrarīn in mehreren (zehn?) Abtheilungen, die insgesammt den Uëlād Delēm Abgaben zahlen.

Uëlād Yoása (يعس) die Verbündeten der Medrámberīn, von denen der grössere Theil in Tīriss lebt. Sie sind ein mächtiger Stamm und kämpfen gegen die Uëlād Delēm. Sie wandern nicht viel umher und stehn zum Theil unter der Herrschaft Ahmed Ssidi's, des Sohnes (Uëlēd) Ssidi Mohammed's, theils unter derjenigen Ssidāti's.

Tōbalt.
Lémmier.
Schébahīn, die Verwandten derer in El Hōdh.
Uëlād ʿAbd el Wāhed.
El Arūssíīn (vielleicht mit ʿA), verwandt mit dem in anderen Gegenden der Wüste angesessenen gleichnamigen Stamme.
Imerágen, ein sehr armes Volk und von schlechtem Charakter, das in der Nähe des Seeufers lebt.

In mehr ausschliesslichem Sinne in Bezug auf Magh-tēr sind zu erwähnen:
Aʾhel Etfāga.
El Chatāt.
Uëlād el Hadj Muchtār.

## G. Maurische Stämme in El Gāda, Asemmūr, El Hāha, Ergschēsch, Gīdi und den angrenzenden Landschaften.

Diese Landschaften behandle ich hier in einem und demselben Abschnitt blos aus dem Grunde, weil ich über sie bis jetzt nur sehr unvollkommene Kunde habe einziehen können. Sie umfassen einen ausgedehnten Landstrich im nordwestlichen Theil der Wüste und sind von sehr mannichfaltiger Beschaffenheit. *El Gāda* liegt zwischen Tīriss und Wadi Nūn und wird vom letzteren durch den kleinen Landstrich Schebēka geschieden. Obgleich diese Landschaft im Ganzen denselben Charakter wie Tīriss zu haben scheint, so zerfällt doch auch sie in zwei verschiedene Theile; von diesen führt der eine den Namen „El Mirch", der andere heisst „El Bēdh". In gewissem Sinne bildet Gāda dabei einen Theil der grösseren Landschaft Asemmūr. Die berühmtesten Örtlichkeiten dieses Landstriches sind folgende: Messkōr, A'safai, A'geschār, Mīdjik; von hier nordöstlich: Assumārik, Ta-ssumārit, El Genäter, Sádenáss, Béscharīf, Kedáie-Yetséllem, El Bellebūna, Stēlet bel Girdān, I'schirgān, Agársesíss mit der Ssebcha Abāna, U'm el Rössēn, El Méhadjīb.

Die hauptsächlichsten Arabischen Stämme, die in Gāda leben, sind folgende:

Die Érgebāt, ein grosser, mächtiger Stamm in mehreren Abtheilungen, die theils in El Gāda, theils in *Sīni* leben. Dieses letztere ist ein Landstrich, der El Gāda auf der Ostseite begrenzt.

Uëlād Mū-ssa, \
Éthalāt,          } beides Ssóltana-Stämme.

El Guāssem.

El 'Aīd-'Escha oder A'hel 'Esch.

Uëlād Mohammed ben 'Abd-Àllah und mehrere andere.

In *Schebēka* sind vorzugsweise die Sergīīn zu erwähnen, die zu der grösseren Stammesgenossenschaft der Tíkkena gehören und in zwei Abtheilungen zerfallen, in die Yegūt und die Uëtū-ssa.

Östlich von Schebēka, nordöstlich von Sīni und nördlich von dem Wadi Ssākiet el Hamrah, das von den Uëlād Bū-Sseba bewohnt wird, erstreckt sich die ausgedehnte Landschaft *El Hāha*, die vorzugsweise von dem mächtigen Stamme der ʿAárīb bewohnt wird. Diese sind die erklärten Feinde der Duémena und der Idáu Belāl und sollen gegen 1000 Mann Reiterei in das Feld stellen können. Sie zerfallen in mehrere Abtheilungen, nämlich:

Legerádeba, etwa 200 Waffenfähige.

El Buadīn, ungefähr dieselbe Anzahl Waffenfähiger.

El Guāssem (die Schiūch) etwa 40 Waffenfähige.

E' Nuaidji, die Tolba.

Námena.

El Renáneba. ⎫
Siūt. ⎪
Ssidi ʿAli. ⎬ Die Namen dieser Abtheilungen sind nicht ganz sicher.
Medīni. ⎪
Mbāha. ⎭

Neben den ʿAárīb wohnen in der Landschaft El Hāha die Limtūna, zumal die Idáu-I'dderen, und nach den Angaben einiger Berichterstatter scheint das Berber-Element hier ganz und gar das Übergewicht zu haben.

El Hāha wird allem Anscheine nach gegen Osten von *Gīdi* oder Igīdi begrenzt. Dies ist ein Gürtel hoher Sanddünen, etwa 1½ bis 2 Tagemärsche breit und reich an Dattelpalmen, die eine gute Art Datteln, „djēhe" genannt, liefern. Gīdi erstreckt sich 20 Tagemärsche östlich vom Hauptlager in Ssākiet el Hamrah in westsüdwestlicher Richtung nach Tischīt und von dieser Stadt ist sein südwestliches Ende durch eine etwa 10 Tagemärsche breite nackte Wüste — „meraie" — geschieden. Gīdi hat keine regelmässige Bevölkerung; die Tádjakánt, die Uëlād Molād und besonders die Kunta besuchen es nur alljährlich und halten sich daselbst einige Zeit auf, um die Dattelernte zu bewerkstelligen.

Südöstlich von Igīdi liegt die Landschaft *Ergschēsch*, durch die kleineren Landstriche *Aftōt* und *El Kart* vom ersteren getrennt. Aftōt ist ein enger Gürtel, nur ½ Tagemarsch breit, und besteht aus weissem und schwarzem Erdreich; El Kart dagegen, das gegen Westen an Aftōt grenzt, ist etwa 1 Tagemarsch breit und bietet eine ebene, mit Kieseln und vielen Kräutern bedeckte Oberfläche dar. Ergschēsch ist ein langer, schmaler Gürtel von Sanddünen, der sich in der Richtung von Tauāt nach Warān erstreckt und in geringer Entfernung westlich von Taödénni vorüberzieht, bis er an seinem Südwestende Magh-tēr oder vielmehr Warān berührt. Dieser Landstrich ist hinsichtlich seines Charakters Gīdi ähnlich und hat zwischen den hohen Sandhügelreihen Wasser, ist aber von der Natur nicht mit dem so werthvollen Geschenk der schmuckreichen Palme beschenkt worden; er ist ausserdem schmal, nur 20 bis 30 Meilen breit und wird in Norden von dem kleineren Landstrich *El Hank* begrenzt. El Hank hat schwarzen, vegetabilischen Boden und ist von Felsenhöhen — „kódia" — durchzogen. Auch gibt es in dieser Landschaft eine berühmte Stelle Namens Lemesarrāb mit einer ansehnlichen Gruppe von Dattelpalmen, deren Früchte von den Kunta eingesammelt werden, ohne dass sie jedoch irgend welche Pflege auf diese Bäume verwenden.

Auf der Südostseite von Ergschēsch liegt die Landschaft *El Djūf*, zu der Taödénni gehört. Dieser Landstrich ist reich an Salz, aber fast ganz kräuterlos, mit Ausnahme der von Natur mehr begünstigten Stätte Namens El Harēscha, etwa 1¼ Tagemärsche ostnordöstlich von Taödénni, wo sich

Baumwuchs findet. Der elende Ort, der den Namen Taödénni trägt, besteht nur aus einigen Wohnungen, da sich mit Ausnahme des Scheichs Sēn und seiner Leute des abscheulichen Wassers und der grossen Theuerung der Lebensbedürfnisse halber Niemand hier aufhalten will. Der Ort verdankt seine Entstehung dem Verlassen von Terhāsa (um das Jahr 950 der Hedjra). Schon im Tagebuche meines Aufenthaltes in Timbuktu habe ich die Eigenthümlichkeit der Salzlager von Taödénni näher besprochen; hier will ich nur noch hinzufügen, dass man in Taödénni für eine schwarze Tobe vier Kameellasten Salz oder sechzehn Blöcke — „rūss" — bekömmt, wovon jeder in Timbuktu 3500 bis 4000 Muscheln werth ist. Die Entfernung Taödénni's von Warān beträgt 10 Tagemärsche, indem man längs Ergschēsch hinwandert; 9 Tagemärsche ist es von Bū-Djebēha, ebenso weit von Mámūn, in westnordwestlicher Richtung, und 10 bis 11 Tagemärsche von Mabrūk, in Nordwest, nämlich 2½ Tagemärsche von Mabrūk bis zum Brunnen Anīschai, 5 Tagemärsche zum alten Brunnen El Gátara und etwas mehr als 3 Tagemärsche nach Taödénni*). El Djūf grenzt in Norden an den Landstrich Namens Ssáfie, eine Art Hammāda mit gelegentlichen Grasstreifen. In diesem Landstrich wandern die Uëlād Delēm, die ʽAárīb, die A'turschān, eine Abtheilung des grösseren Stammes der ʽAídde, und mehrere Abtheilungen der Kunta umher, besonders die Ergágedā und die Uëlād el Wāfi. Auch Ssidi Mohammed, der mächtigste Häuptling in Ergschēsch, ist ein Kuntī.

---

*) Ich theile an dieser Stelle folgende Data mit, welche ich nicht mit anderen vollkommen in Einklang zu bringen vermag: Von Taödénni 1½ Tagereisen: Merēt; dann in derselben Entfernung: Ha-ssi I'mbodīr; 5 Tagemärsche: Súgguma mit den ʽArīg Atuēle (vielleicht „o' tauēle", d. h. „die hohen Sanddünen") an seiner Nordgrenze; 1 Tagemarsch: Assedāreb, und von hier der Dhāhar (El Hamār); — 3 Tagereisen von Tauāt der „ha-ssi" Telig, 7—8 Klaftern tief.

H. **Landstrich der Sáhara zwischen A'sauād und Timbuktu auf der einen und El Hōdh und Bághena auf der anderen Seite.**

Zwischen A'rauān und Walāta erstreckt sich eine wasserlose Wüste von 10 Tagemärschen, Namens *A'kela*. Sie besteht aus vereinzelten Sandhügeln, ähnlich der Beschaffenheit von Magh-tēr; aber hier findet sich zwischen den Sandhügeln sehr gutes Kameelfutter und ein Reichthum von Wassermelonen, die hinreichend sind, den Durst des Menschen sowohl wie seines treuen Gefährten in der Wüste zu löschen. Die Kóbetāt sind es, die vorzugsweise hier umherziehen.

Südlich von der A'kela wird die Landschaft grüner und fruchtbarer durch die Bewässerung des Niger und seiner zahlreichen Hinterwasser, und in diesem Gürtel zeichnet sich Ein Distrikt ganz besonders aus durch sein Weideland, nämlich das berühmte *Rās el mā*, das ich zu wiederholten Malen erwähnt habe und wo Araber, besonders die Kunta und Bérabīsch mit dem kleinen Reste des fast erloschenen Stammes der Lanssār, sowie die Uëlād Ssáīd el Borádda, gelegentlich ihre Lagerplätze haben. Dort hatte auch Sēn el 'Abidīn, ein jüngerer Bruder Scheich Ahmed el Bakáy's, eine lange Zeit hindurch sein Lager. Auch die Idélebō haben dort ein kleines Dorf.

Mitten zwischen der A'kela nach Nordosten, dem Dhāhar Walāta nach Nordwesten und Fermāgha nach Südosten liegt der Landstrich *Erīggi* mit einem kleinen Städtchen — „ksar" — Namens Ba-ssikúnnu, das ich im vorigen Bande erwähnt habe. Eríggi ist der hauptsächlichste Wanderbezirk der Uëlād 'Alūsch, einer allerdings nicht sehr zahlreichen, aber kriegerischen Horde, die ihre Raubzüge über ganz A'sauād ausdehnt und in zwei Abtheilungen zerfällt:

El Chátterāt und

El Ellēb.

Die Uëlād ʿAlūsch sind zur Zeit der vornehmste Stamm einer grossen Gruppe Namens *Dáūd*, deren Bestandtheile ich hier im Zusammenhange aufzählen will, wiewohl nur ein Theil der Stämme in dieser Gegend lebt und auch die meisten derselben schon früher, bei Berührung ihrer bezüglichen Landschaften, erwähnt worden sind; ihr Scheich ist Ssuēdi.

### a) Dáūd Mohammed.

Uëlād Bílle.

Uëlād Bū-Faida.

Uëlād Talha.

Uëlād Múmmu mit Mohammed Uëlēd ʿAli Enhōri.

Uëlād Nahla.

Uëlād Rhānem.

### b) Dáūd ʿArūk.

Uëlād Sēd mit Nefá Uëlēd Kedado.

El Erhámena.

Uëlād ʿAlūsch.

Uëlād Yūness.

Uëlād Rahmūn.

Uëlād Masūk.

Uëlād Sayem.

Géscharāt.

Uëlād Ber-hēn.

Ssákerē Daie.

Uëlād Yíllui und verschiedene andere, gegenwärtig fast erloschene Stämme.

Nun will ich hier noch die Stämme aufzählen, welche die Gruppe Lādem bilden, mit dem Scheich ......, Sohne E' Schēn's:

A'hel Tīki.

A'hel Tāleb Musstuf.

Dermússa.

Légeräf.
El A'ragīb.

Ehe ich dieses Verzeichniss der Arabisch-Maurischen Stämme der Wüste schliesse, will ich noch ein paar kurze historische Andeutungen geben. Leider fehlt es an einem fortlaufenden historischen Faden, um diesen Knäuel von Stämmen ganz zu entwirren, aber ich will doch wenigstens einige Stämme erwähnen, die etwas einem Reiche Ähnliches in dem südlichen Theile der sogenannten Wüste gegründet haben:

El ʽArüssīn, um 600 der Hedjra.
El Erhámena, welche die Herrschaft Schenān el ʽArūssi abrangen.
Uëlād Bílle, die den Erhámena nachfolgten und sehr reich und mächtig wurden, bis sie, wie die Araber vorgeben, ihre Herrschaft selbst zerstörten, indem sie vor etwa 60 Jahren den Zorn des Scheichs El Muchtār el Kebīr aufreizten, wo denn ihre Macht von den Méschedūf und den Senāgha gebrochen wurde.

Eine kleinere Herrschaft wurde von den Uëlād Bū-Faida gegründet und sie hatten ihre Hauptsitze in der Nähe von Ka-ssāri im Hōdh, nordwestlich von Bághena, bis sie von den A'hel e' Senāghi überwältigt wurden.

Ich will hier noch angeben, dass die Imō-scharh oder Tuáreg folgende besondere Ausdrücke für Arabische Orts- oder Stammnamen haben:

| | |
|---|---|
| Gúndam . . . . . . . . | Ssassáueli. |
| A'rauān . . . . . . . . . | Eschíggaren. |
| Bérabīsch . . . . . . . | Kēl-djaberīe. |
| Kunta oder Kuntarār . . . | Kēl-borásse. |
| ʽArab el Giblah . . . . . | Udāyen (Sing. Udai). |

Nachträglich folgt hier noch eine kurze Angabe der Strasse von Wadān nach A'ghadīr Dōme oder, wie letzterer Ort von den Arabern genannt wird, e' Dáchela:

1ster Tag: Sselaurīsch.

2ter Tag: Schūf.

3ter Tag: El Móruëssīn, eine „kódia".

4ter Tag: Dŏmuss, ein guter Brunnen — „ha-ssi" —.

5ter Tag: Tenuāke, eine „úggada" mit gutem Wasser in der Regenzeit, aber brakisch während der trockenen Jahreszeit.

6ter Tag: Man lagert zwischen Egdjir und Rek el Mehōn.

7ter Tag: Ssuēta, eine von Hügelketten — „kódia" — eingeschlossene Örtlichkeit.

8ter Tag: Tagasīmet, ein „ha-ssi", 7 Klaftern tief.

9ter Tag: Takeschtint, ein „ha-ssi", 2 Klaftern tief.

10ter Tag: E' Dáchela. Die beiden letzten Tagemärsche sind kurz. Das Dorf A'ghadīr soll 50 bis 60 Rohrhütten haben, die von den Imrāghen bewohnt werden, deren Häuptlinge Uĕlēd Ahmed Budde Ébn ʿOmar und Mohammed Uĕlēd el Mrēma sind.

# III.

Abtheilungen und Familien der grossen südwestlichen Gruppe der Imō-scharh oder Tuáreg.

Der Name A'mō-scharh oder A'mō-schar' (im Plur. Imō-scharh) bezeichnet eigentlich in den gegenwärtigen Verhältnissen der Tuáreg den Freien und Edlen im Gegensatz zum A'mrhi oder A'mr'i (im Plur. Imrhād), dem Unfreien oder wenigstens zum Theil Geknechteten, und die Gesammtmasse dieser freien und unfreien Stämme zusammen wird daher passender mit dem allgemeinen Namen „die Rothen" — „I'dinet-n-schéggarnēn" — bezeichnet, wofür es noch einen anderen, allgemeineren Ausdruck gibt, nämlich „Tíschorēn".

Die ganze Gruppe der südwestlichen Tuáreg wird jetzt allgemein mit dem Namen „Auelímmid", „Uëlímmid" oder „Auelímmiden" bezeichnet, nach dem Namen des herrschenden Stammes, dessen Oberhoheit von den übrigen in einer oder der anderen Weise anerkannt wird, und in dieser Beziehung begreift man selbst die Tademékket mit unter den Auelímmiden; aber der eigentliche Kern der Letzteren ist sehr klein. So wird denn die ganze Gruppe, wahrscheinlich im Gegensatz zum Namen „I'regenāten", worunter man die gemischte Gruppe von Stämmen versteht, die südlich vom Flusse wohnen, mit dem Gesammtnamen „Tegessāssemt" bezeichnet.

Die ursprüngliche Gruppe der Auelímmiden („Ulmdn" ist die Schreibweise des Namens in Tefīnagh) ist entschieden identisch mit den Lamta (das *t* ist nämlich ein hartes t, das Arabische ط oder *ṭ*, wie ich es bisweilen im Vokabulär bezeichne, das fortwährend mit dem *d* verwechselt wird), und der Name bedeutet wahrscheinlich „die Kinder, Nachkommen von Lamta" oder vielmehr „von Limmid"; aber der Name kann auch ursprünglich adjektivisch sein, wie er denn gewöhnlich spöttisch auf die Unwissenheit der Auelímmiden gedeutet wird. Sie wohnten in früheren Zeiten in Igīdi, nahe bei den Uëlād Delēm, einem Maurischen Stamme, der sehr viele Berber-Elemente in sich aufgenommen hat, bis sie nach A'derār auswanderten, der Landschaft nordöstlich von Gōgō. Von dort verdrängten sie, wie ich in den dem vorhergehenden Theile angehängten chronologischen Tafeln (S. 665) angegeben habe, unter dem Oberbefehle Karidénne's, des Sohnes von Schuāsch oder vielmehr Abék, die Tademékket, welche damals der herrschende Stamm in dieser ganzen Gegend waren. Der Ahn der Auelímmiden soll den Namen Ssíggene geführt und dem Stamme der Himyār angehört haben [*]).

Ich theile hier ein Verzeichniss der gewöhnlichsten Lagerplätze in A'derār mit: Amāssin, 'Araba, Tin-darān, Yúnhan oder Gúnhan, e' Ssūk (die beiden letzten Orte waren früherhin blühende Städte), Idjenschīschen, A'sel adhār, Kidal, das oft als besonderer Landstrich angesehen wird, Endéschedaīt, Taghelīb, Marret, Talābit, Tadakkēt, Assuai, Anemellen, Aussáttefen, Ascheróbbak, Tinsáuaten, Tádjemart, Eléui, Dohéndal, Tin-adjōla, Enrar, Edjārak, A'schu, Alkit, Takellūt, Dafalliāna, Enáfara.

Ich lasse nun ein Verzeichniss aller der Stämme folgen, die zu dieser Gruppe gehören, indem ich den ersten Platz

---

[*]) Man vergleiche den Bericht A'bū 'Omar's Ébn 'Abd el Ber bei Ébn Chaldūn (übersetzt von Macguckin de Slane, Th. I, S. 174). — Dieser Ssíggene, der von meinen Berichterstattern als der Vorfahre Lamt's angegeben wurde, mag identisch sein mit Assnag, dem Ahn der Ssenhādja oder Senāgha, mit denen die Auelímmiden dem Anscheine nach eng verwandt sind.

denjenigen anweise, welche zum ursprünglichen Stamme gehören:

Die Kĕl-ekímmēt, die königliche Abtheilung, oder die Kĕlamanókalen, dem Anscheine nach in zwei Unterabtheilungen geschieden, von denen die eine nach Fatīta benannt worden ist und die andere, wenn ich nicht irre, nach U'kssem oder O'ka-ssem, dem Sohne („ig") von Imma, wiewohl U'kssem der Vater Fatīta's war.

Das gegenwärtige Oberhaupt des Stammes und so der Oberherr der ganzen Gruppe ist Alkúttabu, eigentlich „Kúttub-e'-dīn", „Säule des Glaubens", ein Bruder des verstorbenen wohlbekannten Häuptlings E' Náberha, des Sohnes Káua's. Die Hauptpersonen neben ihm sind: Thákkefi, der Sohn E' Náberha's, und Legáui oder El A'gui; aber während der Erstere eine treue Stütze des regierenden Fürsten ist, scheint zwischen dem Letzteren und der herrschenden Familie etwas Eifersucht obzuwalten.

Targhai-tamūt (das ū, wenn auch lang, wird in der Tefīnagh-Schrift gewöhnlich nicht ausgedrückt) mit dem Häuptling I'nlehāt oder Lehāt, der zugleich Haupt des Stammes der Tessgógamet ist. Bisweilen wird auch Legáui als Haupt dieses Stammes angesehen. Die Targhai-tamūt zerfallen in die Unterabtheilungen der Kĕlegéuk, Ikaréraien, Ihiauen, Iberekīten, Idammān, I'ssegrān, Kĕl-tabónnan, Ischegéttan oder Ischéggattan, Ichércheren und der Kĕl-kabāi.

Tahábanāt oder Tahabanāten mit dem Häuptling Kässel. Sie zerfallen in folgende Unterabtheilungen:

Tahábanāt ikáuelen, T. ischéggarnēn, Ibatánaten, Chorímmiden, Taradēgha und Tamisgīda\*). Der Name der

---

\*) Ich will hier bemerken, dass die meisten Vokale, die ich, der üblichen Aussprache nachgehend, mit einem Accent bezeichne, in der Tefīnagh-Schrift gar keinen Ausdruck finden.

Ibatánaten könnte Einen zu dem Schlusse verleiten, dass der Stamm desselben Namens, der zur Zeit unter den erniedrigten Stämmen der A'skar lebt (s. Th. I, S. 257) ursprünglich zu diesem Stamme gehört hätte, und das ist allerdings gar nicht unmöglich.

Ichórmeten*) mit den Häuptlingen Intágés-sut und Eránre.

I'fogass, eine Abtheilung jenes weit verbreiteten Stammes, von dem ich zu wiederholten Malen gesprochen habe. So weit diese Leute unter den Auelímmiden leben, werden sie von den Häuptlingen Innátaien, A'mssadūa, Itkāl und Elrēlmu regiert und zerfallen in folgende Unterabtheilungen:

Kēl-tebāghart, Kēl-áthogal, I'karéraien, Ibeddédauen, Ibbésauen, Tegētik, Kēl-télatait, Kēl-ásseghalt.

Tin-eger-égedesch mit dem Häuptling Kaulen, in folgenden Unterabtheilungen:

Ikarnánaien, Kēl-takābut, Telghā-ssem, Kēl-tikkenéuen, Tarbédegēn, Kēl-torfēn.

Kēl-tegilālet mit dem Haupte Mokaile.

Kēl-heluat oder I'd el Maschīl mit dem Häuptling Wāgi.

Scherīfen, in folgende Unterabtheilungen:

Kēl-temákkeret, Ihéuan-Allen, Kēl-rarōr, Kēl-n-kerémmār, Kēl-abānafōgal, Kēl-tabáriat, Kēl-arábbo, Kēl-fériān, Kēl-tefélliant, Kēl-inráue, Kēl-gokēn.

Edarragāgen mit dem Häuptling Tauīl und in zwei Abtheilungen:

Edarragāgen uī (oder uēn) schédjerotnēn, identisch mit schéggarnēn, und Edarragāgen uī djes-solīn.

Ekarrabā-ssa, in folgenden Unterabtheilungen:

Kēl-tikkenéuen (verschieden von dem oben erwähnten gleichnamigen Stamme) mit Aĭba-ssū ig („dem Sohne

---

*) Dieser Name scheint mit dem der Chorímmiden beinahe zusammenzufallen.

von") Ranni; Kēl-egéess mit Lauiss ig Haue-Tauāt;
Tesgógamet mit dem Häuptling Hamma-Hamma.

Kēl-gasse mit Hamma.

Kēl-n-edjīud mit Ssínnefel in A'ribínda.

Tagagásset oder Tagégge-ssāt mit dem Häuptling Ellāfi,
höchst verrufen als Strassenräuber.

Ibélghauen mit dem Häuptling Adékara.

Erátafān, eigentlich Ghátafān, in alten Zeiten ein höchst
mächtiger und berühmter Stamm, von dem Hassan ben
A'kīl, der Ahn der Udāia, seinen Ursprung ablei-
tete, aber zur Zeit herabgekommen. Sie haben jetzt
ihre Wohnsitze am mittleren Lauf des Niger, wo ich sie
beschrieben habe (s. S. 280). Ihre Häuptlinge sind
ʿOmar und Mohammed el A'mīn.

Tárka (vielleicht Tarkā), ein kleines Bruchstück eines einst
mächtigen Stammes, vielleicht die Tárikā der Arabischen
Schriftsteller (s. Bd. I, S. 246), gegenwärtig in der
Nähe von Sinder am Niger angesiedelt, wo ich sie
erwähnt habe, mit dem Häuptling Almuttu.

Ischedhénharen mit dem Häuptling Inteschēchen.

Imelíggisen, die ich gleichfalls bei der Beschreibung meiner
Reise längs des Niger erwähnt habe, mit den Häuptlingen Warilkīm und Ischauadēna.

Ebaíbaten.

Iguádaren, einst, wo sie noch in A'sauād angesiedelt waren, ein mächtiger und völlig unabhängiger Stamm,
mit dem Häuptlinge A'chbi ben Ssālem, der gerade
zur Zeit meiner Reise, wo der Stamm in der Nähe
von Bamba angesiedelt war, den Versuch machte, sich
von seinem Oberhaupte wieder unabhängig zu machen.
Dieser Stamm zerfällt in folgende Unterabtheilungen,
nämlich:

Kēl-gōgi, die Stammfamilie des Häuptlings, die aber
neben A'chbi noch ein anderes Oberhaupt hat, Na-

mens Ssadáktu, der übrigens gegen den Ersteren feindlich gesinnt ist; Tara-banássa mit den Häuptlingen Tēni und Wórhdughu; Terféntik; Kēl-tebánkorit mit Ssaúl als Häuptling; Kēl-hekīkan mit den Häuptlingen Ssíllekai, ʿAyūb, Knēha und Sobbi, welcher kleine Stamm zu gleicher Zeit das schlagendste Beispiel darbietet sowohl von dem räuberischen, als dem anarchischen Charakter dieser nomadischen Horden; Kēl-terhārart, mit Chātem als Haupt (der den Arabischen Beinamen oder Spottnamen „el Gherfe" führt); Kēl-tabōrit mit dem Häuptling Chēbar (eine andere Abtheilung dieses Stammes lebt unter den I'regenāten); die Eürāghen oder Aúrāghen, eine andere Abtheilung dieses weit verbreiteten Stammes (vgl. Bd. I, S. 251), der, einst sehr mächtig, jetzt seine Unabhängigkeit zum grossen Theil eingebüsst hat. Der Häuptling dieser Abtheilung heisst Chas-sa.

Unter den Auelímmiden leben auch die Éhe-n-Dabōssa oder Éhe-n-Elāli mit den Häuptlingen Eláchte, Muschtāba und El Mótelék, ursprünglich eine Abtheilung der Telamēdess, eines Stammes der Dinnik.

Ich gebe nun ein Verzeichniss der ihrer freien und edlen Stellung verlustigen Stämme oder der *Imŕhād*, Auelímmiden und Iguádaren:

Imedídderen, ein noch jetzt recht zahlreicher Stamm und im bürgerlichen Leben dieser Landschaften nicht ganz so weit herabgesunken, wie die anderen Stämme, obgleich sie bei weitem nicht mehr die Macht besitzen, auch nicht die Gelehrsamkeit, durch die sie sich in früheren Zeiten auszeichneten. So war es eben dieser Stamm, zu dem Kossélete gehörte, der Krieger, welcher den ʿUkba el Músstadjāb erschlug, den grossen Mohammedanischen Helden in der Eroberungsgeschichte Nord-Afrika's; auch

## Südwestliche Gruppe der Imō-scharh.

war es dieser Stamm, der aus jenen nördlicheren Landschaften zurückgedrängt, zusammen mit den I'denān an eben der Stätte, wo sich im Laufe der Zeit die Stadt Timbuktu erhob, die erste Ansiedelung gründete. Sie besitzen selbst jetzt noch eine ansehnliche Menge Pferde. Ihre Häuptlinge sind: Bēle, El U'ssere und Chaiār.

Die Imedídderen zerspalten sich in eine grosse Menge Unterabtheilungen, nämlich:

Kēl-gōssi, die kriegerischste Abtheilung, mit dem Häuptling El Chatīr, den ich zu wiederholten Malen erwähnt habe. Sie sind, wie gesagt, kriegerisch und halten einen Kampf gegen den Statthalter von Hómbori aufrecht. Dann: Kēl-éhe-n-schéggarēn, Édebélle mit dem Häuptling Dāri, Tekaute, Kēl-ssammi, Ibogháliten, Erannarássen, Kēl-ankīt oder Kēl-n-kīt; Ilōkan, ein Stamm, dessen Name ohne Zweifel in Verbindung steht mit der von El Bekrī (S. 179) in der Nähe von Kūgha oder Kúkíā erwähnten Stadt desselben Namens; Kēl-térdit, Tábara-djuílt, Idírmaghen; E'he-dékkaten, Ebóndjiten, und endlich eine Gruppe von vier Stämmen, die zusammen den Namen Kēl-rēress führen, deren jeder aber wieder einen besonderen Namen hat, nämlich Tafadjédjat mit Maidjikma als Häuptling, Ikauálaten mit Ntagellālet, Ekaráraien mit Ntárede und endlich A'rkaten.

Aurāghen (in der Tefinagh-Schrift „Urgh" geschrieben), der grössere Theil dieses einst vorherrschenden und weit verbreiteten, aber jetzt seiner Macht und Würde verlustigen Stammes, von dem wir verschiedene Abtheilungen schon in anderen Gegenden angetroffen haben. Die Aurāghen zerfallen in die beiden Abtheilungen der weissen und schwarzen Aurāghen — „Aurāghen-eméllulēn" und „Aurāghen-issáttafnēn" —.

Auragh-Aurāghen od. Uraghrāghen, mit dem Häuptling Ofādi.

Tameltūtak. Der letztere Theil des Namens hat allem Anscheine nach einigen Zusammenhang mit dem Namen der Berber-Stadt Tūtek oder Taútek (تونكی), von wo zur Zeit El Bekrī's (S. 183) das Salz nach Tademékka geschafft wurde.

Imītscha mit den Häuptlingen Kámuën und Chambéllu.

Imesrhērssen mit Ssullátegē und Amússt.

Kēl-gosse.

I'kedēn.

I'mrarān.

Kēl-tenēri.

Kēl-n-eschéub.

Kēl-tegéssuan.

Mékalēn-kalēn, oder I'mekélkalen, mit dem Häuptling Ssidīdi.

Kēl-wan mit dem Häuptling Ssidi Mohammed ig Chāde.

Ischemmāten.

Ibílkoraien, ursprünglich eine Abtheilung der Dinnik.

Kēl-ulli, der Stamm, den ich in meinem Tagebuche zu so wiederholten Malen erwähnt habe als meine hauptsächlichen Beschützer während meines Aufenthaltes in Timbuktu. Sie zerfallen in zwei Abtheilungen, nämlich in die Kēl-efélle mit dem Häuptling E' Schughl und in die Kēl-idēr mit Schēri.

Tefárten.

Imassedjénberen.

Bōru.

Erhaschōmen.

Idjínduŝdjan.

Ikeberēdan.

Idōschan oder Ilōschan.

Udālen.

Kēl-ghennesch.

Kessébaten oder Elkessébaten.

Id-auragh (im Tefīnagh „Dúrgh" geschrieben).

Gōne.
Kēl-ídal.
Ilórhmaten.
Tábakunt.
Messkénderen.
Haue-n-ádagh oder Haie-ladagh.
Iderak (vielleicht einerlei mit Id-auragh).
Dáūd.
Iletámaten.
Kēl-téfiruēn.

Ich wende mich jetzt dazu, die Stämme der Anísslimen oder Tolba in der Gruppe der Auelímmiden aufzuzählen, friedfertige Stämme, deren Beruf in religiöser Übung und in einem beschränkten Grade von Gelehrsamkeit besteht.

Schemman-A'mmass mit dem Häuptling Mohammed ig Itékke, einst die Amanókalen oder der Sultans-Stamm in der Stadt Ssūk, die meiner Vermuthung nach mit Tademékka einerlei ist. Sie zerfallen in folgende Abtheilungen:

Ikarbágenen, Iwárwaren, Kēl-n-taschdait („das Volk von der Palme") oder Kēl-tíbbelē und Kēl-amdelīa oder A'hel-Éschelmát in den zwei Abtheilungen der El Wankílle und El Enúlli.

Debākar, von den Haussa-Leuten Benū Ssekki genannt, in Kídal angesiedelt.

Dau-Sschāk:

Kēl-abákkut, Kēl-asār, Kersesáuaten, Kēl-báriō, Kēl-tábalo, verschieden von der gleichnamigen Abtheilung der I'ghelād, Dogerītan und Idébbuten.

I'denān, einst ein mächtiger Stamm, Feinde der Kunta, welche den Beistand der Iguádaren gegen sie benutzten. Die I'denān sind in folgende Geschlechter getheilt:

Dindsséddakant, I'denān eheauen Kidímmit, Kēl-teschéraiēn, Isímmaten, I'nheren, Tadjerēdjit, Imakórda, Kēl-ghalā, Ilóschan.

Kēl-e'-Ṣsūk, ein sehr zahlreicher Stamm von besonderer Abkunft, so genannt, wie ich an einer anderen Stelle angegeben, nach der wichtigen Stadt „Ssūk", die aller Wahrscheinlichkeit nach mit El Bekrī's Tademékka identisch war. Sie sind in sehr viele Abtheilungen gesondert. Zuerst haben wir eine Gruppe von drei Geschlechtern, die auf Yússuf, einen Eingeborenen von Tekerénnat, als gemeinsamen Ahnherrn zurückgeführt werden; es sind dies die Kēl-tekerénnat, die augenscheinlich nach der eben erwähnten Stadt Tekerénnat benannt sind; die Kēl-tenáksse und die E'gedesch. Die Kēl-tekerénnat zerfallen in folgende Abtheilungen: die Kēl-tekerénnat ikáuelen, die Kēl-tekerénnat ischéggarnēn mit dem Häuptling Intaklū-sset, die Duass Edjímmik und die Diss-emáchschil. Zum Stamme der E'gedesch gehören zur Zeit die beiden höchsten Häuptlinge der Kēl-e'-Ssūk, Chosématen und Hanna. Dann haben wir die Kēl-e'-Ssūk-wa-n-e'-Ssūk, deren Name in zwiefacher Weise mit der Stadt Ssūk in Verbindung gesetzt ist, offenbar, weil sie länger als irgend eine andere Abtheilung an jenem Orte gewohnt haben, wo sie wahrscheinlich selbst noch nach der Zerstörung der Stadt ihre zeitlichen Lagerstätten hatten; ferner die Kēl-bōgu mit Intéllumt; die El Ssalāhu, die Eheáuen Nakíllu mit vielen Unterabtheilungen; die Kēl-gúnhan; die Kēl-genschīschi; die A'hel Igíuisch; die Ischaramāten, zu denen Nadjīb gehört; die Id el Hánefi oder Kēl-essākan embéggan; die Eüīnhadén mit reichen Viehheerden; die Kēl-djeret; die Kēl-adhār; die Kēl-tínharēn; die Kēl-tóndibi; die Kēl-tédjerīt; die Kēl-emádjaus; die Kēl-gabō und endlich die Kēl-emássen.

Als in spezieller Abhängigkeit von den Kēl-e'-Ssūk stehend, als ihre besonderen Imrhād, sind folgende zwei Stämme zu nennen: die Deletáie und die Ibochánnen.

Ich gehe nun über zur grossen Gruppe der *Tademékket*.
Die Tademékket waren ursprünglich, wie ich schon früher angegeben habe, in A'derār angesiedelt, in der Nachbarschaft der nach ihnen von den Arabischen Geographen Tademékka genannten Stadt, wurden aber von dort um die Mitte des 17ten Jahrhunderts durch die Auelímmiden vertrieben und sind seitdem auf beiden Ufern des Niger von Bamba aufwärts sesshaft, indem sie als die Grenzen ihres Gebietes Bamba im Osten, Gúndam im Westen, Bū-Djebēha im Norden und Bōne im Süden ansehen. Wie ich bei früherer Gelegenheit angegeben, ist jeder Kaufmann, der auf seiner Reise vom Norden nach Timbuktu in Bū-Djebēha ankommt, selbst noch heutigen Tages gezwungen, einen angesehenen Mann aus diesem Stamme zu seinem Schutze mitzunehmen. Die Tademékket machten um die Mitte des vorigen Jahrhunderts unter ihrem Häuptling Rumēli einen Versuch, sich wieder unabhängig zu machen, der auch, wie ich glaube, eine Zeit lang erfolgreich war; sie wurden aber dann von ihren Nebenbuhlern auf das Heftigste verfolgt, so dass sie sich gezwungen sahen, eine Zeit lang in Bámbara Schutz zu suchen.

Die Tademékket haben sich vor etwa 40 Jahren in zwei grosse Gruppen getheilt, in die Tingéregef, die nördlich vom Flusse wohnen, und die in I'regenāten, deren Wohnsitze südlich vom Eghírreu sind. Zuerst will ich diejenigen Stämme aufzählen, welche die Gruppe der I'regenāten bilden. Diese Gruppe soll ihren Namen von dem gemischten Charakter ihrer Bestandtheile erhalten haben.

Kēl-tedjíwualet mit den Häuptlingen Kendaie und Ssule.
Kēl-tebōrit mit Chēbar.

Kēl éhe-n-ssáttefen, „das schwarze Zelt", von den Sonrhay in ganz analoger Weise „hōgu bībi", von den Arabern „chēme el káhela" genannt, mit dem Häuptling Ingédi.

Kēl-tamuláit mit dem Häuptling Ssaúl.

Tedjerbōkit mit Ermétu.

Adjélletlet.

Abelárlar (Abelághlagh?).

Kēl-dedjē.

Takétakaien, wohnen unter den I'regenäten, gehörten jedoch ursprünglich zu den Iguádaren. Auch eine Abtheilung — „chēme" — von den Kēl-bōrum lebt unter den I'regenäten.

Als Imrhād der I'regenäten verdienen folgende Stämme Erwähnung:

Die Eháuen A'darak, in mehrere Unterabtheilungen zerfallend, nämlich:

Die Kēl-efélle mit den Häuptlingen Ferēferē, A'den und Mohammed Ekssémena; die Kēl-idēr mit Bēlē als Häuptling, den ich in meinem Tagebuch erwähnt habe und der der mächtigste Häuptling des ganzen Stammes der Eháuen-n-A'dagh ist; die Kēl-djīa mit A'schelma; die Kēl-dómberi mit Alaide; die Kēl-ténelak; die Kēl-dīna; die Tásui-tásui mit Elfodīi; die Kēl-ráschar.

Akōtef mit dem Häuptling Dalle, mit den beiden Unterabtheilungen der Hágelel und der O'sgar.

Ibúrsasen.

Imítteschen.

Imessrērssen.

Imakélkalen, eine andere Unterabtheilung dieses Stammes mit dem Häuptling Mansūki.

Kēl-rémmat.

Tarbōka.

Als Aníßlimen oder Tolba dieser Gruppe kamen folgende Stämme zu meiner Kenntniss:

I'-ssakkamāren und Kēl-ssakkamāren, die Letzteren mit dem Häuptling El Kādhi Agge Hámmeten. Diese beiden Stämme sind ganz augenscheinlich Bruchstücke des Stammes der Sseghmāra oder Ssegmāra (wie immer der Name geschrieben werden mag), deren Wohnsitze El Bekrī und andere Arabische Geographen am nördlichen Ufer des Niger, in der Umgegend von Tademékka, beschreiben, wo sie eine Landschaft von vielen Tagereisen Ausdehnung besessen hätten. In der That muss man annehmen, dass die Tademékka selbst zu jener Zeit von den Sseghmāra abhängig waren; heutzutage dagegen haben wir den grösseren Theil dieses Stammes in viel weiter nach Norden gelegenen Landschaften gefunden (s. Bd. I, S. 589). Die Ibidúkelen, sowie eine Gruppe von drei Stämmen, die ursprünglich zu den I'ghelād gehörten, nämlich die Kēl-táraschīt, die Kēl-kabaie und die Kēl-el-horma.

Die Tingéregef haben ihren Namen von den Sanddünen — „ellib", wie die Araber diese Bildungen nennen — erhalten, welche die Nordseite des Niger begrenzen. Ihr Häuptling ist A'uāb, den ich so oft in meinem Tagebuche erwähnt habe, und sie zerfallen, soviel ich erforschen konnte, nur in folgende Abtheilungen:

Tingéregef éhe-n-tamellelt („die T. vom weissen Zelt"),
T. éhe-n-takáuelit („die T. vom schwarzen Zelt"),
zu denen A'uāb gehört; die E'hemed, Enēka und Telamēdess.

In gewisser, aber ganz loser Verbindung mit dieser Gruppe stehen die I'ghelād, ein sehr zahlreicher Stamm, jetzt aber zur sozialen Stellung von Aníßlimen herabgedrückt. Diese I'ghelād sind über einen weiten Landstrich verbreitet, aber vorzugsweise haben sie ihre Wohnsitze in der kleinen Landschaft Tagānet zwischen A'sauād und Timbuktu. Hier haben sie die tiefen Brunnen gegraben, welche jene Landschaft auszeichnen, und die Abtheilungen, in die sie zerfallen, sind daher grösstentheils nach diesen Brunnen benannt. Ihre Häuptlinge sind: Mohammed Ahmed ig Hauāli, E' Tāher und Mohammed 'Ali. Folgendes ist ein Verzeichniss ihrer zahlreichen Abtheilungen:

Kēl-antssār, Kēl-n-wíwaten, Kēl-n-Nokúnder, Kēl-n-scherēa, Kēl-n-agōsen, Kēl-n-bagssai, Kēl-n-túschauēn, Kēl-n-wárrossēn, Kēl-n-abéllehan, Kēl-n-mámūr, Kēl-n-érasar, Kēl-n-gíba, Kēl-tíntahōn, zu denen zur Zeit Bābā el kebīr's der gelehrte Scheich Ssidi 'Ali gehörte; Kēlténeg-el-hai oder Debóriō, Kēl-n-nettik, Kēl-n-tinssmāren, Kēl-n-tíntasalt, Kēl-n-ōschef, Kēl-inneb, Kēl-migágelit am abgelegensten Brunnen von Tagānet, Kēl-n-mársafef, Kēl-tin-udēkan, Kēl-tin-ekauat, Kēl-n-téschak, Kēl-hōr, zu denen der grosse Fāki Tāher gehört; Kēlemaihōr, Kēl-tēle, Kēl-n-tabarāmit, sehr reich an Vieh, Kēl-takánkelt, Kēl-tadrak, Inetāben, Kēl-tehórogēn, Ibidúkēlen, Kēl-tárhaschīt, Kēl-elhorma, Kēl-kabāi, Kēlssakkomāren, Kēl-tadār, Kēl-n-kēsem, Kēl-térschauēn, Kēl-téndetass, Kēl-tinhéllatēn, Kēl-inssaid, Kēl-eschínkai, Kel-n-álschinen, Kēl-n-djarēn, Kēl-n-áyeren, Ihéwannōr-eddī, Terbās, Kēl-tegállit.

Ich gehe jetzt zur Aufzählung der östlichen Gruppe der Auelímmiden über, die sich in politischer Beziehung ganz und gar vom Kern ihrer Nation getrennt haben und gewöhnlich mit den Kēl-geréss verbündet sind. Es sind die Auelímmiden wēn Bodhāl oder, wie sie gemeiniglich längs des Niger genannt werden, Dinnik. Ihr jetziges Haupt heisst Mūssa und geniesst grosses Ansehen, ihre Stammabtheilungen aber konnte ich nicht erfahren.

Mit dieser kurzen Beschreibung der südwestlichen Tuáreg

füge ich zum Schlusse noch die Bemerkung hinzu, dass ich nicht den geringsten Zweifel hege, dass die Imō-scharh in den Skulpturen Alt-Egyptens als die vierte, „Támhʿu" genannte Menschenrasse oder als die Bewohner der Landschaft Tĕmhʿ dargestellt sind, als ein Stamm von sehr heller Hautfarbe mit der charakteristischen Locke auf der rechten Seite des Kopfes und mit Ohrringen. Denn es scheint mir deutlich, dass die Maschauasch, die zusammen mit den Támhʿu erwähnt werden, nichts Anderes sind, als derselbe Stamm unter einer verschiedenen Namensform. (S. die vor Kurzem erschienene vortreffliche Abhandlung von Brugsch, Geographische Inschriften Altägyptischer Denkmäler, II, S. 78 ff., vergl. mit Tafel I.)

## IV.
Ein Wörterbuch desjenigen Dialektes des Temā-schirht oder Tarkīe, der von den Auelīmmiden gesprochen wird.

### Einige Vorbemerkungen von Prof. Newman.

Das von Dr. Barth gesammelte Material setzt uns in den Stand, die Frage zu beantworten: in welchem Verhältniss steht das Temā-schirht — dieses Wort wollen wir fernerhin abgekürzt „Temrht" schreiben — zur Mundart der Kabáïl des Atlas und zu dem in Morokko gesprochenen Schilha? Die bisher gegebenen Antworten haben einer grossen Autorität, nämlich dem Herrn Baron Macguckin de Slane, voreilig und willkürlich geschienen*).

Ich will es versuchen, einige allgemeine Thatsachen zusammenzustellen, so weit solche möglich sind, und die Bemerkungen in besonderen Kapiteln folgen lassen.

1. Das System der Pronomina im Temrht unterscheidet sich hinlänglich von dem in der Kabylischen Mundart, um eine breite Scheidewand zwischen diesen Sprachen aufzustellen. Schon Baron de Slane hat [im Anhang zu dem vierten Theile seiner Übersetzung der Geschichte der Berber] eine werthvolle Tafel mitgetheilt, worin er das System der Fürwörter in den (sogenannten) Berber-Zungen vergleichend zu-

---

*) Ich bedauere, dass sowohl in diesen Vorbemerkungen, als auch im Vokabulär selbst die soeben in Algier erschienene vortreffliche Grammatik der Kabylischen Mundart vom Genie-Offizier Herrn Hanoteau nicht benutzt werden konnte.   H. B.

sammenstellt, und hierzu ist nichts hinzuzufügen. Temrht unterscheidet sich in dieser Hinsicht nicht bestimmter vom Kabylischen, als jedes der beiden vom Schilha, und mitten in den Abweichungen zeigen sich deutliche und entschiedene Spuren gemeinsamen Ursprungs. In der That findet bei den am Ende angefügten Fürwörtern nur wenig Unterschied statt.

2. Die Zahlwörter sind, insoweit sie nicht von den entsprechenden Arabischen verdrängt worden, im Grunde in allen Idiomen dieselben.

3. Bei der Bildung der Plural- aus den Singularformen scheinen beide Sprachen dieselben Regeln zu beobachten.

4. In der Konjugation weicht das Temrht vom Kabylischen nicht mehr ab, als blosse Dialekte einer und derselben Sprache auch sonst abzuweichen pflegen. Dabei darf man nicht vergessen, dass die Bildungsarten des Präsens in allen diesen Mundarten vielleicht noch unvollkommen verstanden sind. [Im Kabylischen hat dies neuerdings Herr Hanoteau recht klar entwickelt.] Hier ist es klar, dass die gegenwärtige Zeit gebildet wird, indem man *adhi*, *ayi* oder *aï* zur Hauptzeit hinzufügt, und dieses Präfix geht dem fürwortlichen Zeichen des Zeitwortes voraup. Ganz ähnlich haben wir im Temrht *ehe* oder *ege* in derselben Bedeutung, und dieses *ehe* ist allem Anscheine nach dasselbe Element wie das Kabylische *ayi*, besonders da das angefügte Fürwort *ayi* oder *aï* („mich") im Kabylischen bei Barth *-ahi* lautet.

*Adhi* (im Kabylischen) drückt oft den Begriff des Zukünftigen oder der Bedingung aus; aber die Form *ara* oder *ere* ist vielleicht noch entscheidender für das Futurum. Dieses Element *r* findet sich in Barth's Sammlung, aber selten; z. B. *ubbok*, rauchend, *rabakagh*, ich rauche. Bei Hanoteau vertritt *gh* die Stelle von *r*, — wie denn diese Laute oft verwechselt werden. Für die Etymologie aber ist es allerdings von Wichtigkeit, zu wissen, welcher Laut hier richtig ist.

Wenn *gh* das Richtige ist, dann sind wir auf *aghi* im Kab. verwiesen, und das hat hier dieselbe Bedeutung wie *ayi*, nämlich „dies". Auch die Form *ad* heisst „dies", Fem. *ati*. Es scheint also, dass sie, einer Zeitform vorgesetzt, den Begriff der Gegenwart geben.

Ausser diesen äusseren Affixen habe ich im Anhange zu meiner Ausgabe von Ssidi Ibrahīm's Erzählung, die von der Londoner Asiatischen Gesellschaft veröffentlicht worden ist, vier innere Methoden der Bildung der gegenwärtigen Zeit im Kab. ausfindig gemacht, nämlich 1) durch Verdoppelung des zweiten Wurzelkonsonanten; 2) durch Vorsetzung eines *t* vor die Wurzel (mit dem Laute von *ts*); 3) durch Vorsetzung des Arabischen ط oder des Griechischen ϑ vor die Wurzel; 4) transitive Zeitwörter, gebildet durch Vorsetzung von *ss* vor die Wurzel, hängen *aï* hinter der Wurzel an, oder verändern in einigen Fällen den letzten Laut in *ā*. Das Temrht, mit dem Dr. Barth's Ohr sich vertraut gemacht hatte, kennt den Unterschied des starken *t (ts)* vom gewöhnlichen *t* nicht, ebenso wenig als den Laut des Englischen *th*. Wir können daher für den Augenblick in dieser Mundart noch keinen Unterschied machen zwischen der zweiten und dritten Methode der Zeitbildung, aber wir können bestimmt behaupten, dass in Dr. Barth's Beispielen eine vorwiegende Art der Bildung der gegenwärtigen Zeit darin besteht, dass man dem elementaren Bestandtheile des Zeitwortes ein *t* vorsetzt. So: *aniet*, reitet ihr (von einer anzunehmenden Wurzel *inai*, er ritt); *etinne*, er reitet, steigt auf; — *enhi* (oder *éheni*), siehe, finde; *inha*, ich habe gefunden, aber *tehinnen*, sie sehen; *atenhēgh*, ich finde; *inna*, er sagte, er sprach; *neketēnagh tindrahen*, ich sprach Friede; — *iuen*, er ging hinauf; *teuīnagh*, ich klimme hinauf; — *iḳōr*, es ist getrocknet; *itōgar*, es trocknet.

Andererseits bin ich in Fällen, wo ein vorgesetztes *t* sich nicht findet, wo aber Dr. Barth dessenungeachtet die Bedeutung der gegenwärtigen Zeit angibt; zuweilen mit Verwunderung auf ein breites *ā* gestossen, und das mag vielleicht die gegenwärtige Zeit anzeigen, wie in der oben angegebenen vierten Methode im Kab.; aber das Material ist nicht vollständig genug, um ohne weitere Bestätigung diese Bildungsweise annehmen zu können. So haben wir: *yediss*, er lachte; *ḍāssagh*, ich lache; — *ikkel*, er wandte um oder kehrte zurück; *ekālagh*, ich komme zurück.

5. Das die Handlung ausdrückende Nennwort wird vom Zeitworte durch Vorsetzung eines *t* gebildet und ist stets ein Femininum. Hierin scheinen alle Berber-Mundarten wenig unter einander oder vom Hebräischen und Arabischen abzuweichen.

6. Das transitive Zeitwort wird im Temrht, wie im Kab., durch Vorsetzung eines *ss* vor die Wurzel gebildet. So haben wir: *arīd*, gewaschen; *ssdradagh*, ich wasche (ein Ding); — *ddirif*, ein Freigelassener; *ssidderfagh*, ich lasse frei; — *idau*, er ging in Begleitung; *issdau*, er brachte zusammen.

7. Zuweilen, aber selten, findet man ein passives Zeitwort, ähnlich gebildet wie das Hebräische Niphal, sowohl im Temrht als im Kab. So kommt von Barth's *ibōyiss*, er ist verwundet, das Transitivum *ssabáyassagh*, ich verwunde, und von diesem wiederum ein Passivum *anssabayāssen*, sie wurden verwundet. Ja wir haben *uar nebūyiss*, er war nicht verwundet, direkt von der ursprünglichen Form gebildet. Barth hat *eksche*, iss; *ćheri ineksche*, das Gold ist aufgegessen, verbraucht.

8. In beiden Sprachen bildet man ein zurückbeziehendes oder reciprokes Zeitwort oder verbales Adjektiv durch Vorsetzung von *m* an eine andere verbale Wurzel. Der praktische Gebrauch dieser Form lässt sich mit der unbestimmten Beziehung des Griechischen Mediums vergleichen; im Kab. scheint die Beziehung meistens rückwirkend, zuweilen passiv zu sein, und nicht anders beim Temrht. Von *yohagh*, er

ergriff, kommt *těmmihagh*, sie ward ergriffen; hier ist das *m* passiv. Aber von *issitteg*, er handelte, kommt *imi-ssitteg*, er wechselte, trieb Wechselhandel; — von *idau*, er ging in Begleitung (*idiu* bei Hanoteau), *amīdi*, ein Begleiter; — *ischarrag*, er holte Wasser; *amscharrag*, ein Wasserträger; — *ikkel*, er kehrte (gewöhnlich intransitiv); *issōkal*, er verursachte umzukehren, er ersetzte; *ssimisskal*, wechsele um (ursprünglich: mache gegenseitig sich ersetzen); — *ru*, weinen, seufzen (Kab. Wurzel); *itru*, er weint (Kab.); *immerauen* (Personen) zusammen weinend; — *irtai*, es war verbunden; *imirtayen*, gemischt; — *issken*, er zeigte, *emssāken*, sie berathen. — *n* und *m* haben in diesen beiden letzten Formen allem Anscheine nach keine scharfe Unterscheidung; sie sind verbunden in Barth's *anemang(h)a*, Schlacht, von *nūgh*, ficht (Kab.), oder von *engh*, tödte. In Ssidi Ibrahīm's Schilha haben wir *ěmmaghan*, sie fochten (für *ěmnaghan*?).

9. Verdoppelte Wortformen finden sich in beiden Sprachen, vergleichbar mit den entsprechenden Formen im Hebräischen und Arabischen. So von *inghal*, es leckt (Barth) [im Kab. *inghel*, es strömte hervor], haben wir als Feminin. *toraft tinghālnaghel*, das Boot leckt, vielleicht richtiger: ist durch und durch leck. Manche Verdoppelungen von Zeitwörtern kommen vor, wo wir die ursprüngliche Form durch Muthmassung errathen müssen; so in *ěschischěriuēgh*, ich lasse mein Pferd traben; *scheréscherau*, bearbeite den Pumpenstiel, oder: ziehe das Seil des Ziehbrunnens; *imescharlārlarēn* oder *erescheschauēn*, (das Wasser) kocht.

Das Temrht wiederholt mitunter den dritten Wurzelkonsonanten, wie im Worte *schěkarasch*, den Boden bebauen; denn dass die Wurzel dieses Wortes „*keresch*" ist, unterliegt keinem Zweifel, da die Bedeutung des Kab. Wortes *keres* ganz dieselbe ist, und das Kab. *s* wird im Temrht oft zu einem *sch*: *ergdsch*, gehe, und *yuschirgesch*, er machte einen Ritt. Von *andjur*, der Nasenknochen (*anser* im Kab.), wird durch Wiederholung des zweiten Wurzelkonsonanten: *schinschar*, die Nasenlöcher, *schinschor*, die Nase reinigen. Augenscheinlich spielt Verdoppelung eine wichtige Rolle in diesen Sprachen. Mitunter erscheint sie bis zum Übermaass; so wird von *ischuar*, er fängt an (*isuer*, er fing an, im Kab.) *scheschuāragh*, ich fange an, gebildet.

10. Das Temrht häuft eine Bildung über die andere in einer Ausdehnung, die Alles übertrifft, was sich in den Kab. Beispielen zeigt, die ich gesehn habe, und ich habe oft meine Zuflucht zum Kab. oder zum Ghadāmssi nehmen müssen, um die Wurzeln von Barth's Zeitwörtern zu finden. So hat er *ssantschlam*, schaue umher, eine Doppelbildung von *ischlam*, die einerlei sein muss mit dem Ghad. *islem* (auch *illem*), er sah; *essimmiktagh*, ich rufe in's Gedächtniss, transitive Bildung vom Kab. *amekthi*, ein Gedanke, von der Wurzel *iktha*. Von *kel* (ein Stamm, ein Volk) bildet das Temrht *atkel*, Reich, Herrschaft; *amanōkal*, Herrscher; *temanókălen*, Regierung. [Dies ist eine entschieden irrthümliche Ansicht von Prof. Newman. H. B.]

11. Das Temrht, wie es sich in Dr. Barth's Proben zeigt, scheint zuweilen in einen Neger-Jargon überzugehen. So scheint den Imō-scharh in Fällen, wo der Nominativ des Fürwortes dem Zeitwort vorangesetzt ist, eine ganz einfache Form des Zeitwortes zu genügen, gerade so, als wenn Jemand im Lateinischen sagte: *ego reg*, *ille reg*, für *rego*, *regit*, und für die dritte Person wird das Element *y* (für „er") oft weggelassen, wie *amūt*, er starb, für *yamūt*. So finden wir auch, augenscheinlich durch den Einfluss des gemeinen Arabischen, die erste Person des Plural für den Singular gebraucht, wie *nek noda(r)*, ich falle (*ego cadimus*); *nek nuttef*, ich nehme (*ego capimus*); zuweilen verdrängt auch die Arabische Form der zweiten Pers. Singul. die entsprechende Berber-Form, wodurch denn die Unbequemlichkeit entsteht, dass es aussieht wie die dritte Person Femin.

12. Im Kab. finde ich eine etwas seltene Form des Passivums, nämlich durch Vorsetzen der Silbe *ua* vor die Wurzel. So kommt von *rebbi*, nähren, aufziehen, (bei Brosselard) *ituarabba*, er ist aufgezogen (Lukas 4, 16); von *yūres*, er kettete, *ittāres*, er kettet, *ituarsan*, sie sind gekettet (Lukas 4, 19), obwohl hier *u* zur Wurzel zu gehören scheint; *issen*, er kannte, *ituassen*, es ist bekannt (Lukas 6, 44); *u atssayalaṭ ssagha attattussdyalam* (Matthäus 7, 1) soll bedeuten: urtheilt (richtet) nicht, auf dass ihr nicht gerichtet werdet", wörtlich vielleicht: *non interrogate, ne forte interrogemini*. Ssidi Ḥāmed gebraucht oft das (Arabische) Zeitwort *issayal*, er fragte, für: er urtheilte. Auch hier haben wir *ittissayal*, er ist abgeurtheilt; das gibt *issayal* oder *udssayal* als die passive Wurzel und *ua* als das passive Element. Wiederum *inuaddar*, es war unter den Fuss getreten, verglichen mit *aṭar*, der Fuss, lässt den Schluss ziehen, dass *n* und *ua* hier vereint den passiven Begriff geben; *dd* ist wohl euphonisch für *tt*. Ich habe diese Beispiele angeführt, weil die Form selten ist und zweifelhaft scheinen könnte. Nun finden wir bei Barth neben *irna*, er übertraf, eroberte *(superavit)*, *ituarna*, er ist besiegt, und das gibt also eine ähnliche passive Bildung zu erkennen.

13. Das System der Präpositionen ist nicht durchaus einerlei im Temrht und im Kab., jedoch haben sie gemeinsam: *en* oder *na*, von; *ssi-*, von oder durch; *ghūr* (mit der Aussprache *rōr*, bei Barth), *apud*; *fel*, auf; *ger*, zwischen; *dau*, unter; *g-*, in; *degh* oder *der*, bei oder in (?), *d-*, ein unübersetzbares Präfix, zuweilen mit der Bedeutung „mit" und es kann einerlei mit *id, d,* scheinen in der Bedeutung „und"; *dar*, hinter, bei Barth, ist vielleicht eine Zusammenziehung aus dem Kab. *daffir*. Das Kab. *assaθ, saθ*, Fronte, vor, ist *dat* bei Barth und allem Anscheine nach dasselbe Element. Alles dies beweist eine sehr enge Verwandtschaft der beiden Idiome.

14. Jedoch zeigen die Vokabularien bei sehr grosser Ähnlichkeit auch wieder gewichtige Abweichungen, so dass es rein unmöglich ist, die beiden Idiome als blosse Dialektverschiedenheiten einer und derselben Sprache zu betrachten. Allerdings ist ein Fremder geneigt, die Bedeutung hiervon im Einzelnen zu überschätzen und zu der falschen Annahme zu gelangen, dass Wörter der einen Mundart der anderen ganz fremd seien. So sind wir, wenn die [nördlichen] Tuáreg für „Baum" *ischek* (de Slane) gebrauchen [und die südlichen *ehischk*], während das Kab. Wort dafür Θ*assṭa*, Θ*assaṭṭa* ist, von dem Gegensatz betroffen. Da nun aber *ischīg* im Kab. „Zweig" bedeutet, so ist der Unterschied kaum grösser, als wenn die Englischen Kolonisten in Australien „*bush*" für „Wald" gebrauchen. Die Schreibweise *ehischk* bei Barth verdunkelt die Verwandtschaft noch mehr. Wenn wir nun Alles wohl erwägen, so bleibt doch das Faktum, dass das Kab. und das Temrht sich so weit von ihrem Original entfernt haben, dass ihre Identität ganz allein der Etymologie, nicht dem Verkehr des Volkes angehört [dass es also für den Gebrauch getrennte Sprachen sind]. Wenn man die Negerworte aus dem Temrht gehörig ausscheidet und ebenso eingedrungene Arabische aus dem Kab. und Schilha, so erklären die übrig bleibenden Theile der Vokabularien einander ansehnlich und scheinen geeignet, das Hauptmaterial der alten Libyschen Sprache wieder aufzubauen. Barth hat das grosse Verdienst, nur sehr wenig für Temrht zu geben, was für Arabisch angesehen werden kann. Die Arabischen Wörter, die in das Temrht aufgenommen sind, sind keineswegs identisch mit denen des Kab., nicht einmal die auf die Religion bezüglichen. So heisst Gebet auf Kab. *tasallit* (vom Arab. صلى); aber im Temrht *ümad*, wohl verwandt mit dem Arab. عمد. Dieses Wort mag aus dem Christenthum gekommen sein [in Folge des von den Tuáreg angenommenen Christenthumes]; denn auch „Sünde" ist im Temrht und Ghad. *bekkad* (einmal *ebaket* bei Barth), und

dies scheint allerdings ganz wie das Wälsche *petschod*, *betschod*, das Lateinische *peccata* zu sein. Es ist interessant, im Temrht die Wurzel *ibekket* zu bemerken, mit der Bedeutung „er hockte auf den Füssen, kniete", vielleicht ursprünglich in religiöser Beziehung. Hanoteau hat *ibekket* von einem auf dem Sprunge liegenden Löwen, und Barth gibt *assíbaket* für „mit auf den Lenden aufgestützten Ellbogen sitzen, gegen Kälte". In dieser Verbindung wollen wir bemerken, dass der Kab. Name für „Gott" *Rabbi* ist, das Arabische Wort für „mein Herr"; aber im Temrht haben wir neben *A'manai Messī-na* oder *Messī-nak*, das Barth für unser „Messias" hält, aus dem Christenthum eingeführt.

15. Das Präfix *am* vor einem Substantiv bedeutet im Kab. „ein Besitzer"; wenigstens gibt Hodgson einige Beispiele dafür. Es erscheint, so viel ich sehe, nicht deutlich bei Barth, wiewohl einige Wörter sich so erklären lassen, wie *ahuyye*, die Jagd, *amahuyyen*, ein Jäger. Aber das Temrht hat, um diese Bedeutung auszudrücken, ein sehr gewöhnliches Präfix, *ila*, das, so viel ich weiss, dem Kab. unbekannt ist. So wird aus *éhe* oder *éhen*, ein Zelt, *iléhen*, im Besitze eines Zeltes (d. h. verheirathet). Es scheint in der That, dass dieses Präfix die weitere Bedeutung hat, irgend ein anderes Wort in ein Adjektiv zu verwandeln, beinahe wie das Deutsche Suffix -*ig*. So entsteht aus *dar*, hinter (die Präposition), *ilddara*, Einer, der hinten ist; aus *dat*, vor, *ilddata*, Einer, der in Front ist. Man kann selbst auf die Vermuthung kommen, dass *ila* hier das Element des Zeitwortes „sein" ist, von *illa*, er war, *ili*, sei. (Barth hat auch *ilē*, „hier", und im Kab. und Schilha ist *elli* das Relativum „welcher", wie im vulgären Arabisch.)

Das allgemeine Resultat scheint zu sein, dass Temrht, Schilha, Ghadāmssi, Kabylisch u. s. w. als verschiedene Sprachen zu betrachten sind, unter einander nur verwandt wie etwa Portugiesisch, Spanisch und Italienisch.

Wir wollen hier hinzufügen, dass Barth bei der gemeinen Aussprache der Leute, mit denen er verkehrte, nicht im Stande gewesen ist, *t* von *ṭ* zu unterscheiden, ferner *d* von *ḍ*, *k* von *ḳ*, *z* von *ṣ* (wenn wirklich das Temrht ein ص hat), während *gh* fortwährend in *g, k* oder *r* überging. So scheint es mir noch zweifelhaft zu sein, wie viele Konsonanten das Temrht besitzt, ob es wirklich ein *aïn* hat und ob es da eine solche Unterscheidung gibt, wie die des *ts* und *th* im Kab. Wenn man die Laute mit völliger Genauigkeit kennte, würde man mit grösserer Bestimmtheit gewisse Familien von Wörtern unterscheiden können, die jetzt grosse Verwirrung verursachen. [In der Tefīnagh-Schrift sind gerade die den erwähnten Konsonanten entsprechenden Zeichen noch nicht über allen Zweifel erhaben. B.]

Im Allgemeinen ist die Aussprache der Wörter, die uns Dr. Barth geliefert hat, weicher als diejenige des Kab. und hat eine vollere und klarere Vokalisirung. Allerdings hat das Kab. in einem Falle grössere Sanftheit, und das mag der Aufmerksamkeit werth erscheinen: es ist das Englische *tch* (das Barth [im Englischen] gewöhnlich *ch* schreibt [entsprechend dem Deutschen tsch]), wofür er im Temā-schirht *ksch* oder *tk* hat. So entspricht das Temrht *iksche*, er ass, *itkar*, es ist voll, den Kab. Wörtern *itsche, itschur*. Vom Arabischen *cheschen*, rauh, stammt das Kab. *itschen*, er ist hässlich; dann hat es wiederum *itschah* und *itscham*, er glühte vor Zorn (entsprechend dem Arabischen أجش und جشم), wofür Barth den härteren Laut *itkar* gibt, wohl für *itkagh, itkach*. Diese Fälle sind von Interesse, da sie beweisen, dass das Temrht zuweilen eine ältere Form des Wortes hat, als man im Arabischen findet.

F. W. Newman.

## Anhang IV.

### Fürwörter u. s. w.

Ich, nek.
Du, ke, kai; *fem.* kam.
Er, enta; sie, entadi.
Wir, nékenet (nékeneṭ?); *fem.* nekénetēt (nekéneṭēt?).
Ihr, kauenit (kaueniṭ?); *fem.* kametēt.
Sie, éntenet (énteneṭ?); *fem.* enténetēt (enténeṭēt).
> [Anm. Wir, ihr, sie heisst im Tuáreg (Temā-schirht) nach de Slane: neknīd, kisnīd, entenīd, mit dem Endbuchstaben *d*, und nach Ben Mū-ssa mit dem Endbuchstaben ḅ oder ḅ.]

Meiner, mein, —eni, —ini, —ino, —in.
Dein, —inek; *fem.* —inem.
Sein, —eniss, —iniss; ihr, —teniss, —tiniss.
Unser, —ínănagh.
Euer, —ínăuen; *fem.* —ínekmet.
Ihr, —ínĕssan; *fem.* —ínessnet.
Ich habe, nek ila rŏri [ghūri?] *(ego, est mihi)*.
Du hast, ke ila rŏrik; *fem.* kamak ila rŏrin *(masc.?)*.
Er hat, enta ila rŏris, u. s. w.
Ich selbst, imānin; für mich selbst, ssimāni.
Du selbst, imannek; *fem.* imannem.
Er selbst, sie selbst, imanniss.
Wir selbst, imannănagh.
Ihr selbst, imánnauen; *fem.* imanekmet.
Sie selbst, imannissen; *fem.* imannessnet.
Er ging, ígĕle, yígĕle.
Du gingst, tégĕlēt (tegeleṭ?).
Ich ging, egĕlēgh.
Sie gingen, tígĕlēn; *fem.* tígelēnet.
Ihr gingt, tigelēm; *fem.* tigelēmet.
Wir gingen, négĕle.
Es gibt, eha (iha? = iga des Schilha); ehan, seiend.

Mir gehört, ich habe, ehai, ehāhi; *fem.* et-hāhe.
Dir gehört, du hast, ehīk, hīk; indem dir gehört, ehan-kai.
Es gab, da war, illa.
Es gibt, da ist, yilē.
Es war einmal, kălā ille.
Einer (ein Gewisser), íyen.
Einer bei einem, íyen, ssíyen.
Allein, íyente.
Anderer *(alius)*, íyet, íyed.
Anderer *(alter?)*, yednin, nid.
[Vergleiche die Arabische Wurzel aid, woher áyedan.]
Die einen, die andern, íyet, íyed.
Ich allein, íyentnek.
Du allein, íyentke.
Er allein, íyententa.
Wir allein, íyentănagh.
Ihr allein, íyenténauen; *fem.* íyente nekmet.
Sie allein, íyente nissen; *fem.* íyente nissnet.
Ich und du, nek *id* ke.
[Und, e. Siehe 126, 127 und 130.]
Oder, mer.
Aber, hun [ecce! (s. Erz. v. verlornen Sohn)].
Ja, iya.
Nein! kalā! kalā, kalā!
Diese Sache, ādi *(masc.?)*
Diese Sache, tetīd *(fem.?)*
In diesem Jahre, tenī, tenēda, tenīdagh.
Vergangenes Jahr, tenindi.
Vor 2 Jahren, ténendīn.
Dieses, jenes, aua, δ *(fem.* ata? ή).
Diese, jene, uīn; *(fem.* von īn: *aí?).*
Dieser, uādagh; diese, tādagh.
Diese (Plural), uīdagh; *fem.* tīdagh.
Diese, ídagh (in beiden Geschlechtern).

Heute, áshel ídagh; heuté Abend, éhad ídagh.
Dies ist er, enta dādagh.
Jener *(ille)*, uēn; jene *(illa)*, tēn oder (indagh?), tindagh.
Dieses (Neutrum? und absolut), ādi (?).
Dieser, tetīd und tet *(fem.?)*.
 [Erzähl. v. verl. Sohn: (te)sselssemasstet, tegimasstet, *imposuistis ei eam.*]
Dieser und jener, uai uai.
Diese und jene, uīn uīn.
Welcher, welches, aua; Plur. uī (129).
Welcher? ennagh? mamūss?
Wer immer, aua (129).
Was es immer gebe, auai ilādihēn (126).
⎧ Jene Taue, eréwiyen uādagh.
⎨ Was für Bäume? ínnagh éhischkan?
⎩ Welche drehen sie? uī téllĕmin?
 [D. i. Aus welchen Bäumen werden diese Taue gedreht?]
Was? ennagh auen? endagh? endēgh ma?
Was gibt es? nīschin? *(Num? utrum?* auagh, vielleicht, 56).
Warum? mefit? mefel? mass?
Wann? me?
Auf dieser Seite, ssihā, ssihāhe.
———— ilāhen\*), elādi.
Auf jener Seite, ilāssehēn, ilāhini.
Hier, ilē (etid? 138).
Da, ilāssehēn, ilādihēn (diss? 102).
An diesem Orte, ilādiha dagh.
In welchem Orte? ennagh édagh?
Wo ist dieses? endagh dihán?
———— - endēgh dihā?

---

\*) Die Anfangssilbe *ila* verwandelt allem Anscheine nach ein Adverbium oder Substantiv in ein Adjektiv, gleich dem Deutschen „ig" (so wird von *ehen* [das Zelt] das Adjektiv *ilĕhen* [im Besitz eines Zeltes] gebildet); die Wurzel ist wahrscheinlich *illa*, es war.

Wo? ma ege?
Woselbst, diha, ihe (relatives Adv.).
[*Uterque praeteriit, quo praeteriit,* erétŭ-sset ika, *dihā* ika.]
In welcher Weise? de kauan entág? (degh auan entág?).
An jenem Orte, dar (dagh?) agel\*) uādagh.
[Jeder, jede, jedes, ígen, aigin?] (In Schilha: kraigen; *fem.* kraiget.)
Jeden Tag, áschel ígen.
Dann, zu jener Zeit, yauen assígan.
Zu jeder Zeit, aigin kalā.
[Kălā, *(une) fois?* = ual des Schilha = tekalt des Kab.]
Einstmals (da gab es), kalaiillen.
Niemals, aigin kalā uar.
———— atillen.
Immer, harkūk (har = *usque?*).
Vormals, früher, ehingām, ahōdja.
Einmal, arū, íbběda *(olim).*
Jemand, mindam.
Jedermann, erétŭ-ssē (jeder von beiden?).
Das Ganze, Alles, rurret, íket.
Die ganze Welt, rurret eddynia.
Alle Flüsse, eghírriuan rurret.
Alle von uns, íket énănagh.
Alle von euch, íket énăuen.
Alle davon, íket eníss.
Nahe an, gegen, turdau íket.
Gerade, genau, adūtet.
Nicht, uar. (So Kab., Schilha.)
Nichts, uar-harret.
Etwas, harret.
Nur, einzig, ghass (so Schilha), uar-har, *non nisi.*

———————

\*) *Agel* ist vielleicht das Kabylische Wort *aghel* mit der Bedeutung „Seite" oder „Richtung". Vergl. hierzu *arila.*

Bis-auf, mit Ausnahme von, aṣṣal (Kab. aṣal).
Der ganze Stamm wurde ausgerottet bis auf einige Knaben, taussit ikéteniss témminde aṣsel harret ilíadan.
Viele, egēn; *fem.* tegēt.
Menge, egōd (129), yegōt*).
Anzahl, Menge, ígĕde.
Zahl, eket.
Wie oft? merder úgĭda?
Wie viel? ma ígĕde?
Zu welchem Preis? Um wieviel? meder úgĕda?
Wie viele? men ekēt? (= menescht in Delaporte's Kab.).
Zu viel, agōteni.
Viele von ihnen, auagōt daghssen.
Die meisten von ihnen, auāgin daghssen.
[Etwas, ein wenig, in Ghadāmssi, eket.]
Einige wenige, uafarōr; Plur. uafarōren.
──────── auandurren (andurren, ein wenig).
──────── imaḍröini (maḍrūīn, B. M.).
[Wenn wir amáddarai, jünger (amḍarai in Ben Mū-ssa), und das Kab. adrūss, ein wenig (davon), vergleichen, erhalten wir die Wurzel drū oder ḍru, „ein Weniges".]
Sehr, hullen. [Ghad. hála, viel; hālen, viele; Hodgson's Kab.**) herla.]
Nach und nach, ssüllen ssullen.
Hauptsächlich, gewöhnlich, ennădir.
[Ein wenig, giak (siehe 146).]
Eines Tages, ssaagōdi.

---

*) Im Schilha heisst *yeggōt* „es ist zahlreich", und im Kabylischen hat *yeshaṭṭ* dieselbe Bedeutung. De Slane betrachtet das letztere als identisch mit dem Arabischen *yeschedd (intendit, constrinxit).*

**) Das gewöhnliche Kab. Wort *chiralla* (viele) wird von Brosselard für einen Missbrauch der religiösen Phrase *cheir allah* (Gott ist gut) erklärt. Vielleicht hat er Beweise, die mir unbekannt geblieben sind; sonst aber könnte es von *herla* abzuleiten oder auch eine unregelmässige Zusammenziehung von *chirhala* (eine gute Menge) sein.

Bisher, har egōdi, 207 *(usque ad nunc)*.
—— endi.
Nun? egōdi? asarădar [= ásal ádagh (diesen Tag?), amarădar (gegenwärtig)].
Bald, agōdedak (egōdi ídagh).
Noch nicht, har egōdi uar.
————— heregōdi; endi.
[*Num? anne?* hi.]
*Adhuc anne pervenimus, quo ibamus?*
Endi *hi* nussa, dihā nikka?
[Siehe auch essi unten 65; aber weder *hi* noch *essi* in diesem Sinne finden sonst Bestätigung.]
Vor, dat (datāi, dátak u. s. w.) [= Kab. sath].
Hinter, dar (dar ánagh u. s. w.) [Kab. daffir].
(Das was ist) vorn, ilādata.
(Das was ist) hinten, ilādara.
[Darret, nach (Präpos.) im Verl. Sohn.]
An, zu, d. An der Seite, dediss.
Vermittelst, mit, ss.
In, der, degh; hinein, dag.
Von (partitiv), degh.
Unter, dau, edēr (= Kab. edau).
Nieder, hinunter, ssedir (= ssedau).
Inwendig, anaigesch (von égisch).
Auswendig, ágĕme, dágăma (von egem).
Ohne, gemā.
Zwischen, ger (me gerassen, welcher von beiden?).
Für, zu, rōr (ghūr im Kab.).
Auf, felle, ssafelle, fel.
—— sser? (139).
Über, gínnĕgiss, gínnĕgisch [gínnĕge, 147], vom Kab. ennig.
Rund umher, terlaite (das Substantiv geht voraus).
Bis, har (Kab. ar).

## Zeitwörter, nach ihren Wurzeln geordnet.
### Mit Bemerkungen vom Prof. Newman.

1. Ich ward geboren, uēgh.
   Wo wurdest du geboren? Endēgh ákal uădagh uīt? (Welches Land, das dich gebar?)
2. Die Frau ist schwanger, temmat tōren.
3. Die Frau stillt, temmat tesēdut (tessēṭuṭ).
   Er saugt an der Brust, itātet (itāṭeṭ).
4. Die Frau säugt (stillt) ihr Kind, temmat tessánkass rōriss.
   Er saugt, inākass.
5. Ich lebe (bin lebendig), edargh.
   Er lebt (ist lebendig), idār (so Kab.).
6. Der Knabe ist reif (erwachsen), áliad auad.
   Das Mädchen ist reif (mannbar), táliad tauad.
   Die Reife des Alters, tagat.
   Ein Erwachsener, amauad.
7. Das Mädchen hat einen vollen Busen, táliad tisstaurat.
8. Er ist alt geworden, iuáschar.
   Ich werde alt, uáscharagh.
9. Er starb, ist todt, amūt. (So Kab.)
10. Sieh! enhi!
    Ich habe nicht gefunden, uar enhēgh.
    Hast du mein Messer gefunden? ábĕssar eni tenhēt?

---

1. *Yiŭ*, er wurde geboren (?); im Schilha *yu*, ein Sohn.
2. *Arau*, die Fortpflanzung (Kab.).
3. *Yessūṭeṭ*, sie gab Milch (Kab.), abgeleitet von *iṭeṭ*, er saugte an der Warze.
4. Wurzel: *inkass* (?), er saugte.
8. Im Ghadāmssi *ǔssär*, alt.
10. B. M. (Ben Mū-ssa) aus Ghadāmes gibt die Wörter *ihen*, er sah, und *ĕhĕni*, sieh! als Tuáreg (Temā-schirht). Nach Barth's Angabe schreibt man mit Versetzung der Konsonanten nach Belieben *ĕhĕni* und *ĕnehi*; zwei Bedeutungen lassen sich unterscheiden, nämlich „sehen" und „finden".

Wir haben ihn gefunden, nenhēt. (Verl. Sohn.)
Wir haben ihn wieder gefunden (abermals), nōliss táhănait. (Verl. S.)
Ich sehe, aténhegh.
Das Sehen, Gesicht, áhănai.
Sie sehen nicht, uar tehínnen.
Niemand sieht etwas, uar ihínne uādem harret.
Ich sah nichts, uar inhēgh harret.

11. Ich betrachte mit Aufmerksamkeit, esságădagh.
Seht vor euch, ssageréhe dátak.
Ich betrachte mit Vergnügen, esságrăhagh.
Ich höre (dir) zu, nek assidjádănak (-gh).
Du hörst (uns) nicht zu, uar hanágh tessdjadet.
Ich blickte umher, assaníschlămagh.
Lasst uns umher sehen, ssanischlámănagh.

12. Ich fühle mit meiner Hand, tédischagh.
Das Fühlen, Gefühl, tédischa.

13. Ich rieche, inssárghagh.
Lass mich riechen, dissáraghagh.
Ich nehme eine Prise Tabak, ssárăghagh.

14. Ich schmecke, etălaghagh.
Der Geschmack, tālagh.

15. Ich habe gegessen, ikschēgh.
Gib mir (etwas, das) ich mag essen, ikfāhi auăkschēgh.

---

11. Kab. *isay*, er betrachtete, *iseked*, er beobachtete; *assidjadan* steht für *assigadan*, aufwartend. *Essagrah* ist ein aus *isag*, er sah, und *irah*, er wünschte, liebte, zusammengesetztes Zeitwort. — *Ssanischlam*, das Frequentativ von der Wurzel *schalam*, wofür wir bei Ben Mū-ssa Ghadāmssi das Wort *islem* haben und auch *yellem*.

12. *Idisch*, er fühlte (?).

13. *Issáregh*, er riecht (B. M.). Wenn dies eine Kausativform ist, so enthält es die Wurzel *iregh*, es riecht = dem Arabischen *rihh*.

14. *Yaleyh*, er schmeckte (B. M.).

15. *Eksche* wird im Kab. *etsche*.

16. Ich bin hungrig, ilōsagh.
17. Ich habe genug, iyūanagh. (So Kab.)
    Wir haben genug, naiuen.
    Du hast genug, tiyúanat.
18. Ich trinke, assuēgh.
    Trinke! assu! (So Kab.)
    Gib mir zu trinken, ikfāhi dessuagh.
    (Wir geben dir), nikfēk.
19. Du verschlingst ohne Aufhören, ke tensséat, uar díkkĕra.
20. Der Hunger tödtet mich (ergreift mich?), inák-āhē läss.
    Ich tödte dich, nek inrēkai (inghēkai).
21. Der Durst überwältigt mich, inrāhi fat [fad] [oder in-gh-āhí, tödtet mich].
22. Ich schwitze, orāfagh.
    Der Schweiss, imsselhā.
    Die Wasserträger schwitzen, imschárrŏgen imssélhessan [(es gibt) Schweiss bei ihnen].
23. Das Rauchen, ubbok.
    Ich rauche die Pfeife, rábăkagh ebēn.
    ——————— ———— ssassagh ébĕni (ich trinke meine Pfeife).
24. Ich sage, ennēgh. (So Kab.)
    Du erzähltest mir, tenāhit (sie erzählte es mir?).
    Sage ihm, annass.
25. Äusserung, Ausdruck, Sprechen, assókel (assóḳel?).

---

18. *Ikfa* ist im Kab. *ifka*, er gab. S. Nr. 93.
20. An einer anderen Stelle hat Barth *inakken*, sie schlagen (Kab. hat *nŭgh*, ficht, und *engh*, tödte du, als besondere Zeitwörter); das Hebr. *naka* hat beide Bedeutungen: schlagen, erschlagen.
21. *Inra* im Schilha, er erobert, besiegt, wird im Kab. *irna* und vereinigt in sich die Bedeutung des Lat. *superat* und *superest*.
28. Das Präsens, das durch die Anfangsbuchstaben *r* oder *ar* gebildet wird, findet sich bei Barth selten, ist dagegen gewöhnlich im Kab. und Schilha.
25. *Issoḳal*, das Transitiv von *iḳkal*, er wandte. *Assóḳel*, der Ausspruch, ist wie das Lat. *reddere voces* für *edere voces*.

Ich antworte, assókălagh el djauāb.
Antworte mir, ssokalāhe el djauāb.
Gib mir mein Kameel wieder, ssokalāhi ámeniss enī.
Ich erstatte dir die Sache zurück, ssókălagh harret enak.
Sie veranlassen sie zurückzugehen, issókalén-ten.
Er erwiderte nicht meinen Gruss, uar hai issōkal essālām.
Ich stecke das Schwert in die Scheide, essókalagh tákŏba.
Die Abschrift (von einem Buche), ássäkal.
Schliesse die Thüre, ssókel tefáluat.
Ich schliesse die Thüre, ssókălagh tefáluat. (Wörtlich: ich wende die Thüre.)

26. Er spricht nicht deutlich, ítal elíss eníss [er hat eingehüllt (oder verwickelt) seine Zunge].
Er poltert (stottert?), enta ahédendán.
Sie poltert (stottert?), tehádendán.

27. Du schwatzest sehr, ke hēk takált.
Ich plaudere, nek et-hāhe takált.

28. Ich möchte zuflüstern, erhēgh assimmetiktīkăgh.

29. Ich bin gesprächig, orādagh.
Die Geschwätzigkeit, erkōd (eghrōd?).
Eine Rede, méggĕred.
Er ist geschwätzig, issrād elíss eníss (er macht geläufig seine Zunge).
Ich lobe, preise, egeríddagh.
Er redet sie an, iméggĕred dassen.

30. Ich frage, forsche nach, essísstănagh.

---

26. *Dendan* oder *tentan*, schnurren, ist Kab. und Arab. und klingt auch an im Lat. *tinnio*.

27. *Takalt* stammt vielleicht aus dem Arabischen. *Aual*, die Stimme, für *kul* ist das Kabylische.

28. Wurzel: *tiktik;* das *m* drückt die wechselseitige Wirkung aus und das *s* die transitive Bedeutung.

29. *Iméggered*, vielleicht vom Arabischen *ghered*, indem der Gaumenlaut verloren gegangen ist.

Frage ihn nach Neuigkeiten, ssisstent fel íssălen. (Arab. ssaal, er fragte.)

31. Suche du, ummagh (Kab. ūnāg).
Er suchte nach, yummagh, yéssummagh.
Ich suche deinen Rath, nek ssummághekai tanhād.

32. Ertheile uns Rath, ager tanhā(d?).
Ich rathe dir, egerākai tanhād.
Der Rath, tanhād.
——————— takschit (die Heimlichkeit).
Ich erzähle dir dies geheim, ínneghak auādagh isstakschit.
Wir berathen unter uns, neger tanhād gerēnagh.
Du musst es Niemandem wiedererzählen, uar tíntennit (oder uar tissellit) auādem.

33. Ich will, habe gern, irhēgh.
Ich habe dich gern, liebe dich, irhēkai.
Ich mag nicht, liebe nicht, úr terhagh (oder ur-terhagh, ich liebe ihn nicht?).

34. Ich kann, edōbegh, dōbegh.

35. Wir übertreffen ihn, nūfe-t. (So im Schilha.)
Dieser Mann übertrifft dich, hāliss uādagh yūfekē.
Es ist besser als, yūfa.

36. Es ist nützlich, yínfa (Arab. yinfá).
——————— ahitenfa.
Es ist verbraucht, zu Ende, yímmĕdi.

---

32. *Ger*, werfen, im Kab. und Temrht. *Neger tanhād*, wir berathen uns. In den Formen *ssummághekai* (31), *egerakai* (32), *ir-hēkai* (33), *yūfekē* (35) sehen wir die Tuáreg nach einem Zeitworte den Nominativ *kai* oder *kē* für den Akkusativ gebrauchen; auch wird die Endung *gh* der ersten Person Pluralis von dem *k* verschlungen (so sagt man *ir-hēkai* für *erhēghkai*).

33. *Ir-ha* (im Ghadāmssi *ifraū*) ist das Kab. *īra* und augenscheinlich ein mit dem Arab. *ifrahh*, er erfreute sich, verwandtes Berber-Wort. Das Kab. gebraucht die letztere Form zugleich mit *īra*.

34. Von *idōb*, er ist fähig, im Stande, wird *adābīb*, geschickt, erfahren (Plur. *iddābäben*), und ein neues Zeitwort, *idăbab*, er ist geschickt, gebildet.

Es ist genug, yúggeda.
Es ist passend, initúëgi (?).
Es ist unmöglich, uar initúëgi.
Es gibt, da ist, yilē.
37. Was soll ich thun? ma diknegh?
Derjenige, welcher Schuhe fertigt, ua yekannen ibúschegan.
Wir thaten es, neknīt.
Es mag sein, imōkan (ist thunlich).
38. Die Sterne blinken hervor, itären iknān ebárbar.
Dieser Tag ist sehr schön, áschel ídagh ikna téschel dědjē.
Es ist wunderschön, takōnit.
39. Ich habe für dich gethan, egéaghak.
Ich habe Sünde begangen, egégh ébăket.
Sie haben eine Linie gebildet, égen ăfōd.
Ich thue (habe gethan [?]), íggegh.
Ich bessere einen Riss aus, tagagh tikisst.
Trage mir einen hübschen Gesang vor, egáhi anáia ihōssken. [Verl. Sohn: ahass nigge, *ut ei faciamus*.]
Du hast Unrecht gethan, tegēt téllěbisst.
Ich habe (eine gute That) für dich vollbracht, tagaghak.
Du hast mir ein Unrecht gethan, tagaihi téllěbisst (sie hat mir gethan [?]).
Soll ich das Pferd befestigen? agiagh aïss? (Soll ich das Pferd thun?) Siehe 186.
Du hast dies für mich hingestellt, tegimáhi tetīd.
40. Thue dies nicht, kissinádi (?).
Eine gute Sache, harret ulágen.

---

37. *Ken* (Ben Mū-ssa's Temrht), thue du *(fac)*.
38. *Ikna*, es schien (?); *iken*, er machte (?).
39. *Adj* ist das Ghadāmssi für „thue du", im Schilha *igá (factum est)*, im Temrht ist es aktiv *(egit)*. Das Wort scheint im Kab. verloren gegangen zu sein (s. *etagagh* und *ig* in Nr. 47).
40. *Yŭlagen*, gut, schön, ist Participialform und wahrscheinlich verwandt

41. Erhebe dich! stehe auf! ebde! (So Kab. und Arab.)
    Ich halte, stehe stille, ébdĕdagh.
    Stehe auf! erwache! enker! (So Schilha.)
    Ich stehe auf, énkĕragh.
    Das Aufstehen, ténnakrat.
    Setze dich, akīm (agīm, aghīm, Kab.).
    Ich setze mich nieder, bleibe, ekēmagh.
    Wir sind lange geblieben, nekkīm egēn.
    Verweile nicht! ur tákkĕme.
42. Ich grüsse, verbeuge mich, edunkeagh.
    Lege dich nieder! gen! (So Kab.)
    Er legte sich nieder, igen.
    Lass die Kameele sich legen! ssiggen amĕniss!
    Ich ruhe mich aus, inssegh.
    Ich durchreise die Nacht, inssegh. (So Kab.)
    Ich liege auf der Seite, inssegh ss alărin.
43. Das Sitzen mit gekreuzten Beinen, tinekaráft.
    Setze dich mit gekreuzten Beinen, ssenekaraffet.
    Er bindet ein Kameel an, ikerāf amĕniss.
    Setze dich mit den Ellbogen an den Knieen, assibäkēt.
    Das Sitzen mit den Ellbogen an den Knieen, tassbíkkit.
    Sitze wie eine Ägyptische Statue, assirte-rábărīn.
44. Ich liege niedergebeugt, anékămegh.
    Ich liege auf dem Gesicht, abumbéagh.
    Das Boot ist umgeworfen, tóraft tebumbai.
    Ich stürze um (ein Boot), ssubumbéagh.
    Ich liege ausgestreckt, esárăgagh.
    [(Das Haupt) ist gestützt, irammagh (?).]

---

mit *yŭlehe*, es geziemt, ist passend; im Kab. *elhŭ*, sei gut. Bei Ventura heisst *ilha* „er war schön oder gut".
  41. Im Kab. wird aus *enker* „ekker".
  42. *Alarin*, meine Seite (?); sonst haben wir *edis* für „Seite".

Ich stütze das Haupt, esserámmaghagh.

Das Stützen des Hauptes, terámmeghet.

45. Winke ihm mit dem Auge, enrĕrăss tēṭ; enssĕgăss tēṭ.

Ich verzerre mein Gesicht, assikaniagh edimmĕni.

Blinzele, aunarōnagh.

Das Blinzeln, tenirónăghat.

Ich schrecke auf vom Erscheinen einer Vision, émăno-mauagh.

Ich schliesse die Augen und habe eine Vision, emaumaagh.

46. Ich bin schläfrig, tenedōmagh.

Ich schlummere, dusele (duselte), enuddemagh.

Schlafe, ētiss, édiss (eṭiss).

Er ist eingeschlafen, iṭăss, iḍăss.

Ich möchte schlafen, irhēgh éḍiss.

Der Schlaf kommt über mich, chaihe éḍiss.

Ich träumte, ehorgeagh.

Ein Traum, táhorgēt.

47. Ich fahre auf (von einem Traum), iggedagh, ebórderit [ebordegh-it (?)].

Ich schnarche, essákhăregh.

Das Schnarchen, assakhădu.

Ich athme, essínfossagh.

Ich thue einen langen Athemzug, etagagh infass makkōren.

Er legt seine Hände in seine Achselgruben, ig ifăsseniss dag tidardagh eniss.

48. Gehe! mūss! ssíkel!

---

45. *Assikaniagh* hat vielleicht die Bedeutung „ich ziele", woher *assikken*, mit der Flinte zielend.

46. Im Kab. *nuddam*, Schlummer, und *iṭess*, der Schlaf; *yūrga*, er träumte; *tergīt*, ein Traum; *tărgīt* (oder vielleicht *tergh-it*), eine Kohle.

47. *Iggedagh* hat die Bedeutung „ich floh" (214), „sprang". — *Infass* ist vielleicht aus dem Arab. aufgenommen.

48. *Müss*, geh'! In Delaporte findet sich *itemmussu, s'agite; assemmussegh, je remue*. Im verl. Sohn kommt *müss* für *semm*, nennen oder rufen, vor.

Ich gehe (ging [?]), egeléagh.
─────── (reiste [?]), essókalagh.
Ein Wanderer, amassökal.
Ich wandle, spaziere, ergăschagh.
Lass ihn gehen! éit errĕgesch!
Ich mache einen Ritt, uschirgĕschagh.
49. Ich reite, egeléagh näiagh.
Er reitet, etinne(y).
Steigt auf! annïyet!
Das Vieh zum Reiten, innemennien.
50. Ich gehe auf die Jagd, egeléagh ahuie.
Ein Jäger, amahāien (Plur.?).
Ich gehe zu Wasser, essákalagh dar eghírrëu (ich reise mittelst des Flusses).
Ich gehe zu Lande, elîlagh essalīm; vielleicht: ich folge dem Ufer (assarīm im Vokab., aber alim in 224).
Das Folgen, alīlen (105, 201).
Gerade, issellīlet.
Eben, flach, sselīlen, nessauel.
Frei, alīl.
Ein Befreiter, nellīl.
51. Ich komme, assagh.
Ich komme an, ussēgh.
─────────────── uāṭagh, uāḍagh.
Wir sind angekommen, neuāṭ.
Komm! iu! (Tad.); mellīt! (Awelm.)

---

49. *Inäi*, er reitet, ist die Wurzel, welche sich aus dem Obigen ergibt, und wird bestätigt durch die Form *amnäi*, ein Reiter, bei Delaporte und Ventura. — In einer Phrase des Suaua-Dialektes (Kab.) bei de Slane scheint *inig* die Bedeutung „er ritt" zu haben; vielleicht sind *naiagh* und *etinnegh* zwei Formen des Präsens, aber in Nr. 62 haben wir *néiagh*, ich reite, und *näiagh* ist daher vielleicht „ich ritt".

51. Im Kab. *yūssa*, er kam; *ŭssīgh*, ich bin gekommen. In unserer Stelle möchte es scheinen, als wenn *assagh* und *ussīgh* verschiedene Zeitformen darstellten. Im Kab. heisst *iwwat* „er näherte sich".

52. Wir gingen (passirten), nikka.
Die Kugel ging an seinem Kopfe vorüber, tessaue töke eghaf eniss.
Ich wünsche zu gehen, irhēgh tikaut.
Ich fliehe, meide, egeuaṭagh.
Er floh, igĕuaṭ.
53. Ich gehe in, betrete, eggischagh.
Komm in das Zelt! eggisch ehen!
Der Regen läuft in das Zelt, aman ésskăran dar ehen.
Er ging auf und nieder, imgha.
Er ging hinunter, imki (209).
Ich gehe umher, tamaghagh.
—————— kelin falánnagh.
54. Ich gehe aus (ging aus), ebarberagh.
Die Sterne scheinen hervor, itären iknan ebarbar.
Der Mond kommt hervor, ayōr ibarbar.
Ich komme aus dem Boote, tabárbaragh tóraft.
Lass sie laufen! ssimbära!
55. Lauf! beeile dich! oschal! figgedigdig! akkĕra fedigdig.
Ich laufe, oschălagh, olékualégh.
Komm (zu mir) schnell! kalāhi schik.
Ich kehre um, komme zurück, ekālagh [ḳalāhi, eḳālagh (?). So im Kab. iḳḳal, er wendete sich. S. oben 25].

---

52. *Ikka*, er ging, ging vorüber; Kab. und Schilha: *arīgh dakagh*, ich wünsche zu gehn (Temrht von Ben Mū-ssa).

53. *Eskāran* im Kab. „thuend" *(faciens)*. *Imagha*, er ging aufwärts (Kab.), er ging abwärts (B. M.), er ging auf- und abwärts (in Delap. Schilha und ebenso in unserer Stelle).

54. *Barbar (extra)* könnte vom Arab. *barra* gebildet sein, aber die einheimische Wurzel im Kab., die neben *barra* existirt, ist *ebru*; auch gibt es *ibra (dimisit, repudiavit)*, *inebran (repudium)*, *aberru (manumissio)*, *innabra (emisit?)*, *ssinabra* (vielleicht mit dem obigen *ssimbara* einerlei).

55. *Oschal* ist *ūsal* im Kab., verwandt mit dem Arab. *'ŭdjel*. *Lekual* = *leklek* (trotten, traben) im Arab., wofür wir im Kab. *kelkel* haben. *Schik* ist im Kab. *sik*.

Komm nahe! ahas!
Ich nähere mich, áhĕsagh.
56. Er brach zeitig auf, inschaia.
Ihr brecht zeitig auf, tinschaiat, (Subst.) tanschit.
Ich breche zeitig auf, issmargārēgh.
——————————————— inschēgh ssemmūt [ssemmūṭ, kalt, frisch (?)].
Morgen frühzeitig, aschikken ssemmūt.
Ich breche am Nachmittag auf, eduēgh, (Subst.) táduit.
Ich wünsche spät aufzubrechen, erhēgh táduit.
57. Ihr reist morgen früh von Timbuktu ab, ke tínschaiat aschikke dag Timbutku.
Ihr passirt die heisse Jahreszeit in Kábara, tekĕlét te Kábarăten (ihr werdet gebraten).
Ihr brecht am Nachmittage von Kábara auf, ke teduēt dag te Kábarăten.
Ihr übernachtet in Lenga, temendagh Lenga.
Wir passiren die heisse Tageszeit, nikkĕla (wir braten).
Wo passiren wir heute die heisse Tageszeit? indegh dihau demáde nikkel aschel idagh?
58. Wir übernachten, nemendagh.
Ich bleibe während der Nacht, inssēgh (42).

---

57. *Ikĕla* ist hier *iḳĕla* (Arab. *ḳala*), er kochte. Brosselard gibt als Kab. *eḳlu*, koche du; vielleicht haben beide Sprachen eine und dieselbe Wurzel. *Eḳḳel* ist der Imperativ „wendet euch"; allerdings kann man sich erklären, dass „wenden" und „rösten" Abwandlungen von einer und derselben Wurzel sind.

58. *Edag* oder *edagh*, ein Platz (*edeg, iyen*, ein Platz; *annagh edak?* an welchem Orte?). *Dādj* bedeutet im Ghad. „Haus mit Hof" = dem Arab. *dār*. *Idegh*, er wohnte (?). [*Irhan adedekken Bo-ssebdngo*, sie wollen wohnen in Bo-ssebángo.] Auf diese Wurzel möchte ich das Wort *emendagh* beziehen. *Isdegh*, er wohnte, ist das Kab.

*Ehad*, Nacht, ist *ehaḍ* im Ghad., *egheḍ* bei Wadreagh, *yīeḍ* bei Delaporte, *yīṭ* bei Hāmed u. s. w. *Tegīt* in dem Tuáreg (Temrht) von Hodgson. Die Wurzel sieht man in dem Arab. Zeitworte غَبَشَ (*obscura fuit nox*).

Wo werden wir die Nacht zubringen? endeg diħā dihennass eḥaḍ idagh? [lies: dinennass (?)].

59. Du hältst nicht den Weg inne, uar tóherit. (Ob aus dem Türkisch-Arabischen dōghere, gerade aus?)

Ich verliere den Weg, ebehāhi eberīk.

Er hat den Weg verloren, ebehāss eberēk *(fefellit eum via)*. [Ibāhe, es führt irre; ibehe, es führte irre (?).]

Falsch, bāho.

Lügner, uambāho.

Berühmt, anessbāho (prahlt übermässig [?]).

60. Er hat den Weg gefunden, enta iggĕro abárrăka.

Ich bin ermüdet, ildāschagh.

Müdigkeit, ilídisch.

Ich bin sehr ermüdet, ildāschagh húllen húllen.

Meine Knochen sind wie zerschlagen, nek tatáktărau eghassánnini.

61. Die Erschöpfung, temánkīt.

Ich ruhe aus, eḳēmagh dissūn.

———————— adehāgegh fessagh.

Lass uns ein wenig ausruhen! nehāget andurren.

62. Ich reite ein Pferd, néiagh aïss (49).

Ich sitze ab, esŏbegh (66).

Steiget ab, sōbet.

---

59. *Yoher*, er hat den Weg eingehalten (?). *Eberīk*, Weg, ist Temrht des Ben Mū-ssa; im Kab. *ebrid*, im Arab. *derb*.

60. *Iggera (igra)*, er fand, ist wahrscheinlich das Arab. *djera*.

*Tatdktărau* scheint verwandt zu sein mit *karrau* oder *kaurau*, zerrissen sein; das *t* wäre dann eingeschoben, wie in der achten Form des Arabischen Zeitworts, was bei den Berbern allerdings nicht gewöhnlich ist. Die Wurzel ist dem Zeitworte *sarau* nicht unähnlich.

61. *Temánkīt*, vergl. *uar itemanākit*, damit es sie nicht verletze; vielleicht ist *naka* die Wurzel. *Dissun*, meine Seite (?); *ediss*, Seite; *uni*, *eni*, von mir oder mein.

62. *Sŏb*. In diesem Sinne findet es sich bei Brosselard, aber das Kabyl- und Schilha-Wort dafür ist *ugus*, *ukus*, *eggis*. Man sehe *get*, *gŏs*, in Nr. 70 und *kŏs* in Nr. 99.

Ich mache, dass sich das Kameel niederlegt, essiggănagh amĕniss.

Mache, dass sich das Kameel lege, ssiggen amĕniss innek.

Ich treibe mein Pferd an, egedémmegh aïssin.

63. Ich gehe schnell, égelegh schik.

Ich lasse mein Pferd traben, eschischeriuēgh aïssin.

Ich halte mein Pferd zurück, essamássănagh aïssin.

Ich lasse mein Pferd galopiren, etegeriuēgh aïssin.

Ich mache einen Ritt, uschírgeschagh, adssummorómaragh.

64. Ich will in das Boot gehen, erhēgh ogisch-n-tóraft (ich wünsche das Betreten eines Bootes).

Ich betrat ein Boot, egïschagh tóraft.

Ich laufe mit (dem Boot) auf den Sand, tarássănagh taméllelt.

Wir sind auf den Sand gelaufen, urannar-n-akal.

Ich schiffe aus, lande, tabarbărăgh tóraft.

65. Fahren wir in einem Boote über? nissger iss tóraft? Oder sollen wir zu Fuss gehn? mēr essi ssídaránnanagh?

---

*Egedémmegh* vielleicht „ich veranlasse vorauszugehen" (Arab. *kedem*).

*Aïssin* für *aïss-ini* ist nur eine verkürzte Aussprache.

63. *Eschischeriuēgh*, sowie *etegeriuēgh* scheint zu zeigen, dass *uēgh* die erste Person eines Hilfszeitwortes ausdrückt, welches die Veranlassung anzeigt; dies ist wenigstens der Fall, wenn die Wurzel auf *au* endigt.

*Schischerau* bezeichnet vielleicht eine wiederholte, wechselseitige Bewegung, beinahe wie *scherescherau*, mit dem Pumpenschwengel arbeiten.

*Essdmăssan*, vielleicht die Veranlassung ausdrückend, von *dmässan* (?).

*Etegeriuēgh*, ich lasse los, setze frei, scheint die Gegenwart zu bezeichnen. Die Wurzel ist wahrscheinlich *ígherau*, es ist leicht; daher *egheraugh*, ich bin leichter, *yeheroen*, leicht, *iharoen*, geräumig.

*Adssummorómaragh* scheint eine veranlassende Zeitform zu sein von der frequentativen Wurzel *mormor*. Die Silbe *ad* zeigt das Präsens an.

64. *Tardssănagh* (von *yarăssan*), er berührte (?), streifte (?). *Turssar* (211), es lief auf den Grund.

65. *Essi* scheint dem Lat. *num* und *an* zu entsprechen, wie *iss* in Delaporte's Kab.

Ich überschreite einen Fluss, issgeragh.

Ich durchwate einen Fluss, nek ier teauent.

Nimm mein Pferd durch den Fluss, kuletāhi aïsseni.

66. Ich passire eine Stadt, kaietánnagh.

Werden wir in Kábara schlafen oder durchreisen? auak nemendagh e Kábaräten, mer nokaitenit?

Ich steige ab (und nehme Quartier) in dem Hause eines gewissen Mannes, esubbegh rōr haliss iien.

Ich klimme hinab, nek asúbbegh.

Mohammed E'sghīr (wahrscheinlich?) wird bei El Bakáy wohnen, Mohammed essghīr kodōssen asubbet rōr El Bakáy.

67. Ich verändere meine Wohnung, ehōnagh.

Die Tademékket haben ihre Lagerplätze zu Gúndam nach Bo-ssebángo verlegt, Tademékket idjóënit ahónenit rōr Gúndam, irhan adedekken Bo-ssebángo.

68. Ich schwimme, schāfagh.

Versteht ihr das Schwimmen? ke tesai elíschaf?

*Issger* ist *isger* im Kab. und diese Form vielleicht richtiger.

*Yer* steht vielleicht für *yegh*, die erste Person eines Zeitwortes, so dass die Bedeutung des Satzes wäre: ich halte die Furth (*teauent* heisst „Furth"). *Eyyi* bei Barth heisst „lassen, verlassen" und entspricht dem Kab. *edjdji*.

*Kulet*, Plur. von der Wurzel *kul* (?). Man vergl. *ikel*, er marschirte; allerdings könnte *t* auch zur Wurzel gehören.

66. *Ikdyetan*, er passirte, ging vorbei. Man vergl. *ikka* in Nr. 52 und *yukaine* in Nr. 147.

*Auak*, das Lat. *utrum*; *mer*, das Lat. *an*.

*Imendagh*, er wohnte (?); s. Nr. 58.

67. *Yehōn*, er lagerte (?) oder veränderte seinen Lagerplatz (*ehe, ehan*, ein Zelt). *Idjóënit* und *ahónenit* scheinen zwei Zeitwörter in derselben Zeitform zu sein. *Enit* bezeichnet die dritte Person plur. fem. gen.

*Adedekken* = *adedeghghen* (?), s. Nr. 58.

68. *El-ischaf*. Wenn *el* hier der Arab. Artikel ist, so müsste man auch schliessen, dass *schäf* aus dem Arab. eingeführt wäre. Golius hat *säf*, *explicuit alas ac caudam*; eine solche Bedeutung könnte leicht in die von „schwimmen" *(natavit)* übergehen.

*Ke-tesai* = *tesait*, allem Anscheine nach. In Nr. 89 ist *esai* = *essan*, er verstand.

69. Ich tanze, dellillagh.

Ich spiele, edellagh.

Er versteht das Tanzen ausserordentlich gut, issan dellul iulăghen hullen.

70. Ich springe, tágĕdagh.

Ich springe über einen Graben, agédĕregh átĕrass atukkĕk.

Er hüpfte von seinem Kameel herunter, egedāret fel tārik. [*Fel* bedeutet „auf"; „nieder" muss in dem Verb. liegen.]

71. Ich erklimme (einen Berg, einen Baum), teuīnagh (adar, ehíschk).

Ich hinke (sinke nieder [?]), agōseagh.

Ich steige nieder, komme herab, agōseagh.

Der Dieb erklimmte das Haus in der Nacht und kam in die Mitte desselben, amakärad auen táraschām dass ehad, atarăkat dar amásseniss.

Ich falle, nōda(gh) (siehe 104), nisstrekegh.

Er fiel, issĕtrek, atarákătet.

Ich warf hinab, satarakegh.

72. Ich strauchle, stolpere, terssellădagh, nek agértătúf.

Ich gleite hinunter, nek abúrsasauerit (siehe *eborderit* in Nr. 47).

---

69. Kab. *sullel*, Pirouette tanzen. Im Schilha ist *adilalan*, lehrend (von dem Arab. *dell*), ein verschiedenes Wurzelwort.

70. *Tdgedagh* hat auch die Bedeutung „ich fliehe"; *igged*, er floh (47). *Egedärit* und *agédĕregh* sind von einem anderen Zeitwort, nämlich *igeḍer* oder selbst *iḍer*, wenn man annehmen darf, dass *ag* hier die Zeitform bezeichnet. *Ider*, er kam herab, stieg herab, wie im Kab. *iṭer*.

*A'terass* = *Ader-ass* (?).

*Atukkĕk*, ein Graben.

71. *Iuen* (Ghad.), er stieg hinauf, und *thassauini* (Kab.), eine Anhöhe.

*Auen* ist hier = *iuen*.

*Dass* ist vielleicht eine Präposition, von der wir aber nichts wissen.

*Aṭarak*, niederfallen; *issdṭarak*, er warf nieder, liess fallen; aber *issĕtrek* ist ein intransit. Verbum.

72. *Irssellad*, er stiess mit dem Fusse gegen etwas.

Ich reisse mir die Haut von der Hand, aselébbegh.

Ich hinke, bin lahm, ehiāgagh.

Dieses Kameel ist auf dem rechten Fusse lahm, ameniss uādagh éhiak ss aḍar-n-arēl.

73. Ich singe, nek egananásehak.

Singen die Tuáreg? Imō-schärhe iganansehak?

Sie singen sehr gern, irhánne adigéréschen táresēk hullen.

Sie haben ihre besondern Gesänge, entenet lan taresék imánnessen.

Singe mir einen hübschen Gesang, auiāhi assāhak ihōssken, egāhe anaia ihōssken.

74. Ich lache, dāsagh, tedāsagh.

Du lachst zu laut, ke hik tadíss lebāsset [*tu, est tibi risus pravus*].

Viel Lachen ziemt sich nicht, tádassit tegēt uar tauēge.

75. Ich lächle, assibákssagh.

Das Lächeln, tibekssit.

Ich rufe aus, egerēgh [egherēgh].

---

*Agégh taṭuf*, wörtlich: der Fuss hat sich gefangen.

*Aḍar-n-arēl*, der Fuss der Rechten.

73. *Assēhak* = *dsēghak* = *dghēsak* (durch Transposition), ein Gesang; heisst auch sonst *anaia*. In *nek eganan* müssen wir das Participium *iganan (canens)* erblicken, aber *eganan* (wahrscheinlich für *eghannan*) heisst *canunt*; die Wurzel ist Arab. *ghann*.

*Taresēk, tares-sek* = *taghesēk*.

*Irhánne* = *irhan*, sie lieben (88).

*Lan*, da war, es gab (?) = *ellan*.

*Adigéréschen* enthält das Wort *igeresch*, er recitirte (vergl. *gher* und *ghered* im Arab.).

74. *Yedes*, er lachte (B. M.'s Temrht). *Tadīs, tádasit*, Gelächter.

*Lebásset* muss das Feminin. sein für *lebāssent* von *ilabāssen*, schlecht.

*Tegēt* für *tegēnt*, Femin. von *egēn*, viel; aber in Nr. 89 haben wir *tegēt*, du hast gethan.

*Uēge* scheint ein Wurzelwort zu sein für das Latein. *decuit* (vergl. das Arab. *uedjeh, spectabilis est*), daher Femin. *tauége* und *uar inttúegi*, es kann nicht sein, es ist nicht passend.

75. *Gher* heisst in unserem Dialekt wie im Kab. „rufen, schreien" und

(Ich) wehklage, tenétěkēt, tehénĕfēt.
Ich weine, hālagh.
Warum weint ihr? mefel tehālit? mass hālit?
Weine nicht, uar telhēt.
76. Ich bin still, essóssanagh.
Sei still, ssūssin.
77. Es thut mir leid, nek esenessdjūmo.
Ich (?) bin ärgerlich, igrauent nissgam.
Sei nicht ärgerlich, sprich dich aus (öffne dein Herz [?]), ssūli ulhinnek.
78. Ich heuchle nicht, issákănagh imāni (ich zeige mich).
Er heuchelt, verstellt sich, uar ssékĕne imánniss.
Ihr heuchelt, tessírmărădai.
Ich bin zufrieden, erlaube, gebe zu, ekebēlagh (Arab., Kab.).
79. Ich vertraue, efelässegh.
Das Vertrauen, tefĕlisst, tifíllass.
Er vertraute, (im Afrik. Arab.) falasch [scheint dieselbe Wurzel zu sein].

---

„lesen" zugleich, vereinigt also in sich die Bedeutung des Hebr. *kara*, rufen, und des Arab. *kara*, lesen. Das *k* findet man oft für *gh*.

*Ihāl*, er weint; man vergl. das Hebr. und Arab. *hallel* und das Engl. *wail*. In Delap. Schilha erscheint *allan*, weinend, *issillan*, Weinen veranlassend; das *h* ist hier weggefallen.

76. Im Kab. heisst *ssüssim* „sei stille"; vergl. das Arab. *samat, sihuit, samm, obturavit os, repressit vocem*.

77. *Anessgum* oder vielmehr *anesgum* scheint die Bedeutung „Kummer" zu haben, wie im Kab., aber für das Zeitwort haben wir nichts Näheres als das Zeitwort *hasan*. [Von diesem Worte hält Prof. Newman *anesgum* durch Verderbung entstanden, aber das erscheint mir zweifelhaft. H. B.] Für *nek esenessdjūmo* sollten wir wahrscheinlich eigentlich schreiben *nek ess enesgūm-o*, ich bin in meinem Kummer.

*Igrau-ent*, s. Nr. 60.

*Ssūli*, im Kab. „hebe auf, mache aufstehen".

*Ulhi*, Herz (Kab. *uli*); das Arab. *kalb* und das Hebr. *lib* scheinen dieselben Elemente zu enthalten, wenn auch verborgen.

Ich bin fröhlich, nek ellëue.
80. Ich bedauere ihn, nek egĕrass (egĕghass [?]) tehānit.
Ich bedauere ihn nicht, urhass ger (gegh?) tehānit.
Habt Gnade mit mir, adenāhi tehānit.
Ich bin zornig ⎰ etkāragh.
(Satan hat mich erfasst) ⎱ eggesch āhe Eblīss.
Warum bist du böse auf mich? mass ke, tĕdjéss falē (oder felāhi) atkar?
81. Er beschimpfte mich vor aller Welt, tesĕmit dedēssin idīnet rúrret.
Ich verachte dich, tésĕmegh fellek, nek tesémăkai.
[Verachtung, Entehrung, tissĕmīt.]
Er hat mich beschimpft, enta tesémăhi.
Ich fürchte, ekssōdagh.
Fürchte nicht, ur tekssōk (tekssōd).
Zittere nicht, ur termāga.
Du bist ungeduldig, wankelmüthig, ke termādet.
Ich verberge mich, efāragh imāni; bikegh imāni; essíddäkik.

---

79. *Ellĕuegh*, ich bin lustig. Sonst haben wir: *illeuen*, sie waren lustig, *tesslauit*, du hast dich lustig gemacht. *Olĕuet*, glücklich; *olŭa* (Fem. *tolŭa*), weit, geräumig, wohl mit der Bedeutung von *laxus*, *liber*. Hiervon kommt wahrscheinlich das Frequentativ *lŭelŭe*, man liess es losgehen (97).

80. *Tehánit* erinnert uns an das Hebr. und Arab. *ḥann*.
*Eger, ger*, vielleicht für *egegh*, ich mache.
*Aden-āhi*, breite über mich (?).
*Etkar, atkar*, müsste eigentlich heissen *etkach* oder noch richtiger *etkaḥ*, *atkaḥ*, aber die Tuáreg können das *ḥ* nicht aussprechen. Im Kab. ist es *etschaḥ*, im Arab. *adjdjaḥ*; aber *etkar* heisst „voll", Kab. *etschur* (103).
*Tedjéss* = *tegesch*, wahrscheinlich „es dringt ein".

81. *Téssĕmegh, tésĕmegh*. Wurzel: *esem* („Mangel", im Kab. [?]); *isem*, er beleidigte; *itesem*, er beleidigt. — *D edēss in*, zur Seite von (?).
*Termāga*; aber *terimmek*, die Sorge (mit *k*), und *termādet* (mit *d*). Im Kab. *ergigi*, zittern.
*Essíddakik* (-*kigh?* -*ghigh?*) könnte man von *ssideriss* (*ssideghiss?*), heimlich, ableiten und als Wurzel *ssidegh* annehmen, aber der weiterhin vorkommende Satz *issed eghaf ĕniss*, er verbirgt seinen Kopf, gibt uns einfach die Wurzel *issed*, er verbirgt; davon *essiddakik*, ich verberge (mich) dir.

Ich bedecke mein Gesicht mit den Händen, häragh idĕmín.
82. Ich trage Sorge, ugässagh.
Hüte dich vor diesem Manne, ehéuet haliss uādagh, agass-n-niet.
Er ist von verrätherischer Gesinnung, erádar (eghádar?).
Ich trage keine Sorge, uar ekōlagh.
Trage Sorge für das Gepäck, agiss flälen.
83. Ich warte auf dich, esēdargh fillek.
Warte auf ihn, sedar filless.
———————— malărēn.
Er ist ungeduldig, enta uar isēdar.
84. Ich erinnere mich (an meine Freunde), nek essimmik-tăghēt imaraueni.
Ich denke ganz und gar nichts, uar inēhi ábĕlu (der Gedanke findet mich nicht [?]).
Ich erinnere, nek essimmessúiăkal (?) oder -kagh (?).
85. Ich habe vergessen, etuagh.

---

*Idemin* ist vielleicht die Dualform: „beide Wangen"; Barth hat *idémăuen* (139) für „Gesichter" in der Pluralform von der Wurzel *udem*, die Wange, das Gesicht, im Kab.

82. *Ehéuet* = *egeuet* in Nr. 52, „vermeiden".

Was *niet* heisst, weiss ich nicht; in Delap. Schilha heisst das Wort „selbst, sogar, *même*".

*Ikōl*, er sorgt, bekümmert sich (vergl. *ekull* in Nr. 104 und das Haussa-Wort *kula*, sich sorgen, bekümmern).

84. *Iktha*, cogitavit, scheint im Kab. die Wurzel von unserem Worte zu sein. Davon *imekthi*, secum reputavit, und hier *issimmikti*, die kausative Form.

*Imarau-eni*, meine Freunde (?), mein Kummer (?). Wir haben nämlich an einer andern Stelle *immerauen*, wechselseitiges Weinen, von der Wurzel *ru*, seufzen, im Kab. Dagegen haben wir in der Geschichte vom verl. Sohn *imidaueni*, meine Freunde, von *imīdi*, ein Freund.

*Essimmessúiakagh* lässt an eine Wurzel *ssuiak* oder *uiak* denken, aber die Form *essimmessúiaghak*, ich erinnere dich, an eine Wurzel *ssuia*. Von beiden ist sonst weiter nichts bekannt.

85. *Itu*, er vergass, im Kab.

Du hast vergessen, tetūat.

Vergesslichkeit, tatat.

Ich bin an Vergesslichkeit gewöhnt, nek essilmadărak issul-n-—.

Ich bin gewohnt, viel zu rauchen, nek eschuaragh almeddak tessessān taba [*coepi discam haustum tabaci*].

Ich lehre dich, nek essalmádakai.

86. Ich weiss, ssánagh.

Ich weiss nicht, ur essánagh.

Weisst du nicht? ke uar tessīnat?

Ich bin verwirrt, in Verlegenheit, nek amdéggēg.

87. Ich verstehe, egerāhagh.

Ich habe nicht verstanden, was du sagst, uar egerāhagh meggerīt.

Ich verstehe ein wenig die Tārghi-Sprache, egerāhagh andúrren da Temā-schirht.

Ich kann es nicht sprechen, uar dōbegh assokel eniss.

---

*Imed*, im Arab. und Hebr. „er lernte"; *issilmed*, er lehrte, aber hier „er lernte".

*Essilmadărak* hat eine Silbe zu viel und wir müssen wahrscheinlich lesen *essilmadagh*. Dann bedeutet *akissūl* oder *issūl* wahrscheinlich „Sitte, Gewohnheit".

*Almeddak* = *almeddagh*, (ut) discam.

*Ischuar* ist das Kab. *issuar*, er fing an. So haben wir *teschuar torau*, incipit pariat = parturit.

*Tessēss-en-taba*; das *én* ist hier wahrscheinlich die Präposition „von".

87. *Égerah* ist wahrscheinlich „verstehe"; so haben wir *agrūhet*, die Wissenschaft, das Verständniss. Es scheint eine rein einheimische Wurzel zu sein, wie *issen*, er wusste.

*Meggerīt* wird von Barth erklärt als *me gerīt* = *me gherit* oder vielmehr *me teghrit*, was du ausgerufen hast. *Meggered (meghered)* heisst dagegen „eine Rede" (29).

*Da* ist nicht sicher. *Temā-schirht*, wie *Imō-schărhe*, für das Kab. *Temāsirht, Imō-sarh*.

*Assokel* (s. 25).

88. Ich lerne die Tārghi-Sprache, etătăragh almud en Temā-schirht [*peto doctrinam*].

Ich weiss den Kurān auswendig, ikfássagh el Kurān; etāfagh.

89. Lehre mich das Tefīnaghen, agimékkähe Tefīnaghen.

Ich mache dich bekannt mit, lehre dich, eláréghak.

Ich lese, nek raragh [gharagh].

Lies, tégĕri [téghĕri].

Ich habe mit dem Gelehrtesten der Kelissūk gelesen, nek égĕrék rōr el fakkíren Kelissūk esai (essan) tégĕri hullen.

90. Ich schreibe, katăbagh. (Arab.)

Geschrieben, iktab.

Ich zähle, rechne, essedanagh.

Gezählt, issĕdan.

Sind diese Kauri's gezählt oder nicht? timgel ídagh issédänen, mer uar issédänen?

Was ist der Name für dieses in der Tārghi-Sprache? uādagh, innagh issmeniss sse Temā-schirht?

Dein Name? issménėk?

---

88. *Itar, petiit.* Im Kab. ist mir nur die kausat. Form *issuthar* bekannt mit der Bedeutung *petiit*, und sie ist da gewöhnlich. De Slane hat in einem Berber- (Schilha- [?]) Gedicht *idder* und *iter*.

*Ikfass* ist verdorbenes Arabisch von der Wurzel خفض. [Es ist vielleicht eine allgemeine Semitische Wurzel.]

*Eṭafagh*, ich habe gefasst, halte fest, hat oft ein *u*, als wenn die Wurzel *uaṭaf* wäre. Es ist das Arab. خطف, sei es nun einheimisch oder eingeführt; im Kab. ist das Wort ganz gewöhnlich. Ein anderes *etaf* findet man in Nr. 208.

89. *Agīnek*, lehre du (?).

*Ilar*, er berichtete (?), oder ist es *ilagh*? wozu man vergl. *lagha, locutus fuit.*

*Esai, peritus fuit*; das ergibt sich aus einer Vergleichung mit Nr. 68. *Essan* ist *issan*, er wusste, wie in Nr. 86. Übrigens sollte man hier den Plur. erwarten. *Égerék = éghĕregh*; der kurze Vokal *e* der vorletzten Silbe unterscheidet das Präteritum von dem Präsens *gharagh*.

91. Ich bete, umādagh.

Hast du dein Gebet beendigt? ke tessiimdet timadénnek?

92. (Ich) falte (die) Hände [Finger], assimmékeriss issíkkáden.

Faltet eure Hände, ssimmekeríssit issíkkadenauen.

Ich faste, esōmagh. [Arab. ṣōm.]

Fastet ihr? ke tasōmet?

93. Ich habe gehabt, hatte einmal, kălā ille. [Kălā, einst, zu einer Zeit; ille, gab es (?); — rōri od. ghōri scheint zu fehlen.]

Ich habe nicht, uar rōr ille [zu lesen: uar rōri ille],

Ich habe nichts zu essen, uar iktĕfagh akschegh [non sufficio (quod) edam].

94. Ich füge bei, gebe hinzu, esseuādagh.

Gieb mir ein wenig hinzu, sseuadāhi andúrren.

Ich komme an, uādagh [uāṭagh].

Wir sind angekommen, nuat [neuāṭ].

(Die Kälte) nimmt ab, efenāss.

Ich vermindere, nek afeniss-tennet (?).

——————— (von Flüssigkeiten), essodébăragh.

---

91. *Tessiimdet* gehört zu der wichtigen Wurzel *imĕda*, es ist beendigt (86); *imḍa* in Delap. Schilha. Barth hat *edjumddads*, (die Nächte) sind vorbei. In der transit. Form haben wir *issimda*, er beendete; dann haben wir auch *imende* [= *immemde*?], (unser Vorrath) ist beendet, verbraucht. S. Nr. 103.

93. *Kălā*, einmal; im Kab. *thekkilt*, im Schilha *ual*.

*I'ktefa* scheint die Arab. 8te Form von *kefa* zu sein und keinen Zusammenhang zu haben mit *ikfa*, er gab, es wäre denn, dass dies selbst nur eine Verderbung des Arab. Zeitwortes wäre.

94. *Sseuad* [*sseuaṭ*] scheint die kausat. Form von *iuat*, einer im Kab. gewöhnlichen Wurzel. So haben wir *iuat*, es kam hinzu *(accessit)*, *isseuat (addidit)*.

*Andurren*, ein wenig, verwandt mit *madruïn*, klein, jung, gibt eine Wurzel *dru*. Im Kab. *edruss*, ein wenig; dieses *s* am Ende muss einst ein Pronomen gewesen sein, also *edruss*, ein wenig davon. Vergl. auch *endurret* in Nr. 96 mit der Bedeutung „jung".

95. Bringe mir etwas, auiohëēt harret.
   Ich bringe es dir, uaüeghakit.
   Ich verlasse, lasse, nek ōyagh.
   Lass ihn gehen (spazieren), eiit érrĕgesch.
96. Ich lasse einen Sklaven frei, ssidderfagh ákĕli.
   Ein befreiter Sklave, ákĕli néllil.
   Ein Befreiter, adĕrif.
   Ich verstosse eine Frau, esimmíseagh támate.
   Ich heirathe, itidíbonagh.
   Er hat seine frühere Frau verstossen, isímmăse hannīss, tādagh rōris tille [*quae ei erat*].
   (Und) hat ein junges Mädchen geheirathet, aue taliad andúrret. (Über *aue* siehe 95.)
97. Ich halte fest, etăfagh.
   Wir nehmen, legen Hand an, nuttef.
   Fange es, halte es, óttuft. (Siehe 88.)
   Halte das Seil fest, ātef írriui.
   Lass das Seil gehn, ssellueluē írriui.
   Ich lasse gehn, sselluelūeragh.
98. Reisse ab, ekass.

---

95. Im Kab. *auīt*, bringe mir hierher; *yūi*, er brachte, führte. In der Gesch. des verl. Sohnes *tauyem (tulistis); ahauyet (agite ferte!); etuaiamas (educatis ei)*. *Auiohi* muss von *aùi*, bringen, gebildet sein; *ăhi*, mir. In Nr. 96 *aue* (= *yūi*) = *duxit* für „er heirathete".

*Oyagh*, Imperativ *eiyi*, lasse, lasse los; im Kab. *edjdji*.

96. *Néllil*, befreit, von *alīl*, frei. Eine Wurzel von sehr ähnlichem Laute findet sich in Nr. 105 und eine andere in Nr. 50.

*Isimis*, s. Nr. 81 *isem*, er beleidigte.

*Hannīss*, die Frau, und *haliss* sind dem Temrht eigenthümlich; vielleicht wäre *haliss* ursprünglich „ein Mensch" und *hannīss* „seine Gefährtin".

*Taliad*, Mädchen, *iliad*, Bursche, sind sehr ähnlich dem Arab. *uĕlad*, der Sohn; im Temrht erscheint dasselbe Wort als *abdrad*.

97. *Sselluĕluĕr* vielleicht die Wurzel.

98. Es gibt 4 Wurzeln im Kab. mit den Konsonanten *ks*: 1) *ekkes (aufer, exue); ikkess (exuit).* 2) *ekss (pasce — pecus —); ikssa (pavit); ikess (pascit).* 3) *ikess (pupugit, momordit — serpens).* 4) *ekssu*

Nimm weg, pflücke, ekássagh.

Richte auf, nimm weg *(tolle!)*, atkal.

Ich hole weg, átkalagh.

Ich lege die Ladung auf das Kameel, otāgergh ilälen fel ámĕniss; nek etadjedjegh ilälen.

[Er häufte Sachen auf dasselbe, egag fellass ilälen.]

99. Ich nehme die Ladung (von dem Kameel), etakōsagh ilälen; esōsebagh ilälen (fel ámĕniss).

Ich lege den Sattel (des Pferdes) auf, nek ekĕral alakīf; nek esseuáragh alakīf.

Lege den Sattel auf, ssūar elakīf.

Ich nehme den Sattel ab, ekássagh elakīf. (98.)

100. Ich suche, blicke nach, étāragh. (88.)

Was suchst du? ma tetúrret?

Suche wohl! ummagh hullen. (31.)

Ich ersuche, bitte, etāragh (eine andere Form des Präsens für *etétăragh*?).

---

(*plica*); *ikssa (plicuit); ikessu (plicat).* — Zur dritten Klasse gehört wohl Delap. *confregit arbores ventus.* 2 und 3 finden ihre Einigung vielleicht in *vulsit, carpsit.* Vergl. auch *ikss* in Nr. 167, *ekoss* in Nr. 213.

*Atkal* scheint zuerst das Arab. *thakal* zu sein, aber B. M. schreibt es mit einem einfachen *k* und nicht mit *ḳ*; dabei haben wir jedoch *atkēl*, die Regierung.

Im Ghad. hat *djedjaḳ* die Bedeutung „beladen", hier haben wir dabei eine Wurzel *gag, gak* oder *gagh* mit der Bedeutung „aufhäufen" oder „laden"; Frequentativ: *djedjĕgh.* — *Otāgergh* ist Präsens (für *otāgeghagh?*) und *etadjedjegh* ist augenscheinlich das Frequentativ.

99. *Etakōsagh* hat dem ersten Anschein nach die Bedeutung „ich steige herab", aber hier ist es Transitiv, wie *esōsebagh* für *essōsebagh,* nach meiner Vermuthung aus dem Grunde, weil *ss* zu Einem *s* wird durch die Nähe des anderen *s.* Die Wurzeln *kōs, gōs, sqb* sind erwähnt in Nr. 62.

*Fel* (auf) wird in beiden Bedeutungen gebraucht, vom Herabnehmen und Hinauflegen.

*Ekeralagh* (?), *ekeral,* gürten (?). In Nr. 160 haben wir *ireled,* er gürtete, und dies Wort schrieben wir vielleicht richtiger *igheled.*

*Sseuar,* lege auf, und *et-auaragh,* ich sammle (102), scheinen verwandt zu sein. Man darf jedoch nicht übersehen *ouar* in Nr. 113.

101. Ich sende, essōkegh.
   Verlangen, begehren, ágaragh [ágheragh (?)].
   Rufe ihn, ágĕret [agherēt (?)].
   Ich zeige, essekĕnagh [bezeichne].
   Zeige mir den Weg, ssekenāhi abarraka.
   Ich zeige euch nicht, nek uar essekenaghak.
102. Ich sammle, etauaragh.
   Ich verbarg (häufte auf), etuāragh.
   Ich bedecke (das Gesicht mit den Händen), haragh.
   [Wir trafen uns da (?), nemōkass diss.]
   Wo begegnetet ihr ihm? kauanit ēdagh atamókassem rōris? [*Vos, quo loco convenistis ad eum?*]
   Das Volk sammelt sich an Einem Orte, idĭnet iemókässen ss edeg íen.
103. Der Markt ist voll, eúet yétkar.
   Das Volk geht auseinander, idĭnet ĭbbedā.
   Der Stamm ist zerstreut, taussit tessímande.
104. Ich (wir) begrüsse (begrüssen) dich, nigerak ess ssălām.
   Begrüsse ihn, ágĕrass ess ssălām.

---

101. *Issōka*, er sendet, ist vielleicht das Transitiv von *ika*, er passirte, Fem. *tōka*.

*Uar essekenaghak*; hier wie in Nr. 105 ist der Grundsatz, dass *uar* den Akkus. des Fürwortes an sich zieht, vernachlässigt. In anderen Fällen, wie in Nr. 106 und 129, haben wir die im Kab. gewöhnliche und auch sonst normale Folge.

102. *Imōkass* ist das einzige Beispiel, das ich bemerkt habe, von einer Verwechselung von *ss* und *r*. So sehen wir denn in Brosselard *imugger* und *imigger (convenit)*. Bei Delap. wird das *g* zu einem *ḳ*. Auch im Kab. finden wir das Wort *imger*, er erntete, und *imger*, es ward geworfen; das letztere ist das Passivum von *ger*.

103. An einer anderen Stelle finden wir *assímande*, mit einem zerrissenen Kleide; *témminde*, (der Stamm) ist ausgerottet; *es-sud ímmende*, unser Vorrath ist verbraucht. Diese drei Bedeutungen zeigen, dass die Wurzel *ímende* die Bedeutung „zerreissen, zerspalten" hat. Vielleicht lässt sich Alles auf die Wurzel *imĕda* (86) zurückführen.

104. *Ager-ass*, entweder „wirf den Gruss", von *ger*, oder „rufe aus den

Ich ergreife deine Hand, aṭāfagh afōss enik.

Ich umarme ihn, ekúllĕghass.

Er fiel ihm um den Hals und küsste ihn, iūdar fel erinniss ahāssi timúllut.

Ich umfasse seine Kniee und küsse sie, nek ŏdēgh fel fadénniss, ahāssen e timúllut.

Ein Kuss, tamōlit [tamōlirt, tamōlight (?)].

Ich küsse, emólĕragh [emólĕghagh (?)].

105. Ich folge dir, nek elkamäkai.

Folge ihm, elkemt.

Ich gehorche oder folge, nek elilal [elilagh].

Gehorcht El Khadĭr den Befehlen Alkúttăbu's? El Khadír elīl Alkúttăbu?

Er gehorcht ihm nicht, uar ĭlkĕmit.

Ich verweigere, mich dir zu unterwerfen, nek ugarăghak ssérhu.

Dieser Stamm hat sich gegen seinen Häuptling aufge-

---

Gruss", von *gher*. Im letzteren Falle müssten wir also schreiben *aghĕrass*. Vergl. Nr. 101.

*Ekull*, hegen, fördern (vergl. *ekōl* in Nr. 82). Verschieden sind *ikel* (?), er marschirte, *iggel*, er wandte sich auf die Seite, und *igla*, er kochte. Diese Wurzeln können leicht mit einander verwechselt werden. Auch haben wir *külĕt* in Nr. 65.

*Odēgh*, ich falle (?); *nōdagh*, wir fallen (71); *uar tidu*, damit du nicht fällst. Wenn diese Schreibweise richtig ist, so haben wir in dem Worte die Wurzel *idu* (vergl. *dau*, unter). Wenn dagegen *tidu* keinen Glauben verdient, so ist *adar* oder vielmehr *aṭar* die Wurzel; im Kab. heisst es „abwärts gehn".

*Fadén (iffaden?)*, Plur. von *afōd*, das Knie (?).

*Aha-ssen; aha* wahrscheinlich = *aga* (89).

*Imōler (imōlegh)*, er küsst (?).

105. *Elkem* heisst im Kab. „ankommen". Vielleicht kann *ilkem* mit der Bedeutung *pertinuit* den doppelten Gebrauch erklären.

*Ssérhu*, Sieg, Obergewalt. *Yūgar* (Schilha und Kab.), es übertrifft, und so auch einmal bei Barth. So könnte es denn scheinen, dass *ugaraghak ssérhu* die Bedeutung habe von *supero tibi praestantiam*.

lehnt, taussit tādagh (tindegh) *irhēt* amanōkal nissen.
106. Hilf mir! dehelāhi.
Ich helfe euch, edehelaghak.
107. Mache-Platz (für mich), schinkĕschin félle.
108. Ich ehre euch, essimgharăghak.
Er hat mich nicht geehrt, uarhi issimghar.
109. Ich lege euch Zeugniss ab, egehāghak.
Zeuge für mich, gehāhi.
Ich schwöre, ehādagh (ich schwor [?]).
Ich schwöre, ohādagh.
Ich schwöre falsch, ehādagh-ss-bāho.
Er schwor falsch, iehad-ss-bāho.
Ich stifte Frieden zwischen ihnen, etĕnagh tináhärēn [ich spreche Güte (?) Schutz (?)].
110. Ich processire, escherragh. (Arab.)
———————— nek amissten.
Ich gewinne euch den Process ab, irnēghak sse scheríat.

---

*Irhēt*. Barth vermuthet, dass es vorschrieben sei für *uar irhēt*, liebt nicht, mag nicht. In dem Falle wäre das *t* am Ende nutzlos; es mag aber zur Wurzel gehören und *irhat* die Bedeutung haben „*dejecit, excussit*".

*Amanōkal*, Häuptling. *Tinṃōkolen*, sie setzen ihren Häuptling ein, in Nr. 125. *Atkēl*, Regierung. Diese Wörter scheinen dem Temrht-Dialekt eigenthümlich zu sein; sie haben wohl nichts mit dem Worte *kēl* zu thun.

106. *I'dĕhel*, er half (?).

108. *Issimghar*, er machte gross, wie im Kab., ist von der Wurzel *mekḳur*, gross; das *k* wird zu einem *gh* in der transit. Form, wie das auch bei einigen anderen Zeitwörtern der Fall ist.

109. *Geh*, bezeuge du, zeigt uns die Wurzel des Kab. Wortes *inige(h)*, ein Zeuge; auch im Schilha haben wir *engi*.

*Tindhărēn* wird von Barth erklärt durch „Schutz" und „gütige Fürsorge". Vergl. es mit *ĕhĕri*, Reichthum, und vielleicht auch mit dem Arab. *kheir*, gut; das Wort *khir* ist nämlich im Kab. gewöhnlich.

110. *Irna* (auch Kab.), *superavit, irnu, superfuit*: zwei Zeitwörter, die man nur mit Mühe auseinanderhält *(irna* bei Ventura mit der Bedeutung *il*

Ich bin in dem Process unterlegen, etiuarnagh; das Geld ist verloren, éhĕri ineksche.

111. Ich preise, egeriddagh.

———————— (dich [?]), nek elakádăkai.

Ich preise Gott, gŏdēr [gŏdēgh (?)] Mesī.

Ich verspreche euch sicheres Geleit, ich verpfände euch meine Treue, egischĕrak alkauel.

Ich will nicht verrathen (euch), uar ighadaragh.

Ich breche die Treue (dir), nek irkschēdak alkauel.

Er hat (mir) die Treue gebrochen, enta irkschedāhi alkauel; arsar da alkauel.

112. Ich habe ihn auf die eine oder andere Weise zum Geständniss gebracht, nek essleákak esstiuit tésar alaretāhi gauai ōkar.

Ich leugne, odélagh.

[Ich weise euch (ab?), nek odélakai, odélagh el khēr innek.]

Ich weise euch ab, nek endarākai.

Ich bestrafe euch, nek akasábăkai.

---

*triomphe).* An unserer Stelle haben wir die aktive und die passive Form: *irnēgh, superavi, etiuarnagh, superatus sum.*

*Ineksche* bedeutet im eigentlichen Sinne „ist gegessen" und ist eine Passivform von *eksche.*

111. Über *egerid (egherid* [?]*)* s. Nr. 29.

*Elakádăkai* wahrscheinlich von *ilakad.*

*Egischerak* oder vielleicht *egischegh-ak,* ich trete ein zu dir.

*Alkauel* ist verderbtes Arabisch; auch *ghadar* in der folgenden Phrase ist Arabisch.

*Irksched* steht vielleicht aus Versehen für *ighschen* (eine Participialform), täuschend, betrügend (s. 115), von der Arab. Wurzel *ghesch, decepit.*

*Arsar, irsā,* er brach, zerbrach.

112. *Yŏdel,* er verneinte (?).

*Indar,* er verweigerte (218).

*Asab* scheint das Arab. *ádab,* die Strafe; was das vorangehende *ak* bedeutet, weiss ich nicht. Sollte das *k* vielleicht den verlorenen Buchstaben *ăin* ersetzen?

Er hat mich abgewiesen, indarāhi.

[Er verweigerte es, mir darüber Rede zu stehen (?), indarāhi meggered ssirss.

113. Verzeih' mir! enschāhi!

Ich verzeihe dir, enschāghak.

Verzeihe mir, o Herr! e Mesī, takfūt felle.

Erlöse ihn, ssókälass téffĕdaut eníss.

Ich thue euch Unrecht, nek óuaradakai (óuaranakai [?]).

Du thust mir Unrecht, tóuaradāhi.

114. Ich zweifle, bin unschlüssig, irre, nek amdíggeg.

Ich irre mich nicht in dem, was ich sagte, nek uar amdíggeg tidid, au annēgh.

Sünden (Plur.), ibakkäden.

Ich begehe Sünde, nek eger [egegh] ebăkeṭ. [Im Ghad. bekkäden, Sünde.]

Ich bin bevollmächtigt, egelāiegh.

Ich habe mich nach dir gesehnt, esóueragh.

115. Ich störe euch, nek aschelánakai.

Ihr stört mich, ke teschledāhi; ke tekessadāhi makăna naua kannak.

Lasst mich allein, aiāhi; uar schillāhi (stört mich nicht).

Ich schmeichle, kitzle, nek akerittegh.

---

113. *Inscha*, er verzieh, erinnert an das Arab. *nessa*, er vergass.

*Takfūt*, du hast vergeben, von *akfū*. Auch hier ist das *k* aus dem *ăīn* entstanden, von dem Arab. *áfu*.

*Téffedaut*, Lösegeld, vom Arab. *fedá*.

*Ssókälass*, gib, zahle zurück für ihn. S. Nr. 25.

*Oar*, thue Unrecht (?), zweite Pers. *toaraṭ*.

114. *Tidid*, ungewiss, ob mit der Bedeutung „wahr" oder „Wahrheit".

*Au = aua*, dasjenige, welches.

*Esóueragh*, vielleicht zusammenhängend mit dem Arab. *sōr*, Gewalt.

115. *Schela*, stören, Geräusch; s. *oschel* in Nr. 55.

*Akeritti*, kitzle (?). Im Kab. *ekreṭ*, kratzen, rechen. Weiter unten haben wir *karrauet*, zerrissen.

116. Ich beneide dich, nek munschéghakai.

Ábidīn beneidet Bakáy in Betreff (der Ulīye), Ábidīn emunschagh El Bakáy fel temusst inniss.

Ich betrüge dich, verrathe dich, nek ghadárakai (Arab.), nek ighdáraghak.

Du hast mich betrogen, taghdarredāhi.

117. Ich stehle, ókăragh. (So Kab.)

Diebstahl, tōkar (und *tékărak*, unter).

Ein Dieb, amkarād. (So Kab.)

Diebe haben mein Kameel gestohlen, imakarāden ōkaren ámĕniss eni.

Die Kēl-ulli sind gewandt im Stehlen, Kēl-ulli idábabén dag tékărak.

Ich verführe [?], nek takárăssak.

Dieser Mann hat das Weib verführt [?], haliss adagh etákarass tamándant.

118. Ich nehme Rache, nek asālagh eráni.

Rache ist süss, tamăsilt-n-erā tasēd.

Er hat an ihnen das Blut seines Vaters gerächt, isel dassen áschĕni-n-schíss.

Ich schlage euch, nek uātak.

---

116. *Imunschegh*, er beneidete; *amōschagh (amonschagh* [?]), neidisch.

*Fel*, auf. — *Temusst*, Sache, Geschäft.

117. *Yūkar, yōkar*, er stahl, scheint als weitere Verbalformen zu haben *yekarad, yekarak, yekarass*.

*Ikarass* wird im vorl. Sohn gebraucht für *ig-harass*, er schlachtete.

*Tamándant* wohl = *tamattut* im Kab.; die Form scheint sonst nicht vorzukommen.

118. *Era*, das Blutgeld, die Mordschuld. Die Bedeutung von *asal* ist nicht ganz deutlich; es würde vielleicht richtiger geschrieben mit *ss*, gleich dem Arab. *ssāl* mit der Bedeutung „fordern, verlangen". Aber *sāl* gehört zu vielen Wurzeln im Kab.

*Asēd, asid*, süss.

*A'schĕni*, Blut, ist ähnlich dem entsprechenden Haussa-Wort. Im Kab. finden wir *idemmīn*, als wenn es ein Arab. Plural wäre.

*Schi* oder *ti*, Vater.

Er schlug ihn, bis das Blut herauskam, iauat, har teg-mad áschen.
119. Ich kerkere ein, ergellagh [auādagh iíen].
Ein Gefängniss, ehe-n-errĕgal.
Ich schlage in Ketten, egegh ássĕssar dar erinniss (ich thue eine Kette um seinen Hals).
Ich lege eine Zwangsjacke an seinen Leib, eine Handschelle an seine Hände, gegh teschim dar daranniss, gegh tiiat dar afassánniss.
120. Ich beschneide, nek emánkăden (Partic.).
Beschnitten, imankad (Plur. imánkăden).
Ich kástrire, nek emeleägh.
121. Ich verwunde Jemanden, ssabáiässagh auādem.
Er ist verwundet, aböiss (?).
Verwundet, anassbāiass.
122. Ich schlage hinter die Ohren, assíttegh.
Ich gebe einen Backenstreich, edebarāhagh.
Ich stampfe mit dem Fusse, terssélládagh.
Ich stosse mit dem Knie, nek tessmen kássădagh.
Ich bereite eine Niederlage, nek essíllărass [essíllă-ghass].

---

*Iauat*, er schlug, ist die Wurzel, wie im Kab. — *Tegmad*, mit adverbialem *d* am Ende, von *igem*, er ging aus, kam heraus; im Kab. scheint es nicht vorzukommen.

119. *Irĕgel*, er setzte gefangen.
*Erī*, Hals, Nacken, wie im Kab.; *fel erinniss*, auf oder um seinen Hals, im vorl. Sohn. — *Dar*, wohl = *daffir*, der Rücken. — *I'fassan*, Hände. — *A'ssĕssar* ist wahrscheinlich ein Halsband. Die Bedeutung von *teschim* und von *tiiat* ist nur muthmasslich.

121. Aus Nr. 129 sehen wir, dass *būiss* oder *aboiss* „Wunde" heisst; davon ist das Transit. *ssūbaiass*, verwunde du, das Passiv. *inebūiss*, er ward verwundet, und das Partic. *anassbāiass*, verwundet.
*Auādem*, zusammenhängend mit dem Arab. und Hebr. Wort *adam*, der Mann.

122. *Ibarāh*, er gab einen Backenstreich; *ibarāgh*, er behandelte mit Übermuth. Vergl. *abăragh* in Nr. 138.

123. Ich zanke, nek táiĕragh schélkĭkān.

Ich schneide (ab) seinen Kopf, nek tessúggŏrasst [tessúggŏgh-ass-t].

Strangulire (ihn), orëa-ss.

Ich strangulire (ihn), nek orëágh-ass.

124. Ich ziehe zu Felde, iggelēgh dagh égĕhen. [*Egehen*, ein Einfall oder eine militärische Unternehmung.]

Das Volk versammelt sich, ídĭnet tidauen.

Sie beabsichtigen eine Expedition, iebōken égĕhen.

Sie berathen, emssākan mēden.

125. Sie sind im Begriff aufzubrechen, iebōken tékĕli.

Die Expedition nimmt Pferde, égĕhen írkeb. (Arab.)

Sie setzen ihren Anführer ein, tinmókolen amanōkal nissen.

Die Expedition geht ab, égĕhen égĕle.

Wir werden fechten, adeneknéss. [*Eknāss*, Schlacht.]

126. Die Expedition griff an, égĕhen ōhak.

---

123. *Issugg*, er schnitt ab (?).

*Orëa*, erdrosseln, steht vielleicht im Zusammenhang mit *eri*, der Hals.

124. *I'gĕle*, er ging oder brach auf, ist allem Anschein nach von derselben Wurzel wie *tekkĕli*, der Aufbruch, wofür wir im Kab. *tikli* oder *thikli* haben. Man könnte vielleicht auch das Zeitwort *tkĕli* schreiben, wovon dann *ssikel* (reisen) das Transitiv wäre, entsprechend dem Arab. *ssük*, eigentlich „die Thiere zum Aufbruch treiben". Aber Barth besteht darauf, dass das Zeitwort immer nur mit *g* gesprochen werde, dagegen die Substant. *tekkĕli* und *ssikel* mit *k*.

*I'dĭnet* hat vielleicht Zusammenhang mit dem Arab. Wort *dunia*, die Welt, da sich dieses Wort in ganz Nord-Afrika findet.

In *emssākan* scheint das *em* die reciproke Bedeutung zu haben.

*Mēden*, Männer, wie im Kab.

125. *Ibōki* hat deutlich dieselbe Bedeutung wie im Kab. *ibgha*, er will, beabsichtigt; dies letztere scheint ganz dasselbe Wort zu sein, wiewohl es der Wurzel nach identisch ist mit dem Arab. *bagha, decuit*, von dem es wahrscheinlich entnommen ist.

*Inmōkel*, vielleicht für *immōkel*; s. Nr. 105.

126. *Ohak*, *ohag* im Temrht entsprechen der Wurzel *auagh* im Kab., haben aber eine stärkere Bedeutung. *Auagh* ist *sume*, *ohag* dagegen *cape, rape*.

Sie fielen über die Heerden her, ehōkan ischítan.

Sie plünderten die Zelte, ássfeken ihánnan.

Sie nehmen Alles und Jedes weg, atáfen auai ilādihen der rurret (sie ergreifen, was da ist vom Ganzen).

Sie nehmen die Sklaven und Sklavinnen, ígfälen íkĕlan e tikéläten.

127. Sie führen die Pferde weg, uottan féssan (sie bringen auf [?]; siehe *iuat* in Nr. 94).

Sie treiben die Kühe weg, óhăgen iuan.

——————— die wolligen Schaafe, óhăgen tikíndemén.

——————— die haarigen Schaafe, óhăgen tíhatēn.

——————— die Ziegen, óhăgen ulli.

128. Da gab es nichts als Weinen der Weiber und Kinder, uar akímu har tidĕdēn e iliáden immerauen dag timschagh. [*E*, und, wie 126. 130.]

Sie fochten hartnäckig, ússăssan ágăsar.

Sie wollten nicht fliehen, uar ebōkan égeuet. (52.)

---

*Ehōkan* ist *óhăgen* in Nr. 127, steht aber nicht in derselben Zeitform.

*A'ssfeken* sollte wahrscheinlich sein *ăssfeghen*, sie leeren aus, von *fagh* (s. Nr. 174).

*Igfal* könnte dasselbe Wort zu sein scheinen wie *ikfel*, er plünderte, in Nr. 130.

127. *Tíhatēn* scheint dasselbe Wort zu sein wie *tighaten*, Ziegen; *taghat*, die Ziege, im Kab. *Tarat*, was Barth mit „Ziege" übersetzt, ist dasselbe Wort, aber es ist ihm bestimmt erklärt worden, dass *tíhatēn* jetzt die Bedeutung „Schaafe" hat, wogegen *ulli*, das im Kab. „Heerde", gleichviel ob von Schaafen oder Ziegen, bedeutet, das Temrht-Wort für „Ziegen" ist. In Nr. 137 aber scheint *ulli* „Schaafe" zu bedeuten. [Es ist kein Zweifel, dass *ulli* gelegentlich sowohl Schaafe als Ziegen begreift. H. B.]

128. *Akímu* stammt von *ikim*, es rastete oder blieb, wie in Nr. 41. — *Har*, mit Ausnahme. — *Immerau* von *iru*, er seufzte; *immerauen*, sie seufzen wechselseitig.

*A'gasar* oder *dgĕsar*, der Krieg, Kampf. — *U'ssăssan* vielleicht mit der Bedeutung „sie machten hartnäckig" und verwandt mit der Arab. Wurzel *ăssa*, von dem ein transit. Zeitwort *issassa* gebildet sein könnte. Aber im Kab. haben wir *as-sai*, schwer, und damit hängt wohl *asŭen* zusammen (Nr. 150).

129. Sie besiegten sie nur durch ihre Anzahl, éntenet uar tanárnen har ss egōd.

Ward erschlagen, wen es traf (wer starb), amūt, aua amūt.

Ward verwundet, wer verwundet wurde, égeschēn búissen, aua būiss.

Ward gespiest, wer gespiest wurde, égeschēn tídik, aua gíschen.

Ward hingestreckt, wer hingestreckt wurde, égeschēn tíuit, aua gíschen.

Der ganze Stamm ward ausgerottet, taussit ikéteness témminde. (91.)

Mit Ausnahme einiger Knaben, welche abwesend waren, assel harret ilíaden, uar hadarīn.

Da war nicht Einer, der nicht verwundet wurde, uar tílle dakhssen érē uar nebūiiss.

130. Die Masse ward gebrochen und zermalmt, ídinet arsan e dígdĕgen.

Sie plünderten ihre Ortschaften aus, atíkfēlan emasāghe nissen.

Sie nahmen es und gingen damit fort, eluent, éngēlen dĕriss.

---

129. *Uar tan-árnen*; das negative *uar* bedingt die Nachfolge vom Akkus. des Pronomens *tan*, sie. *Arnen*, sie besiegten, wie im Kab.

*Egōd*, die Menge, Anzahl, wie *yeggūd*, es war zahlreich, im Schilha.

*Egeschēn* oder *égischēn* kommt allem Anschein nach von *egisch*, eindringen oder durchbohren. — *Idak*, er durchbohrte mit einem Speere, Hebr. *dakar*, Arab. *dakk*, er schlug; hieraus entstand *tídik* und *tíuit*, weibl. Geschl.

*Erē*, *uar-erē* entspricht vielleicht dem Franz. *ne pas*; so haben wir es im Kab.

130. *Irsa*, er zerbrach, brach, auch „er ward gebrochen". Hier scheint es aber, dass wir für das Passiv. *imarras* haben, entsprechend dem Kab. *imres* und *irres*. — *Idigdeg* oder *idiggid*, er zermalmte, ein Frequentat., wozu man wieder vergleichen kann das Arab. *dakk* in der Bedeutung „stampfen" u. s. w.

*Itikfel*, vielleicht Präsens von *ikfel*; vergl. *igfal* in Nr. 126.

*Amasāghe*; vergl. *timschagh* in Nr. 128.

*Yelu*, er nahm, kommt nicht wieder vor.

*Ingel*, wahrscheinlich die Niphalform von *iggĕle*, kommt auch nicht wieder

Der Feind verzweifelte, íschīnge aráhägén.
Ich verzweifle, nek eheráhăragh.
Die ganze Stadt brennt, aghĕrim ikétĕness iṛrar. (170.)
Sie flohen in den Wald, imár rassan ígeschen ehíschkan (sie wurden gebrochen und flohen in die Büsche).
Ich fliehe, arsēgh (ich bin gebrochen [?]).
Sie widerstehen, ibdĕdan. (41.)

131. Sie vereinigen sich, issártäyen har emókăssan (sie verursachten eine Zusammenkunft, bis sie sich gegenseitig vereinigt hatten).
Ihr Anführer wandte sich an sie, emegered dassen amanōkal nissen. (29.)

132. Er ermahnte sie, ihre Weiber zu vertheidigen, innässen hauánim auādagh akauen igeráuen tídĕden ennauen (er sagte zu ihnen ... dass (?) sie für euch eure Frauen frei liessen).
Und eure Kinder, esafnet d íliaden nauen.

133. Dass ihr nicht bekommen möchtet einen schlechten Namen unter den Männern (?), ámehak uássässen téssĕlim dar mēden.

---

vor; dagegen haben wir *inghel*, es stürzte, strömte hervor, und davon könnte kommen *enghĕlen, eruperunt*.

*Irahagh*, er verzweifelte. Die Anfangsform *ehe*, die das Präsens anzeigt, entspricht dem *ai* im Kab.

131. *Irtai*, intransit. Verbum, anstossen (das Engl. *join*); *issertai* die transit. Form: „er verband" (*he joined*); *imirtaien*, gemischte (Dinge).

132. *Igerauen* könnte heissen „sie befreien, setzen frei", aber vielleicht sollte es richtiger heissen *egherăuen, laxant*. S. Nr. 63.
*Isaf*, nackt, entblösst; *isafnet*, sie (Fem.) sind nackt (?).

133. *Amehak* (Bedeutung ungewiss), vergl. *ameghagh* mit der Bedeutung *acquisivi* in Nr. 31.
*Udssăssen*, s. *ussăssan* in Nr. 128; auch *teuíssit*, der Tribut, gehört wohl hierher.
*Téssilim, auditis*.

Auf! und lasst uns fechten, bis wir zu ihren Zelten durchdringen, auar hauendjen har tassne ehanne nassen.

134. Bis wir sie bekämpfen gerade bei ihren Zelten, har dirssen tirteiam dar ehenne nessen.

Bis ihr heraustreibt ihre Frauen, tessiffem tídēdēn nissen.

Als Geisseln ihre Kinder nehmt, termissen arrássässen alroren nissen.

Ihre Kinder sind eure Beute, ilíaden nissen eunauen.

135. Sie erheben das Kriegsgeschrei, essaraurauen.

Sie schlagen an ihre Schilde, etedérsen érehe [ághĕre] nissen.

136. Sie bilden eine Linie, égen ăfōd.

Sie machen einen Sturm, óschĕlen inssírssen.

Sie haben sie umzingelt, raleénten, kŭbēn falássen.

Sie durchbrechen sie, ibelaggénten, asraurauénten.

---

*Ihannen*, Zelte.

134. *Tirteiam, jungamini.* Vergl. Nr. 131.

*Tessiffem*, wahrscheinlich *exire faciatis;* vergl. *ifai* mit der Bedeutung *exiit* in Nr. 141.

*Termissen, prehendatis. Irmess, prehendit,* wie im Ghadāmsi.

135. *Nek essraurauĕgh* mit der Bedeutung „ich breche durch" sollte wahrscheinlich mit Einem *s* geschrieben werden. Vergl. Nr. 190 und 136. Wenn *issaraurau* heisst „er schrie auf, rief aus", so mag es eine frequent. und transit. Form sein von *ru*, seufzen; s. Nr. 128.

*Ideres*, wahrscheinlich mit der Bedeutung „rasseln".

136. Zu *égen* s. Nr. 39. — *Afōd*, eigentlich „das Knie".

*O'schĕlen*, sie eilten, in Nr. 155.

*Inssírssen*, Bedeutung ungewiss, wahrscheinlich ursprünglich „sie rückten herunter". So haben wir im Kab. *iress*, er ging hinab; *ssirss*, bringe herab.

*Raleyen*, von *iralai*, er umgab; davon auch *terlaite*, rund umher.

*Kubĕ*, vielleicht „einen Kreis bilden"; vergl. *kubba* im Hebr. und Arab., „ein Kuppelgemach".

*Fal-assen*, gegen sie.

*Ibelag*, wahrscheinlich *pervasit* (im Arab. *belagh, pervenit*). — *Asraurau*, Frequentat. von *irsa* in Nr. 180.

137. Sie haben zerstreut, ábbĕdén.
> Diese wurden gebrochen und jene wurden gebrochen, arsen uīn, arsen uīn.
>
> Sie flohen gleich Hasen, egéuaden schiind égeuat átek temarruëlt [*instar fugae (quam) praeterit (?) lepus*].
>
> Gleich den Schaafen und Ziegen vor dem Wolf, schiind ulli ischāk ebak [*instar gregis (quem) invadit lupus*].

138. Sie sind beide erschrocken, éntĕnet aneméttessen ingarmanissen.
> Lasst die stolzen Kämpen fechten, ayet inassbarāghen ademánghan.
>
> (Lasst) die Kämpen vorwärts schreiten, ssíggemet étid inassbarāghen.
>
> (Ein) Kämpe, der Sohn Naber's (Nabegha), anessbarāgh ineg en Nabegh.
>
> Und (der andere) Kämpe, der Sohn Agui's, d anessbarāgh ineg el Agui.

---

137. *A'bbĕdén.* Das *d* sollte *ḍ* geschrieben werden. Im Kab. *ibtu, divisit.*
*Schiind,* im Kab. und Schilha *sund, sun,* das Latein. *instar.*
*Egéuat* oder *egéuad,* s. Nr. 52.
*Temarruëlt,* ein Hase, von *imereuel,* weglaufen (Hodgson's Kab.), welches wiederum entsteht aus *iruel,* er floh, Arab. *rahhel.*
*Ischak, invadit.* Später, in Nr. 220, haben wir *ischek* vom Angriff des Löwen. Vergl. *schik,* schnell, das Kab. *sik.*
*Ebak* oder *ebēg,* ein Schakal.
138. *Imettess,* wahrscheinlich „er erschreckte"; kommt nicht wieder vor.
*Ingarmanissen, inter se* (?). Im Kab. *gar,* zwischen; auch *gaigar* und *gaigarassan,* unter sich.
*Ayet,* lasst ihr; vergl. Nr. 95.
*Abāragh,* stolz; *tebarōghit,* Reichthum; *anessbărōgh,* ein Mann von Reichthum und Einfluss. Bei Ventura haben wir *ubtlāgh,* Reichthum.
*Ademánghan,* Konjunktiv. *Ingha,* er tödtete; *imangha,* er tödtete gegenseitig, d. h. er focht.
*Ssíggemet, exire facite. Igem, exiit,* in Nr. 118.
*Etid,* hierher (?).
*Ineg* oder *inek,* Sohn. Dies Wort kommt wohl nur im Temrht vor.

139. Ihre Haltung war gleich der von Löwen, idemauen nissen schind idemauen éheran.

Welche im Begriff sind, auf ihre Beute zu springen, ainemeharnănīn abōkan ademókăssen.

Sie werden handgemein, amáuäten.

Der Sohn Agui's hat ihn durch die linke Schulter gehauen, ineg el Agui isstak sserss gerē désar ua-ntéschīlgēn.

140. Er parirte diesen Hieb, úhag arasset.

(Sie fechten;) ihre Schwerter sind zerbrochen, tamókassen, tikabauen ersĕmet.

Sie werfen die Speere, anemiggĕren ss alăghen.

Ich werfe den Speer, nek egāragh alăghe.

Der Eine und der Andere wirft ihn, igart uai, igart uai.

---

139. *Udem*, „Wange" bei Ventura, „Antlitz" im Kab. allgemein, Plur. *udemin*. Im Kab. kommt auch vor *akădūm*, welches die Verwandtschaft des Hebr. und Arab. *kedem*, die Stirn, anzeigt; vergl. Nr. 81.

*Eher*, Löwe, ist *afur* im Ghad.

*Iharna* bedeutet dem Anschein nach „er liegt auf dem Sprunge", vergl. Nr. 22, aber in Nr. 222 haben wir es in anderer Beziehung; *meharnan* ist das Participium. Bei *aina* ist zweifelhaft, ob es der Artikel ist oder der Plural vom Relativum.

*Ademókassen, occurrant* (zu begegnen); *ad* bezeichnet den Konjunktiv, wie in *ademanghan* Nr. 138.

*Iuat*, er schlug; *imduat*, er schlug wechselseitig.

*Istak*, genaue Bedeutung nicht ganz klar. [Prof. Newman meint, dass es die 8te Form des Arab. *sūk*, *impulit*, sein könnte, aber das scheint mir nicht wahrscheinlich. H. B.]

*Sserss*, auf ihm (?), so im Kab.

*Gerē*, zwischen (?), Kab. *gar*; oder sollte es „eine Wunde" heissen, Arab. *djurhh*.

*Désar*, der Rückenwirbel (?) oder *esar*, die Ader (?).

140. *Uhag*, er fing auf (Nr. 126).

*Arasset*, vor ihm (?), s. Nr. 238.

*Tákōba*, das Schwert, wie in Haussa.

*Ersĕmet* = *ersenet*, dritte Person Plur. im Femin.

*Iger*, er warf; *igăr*, er wirft; *inemigger*, er wirft gegenseitig. Das intransit. Verbum hiervon mit *s* „er warf mit dem Speere".

Dieser durchbohrte den Einen und jener den Anderen, idakt uai, idakt uai.
141. Beide sind verwundet, assen enissen anssabaiässen.
Das Blut rinnt aus ihren Wunden gleich einem Strome, ingai áschĕni dar búïssen nissen ifai schind endji (es kommt heraus gleich u. s. w.).
142. (Sie) führen sie von dem Platze, itkellénten dihen anemanghan (sie veranlassen sie, den Ort zu verlassen, wo sie gegenseitig gefochten haben).
Sie verbinden ihre Wunden, etellénten ibúïssen nissen.
Sie verabreichen ihnen Mittel, egenassen issĕfrā.
Sie sterben, amūten.
143. Sie treiben sie zurück, yókĕnten, issokalénten.
Sie haben ausgerottet (zermalmt [?]) ihren Stamm, irsan terērt nissen.
Ich liege im Hinterhalt, nek esstĕdaf.
Sie haben die ganze Stadt der Erde gleich gemacht, irsan ághĕrim ikétĕness har amóss schind ákal.

---

141. *Assen enissen*, wörtlich „zwei von ihnen".
*Ingai*, es stürzt hervor; *engi* oder *endji*, ein Strom, muss damit verwandt sein. Im Kab. *inghel*, es strömte aus; vergl. Nr. 174.
*Ifai*, es kommt hervor, vertritt das Kab. *ifagh* (vergl. Nr. 174); daher *tufai*, (die Sonne) kommt hervor; *tufit*, der Durchfall, Diarrhöe; *ófayen, effunduntur (grandines)*.
142. *Ikelli*, wahrscheinlich „er veranlasste zu verlassen"; vergl. Nr. 124. Die Form erinnert an das Arabische.
*Ittal*, er umwickelte, faltete auf (so im Kab.). Vergl. das Arab. *fetel*.
143. *Yéken*, wahrscheinlich ursprünglich „sie machen vorbei gehn".
*Issókal*, vergl. Nr. 25.
*Terērt*, der Stamm, Tribus, auch „eine Tasse". Das erstere Wort sollte vielleicht heissen *terīght* = *tarīket*.
*Esstédaf* sieht aus wie eine 8te Árab. Form; *essdef, obscura fuit nox*, bei Golius.
*A'ghĕrim*, die Stadt. — *Ikétĕness*, eigentlich „Alles davon", d. h. „ganz".
*Har amóss*, wohl eigentlich „bis es wird".

144. Ich ziehe mein Schwert aus der Scheide, erkăbagh takobăni dagar titar.

Ich werfe die Scheide nieder, assíndaragh titar.

Ich stecke das Schwert in seine Bekleidung (Scheide), essókălagh tákŏba dag titar enniss.

Ich richte den Pfeil (auf ihn [?]), erkábăgh-ass essim.

Ich lasse den Pfeil fliegen, egeragh ss essim (ich werfe mit dem Pfeil).

Ich stecke den Pfeil in den Köcher, essókălagh essim dag tatánghot.

145. Ich lade die Flinte, tassákssagh el barūde.

Ist die Flinte geladen oder nicht? el barūde assíkssek? mer uar assíkssek?

Der linke Lauf ist geladen, éman teschilge tesékssak.

Der rechte Lauf ist nicht geladen, éman arēl uar esékssak, oder: uar teha harret (da ist nichts), oder: uar ekémăret.

146. Gib mir ein wenig Pulver für das Zündloch der Flinte, ikfāhe égil gíak, dag tēt-n-el barūd.

---

144. *Irkeb, evulsit*, ist ein einheim. Wort, vergl. Nr. 180; für das ganz verschiedene Arab. dagegen vergl. Nr. 125.

*Dagar, dag* oder vielmehr *dagh*.

*Issindar*, er warf nieder (?). Dagegen haben wir in Nr. 112 *indar*, er verweigerte, und *ennádir*, oft. Vielleicht steht *assindaragh* für *assintarakgh* von der Wurzel *iṭarak*, er fiel (Nr. 71), oder für *assin t aragh* von *iṭar*, er ging abwärts, welches Wort sowohl im Temrht als im Kab. erscheint.

145. *Tassákssagh* sollte eigentlich noch ein *k* vor dem *gh* haben.

*Assíkssek* von der Wurzel *ssakssak*, pressen, stopfen, vergl. die Griechische Wurzel *say*.

*Teschilge* hat hier einen anderen Accent als in Nr. 139 und 146.

*Arēl*, die Rechte. *Arēl-n-eschel* heisst: die Mitte des Tages, vielleicht ursprünglich die „gerade Zeit des Tages".

*Ekémăret*, ist gefüllt. Dem Anschein nach ist es eine Arab. weibliche Form, verdorben aus *ámaret*; dieses letztere Wort gebraucht Delaporte.

146. Égil, Pulver.

*Gíak*, etwas, kommt sonst nicht vor.

Ich feuere die Flinte ab, ssínkăragh el barūd. (Im Arab. heisst barūd „Pulver".)

Ich treffe, uātagh.

Er hat getroffen ihn (?) gerade unter das linke Auge, uātagh ss el barūd dag tagūmasst-n-tét tan téschilgēn.

147. Die Kugel verletzte ihn nicht, (sondern) ging über seinen Kopf weg, uar tiggischt tessaue, toke eraf [eghaf] eniss; ukaine tesáuaten gínnige eraf eniss.

Er hat nicht gut gezielt, uar assíkēne éss innémehel; uar essnámehel; uar éssín essinnémehel. (Siehe 172. 195.)

Er versteht nicht zu zielen, uar essín assíkken.

148. Sein Arm zitterte, afōss eniss ischikátkat (seine Hand).

Die Kugel ist vorbeigegangen, tissáuaten akúrret.

149. Ich treibe Handel, assíttĕgagh.

Ich bin kein Kaufmann, uar esstédjdjagh.

Ich tausche aus, wechsele, ésstĕgagh, messéttegh.

---

*Ssinkar*, ursprüngl. wahrscheinlich „mache aufstehen", in Bezug auf das Spannen des Hahnes, von *inkar*, er stand auf (Nr. 41).

*Tagūmasst*, ein Zahn, im Kab. *tughmass*; daher sollte es wahrscheinlich im Text eigentlich heissen: er traf mich in den linken Augenzahn.

*Tan*, Fem. des Demonstrat. = dem Kab. *tinni*. Sonst haben wir *tēn* und *tindagh*, *illa*.

147. *Toke*, s. Nr. 52. — *Ukaine*, s. Nr. 66.

*Eraf* = *eghaf* (oder *ichf*), der Kopf.

*Gínnige*, über, vom Kab. *ennig*, *amplius*, mit der Kab. Präpos. *g*, in. Auch haben wir im Kab. *ssennig*, hoch in der Luft. Im Schilha ist es *igi*.

*Issíkkĕne*, er zielt. Von *essnámehel* ist die Wurzel wahrscheinlich *mehel*, warten, wie im Kab. Sonst haben wir hier *anímmĕhel*, *operae pretium*.

148. *Ischikátkat*, zitterte, etwas abweichend davon *schekántat*, Schauer.

*Tissduaten*, dem Anschein nach der Plural. Dann müsste es eigentlich heissen: *akkurent*, der Plural. Vergl. *akérăren*, rund.

149. *Issítteg* und *isstedja* müssen verschiedene Formen von demselben Zeitwort sein und erinnern uns an das Arab. *tadjir*, der Kaufmann. — *Messéttegh*, wenn nicht Participform, ist ein Zeitwort mit Wechselbeziehung.

Ich treibe Tauschhandel, ssimísskălagh.
150. Ich kaufe, năsagh.
Du hast theuer gekauft, tăset asüen.
Du hast billig gekauft, wahrhaftig! tăset erakēssen, beschōr!
Ich versehe mich (stapele auf) mit Hirse (Korn), essătagh éněli (alun).
Alle Araber von A'sauād kaufen ihr Guinea-Korn in Timbuktu, Arăben-n-A'sauagh iketenessen ikāten éněli dak Timbiitku.
151. Ich verkaufe, eschinschēgh (= esinsēgh).
Verkaufe mir dein Pferd, schinschāhi aïss innak.
Ich verkaufe mein Pferd nicht, uar schinschēgh aïss in [= aïss eni].
Ich wünsche etwas zu verkaufen, irhēgh aděschinsch [aděschinschagh] harret.
152. Ich verborge [roṭolegh (?)].
Leihe mir, ssirdelāhi.
Ich leihe dir, essirdelaghak.
Ich habe von euch Geld als Darlehn, nek ehánătai essirdalínnek.
Ihr habt von mir ——— ———, ke ehánkai essirdál eni.
Er hat von ihm ——— ———, enta ehant essirdál eníss.

---

*Ssimisskal*, wahrscheinlich zusammengesetzte Form von *ikkal* oder vielmehr *iḳkal*, er wendete.

150. *Inas*, er kauft; *ins*, er kaufte (?).
*Taset* für *tanset* (?) Dies zeigt die Wurzel von *issins*, er verkaufte, im Kab.
*Asüen*, theuer, dann „hart". Im Kab. *as-sa*, schwer sein.
*Erakēss* ist Arabisch, *rāchīss*, billig. Anderswo hat Barth für dasselbe Wort *ibchäss*.
*Issat*, er speichert auf (?).
*Ikat*, er misst (kauft im Grossen), s. Nr. 193.
152. *Roṭel*, im Arab. „wiegen", ist hier und im Kab. „leihen" oder „borgen".
*Ehdnătai*, vielleicht eigentlich *ehanat-ai*, sunt mihi (Fem. Plur.). So auch *ehan-kai*, sunt tibi (Masc. Plur.).

153. Seine Schuld ist gross, amáruass eníss ĕgēn.

Ich habe eine Handelsschuld an euch (ich bin in eurer Schuld), nek ehánătaï amáruass innek.

Gebt mir zurück, was ich euch geliehen habe, ssokeláhi auāhak issmaruásagh. [*Redde mihi quod tibi commodavi.*]

154. Ich beginne, scheschuāragh.
―――――――. assíntagh.

Ich habe angefangen das Buch zu kopiren, assíntagh assäkal el kitáb.

Er beginnt eine Anrede, íssint méggered.

155. Ich beendige, ende, ssimdegh.

Er hat das Lesen des Kurāns beendigt, issimde (oder ürtem) el Kurān.

(Und) gefeiert den Tag, aschel egel eliulímat.

Ich bringe euch meinen Glückwunsch, dass ihr das Lesen des Kurāns beendigt habt, ulímĕtun udjíbĕtun.

Es ist beendigt, ímmĕder [iimĕda].

156. Wiederhole, óliss ádak [adagh] ssōril.

---

153. *Amdruass*, eine Schuld, ist auch Kab., denn es findet sich in der Berberischen Übersetzung des Lukas 7, 41, obgleich es bei Brosselard fehlt. *Issmaruass*, er lieh.

154. *Ischaschuar*, Frequent. von dem Kab. *isuar.* So *ischuar* in Nr. 85. *I'ssint*, er fängt an (nicht Kab.); das Wort hat im Laute eine auffallende Ähnlichkeit mit *issimda*, er endete. Da das letztere transitiv ist, von *imḍa*, *imĕda*, so mag *tssint* eine Wurzel *int* mit der Bedeutung *coeptum est* anzeigen. Vergl. *indi*, noch nicht, *end* in Zusammensetzungen mit der Bedeutung „nächst"; im Kab. *neṯ* oder *neḍ*, das Lat. *alter.* In B. M.'s Temrht *nediu*, mir zunächst.

155. *Imḍa*, s. Nr. 91.

*Iirtem*, wahrscheinlich mit der Bedeutung „er vollendete", im Arab. *confregit.*

*Egel = aril*, Mittag (?); dann wäre *aghel* die richtige Schreibweise.

156. *O'liss* bedeutet „wiederhole". So haben wir im vorl. S. *noliss*, wir haben wiederholt, *tuliss* (adverbialisch), wiederum.

Wiederhole diesen Vers, óliss aghass (oder: ssmāliss aghass) téghārēn.

Bis du ihn auswendig weisst, har tílmĕdak [tílmĕdat (?)].

157. Ich befestige, hefte an, ékanagh.

Sind die Kameele angepflöckt oder nicht? immĕnāss ikerāfen, mer uar ikerāfen? (43.)

Soll ich das Pferd anbinden oder (es) loslassen? agiagh aïss, mer aregh? (Soll ich das Pferd anthun oder abthun?)

Lass es dieses schöne Kraut fressen, áiit adíksche tésche tindegh tahōssket.

Macht (ihr) die Pferde frei, ssímbarit fiessan.

Ich mache frei, lasse los, assímbaragh.

158. Schliesse die Thüre, ssókel tefáluat.

Öffne die Thüre, arīd tefáluat.

Ich öffne die Thüre, ūregh tefáluat.

Ich bedecke, uschikámbaschagh.

---

*A'dak* = *adagh*, dies.

*Oril*, vielleicht gleich dem Arab. *aḳel*, der Verstand. So haben wir *arēl*, er denkt, für *dḳal*.

*Ssmaliss* und *aghass* bedürfen weiterer Erklärung.

157. *Igan*, Kab. „er band, befestigte".

*Agiagh* ist Präsens oder Futurum von *iga* in Nr. 89.

*Irra* bedeutet „zuschliessen" im Kab., aber „öffnen, lösen" im Temrht. Zwei Zeitwörter scheinen verwechselt zu sein, nämlich das Ghad. *efer*, schliesse du, und das Temrht-Wort *eher*, welches dem Kab. *err* entspricht, vielleicht verwandt mit dem Schilha-Worte *iwerri*, er kehrte zurück, Kab. *irra*, er brachte zurück, kam zurück. Wir haben aber im Ghad. *er*, löse du, entsprechend dem Temrht-Wort *ar* oder *ur*, und dies hat vielleicht Zusammenhang mit *éheru*, *égheru*, lose, frei. S. Nr. 63.

*Tésche* = dem Kab. *tedsche*, das Gras.

*Issímbara*, er setzte in Freiheit. S. Nr. 54.

158. *Tefáluat* = *tafurt* im Ghad. = *taurd* im Kab.

*Ssókel (tefáluat)*, eigentlich „wende die Thüre", wie wir auch im Kab. *err* haben, „wende", für „schliesse". Das Wort hat eine frappante Ähnlichkeit mit dem Arab. *ssekker el bāb*.

159. Schliesst (ihr) auf! agfeltet!
Ich schliesse auf, agfeltagh.
Ich klopfe an die Thüre, edágakagh tefáluat.
160. Ich ziehe an (wechsele [?]) mein Hemd, inssákalagh rischabāni.
Ich kehre mein Hemd um, abiregualegh rischabāni.
Ich gürte meine Lenden, ehereldegh bessa, egebessagh.
161. Ich ziehe schöne Kleider an, elāssagh temálssatēn ihōsskātnēn.
Die Tuáreg legen allenthalben in ihren Lagern [tentoria sua] ihre schlechtesten Kleider an, Imō-scharh kodihén ehánan nissen ssassáharen áschelróhěra annĕssen.
Ich ergreife alle meine Waffen, issdauagh tasólinin ikéteness.

---

159. *Agfelt* scheint durch Verderbung entstanden aus dem Arab. *kofl*, ein Schloss. Das *t* am Ende ist gegen die Regel.
*Dakak* ist das Hebr. und Arab. *dakak*.
160. *Ireled*, er gürtete. *Aralad*, eine runde Umzäunung (eigentlich „eine Gürtung"); so heisst auch im Kab. *aghalād* „eine Stadtmauer". Eine einfachere Wurzel ist *iralai*; s. Nr. 136.
*Ehe-* und *ege-* bezeichnen das Präsens, wie *ai* im Kab.; so haben wir auch in Nr. 166 *ahi*.
*Bessa*, wahrscheinlich „die Taille", im Kab. *amess*, die Mitte. S. *amoss* in Nr. 143.
161. *Eliss*, die Bekleidung (eines Gewehrs); *issilsse*, eines Mannes Kleidung; *ilāss*, er kleidete sich, legte an; *temalssat*, das Gewand. Diese Wurzel ist auch Kab., aber da wird sie leicht mit anderen Wurzeln verwechselt, wie *illess*, er berührte, *illess*, er schor die Schaafe. Allerdings vereinigt das „Vliess" die Begriffe der Scheerung und des Bekleidens in sich.
*Ihōsskainēn* ist Fem. Plur. von *ihōssken* (eine Partic.-Form), schön, anmuthig.
*Issdau*, er sammelte, von *idau*, es war gesammelt; daher *tidauen*, sie versammeln sich; *amīdi*, ein Freund. Im Kab. vertritt die Stelle dieser Wurzel das Wort *idukkel*, woher auch *amdukkel*, ein Freund; *issdukkel*, er sammelte.
*Tasōli*, Eisen, Waffe, vom Kab. *ues-sāl*, das Eisen. Die Wurzel ist *gsl*, schneiden.

162. Ich schlinge mein Schwert um, schélágagh takobāni.
 Ich (wir [?]) lege (legen [?]) die Waffen nieder, nekess tasólinin. (98.)
 Ich entkleide mich, nekess rischabāni (wir legen ab mein Hemd [?]).
163. Ich wasche, ssáradagh.
 Waschet (nicht neu), arīd.
 [Es ist gewaschen, ired.]
 Ich wasche das Gesicht, rádebagh ídemín.
 Ich wasche meine Hände, rássemagh ifassin.
 Ich ringe das Wasser aus meinem Hemde, simmogh rischabāni.
164. Ich trockne mein Hemd, bássäragh rischabāni.
 Mein Hemd ist noch nicht getrocknet, rischabāni indi tibssärit.
 Ich hänge es an die Luft, nekess órěkagh ígetan har tedjmat innikkāl, oder: abelánbak (ich hänge [es] fliegend, bis die Feuchtigkeit herauskommt [?]).
165. Ich bedecke, uschikámbaschagh. (Siehe 158.)
 Scheere meinen Kopf, ssarssāhi eraf in [eghaf ini].
 Ich scheere (mich [?]), erarssegh.

---

162. *Ischelag*, wahrscheinlich ursprünglich „er legte über die linke Schulter", im Zusammenhang mit *teschilge*, die Linke.

163. *Ired, ssired* sind auch Kab.

*Iradeb*, wohl eigentlich „er badet mit der Hand".

*Irassem*, wahrscheinl. „er besprengt"; das Kab. hat dafür *ireschschu* und so hat auch Barth *reschresch*, Regentropfen.

164. *Ibssar*, nicht gewiss, ob „er trocknete" oder „er war trocken".

*Tibssarit* scheint die Endung eines Arab. Fem. zu haben.

*Nekess órekagh*, anstatt dessen müssen wir wahrscheinlich schreiben *nek essoregagh*, ich hänge auf.

*Ígetan*, Pfähle, aber *igetan* das Partic. „fliegend".

*Tedjmat = tegmat*, mit der Endung eines Arab. Fem. Siehe *igem* in Nr. 138 und 118.

*Innikkāl, abelánbak*, wahrscheinlich beide Wörter mit der Bedeutung „Feuchtigkeit".

165. *Ssarss*, rasire du; *arss*, sei rasirt.

Ich reinige, tekárkăragh.

Reinige dies, aferit den, amīss.

Ich blicke in das Glas, ssággehagh auánin der tíssit.

166. Ich flicke, nekānagh (nek ganagh [?]; s. 157).

Ich will zum Grobschmied gehen, irhēgh tikaut-n-ēnhad *(volo profectionem fabri [?])*.

Dass er ausbessere, was an meiner Flinte verdorben ist, ahíeken auai íchscheden dagh el barūdin.

167. Ich koche, siede, essangnegh.

Gut gekocht, gar, ignān.

Nicht ausreichend gar, uar ignān.

Siede Wasser für mich, íkssahe áman.

Ich brate, nek ekánafagh.

Röstet Fleisch, íssan nékănaf.

168. Macht ein Feuer, auet éfeü.

Ich mache ein Feuer, auetagh éfeü.

Ich zünde das Feuer an, ssáhedagh éfeü, akenásseragh éfeü.

Zünde das Feuer an, ssóhad éfeü.

169. Dass es nicht ausgehen möge, uar etémmekatit.

---

166. *Ēnhad*, vergl. das Arab. *hhadid*, das Eisen.

*Auai íchscheden*, Verbindung des Artikels mit dem Particip, wie τὸ φθαρέν im Griechischen. *Ichsched*, es ist verdorben; *nemachschad*, verschwenderisch, im verl. Sohn.

167. *Ingne*, es ist gekocht, Fem. *tingne*, Partic. *ignān*. Vielleicht ist die richtige Schreibart *igne* und die transit. Form *issagne*. In Ssidi Ibrahîm's Schilha findet sich *issenu*, er kochte.

*Ikss*, koche. Vergl. *ekóss*, heiss, *akűss*, eine Schüssel; auch in Nr. 98 erscheint es.

*Iknef* ist auch Kab.

*Issan* = *aissūm* = *akssum*, das Fleisch.

168. *Auet*, mache, ordne an. Im Schilha *yegat*, er stellte.

*Ssóhad*, rühre um, fache an.

*Akendsseragh* ist ein zusammengesetztes Zeitwort von *ken*, machen, und *isseragh*, er brannte, das bei Barth in *isserr* abgekürzt ist. S. Nr. 170.

169. *Imekat*, wahrscheinlich „es ist ausgelöscht".

Ich mache das Feuer aus, nek issmákket éfeü.

Das Feuer ist im Ausgehen, éfeü tíssmăket; éfeü uar ikenássmăket; ákkeness assíssmäken éfeü.

Das Feuer ist ausgegangen, éfeü temmūt.

Das Feuer belebt sich wieder, éfeü helígle.

170. Zünde das Licht für mich an, ssokāhi téfetelt.

Ich zünde das Licht an, ssekögh téfetelt.

Ich brenne, nek nessérragh.

Ihr habt euer Hemd verbrannt, ke tesserret rischāb innek.

171. Ich zerbreche, zerstöre, nek nirsagh, nek edíggidagh.

Zerbrochen, irsar [irsa (?)].

172. Ich werfe, nek assánahel.

Ich warf es auf den Boden und zerquetschte es mit dem Fusse, ssatárakegh dar akal adarábăragh.

173. Ich schneide, nek nékkĕtass.

---

*Issmákket*, er löscht aus.

*Ikendssmăket*, dieselbe Wurzel, zusammengesetzt mit *ken*, machen.

*Assíssmaken* entbehrt des Wurzelkonsonanten *t* am Ende.

*Heílgle = ahíligle*, Präsens, wahrscheinlich von *ilígle*, es lebte wieder auf.

170. *Essōkegh*, ich sende, in Nr. 101; hier dagegen haben wir *ssōk*, zünde an, und *ssekögh*.

*Issera* oder *isserragh* ist Transit. von *irrar* oder *iragh*, es war verbrannt; im Kab. haben wir *iragh*, *ihhragh*, identisch mit dem Arab. *hharak*.

*Nesserragh*, *nirsagh*, mit einem überflüssigen *n*, ist eine Unregelmässigkeit, die in dieser Sammlung nicht selten ist, augenscheinlich veranlasst durch das Arab., wo das *n* am Anfang der Zeitform schwankt zwischen der ersten Person Sing. und Plur.

171. *Idiggid*, er zerschmiss, vergl. *dagak* in Nr. 159.

172. *Assánahel* und *essndmehel* in Nr. 147 haben eine gewisse Gemeinsamkeit.

*Issatarak*, s. dazu Nr. 71.

*Eraber*, (das Pferd) schlägt aus, s. Nr. 216; *irbar*, (das Nilpferd) warf um (das Boot). Vielleicht mit der Grundbedeutung „zerschmettern". *Ad* ist dann das Zeichen des Konjunktivs und *adardbăragh* bedeutet *ut confringam*.

173. *Ekkĕtass*, schneide (189); *ikarad*, er schnitt (eine Feder). Vergl. Hebr. *karat*.

Zerstückele das Fleisch für mich, akelissāhi íssan.
Ich schneide eine Feder, ekárădagh.
———————————— tekárkăragh (s. oben 165).
Ich spalte eine Feder, schoféfaragh ēm aránibin; ssuttékěragh [ich scharre (?)].
Fange du (was geworfen ist), ekbel.
Ich fange, ekbēlagh. [Im Arab. „empfange", wie in 78.]

174. Ich fülle mit Wasser, atkăragh, ss' áman.
Ihr habt diese Tasse gefüllt, tétkărat terērt.
Bis sie überläuft, har titfak.
Ich giesse sie aus, nek essáttěfit.
Ich leere, essíngălagh [essinghălagh].

175. Ich werfe sie um, ssubumbéägh-at. (44.)
Ich schöpfe Wasser, elkauagh áman.
Ich ziehe, nek tescherescherauen aran. (63.)
Ich begiesse den Garten, ssássuagh eschíkkărasch; ssángralagh áman· der eschíkkărasch. (186.)
Ich gebe zu trinken, essissuēgh.
Gib dem Pferde zu trinken, ssissu aïs sse beléass.

176. Ich gehe, Wasser zu suchen, eschárrăgagh áman.
Die Wasserträger, imschárrŏgen.
Lass uns das Zelt theeren (schwärzen), nektar (?).

---

174. *Itkar* = dem Kab. *itschur*.

*Titfak*, wohl für *titfagh*, jedoch haben wir für *iffagh* (es kam heraus) im Kab. *ifai* in Nr. 141. Auch haben wir das Präsens *efŏket*, Fem. *tefŏket*, mit der Bedeutung „es kommt heraus" in Nr. 207. Weiter unten haben wir *titfar*, (das Boot) leckt, und hieraus sehen wir, dass *gh* die rechte Schreibweise ist, wie im Kab. Vergl. noch *dssfŏken* in Nr. 126.

*Essáttefit*, s. dazu Nr. 209.

*Issingal*, richtiger *issinghal*, die kausat. Form von *inghel*, es strömte hervor. Für *ssdngralagh* (Nr. 175) würden wir richtiger schreiben *ssdnghalagh*.

175. *Elkau* (Kab. *elḳai*), tief, daher *telak*, tiefes Strombett. *Telkaiat*, (das Boot) schlägt um. Das letzte Wort jedoch hat wahrscheinlich eine andere Wurzel.

176. *Ischarrag*, s. Nr. 63.

Ich theere das Zelt, nek takanegh ehan [ich befestige, fixire (?); s. 157].

Ich schlage die Pflöcke ein, tetaitäiagh.

177. Ich ziehe die Enden der Lederdecke des Zeltes, tareréagh tíssĕdass.

Ich ziehe die Seile des Zeltes, tareréäss eréuien éhen (er schnürt es [?]).

Ich breite den Teppich im Zelte aus, nek fátagh der éhen; úetagh tissíftak.

178. Ich hänge die Schüsseln auf, nek ssélik íkessan.

Ich hänge den Wasserschlauch, den Sattel auf, edid, elakíf.

Ich breche das Zelt ab, bassëagh éhen.

Brecht eure Zelte ab, ébssiet ehennanauen.

Diese Sklaven haben schwere Arbeit (arbeiten schwer), íkĕlan idagh arelēnan egēn [aghelēnan].

Arbeit, árălai [ághălai].

179. Ich mache zurecht (?) eine Ziege, agerassăragh tăghat.

---

*Itaitai,* er trieb die Pflöcke ein; er stach (wie ein Skorpion).

177. *Oreẞ* wahrscheinlich die Wurzel mit der Bedeutung „spannen, straff ziehen"; *oreäss,* schnür' ihm die Kehle zu; *oreäghass,* ich schnüre ihm die Kehle zu; *tareredgh* (Frequentativum), ich ziehe straff an.

*Ifta,* er breitete aus; verdorbenes Arab. von *fatahh.* In *tissíftak* erscheint das verlorene *hh* als *k* am Ende wieder. *Ifter,* die Matte, für *iftahh,* und *tessuftacht,* Teppich, in Nr. 226 und 227.

*U'etagh,* ich ordne an; s. Nr. 168.

178. *Sselik* für *sselikgh* (?). Ssidi Ibrahim gebraucht im Schilha-Dialekt das Arab. *ălliḳ* für „aufhängen"; hieraus ist vielleicht *sselik* entstanden in transitiver Bedeutung.

*Ebssi, ebssih,* nimm herab (?). Ein anderes Zeitwort von ähnlicher Wurzel ist *bessai, vomit,* er bricht sich.

*A'rălai,* Werk, Arbeit; *arelēnam,* sie arbeiten. *Nek dralūn,* ich säe (ein Feld), ist dem Anschein nach *aghalūn;* Wurzel *aghalai.* [Dieses zweifelhaft.] *Iralai,* eine andere Wurzel, „er umgab", in Nr. 136.

179. *Igharssa,* er schnitt den Hals ab (im Schilha); *agharăss* oder *emgharass,* ein Schlächter, im Ghad.; aber Ventura gibt *aghsär* „für Fleischer" und dies scheint eine Verwandtschaft zu haben mit dem Arab. *djes-sar.* Es ist auffallend, dass *agharass* in Delap. Kab. und Ibrah. Schilha „eine Strasse"

Ich drehe ihr den Hals um, ssemeluagh-ass.
Ich schneide ihr die Gurgel durch, agerássagh-ass.
Ich häute sie ab, óschegh-at.
180. Ich scheere ein Fell, nek téliak télssak.
Ich rupfe den Vogel, rákabagh tisságădēn (ich reisse die Federn aus). (144.)
Er erkämpfte ihn von mir, irkáb deri.
Ich schäle die Frucht, tekedímmegh.
Ich weide die Kameele, dānagh imměnás.
181. Ich melke die Kuh, asīkagh tēss.
Melke du, asĭk.
Ist (diese) Kuh gemelkt worden oder nicht? tēss tesak, mer uar tesak?
Ich schüttele die Milch (um sie sauer zu machen), autíschagh netíschnit eschāhi akh.
182. Ich mache Seile, nek attálemagh.
Halte mir das Seil, ssennikfāhi.
Die Tuáreg sind sehr geschickt im Anfertigen guter Seile von Leder, Imō-scharh adíbăbén dar érŏnan.
Von welchem Baume (welcher Rinde) machen sie jene

---

bedeutet. Vielleicht sollte es anstatt *agerassäragh* heissen *agherássagh-ak*, ich schlachte für dich.

*Ssemelluagh* ist dem Anscheine nach verwandt mit *emelëagh*, ich kastrire, in Nr. 120, aber in der Bedeutung ist keine Übereinstimmung.

*Osche*, ziehe das Fell ab, steht für *ose*; im Kab. *us* oder *asu*.

180. *Teliagh*, ich schneide (Korn, Reis); *alihet*, schneidet ihr; *alihe*, schneide, scheere (die Schaafe).

*Tessdgădēn*, von *iged*, er flog; *agadīd*, ein Vogel. Im Kab. heisst *ighetāt* „Vögel".

*Ikedim*, er pickte, pflückte (?).

*Idan, pascit* oder *pastus est;* daher *dmădun*, ein Schäfer, Kab. *amakssa*.

181. *Asīk* ist *seg* oder *segh* im Kab.

182. *Yellim*, er spann, flocht, bei Ventura; Arab. *lemm, glomeravit*. Etwas weiterhin sollten wir für *tellŏnin* erwarten *tellŏmin*, sie flechten.

*Ssennikf*; die Wurzel ist vielleicht *nikf* oder *ikfa*.

*Aran*, ledernes Tau, Plur. *erŏnan*.

Seile? eréuien uādagh innagh éhischkan uí télléniṅ oder: uí dígmāden)?

Ich webe wollene Decken, sātagh tibbergentin.

Wer versteht das Weben besser, die Fullān oder die Sonrhay? endekuai íssan [endegh uai íssan] tési tehōssken, djer Afūlan ped (?) E'hatan? oder: emállēten uín E'hatan du uín Fūlan megeressen iúfa tésetí?

Sie verstehen Alle gut das Weben, essanántet iketenéssen tésit tehōssken.

183. Die Weiber pflücken die Wolle, tídĕdēn ítafasch fássĕnit, oder: ítafasch tíkurukarēn.

184. Ich spinne Faden, taréraiagh.

Die Weiber spinnen Faden, tídĕdēn rerémat.

Ich webe Wollenstreifen, esātagh tabádokēn.

Ich nähe, asamāiagh.

Ich schneide aus (ein Hemd), aräuagh.

Ich falte (ein Hemd), tédĕhagh.

Ich rolle auf, ekemíngkĕmégh.

---

*Eréui*, ein hanfenes Tau; so im Kab.

*Isat*, er webt; *tésit*, die Weberei. Im Kab. *set*, webe du.

*Uai issan*, welcher wusste. — *Emálleten*, die genaue Bedeutung ungewiss, „Kleider" oder „Gewebe".

*Du*, ungewisse Bedeutung, „und".

*Me-ger-assen*, was zwischen ihnen, d. h. welches oder welcher von den beiden.

*Iúfa*, übertrifft.

*Essanantet* muss Fem. Plur. sein von *issan*, er wusste.

183. *I'tafaschfass*, er pflückte; *-enit*, 3te Person Plur. Fem.

*Tikurukarēn*, Baumwolle, in Pluralform; Sing. *takerókerit* vom Zeitwort *ikarkar*, er reinigte. S. Nr. 164.

184. *Irerai*, er spann. *Rerēmat = rerainat*, 3te Person Plur. Fem.

*Isamai*, er näht. In Barth's Vokabular *dsamai*, bei Ventura *tissmi (tismi?)*, eine Nadel.

*Irau*, er schneidet aus. Im Ghad. *ira*, er rasirte, schnitt den Bart.

*Ideh*, er faltete (?). Dagegen *idá*, er stampft, in Nr. 188.

*Ikemin(g)kem*, er rollte auf, muss ein Frequent. sein von *ikemin*.

185. Ich schlage, glätte (ein Hemd), titĕbōgh.

Ich schlage es tüchtig, bis es hell wird, tádĕschagh, har tékkĕne ssíggeniūgisch.

Ich färbe, ssádalagh.

Das Färben, tessadālit. [Auch, tessădalt, ein Ei.]

Ich flicke mein Hemd, tágagh tíkisst dar rischabāni.

186. Ich bearbeite den Boden, schekáraschagh.

Ich mache eine Einfriedigung um das Feld, egātagh áralād ieschikkérischín.

Ich säe, nek 'aralūn [= aghalūn]. (178.) [Nekegēgh alūn (?). H. B.]

Ich rode Unkraut aus, tikŏmagh tésche.

187. Ich pflanze einen Busch, adōmegh ehíschk.

Ich grabe einen Pfahl ein, essúktagh ádjid.

Ich schneide Reis, téliagh táfakat. (180.)

Schneidet (ihr) dies für mich und tragt es für mich in das Boot, alihetāhi tetīd, tegimāhi tetīd der tóraft.

188. Ich ernte Früchte, issírtăiagh (131) áraten ehischkan.

---

185. *I'tĕbu*, er schlug.

*Idesch*, er hämmerte.

*Ssíggeniūgisch*; Entstehung nicht ganz sicher; *ssígĕni*, Indigo; *ūgisch*, ursprünglich „Eintritt" (?) oder von *ssig*, der Anblick.

*Tíkisst* hat hier offenbar die Bedeutung „ein Flicken"; im Kab. heisst es „ein Stich".

186. *Ischékarasch*, er ackerte, *schékarasch*, der Garten, das Feld, sind Frequent. von der Wurzel *karasch*, im Kab. *karas*, den Boden bebauen. Es entspricht dem Arab. حَرَثَ, dem Griech. χαράττω.

*Yegat*, er stellte, daher „er machte" (eine Hecke, einen Topf etc.); *tagāt*, sie legte (Eier). Im Schilha heisst es „er fand".

*Aghalūn*, s. Nr. 178; vielleicht Particip. [*Alūn*, Korn; *nek egĕgh*, ich lege das Saatkorn. H. B.]

*Ikom*, er jätete aus.

187. *Idom*, er pflanzt. Hat das Arab. *dūm* damit vielleicht Zusammenhang?

*Tegimāhi* (39) von *iga*. Zwei Imperative, mit „und" verbunden, sind gebraucht, als wenn wir sagten *secate posuistis* für *secate et ponite*.

188. *A'räten-n-ehalschkan*, oder vielleicht *arāden*. Im Kab. heisst *irden* „Waizen" (*fruges*). *Arata*, das Krokodil.

Ich zerstampfe, edāhagh.

Ich zerstampfe Reis, tifúkkogh táfăkat.

Ich schwinge (Getreide), kintihēgh oder tessabirtit rĕgh-at.

189. Ich binde die Bündel von Guinea-Korn zusammen, akitteléagh aschíkkeraschín-n-enĕli (die Kornfelder [?]).

Ich knete es, nek ossákssăk-at. (145.)

Es ist nicht gut geknetet, uar tíkkĕne issūss.

190. Ich versteckte, efāragh (*abdidi*, so Kab.); etuāragh (*condidi* [?]; s. 102).

Ich schneide Holz, ektāssagh ígĕtan. (173.)

Ich spalte, essrauraūgh [esr—, 136].

Ich schleife das Messer auf dem Steine, emssādagh abssar iss tahōnt.

Ich wetze mein Messer, ssátăragh ábssarin.

Wetze für mich, essterāhi.

191. Ich hämmere, tádeschagh. (185.)

Ich säge, tesesauagh.

Ich behaue Balken, nek átĕki.

Ich grabe eine Quelle, rāschagh ānu [gháschagh].

Ich baue eine Quelle, nek ásăraf ānu.

———— ein Haus, áuetagh táraschām.

———— ein Boot, áuetagh tōraft.

---

*Ehtschk*, ein Baum, ist bei de Slane *ischek*. Es ist wohl sicherlich identisch mit dem Kab. *ischĭk*, ein Zweig. So gebraucht man „Zweig" für „Busch" und sagt „Busch" für „Baum".

*Idah*, er stampft; Arab. *dakk*.

*Inkinteh, issabir*, er schwang Getreide.

190. *I'gĕtan*, starke Pfähle.

*Imssād*, er wetzt. Dasselbe Wort heisst auch „scharf"; es kommt vom Kab. *sed*, wetze, und würde vielleicht richtiger geschrieben *imsád*.

*Tahōnt, tehūnt*, der Stein, Fels, ist nur Temrht.

191. *I'sesau*, er sägt.

*Irscha*, richtiger *ighscha*, im Kab. *ighsa*, er grub.

*I'săref*, genau genommen „er baute". — *A'uet* hat die allgemeine Bedeutung des Anordnens, s. Nr. 168.

192. Ich nähe ein Boot, aseméagh tōraft. (184.)

Ich reparire ein Boot, indem ich die Seile längs der Fugen der Balken erneuere, assídagh dar ásamai.

Ich verstopfe Löcher längs der Fugen der Balken in dem Boote, assídagh anăbai; verstopfe die Löcher gut, adegíndĭgi.

Ich schöpfe das Wasser aus, ákiss áman, ssunkel áman.

193. Ich mache Töpfe, egātagh telikkan. (186.)

Ich messe, ekātagh erēlan. (150. 178.)

Ich wiege, tauésănagh. (Arab.)

Ich theile, nek ebdēkan.

Wir theilen, nébbĕdud.

194. Ich komme hinzu, assírteagh (131); nek assmokkassákkänet [Kompos. von *mōkass (occurro)* und *ken (facio)*?].

Ich knete die Glieder (um ihnen Erleichterung zu geben), schampoo, rábăsagh.

Ich salbe, aschauagh, schágeagh.

Ich fächele, schwinge, auilínguălēgh; asúmmegh-at.

195. Es ist wunderschön, tedjūdjab (Arab. 'adjeb) takónit. (38.)

Du musst nach Gúndam gehn, ahūschel ke ehe temeschālit is Gúndam.

Es ist werthvoll, anímmehel dirss.

Gerade aus, ssinnémĕhel.

---

192. *Issid*, er schliesst, verschliesst.

*A'kiss*, nimm héraus, s. Nr. 98.

*Ssunkel*, lies *ssunghel*, herauslaufen machen, ausleeren, Nr. 174, 175.

193. *Ebdēkan* ist gegen alle Analogie und daher ungewiss. Über *ibdu* s. Nr. 137. *Ibdud* mag Frequent. sein. Aber *ebde* und *ebded* in Nr. 41 sind ganz verschieden und mit dem Arab. zusammenhängend.

195. *Ahūschel*, es ist nothwendig (?). — *Ke*, du; *ehe temeschalit*, solltest reisen (?). Wurzel wahrscheinlich *ímeschal*.

Dies ist werthlos, uādagh anímmehel ahasstauiet ieulāghen.

196. Unsere Vorräthe sind zu Ende, es-sud ímmende. (91.)

Das Geld ist ausgegeben, éhĕri ímmĕhesch.

Das ist verloren, uādagh aba.

Das ist sein Charakter, immek ídagh áfal íkĕne.

197. Es schmerzt (mich), ikmāhi, userāhi.

Es juckt, ehāhi ókŭmasch (da ist mir ein Jucken).

Es ist geschwollen, erai; ekāf tassánnist.

Dies riecht gut, uādagh ada iehōssken. [Adunn, Geruch (?).]

Dieses Fleisch riecht schlecht, íssan uādagh inssāgak [inssāragh]; íssan uādagh adunniss irkē.

198. Das Fleisch ist gut gekocht, íssan ingnē. (167.)

Das Brod ist schimmlig, tágelet tebúnkat.

Das Hemd ist zerrissen, rischāba ansarrauet (211.); rischāba karrauet.

Das Eisen ist rostig, tasōli uar te tennēk.

— ——— macht Funken, tasōli tikkĕne teschōri.

——— zischt, tasōli ischirarákrak, ischibarkárak.

199. ——— ist rothglühend, tasōli tūas.

——— ist schmelzend, tasōli timschelárlag.

——— zischt in dem Wasser, tasōli íssan afdar fáddar dar áman.

Der Wasserschlauch läuft aus, edīd essínge; edīd itadēm.

---

*Anímmehel diress*, (da ist) ein Ziel, Zweck darin, d. h. es ist werth. S. Nr. 147. *Issímahal*, es ist werth, im vorl. Sohn.

196. *Uādagh aba*, wahrscheinlich richtiger *abad*. Im verl. Sohn haben wir zuerst *abad*, dann *abat* für „war verloren"; *abad* ist Hebr., nicht Arab.

197. *O'kŭmasch* = *ekmes*, reibe, kratze, im Kab. — *Adunn*, verdorbenes Arab. *Irkē*, schmutzig(?); so bei Ventura. Bei Brosselard haben wir *irka*, es ist verfallen. Im verl. Sohn kommt vor *egēgh irk*, ich habe übel gethan.

198. *Tetēnak*, Wurzel wahrscheinlich *innek*, es ist klar, glänzt.

199. *Essínge*, vielleicht *issinghel* (das Wort im Manuskript fast ausgelöscht); s. Nr. 174. — *Itadēm*, wahrscheinlich von *yadem*, es war leck.

Der Wasserschlauch ist zerrissen, edīd erarrauet.
———————————— hat ein Loch, edīd imbek.
200. Das Haus lässt den Regen ein, taraschām teschínke.
Diese Quelle trocknet niemals aus, ānu uãdagh aigin kalá uar itōgar (oder: uar ikōr).
Sie ist immer voller Wasser, har kūk hant áman.
Das Wasser versickert, áman inssess.
Der Teich ist ausgetrocknet, tibengrauēn inschéschnet.
201. Der Weg theilt sich, abárraka tabarrat tíbbeda.
Ein Zweig führt links, der andere rechts, alílen íet fel arīn ua-n-arīl, íet telaudat teschelgēn.
202. Die Sonne geht auf, tafōk tíggemāt (118); tafōk berber dessīn eniss.
———————————— erscheint über dem Horizont, tafōk tasségĕde ischínauen.
[———————————— hat angefangen zu sinken, tafōk tesfual (Arab.).]

---

*Imbek,* es ist durchlöchert.
200. *Ischinke,* lässt Wasser zu.
*Aigin kald,* zu jeder Zeit.
*Ikor,* im Kab. „es war trocken"; das *k* wird leicht zu einem *gh*.
*Har-kuk,* usque ad aeternum (?).
*Hant,* da sind, Fem. Plur. (?)
*Inssess,* wahrscheinlich „ist aufgesogen".
*Tibengrauēn,* offenbar Pluralform vom Feminin., „die Teiche".
*Inschessnet* ist die 3te Person Plur. Fem.
201. *Abárraka,* der Weg. *Tabarrat* für *tabarrakt* ist allem Anschein nach Diminutiv für dasselbe Wort.
*Alílen,* folgend (105).
*Iet, alter,* wie im Kab., *yeḍ* im Schilha. An dieser Stelle ist es dem Anschein nach ein Femin. von *ien* und nicht wie oben.
*Arīn* scheint Plural zu sein; später haben wir *arē* in gleicher Verbindung, und *arē* oder *erei* scheint die Bedeutung „Richtung" zu haben; so haben wir *sseri idemenniss* mit der Bedeutung „gegen sein Antlitz". Er heisst „Arm eines Flusses", *eri* „Hals".
*Telaudat,* vielleicht *telilat* oder *telilant.*
202. *Dessīn, ediss,* die Seite.

Die Sonne ist im Begriff unterzugehen, tafŏk tabōk égĕdel.
—————— ist untergegangen, tafōk tōdal.
203. Das Jahr ist fruchtbar, áuatai íkkĕnátĕnī.
—————— ist unfruchtbar, áuatai igamánna.
204. Die Regenzeit ist gekommen, ákasse iūsse.
————————— ist vorüber, ákasse ígĕle oder ímmĕde.
Die Kälte steigt, assemmēṭ étid.
—————— ist streng, assemmēṭ íkkĕne tigauet.
—————— lässt nach, assemmēṭ efenāss. (94.)
—————— ist vorüber, assemmēṭ ébĕgbag.
205. Die (vierzig) dunkeln Nächte sind vorüber, éhaden issáttefen oder essáttafnén, ebarbar, oder edjumádĕde.
Der finstere Winter ist vorüber, tágerisst takaúelit tabárbar.
Der helle Winter (d. h. der milde Theil des Winters) ist gekommen, tégischt tamĕllelt tágerisst.

---

*Égĕdel;* Wurzel wahrscheinlich *del,* sich niederbeugen; so ist *ahedal* „demüthig sein". Dagegen scheint *ḍel* die Bedeutung „verdecken, verdunkeln" zu haben.

203. *I'kkĕndtĕnī,* vielleicht von *iken,* es macht; *tĕheni,* Datteln(?); *tenī,* Datteln, im Mosābi und Wadreagh. So haben wir auch *ofätĕni,* unfruchtbar (vom Lande). [Vielleicht hat *íkkena* die Bedeutung „ist fruchtbar", und *tĕnī* heisst „in dieser Jahreszeit", so dass es heisst: „dieses Jahr ist fruchtbar". — H. B.]

*Igamánna,* unfruchtbar, und *emannet,* fruchtbar, und *manna-n-duatai,* Hungerjahr, bedürfen weiterer Erklärung.

204. *Tigauet* wohl für *tiḳnaet,* die Kraft, Stärke; wohl aus dem Arab. gebildet.

205. *Ehaḍ,* die Nacht; Ghad. *efad,* im Wadreagh *eghed,* Kab. *eyyaṭ.*

*Assaṭṭef* (mit *t* bei Ben Mū-ssa), schwarz (oder dunkel?).

*Akauel,* schwarz, ist *aghogul* im Wadreagh, wofür Ventura *inghāl* hat.

*Edjumáddade,* vielleicht Frequent. von *imeda.*

*Tégischt,* wie *tiggemāt* in Nr. 202, scheint das *t* am Ende als ein Zeichen des Fem. zu haben, wie das Arabische.

206. Die Blätter sind gefallen, âlan atarâkat (71), âlan âmin.

Die Zweige sind entblösst, (die Blätter) abgestreift, aféllîga ákässen.

Der Baum bekommt neue Blätter, aheláklak ehíschk.

——————— blüht, ehíschk ínschar.

——————— trägt Frucht, ehíschk aboriârak.

——————— ist nicht ausgewachsen, ehíschk uar idūil.

——————— ist todt, ehíschk akkōr (ist vertrocknet).

207. Die Datteln sind reif, téhĕni tingne. (167.)

——————————————— noch nicht reif, téhĕni har egōdi uar tingne.

Das Kraut kommt hervor, tēsche ebarbar oder tafōkat [tafōghat, 174].

Das Guinea-Korn kommt hervor, énĕli efōkat.

Das Guinea-Korn schiesst in's Rohr, énĕli ena kógĕri.

Das Rohr steht in Stoppeln, kógĕri ikhtā.

208. Die Blätter des Korns werden gross, énĕli édje fárkĕtēn.

Das Guinea-Korn ist reif für die Ernte, énĕli itáfărat (éfĕrat).

Das Kraut vertrocknet, tēsche takkōr (taggōr).

Die Ähre des Korns kommt hervor, tíggemat tegēnt énĕli.

Die Ähre ist reif, tegēnt tingná. (167.)

209. Der Fluss steigt, tédĕfit egisch eghírrëu (die Fluth tritt in den Fluss [?]).

---

206. *Iláklak*, keimte hervor (?).

*I'nschar* ist „schön" (?). *Inschagh?* vergl. *amonschagh*, neidisch, in Nr. 116.

*Idūil* kommt sonst nicht vor. Im Kab. haben wir *itūlan* oder *idhūlan*, Verwandte, wahrscheinlich durch Erweichung von *i̯egulan*.

208. *Éfĕrat* heisst wahrscheinlich „gibt Ernte" (102. 131); im Wörterverzeichniss haben wir *téferten*, Gehalt, Lohn, vielleicht „Einkommen".

*Tégĕnit*, eine Kornähre.

209. *Tédĕfit*, vielleicht richtiger *tetefit*, die Fluth, Schwellung, von *étaf*.

Das Wasser stockt, áman íbdäden.
————— sickert ein, áman essintátărār.
————— sinkt, áman abukiūrel.
Der Fluss ist in diesem Jahre sehr voll, étaf áman tenī.
Er will gar nicht sinken, uar obakímbi.
Die Flüsse vereinigen sich, eghírriuan imókassen oder írtäien.

210. Fast alle Flüsse laufen in die See, eghírriuan rurret imókassen rōr eghírrëu uā siimmed΄ (treffen den Salzstrom).

Das Boot läuft aus, ist leck, tōraft nákal [nághal]; tōraft tinral [tinghal] oder tinrálnarel [tinghálnaghel] (s. 174. 192, ssunkel); tōraft titfagh (174).

[Das Boot strandet, tōraft telkäiat (175); tōraft tibbenekuai.]

*Die Leute, welche das Boot rudern, kommen heraus (?), ídinet audetánnäret tōraft titfar [titfagh].

*Die Leute kamen um, einige schwammen in dem Wasser, ídinet abäten iieden ieschaffen dar áman.

*Einige suchen sich an dem Boote zu halten (?), iaṭ ināfar tōraft sehūiam.

---

*Abukiūrel*, wohl gewiss *abūki iurēl*, ist im Begriff zu sinken.

*Étaf*, es giesst aus, strömt dahin (nicht einerlei mit *eṭaf*, ergreifen, da dies mit ṭ geschrieben wird); daher die kausat. Form *issattef*, er giesst, in Nr. 174. Im Kab. haben wir für *etaf*: *effid* und auch *effi*, da das *d* pronominal ist.

*Tenī*, dieses Jahr, vielleicht *tinēda*. Vergl. das Arab. *ssene*, das Jahr.

*Obakímbi*, vielleicht sollte es heissen *uar obaki imghi*, es will nicht sinken.

210. *Uā ssiimmed*, das Salz. Ich bemerke, dass *uā* die Bedeutung des bestimmten Artikels sowohl vor einem Adjektiv, als auch vor einem Particip behält, wiewohl es dieselbe, wenn mit einem Substantiv verbunden, verloren hat.

*Ibbenekuai*, Präsens von *ibbeneka* (?).

*) Alles nur muthmaasslich. H. B.

\*Die Leute aus dem Dorfe gehn in das Wasser (?), ídinet auéhan amäsagh dedu áman lagat.

\*Jene Leute bringen Ziegenfelle auf die Mitte des Wassers, welches . . . ., ídinen uīn degen ídeden der mésen der áman auai tímănten.

211. Das Boot ist umgeworfen, tōraft tebumbai. (44.)

———— bricht auseinander, tōraft takaurauen.

———— lief auf die Felsen, tōraft tikkesséasst tahōnt,

Und sank und blieb auf dem Grund, turssar, telkăiat, tekkel édir-n-áman [wurde unter das Wasser].

212. Das Wasser tritt in das Zelt, áman íggesch éhen.

Dieses Wasser steht still, stockt, áman uādagh ibbédäden.

Es eilt nicht sehr (hat keine Strömung), uar óschel hullen.

Dieser Fluss hat eine starke Strömung, eghírrĕu uādagh óschel hullen.

213. Das Wasser kocht, áman imescharlárlărēn; áman ereschauschauēn.

———— ist noch nicht kochend, áman indi imescharlárlărēn.

———— ist sehr heiss, áman ekōss hullen.

Kochendes (Hitze-) Wasser für mich, ikssāhe áman.

Lass es im Schlauch verkühlen, éit iessmat dér édid.

214. Der Vogel fliegt, égĕdīd ígged.

---

211. *Ikaurau* und *ikarru* (gewaltsam zerreissen) erinnern uns an *esraurau* in Nr. 190, 135 und 136. Auch *tatáktarau*, ist zerbrochen, zerschmettert, gehört hierher; das *t* ist dazwischen geschoben, wie in der Arab. 8ten Form.

*Ikkesséass-t*, durchbohrte es (?), wohl ein Frequent. von *ikess*.

*Turssar*, vielleicht für *tursa*, war gebrochen, aber siehe *iarassan* in Nr. 64.

213. *Ischarlarlar*, *ischauschau* (?) es kocht, macht Blasen.

214. Kab. *iġtat*, die Vögel (Sing. *agadet* bei Hodgson für *agatet*); aber bei Brosselard haben wir *aktet*, Plur. *iktat*, ein kleiner Vogel. Hier haben wir

Der junge Vogel will fliegen (wünscht zu fliegen), akirt abók tégad.
Der Vogel singt schön, égĕdīd elemíssli iehōssken.
Die Henne gackert, tákĕschilt rar middenniss.
———— legt Eier, tákĕschilt tagāt óssärek.
———— kreischt, tákĕschilt tegabătolt.

215. Das Ei ist noch nicht ausgebrütet, téssădalt ur tissfákket.
Das Ei ist verdòrben, téssădalt tíggĕded.
Die Eier sind verdorben, tessádălen egadíddĕnad.
Der junge Vogel pickt (an dem Ei), akaukautet akirt.
Er will auskriechen, ahad efóket.
Der Hahn kräht, ákess egetarōren.

216. Das Pferd wiehert, aïss etehinnít.

---

die Wurzel *iget*, er flog, sprang auf, die in Nr. 47 und 70 erscheint; daher *issegget*, er stieg auf, wie in Nr. 202 und 216, und *tessaggat*, eine Feder.

*Elemíssli* kann ein Derivativ oder zusammengesetztes Zeitwort scheinen von *issla*, er hörte; *amissli*, eine Stimme.

*Tákĕschilt*, eine Henne; an anderen Stellen haben wir *tákĕschīt*, und dies scheint richtig, da es offenbar das Femin. ist von *ákess*, der Hahn; für *akess* aber schreiben wir wahrscheinlich richtiger *akes*, indem das *s* im Temrht gewöhnlich in *sch* übergeht. Im Kab. erscheinen die Formen *ayasīt*, ein Hahn, *tayasīt* oder *thayasīt*, eine Henne, dem Anschein nach für *aghasīt*, *thaghasīt*. Selbst im Temrht ist das *gh* vielleicht richtiger als das *k*, also *aghes*, ein Hahn, *taghĕsīt*, eine Henne.

*Rar* für *ghar*, Schrei. — *Midden-niss*, ihr Gegacker. Wegen *den* oder *denden* s. Nr. 26.

215. *Tíggĕded* heisst vielleicht wörtlich „ist zum Vogel geworden" (vergl. Nr. 214), d. h. „ist angebrütet". Es ist Fem. Sing. und *egadíddĕnat* (nicht -*nad*) ist Fem. Plur. Sonst haben wir *ichschet*, es ist verdorben, in Nr. 167.

*Kaut* für „hauen, schneiden" scheint eine weit verbreitete Wurzel. Arab. *katá* und oben *ektass*.

*Ahad efóket* mag ein Futurum sein; s. Nr. 174 und 220. Aber sollte das *t* am Ende nicht ein Feminin bezeichnen?

*Egetarōren* = *igetaghōren*, das Partic. Präsentis von *ighār*.

216. *Ihinnēt*, beinahe das Latein. *hinnio*.

Das Pferd bäumt sich, aïss ōsskar.
── geht rückwärts, aïss érären.
── wälzt sich, aïss abelánbălet.
── schlägt aus, aïss erābar oder issākat.
── ist lahm, hinkt, aïss ehiak.
── kollert sich in den Sand, aïss inăfar.
── ist auf die Stute gesprungen, aïss assúggĕdit tábăgōt.

217. Das Kameel schreit, ámĕniss édjĕu.
── knurrt, ámĕniss abéggeg.
── wirft die Nase empor, ámĕniss etischburdel.
Die Kameelstute hat (Junge) geworfen, tólamt tórau.
────── ist im Begriff zu werfen, tólamt teschuar tórau.

218. Das Kameel legt sich nieder, um beladen zu werden, ámĕniss egen, égag fellass ilălen. [Man häuft auf es das Gepäck, 98.]
Das Kameel weigert sich aufzustehen, ámĕniss tindărass ténnăkrat.
Zu viel ladest du darauf, égan fellass ilălan agōtĕni.

---

*Ōsskar*, bäumt sich, steigt. Im Kab. *issekkar*, er verursachte zu stehn, machte steigen; *isskar*, er machte; *akssar*, der untere Theil.

*Érar*, geht rückwärts (?). Kab. *árūr*, der Rücken.

*Erābar* oder *irābar* bedeutet vielleicht „stampft" (Nr. 172) und *issākat* „schlägt aus".

*Issagget* wie in Nr. 214, 202 und sonst, es wäre denn, dass die Endsilbe *tit* das Frequentativum wäre.

217. *Édjĕu*, schreit, gleich *tgeua* und Fem. Plur. *egéuănet*. Daher in der Niphalform *iniggu* oder *inidju*.

*Tólamt* oder *tálamt*, das Kameel, Femininform für *alōm* oder *elgham*, Wörter, die in dieser Mundart nicht gebraucht werden. Augenscheinlich ist *elgham* gleich dem Hebr. *gemel*; im Schilha ist es *aram*.

*Teschuar*, Kab. *tesuar*, sie beginnt (Nr. 85).

218. *Indar*, er verweigerte (Nr. 112); es ist verschieden von *assindar*, niederwerfen, — vielleicht steht dies für *assinṭar*, von *iṭar*, er ging abwärts, — und von *emendar*, zur Nacht wohnen; das letztere ist *emendagh*.

*Egan*, es liegt.

Die Kameele weiden, imměnáss idānan.

Die Kameelstuten schreien, sie wollen gemolken werden, tólemīn egéuănet, irhānet tásit.

219. Der Ochse liegt, ámäke enídjdju.

Die Kuh liegt, tēss anídjdju.

Die Kühe kauen wieder, íuan afarádĕnit.

Die Kühe sind gesättigt, íuan iuănet.

Sie legen sich nieder, ikarámĕnet.

Die Kühe kehren vom Wasser zurück, íuan assúanet, iktárnet fel áman.

Die Kühe stossen das Futter auf, íuan issókalnet. (25.)

220. Der Ziegenbock blökt, eschōlak ahílĕlet.

Die Ziegen blöken, úlli essiláfnet.

Der Schaafbock blökt, abákkar ássĭlef.

Die Schaafe blöken, tíhatēn essiláfnet essmedanéssnet.

221. Der Löwe brüllt, eher eníggu, eher eríkku.

———— liegt auf dem Sprunge, er will das Zelt angreifen, eher ehérnen abók fellauen ehe.

———— will die Leute angreifen, eher ehádíschek ídinet.

———— zerreisst die Leute in Stücke (?), eher aschmaraurauesst ídinet.

---

219. *A'fărad*, s. *éfĕrat* in Nr. 208.

*Iuānet* von der Wurzel *iua* oder *iuan*, sättigen. Im Kab. *thayauant* oder *thauant*, Sättigung.

*I'uān*, Kühe, mag abgekürzt sein aus dem Kab. *yugāuen*, Stiere. Die Wurzel *yŭg* bedeutet wie in unseren Sprachen „ein Joch (Ochsen)", daher *thayūga*, ein Paar.

*Assŭ-ănet*, sie haben getrunken.

*Iktar* ähnelt der 8ten Arab. Form von *ḳar*.

220. *Ahílĕlet*, von *elil*, laut schreien; Ghad. *esslil*, Kab. *essiuel*, von *aual*, die Stimme. Barth hat auch *assilel*.

*A'ssĭlef*, blöken, ist mehr bezeichnend.

221. *Iherna*, er lag auf dem Sprunge, s. Nr. 139.

*Ischek*, *invasit*, wie in Nr. 137; aber das Futurum *ehadischek*, *invadet*, wie in Nr. 215.

Der Löwe verzehrt die Leute, eher eschmahíschten ídinet.
222. Der Hund knurrt (kriecht [?] s. 139), ēdi tehárna.
——————— beisst, ēdi tād.
——————— bellt, ēdi itíschut oder itéröass.
Der Skorpion sticht (mich), tataihi tassírdant.
223. Der Strauss läuft schnell, énnehel ehássar hullen.
Der Strauss verbirgt seinen Kopf im Gebüsch, énnĕhe íssed arāfĕniss [aghāfĕniss] der ehíschk.
Er glaubt, Niemand sehe ihn, arēl uar tehinnēn ídinet.
224. Der Mann sass an dem Ufer, ahāliss akīm rōr alīm-n-áman.
Plötzlich ergriff ihn ein Krokodil beim Bein (Knie?) und schleppte (ihn?) mit sich fort, asūed arāte irmasst ssafōd, ilmar deriss. (*Dēriss*, unter sich [?].)
225. Das Nilpferd stieg in dem Wasser empor (zur Oberfläche des Wassers) und grunzte, adjámba ásskaket dar áman issáfärad.
Das Nilpferd hat das Boot umgeworfen, adjámba irbar tōraft.

---

*Imĕhesch*, (mein Geld) ist verbraucht; daher das Frequent. mit transitiver Bedeutung *íschmahísch*, er hat vernichtet.

222. *Tassirdant*, richtiger vielleicht *taserdemt*, wie in Nr. 227. Im Kab. *tegirdumt* und *tegeremt*.

*Tataihi*, hat mich gestochen (?), von *tatai*, einen Pflock eintreiben, wie in Nr. 176.

223. *Ênnĕhel*, so bei Hodgson; nicht *ênnĕhe*.
*I'ssed*, s. Nr. 81.
*Arēl*, s. Nr. 156.
*Uar et-ehinnen, non eum videt* (?).

224. *Alīm*, Rand, Saum (?); in Nr. 50 haben wir *issalim*, das Ufer, und im Vokab. *assarīm*. An anderer Stelle bedeutet *alim* „Haut" für *aglim* im Kab. Im letzteren Dialekt haben wir auch *alim* für „Spreu, Stroh".

*Asūed*, plötzlich (heftig).
*Irmass*, ergriff. — *Afōd*, das Knie, im Vokabul.
*Ilmar* kommt in dieser Bedeutung nicht wieder vor.

225. *Irbar*, zerbrach mit seinen Füssen (Nr. 172).

Das Nilpferd hat das Boot zertrümmert, adjámba társar (tarsa?) töraft.

226. Der Geier schwebt über der Gazelle, elullen ilai gín-
nigiss aschinkat,

Bis er auf sie herabstürzte und ihr die Augen ausriss,
har assgen felless ísstarass, íkass tettáuenniss.

Lege das Kopfkissen auf die Matte (den Teppich),
ssinss ádăför fel issífter (fel issiftach).

227. Ich fand diesen Morgen einen Skorpion unter meinem
Teppich, nek tifaut idak enhagh teserdemt dau te-
ssúftachtēn.

Lege eine Decke unter deinen Sattel, ége taschíschuart
dau mědásch.

Ausserdem drückt er den Rücken deines Pferdes, uar
eráschădēt (oder itemanākit) arōrin aïss innak.

228. An jener Stelle läuft der Fluss über Felsen, dar agel
uādagh áman óschălen fel tihōn.

Er fiel längs des (Treppenabsatzes?, Landungsplatzes?),
enta etarákatet fel ssŏrō.

Bis er unter die Treppe kam (die Stufen des Absatzes?),
har ósse dau íbtalen ssŏrō.

Den ganzen Tag sass er in seinem Zelte, aschel rurret
ekēm der ehénniss.

---

*Társar*, vergl. *irsar* in Nr. 171.

226. *Har assgen*, bis; *felless*, darauf; *ísstarass*, es schoss herab, von *irass*, es stieg herab. So scheint *assgen* zu bedeuten „eine Zeit, eine Weile". Im Kab. heisst *asgen* „halb, mittel, ein Theil".

*Ssinss*, wahrscheinlich „mache ruhen", von *inssa*, er ruhte, in Nr. 42 und 48.

*Issiftach*, augenscheinlich vom Arab. *fatahh*. Das *hh* ist hier verdorben in *ch*.

227. *Ége*, mache, für „lege".

*Erdschădēt* oder vielmehr *eraschădet* scheint der Konjunktiv zu sein von *ischad* oder *ischadet*. Vergl. das Arab. *schadha*, er verletzte.

*Itemanakit*; Wurzel wahrscheinlich *naka*, daher *temankit*, Erschöpfung.

228. *Agel*, vielleicht „Platz"; ungewiss, ob identisch mit *aghel*, Arm, im Kab.; s. Nr. 201 bei *aril*.

229. Er steckt es in seine Tasche, enta egēt der elscheb.
Tritt nicht in das Haus, uar tégĕschit táräschām.
Bleibe draussen, óbbedīd dágāma.
Ausserhalb der Stadt, ágĕmē-n-ághĕrim.
Da gibt es nichts als blossen Sand, uar ehet har ákal meîlen.

230. Du hast mir nicht mein (volles) Recht gegeben, uar he tauēdet el hakki.
Er ging vor mir, íggĕle iládatāi.
Sieh dich vor, dass du nicht fällst, ssageréhe dātak, uar tídu.
Ich ging hinter ihm, égelēgh iládärass.
Lass uns hinter uns sehen, ssanischlámanak dáranak [ssanischlámanagh dáranagh],
Sonst verrathen uns diese Männer, uar hanak [hanagh] ighádernit ídinet ídagh.

231. Rings um dieses Gebirge, ádar uādagh terlaite,
Gibt es schöne Weide, éhe tésche tehŏsske.
An der Seite der Moschee, tamisgída d' edissenniss (die Moschee, an ihrer Seite),
Ist eine grosse Quelle, éhe ānu makkōren.
Setze dich nieder an meiner Seite, arem d' édissín.

---

229. *Elschĕb* vom Arab. *el djıb*.
*Dágāma*, auf der Aussenseite, von *agĕme*, Aussenseite; beide von *igem*, er ging hinaus (Nr. 118. 138); daher kommt auch *gĕmd*, ausser, ohne *(sine)*.
*A'kal*, Boden, Erdreich, wie im Kab. Sonst heisst es im Tomrht auch „Land". — *Mellen*, weiss, hier für „rein".
230. *El hakki* ist aus dem Arab. und das *i* am Ende das Arab. Fürwort „mein".
*Ssageréhe*, wenn ein Wort, möchte nach Nr. 11 die Bedeutung zu haben scheinen: „schaue mit Vergnügen".
*Tídu*, vielleicht eher *tidut* oder *tidurt*, s. Nr. 104.
*Ssanischlami*, s. Nr. 11.
*Ighádernit*, Fem. Plur.; *ídinet* ist Fem.
231. *Arem* = *aghĕm* = *aḳim* = *ckem*, sitze, stehe.

232. Einander gegenüber, inéhässan gerēssan.
> Setze dich mir gegenüber, dein Gesicht gegen mich, arim dihādar annädīd sseri idimėnnek.
>
> Er sass gegenüber, sein Gesicht gegen mich, ekēm annädīd sseri idemėnniss.
>
> Zu deiner Rechten, dek arīl innek. (201.)
>
> Haltet euch rechts, akel ssibberīn arílinnek (gehe haltend deine Rechte [?]).
>
> Zu deiner Linken, fel teschelgínak.

233. Wenn du von Timbuktu nach Gúndam gehst, ke tessékalak dak Timbiitku kēk Gúndam,
> Lass den Fluss zu deiner Linken, óye eghírrëu fel ǎrē ua-n-téschilgēn,
>
> Und du hast offenes Land zu deiner Rechten, d-óyak bóderār fel ǎrē ua-n-arīli.

234. [Gewöhnlich ist der Fluss seicht, unter dem Stande dieses Jahres], ennädir eghírrëu adedjässal, óder ádiget tenídagh.
> Dieses übertrifft jenes, uādagh iūgar uādagh.
>
> Da ist nichts daran verloren, uar akímēn derss harret.

235. Das ist eine andere Sache, uādagh amūss harret.
> Es ist selten, uar agīt.

---

232. *Inéhässan* = *inéhúsan*, von *ilhas* in Nr. 55, „er war nahe". — *Gerēssan, inter se.*

*Dihädar* vom Arab. حاضر, anwesend.

*Annädīd*, παράλληλος (?), von *ned*, ἄλλος, wie im Kab. Ben Mū-ssa gibt *ghim nediu*, sitze neben mir, wie im Tomrht. So *endi*, am nächsten; im Kab. wird es mit *d* oder *t* geschrieben.

*Akel*, gehe (?), s. Nr. 124, oder „wende dich" (?), s. Nr. 25.

*Ssibber*, vielleicht vom Arab. سبل [*sibbel* im Kanōri].

233. *Tessékalak*, vielleicht zu lesen *tessékalat*, 2te Person Sing.

*O'yak*, sonst mit der Bedeutung „ich verliess".

234. *Ss-ennadir*, nach Gewohnheit (?).

*Adedjassal*, Präsens von *gasal*, kurz sein (?).

235. *Amūss*, Bedeutung ungewiss, vielleicht „bewegt, verändert".

*Uar agit*, es thut es nicht (?).

Ähnlich, amélehen.

Es ist wie (es ist ähnlich), iúlehe, iúle.

Ähnlich, gleich, ssund [sund?], schind.

Ganz dasselbe, berīsch.

236. Welchen Weg ihr immer nehmt, allenthalben findet ihr Wasser, atif tígedi titetaffet, dagss attiggeraut áman. [Nehmt den geraden Weg, welchen ihr nehmt, auf demselben trefft ihr (auf) Wasser (?).]

Haltet euch gerade aus, áttil tígĕdid ghass (haltet euch gerade aus nur).

Gerade, tígĕdid.

237. Laufe nicht, weder hierhin, noch dorthin [bekümmere dich nicht, weder um das, noch um jenes (?)], uar hass tischlet, ssīhā, uolla ssīhā.

Der Fluss läuft zwischen Bergen, eghírrĕu iūschal ger adāren.

Der Weg führt durch einen dichten Wald, wo eine Menge Löwen sind, abárraka teha (igesch) arkit ŭrmā; ihe tauăkasst; ehant éuokhssan.

238. Ich kam vor ihm an und musste auf ihn warten, nek éssagh arássit auādagh índeŭ dauat schuārakĕdáss.

Ich kam nach ihm (dir?) an, nek óssegh dārak.

Nach der Verderbniss der ganzen Welt wird Jesus herabsteigen, darēt adígdig-n-ákal íkétĕness, adesūbet Aïssa.

---

*Ssund* ist *sund* und *sun* im Kab.

286. *Attil*, vielleicht „sei", *ili* (?). — Das gewöhnliche *tidid*, wahr, scheint hier *tígĕdid* oder *tĭdĕgid* zu sein.

287. *Uar asch tischlet*; für *asch* soll es vielleicht heissen *hass*, für ihn; *tischlet* von *tuschal*, läuft, oder von *schela*, störe, beschäftige.

*Ihe* oder *diha*, wo. — *Tauak(h)ast*, wilde Thiere, im Gesammtbegriff. — *Ehant*, s. Nr. 152, „da sind". — *Uochss*, wildes Thier; im Arab. *uahhūsch*.

288. *Essagh* = *essegh*, von *iosse*, er kam an. — *Arasset* = d. Kab. *as-seth*, vor (?). S. Nr. 140. — *Indi*, noch nicht. — *Dauat*, vielleicht von *auat*, er kam an (51). — *Schuaragh-ed-ass*, ich kam ihm zuvor (?).

*Darēt* für *dar*, noch; so *darret* im verl. Sohn. — *Adígdig*, zerschmeissen, in Nr. 180. — *Adesūbet*, von *sōb* in Nr. 62.

## Nennwörter.

Gott { A'manai.
Messí*).

Bei dem grossen Gott, sse A'manai mákkaren oder imakóren.
Unser Herr, Messí-nak.
Der grosse Gott, Messí-nak imakóren.
Gott der Herrscher, Messí-nak itkál.

Der eine Gott { Messí-nak enta gháss.
Messí-nak íyen gháss.
Messí-nak iyéntinten.

Gott, welcher keinen Gefährten hat (nicht seines Gleichen), Messí-nak uar ilamídi, noch hat Gestalt (Grenzen?), uar ilára, noch Maass (?), uar iléhit.
Gott hat kein Maass, weder im Raume noch in der Zeit, Messí-nak úri hehéndek uar ilédek uar ihédek, uar ihédek uá, uolladar uá, uar ihehéndek, uar úgedi ṭíketi.

Herr der Wunder { imekéder-n-talreuēn.
Messíss-n-talreuēn.

Der Unerschaffene, uardikhalíg (Arab.).
Der Schöpfer, amakhaläg (Arab.).
Veredler der Seele (?), amákarasch imman.
Herr der Seele, Messíss imman.
Der gnadenvolle Schäfer, amadān-n-tahánint.
Der Siegreiche, emirni.
Der Vertilger, amáng.
Der Lebendige, emai (vom Arab. *hai*).
Der höchste Richter, ntarna tógerit (?).
Alle Geschöpfe des Herrn sollen sich versammeln in (dem Hofe von) Jerusalem am Tage der Auferstehung, timáchlukēn-n-Messí-nak rurret didaunet isstérrabat-n-bét el Mákkaduss áschel uá-n-el kiámet.

---

*) *Messí* war vielleicht ursprünglich der Name des Messias; allerdings aber scheint das Wort *mess* die allgemeine Bedeutung „Herr" zu haben.

Ein Theil derselben gelangt in die Hölle und bleibt daselbst, der andere gelangt in's Paradies und bleibt daselbst, uī tadjéschen témssi adjísshente, uī tadjéschen aldjennet adjísshente.

Die bösen Geister, alghafáriten (Arab.).

Teufel, eblíss (Arab.).

Engel, anyĕluss*); *pl.* anyelússen (Arab.).

Dämon, alschín; *pl.* alschīnen (Arab.).

Weiblicher Dämon, talschín.

In das Paradies kommen die Leute, welche gut (gewesen sind), in die Hölle jene, welche schlecht (gewesen sind), aldjennet atadjéschen ídinet uī yolāghnin, témssi atadjéschen ídinet uī labássen.

Der Thron (Gottes) { al kurschi (Arab.).
{ algharsch (Arab.).

Der Tag der Auferstehung, áschel uá-n-el kiámet.

Die Welt, eddúnia (rurret).

Himmel, aschínna.

Die sieben Himmel, ssai ischínnauen.

Sonne, tafōk.

Die Sonne wärmt heute sein Gesicht heiss, tafōk tenádit idéminiss uakússen áschel dín. [Vergl. tenedēt, Fieberhitze.]

Die Sonne brennt, die Leute schwitzen, tafōk tarra, ídinet tufai derssen tíde [*exit per eos sudor*].

Die Macht der Sonnenhitze, tissemánit (n-takóss eniss).

Sonnenstrahlen, eséreran-n-tafōk.

Dämmerung der Sonne (des Tages), enaréren-n-tafōk.

Die Sonne ist verfinstert (heute), tafōk témmere áschel ídagh.

Mond, aiōr.

Der Mond ist im Begriff hervorzukommen (aufzugehen), aiōr abóki ebárbar.

---

*) *anyelūss*, das Griechische ἄγγελος. H. B.

Der Mond geht auf, aiōr ebárbar.
Der Mond ist im Untergehen, aiōr abóki édjedel.
Der Mond geht unter, aiōr ódal.
Der Vollmond, ahadōr (akókehat?).
Mondschein, timelle-n-aiōr.
Hof, áfarak-n-aiōr.
Der Mond hat einen Hof, aiōr iuát áfarak.
Der Mond ist heute Abend verfinstert, aiōr amére éhad ídagh.
Milchstrasse, mahellen.
Stern, átar; *pl.* ítaren.
Die Sterne schimmern hervor, ítaren iknán ebárbar.
Die Sterne scheinen hell, ítaren iknán aschischílluak.
Morgenstern, tátari.
Abendstern { amauen-n-éhad. / aschímmelesch.
Kreuz, (medjbúa), amanár.
Siebengestirn, schéttahat.
Licht { tafaut (von der Sonne). / teméllolot (vom Monde). / tissáchssarēn (wenn durch Gitterwerk fallend u. s. w.).
Finsterniss, tíhai.
Luftspiegelung (Fata Morgana), éle.
Schatten, téle.
Hitze { takōss. / ténede.
Kälte { iredēm. / assammēṭ.
Die Kälte ist mir bis auf die Knochen gedrungen, assammēṭ edjásserín darrim egháss ení.
Nord, afelle.
Süd, agūss.
Ost, amaina.
West, atāram.

Nordost (zwischen Osten und Norden), ger amáina ge de felle.

Luft, haua (Arab.).

Sommer, iuílen.

Beginn der Regenzeit (in Timbuktu „auára" genannt), ascherágu.

Regenzeit, ákasse.

Die Regenzeit ist vorüber, ákasse íbsse.

Kalte Jahreszeit, tágerisst.

Die dunkeln Nächte (der schlimmste Theil der kalten Jahreszeit), éhaden essáttefen.

Frühling (in Timbuktu „tifíssko" genannt) { afássko. / fatáfet.

Wind, frischer Lufthauch, témadálet.

Ich bemerke einen heftigen Wind aufsteigen, ánhiagh dehén denákar témadálet imakkóren.

Sturm, Wirbelwind, teschiguálet.

Sturm zieht sich zusammen { teschuálet teschiguálet. / tegéd derss teschiguálet.

Schwere Regenwolken, tamssíggenaut.

Rothe Wolken, tíggerakīn.

Blitz, éssan.

Donner, édjadj.

Es donnert, etádjidj.

Der Blitz (Donner) hat den Baum getroffen und ihn zerspalten*), édjadj ódagh fel ehíschk atáchtak áfaráss faráss.

Regen { adjínne. / ákonai.

Es regnet, adjínne égat.

Der Regen kommt, es tröpfelt, ákona ísai, dekun tabáchtabek.

Regentropfen (reschresch), tídam.

---

*) Die Tuáreg schreiben diese Wirkung dem Donner zu.

Mässiger Regen, ahīss.

Heftiger Regenguss, tabéut.

Lange dauernder Regen, jetzt aufhörend, dann wieder beginnend, tahaléhalai.

Hagel, igidirschān.

Der Hagel fällt, die Zelte zerschlagend und zerreissend, igidirschān ófaien, ischohárnin nábadjen ihánnan issararauen ihánnan.

Regenbogen, agagónil (adjedjénet?).

Nebel, abínnag, ebénnag.

Heute ist ein nebeliger Tag, Niemand kann etwas sehn, áschel ídagh ídja ebénnag, uar ihínne auádem harret.

Thau, tárass.

Diese Nacht ist starker Thau gefallen, éhad ídagh ídja tárass tedjēt.

Zeit, eluakkat (Arab.).

Jahr, áuatai.

Fünf Jahre, ssummuss útien.

Jahrhundert, temĕde-n-áuatai.

Ein Hungerjahr, manne.

Monat, aiōr.

Drei Monate, karád aiōren.

Tag, áschel.

Vier Tage, akōss eschílan.

Dies ist ein schöner Tag, áschel ídagh íkkena teschéldedje.

Morgendämmerung, énarēr.

Morgen, tifaut.

Dhahar (ungefähr 9 Uhr Vorm.), agidélssit.

Tageshitze, tárahōd.

Mittag { arīl-n-áschel.
       { ammass-n-áschel.

Sauál, asíual.

Dhohor (ungefähr 2 Uhr Nachm.), tésar.

'Asser, tákasst.

Sonnenuntergang, ágadel-n-tafōk.
Zeit des Gebets nach Sonnenuntergang, almoss.
Abend, táduit.
Gebet áschā, tessótssin.
Nacht, éhad; *pl.* éhaden.

Mitternacht { ammass-n-éhad.
tasúnne-n-éhad.

Morgen (der morgende Tag), aschikke.
Morgen am frühen Morgen, aschikken ssemmút.
Morgen zu Mittag, aríl-n-áschel aschikké.
Übermorgen, áschel uēn schel aschikké.
Gestern, endíschel.
Gestern Abend, endáhed, endód.

Vorgestern { áschelendín.
aschelnád.
áschel uēn ássel endásel.

Dieses Jahr { tenī, tinéda.
áuatai ídagh.

Vergangenes Jahr { inhād.
tenínde.

Vor 2 Jahren { tenendīn.
essīn útien.

Nächstes Jahr, áuatai uē 'Ikamén éuanen had.
Diesen Monat, der aiōr ídagh.
Nächsten Monat, aiōr uá iílkeme aiōr ídagh.
Dieser Monat ist ungefähr an seinem Ende, aiōr uádagh ischuar íbbeded od. amūt.

Sonnabend, Essébbet.
Sonntag, Alhád.
Montag, Elitnín.
Dienstag, Eltenáta. } Arabisch.
Mittwoch, Lárba.
Donnerstag, Elkhamíss.
Freitag, Eldjímma.

Woche (7 Tage), ssá schílen (eschílen).
Moharrem, Tamassíddig.
Ssafar, Téurt tatésaret. } Turēn ssanátet.
Rébia I., Téurt tatílkamat.
Rébia II., Asíma sarén.
Djumād I., Asíman ammass.
Djumād II., Asíman térirdēn.
Redjeb, Tinemégerēn.
Schábān, Djanfo.
Ramadhān, Asūm.
Hādj, Téssubdār.
Schauāl, Tessissi tatésaret. } Téssisst ssanáten.
Dhū el Hedje, Tessissi tatílkamat.
Echo { émseuel.
{ tākoi.
Feuer, éfëu.
Flamme, táhisst.
Funke, temántesst; *pl.* temántessīn.
Feuerkohle, tesósan.
Asche, ésit-n-éfëu.
Rauch, ahū.
Wasser, áman.
Land, Erde, ákal.
Land der Auelímmiden, ákal uá-n-Uëlímmiden.
Insel, aútel.
Wildniss, árkit.
Lichter Wald, éhischkan amitarétaréen.
Undurchdringliches Dickicht, árkit urmá.
Dichter Wald, árkit arú od. akóren.
Wüste, afélle (eigentlich „Norden").
Hammāda, wüste Ebene, tanasrúfet.
Ebene, étarass.
Breites Thal, erárar.

Thal mit einem Strom, eghắscher (= eghser in anderen Dialekten).
Kleiner Strom, egherrēr.
Berg, ádar; *pl.* ádaren.
Unersteiglicher Berg, ádar urmá uar teh' abárraka.
Hügel, tádakt.
Sandhügel, tégift; *pl.* tégefēn.
(Kette) hoher Sandhügel, tégefēn ogidáhenet.
Kleiner Sandhügel, teneschmór.
Felsen, tahónit.
Stein, tahōn.
Quelle, tét; *pl.* tittauen.

Brunnen { seichter { ebenkōr. / tíriss. } tiefer, ānu. }

Fluss, eghírrëu.

Flussarm { ér. / ádar-n-eghírrëu.

Wasserlauf, ámanen.
Welle, tínesémmart.
Tiefe Stelle im Strombett des Flusses, télak-n-áman.
Flussufer, ássarīm od. éssalīm.
Furth, teauent.
Giessbach, Bach, anghi.
See (der Salzfluss), eghírrëu uá simmen.
Periodischer See, Teich, abéng.
Schwarzer nackter Boden rings um einen Teich, tifárrauen.
Grüne Oberfläche auf einem stehenden Sumpf, tahís-sak.
Kluft, Loch, terárart (Diminutiv von *erárar*).
Sand, témelilt.
Kalk, tálak.
Lehm, íllebék.
Steine oder vielmehr runde klumpige Massen zum Bauen (in Timbuktu „áfarai" genannt), ebélghetān.

Schwarzer Boden, ákal ikaúelit.
Weisser sandiger Boden, ákal iméllen.
Feld, schékarasch.
Stoppelfeld, tédik; *pl.* tedkēn.
Hecke, Fenz, áfarak (Arab.).
Schwache Fenz, táfarak.

Weg { abárraka.
      tábarit.

Baum, ehíschk; *pl.* éhischkan.

Junger Baum, Busch { abssag.
                     tassúgit.

Wurzel (Baum-), tékeuēn.
Holz, éssaghēr.
Schlechte Stelle im Holz, ikerísch keráschen.
Zweig, flleket; *pl.* flliktān.
Splitter, tímetaut; *pl.* tímetauen.
Blatt, ālan ehíschk.
Grosse Blätter (?), tefárketēn-n-ehíschk.
Dūm-Blätter, takílkatén-n-akōf.
Borke, tissífuft
Schale, Hülse, kékkabēn.
Blume, tábuit.
Früchte, áraten-n-éhischkan.
Saamen, íssambān.
Dorn, íssinnān.
Talha, éssaghēr (téssaghart).
*Mimosa gummifera*, auáruar.
Ein dorniger Baum im Fluss, tagerábba.
E'tíl, aghar (taghart).
Duē (Abart der Feige), tedúmumt.
Síddret el hoë, akéllefe.
Tamarinde (Baum und Frucht), bussússu.
Affenbrodbaum (Baobab), tekúdusst.
Frucht des Affenbrodbaums, tefíngora.

Der in Timbuktu „ássabai" genannte Baum, ána.
Nebek-Baum *(Zizyphus)*, ferkénnisch.
Nebek-Frucht, tabákkat; *pl.* tibakkáten.
Ssiwāk  
El irāk } *(Capparis sodata)*, téschak.
Wurzel des Ssiwāk, éke-n-téschak.
Dūm-Busch (sgillem), akōf.
Dūm-Palme, tagait.
Früchte der Dūm-Palme, tibélkukauēn.
Saamen der Dūm-Palme, tibargárrarēn.
Dattelbaum, taschdait.
Dattel, téheni.
Dattelkern, egeft.
Deléb *(Borassus flabelliformis?)*, tekúkat; *pl.* tekúkatēn.
Weide, Trift { frische, tésche.  
trockene, tésche iekōr.
*Pennisetum distichum* (eníti), úsak.
Hād, taschäret.
Talubbút, teliggít.
Bū-rékkeba *(Panicum colonum)*, arárfassú.
Junges, zartes Kraut (Weide), ínghalass.
Rohr, kógeri.
Knoten des Rohrs, tekárdofēn-n-kógeri.
*Pennisetum typhoïdeum* (hēni), éneli.
Sorghum (ssāba) { weisser, abórak.  
rother, kelénki.  
schwarzer, ssíbi.
Kleie { tellúmt.  
dú.  
ábid.
Kornähre, tégenit.
Saamen des Kornes, tesauēn.
Saamen { grosser (?), igénschiten.  
kleiner (?), issemaráten.

Die Saat, wenn sie eben aus der Erde schiessen will, ssibbergábelagh áfagh.
Korn aller Art, alūn.

Verschiedene Arten von Krēb *(Poa)*
- assáka.
- assralt (asghalt?).
- táschit.
- tédjebalt.

Reis, táfakat.
Waizen, elkáme (Arab.).
Gerste, farkassúbu.
*Cucurbita Melopepo* (el hadésch), berábcrá.
Wassermelone, kaukáune.
Zwiebel, tachfar; *pl.* téchfaren.
Baumwolle, takerókerit; *pl.* tíkurukarēn.
Indigo, ssígeni.
*Nymphaea Lotus*, kalókaló.
Endairi, tikíndi.
Senna (fáladjít), abellendját.
Saffran, tenármet.
*Asclepias gigantea* (turdja), túrscha; *pl.* túrschauēn.
Koloquinte, lému.
Bündel (bauíie), bánguru; *pl.* bangurúten.
Zwei kleine Bündel, ákass.
Zahme Thiere, ereségen.
Kameel, ámeniss; *pl.* ímmenāss.
Kameelstute, tólamt.
Kameelheerde, tólemīn.
Ein Arbeitskameel (ómali), errígga.
Altes Kameel, ámál.

Junges Kameel
- áuara.
- álagód.

Heerde von 100 Stück Kameelen oder Rindern
- uássigen.
- témedent.

Ochse, assau; *pl.* essuanen (Haussa: ssah, *pl.* ssanu).

Kuh, tass; *pl.* { híuan (Tademékket).
schítan (Auelímmid). }

Gemästete Kuh, kein Junges tragend, tamsak.
Lastochse, audíss; *pl.* audíssen.
Junger Ochse, Farre, amáke.

Kalb { éssek.
éhedel.
alóki; *pl.* ilókian.
abárkau.
ilíngeia; *pl.* ilingéiaten. }

Alle Arten von Reitthieren, ssauát; *pl.* ssauáten.
Pferd (gewöhnliches gutes), aïss; *pl.* íessan.
Pferd von ausgezeichneter Güte, (aïss) anákfŏr (brav?).
Pferd von geringerer Güte, ibégge.
Ein Lieblingspferd, tássenit (wohlbekannt?).
Dies ist mein Lieblingspferd; ich erlaube Niemandem, es zu besteigen, uādagh tássenítin; uar ikbélagh ateténne auādem.

Klepper { afákkarem.
kókorŏ. }

Pferd von eigenthümlicher Farbe, aschúlag.
Graues Pferd mit braunen Flecken, amúlass.
Andere Art, áderi.
Grau, ágelán.
Grau mit einem Schatten von Grün, idémmi.

Braunes Pferd { áharass.
átelak.
aïss neggŏr. }

Pferd mit weissen Füssen, aïss uá-n-ássabŏr.
Stute, tábagŏt (*fem.* von ibegge?).
Füllen, áhogi.
(Stuten-)Füllen, táhogít.
Esel, ísched; *pl.* íschedan (Ghad.: asīd; B. M.'s Temrht: ahīd).
Eselin, teschéd.

Ausgewachsener Esel, ásar [ásagh?] (in Haussa: ssaki).
Ausgewachsene Eselin, tásaut, tésaght.
Alter schlechter Esel, adánki.

Junges des Esels { temainúk.
ahólil; *fem.* tahólilt.
tamai.

Schaaf, techsse; *pl.* { tíhatēn.
téheli.

Schaaf mit langer Wolle, tikíndemēn.

Junges des Schaafes { kíruan; *pl.* kíruatēn.
adjaímara; *pl.* adjaímarátin.

Widder, Schaafbock, ábbegug; *pl.* íbbegān.
Ziegenbock, aschólak.
Ziege, tághat; *pl.* úlli.
Hund, édi; *pl.* íiedan.
Katze, múss.
Maus, akōr.
Feldmaus, adō.
Fáret el chél, araránga.
Ratte, irállen.

Wilde Thiere { temáregescht.
tiuakssēn, táuakasst.

Löwe { éher; *pl.* éheran.
éukschan.

Junges des Löwen, aledásch.

Beinamen des Löwen { bubánti.
budegaie.
intende.

Leopard, auáschit, eluáschil.

Beinamen des Leoparden { aschebógel.
gérrier.

Hyäne, arídal.

Beinamen der Hyäne { énadár.
erkínni.

Schakal, ebég; *pl.* ebeggán.

Beinamen des Schakals {intainót.
intaine ssósso.
intangrén.

Elephant, élu; *pl.* éluan.
Giraffe, amdar; *pl.* imídderen.
Erkemím (Büffel), assaráke.
Lymhe *(Leucoryx)*, aschamál; *pl.* íschemál.
U'rik (Antilope), éscham.
Urkíe (das Weibchen davon), téscham, túrik.
Ar (eine andere Antilopenart); agíngara.
*Oryx,* téderít; *pl.* tederáten.
Eine andere Antilopenart, ábeschau; *pl.* tebeschauen.
Gazelle Mohor, énhar; *fem.* ténhar; *pl.* ténharén.
Junges der Mohor, alímmu.
Gazelle, aschínkat.
Junges der Gazelle, auschím.
Ruheplatz der Gazelle, abatōl-n-aschínkat; *pl.* ibtál.
Wilde Schaafe, úlli-n-arúk.
Stachelschwein, Igel (dhurbán), támarait.
Gamfúd (Eichhörnchen?), tekenéssit.
Hase, temáruelt.
Kleines, dem Hasen ähnliches Thier, áschan ábarōm.
Bū el gedemāt, akasásse.

Affe {haia.
fonōten.
ibíddauen, *pl.*
abárdauil (?).

Flusspferd (in Timbuktu „banga" genannt), agámba.
Krokodil (ákarai) {aráta.
akátel.
Kleinere Art *(Lacerta monitor?)*, sanguai.
Chamäleon, tahau.
Frosch, égar.

*Manatus,* ayū.

Fisch, ámen.

Grösste Fischgattung *(Perca Nilotica?)*, tehéddelt-n-áman.

Grosser schwarzer Fisch, déschir.

Andere Species { taschéllin. / tagónit.

Eine Species von weisser Farbe und bedeutender Dicke, tagurssíat.

Andere Species { tagúndirit. / tehéddadasch. / ssaría.

Ein Fisch mit vier langen Zähnen und rothem Schwanz, sauegíru.

*Cyprinus Niloticus,* dá.

*Mormyrus oxyrinchus,* ussí.

Andere Species von Fischen { horá. / edjídjra. / marámbana. / hándjerít.

*Malapterurus electricus* (?), tarlíbambó.

Kleinste Fisch-Species, íschenrá.

Schnecke, táschilt.

Grosse Schnecken-Species, welche von den Gazellen verzehrt wird, tanároët.

Eine grosse Schnecke, zwischen Grün und Schwarz, tagíber.

Tabelénke, tadjébdaret.

Andere Schneckenarten { iméggel. / emellel katetúngu.

Skorpion, tesérdemt.

Eidechse, magédar; *pl.* imegédaren.

Bū-néna (kleine schwarze Eidechse), agaráian.

Schildkröte { grosse, iúma. / kleine, akéiun.

Vogel, agadíd; *pl.* íggedád.

Junger Vogel, ákirt; *pl.* íkirtán.
Hahn, ákess; *pl.* íkessan.
Henne, tákeschít.
Küchlein, íkirtán-n-tákeschít.
Taube, teddebérat; *pl.* idebíren.
Ei, téssadalt; *pl.* tessadálen.
Strauss, énnehe (énnehel?); *pl.* énhal.
Volles Straussenei, auf die Spitzen der Hütten gestellt, átakíss-n-énnehe; *pl.* itkáss.
Geier, ágadīr; *pl.* ígderān.
Hadaya, tegardímmat.
Rahme, tarálgi.
Perlhuhn (in Timbuktu „el kabésch" genannt), tailelt; *pl.* taílalēn.
Junges des Perlhuhns, issuíten.
Kumarēn, tének.
Krähe, *pl.* tíbkakēn.
Storch, ualía.
Löffelgans (ádanai), gelgútta; *pl.* gelguttíten.
Sperling, ákabōr.
Kleiner rother Vogel, scheterdjénne.
Fliege, *pl.* éschan.
Pferdefliege, asarúal.
Biene, issimbo; *pl.* issimboēn.
Moskito, tadésst.

Ameise
- kleine schwarze, téatuf.
- grosse rothe, ádehik.
- grosse schwarze (el kós), kíldekó.
- weisse, temmúdhe.

Ameisenhügel, arámmin.
Wurm, ibékkebék.
Wurm, dessen Biss schmerzhaft ist, ekímdal.
Muchét el ardh (giftig), agaraie.
Ohrwürmer (amaroës), assíss.

Ein weisser Wurm, welcher in die Nase des Kameeles dringt, tósera.

Kornwurm, mulúl.

Lederwurm, túkemat.

Käfer, áchschinschēr; *pl.* tachschínscharēn.

Laus, télik; *pl.* tilkīn.

Kameellaus, tesselúfet; *pl.* tésselfīn.

Raupe, táselit.

Schwanz des Pferdes, Rindes, Kameels u. s. w., tedémbut.

Stirnhaar des Pferdes, täunschut.

Mähne, asák.

Ende der Mähne, tul-asák.

Weisser Fleck an der Stirn des Pferdes, tessénnit.

Huf, ésskar; *pl.* ésskaren.

Trab, teréggit.

Besondere Art des Trabs, tághala.

Galop, ascháuenk.

Verschiedene Arten von Pferdekrankheiten { táhadja. tikínkarēn. áraschād. tillík.

Geschwür der Pferde u. s. w., tefédit.

Trockner Grind, áschiiūt.

El mebbár, amssérarágh.

Plötzlicher Tod, rárat.

Platz, wo sich die Pferde gewöhnlich niederlegen, ássabel-n-bal.

Brust des Kameels, tássgint.

Horn des Ochsen, éssok; *pl.* ísskauen.

Hufe des Ochsen, tínsauen.

Euter, tesé.

Zitze, ifáffar.

Fussspur, Fährte, éssem; *pl.* íssmauen.

Platz einer früheren Viehhürde, adánda.

Leichnam, machssúldj (Arab.).

Vogelschnabel, ákamkōm.

Flügel, *pl.* aferéuen.

Feder, tessággad; *pl.* tessággadēn.

Nest, ássakōk.

Hahnenkamm, arárkob uā-n-akéss.

Kehllappen des Hahns, tilághlaghēn.

Flossfeder des Fisches, ssassángun-n-ámen; *pl.* ssassánguten-n-ámen.

Mann, Ehemann, áliss, háliss; *pl.* méden.

Leute { ídinet.
{ ítidim.

Frau { tamṭut;
{ támat; } *pl.* tídedén.

Weib, Gefährtin, hanniss.

Bastard, Mischling, schankōt.

Vater { ti, schi.
{ oba, aba.

Mutter, amma.

Grossvater, tíss-n-tíss.

Grossmutter, ammass-n-mass.

Vorfahre, Ahn, ámaren; *pl.* emárrauen.

Bruder { älterer, ámakār.
{ jüngerer, amádarai.

Zwillinge { íkneuen.
{ imakkeréssen.

Schwester { ältere, támakart.
{ jüngere, tamádarait.

Onkel mütterlicher Seits { schitmáss (?).
{ téschikkár.

Onkel väterlicher Seits { máss.
{ angathmán.

Schwestersohn, tagésche, tagésse.

(Seine) Tante { väterlicher Seits, ulátemass-n-ti(ss).
mütterlicher Seits, ulátemass-n-ma(ss).

Ältere Schwester des Vaters, támakart-n-aba.

Vetter, ábubásch.

Sohn der Tante, ará-n-dedén.

Nichte, ará-n-medenét (?).

Familienmutter (múla el chéme), messíss-n-éha.

Familie, ágadisch, égedesch.

Wittwe (während der ersten 3 Monate), támat tetáf alhuddet (halb Arab.).

Embryo, ára.

Kind { róri / áliad } pl. ilíaden.

Sohn { ínek. / róri, rúri.

Knabe { ábarad. / alaróren (?).

Knabe (erwachsen), amáuad; pl. imáuaden.

Tochter, uelet.

Mädchen, táliad; pl. tilíaden.

Erwachsenes (hübsches) Mädchen, tamássroït; pl. timíssroiáti.

Alter Mann, ámaghār (auszusprechen: amrār).

Ältliche Frau, támaghasst.

Waise (?) / Erbe } agóhil; pl. idjóhelēn.

Sohn, dessen Vater unbekannt ist { inemádass. / ákassai. / anácharám (Arab.). / anóbe.

Enkel, rúri-n-rúri.

Schwiegervater, ádegal.

Schwiegermutter, tádegalt.

Schwiegersohn, álegess.

Schwiegertochter (?), ahánniss.

Bruder der Frau, tílussīn.
Schwäger, ilússanén.

Bräutigam, junger Ehemann { amáselai.
{ amásselai (?); im Kab. issli.

Braut, temáselait, temásselait (?); Kab. tisslit.
Milchbrüder, animáttaden.
Oberhaupt, amanōkal.
Grosses Oberhaupt, Lehnsherr, amanōkal imakóren.
Oberanführer, amáuai-n-égehen.
Grosser Krieger, Kämpe, ehé-eschār; *pl.* uīn-eschār.
Hauptrathgeber, ú-tánhad; *pl.* méden uī-n-tánhad.
Anhänger, Partei des Oberhauptes, kēl-tamanókala.

Freier Mann { amáschigh; *pl.* imō-schagh.
{ alíl; *pl.* ilíllal.

Heruntergesetzter Mann, Vasall, ámghi; *pl.* imghād (unregelmässig für imghā*n*).
Sklave, ákeli; *pl.* íkelān.
Sklavin, tákelit.
Konkubine, tauéhat; *pl.* tauéhaten.
Sohn einer Sklavin, rúriss-n-tákelit.
Sohn eines Sklaven und einer freien Frau, abógheli; *pl.* abóghelíte.
Befreiter Sklave, áderif; *pl.* ídirfān.
Sohn eines befreiten Sklaven (hartáni), inedérfi; *pl.* inedúrfa.
Eunuch, agōr; *pl.* igórauen.
Landsmann, Mann desselben Stammes, háliss nának (eigentlich „unser Mann"; das Pronomen demgemäss zu ändern).
Ihr Landsmann, háliss nissen.
Fremder junger Mann, der ausser Landes geht, um zu studiren, el-moása; *pl.* kēl*)-el-moása.

---

*) Die Silbe „kēl", welche in vielen solchen Zusammensetzungen vorkommt, bedeutet „Volk" oder „Einwohner" (s. Bd. I, S. 372).

Gast, ámaghár; *pl.* imágharen.
Freund, imīdi.
Gefährte, ámandén.
Feind, eschínge; *pl.* íschinge.
Nachbar, ímharāg.
Nebenbuhler, *pl.* anírkeben.
Gelehrter, heiliger Mann, anísslim.
Schüler, ettáli (ettálib), ettálaba.
Hirt, Schäfer, ámadān.
Jäger, amaháien; *pl.* imáhoien.
Stadtvolk, kēl-ágherim (der Endbuchstabe *m* ist zuweilen in *b* verwandelt).

Bootsmann { asímssur; *pl.* asímssera.
issakkaiúmmo.

Fischer { ássurka (surk).
íkorungáienan (kórongoi).

Landmann, anássdamu; *pl.* iníssdumā.
Schmied, ein Mann von vielerlei Beschäftigungen (mållem), énhad; *pl.* ínhaden.
Weiblicher Schmied (mållema), ténhad; *pl.* ténhaden.
Sattler, bámbarō.

Schuhmacher { uai ssanne ebúschege.
uai kannen ebúschege.

Sandalenmacher, uai rággeden tífedélen.

Kaufmann { imaschénschit; *pl.* imíschinschān.
e' Schillúch (eigentlich „ein Berber aus dem Norden"); *pl.* kēl-innesan.

Kleinhändler, *pl.* efoforéten.
Makler, amssíttig.
Reisender, amassókal.
Schneider, anásemmaie.
Weber, akaikai.
Barbier, uai-sarsén.

Medicinischer Mann { uai essanna ássafar (derjenige, welcher ein Mittel weiss).
inéssafar.

Trommelschläger, adjatítkart e' thobl.

Reiter { ag-áïss; *pl.* kēl-fiessan.
ennamenne; *sing.* amnai (?).

Reiterei, aschírgisch.

Eine Abtheilung Reiter, áberig.

Fusskämpfer, ameríggisch; *pl.* immeríggissen.

Kameel-Reiter, ag-ámeniss; *pl.* kēl-immenáss.

Singender Bettler, ássahak.

Reicher Mann, anéssbarōgh.

Dieb, amákarād.

Strassenräuber, amáktass-n-abárraka (von *ktass* = *secare*, gerade wie *ktá el trik*).

Betrüger, arrabacherrabách.

Ausgestossener, Verworfener, ark-méden.

Buhldirne { tin-ámedisst.
tin-assbakkad.
tin-ásena (halb Arab.).

Zeuge, tagóhi; *pl.* tigóharen.

Geissel, ádamán (Arab.).

Bote, anemáschal; *pl.* inemíschalen.

Eine Volksmenge, temágelait.

(Grosse) Armee, tábu.

Stamm, Tribus, taussit; *pl.* tiússi.

Nation, terērt.

Heide, akáfar (Arab.).

Pullo, Fullān, Afúl; *pl.* Ifúlan.

Sonrhay, Ehet; *pl.* Ehétane.

Araber, 'Arab, Gharab; *pl.* Ghárabe.

Volk des Nordens, kēl-afélle.

Kunta, kēl-borásse.

Berabīsch, kēl-djaberíe.

Kēl-geréss, Aréuan.
Auelímmiden uēn Bodhāl, Dinnik.
Gúndam, Ssassáueli.
A'rauān, Eschíggaren.
Kopf { ákaf, éraf, éghaf.
kárkore.
Auge, tēt; *pl.* títtauén.
Augenlied, abílhad.
Augenbraunen, íleggān.
Augenwimpern, ínharen.
Kleine Haare in den Augenwimpern, éleuen.
Die Pupille, eríbbe; *pl.* íraben.
Augenwasser, tahéri; *pl.* tihéretīn.
Thränen, iméthauen.
Augenecke, óreg.
Ohr, temásug.
Ohrläppchen, tilághlaghēn.
Ohröffnung, tósseli.
Ohrenschmalz, téltak.
Nasenloch, atínscherīt; *pl.* schínschar.
Nasenbein, ándjur.
Mund, ēm.
Lippe, ádalōl.
Grübchen über den Lippen, ábatōl-n-ádalōl.
Schnurrbart, améssouān.
Backenbart, ikáraren.
Halsdrüsen, isílmass.
Grübchen, ámader; *pl.* imódal.
*Grain de beauté*, áhalu.
Hundezahn (?), taghūmesst.
Zahn, Zähne, éssen; *pl.* íssinen (Arab.).
Backzahn, tar-éssen.
Gaumen, teuallakáten.
Zahnfleisch { tessákkent.
tehaináui.

Lücke zwischen den Zähnen, timesíen.
Zunge, éliss.
Kinn ⎫
Bart ⎭ támart.
Stirn, tímin.
Hinterkopf, takardáuit, terdjadáuit.
Kopfwirbel, tekárkorit.
Schläfe, elékalék.
Gegend der Schläfe, ikílmamák.
Haar des Mannes, tegauét.
Haarkissen, ábagōr.
Graues Haar, tischóschoën.
Kahlkopf, tétarait.
Locken des Frauenhaars, téschikkāt.
Hals, erí.
Kehle ⎧ akúrss.
⎩ takúrssit.
Brust, tigírgess.
Brustwarzen, imgígaren.
Weibliche Brust, efef; *pl.* ifíffan.
Voller weiblicher Busen, taguráffaft.
Herz, úlhi.
Herzfleisch, chiktēn.
Lunge, turauén.
Milz, tíggesan.
Leber, amálakīss.
Seele, íman.
Athem, únfass (Arab., Sem.).
Gedärme, tessa.
Magen, tabútut.
Bauch (?), abárkōt.
Nieren (?), aféddaren.
Herzbeutel, tékafénkafōk.
Nabel, tesítān.

Knochen, éghass; *pl.* éghassān.
Mark, adūf.
Nerv, árinmīn.
Blut, áscheni.
Adern, ásaren.
Schaamtheile, männl., ánabāk.
—————— weibl., táboka.
Mutterleib, ígillān.
Schulter, tegírgesst; *pl.* tigírgass.
Arm { Ober-, ákschar.
      { Unter-, ámasar.
Fleisch am Arm, akschál.
Achselgrube, tídirdāgh.
Haar der Achselgruben, ámsaden-n-tídirdāgh.
Ellbogen, tághemirt; *pl.* tíghamār.
Handgelenk, tessíndert.
Hand, afūss.
Handfläche, adíke.
Faust, tímsogōt.
Finger, assúkkod; *pl.* ísskad.
Daumen, ikmésch, égemesch.
Zeigefinger, assúkkod-n-átarak.
Mittelfinger, ssíkkerit benna.
Kleiner Finger, mádera benna.
Nagel, ósskar; *pl.* ísskaren.
Haut am Nagel, téllegest; *pl.* tellégessen.
Rücken, arúri.
Rückgrat, taneschrómi.
Rippen, irrédischān.
Hüfte, tássege; *pl.* tísseguīn.
Hinterviertel, tés.
Fettes Gesäss der Frauen, tebúllodēn.
Hinterer, tágheme.
Mastdarm, ámessi.

Knie, afōd.

Kniekehle, tagár-n-afōd.

Unterer Theil des Beins } ádar.
Fuss

Fusssohle, itéffar.

Ferse, tausésit.

Knöchel, agōsch.

Zehe, tinssa; *pl.* tínssauen.

Haut, élim.

Schweiss, ímselhā.

Schmutz, irda\*).

Nasenschleim, ínscherán.

Speichel, tissóta.

Erbrechen, íbessan.

Urin, áuass.

Exkremente, éder.

—————— des Kindes, tarschat.

Wind { torēt.
{ tácharasst.

Schlaf, étiss.

Schnarchen, assachādu.

Einschlafen eines Körpergliedes, élbabésch.

Hunger, lāss; ich bin hungrig, enák ahe lāss.

Durst, fād.

Traum, táhorgēt.

Ermüdung, ellíddisch.

Erschöpfung, temankīt.

Hören, tísseli.

Sehn, áhanai.

Geschmack, tembe (tem*d*e [?], ium*d*i, er schmeckte).

Leben, tamúddere.

---

\*) Das *d* scheint an die Stelle eines *h* getreten zu sein; vergleiche „*irk el hdl*".

Reife, taghad, tauad.
Jungferschaft, talbákkart.
Tod, tamántant (sic, unregelmässig).
Beerdigung, tímmittāl.
Todeskampf, íneschan.
Gesundheit, éssahāt (Arab.).
Krankheit, tolhínne.
Fieber, tókoss.
Merár, tehánefīt.
Schnupfen, tessúmde.
Katarrh, gobórit.
Erkältung auf der Brust, áhegim.
Leberleiden, aussa.
Krätze, Ausschlag, amágherass.
Geschwollener Leib, kikkar.
Diarrhöe { tóchma. / tufīt.
Dysenterie, Ruhr, tághenaut.
Geschwóllenes Auge, tehádadait.
Geschwollenes Gesicht, aselálam.
Würmer { aíbonen. / ikanákanén. / isolíten.
Guinea-Wurm, íkeuen.
Syphilis, náni.
Wunde, ábuíss.
Ohnmacht, ákatess.
Medizin, éssafar.
Purganz, alaua.
Gift, essim (Arab.).
Hohes Alter, tágerisst (eigentlich „Winter").
Verstand, tëite.
Intelligenz, temóssne.
Kenntniss, úgerē.

Wissenschaft, tissúnet.
Furcht, Besorgniss, terimmēgh (termágha?).
Heiterkeit, Ruhe, tedauit.
Glückseligkeit, Lächeln, tebégssit.
Sorge, anássgom.
Betrachtung, imindúden.
Liebe, tarha.
Güte, tináharēn.
Mitleid, tehanínet.
Zorn, átkegh.
Schamhaftigkeit { auan. / tekeráket.
Schande (Neid?), alrār (Arab.).
Geringschätzung, Insulte, tesemíten.
Demuth (Schüchternheit?), amagéuat.
Überlieferung, Sage, tardart. [tahdart (?) bei Newman; teghádart. H. B.]
Tapferkeit, akfōr.
Feigheit, amútsso.
Wort, méggedhed, méggered.
Stimme, amíssli.
Beredtsamkeit, erkōd.
Langsamkeit der Zunge, tílisst.
Erzählung, tánfosst; *pl.* tínfossen.
Klatscherei, tehadéndan.
Geschäft, tahōre.
Ding, Sache, harret.
Gegenstand, tetūk.
Vielheit, Menge { áiakīn. / tabídischt.
Manier, Gewohnheit, Sitte, algháda (Arab.).
Tättowiren, tegíass.
Eingebranntes Zeichen auf dem Arm, tédi.
Beschneidung, tamánkad.

Besoldung, téfertēn.
Tribut, téussit.
Geschenk, takōt.
Regierung, temanókalen.
Reich, Oberherrlichkeit, atkēl.
Schutz { tigímschen.
{ tináharēn (Güte).
Imāna { árkeuel.
{ álkauel (Arab.).
Friede, el musslḗch (Arab.).
Fehde, ágesár.
Unternehmung, Krieg, égehen; *pl.* íg-hanen.
Gefecht, Kampf { ánemángh.
{ énikmáss.
Schlachtlinie, afōḍ.
Sieg, ssár-hu.
Angriff (?), afti.
Lösegeld { téffedaut (halb Arab.).
{ ádíet.
Besitznahme, eschschughl (Arab.).
Handel, essibbáb (Arab.).
Unterpfand, Depositum, tagaléfet.
Gewinn, alfaidet (Arab.).
Schuld { amáruáss (von Gütern).
{ ásserdāl (von Gelddarlehen).
Wohlstand, Geld, éheri.
Ausgabe, tettūk.
Reise, essíkel.
Abreise am Nachmittag, táduit.
Spaziergang (Suchen?), úmak.
Aufenthalt, Stillstand, tarémet, taghémet (Arab.?).
Terīke, takássit.
Hochzeit, áschel nedúbu.
Spiel, eddil.

Tanz, adellūl.

Gefahr, tamúttiss.

Auf diesem Wege gibt es Gefahr, tábarak tídagh éhe tamúttiss.

Händeklatschen, tékasst.

Schnalzen mit den Fingern, assissárakē.

Summen der Frauen, tarlíllit; *pl.* tírlelāk.

Grosser Feiertag, tessúbbadár.

Geburtstag Mohammed's, áschel uā díuen e' nebi.

Gebet, āmūd (Arab.).

Religiöse Verneigung, edúnket.

Niederwerfen, assídjet (Arab.).

Ruf zum Gebet, akóra.

Mildthätigkeit { temásséddega (Arab.).
              { takōt (ein Geschenk).

Milde Gabe bei Gelegenheit des Todes einer Person, tíkkefrēn.

Gottes Wille, ítuss Messí-nak.

Göttliche Macht, égi Messí-nak.

Göttliche Erlaubniss (eigentlich „Obergewalt", von *irna*), tarna Messí-nak.

Einheit Gottes, tíssit.

Zauberei, aschérik.

Zaubermittel, Talisman, tekárdi.

Talisman gegen Wunden im Gefecht, gurūken.

Nahrung, aschékschu.

Frühstück, ssegímgim.

Abendessen, ámanssi.

Ein Trunk, téssiss.

Dakno (der Lieblingstrank der Sonrhay), tedaknōt.

Redjīra (ein aus Käse und Datteln bereitetes Getränk), aréire.

Gewöhnlicher Schnell-Pudding, assínk, aschínk.

Pudding von Negerhirse, aschínk-n-ssāba.

Gekochter Reis, tárarī.
Reis, mit einem Übermaass von Butter gekocht, abílolō.
Reis, mit Fleisch zusammengekocht, marchfé.
Mohamssa, techámmesīn (halb Arab.).

Suppe { aliuan. / ábid.

Brod (im Sonrhay „tákelit"), tegílle; *pl.* tígiluīn.
Fleisch, íssan.
Ein Bissen (Schnitt) Fleisch, tamínkēt.

Megatta (ein berühmtes Fleischgericht) { taléfakét. / alabégge.

Getrocknetes Fleisch, íssan iekór.
Weisses Fett, tádhont.
Fleischbrühe, essīn.
Honig, táraut.
Milch, ach.
Alle Arten von Milch, échauen.
Süsse Milch, ach uā̌ kafaien.
Schaum von Milch, takāfit.
Rahm, áfarār.
Saure Milch, ssilla.
Sehr saure Milch, essilai issímmen.
Saure Milch, mit Wasser gemischt, akraihéme.

Quark { áftentēn. / áboschit.

Butter, údi.
Frische Butter, téssedūt.
Käse, chikómaren.
Vegetabilische Butter, bulánga.
Salz, téssemīṭ.
Salzinkrustirung, ahárrar.
Pfeffer, idjékembē.
Schwarzer Pfeffer, ĭli.
Cayenne-Pfeffer (sóset e' scherk), tischúschatēn.

Kamún, akāmil.
Konfekt, tassódin.
Kōlanuss, étafat goro.
Tabak, tába.
Schnupftabak, íssarak.
Kohol, tasólt temellelt.
Baumwollenstreifen (tāri), tábeduk.
Benîge (Streifen eines Hemdes), tássuit; *pl.* tíssuat.
Kleidung, íssilsse.
Kurzes Hemd, rischāba.
Kurzes weisses Hemd, rischāba emellen.
Kurzes schwarzes Hemd, rischāba essáttefen.
Hemd von verschiedenen Farben, áui iáui.
Weites Hemd (derrá), tekátkat.
Gewürfelte Tobe („filfil" oder „schaharîe" genannt), tekátkat tailelt.
Eine Art über die Schulter geworfener { arássuē.
  Shawl (feruāl) { tessíggebisst.
Langer, schwarzer, enger Shawl, mit dem das { átel.
  Gesicht verhüllt wird. { ánagūd.
  { tessíl - gemísst.
Túrkedī (mélhafa), áleschūk.
Shawl von verschiedenen Farben, átel ledjen tamáuet.
Sterbehemd, tamarsēt.
Silhám, abernūsch.
Kaftan, tekárbass.
Knöpfe, ibónien.
Beinkleider, kírtebe.
Rothe Kappe, takúmbut.
Gürtel, timíntke.
Degengehänge, tágebisst.
Aussenseite des Hemdes, afélle-n-rischāba.
Rückseite des Hemdes, édi-n-rischāba.
Ärmel, schanfass.

Gefranzte Kante, tibekaukauēn.
Stickerei mit Silber, timkárrauen.
Tasche, alschīb (Arab.).
Stickerei an der Tasche, tekárdi-n-alschīb.
Andere Art von Stickerei, idígon.
Eine besondere Stickerei auf der Schulter, tildjām.
— ———— ———— —— auf dem Rücken, teledjúmet.
Lumpen, tabárde.
Kleine lederne Tasche (bét) für Tabak, die um den Hals getragen wird, énnefe.
Das Futteral dazu, abóschig.
Schnur, an der sie befestigt ist, téulil.
Feuerstein, tefarrásset.
Feuerstahl, énnefet-n-éfëu.
Zunder, tássgirt.
Pfeifenkopf, ebēn.
Pfeifenrohr, tellak.
Spule zum Rauchen, adūf-n-tába.

Mundstück { tíssdant.
{ assikárkar.

Schmutz in der Pfeife, tídi.

Tabaksdose { tákebat.
{ tahatīnet.

Zängelchen, irúmmedān.
Kohol-Büchse, akōk.
Kohol-Bürste, emárruet.
Polirstein, tássit.
Messer, abssar.

Rasirmesser { abssar-n-asárress.
{ issmáhil asúrdum.

Nadel { anásemai.
{ ísstanfōss.
{ elmintúl (Kēl-e'-Ssūk).

Faden, tenelūk.

Scheere, timáldasch.
Spiegel, tíssit.
Schlüssel { tesserárift.
ássaīār.
Schloss, tassúgfilt.
Rosenkranz, issédanen (*pl.* von tassédit, [eine einzelne] Bohne).
Feder, áranīb.
Tinte, amídde.
Papier, elkát (Arab.).
Bogen Papier, tássuilt.
Schreibtafel, asséllun.
Buch, elkittāb.
Verzierung an einem Buche, tarítten.
Talisman } tekárdi.
Brief
Schrift, ákatab.
Schrift mit grossen Buchstaben, isaurauáten.
Schrift mit kleinen Buchstaben { tekarmátet.
atóren.
Zeile, Linie, essúdder; *pl.* essúdderen (Arab.).
Alphabet, ágamek.
Einzelner Buchstabe des Alphabets, elkharf (Arab.).
Punkt über oder unter einem Buchstaben, tidebákka.
Armring der Männer, áschebe.
Armring der Weiber { ischínkotēn.
ischibga.
Fussring der Weiber, ásabōr.
Fingerring, tád-hot.
Ring, im Haar der Frauen getragen, tebellauten; *pl.* tubel-lauēn.
Ohrring, tessábboten; *pl.* íssabān.
Halsband, tassghált.
Perlenschnur, vom Kopf der Frauen herabhängend, tessíggort.
Challála (ein von den [Arabischen] Frauen zur Befestigung
 ihres Kleides benutzter Ring), tessákkanasst.

Eine Art kleiner Bedachung oder Regenschirm, gelegentlich von den Frauen getragen, um den Kopf zu schützen, áhennēk.

Schuh, ębúschege; *pl.* búschegan.

Sandale, tefédele; *pl.* tifedélen.

Waffen, tasóli.

Schwert, tákoba.

Langes Schwert, ebéru.

Dolch, télak.

Langer Dolch, gósema.

Scheide, títar.

Gefäss, Handgriff (des Schwerts), áraf- (ághaf-) n-tákoba.

Speer, agōr.

Eiserner Speer { asssgar.
                 éssar.

Speer mit vielen Widerhaken, kákarak.

Kleine Widerhaken, timssínnaren.

Widerhaken des Speers, tamaia.

Schild, ághere.

Schlechte Art Schilde, ágheressíl.

Bogen, taraia.

Bogenstrang, asságim.

Pfeil, assím.

Köcher, tatánghot.

Flintenlauf, éman.

Flinte, elbarūd.

Zündpfanne, ánabāg.

Pfannendeckel, éliss-n-elbarūd.

Hahn, asstel-n-elbarūd.

Bajonet, schabúle.

Ladestock, assetáktik.

Pulver, égil.

Kugel, tessauat.

Knall beim Abfeuern, tesággatēn.

Pistole (kabúss), temághedart (Arab.).
Sattel, elakīf.
Satteldecke, éliss-n-elakīf.
Sattelgurt, ascháschif.
Schnalle des Sattelgurts, táuinist.
Schnur in der Schnalle, tafilluit.
Steigbügel, inérkeb.
Zaum { aldjam (Arab.).
       errába (Auel.).
Mundstück { télakāt.
            téssirssān.
Schkála, ásaniss.
Derket, ssimdi.
El hasske, tefárruit.
Fussseil, téfart.
Futterbeutel, tágerik.
Sporn, mími; *pl.* mimítan.
Kameelsattel, étterīk.
Kleines Lederstück unter dem Sattel, aschebótbot.
Lederne Troddeln (als Zierath am Kameelsattel), agárruēn.
Futterbeutel des Kameels { scherîhet.
                          terîhet.
Kopfzierath des Kameels, ádelák.
Ein breiter Kameelsattel zum Reiten, tachauīt (Arab.).
Kameelsattel für Gepäck, arúku.
Futterbeutel des Lastochsen, áschau.
Sattel des Packochsen, ádafōr.
Eselsattel, ásstik.
Peitsche, abárteg.
Stecken, tabórit.
Hirtenstab, adjékar.
Seil, írrivi.
Seil von Dūm-Blättern, írrivi-n-ákōf.
Seil zur Sicherung der Kälber während der Nacht, assíddi.

Ledernes Seil, áran; *pl.* éronan.
Kleines Ledertau, tárant.
Hacke, itédimūt; *pl.* itídimun.
Hacke zum Säen, akōn.
Axt, tútale.
Hammer, afáddiss.
Eiserner Hammer, assáua.
Blasebalg, táschart.
Ambos, tahōnt.
Jede Art Unterlage, um darauf etwas zu schlagen, abaréscha.
Zange { irámmedān. / assessauen.
Nagel, ásstel; *pl.* ísstelen.
Pflock, oegárar.
Eiserner Ring, tasóbut.
Kette, tassúggenisst.
Guitarre, tehárdenīt.
Horn, tessínssak.
Trommel, attibbel.
Trommelschlägel, itkar.
Eine Art Flöte, árarīb.
Boot, tōraft; *pl.* tórefi.
Kleines Boot, takarámbet.
Ruder { tinesámmar. / assálte.
Stange für das Boot, ágit, *pl.* ígetān.
Vordertheil des Bootes, akarankōn.
Verdeck des Boots, girrim tōraft.
Bank, karbíndu.
Netz, tétart; *pl.* tétaren.
Grosses Netz, tétart amákkarit.
Harpune, sú (eigentlich nicht .Temrht).
Harpune mit einem Widerhaken, dama.
Harpune mit drei oder vier Spitzen, hargíta.

Lange, dünne eiserne Kette zum Fangen der Fische, tegér-gerīt.
Falle zum Fangen der Gazellen, tendírbat.

Matte { von Rohr, taussīt.
{ von Gras, tessélat.

Mattenwerk rund um das Zelt, tedáuanet.

Teppich, Fussdecke { afákkoss.
{ ahuar.
{ assósso.

Eine andere Fussdecke, genannt „el getífa", tagedúnfisst.
Bett, assífter.
Bargō, grobe wollene Decke, áberūk.
Kopfkissen, ádafōr; *pl.* ídefrān.
Art Rohrdivan, tauidarát.
Tragbare Bettstelle, teschégit.
Stangen, die das teschégit bilden, isseguge.
Stützen des teschégit, tigítteuēn.
Mörser, tínder.
Stössel, Keule, áschakal.
Kochstelle, éssid.
Steine für das Kochen, ihankaraien.
Kohlenpfanne, féma.
Kochtopf, telékkenit.
Wassertopf zum Waschen vor dem Gebet, ebēn uā-n-el ualla.
Wasserflasche (von Kürbis), ákassīss.

Wasserschlauch { édid.
{ tassúferit.

Schlauch für Proviant, anuar.
——— für saure Milch, tanuart.
——— für Butter, tarassalúmet.

Schlauch für Gepäck { ágerik.
{ tebauent.

Kleiner Schlauch, tamschit.

Börse, Beutel, ábelbōt.
Beutel mit einem besonderen Boden, teschélbakáss.
Schüssel, akūss.

Trinkgefäss { takūsst. terassūt. áradjūt (Auel.).

Kupferne Tasse { tíkeröast. terért-n-darūr. temánnass.

Hölzernes Gefäss mit ledernem Deckel, zur Aufbewahrung der Butter, tesságenit.
Wassereimer, agē, ádja.
Grosse Schüssel, Wassermulde, asáua; *pl.* isáuaten.
Trichter, assíggefi.
Löffel, tassókalt.
Trinklöffel, assílko.
Grosser Rührlöffel, assérui.
Gegabelter Stecken zum Umrühren der sauren Milch, efaránfar.
Stab zur Beseitigung der Haut auf der Milch, tassísskart.
Geflochtener Tisch von Stroh (tebek), tíssit.
Korb, faránfo.
Ssuniie, grosser Korb, tassóuanīt.
Grosses Gefäss für Honig, faránfarō.
Wachslicht, tabórit-n-táfetelt.
Ledernes Zelt, éhé[*]); *pl.* ehénnan.
Neues ledernes Zelt, éhé naina.
Gebrauchtes ledernes Zelt, éhé kít.
Mittelstange, temankait; *pl.* temánkaien.
Die kleineren Stangen an den zwei Seiten, tigítteuēn.
Seil, das über die Stangen läuft, áharak.

---

[*]) Dieses Wort findet sich schon im 10ten Jahrh. bei Íbn Haúkāl erwähnt, mit der Bedeutung „Berber-Lager" *(Journal Asiat.* 1842, vol. I, p. 40).

Doppelte Schnur, téronin-n-áhak.

Gegabelte Stange { afíssk. / asserámsserám.

Inneres des Zeltes, búgu.
Äusseres des Zeltes, kekke.
Auéba, teschéhat.
Ein besonderer Raum des Zeltes, genannt „gherára", tágharīt.
Zelt von Wollenstoff, éhé mellen.
Zeltstange, ágit; *pl.* ígetān.
Ort von Zelten, Lager (rehála), ámasagh; *pl.* imésaghen.
Stelle eines früheren Lagers, tímschagh.

Hürde { für Rindvieh, ássgin. / für Schaafe, áfarak-n-úlli.

Weideplatz, ámadōl.
Haus, táraschām; *pl.* tárischmēn.
Hofraum, ammass-n-éhé.
Oberes Zimmer, tikrórien.

Treppe { íbtalen-n-ssorō. / issíuiuan-n-ssorō.

Terrasse, afélle-n-táraschāmt.
Getäfelte Decke, iurssákka.
Vorrathszimmer, teschka*).
Abtritt, idér-n-aha.
Mauer des Hofraums, arálle.
Thor, tifáluat; *pl.* tifaluáten.
Fenster, inabágen táraschāmt.
Hütte, éhé; *pl.* ehénnan.
Dörfchen, Weiler (ádabai), tádabai.
Stadt, ágherim; *pl.* íghirmān.
Stadtmauer, ághadōr.

---

\*) Eine Station auf der Strasse von Sidjilmēssa nach Aúdaghost trug diesen Namen. El Bekrī, p. 157: يغال له تازقى وتنغسيمه البينت.
Vergl. Captain Lyon's Reisen, S. 315 (Originalausgabe).  H. B.

Strasse (tídjerīt; *pl.* tidjeráten), tescharrōt.
Markt, éuit.
Laden (tenda), bugō; *pl.* bugóten.
Moschee, tamisgída.
Schiff der Moschee, ássaf; *pl.* ássafen.
Thurm der Moschee, ssorō-n-tamisgída.
Versammlungsplatz, réme-n-méden.
Grab, ássikkē (asikke im Kab.).
Platz, Ort, dihāl (?).
Gegend, eldjihálet.
Winkel { terámmert.
{ tidínnekt; *pl.* tidínnek.
Káuri (Muschelgeld), tamgellít; *pl.* tímgel.
Karawane (ákabár; *pl.* ákuabír), térrekeft (rékeba); *pl.* ikéberān.
Vorräthe, Provisionen, ásad (Arab.).
Gepäck, ílalā.
Kaufmannsgüter, ásched (?).
Güterballen, Packet, ghadíle.
Kalliko (schigge), massr.
Geblümter Kalliko, talasíggi (gebildet aus dem Worte „schigge").
Seide, el charír (Arab.).
Atlas, birribírri.
Schwertgehenk (el hamíle), el medjdúl (Arab.).
Rothes Tuch, elbūsch.
Kattun, takerókerit.
Ochsenleder, erēd.
Gewürze, adúa séden.
Elghálie, tíltek.
Perlen, timarrouáni.
Rothe Perlen, ssarēr.
Bernstein, timisstúkatēn.
Eisen, tasóli.
Klang von Eisen, temssárakat.

Silber, áseref.
Gold, ūragh.
Kupfer, darúgh.
Blei, tesáuaten.
Loth (zum Löthen), ahellūn.
Eisendraht, ítali.
Elfenbein, Fangzahn des Elephanten, teschálat-n-élu.
Straussenfedern, tessággadēn-n-énnehe.
Gummi, tainússt.
Wachs, ékesse.
Preis, Werth, ēm.
Yard, Elle, agél (aghel? Arm?).
Faden, tíhid. Ein Maass von 4 Faden, akōss át-hid.
Ein Mundvoll, téhak.
Eine Quantität, welche zwischen zwei Finger genommen werden kann, takedímmit.
Eine Handvoll, tagebússit.
Was mit ausgespreizter Hand ergriffen werden kann, tébart.
Was mit beiden Händen ergriffen werden kann, íbssuten.

# DIE ERZÄHLUNG VOM VERLORENEN SOHN
## im Temā-schirht.

(Lucas 15, 11—32.)

Tánfosst: A'liad enne máchschaṭ n éheri.
Erzählung: Der Jüngling, welcher (war) verschwenderisch von Vermögen.

11. Kalai illen auādem īyen ilarōriss, ile essīn ilíaden.
Einst war ein Mann ein haben Kinder, habend zwei junge Söhne.

12. Inne au entukke n derssen y obanniss: Ikfāhi adegger-
Sagte der jüngere von ihnen zu seinem Vater: Gib mir Antheil

enī dare éheri ua n nek. Yonker tēss-an, yeson
meinen von dem Vermögen, welches dein. Stand auf ihr Vater, wog ab

gerēssan éherinniss. 13. Har darretādi ss eschīlan ma-
zwischen ihnen sein Vermögen. Bis nachher in Tagen we-

droïni, yenker áliad onnin, yessinte éherinniss ikét-eniss,
nigen stand auf Sohn jüngerer (?), sammelte (?) sein Vermögen alles davon,

issōkal, yikka ákal íyen ogúgen; yekīm darss; eoh-
kehrte zurück, ging über (zu) Land einem entfernten, wohnte darin, ver-

scheṭ éherinniss ger tídedēn. 14. Darret áchaschaṭ-
schwendete sein Vermögen unter Frauen. Nach der Verschwendung

n-éherinniss, asūet tetūk egel ghallé dar ákal ídagh:
seines Vermögens eine schwere Sache Brod(?)-Theuerung in Lande diesem:
[plötzlich?]

ebhāss harret. 15. Enker, yikka hāliss íyen, issúfure
fehlte ihm ein Ding. Er erhob sich, ging (zu) Mann einem, vermiethete

---

13. *Tídedēn,* Frauen, scheint dieselbe Bedeutung zu haben wie הַיְּדִידִים, Liebe, wie *dēden* in Vers 30.

14. *Tégelet* heisst „ein Brod", also auch wohl *egel* „Brod". — *Ibha,* es mangelte; anderswo: es täuschte. [*Asūet tetūk* hat hier sicherlich die Bedeutung „plötzlich", „auf ein Mal".]

imanniss ghōriss dar ágherim ídagh: hak, írdemáss
<small>sich selbst bei ihm in Stadt jener: er nahm (?), sandte (?) ihn (nach)</small>
schékarásch eniss, edānass ímmenāss eniss. 16. Hūn
<small>Feld seinem, er nährte für ihn seine Kameele. Aber-</small>
tulíss oless uar ikscha, assal ālan-n-éhischkan uīdagh tāten
<small>wiederum (?) er nicht ass, ausser Blätter von Büschen, welche essen</small>
ímmenāss. 17. Enta issíggere dar imanniss, inne ye imanniss:
<small>Kameele. Er betrachtete in seiner Seele, sagte zu seiner Seele:</small>
Nek, obāni illē 'klan agōtcní; erētussé daghssen ila ua
<small>Ich, mein Vater hat Sklaven viele; jeder von ihnen habend, was</small>
iksche: hūn nek amarádagh enák-ahē lāss, béhahē harret
<small>er ist: aber ich jetzt tödtet mich Hunger, fehlt mir ein Ding</small>
(od. igafélli chōr es sémen). 18. Amarádagh tátaragh
<small>(Alles). Sogleich ich will suchen</small>
denkar(agh), geligh gher obānin(i), ahass innēgh:
<small>(dass ich) aufstehe, ich gehe zu meinem Vater, ich möge ihm sagen:</small>
Obāni, nek egēgh irk harret gērit Messí-nak, gērit ke.
<small>Mein Vater, ich habe gethan übel Ding zwischen(?) unserm Gott, zwischen dir.</small>
19. Nek uar issimmemáhalagh damūssagh áliad innek.
<small>Ich nicht bin werth, ich werde genannt Sohn von dir.</small>
Amarádagh! ág-ahē ghass dar íkelánnak. 20. Hūn inker,
<small>Jetzt! mache mich nur in deinen Sklaven. Aber er stand auf,</small>
ōsse ass obāniss. Obāniss yenhēt har agūde yugíg, egass
<small>kam zu seinem Vater. Sein Vater sah ihn bis sehr weit, machte für ihn</small>
tehanīnet ghass, yúschel ssirss ghass, yūdar fel erínniss,
<small>Mitleid nur, eilte auf ihn nur, fiel auf seinen Nacken,</small>
ahāss* i-timullut. 21. Hūn innass rōriss: Obāni,
<small>dass zu ihm er möge küssen (?). Aber sagte zu ihm sein Kind: Mein Vater,</small>
hūn nek egēgh irk-n-harret gērit Messí-nak ed ke dar
<small>aber ich habe gethan schlechte Sache zwischen unserm Gott und dir in</small>

---

17. *Amarddar* oder *amar ddagh* hier und in Vers 18, 19, 21 scheint mit dem Kab. *imir enni*, „jene Zeit" oder „diese Zeit", gleichbedeutend zu sein.

19. *Damūssagh* = *ad-amūss-agh*. Die Wurzel *amūss* scheint das Arab. *issm* (der Name) zu vertreten, welches gleichfalls als Substantiv gebraucht wird.

*20. Oder *ahas itimullut*, er näherte sich für den Kuss. *Timullut* ist sonst ein Substantiv.

## Die Erzählung vom verlorenen Sohn.

tulíss. Hūn amarádagh nek uar issimmemáhalagh da-
Wiederholung. Aber jetzt ich nicht bin würdig, ich

mūssagh áliad innak: aṭafāhi udef idjēl íkelánnak.
werde genannt Sohn von dir: nimm mich (gleich einem?) deiner Sklaven.

22. Inne tiss y íkelánniss: Ahauyet tekatkat tehōssken,
Sagte sein Vater zu seinen Sklaven: Holla? bringet ein Hemd schön,

sselssem-ass-tet; tauyem tāthod tehōssken,
ihr habt es ihm angezogen; ihr habt gebracht einen Ring schön,

tegem-ass-tet degh assukkot eniss; tedjīmass
ihr habt ihn ihm gemacht an Finger von ihm; ihr habt ihm gemacht

búschegan ihósskatnēn degh ítefranniss. 23. Et uayamass
Schuhe schöne an seine Füsse. Ihr habt ihm gebracht

áhedel édderīn, tágheréssamáss, tekénfamáss,
Kalb fett, (dass) ihr (es) für ihn schlachtet, ihr bratet für ihn,

adenekschīt nélleuat. 24. Maschān rōri yemmūt,
(dass) wir es essen (und) vergnügt sind. Weil (denn) mein Kind war todt,

tulíss ahōne: ábat, nōliss téhanait. Éntenet
wieder ist lebend: er war verloren, wir haben wiederholt ein Finden. Sie

ílleuen imanássen. 25. Éua amakár enniss ihe
erfreuten ihre Seele. Er, der (war) der ältere (Sohn) von ihm, ging(?)

schékarásch-n-issen ekánneten, har iggel éhenniss, har
(auf) Felder von ihnen, sie zu bearbeiten, bis er kam an sein Zelt, bis

énnehas éhé n tiss, íssle amíssli n tessínssan
er sich näherte dem Zelt seines Vaters, er hörte einen Schall von Cymbeln(?)

d araníb de tóchasst. 26. Éghare fyen dar íkelan,
und Flöten und Tanz (?). Er rief einen von den Sklaven,

issíssten-t, innass: Uādagh mamūss? 27. Innass ákeli:
fragte ihn, sagte zu ihm: Dies was ist es? Sagte zu ihm der Sklave:

Amadarainek adóssenit tik; tik égheri-
Dein jüngerer (Bruder) kommt (zu) deinem Vater; dein Vater hat geschlachtet

ssass áhedel édderīn, fel amōye n amōkess eniss, n
für ihn Kalb fett, auf den Grund (?) des Begegnens von ihm, des

tadro eniss ssel-ráfiet. 28. Iggisch atkar [atkahh]
Empfangens (?) von ihm in Gesundheit. (Da) betrat Zorn

amakár eniss, yunge adíggesch éhé n
den älteren (Bruder) von ihm, er verweigerte (?), er sollte betreten Zelt von

tiss. Igmat obánniss éhenniss, erārit.
seinem Vater. Kam hervor sein Vater (von) seinem Zelte, drang in ihn.
29. Issókalass méghered, inne ye obánniss: Enhe, legh
Er gab ihm zurück Rede, er sagte zu seinem Vater: Sieh, ich bin (?)
diese (?)
aütian agóteni nek chadámaghak: kalá uar ichsche agh
Jahre viele ich habe dir gedient: einmal nicht habe ich verletzt
ulhi n nek, hūn kai kalá uar tikfāhi 'schel íyen taghat
Herz von dir, aber du einmal nicht gibst mir Tag einen Ziege
íyet, ssagarrassagh, hanagh-tesslauit, nek d imidáueni.
eine, ich liess schlachten, (dass) du uns machtest Freude, ich und meine Freunde.
30. Hūn áliad innek uādagh auayichschet éheri-n-nek
Aber Sohn von dir dieser, der verschwendete Vermögen von dir
ikét-eníss ger dēden, tésar íkal, tegharassass
alles davon in Liebeleien (?), den Nachmittag er kam, du hast ihm geschlachtet
áhedel édderīn. 31. Innass tiss: Ke tekēme derī
Kalb fettes. Sagte zu ihm sein Vater: Du wohnst mit mir
ssedēss-en(i) harkūk; éherí ni ikét-eníss éherí-n-nek.
an Seite von mir für immer; mein Vermögen alles davon (ist) dein Vermögen.
32. Maschān essímmemehél, ahass-nigge tarha-n-niss
Weil es ist werth, (dass) zu ihm wir machen Freude von ihm
assemussínten fel tamūssne innīt enta amádarai-innek ua
auf Grund von, auf den Namen davon, dass er dein jüngerer (Bruder) der
indúrren yamūt, tulíss ídar, ábat, nenhēt.
kleine war todt, wieder lebt, war verloren, wir haben ihn gefunden.

## V.
El Bakáy's Empfehlungsbrief für den Christlichen Reisenden auf seiner Rückreise von Timbuktu nach Bórnu.

In einer Vorrede in gereimter Prosa zählt Ahmed el Bakáy zuerst 10 Geschlechter seiner Vorfahren auf und richtet dann seinen Brief an alle diejenigen, in deren Hände der Reisende fallen möchte. Er nennt besonders seine Brüder und Freunde unter den Arabern, den Tuáreg, den Fullān und den Sudān, im Lande des Isslam und vor Allem im Lande des Geschlechtes (A'la) Fódie's, die edelsten Söhne ʻAbd Allah's und ʻOthmān's, des Imām, unter denen der Imām ʻAli (ʻAlīu) ben Mohámmed Bello ausgezeichnet ist, dann diejenigen im Lande der Gläubigen und Menschenfreundlichen, seine Brüder vom Volke Bórnu's und vorzüglich ihren ausgezeichneten Scheich ʻOmar, zuletzt alle Mosslemīn im Lande. Dann nimmt er seinen Gegenstand, den Obgenannten den Christlichen Reisenden zu empfehlen, in den folgenden Ausdrücken auf:

„Unser und Euer Gast, ʻAbd el Kerīm Barth, der Englische Christ, hat uns von Eurer Seite einen Besuch gemacht und wir haben ihn entsprechendermaassen geehrt und haben uns keine Vernachlässigung gegen ihn zu Schulden kommen lassen, haben ihn öffentlich und privatim als Freund behandelt und ihn gegen nomadische Wanderer und gegen feste Ansiedler vertheidigt, bis wir ihn Euch wohlbehalten wiedergaben, gerade wie er geehrt von Euch kam. Nun kann man

weder den Empfang, den wir ihm jetzt haben zu Theil
werden lassen, noch die Weise, in der Ihr ihn vorher behandelt habt, irgendwie tadeln; denn der Gast des Grossmüthigen verdient grossmüthige Behandlung und Verletzung
des Guten ist verboten. Auch ist es der Charakter des
Guten und Reinen, sich hilfreich zu erweisen, gerade wie
Böswilligkeit die Gesinnung des Lasterhaften ist, und wohlwollende Handlungen und Absichten sind sowohl Gott wie
den Menschen angenehm. Aber ich muss Euch dringend ermahnen, unseren und Euren Gast mit Ehre, Grossmuth und
Billigkeit zu behandeln. Und lasst Euch nicht täuschen von
denen, welche sagen: „Siehe, er ist ein Christ! erweist ihm
keine Freundlichkeit, lasst es vielmehr als Gott wohlgefällig
gelten, ihm Leid zuzufügen!" Denn solche Grundsätze
sind dem Kurān und der Ssunna zuwider und werden von
verständigen Leuten verschmäht. Es steht geschrieben:
„Gott verbietet euch nicht, Freundlichkeit und Billigkeit
denjenigen zu erweisen, welche nicht eures Glaubens willen
Krieg mit euch führen, noch euch von euren Wohnsitzen
vertreiben; denn Gott liebt den Gerechten"*). Und Gott sagt
(als Antwort für diejenigen, welche sagen: „Wir sind nicht
gebunden, mit den Heiden nach Billigkeit zu verfahren"):
„Vielmehr [sollst du nach Billigkeit verfahren] mit Jedem,
der seinem Versprechen treu bleibt und Gott fürchtet; denn
Gott liebt diejenigen, welche ihn fürchten"**). Und wir
haben von den Heiligen gehört in Betreff der Gesinnung
der Propheten, und wie sie Wohlthun gegen alle Menschen
eingeschärft haben. Der Prophet pflegte zu sagen: „So oft
ehrenwerthe Männer zu euch kommen, empfanget sie in
Ehren!" und er pflegte allen denen, welche zu ihm kamen,
Achtung zu erweisen, mochten sie nun Mosslemīn sein oder

---

*) Sur. IX, 9.
**) Sur. III, 69.

Kitâbi's [d. h. Leute des Buches, Juden oder Christen] oder Ungläubige. Und er gab Verordnungen in Betreff derer unter ihnen, welche unter Vertragsbedingungen standen, und derer, welche Tribut zu zahlen hatten, so dass er sagte: „Wer immer einen Genossen tödtet\*), soll nicht die Wohlgerüche des Paradieses geniessen und doch dringt ihr Geruch bis in die Entfernung einer 500jährigen Reise." Und sein Ahnherr, Abraham, war freundlich gegen Jedermann, so dass Gott ihn in seinem Buche erwähnt mit Beziehung auf sein grossmüthiges Betragen gegen Gäste und seine Milde lobt in seinem Wortstreite mit den Engeln, die wegen der Ungläubigen gesandt waren; denn er sagt: „Er stritt mit uns über die Leute Lot's; ach, Abraham ist menschenfreundlich!"\*\*) Und eine Gesandtschaft von den Christen von Nadjrân kam zum Propheten und er empfing sie ehrenvoll und liess ihnen Gerechtigkeit angedeihen, wie es seine Neigung und Gewohnheit zu thun war; dann schloss er einen Vertrag mit ihnen auf die Bedingung eines zu zahlenden Tributs und belästigte sie oder ihren Glauben nicht weiter, nachdem er sie einmal eingeladen hatte, den Isslâm anzunehmen, und nachdem sie seine Sendschreiben erhalten hatten, und er hielt sein Versprechen mit ihnen. Ebendies war auch die Art, wie er die Juden von Medîna behandelte, ehe er Krieg gegen sie unternahm. So spricht Gott: „Du wirst nicht aufhören, mit wenigen Ausnahmen Betrüger unter ihnen zu entdecken, aber vergib ihnen und verzeihe ihnen; denn Gott liebt den Grossmüthigen!"\*\*\*) Und sie pflegten ihn mit den Worten zu begrüssen: 'Assilâm âlaika!†), das ssîn mit der

---

\*) معاشر

\*\*) Sur. XI, 77.

\*\*\*) Sur. V, 16.

†) Name irgend eines bitteren Baumes. Diese Geschichte wird erzählt in Mischkât el Massâbih, Th. II, S. 894, aber dort wird das Wort assâm (Zerstörung) gebraucht.

kessra ausgesprochen, aber er pflegte keine andere Antwort zu geben, als „und auf euch!" Endlich bemerkte es 'Aïscha und machte ihnen Vorwürfe und verfluchte sie, aber er wies sie zurecht. So sagte sie: „Hörtest du nicht, was sie sagten?" Und er antwortete und sagte: „Aber hörtest du nicht, wie ich ihren Gruss zurückgab? Nun aber wird das, was ich Ihnen wünschte, erfüllt werden, aber was sie mir wünschten, wird nicht erfüllt werden." Und es geschah allein mit Bezug auf die Feinde Gottes — Leute, die Gott und seinen Propheten bekriegen und auf Grund ihres eigenen Glaubens Krieg gegen die Anhänger des Isslām führen —, dass der Prophet seine Verbote machte mit Bezug auf diese Art der Behandlung. Mit Bezug auf Solche hat Gott die Verordnung gegeben: „O Prophet, verfolge die Ungläubigen und Heuchler und sei streng gegen sie!"*) So hat jede Klasse von Ungläubigen ein besonderes Gesetz. Da kam denn eines Tages ein Mann vom Stamme der Fullān, der westlichen Fullān, mit den Ansprüchen, ein gelehrter Mann zu sein, aber ohne in Wirklichkeit Gelehrsamkeit zu besitzen, und er sagte zu mir: „Spricht Gott nicht: „Ihr werdet keine Leute finden, die an Gott und den letzten Tag glauben, dass sie diejenigen lieben, welche Gott und seinem Propheten Widerstand entgegensetzen"**) (und das Übrige jenes Verses) und dennoch liebst du diesen Christlichen Ungläubigen?" Ich gab ihm darauf zur Antwort: „Befolgst du denn dieses andere Wort Gottes: „Gott verbietet euch nicht, Freundlichkeit und Billigkeit denjenigen zu erzeigen, die nicht auf Grund ihres Glaubens Waffen gegen euch getragen haben und euch nicht aus euren Wohnungen vertrieben haben; denn Gott liebt diejenigen, die Gerechtigkeit üben; Gott verbietet euch nur, Freundschaft mit denjenigen zu haben, welche auf

---

*) Sur. IX, 74.
**) Sur. XVIII, 22.

Grund der Religion Waffen gegen euch tragen und die euch aus euren Wohnsitzen vertrieben oder die an eurer Vertreibung halfen?"*) Darauf hielt er seine Zunge. So sagte ich zu ihm: „Sprich! glaubst du, dass einer dieser Verse den anderen ungültig macht? Dann lügst du und lässest dich zu einem Lügner machen. Oder glaubst du, dass einer dem anderen widerspricht und dass der Widerspruch in der Absicht Gottes liegt? Dann bist du ein Narr und lässest dich zum Narren machen, führst Andere irre und lässest dich selbst irre leiten. Oder glaubst du an einen Theil des Buches und setzest Zweifel in den anderen? Dann bist du einer von denen, von welchen gesagt ist: „Glaubt ihr einen Theil des Buches und zweifelt an dem anderen"?**) Dann bist du ein Ungläubiger, obgleich du gegen Unglauben lärmst." Darauf bat er mich denn um eine Erklärung. So sagte ich: „Lass es dir genügen in Rücksicht dieses Mysteriums und dieser Schwierigkeit, dass dein Kopf graue Haare hat und dass du dennoch das Buch deines Herrn, das dir offenbaret ist, nicht kennst, noch auch die Ssunna deines Propheten. Denn der Befehl wegen des feindlichen Ungläubigen***) und des Ungläubigen, der nicht feindlich ist, ist wohlbekannt im Buche und in der Ssunna. In Betreff des Ungläubigen, der nicht feindlich ist, gibt es kein Verbot, ihn freundlich zu behandeln; dagegen ist es eine positive Pflicht, ihm Gerechtigkeit angedeihen zu lassen. In Betreff des feindlichen ist nichts gesagt, dass er mit Freundlichkeit behandelt werden soll, und Freundlichkeit gegen ihn ist daher nicht ausdrücklich befohlen; aber Gott hat nur verboten, Freundschaft mit ihm zu schliessen, indem man ihm den Vorzug vor Mosslemīn

---

*) Sur. IX, 8.
**) Sur. II, 79.
***) ‏مُحَارِبٌ‎

gibt, oder ihm gegen Mosslemīn zu helfen. Aber Freundlichkeit und Billigkeit gegen einen Ungläubigen, der nicht feindlich ist, ist augenscheinlich gesetzmässig; dagegen ist Freundschaft mit einem feindlichen Ungläubigen ausdrücklich ungesetzmässig und Freundlichkeit und Billigkeit gegen ihn sind unter zweifelhaften Pflichten, und die Ungläubigen, die feindlich sind oder hinderlich oder frech, gehören zu Einer Klasse und sind Einer Verordnung unterworfen, und gegen Solche ist liebevolle Zuneigung — Alles, was zu einer intimen Freundschaft gehört — verboten. Dies ist das Gesetz in Beziehung auf Ungläubige. Was die Kitābi's betrifft, so stehen die unter speziellen Gesetzen, mögen sie nun feindlich sein oder unter Friedensvertrag oder tributpflichtig. Wir können die Mädchen der Kitābi's von jedem Bekenntniss heirathen. Nun, wenn irgend Jemand behauptet, dass es nicht gesetzlich ist, einem Kitābi Freundlichkeit zu erzeigen, lass ihn mir sagen, was er mit einem Kitābi-Weib thun würde, da er doch sieht, dass Gott uns befohlen hat, unsere Frauen mit Freundlichkeit und Wohlwollen zu behandeln, und der Prophet hat es eingeschärft. Folglich, wenn dies wahr ist in Bezug auf das Kitābi-Weib eines Mosslīm, so würde da schlechthin kein Unterschied sein zwischen ihr und ihrem Vater und ihren Brüdern, ausgenommen den des Geschlechtes. Demnach ist es ganz unzweifelhaft, dass derselbe Grad von Freundlichkeit und Wohlthun, welchem er seiner Frau, der Tochter seiner Verbindungen durch Heirath schuldig ist, auch jenen Verwandten selbst geschuldet wird." Und der Emīr von Má-ssina, der Fullāni, sprach zu mir mit Unwissenheit und Unmenschlichkeit von wegen dieses Engländers und bestand auf abgeschmackten und nichtigen Forderungen. Und er — ja sogar seine Rechtskundigen ohne Gelehrsamkeit, Frömmigkeit oder Religion — führte als Beweis gewisse Verse aus dem Buche Gottes an, die in Betreff von Heuchlern offenbaret wurden, und zwar zunächst mit

Rücksicht auf ʿAbd Allah ben Obbai E'bn Ssalūl\*) und seine
Gevattern, und sie beschimpften sich selbst durch die Darlegung ihrer Unwissenheit in dem Kurān und der Ssunna. Ja,
sie konnten kein einziges Wort aus der Ssunna anführen,
noch einen einzigen Spruch aus dem kanonischen Gesetz\*\*),
und darin besteht doch, trotz aller ihrer Unwissenheit in demselben, ihre ganze Gelehrsamkeit! Da sie nun weder in der
Ssunna, noch im kanonischen Gesetz irgend etwas fanden,
was zu ihren Zwecken passte, sondern einzig und allein das,
was ihnen schnurstracks zuwiderlief, nahmen sie ihre Zuflucht zum Kurān und sie verdrehten seinen Sinn auf gewaltsame, unbillige, unwissende, sorglose und ganz lächerliche
Weise. Aber wehe über sie für das, was ihre Hände geschrieben haben, und wehe über sie für den Lohn, den sie
ernten werden! Unter dem, was ich zu ihnen sagte, war
auch Folgendes: „Wenn das, was ihr im Sinne habt, entweder
in theoretischer oder in praktischer Beziehung ein Theil der
Mohammedanischen Religion wäre, würde ich euch in der
Annahme desselben zuvorgekommen sein, und Chalīl ben
ʿAbd Allāhi und ʿOthmān ben Mohammed Bello, die beiden
Abkömmlinge Fódie's, würden euch zuvorgekommen sein.
Ja, der grosse Sultan, unser Herr, ʿAbd e' Rahmān, der Sohn
Hischām's, und der Chakān der beiden Kontinente und Meere,
der Sultan ʿAbd el Medjīd, der Sohn des Sultans Mahmūd,
des Sohnes des Sultans ʿAbd el Hamīd, diese beiden würden
euch zuvorgekommen sein. Was euren Anspruch betrifft, dass
ihr die Pflicht, den Ungläubigen Schlachten zu liefern und
sie zu hassen, von der Zeit eurer Väter und Grossväter her
ererbt habet, so sind wir ihnen näher verwandt als ihr;
denn ihr habt darin gar keine Ahnen, da ihr eure gegen-

---

\*) Dies ist eine bekannte Persönlichkeit aus dem Kurān.

\*\*) اللغة

wärtigen Meinungen erst ungefähr vor 30 Jahren angenommen habt, und ein Mensch erbt nur von seinem Vater und Grossvater. Wessen Gast ist dieser Christ? Und wiederum, in wessen Verbindung und Schutz ist dieser Christ? Er ist der Gast und Schützling des Sultans der Gläubigen, 'Abd el Medjīd, und des Imāms der Gläubigen, unseres Herrn 'Abd e' Rahmān. Wahrlich, er hat von seinen Vätern und Grossvätern die Pflicht ererbt, mit den Ungläubigen Krieg zu führen, und er besitzt seine Religion von den frühesten der Väter, von der Zeit der Propheten. Aber was die Herren von Núkkuma betrifft [d. h. die Fulbe von Má-ssina, deren erster Herrschersitz in Núkkuma auf der Nigerinsel — dem „rūde" — war], so haben die weder Religion, noch Gelehrsamkeit, noch Verstand, noch menschenfreundliche Bildung. Was gibt ihnen denn irgend ein Übergewicht oder irgend welche hervorragende Stellung über jene ausgezeichneten Männer, da sie doch sehn, dass sie der Schweif des Menschengeschlechtes sind, lebend im Schweife der Welt, und dass bis zu diesem Augenblick die Einladung der Ssunna und unentbehrlichen Pflichten sie nicht erreicht hat?" Aber es ist keineswegs nöthig, dabei zu verweilen, was sie in ihrer Verkehrtheit vorbringen, noch dabei, was ihnen im Streite entgegnet worden ist. Die Hauptsache ist, dass ihr, o ihr Gläubigen! wissen solltet, dass Gott uns Propheten gesandt hat mit Seinem Buch und Seinen Vorschriften und sie erklärt und deutlich gemacht hat, und dass, wer immer wünscht, darin, was Er geboten hat, etwas hinzuzufügen, verflucht ist und ausgestossen wird, und wer immer irgend etwas davon verringert, wird verdammt und bestraft. Behandle also den Mosslīm gemäss der im Buche Gottes und in der Ssunna des Propheten vorgeschriebenen Behandlung, mag der Mosslīm nun gewissenhaft oder sorglos sein; behandle die Kitābi's, wie sie zu behandeln sind, je nachdem sie feindlich sind oder unter Vertrag oder tributpflichtig, und behandle den schlechthin Ungläubigen, je nachdem er zu behandeln ist, mag er nun feindlich oder nicht feindlich sein; denn Alle sind Seine Diener; Sein Wille ist ihnen unwiderstehlich, Seine Verordnung haftet eng an ihnen, Sein Wissen begreift sie alle\*). Wer immer diese verschiedenen Klassen auf andere Weise behandelt, als Er festgesetzt hat, irrt in seinem Urtheile und ist böse.

Dieser Christ ist nun einmal der Gast der Mosslemīn, unter ihrem Schutze, ihrem Vertrag und in ihrem Sicherheitsgeleite. Kein Mosslīm kann ihm, ohne das Gesetz zu verletzen, Schaden anthun. Im Gegentheil, ihn verletzen ist eine brennende Schande. Ja, er hat die Rechte eines Gastes; denn der Gast des Grossmüthigen wird grossmüthig behandelt, und jeder Gläubige ist grossmüthig und jeder Heuchler geizig. Und macht denn die Grossmuth, die dem Charakter nicht eingeprägt ist, einen Gläubigen? Die Belohnung von Güte ist Güte nach dem Vorbilde des Charakters des barmherzigen Gottes. Gott spricht: „Gibt es irgend welche Belohnung von Güte als durch Güte?"\*\*) Und siehe, die Landsleute dieses Mannes, die Engländer, haben uns Dienste gethan, die weder bezweifelt, noch geleugnet werden können: sie bestehen in ihrer Freundschaft für unsere Brüder, die Mosslemīn, und in ihrer Aufrichtigkeit gegen dieselben und ihrer Herzlichkeit mit ihnen und der Hilfe, die sie unseren beiden Sultanen, 'Abd e' Rahmān und 'Abd el Medjīd, geleistet haben. Dieser Charakter der Engländer ist allgemein bekannt und anerkannt. Es ist daher unser Recht und unsere Pflicht, Dankbarkeit für ihre freundliche Gesinnung zu zeigen und dem Vertrag und dem Zutrauen, das zwischen

---

\*) Diese Stelle reimt sich im Original und ist allem Anscheine nach aus irgend einer bekannten Quelle citirt, aber im Kurān findet sie sich nicht. Um so mehr Ehre macht sie ihrem Verfasser, wer er immer sei.

\*\*) Sur. IV, 60.

uns und ihnen besteht, grösseren Nachhalt zu geben. Und ich richte diese Worte vornehmlich an euch, meine Brüder! Desshalb, Alle, die zur Gerichtsbarkeit unserer Tuáreg gehören, die Leute Karidénne's, das Reich Alkúttabu's ben Kaua ben Imma ben Ig e' Scheich ben Karidénne, und dann alle diejenigen meiner Freunde und Genossen, die hinter ihnen sitzen, Dinnik, das Reich meines Bruders und Neffen und Zöglings Mūssa ben Bodhāl ben Katim*); dann diejenigen in ihrem Rücken von unseren Anhängern, die Bewohner Aïr's, die Kēl-geréss und die Kēl-owī; dann unsere Lieblinge, das Geschlecht Fódie's, seine Gelehrten, die einsichtsvollen und menschenfreundlichen, welche die Anordnungen haben und das Recht der Entscheidung, ihnen sei mein Gruss und das Heil der Religion! Den Leuten des Imāms, des Hochherzigen, des Sohnes Bello's, des Imāms, des Sohnes 'Othmān's, des Vollkommenen. Denn wahrlich! mein Gast ist ihr Gast, der von ihnen nichts zu fürchten hat, da sie Gott Gehorsam bezeigen und wissen, dass Er der Erfüllung seiner Befehle Schutz angedeihen lässt. Und ganz vorzüglich, da ihr Herrscher, der Imām Mohammed Bello — Gott sei ihm gnädig! — mir mündlich und mit eigenhändiger Schrift erklärt hat, dass er und sein Königreich zu meiner Verfügung wären, so lange es an seinem Faden hinge**), so habe ich denn Vollmacht und ich gebe euch meine Ermahnung von wegen meines und eures Gastes, ja von wegen eines jeden Engländers, der nach ihm kommt, möge er nun seine Schritte zu mir wenden oder in eurer Nähe vorüberziehen oder eine Zeitlang in eurer Mitte wohnen und dann zurückkehren. Und was ich von euch verlange und euch auflege, dieselbe Verpflichtung lege ich auch meinen Brüdern auf, den Leuten von Bórnu, vorzüglich dem Scheich

---

*) Über die Dinnik siehe oben S. 586.

**) ما انتظم فى سلكه

'Omar ben Mohammed, dem Emīr, dem Gerechten; denn wiewohl ich sie nicht mit meinen Augen gesehn habe, habe ich sie doch gleichsam mit meinem Glauben gesehn und ich zähle Verwandtschaft mit ihnen an den Banden der Religion\*). Lasst euch also nicht durch Furcht abschrecken. Fürwahr, er ist ein ausgezeichneter Mann unter den Christen\*\*). Jedoch, da sind zwischen uns und ihnen solche Beschützer des Isslām und solche Kämpen gegen die Ungläubigen\*\*\*), dass, wenn die Letzteren durch jene durchbrechen, um sich an uns zu machen und uns anzugreifen, das Leben unerspriesslich ist und keine Heeresmacht weiter etwas auszurichten vermag. Aber Gott ist unser Hort: sicherlich! Er besiegt in Schlauheit jeden Betrüger, verräth jeden Verräther und macht jeden Ungläubigen zum Lügner. Denn Er spricht in seinem Buche zu uns und zu seinem Propheten: „Gott ist euer Hort und diejenigen der Gläubigen, welche euch folgen"†). „Wenn sie versuchen, euch zu hintergehen, dann ist Gott eure Stütze. Er ist es, der euch mit seiner Hilfe stark gemacht hat und mit den Gläubigen und der ihre Herzen vereint hat"††). So geschieht es denn durch die Religion Gottes, dass wir erhöhet werden und siegreich sind. Religion ist nur schwach durch ihre Bekenner†††). Der Segen des Buches Gottes und der Segen seines Propheten sei über uns und mit uns! So lass nicht Furcht einen Mosslīm ergreifen, dass sie ihn hinter-

---

\*) ناسبتهم بنَسَبِ رحمانى

\*\*) إِنَّ اللّٰهَ عَيْنٌ لِلنَّصَارَى

\*\*\*) El Bakáy meint den Kaiser von Morocco und den Sultan.
†) Sur. VIII, 65.
††) Sur. VIII, 64.

†††) فَإِنَّ ضَعْفَ الدِّينِ مِنْ أَهْلِهِ

gehen und ihn betrügen möchten, weil da Aufstand gegen die Sache Gottes unter ihnen ist und weil die Ssunna Seines Propheten unter ihnen übertreten wird. Und lass ihn unterdrücken für den rechten Tag allen Kampf und Schlacht, die er zu bestehen haben mag; denn das ist der Blödsinnigste der Menschen und der an Unwissenheit Stärkste unter ihnen, der zum Übel sich hinstürzt, bevor seine Zeit gekommen ist, und der dann ihm an dem Tage, wo es eintrifft, keinen Widerstand zu leisten vermag. Und was mich betrifft, meine Brüder, ich habe dem Engländer insbesondere einen allgemeinen Sicherheitsbrief geschrieben, in welchem ich einen Jeden in meinem Lande eingeschlossen habe, und ich habe auch euer Land hinzugefügt, im Vertrauen auf eure Religion und eure sichere Überzeugung und in Hinblick auf eure Einsicht und Menschenfreundlichkeit. Schreibet also für ihn, gleichwie ich selbst geschrieben habe, mit der Bedingung, dass wir unser Verhältniss der Ergebenheit bewahren unserem Imām, unserem Herrn ʻAbd eʼ Rahmān und unserem Sultan, ʻAbd el Medjīd, und seid nicht gleich den Leuten von Núkkuma, denn sie sind gleich den Tauben und Stummen, da sie mich gekränkt haben. Fürwahr, ich liebe meinen Gast, den Christen! Sorgt dafür, dass er in nichts Hemmung und Schaden erleide; denn der Prophet pflegte die Kuraïsch zu lieben trotz ihres Unglaubens an ihn und trotz ihrer Feindschaft gegen ihn. Gott spricht: „Ein Prophet ist zu euch gekommen, aus eurer eigenen Mitte; es schmerzt ihn eure Lasterhaftigkeit, er ist besorgt um euch"\*). Und Er sagte zu ihm: „Du wirst nicht alle diejenigen lenken, die du liebst"\*\*). Und er pflegte seine Onkel zu lieben und erfreute sich an ihrer Bekehrung zum Isslām, besonders an derjenigen Aʼbū Tāleb's, aber er kannte die Bestimmungen

---

\*) Sur. IX, 129.
\*\*) Sur. XXVIII, 56.

Gottes in Betreff der Gemeinde und war durch sie mitsammt der Gemeinde gebunden. Der Unwissendste aller Menschen ist derjenige, der das Buch seines Herrn und die Ssunna seines Propheten nicht kennt, so dass er sich erlaubt, was ungesetzlich ist, und verbietet, was gesetzlich ist, und nähert sich Ihm mit demjenigen, was ihn von Ihm entfernt, und sich desjenigen enthält, was ihn Ihm nahe bringt, der sich einbildet, dass seine Handlungen wohlgethan sind, weil er übel thut in dem, was geboten ist. Gott wird durch keine Handlung [oder keinen Ritus] verehrt, als durch das, was er geboten hat, und kein Verehrer nähert sich ihm durch die Unterlassung irgend einer Handlung als solche, deren Unterlassung geboten ist.

Nun soll noch einmal euch mein Gruss wiederholt werden und Ehre sei euch gewünscht! Lebt wohl!

## VI.

Die bedeutendsten Städte und Residenzen der unabhängigen Sonrhay zwischen dem Niger und der von mir verfolgten Strasse über Yägha und Libtāko.

Ich beginne mit *Kúlman*, einem grossen Ort, dessen Name schon durch die von anderen Reisenden, besonders von Dupuis, gesammelten Nachrichten Eingeborener in Europa bekannt geworden ist, in Folge seiner grossen Bedeutung in jenen so sehr herabgekommenen und entvölkerten Gegenden als gut bevölkerte und feste Stadt sowohl als auch als stark besuchter Marktplatz. Der hauptsächlichste Theil der Bewohner gehört zum Stamme der Kóisē mit dem Häuptling („koi" oder „keu") Fonī, dem Sohne A'rkossū's (A'rkossū is-se), oder, wie die Tuáreg ihn nennen, ag A'rkossū. Die Stadt kann nun mit ziemlicher Genauigkeit auf der Karte niedergelegt werden, da der von mir berührte Ort Tongi am Niger (S. 246), von dem sie 30 Meilen westlich liegen soll, ihre Lage sehr annähernd feststellt.

*Tēra*, die schon von Ahmed Bābā in der so rührenden Erzählung von der unglücklichen Laufbahn des letzten Sonrhay-Königs erwähnte Stadt, die selbst grösser als Kúlman und der allergrösste der „kssūr" der freien Sonrhay sein soll, der Stadt Timbuktu an Grösse gleichkommend. Sie liegt 4 Tagereisen südwestlich von Tongi und 2 Tagereisen ostnordöstlich von Dōre. Die Einwohner tragen ihr Haar in langen Locken und besitzen eine grosse Anzahl Pferde; sie sind völlig unabhängig.

*Darghol*, Residenz der Sonrhay-Prinzen, der Abkömmlinge der A'skiá oder Ssíkkíá. Ihr jetziges Haupt ist der „koi" Kálmia. Die Leute von Darghol sind sehr kriegerisch, bewaffnet mit Schild, Speer und Schwert, gleich den Tuáreg; aber leider wird die Energie dieser Sonrhay geschwächt und gebrochen durch die Uneinigkeit, die unter ihnen selbst obwaltet, indem die Bewohner von Darghol mit denen von Tēra Krieg führen, da die Letzteren ihre Oberhoheit nicht anerkennen wollen. Leider kann ich die Lage dieser wichtigen Stadt selbst nicht annäherungsweise mit einiger Genauigkeit bestimmen. Es ist sehr wünschenswerth, dass ein Europäischer Reisender diese ganze Landschaft erforschte.

Von den übrigen Städten der Sonrhay sind die wichtigsten folgende:

Kō-ssa.

Tákala mit einer Frau Namens Haua als Regentin. Selbst in Timbuktu soll vor der Eroberung der Stadt durch die Fulbe eine Frau den Haupteinfluss gehabt haben.

Dorōgun.

Kán-sseka-koira } beide nach ihren Häuptlingen benannt.
Bókar-koira

Kúrtschi mit Hemma als Häuptling.

Tēsi.

Góroschī.

Karta.

Kákaru oder Bámbelokoire, benannt nach dem Häuptling Bámbelo; eine mächtige Gemeinde, welche die benachbarten Städte und Dörfer beherrscht.

Bangúm.

Kerēgu.

Fómbiten mit dem Häuptling Hamma Fómbit.

Kánfulī.

Hammakoire.

Ssürbi.

Larba oder Láraba, die im vorhergehenden Bande erwähnte Stadt, die den Angaben nach so gross wie Ssai sein soll. Mit diesem und Támkala war Larba zur Zeit der Erhebung der Fulbe unter ihrem Reformator ʿOthmān auf das Engste verbündet und leistete den entschiedensten Widerstand.

Ssífada.
Bargúl.
Kassánni.
Alikóntschi.
Garubánda.
Kongosekoire.
Wosebángo.
Ssátumen.
Wóssolō.
Baddulēdji.
Barrobónghala.
Kalobánda.

# BRUCHSTÜCKE
### eines meteorologischen Tagebuches.

| Datum. | Stunde. | Grade Fahrenheit. | Bemerkungen. |
|---|---|---|---|
| *Jan.* 1854. | | | |
| 1. | . . . . . | . . | Kalt. |
| 2. | Sonnenaufg. | 62,2 | |
| | 2 Uhr Nchm. | 88,5 | |
| 3. | Sonnenaufg. | 61 | Heiterer Himmel. |
| | 1½ Uhr Nchm. | 87,5 | |
| 4. | Sonnenaufg. | 66 | Überzogener Himmel; hellte sich gegen Abend auf. |
| 5. | Sonnenaufg. | 60 | Heiterer Himmel; kalt. |
| | Sonnenunterg. | 77,5 | |
| 6. | . . . . . | . . | Heiterer Himmel; kalt. |
| | Sonnenunterg. | 77,5 | |
| 7. | Sonnenaufg. | 59,5 | |
| | 2 Uhr Nchm. | 85 | |
| | Sonnenunterg. | 87 | |
| 8. | Sonnenaufg. | 61,5 | Ein schöner Tag. An diesen beiden Tagen war es bei Sonnenuntergang wärmer als am Nachmittag. |
| | 2 Uhr Nchm. | 75 | |
| | Sonnenunterg. | 77,5 | |
| 9. | 2 Uhr Nchm. | 85 | Umzogen. |
| 10. | Sonnenaufg. | 64 | |
| 11. | Sonnenaufg. | 64 | |
| | 2 Uhr Nchm. | 85 | |
| | Sonnenunterg. | 80 | |
| 12. | Sonnenaufg. | 66 | |
| 13. | Sonnenaufg. | 65 | Sehr kalt. |
| 14. | . . . . . | . . | Nicht ganz so kalt. |
| 15. | . . . . . | . . | Umzogener Himmel am Morgen; gegen Mittag heller, dann wieder umzo- |

## Bruchstücke eines meteorologischen Tagebuches.

| Datum. | Stunde. | Grade Fahrenheit. | Bemerkungen. |
|---|---|---|---|
| *Januar.* | | | |
| | | | gen; entfernter Donner; gegen Abend Wetterleuchten; einige Regentropfen nach Mitternacht. |
| 16. | . . . . . . | . . | Kalter Wind. |
| 17. | . . . . . . | . . | Keine Beobachtung. |
| 18. | . . . . . . | . . | Ziemlich kalt. Himmel etwas heiterer. |
| 19. | Sonnenaufg. | 60 | |
| | Sonnenunterg. | 76 | |
| 20. | . . . . . . | . . | Umzogener Himmel. Sehr kalt und unangenehm. |
| | 2 Uhr Nchm. | 66 | 2½ Uhr Nachm. einige Tropfen Regen. |
| | Sonnenunterg. | 62 | |
| 21. | Sonnenaufg. | 51 | |
| | 2½ Uhr Nchm. | 77 | Heiterer Himmel. |
| | Sonnenunterg. | 69 | |
| 22. | Sonnenaufg. | 48 | Heiterer Himmel. (Zerbrach heute meinen letzten Thermometer!) |
| 23. | . . . . . . | . . | Heiter. |
| 24. | . . . . . . | . . | Ziemlich heiter. |
| 25. | . . . . . . | . . | Schöner Tag; herrlicher Morgen. |
| 26. | . . . . . . | . . | Heiterer Morgen. |
| 27. | . . . . . . | . . | Vormittags nicht ganz hell. |
| 28. | . . . . . . | . . | Keine Beobachtung. |
| 29. | . . . . . . | . . | Kalt und windig. |
| 30. | . . . . . . | . . | Heiteres, kaltes Wetter. |
| 31. | . . . . . . | . . | Heiter. |
| *Februar.* | | | |
| 1. | . . . . . . | . . | Nicht ganz hell. In diesem Monat wurden sehr wenige eigentliche Beobachtungen angestellt; im Allgemeinen aber erwiesen sich die Morgen kälter als im Januar. |
| *März.* | | | |
| 1—2. | . . . . . . | . . | In den ersten Tagen dieses Monats stürmte es Vormittags sehr heftig. |
| 3. | . . . . . . | . . | Morgens heiter; später umzogen. |
| 4. | . . . . . . | . . | Heiter. |
| 5. | . . . . . . | . . | Heiterer Morgen. |
| 6. | . . . . . . | . . | Heftiger Sturm aus Norden während |

| Datum. | Stunde. | Grade Fahrenheit. | Bemerkungen. |
|---|---|---|---|
| *März.* | | | |
| | | | des ganzen Tages, welcher viel Sand mit sich führte. |
| 7. | . . . . . . | . . | Heiter. |
| 8. | . . . . . . | . . | Heiter. |
| 9. | . . . . . . | . . | Trüber Himmel. |
| 10. | . . . . . . | . . | Umzogen; die Sonne brach kaum einmal durch. Einige Tropfen Regen. |
| 11. | . . . . . . | . . | Umzogen. |
| 12. | . . . . . . | . . | Windig und trüb. Heftiger Sturm in der Nacht. |
| 13. | . . . . . . | . . | Bewölkt. Im Laufe des Tages erhob sich heftiger Sturm. |
| 14. | . . . . . . | . . | Umzogen; kein Wind; Abends hell. |
| 15. | . . . . . . | . . | Heiter. |
| 16. | . . . . . . | . . | Am Vormittag heiter; dann trüb. |
| 17. | . . . . . . | . . | Umzogen. |
| 18. | . . . . . . | . . | Heiter. |
| 19. | . . . . . . | . . | Nachmittags trüber Himmel. |
| 20. | . . . . . . | . . | Heiterer Himmel am Morgen. |
| 21. | . . . . . . | . . | Der Himmel mit Wolken umzogen; es tröpfelte während des ganzen Morgens. 8½ Uhr Abends mässiger Regen, der um 11 Uhr stärker wurde und bis 1 Uhr dauerte. Nach Mitternacht ein heftiger Tornado. |
| 22. | . . . . . . | . . | Es fuhr Morgens fort zu tröpfeln; der Himmel war dick umzogen; dann und wann fiel ein Tropfen Regen. |
| 23. | . . . . . . | . . | Ein warmer, sonniger Tag. |
| 24. | . . . . . . | . . | Trübes Wetter. |
| 25. | . . . . . . | . . | Der Himmel war den grössten Theil des Tages überzogen; Abends schien die Sonne ein wenig. Etwa um 11 Uhr Nachts regnete es einige Tropfen. |
| 26. | . . . . . . | . . | Trüber Himmel. Es tröpfelte den ganzen Tag. Etwa um 11 Uhr Nachts begann es ordentlich zu regnen, bis etwa 2 Uhr Morgens. |
| 27. | . . . . . . | . . | Trüb und kühl; es fuhr fort zu tröpfeln und um Mittag hatten sich |

| Datum. | Stunde. | Grade Fahrenheit. | Bemerkungen. |
|---|---|---|---|
| *März.* | | | |
| 28. | . . . . . . | . . . | dunkele Wolken zusammengezogen; um 2 Uhr Nachmittags fing es ordentlich an zu regnen und regnete bis 5 Uhr *). Zwischen 1 und 2 Uhr Morgens abermals ein leichter Regen, der 1 Stunde anhielt. Nach Sonnenaufgang hellte es sich etwas auf und um 9 Uhr Vormittags brach die Sonne vollständig durch. Heftiger Sturm den ganzen Tag. |
| 29. | . . . . . . | . . . | Heiterer Tag, aber windig; nicht zu warm. |
| 30. | . . . . . . | . . . | Sonnig, es wehte jedoch den ganzen Tag ein heftiger Sturm. |
| 31. | . . . . . . | . . . | Zuweilen Sonnenschein, dann wieder trüb; ziemlich windig. |
| *April.* | | | |
| 1. | . . . . . . | . . . | Trüb; Nachmittags einige Tropfen Regen. |
| 2. | . . . . . . | . . . | Heiterer. Gegen Abend erhob sich ein heftiger Sturm. |
| 3. | . . . . . . | . . . | Ein warmer Tag. |
| 4. | . . . . . . | . . . | Schöner, kühler Morgen mit dem gewöhnlichen Sturm aus Norden; Nachmittags ruhig. |
| 5. | . . . . . . | . . . | Ein warmer Tag. |
| 6. | . . . . . . | . . . | Kühler Morgen. |
| 7. | . . . . . . | . . . | Frischer Wind. |
| 8. | . . . . . . | . . . | Sehr kühle Nacht. |
| 9. | . . . . . . | . . . | Warmer Tag; kein Wind; gegen Abend umzogen. |
| 10. | . . . . . . | . . . | Die Nacht war weniger kühl. Gegen 1 Uhr Nachm. ein heftiger Windstoss. |

---

*) Jedermann versicherte mich, dass die im vergangenen Jahre um diese Zeit gefallene Regenmenge weit beträchtlicher gewesen wäre. Man rechnet im Allgemeinen 4 Regentage im März und deren 3 im April und nennt diese Jahreszeit den Nissān.

Bruchstücke eines meteorologischen Tagebuches.

| Datum. | Stunde. | Grade Fahrenheit. | Bemerkungen. |
|---|---|---|---|
| *April.* 11. | . . . . . . | . . | Warm. Gegen 2 Uhr Nachmittags heftige Windstösse. |
| 12. | . . . . . . | . . | Ein warmer Tag. |
| 13. | . . . . . . | . . | Keine Beobachtung. |
| 14. | . . . . . . | . . | Gegen Mittag Sturm aus Süden. |
| 15 — 18. | . . . . . . | . . | Keine Beobachtungen. |
| 19. | . . . . . . | . . | Die Sonne war sehr lüstig. |
| 20. | . . . . . . | . . | Keine Beobachtung. |
| 21. | . . . . . . | . . | Trüber Himmel; windig. |
| 22 — 26. | . . . . . . | . . | Keine Beobachtungen. |
| 27. | . . . . . . | . . | Die Nacht sehr warm; Morgens trüber Himmel. |
| 28. | . . . . . . | . . | Schöner Morgen; sehr warmer Tag. |
| 29. | . . . . . . | . . | Keine Beobachtung. |
| 30. | . . . . . . | . . | Sehr warmer Tag. Um 9½ Uhr Ab. ein leichter, kurzer Regen, welchem eine Brise folgte. |
| *Mai.* 1. | . . . . . . | . . | Der Himmel war Abends dick mit Wolken bedeckt. |
| 2. | . . . . . . | . . | Bewölkt; die Sonne brach ungefähr um 8 Uhr durch. — Während dieser ganzen Zeit fiel längs des Niger Abends und Nachts ein starker Thau. |
| 3. | . . . . . . | . . | Ein heiterer Tag. |
| 4. | . . . . . . | . . | Heiterer Tag; um 3 Uhr Nachm. entfernter Donner gegen S. und SO. — 3 Uhr 45 Min. ein ordentlicher Regen, welcher 10 Min. anhielt. Rings um uns her gewitterte und regnete es bis zum Abend. Um 5 Uhr Nachm. abermals leichter Regen und Tröpfeln bis Sonnenuntergang. |
| 5. | . . . . . . | . . | Der Morgen ziemlich heiter. Um 3 Uhr Nachmittags sammelten sich Wolken im Osten und es begann in derselben Richtung zu donnern. Nach und nach kam von Süden ein Sturm herauf, der mit furchtbaren Windstössen losbrach, als ob eine Bat- |

| Datum. | Stunde. | Grade Fahrenheit. | Bemerkungen. |
|---|---|---|---|
| *Mai.* | | | |
| | | | terie gelöst würde. Um 7 Uhr Ab. kamen die Gewitterwolken aus Norden zurück, wohin sie sich verzogen hatten, und es fiel ein äusserst heftiger Regenschauer, der in ungeschwächter Stärke 1 Stunde lang dauerte, dann in geringerem Grade bis 9 Uhr anhielt. Um 1 Uhr Nachm. betrug die Temperatur fortwährend zwischen 104—108°. |
| 6. | . . . . . | . . | Himmel immer noch umzogen; etwa um 8 Uhr Vormittags brach die Sonne durch. Abends heiter. |
| 7. | . . . . . | . . | Während des ganzen Tages war der Himmel umzogen, die Luft gegen Sonnenuntergang sehr drückend. |
| 8. | . . . . . | . . | Trüber Himmel. |
| 9. | . . . . . | . . | Fortwährend trüber Himmel; es hellt sich Nachmittags etwas auf. |
| 10. | . . . . . | . . | Trüber Tag mit bewölktem Himmel; Abends hell. |
| 11. | . . . . . | . . | Am Nachmittag ein heisser Wind von der Wüste her. |
| 12. | . . . . . | . . | Dunstig und umzogen am Nachmittag. |
| 13—14. | . . . . . | . . | Heiter. |
| 15. | . . . . . | . . | Morgens heiter, Nachmittags heisser Wind von der Wüste. Etwa um 1 Uhr Nachm. war die Temperatur zwischen 105° und 108°. |
| 16. | . . . . . | . . | Starker, „erîfe" genannter Nordostwind. |
| 17—21. | . . . . . | . . | Keine Beobachtungen. |
| 22. | . . . . . | . . | Sehr kalter Morgen. |
| 23. | . . . . . | . . | Kalter Morgen. |
| 24. | . . . . . | . . | (*Bamba.*) — Himmel dick überzogen; starker Regen gegen Süden, jenseits des Niger. Nach und nach erhob sich ein heftiger Sturm; regnerisch. Auch bei uns fielen einige Tropfen Regen. 9¼ Uhr Vormittags ein heftiger, eine Viertelstunde dauernder |

| Datum. | Stunde. | Grade Fahrenheit. | Bemerkungen. |
|---|---|---|---|
| *Mai.* | | | |
| 25. | . . . . . | . . | Schauer. Die Sonne brach ungefähr um 3 Uhr Nachm. durch die Wolken. Himmel am Morgen ziemlich heiter; seit Mittag bewölkt; ungefähr um 2 Uhr Nachmittags ein leichter Regen von kurzer Dauer. Etwa um 3 Uhr Nachmittags stieg ein zweites Gewitter auf, welches jedoch ohne Regen vorüberzog. Um 5 Uhr abermals ein Gewitter mit einem mächtigen Sandsturm, aber ohne Regen. |
| 26. | . . . . . | . . | Himmel umzogen; um 2 Uhr Nachm. ein leichter Schauer, dem ein zweiter folgte. An der südlichen Seite des Niger fiel sehr viel mehr Regen. Später am Nachmittag klärte sich der Himmel mehr auf; es wetterleuchtete jedoch stark während des ganzen Abends in Norden und Nordosten. |
| 27. | . . . . . | . . | 2½ Uhr Nachmittags stieg ein schweres Gewitter von Osten her auf, zog jedoch ohne Regen vorüber, eine ungeheure Menge Sand mit sich führend. |
| 28. | . . . . . | . . | Warmer Tag; Gewitter in *A'ribinda*. |
| 29. | . . . . . | . . | Heiterer Tag. |
| 30. | . . . . . | . . | Regnerisch; am frühen Morgen zweimal etwas Regen. Um 3 Uhr 30 Min. Nachm. erhob sich ein heftiger Wind, der uns jedoch nur Sand brachte. Regen in *A'ribinda*. |
| 31. | . . . . . | . . | Keine Beobachtung. |
| *Juni.* | | | |
| 1. | . . . . . | . . | Die Luft wurde viel kühler. Am Nachmittag mehrere Gewitter; dem zweiten, um 6 Uhr Ab. von Norden heranziehend, folgte um 6½ Uhr ein leichter Regen, der mit kurzen Unterbrechungen bis 10 Uhr Abends |

| Datum. | Stunde. | Grade Fahrenheit. | Bemerkungen. |
|---|---|---|---|
| *Juni.* | | | |
| | | | anhielt und den heissen, sandigen Boden abkühlte. |
| 2. | . . . . . . | . . | Kühl und frisch; schöner Tag. |
| 3. | . . . . . . | . . | Schöner, warmer Tag. |
| 4. | . . . . . . | . . | Morgens ein Gewitter in Westen; um 8 Uhr ein heftiger Sturm. |
| 5. | . . . . . . | . . | Heiteres Wetter, Nachmittags windig. Um 5 Uhr Nachmittags stieg ein Gewitter auf, aber ohne dass es in unserer Nähe regnete. |
| 6. | . . . . . . | . . | Sehr warm. |
| 7. | . . . . . . | . . | Ausserordentlich warm; Abends Wetterleuchten in jeder Richtung. |
| 8. | . . . . . . | . . | $2\frac{1}{2}$ Uhr nach Mitternacht ein Gewitter, gefolgt von leichtem Regen, der von $8\frac{1}{4}$ Uhr bis $8\frac{1}{4}$ Uhr Vorm. anhielt. Dann heftiger Sturm. |
| 9—10. | . . . . . . | . . | Schön. |
| 11. | . . . . . . | . . | Keine Beobachtung. |
| 12. | . . . . . . | . . | Nachmittags umwölkt; Abends Wetterleuchten. |
| 13. | . . . . . . | . . | Ein Gewitter zog sich um 2 Uhr nach Mitternacht zusammen, von heftigem Sturm begleitet, aber ohne Regen. Den ganzen Tag über nebelig. |
| 14. | . . . . . . | . . | Keine Beobachtung. |
| 15. | . . . . . . | . . | Um 3 Uhr Morgens ein Gewitter von Norden her; es fielen jedoch nur wenige Tropfen Regen. |
| 16. | . . . . . . | . . | Etwa um 4 Uhr Morgens zog sich ein Gewitter zusammen ohne Donner und Blitz, aber mit starkem Regen, der bis $8\frac{1}{2}$ Uhr dauerte. |
| 17. | . . . . . . | . . | Schön. |
| 18. | . . . . . . | . . | Gegen Sonnenuntergang stieg ein drohend aussehendes Gewitter auf, zog jedoch ohne Regen vorüber; während der Nacht aber regnete es ziemlich bedeutend und ohne viel Wind. |

Bruchstücke eines meteorologischen Tagebuches. 743

| Datum. | Stunde. | Grade Fahrenheit. | Bemerkungen. |
|---|---|---|---|
| *Juni.* | | | |
| 19. | . . . . . | . . | Schön. |
| 20. | . . . . . | . . | Heiter. |
| 21. | . . . . . | . . | Gegen 9 Uhr Vormitt. brach die Sonne durch die Wolken. Abends Wetterleuchten; kein Regen. |
| 22. | . . . . . | . . | Etwas bewölkt, sehr heiss; Wetterleuchten am Abend. |
| 23. | . . . . . | . . | Warm. |
| 24. | . . . . . | . . | Etwas kühler. |
| 25. | . . . . . | . . | Bewölkt; mehrere Male einige Tropfen Regen mit Donner gegen Westen. 3½ Uhr Nachmitt. zog ein schweres Gewitter vorüber nach Norden, wo es heftig regnete. |
| 26. | . . . . . | . . | Gegen 5 Uhr Nachmitt. zog ein schweres Gewitter ohne Regen über uns hin, war aber von heftigem Sturm begleitet. |
| 27. | . . . . . | . . | Heiterer, schöner Morgen; gegen Mittag sehr warm; Abends Wetterleuchten. Ungefähr 8 Uhr Abends ein Gewitter ohne Regen; nach Mitternacht ein zweites aus Südwesten mit wenig Regen. |
| 28. | . . . . . | . . | Schöner Tag. Wolken und Wetterleuchten am Abend. |
| 29. | . . . . . | . . | Heiterer Morgen, später sehr warm. Gegen 2 Uhr zog sich ein Sturm von Osten her zusammen u. brachte einen leichten Regen von kurzer Dauer, kehrte um 4½ Uhr unter heftigem Regen aus Westen zurück; es regnete eine halbe Stunde. |
| 30. | . . . . . | . . | Schöner, heiterer Morgen; kein Regen. |
| *Juli.* | | | |
| 1. | . . . . . | . . | Gegen 8 Uhr Vorm. ein starker Sturm. |
| 2. | . . . . . | . . | Heiter. |
| 3. | . . . . . | . . | Schöner, kühler Morgen. |
| 4. | . . . . . | . . | Gegend Abend zog allmählich ein Gewitter von Osten auf, aber ohne Regen. |

| Datum. | Stunde. | Grade Fahrenheit. | Bemerkungen. |
|---|---|---|---|
| *Juli.* | | | |
| 5. | . . . . . . | . . | 8 Uhr Nachmitt. Regen, erst mässig, dann stärker, aus Norden kommend. Um 5 Uhr ein anderer heftiger, etwa 20 Min. dauernder Regen. |
| 6. | . . . . . . | . . | Heiter. |
| 7. | . . . . . . | . . | Früh am Morgen zog ein Gewitter vorüber, ohne dass es regnete. |
| 8. | . . . . . . | . . | Gegen Abend ein Gewitter von Osten, begleitet von mässigem, bis spät in die Nacht anhaltendem Regen. |
| 9. | . . . . . . | . . | Heiter. |
| 10. | . . . . . . | . . | Ein schöner, heiterer Morgen. |
| 11. | . . . . . . | . . | Gegen 10 Uhr Abends brach ein Gewitter, das sich schon lange zusammengezogen hatte, unter heftigem Regen los, der mit geringerer Heftigkeit, aber von einem starken Sturm begleitet, die ganze Nacht anhielt. |
| 12. | . . . . . . | . . | Keine Beobachtung. |
| 13. | . . . . . . | . . | Gegen 10 Uhr überzogen dicke Wolken den Himmel, wurden jedoch von einem heftigen Sturme zerstreut. Um 2½ Uhr Morgens fing es ohne Gewitter stark an zu regnen, was 20 Minuten dauerte. |
| 14. | . . . . . . | . . | Der Himmel Morgens dick umzogen, Nachmittags heiter. |
| 15. | . . . . . . | . . | Gegen 6 Uhr Morgens zog sich ein heftiges Gewitter zusammen und entlud sich um 6½ Uhr durch einen heftigen Regen, der mit gleicher Heftigkeit bis gegen 8 Uhr, dann mässiger bis 10½ Uhr anhielt. |
| 16. | . . . . . . | . . | Morgens ein herrlicher, heiterer Himmel; Nachmitt. zuweilen bewölkt. |
| 17. | . . . . . . | . . | Heiter. Um 10 Uhr Abends ein Gewitter aus Südost, welches uns nur mässigen Regen brachte. |
| 18 — 19. | . . . . . . | . . | Heiter. |
| 20. | . . . . . . | . . | Um 5 Uhr Morg. näherten sich schwarze |

| Datum. | Stunde. | Grade Fahrenheit. | Bemerkungen. |
|---|---|---|---|
| *Juli.* | | | |
| | | | Gewitterwolken aus Südosten und brachten einen heftigen Tornado, aber nur wenige Regentropfen. |
| 21. | . . . . . | . . | In der Nacht vom 21. zum 22. mässiger Regen. |
| 22. | . . . . . | . . | Kühler Morgen; sehr feucht. |
| 23. | . . . . . | . . | Heiter. |
| 24. | . . . . . | . . | Morgens schwere Regenwolken, aber kein Niederschlag. Am Nachmittag zog sich ein Gewitter von Osten her zusammen, die Wolken wurden jedoch wieder zerstreut. |
| 25. | . . . . . | . . | Heiter. |
| 26. | . . . . . | . . | $3\frac{1}{2}$ Uhr ein Gewitter in Osten, jenseits des Flusses. |
| 27. | . . . . . | . . | Warmes Wetter. Gegen 4 Uhr Nachm. zog ein schweres Gewitter in Westen auf, wurde jedoch wieder zerstreut; dann ein zweites in Norden mit heftigem Regen von $6\frac{1}{4}$ bis 8 Uhr. Nach einer halben Stunde Ruhe brach ein anderes Gewitter mit starkem Wind und Regen los; es regnete dann schwach bis zum Morgen. |
| 28. | . . . . . | . . | Umzogener Himmel; die Sonne brach Nachm. um 4 Uhr durch. |
| 29. | . . . . . | . . | Keine Beobachtung. |
| 30. | . . . . . | . . | Um $9\frac{1}{4}$ Uhr Abends stieg ein schweres Gewitter auf, obgleich es vorher ganz heiter war, und dann folgte ein heftiger Regen. |
| 31. | . . . . . | . . | Der Himmel war den ganzen Tag umzogen, bis er sich Nachmittags aufhellte. |
| *August.* | | | |
| 1. | . . . . . | . . | Heiter. |
| 2. | . . . . . | . . | Trüb und bewölkt; die Sonne brach gegen Mittag durch; schöner Abend. |
| 3. | . . . . . | . . | Den ganzen Morgen fielen einzelne Regentropfen; um $2\frac{1}{4}$ Uhr Nachm. |

| Datum. | Stunde. | Grade Fahrenheit. | Bemerkungen. |
|---|---|---|---|
| *August.* | | | |
| | | | brach die Sonne durch die Wolken. |
| 4. | . . . . . | . . | Um 8 Uhr Vormitt. war der Himmel dick umzogen; regnerisch. Es fing um 8 U. 45 M. an zu regnen und regnete fortwährend mit Unterbrechung. Um 3¼ Uhr ein starker Schauer, der eine halbe Stunde mit grosser Heftigkeit anhielt, dann mässiger fortfuhr. |
| 5. | . . . . . | . . | Regnerisches Wetter. |
| 6. | . . . . . | . . | 4 U. 50 M. Nachm. ein leichter Regen. |
| 7. | . . . . . | . . | Es blitzte am Morgen; dann folgte um 5¾ Uhr ein mässiger Regen ohne Wind, der bis 7 U. 10 M. anhielt; dann und wann fielen noch einzelne Tropfen. Um Mittag brach die Sonne durch die Wolken; schöner Nachmittag. |
| 8. | . . . . . | . . | Schöner Tag; kein Regen. |
| 9. | . . . . . | . . | Der Himmel war den ganzen Tag umzogen; nach 3 Uhr Nachm. zogen sich schwere Gewitterwolken zusammen, die einen bis 5 Uhr dauernden heftigen Regen verursachten; dieser liess dann nach, begann aber um 6 Uhr mit neuer Heftigkeit bis 7 Uhr. |
| 10. | . . . . . | . . | Trocken. |
| 11. | . . . . . | . . | Heiterer Morgen; gegen Mittag umzogen und einzelne Regentropfen; um 8 Uhr schwere Gewitterwolken ohne Regen. |
| 12. | . . . . . | . . | Um 3 Uhr 5 Min. ein Gewitter mit nur mässigem, eine halbe Stunde dauerndem Regen. |
| 13. | . . . . . | . . | Heiter. |
| 14. | . . . . . | . . | Den ganzen Tag über umzogener Himmel ohne Regen. |
| 15. | . . . . . | . . | Einige Regentropfen am Morgen; Nachmittags Sonnenschein. |
| 16. | . . . . . | . . | Dick umzogener Himmel. Um 6¼ Uhr |

Bruchstücke eines meteorologischen Tagebuches. 747

| Datum. | Stunde. | Grade Fahrenheit. | Bemerkungen. |
|---|---|---|---|
| *August.* | | | |
| 17. | . . . . . . | . . | Morgens begann es zu regnen und regnete fast den ganzen Tag, abwechselnd schwach und heftig. *(Gdndō.)* — Im Laufe des Morgens brach die Sonne durch die Wolken; Nachmittags Regen mit Unterbrechung; nach Sonnenuntergang heftiger, fast die ganze Nacht anhaltender Regen. |
| 18. | . . . . . . | . . | Der Regen begann gegen Morgen mit vermehrter Heftigkeit; etwas Regen im Verlauf der folgenden Nacht. |
| 19. | . . . . . . | . . | Starker, eine halbe Stunde anhaltender Regenfall am Morgen; dann tropfenweise bis 9 Uhr Vormitt. Später brach die Sonne durch die Wolken. |
| 20. | . . . . . . | . . | Ziemlich hell am Morgen; bisweilen einige Regentropfen; Nachm. Gewitter; von 4—8 Uhr Ab. ordentlicher Regen. |
| 21. | . . . . . . | . . | Ziemlich hell; von 11½ Uhr Vorm. tröpfelte es bis gegen 2 Uhr Nachmitt. Später brach die Sonne durch die Wolken. Heiterer Nachmittag. |
| 22. | . . . . . . | . . | Um 2 Uhr Vormitt. ein heftiger Schauer, der bis 4½ Uhr anhielt; später dann und wann ein wenig Regen. Um 3 Uhr Nachm. ein Gewitter von Nordwesten mit Regen in Zwischenräumen; derselbe wurde von 4 Uhr an anhaltender bis Sonnenuntergang. |
| 23. | . . . . . . | . . | Gegen Mittag ein Gewitter in der Ferne; 1½—3 Uhr Nachm. ein leichter Regen; um 4 Uhr brach die Sonne durch die Wolken. |
| 24. | . . . . . . | . . | Bewölkter Himmel. Gegen 9 Uhr Vorm. einige Regentropfen mit Donner und Blitz. |
| 25. | . . . . . . | . . | Umzogen; um 7 Uhr brach die Sonne durch; schön und heiter; um 1 Uhr |

| Datum. | Stunde. | Grade Fahrenheit. | Bemerkungen. |
|---|---|---|---|
| *August.* | | | |
| | | | Nachm. ein leichter Regenschauer; von 2—4 Uhr ein zweiter mässiger Schauer. |
| 26. | . . . . . | . . | Schönes Wetter. Gegen Abend zog sich ein Gewitter zusammen; gegen 8 Uhr Abends leichter Regen; es regnete wiederholt während der Nacht. |
| 27. | . . . . . | . . | Am Morgen Regen bis 7 Uhr. Gleich nach Sonnenuntergang ein Gewitter mit mässigem Regen; dann um 9 Uhr ein zweites, welches mit ausserordentlicher Heftigkeit ungefähr $1\frac{1}{2}$ St. anhielt. |
| 28. | . . . . . | . . | 6 U. 45 Min. ein leichtes Gewitter mit mässigem Regen bis 8 Uhr; später war das Wetter ziemlich hell. Um Mitternacht ein heftiger Schauer. |
| 29. | . . . . . | . . | Ziemlich heiterer Tag. |
| 30. | . . . . . | . . | 2 Uhr Nachm. heftiger Regen. |
| 31. | . . . . . | . . | Keine Beobachtung. |
| *September.* | | | |
| 1. | . . . . . | . . | Abends starkes Gewitter, aber ohne Regen. |
| 2. | . . . . . | . . | Nachts heftiger Regen, der fast bis zum Morgen anhielt. |
| 3. | . . . . . | . . | Trocken. |
| 4. | . . . . . | . . | Um $4\frac{1}{2}$ Uhr Nachm. heftiger Sturm; wenig Regen. |
| 5. | . . . . . | . . | Heiter. Nachmittags und Abends Gewitter mit viel Wetterleuchten; nur wenige Regentropfen. |
| 6. | . . . . . | . . | Um 11 Uhr Vormitt. ein starkes Gewitter mit heftigem Regen, aber nur von kurzer Dauer. |
| 7. | . . . . . | . . | Trocken. |
| 8. | . . . . . | . . | In der zweiten Hälfte der Nacht, gegen Morgen, heftiger Regen; dann nach einer kurzen Pause ein zweiter Schauer bis $8\frac{1}{2}$ Uhr Vormitt. |

## Bruchstücke eines meteorologischen Tagebuches.

| Datum. | Stunde. | Grade Fahrenheit. | Bemerkungen. |
|---|---|---|---|
| *September.* | | | |
| 9. | . . . . . . | . . | Gegen Abend zog ein Gewitter von Süden nach Westen, brachte uns aber nur wenig Regen. |
| 10. | . . . . . . | . . | Heiteres Wetter. Um 10 Uhr Abends Gewitter mit wenig Regen. |
| 11. | . . . . . . | . . | Bewölkt; gegen 9 Uhr Vormitt. ein starker Schauer. |
| 12. | . . . . . . | . . | Abends Wetterleuchten in Südwest; kein Regen. |
| 13. | . . . . . . | . . | Um 7 Uhr Abends lange anhaltender Regen. |
| 14. | . . . . . . | . . | Abends Gewitter, aber kein Regen. |
| 15. | . . . . . . | . . | Kein Regen. |
| 16. | . . . . . . | . . | Abends Wetterleuchten; kein Regen. |
| 17. | . . . . . . | . . | Am Abend Gewitter ohne Regen. |
| 18. | . . . . . . | . . | Sehr warmer Tag; Abends abermals trocken. |
| 19. | . . . . . . | . . | Kein Regen. |
| 20. | . . . . . . | . . | Sehr schöner Morgen. |
| 21. | . . . . . . | . . | Nachmittags zogen schwere Gewitterwolken vorüber; einige Regentropfen. |
| 22. | . . . . . . | . . | Gegen 7 Uhr Morg. tröpfelte es etwas; später verzogen sich die schweren Wolken. Gegen 9 Uhr Abends zog sich ein Gewitter zusammen mit nur wenigen Regentropfen. |
| 23 — 24. | . . . . . . | . . | Trocken. |
| 25. | . . . . . . | . . | Wetterleuchten am Abend. |
| 26. | . . . . . . | . . | Wetterleuchten am Abend. |
| 27. | . . . . . . | . . | Abends bewölkt; Wetterleuchten. Nach 9 Uhr sammelte sich ein Gewitter mit heftigem Sturm; um 10 Uhr etwas Regen. |
| 28. | . . . . . . | . . | Abends Wetterleuchten. |
| 29. | . . . . . . | . . | Trocken. |
| 30. | . . . . . . | . . | Keine Beobachtung. |
| *Oktober.* | | | |
| 1 — 4. | . . . . . . | . . | Kein Regen. |
| 5. | . . . . . . | . . | Um 10 Uhr Abends heftiger Sturm, dem |

## Bruchstücke eines meteorologischen Tagebuches.

| Datum. | Stunde. | Grade Fahrenheit. | Bemerkungen. |
|---|---|---|---|
| *Oktober.* | | | ein ziemlich starker, bis 3 Uhr anhaltender Niederschlag folgte. |
| 6 — 8. | . . . . . | . . | Kein Regen. |
| 9. | . . . . . | . . | (*Moriki.*) — In der Nacht vom 8. zum 9. fiel der Thau so stark wie Regen. |
| 10 — 31. | . . . . . | . . | Keine Beobachtungen. |
| *November.* | . . . . . | . . | Keine Beobachtungen. |
| *Dezember.* | . . . . . | . . | Keine Beobachtungen. |
| *Jan.* 1855. | . . . . . | . . | Keine Beobachtungen. |
| *Februar.* | . . . . . | . . | Keine Beobachtungen. |
| *März.* | . . . . . | . . | Keine Beobachtungen. |
| *April.* | | | |
| 1 — 14. | . . . . . | . . | Keine Beobachtungen. |
| 15. | 12½ Uhr Nchm. | 108 | (*Kúkaua.*) — Regenwolken; wiederholter Donner; einige Regentropfen. |
| 16. | . . . . . | . . | Keine Beobachtung. |
| 17. | 2 Uhr Nchm. | 103 | |
| 18. | . . . . . | . . | Nicht heiter. |
| 19. | 2 Uhr Nchm. | 107 | |
| 20 — 24. | . . . . . | . . | Keine Beobachtungen. |
| 25. | 2¼ Uhr Nchm. | 108 | Warmes Wetter mit Südwind. |
| 26. | 2 Uhr Nchm. | 112,5 | |
| 27. | 2 Uhr Nchm. | 113 | |
| 28. | . . . . . | . . | Keine Beobachtung. |
| 29. | Sonnenaufg. | 82 | |
| | 2 Uhr Nchm. | 113 | |
| 30. | 2 Uhr Nchm. | 112,5 | |
| *Mai.* | | | |
| 1 — 3. | . . . . . | . . | Keine Beobachtungen. |
| 4. | . . . . . | . . | Abends Wetterleuchten gegen Süden und Südosten. |
| 5 — 6. | . . . . . | . . | Keine Beobachtungen. |

Bruchstücke eines meteorologischen Tagebuches.

| Datum. | Stunde. | Grade Fahrenheit. | Bemerkungen. |
|---|---|---|---|
| *Mai.* | | | |
| 7. | 2 Uhr Nchm. | 106 | |
| 8 — 9. | . . . . . | . . | Keine Beobachtungen. |
| 10. | . . . . . | . . | 3 Uhr 30 Min. Nachm. ein heftiges Unwetter mit Sandsturm; einige Regentropfen; mehr gegen Nordosten starker Sturm. Nach Sonnenuntergang ein schweres Gewitter ohne Regen. |
| 11. | . . . . . | . . | Nachts ein Gewitter mit häufigen Blitzen und heftigem Sturm. |
| 12 — 14. | . . . . . | . . | Keine Beobachtungen. |
| 15. | . . . . . | . . | Heisser Tag; Abends Wetterleuchten. |
| 16. | . . . . . | . . | 2½ Uhr zog ein Gewitter mit Donner und Blitz von Norden nach Westen; kein Regen. |
| 17. | . . . . . | . . | Wetterleuchten am Abend. |
| 18. | . . . . . | . . | Von 4 — 7 Uhr Vormitt. leichter Regen mit Unterbrechung, von Sturmwind begleitet. |
| 19. | . . . . . | . . | Früh am Morgen ein leichter Regen. |
| 20 — 31. | . . . . . | . . | Keine Beobachtungen. |
| *Juni.* | | | |
| 1 — 4. | . . . . . | . . | Keine Beobachtungen. |
| 5. | . . . . . | . . | Gegen Mittag sammelte sich ein Gewitter; 12½ Uhr leichter Regen, ein zweiter um 4 Uhr Nachm. |
| 6. | 2 Uhr Nchm. | 104 | |
| 7. | 2 Uhr Nchm. | 109 | |
| 8. | . . . . . | . . | Keine Beobachtung. |
| 9. | 2½ Uhr Nchm. | 108 | |
| 10. | . . . . . | . . | Keine Beobachtung. |
| 11. | 2¼ Uhr Nchm. | 108 | |
| 12. | 2½ Uhr Nchm. | 110 | |
| 13. | 1¾ Uhr Nchm. | 107,5 | (*Kalala* bei *Bilma.*) — Etwas nach Mitternacht erhob sich ein heftiger Sturm. 1¾ Uhr Nachm. etwas Regen. |
| 14. | . . . . . | . . | Keine Beobachtung. |
| 15. | 2¼ Uhr Nchm. | 110 | |
| 16. | 2 Uhr Nchm. | 112 | |
| 17. | Sonnenaufg. | 73 | |
| | Sonnenunterg. | 88 | |

## Bruchstücke eines meteorologischen Tagebuches.

| Datum. | Stunde. | Grade Fahrenheit. | Bemerkungen. |
|---|---|---|---|
| *Juni.* | | | |
| 18. | Sonnenaufg. | 69 | |
|  | 2 Uhr Nchm. | 109 | |
| 19. | Sonnenaufg. | 76,5 | |
| 20. | Sonnenaufg. | 79 | |
|  | 2 Uhr Nchm. | 109 | |
| 21. | 2½ Uhr Nchm. | 111,5 | |
| 22 — 23. | . . . . . | . . | Keine Beobachtungen. |
| 24. | 2½ Uhr Nchm. | 109 | |
| 25. | 2½ Uhr Nchm. | 109 | |
|  | Sonnenunterg. | 101,5 | |
| 26. | Sonnenaufg. | 86 | |
| 27. | . . . . . | . . | Warmer Tag. |
|  | 2½ Uhr Nchm. | 114 | Schwerer Sturm während der Nacht. |
| 28. | . . . . . | . . | Keine Beobachtung. |
| 29. | . . . . . | . . | Sehr schwerer Sandsturm früh am Morgen. |
|  | 2 Uhr Nchm. | 109 | Schwerer Sturm. |
| 30. | Sonnenaufg. | 81 | |
| *Juli.* | | | |
| 1. | . . . . . | . . | Keine Beobachtung. |
| 2. | Sonnenaufg. | 68 | |
| 3 — 4. | . . . . . | . . | Keine Beobachtungen. |
| 5. | Sonnenaufg. | 68 | |
| 6 — 21. | . . . . . | . . | Keine Beobachtungen. |
| 22. | 1 Uhr Nchm. | 111 | |
| 23. | . . . . . | . . | Keine Beobachtung. |
| 24. | 2 Uhr Nchm. | 112 | |
| 25 — 26. | . . . . . | . . | Keine Beobachtungen. |
| 27. | 2½ Uhr Nchm. | 108 | |

# EINIGE BEMERKUNGEN ÜBER DIE KARTEN.

### Von Dr. A. Petermann.

Es lag ursprünglich im Plan, über die Konstruktion der Karten, auf denen Dr. Barth's Reisen und Forschungen niedergelegt sind, ein vollständiges Mémoire auszuarbeiten. Indessen nahmen der Entwurf und die Ausführung der Karten selbst bis zum letzten Augenblick schon so viel Zeit in Anspruch, dass — um die Publikation dieses Bandes nicht noch länger zu verzögern — jetzt nur wenige Worte über diesen Gegenstand genügen müssen, zumal da die an Ort und Stelle gesammelten Nachrichten und Itinerarien, welche einem so bedeutenden Theil der beiden General-Karten zu Grunde liegen, in den Anhängen zu den fünf Bänden vollständig mitgetheilt worden sind. Auch drängte sich der Gedanke zur Berücksichtigung auf, dass der Werth der Karten besser als durch alle Abhandlungen und Erörterungen durch die Niger-Expeditionen geprüft werden würde, die für eine Periode von fünf Jahren sowohl den Kuāra als den Bénuë mit Dampfern befahren und erforschen sollen, und dass die dieselben kommandirenden erfahrenen Seeoffiziere über die wahre Position aller derjenigen von Dr. Barth angegebenen Punkte, die sie erreichen, endgültig entscheiden werden. Die erste Expedition, welche ausgesendet wurde, um die Entdeckungen Dr. Barth's zu verfolgen, die Expedition nämlich, welche unter dem Kommando des Dr. Baikie im Jahre 1854 den Bénuë hinauf gehen sollte, erreichte allerdings den

Punkt, an welchem Dr. Barth 1851*) über den Fluss gegangen war, nicht; die nächsten Expeditionen aber werden hoffentlich weiter vordringen.

Zunächst müssen wir ein für alle Mal erklären, dass Dr. Barth selbst niemals astronomische Beobachtungen zur Bestimmung von Länge und Breite angestellt hat. Bei der Konstruktion der Karten wurde daher von den zuverlässigsten durch Dr. Vogel bestimmten Positionen Gebrauch gemacht, und in Folge dessen bilden diese die Basis für die meisten Routen in Verbindung mit Múrsuk, Kúkaua, Sínder und Yákoba. Alle anderen Routen wurden fast ausschliesslich nach Dr. Barth's *dead reckoning* (Kompass-Richtungen und geschätzte Distanzen) niedergelegt, mit Ausnahme der von Tripoli nach Múrsuk, via Misda, und von Múrsuk nach Rhāt und Aïr, bei welchen Dr. Overweg's Breitenbestimmungen benutzt werden konnten, so wie die einzige Bestimmung einer Länge, die aus den fragmentarischen und zerrissenen Überbleibseln seiner Papiere herausgefunden werden konnte, nämlich die Länge der Insel Belárigo im Tsād-See**).

---

*) Die Nachrichten, welche Dr. Barth über den unteren Theil des Bénuë, so weit derselbe später durch Dr. Baikie aufgenommen wurde, sammeln konnte, waren allerdings etwas dürftig; aber schon mit Bezug auf diese wenigen Data, so wie dieselben nach Dr. Barth's Originalskizze provisorisch in A. Petermann's „*Account of the progress of the Expedition to Central Africa*, London 1854," niedergelegt sind, bekennt Dr. Baikie, dass sich diese Karte für ihn als brauchbar erwiesen habe, und legt sowohl für die Reichhaltigkeit, als auch für die allgemeine Korrektheit ihres Inhaltes ein günstiges Zeugniss ab (s. Dr. Baikie's „*Narrative of an Exploring Voyage in 1854*", S. 446).

**) Die Hauptpunkte in den Karten, bei welchen die von Dr. Vogel gemachten astronomischen Beobachtungen benutzt wurden, sind ausser Tripoli folgende:

|  | Östliche Länge. | | | Nördliche Breite. | | |
|---|---|---|---|---|---|---|
| Sókna | 15° | 48' | 30" | 29° | 4' | 4" |
| Múrsuk | 14 | 10 | 15 | 25 | 55 | 16 |
| Kúkaua | 13 | 24 | 0 | 12 | 55 | 14 |
| Yákoba | 9 | 31 | 45 | 10 | 20 | 10 |
| Ssária | 7 | 23 | 10 | 11 | 4 | 46 |
| Bebēdji | 8 | 6 | 25 | 11 | 35 | 30 |
| Sínder | 9 | 2 | 45 | 13 | 47 | 6 |

Dagegen musste der bei weitem grösste Theil der Länder, über welche Dr. Barth's Forschungen sich erstrecken, nur nach den Resultaten niedergelegt werden, die entweder der Reisende selbst durch die Benutzung des Kompasses und die Schätzung der Entfernungen erlangte, oder die aus einer sorgfältigen Vergleichung der von den Eingeborenen gemachten Angaben über verschiedene Routen gewonnen werden konnten. Dies war z. B. der Fall bei der ganzen Route von Sínder nach Timbúktu — nach Dr. Barth's Berechnung eine Entfernung von 1200 Engl. Meilen —, wobei das sorgfältig geführte Reisejournal zu Grunde gelegt und die magnetische Variation schätzungsweise in Anschlag gebracht werden musste. Trotz aller dieser Mängel hofft Schreiber dieses, dass er bei der Konstruktion dieser Karten sich nicht sehr weit von der Wahrheit entfernt hat, und sieht mit Zuversicht ihrer Prüfung durch die Niger-Expeditionen entgegen; zugleich aber erkennt er die grosse Beihilfe an, welche ihm

---

Ausserdem hat Dr. Vogel noch an folgenden Punkten astronomische Beobachtungen angestellt: Benī Ulīd, Enfād, Bondjem, Godfah, O'm el 'Abīd, Gurmēda (falscher Name), Ssebhā, Bimbēdja, Bahr el dūd, O'm el mē, See Mandra, Djerma, Ghodua, Mafūn, Masstūta, Gatrōn, Tedjerri, El A'hmar, Mā-farass, Djehāie, Aschenúmma, Schemúttero, Bilma, Saukurā, A'gadem, Bélkaschi farri, Kufle, Kibbu, Nordwestende des Tsād, Ngēgimi, Bárrua, Yō, Morā, Udjē (Mábani), Máschona (Máseña), Múniō (Būne), Sínder, Gúdjeba, Gebbeh, Gombe, Dan Hadji, Mūri, Tindang, Díköa, Delhē, Wāsa, A'dischēn (Kadē, Residenz von A'dischēn), Grenze des Gebiets von A'dischēn, Nordende vom See Túburi, Dorf Túburi, Berg an der Westseite des See's (s. *Journal and Proceedings of the Royal Geographical Society of* 1854—1858 [es findet sich jedoch in diesem Journal, Bd. XXV, S. 242, ein Druckfehler, indem die Breite von Kúkaua zu 12° 15' 14" angegeben ist]).

Herrn Overweg's Breitenbestimmungen beziehen sich ausser der Beobachtung zu Belárigo (14° 50' 0" Länge, 13° 26' 37" Breite) auf folgende Orte: Misda, Tabonīeh, El Hassi, Wádī Adjúndjer, Falésseles, Afsala, Tiń-téllust, A'mfissáss, Insel Gúria im Tsād, und auf seiner Route nach dem Mússgu-Lande: Yēdi, Marte, Alla, Del-hē, Sógoma, Mássa, drei andere zwischenliegende Stationen und drei Beobachtungen im Distrikt von Wúlia (s. Petermann's *Account*, p. 15).

bei dem Entwurf einiger jener Karten durch die Originalskizzen des Reisenden zu Theil wurde.

Es ist neuerdings viel von astronomischen Beobachtungen in Verbindung mit der Erforschung Afrika's die Rede gewesen und von Einigen sogar behauptet worden, dass nur die Reisen und Erforschungen, welche auf solche Beobachtungen basirt würden, Werth hätten, alle anderen aber werthlos wären. Dergleichen Behauptungen, so ganz im Allgemeinen aufgestellt, ohne gewisse Ausnahmen zu statuiren, sind höchst verwerflich, da ein sorgfältiges Aufzeichnen der Kompassrichtungen und Entfernungen während einer jeden Tagesreise, so wie Dr. Barth es stets gethan hat, vielen astronomischen Beobachtungen, wenn man denselben nicht unbedingt vertrauen darf, bei weitem vorzuziehen ist. Nur die genauesten astronomischen Berechnungen verdienen in einer Reiseroute als Ausgangspunkte aufgenommen zu werden, und wir könnten in unserem Falle manches schlagende Beispiel für die Ungenauigkeit solcher gelegentlich angestellter Beobachtungen aufführen. Obgleich zum Beispiel Dr. Vogel ein Astronom von Fach und durchaus kompetent war, Beobachtungen mit Sorgfalt und Genauigkeit anzustellen, hatten wir dennoch gute Gründe, bei der Konstruktion von Dr. Barth's eigenen Reiserouten südlich, südöstlich und östlich von Kúkaua nach A'damáua, Mússgu und Baghírmi alle durch Dr. Vogel bestimmten Positionen, die sich auf diese Routen bezogen, unbeachtet zu lassen, nämlich: Udjē, Díköa, Delhē, Wāsa, Kadē (A'dischēn) u. s. w., und einfach Dr. Barth's Itinerarien und Ortsbestimmungen vorzuziehen.

---

Anm. Dr. Barth's. Bei der Konstruktion des westlichen Blattes der Generalkarten ist es unbeachtet geblieben, dass Major Laing die Wüste von Tanesrūfet unter 23° 56′ nördlicher Breite betreten hat (*Quarterly Review*, 1828, vol.

XXXVIII. pag. 101). Wir wissen jedoch nicht, ob Laing der Strasse von Insīse oder einer anderen Route folgte. Indessen ist es nicht unwahrscheinlich, dass Aúlef, der Ausgangspunkt für diese Routen, 20 Meilen weiter südlich liegt.

Ob Bot-hadīeh mit Bakel am Senegal identisch sei, ist nicht ganz gewiss, jedenfalls aber ist es ein Ort, der nicht sehr weit nordöstlich davon entfernt liegt.

# REGISTER.

A'harē, ein Stamm der Mússgu; Viele derselben gefangen genommen und zu Sklaven gemacht. III, 211.

A'bbega, der freigelassene Marghī-Bursche. IV, 9.

'Abd-Allah, der gelehrte Tauāter. I, 436.

'Abd-Allāhi, Sohn Fodīye's und Bruder 'Othmān's. IV, 541. — Seine Kinder 198 Anm. — Bemerkung über sein Werk 188.

'Abd el Kāder, Sultan von Baghírmi. III, 393.

'Abd el Kāder organisirt eine religiöse Revolution in Fūta. IV, 668.

'Abd el Kádiri, Sultan von A'gades. I, 439. — Seine Einsetzung 461. — Seine Briefe 477. — Seine Absetzung und sein Vertrauen zu mir. IV, 187.

Abīla, Berg in Aïr. I, 416.

Abū Bakr el Wáchschi, erste Bekanntschaft. I, 555. — Sein freundliches Benehmen gegen mich in Kátsena. II, 63.

A'bū el Hassan, Statthalter von Támkala, Zusammenkunft mit ihm. V, 305. — Sein Charakter und seine Stellung 306.

A'bū-Gher. Dorf in Baghírmi, Markt. III, 343, 582.

A'damáua, ein Mohammedanisches Königreich, gegründet auf eine mannichfaltige Reihe heidnischer Stämme. II, 499, 598. — Charakter des Landes 601. — Ein Land für Kolonien 546. — Verschiedener Charakter der Ansiedelungen 609. — Itinerarien, welche diese Landschaft in verschiedener Richtung durchziehen 704.

*Adansonia digitata,* einer der gewöhnlichsten Bäume im Negerland. II, 404. — In Bághena. V, 516. — Kolossale Exemplare. II, 178, 475. — Verschiedene Spielart. IV, 72. — Der stete Begleiter menschlicher Wohnplätze. II, 48, 654. — Am Niger. V, 279, 283. — Benutzung der Blätter zur Bereitung einer vegetabilischen Suppe. II, 17, 398, 471; IV, 85. — Gebrauch der Früchte zum Säuern der Getränke. II, 471.

A'dar, die Statthalter von —. IV, 543. — Das Land und seine Städte. I, 529. — Grenzen. IV, 162.

A'dar, Brunnen und Weiler in Aússa. V, 493.

A'dar-andúrren, „der kleine Bach", gewöhnliche Übergangsstelle am Niger. V, 248.

A'dar-n-háut, die Insel und ihre Bewohner. V, 192.
A'derār, das Land der Auelímmiden, Verzeichniss der Brunnen und Weidegründe. V, 207 Anm.
A'derēr, Beschreibung des Distriktes und der Maurischen Völkerschaften in demselben. V, 552.
A'dischēn, der Mússgu-Fürst, Betragen desselben gegen seine Sklavinnen. III, 150. — Sein Empfang bei dem Vezier 163.
A'djirī, Dorf. II, 255.
A'fadē, Stadt und Distrikt. III, 245, 415.
A'fagē, Stadt. III, 137.
Afalésseles, Charakter von —, Ankunft am Brunnen. I, 288.
Afrikanische Kriegführung, interessantes Ereigniss während derselben. V, 191. — Grausamkeit derselben. III, 201.
Afúlle, der Distrikt und seine Bewohner. V, 534.
A'gades, Beschreibung der Stadt und ihrer Bewohner. I, 435—481. — Seine Geschichte 482. — Zeit der Gründung. IV, 618. — Ehemaliger Goldhandel. I, 512. — Marktpreise 524. — Gleichheit der Sprache mit der in Timbúktu 458 (vergl. IV, 632). — Grundriss 521. — Grosse Moschee und Thurm 491. — Einsetzung des Sultans 461. — Audienzsaal 439.
A'gata, Dorf und Berg. I, 415.
Agéridjít, Dorf und Brunnen. V, 517.
A'ghadīr Dóme, Dorf und Bewohner. V, 572.
Aghāfi, alte Stadt in Kānem. III, 100, 465 u. f.
A'ghelē, Distrikt am Niger. V, 240.
Aghō, ehemals eine bedeutende Stadt in Kānem. III, 86, 465.
Ahmed Bābā, Bemerkung über sein Werk. IV, 202. — Sein Charakter 415, 628.
A'hmed bel Medjūb, Arabischer Reisender. II, 366.
A'hmedu Sséko (Scheich), Beherrscher von Má-ssina, seine Feindseligkeit gegen mich. IV, 468, 471, 521; V a. m. O.
Aidō-Gras mit stacheliger Samenkapsel. I, 605.
'Aīn Sāra, Beschreibung von —. I, 94. — Freundliche Aufnahme auf der Heimreise. V, 450.
Aïr oder A'sben, ethnographische Verhältnisse. I, 368. — A'ir, nicht Ahír 369 Anm. Vergl. A'sben.
Aïri, die grosse Salzkarawane. I, 571, 578. — Annähernde Schätzung ihrer Grösse. II, 49. — Ging früher nur bis nach Kátsena 74, 93.
A'karámbei, die eisernen Thore von —, enge Passage im Niger. V, 250.
A'la, Alla, Stadt in Bórnu und ihre Umgebung. III, 120.
Alairúk, Dorf. III, 26.
Alāli-A'dia, Thal von Kānem. III, 95.
Alamáibe oder Allamáibe, Dorf, gastfreundliche Behandlung. V, 375.
Alamei oder Allamei, Stadt in Bórnu. II, 211; V, 377.

Alantīka, höchster Berg auf meiner Route. II, 554.
Aláö, Stadt. II, 458.
Alásso oder Alássa, Stadt in Bághena; ihre Umgebung. V, 504, 582.
Aláune, Stadt in Bórnu. II, 242; IV, 29.
'Alīu, Sultan von Sókoto; erste Zusammenkunft mit demselben. IV, 135.
— Sein Charakter 155. — Bricht zu einer Expedition gegen die Gōberáua auf 141. — Verfolg derselben 165—167. — Rückkehr nach Wurnō 185. — Zusammenkunft mit ihm. V, 335. — Seine Gerechtigkeit 340. — Abschied von ihm 343.
Alkúttabu, Häuptling der Auelímmiden. IV, 480 u. a. a. O.
A'man-Ssémmednō, Thal; Skulpturen und Steinkreise. I, 220.
Ameisen, heftiger Angriff schwarzer A. III, 354. — Kampf zwischen rothen und weissen A. 356. — Geflügelte 4. — Weisse, am Niger. V, 285. — Nördliche Grenze derselben. I, 611; V, 411. — Grosse Menge derselben in Kátsena. IV, 97.
Ameisenhaufen von ungeheurer Grösse. III, 320. — Zeigen die Nachbarschaft eines Flusses an. II, 553.
Ammas, Inseln und Moräste im Niger. V, 210.
A'nei, Stadt im Thal von Kauār. V, 433.
Angála. S. Ngála.
Aníkímma, Stadt der Tēbu. V, 432.
Anísslimen, Merábetīn oder Tolba, friedfertige Stämme der Kēl-owī. I, 358 (vergl. 352 Anm.). — Der Auelímmiden. V, 581. — Der I'regenäten 585. — S. Merábetīn.
A'nnur, Häuptling von Tin-téllust, sendet uns eine Eskorte. I, 357. — Zusammenkunft mit ihm 394. — Sein Charakter 395. II, 2. — Abschied. II, 1. — Besuch auf seiner Besitzung 22.
A'nnur karamī, ein Verwandter des Vorigen. I, 283. — Seine Wohnung in A'gades 458.
Antilopen, verschiedene Species, *Bubalis*. I, 292. V, 422. — *A. Addax*. II, 245. — *A. Leucoryx*. I, 589, 590; Schilde aus der Haut derselben 592; das Fleisch derselben 600. — *A. Oryx*. I, 589; III, 316; IV, 21. — *A. Soemmeringii*. I, 589; II, 245; III, 291. — Andere Species. II, 409.
Araber, eingeborene, oder Schūa, in Bórnu und den benachbarten Ländern. II, 488. — Frühe Niederlassungen in Kānem. III, 507. — Häuptlinge derselben 476. — Ihr Verkehr mit den Fúlbe 326.
Arabische oder Maurische Stämme des westlichen Theils der Wüste, Aufzählung derselben. V, 540.
Arama. S. Rumā.
Architektur von A'gades. I, 485, 487. — Von Kanō. II, 143. — Der Wohnhäuser in Ssaráu 526; in Mūbi 635; des Mússgu-Stammes. III, 221. — Der Paläste in Logón 255, 257; in Māseña 346. — Der Wohnhäuser in Má-ssina. IV, 256, 257; in Ssebba. IV, 279, 280;

in Tíngo 316; in Timbúktu 458. — Unhaltbarkeit der Thonhäuser.
III, 349. — Festere Bauart in früheren Zeiten. II, 247; III, 257. —
Bauart in Sonrhay und Háussa. V, 282.

Argúngo, Residenz des Rebellen-Häuptlings von Kébbi. IV, 203.

A'ribínda, die Stadt und ihre Bewohner. IV, 311.

A'ribínda, als Bezeichnung des südlichen Ufers des Niger. IV, 312;
V a. m. O.

Arókam, Thal, Beschreibung desselben. I, 297.

A'sauād, Distrikt nördlich von Timbúktu, nebst den angrenzenden Distrikten, Bemerkung über dieselben. V, 461.

A'sauāgh, Distrikt am Niger. V, 461.

A'sben, oder Aïr, erster Anblick. I, 308. — Natur des Landes 335. —
Berge von —, 339. — Verschiedene Schreibweise des Namens
339 Anm.

A'schenúmma und seine Bewohner. V, 428. — Getrocknete Fische das
beste Verkehrsmittel daselbst 431.

*Asclepias gigantea;* besonders grosse Exemplare. I, 280, 352. — Nutzbarkeit derselben 612. — Beweis für die Fruchtbarkeit des Bodens
430. — Ausgebreitetes Vorkommen. II, 219, 403, 404 u. a. a. O. —
Einförmiger Charakter derselben. II, 201. — Charakteristisch für die
Nachbarschaft von Kúkaua 661.

Asgár, Stamm der Imō-scharh, historische Notizen über denselben. I, 248.

A'simei, Dorf am Niger, seine Bewohner. V, 280.

Asīu oder Asēu, Brunnen; Wichtigkeit desselben. I, 310, 535.

Assába, Gebirgs-Distrikt. V, 530.

A'ssada, Thal von Aïr. I, 419.

Assēr, Dorf nahe bei Ssan-ssándi. V, 489.

Asséttere, Thal. I, 299.

A'ssfer, Vogel, eigenthümliche Nahrung desselben. I, 144.

Assfūra, Thal. III, 84.

A'sskīa Mohammed ben A'bū Bakr, König von Sonrhay, seine Grösse. IV,
422. — Emporsteigen, Regierung und Tod desselben 622—635. —
Vergl. I, 503.

A'-ssōdi, Stadt, Beschreibung derselben. I, 412.

A'-ssū, Stadt. III, 410.

A-ssuānek, Stamm, Eintheilung desselben. V, 515.

A'tar, Stadt in A'derēr. V, 556.

A'uāb, Häuptling der Tin-ger-égedesch; Zusammenkunft und Gespräch
über Religion mit demselben. IV, 510. — Sein Bericht über Mungo
Park 518.

Aúdaghost. I, 502; IV, 602, 604.

Aúderass, Thal von Aïr, Schönheit desselben. I, 424.

Auelímmiden, Ursprung. IV, 665. — Abtheilungen und Familien derselben. V, 573. — Friedliche Stämme 581.

Aússa, allgemeiner Name für das Nordufer des Niger. II, 79; V a. m. O.
A'ussa-Distrikt, Städte in demselben. V, 485.
Auyók, Beschreibung des Gebiets von —. IV, 44.
Ayóru, Dorf und Bewohner. V, 268.
Ayū *(Manatus)*, im Bénuë gefunden. II, 605. — Im Schārī III, 289. — Im See Débu. V, 476. — Im Niger 104.

Babáliyā, Stadt in Baghírmi. III, 582. — Vertragsbestimmung mit Rücksicht auf dieselbe 475.
Bābir, Stamm. II, 489.
Badamūni, oder Gadabūni, süsse und Natronsee'n. IV, 70 u. f. — Dorf 71.
Badanídjo, Dorf in A'damáua. II, 522.
Badaráua, Stadt mit Wall in Sánfara, bedeutender Markt. IV, 128.
Badda-Badda, Stadt mit Wall in Kébbi. IV, 209.
Bága, bemerkenswerthe Bauweise. III, 221.
Bágelē, Berg in A'damáua. II, 570.
Bághena, identisch mit einem Theil des alten Ghánata, Araberstämme das. V, 541. — Gegenwärtiger Zustand und historische Notizen 511.
Baghírmi, Beschreibung der Eingeborenen. III, 305; der Weiber 351. — Historische Übersicht 880. — Wann zuerst erwähnt 457. — Allgemeiner Charakter des Landes 397—400. — Waffen, Sprache, Kleidung 401. — Regierungsweise 402.
Baghsen, Berg. I, 414, 580.
Bagma, Dorf. II, 508.
Bahhr el Ghasál, grosses Thal östlich vom Tsād. III, 437.
Bákadā, Dorf und Bewohner. III, 299.
Bakáy. S. Scheich Ssīdī A'bmed.
*Balanites Aegyptiacus;* nördliche Grenze desselben. I, 294, 576. — Weite Verbreitung über das Negerland. II, 228. — Name in A'damáua 604. — Grosser Werth der Früchte in Bórnu 398. — In Baghírmi. III, 400. — Brod aus den Früchten bereitet 343. — Ähnlicher Gebrauch der Blätter 318, 400. — Schöne Exemplare am Niger. V, 269, 273. — In Timbúktu. IV, 485.
Bamba, oder Kassbah, Stadt am Niger; ihre Bewohner. V, 159.
Bámbara, Landschaft, gegenwärtiger Beherrscher. IV, 479.
Bámbara, Stadt und Bewohner. IV, 361—371.
Bamúrna, Thal mit Zuckerpflanzungen. IV, 172.
Banži, Dorf. IV, 391.
Bánal, bergiger Distrikt in Baghírmi, die Bewohner desselben. III, 576.
Bánam und seine Bewohner. III, 575.
Banána *(Musa paradisiaca).* II, 97. — Häufig in den südlichen Provinzen 604, 694; IV, 196.
Bandēgo, Dorf in A'damáua. II, 289.

Baobab. S. *Adansonia*.
Bárakat, Stadt und Bewohner. I, 265. — Beschreibung der Umgegend 268.
Baratáua, Dorf; schöne Tamarindenbäume nahe dabei. IV, 66.
Bárea, Dorf im Mússgu-Lande. III, 170.
Bargu, oder Barba, Landschaft nördlich von Yōruba. IV, 628.
Barno, Lagerplatz am Niger. V, 229.
Barth, Dr., seine früheren Reisen in der Berberei. I, v—vii. — Gang seiner Studien. II, 558. — Erbietet sich, Dr. Richardson bei der Erforschung von Central-Afrika zu begleiten. I, ix. — Vereinigt sich in Tunis mit der Expedition 1. — Ankunft in Tripolis 17. — Aufenthalt daselbst und Ausflüge in die Umgegend 19—90. — Reise durch die Wüste 91 u. f. — Aufenthalt in Múrsuk 172—181. — Abreise von Múrsuk 184. — Verhandlung mit Tuáreg-Häuptlingen 194—196. — Stösst zu der Karawane 200. — Verirrt sich in der Wüste 229—237. — Vereinigt sich mit der Kēl-owī-Karawane 272. — Erreicht die Tinýlkum-Karawane 301. — Drohender Angriff durch Tuáreg-Freibeuter 311—338. — Angriff und Plünderung durch die Merábetīn 345—349. — Kommt durch einen plötzlich entstehenden Wüstenstrom in Gefahr 356. — Ankunft der von A'nnur geschickten Eskorte 357. — Ankunft in Tin-téllust 365. — Aufenthalt daselbst 394—405. — Nächtlicher Angriff 398. — Reise nach A'gades 406—484. — Aufenthalt daselbst 485—501. — Zusammenkunft mit dem Sultan 439. — Erhält Schutzbriefe 477. — Aufenthalt in Tin-Téggana 550—565. — Gespräch über Religion mit A'nnur 559. — Vereinigt sich mit der Salzkarawane 566.

Abschied von Herrn Dr. Richardson. II, 1. — Zusammenkunft mit dem Gouverneur von Kátsena 55. — Theologische Diskussion mit Bel-Rhēt 71. — Abreise von Kátsena 97. — Aufenthalt in Kanō 113—166. — Heftiger Fieberanfall 119. — Audienzen beim Ghaladīma und Gouverneur 123—125. — Bricht allein von Kanō auf 167. — Vereinigt sich mit dem Scherīf 'Abd-el-Chafīf 175. — Zusammenkunft mit dem Ghaladīma 'Omár 214. — Betritt Bórnu 222. — Nachricht von Herrn Dr. Richardson's Tod 225.— Besuch seines Grabes 239. — Zusammenkunft mit dem Gouverneur von Dütschi 257. — Ankunft in Kúkaua 265. — Die Diener und Schulden der Mission 267. — Besprechungen mit dem Vezier 270. — Gütlicher Vergleich 273. — Schulden der Mission gedeckt 382. — Expedition nach dem Tsād-See 403—422. — Zusammentreffen mit Herrn Dr. Overweg in der Nähe von Kalílua 427. — Abreise von Kúkaua 434. — Reise nach Yōla 436—577. — Zusammenkunft mit dem Gouverneur 585. — Sorgen und Krankheit 591. — Die Expedition wird zurückgewiesen 593. — Rückkehr von A'damáua nach Kúkaua 619—668. — Unterredung mit dem Vezier 664.

Expedition nach Kānem. III, 21—111. — Vereinigt sich mit einer

Bande der Uëlād Slimān 56. — Zusammenkunft mit dem Scheich dieses Stammes 61. — Wegnahme des Lagers 97. — Fortdauerndes Unwohlsein 84—106. — Rückkehr nach Kúkaua 110. — Begleitet die Expedition gegen Mándará 112—231. — Diskussion über Sklaverei mit dem Vezier 123—125. — Wird von der Armee abgeschnitten 172—174. — Rückkehr nach Kúkaua 229. — Reise nach Baghírmi 232—326. — Wird am Fluss Schári angehalten 279. — Gelingen des Übergangs 284. — Aufenthalt in Mélé 289. — Wird in Eisen gelegt 322. — Fortsetzung der Reise nach Máseña 326. — Zusammenkunft mit dem Vicestatthalter 328. — Wird ein Klein-Krämer 338. — Empfängt Briefe und Reisemittel 362. — Audienz bei dem Sultan 368. — Abreise von Máseña 379. — Ankunft in Kúkaua 418. — Unterzeichnung eines Handelsvertrags durch den Sultan 420. — Tod des Herrn Dr. Overweg 425.

Abschied vom Scheich 'Omār. IV, 4. — Abreise nach Timbúktu 6. — Betritt den Komádugu von Bórnu 19. — Erreicht das gebirgige Gebiet von Múniō 43. — Zusammenkunft mit dem Gouverneur 54. — Besuch des Natronsee's 68. — Empfang frischer Geldmittel 82. — Zusammenkunft mit dem Gouverneur von Kátsena 98. — Gespräch über Polygamie mit 'Abd e' Rahmān 103. — Reise von Kátsena nach Sókoto 105 u. f. — Zusammenkünfte mit 'Alīu 135—190. — Empfang eines Freibriefs 141. — Aufenthalt in Wurnō 104—190. — Ankunft in Gándō 196. — Verhandlungen mit dem Sultan 200—202. — Unsicherheit der Reise durch Kébbi 207—243. — Erster Anblick des Niger 243. — El Walāti, ein echt Maurischer Charakter 286. — Aufenthalt in Libtāko 290—300. — Verhandlungen mit den Tuáreg 344—354. — Zusammenkunft mit dem Emīr von Ssarayámo 381. — Schifft sich auf einem Arm des Niger ein 384. — Zusammenkunft mit Ssídī A'lauāte in Kábara 408. — Ankunft in Timbúktu 413. — Gespräch über Religion mit Ssídī A'lauāte 455. —. Fieberanfall 458—459. — Erste Zusammenkunft mit Scheich el Bakáy 461—466. — Unsicherheit über den Aufenthalt in Timbúktu 467 u. f. — Gefährliche Lage 503. — Zusammenkunft und Gespräch über Religion mit A'uāb 510. — Sein Bericht über Mungo Park 518. — Gespräch über Religion mit Scheich el Bakáy 528.

Unterredung über das Verhältniss von Christus zu Mohammed. V, 4. — Über die Propheten: „Wer ist ein Mosslīm?" 65. — Wird gezwungen, die Stadt zu verlassen 71. — Politische Versammlung 81. — Abreise von Timbúktu 95. — Rückgängige Bewegung 112. — Endliche Abreise 140. — Betritt die Wüste 168. — Ankunft in Gōgō 216. — Abschied von El Bakáy 240. — Reise längs des südwestl. Ufers des Niger 241—295. — Ein beunruhigendes Abenteuer 287. — Zweiter Aufenthalt in Ssay 296. — Zusammenkunft mit dem Gouverneur 296. — Ankunft in Támkala 302. — Zusammenkunft mit dem

Gouverneur 304. — Ruhranfall in Wurnō 336. — Zusammenkünfte mit 'Alīu 335, 343. — Zweiter Aufenthalt in Kanō 357. — Geldverlegenheiten 364. — Zusammentreffen mit Dr. Vogel 378. — Letzter Aufenthalt in Kúkaua 388. — Übereinkommen mit Dr. Vogel 391. — Anfall von Rheumatismus 396. — Schwierigkeiten und Aufenthalt 399. — Durchzieht die Wüste mit einer kleinen Tēbu-Karawane 405—448.— Von Arabern angehalten 448. — Ankunft in Tripolis 450. — Ankunft in London 452.

Bárua, oder Bárrua, Stadt und Umgebung. III, 88; V, 407.

Bassengíddi, Dorf. V, 528.

Bassikúnnu, Stadt und Bewohner. V, 489.

Bassikúnnu und Yā-ssaláme, Verzeichniss der Orte zwischen beiden. V, 487.

Bat-hā, grosses Thal und Fluss in Wádáï. III, 498, 528 u. f.

Bátschikám, Nebenfluss des Schári, Ortschaften an seinem oberen Lauf. III, 555; an dem unteren 568.

Batta-Stamm in A'damáua. II, 613.

Baumwolle, in Baghírmi hauptsächlich durch Leute aus Bórnu kultivirt. III, 299. — Die Pflanzen in Furchen bestellt 293. — Bildet den Reichthum von Díköa. III, 127, 130, 239. — Am Niger. V, 288, 290. — Stapelartikel auf dem Markt von Badaráua. IV, 127. — Ausgebreitete Manufaktur in Kanō. II, 145. — Seit dem 11ten Jahrhundert in Ssilla. V, 30. — Berühmt in Koróroía. II, 693. — In Kong. IV, 576. — In Ságha. V, 479.

Baumwollen-Felder, vernachlässigtes Aussehen derselben. III, 130. — Gut gehalten. IV, 120.

Baumwollen-Streifen als Geld. II, 395. — In den Landstädten von Bórnu 284. — In A'damáua 536. — In Baghírmi. III, 338. — In Libtāko. IV, 295. — In I'ssō 338.

Báure, eine *Ficus*-Art; grosses Exemplar. I, 429; geringere. IV, 66.

Baúschi-Bäume. II, 15.

Bedánga und seine Bewohner. III, 559, 574.

Bedde, Gebiet; seine Bewohner. IV, 34.

Bē-gúngu, Insel im Niger. V, 291.

Beía und seine Bewohner. II, 733.

Belánde, Dorf. V, 311.

Belang, wichtige Stadt in Gúrma. IV, 579.

Bélem, Residenz des Mállem Delīl; die Stadt und ihre Bewohner. II, 540, 630.

Bello, Sultan; sein Charakter. IV, 526. — Bemerkung über sein Werk 188.

Belússa, wichtige Stadt in Móssi. IV, 583.

Benī Ulīd, Hindernisse daselbst, unruhiger Zustand der Stadt. V, 449.

Bennanába, oder Benába, vornehmste Stadt von Gúrma; Bedeutung des Namens. IV, 577.

Benōn, Lager, wo Mungo Park als Gefangener gehalten wurde. V, 499.

Bensári, Stadt von Manga. II, 195.
Bentáng, Baum. S. Seiden-Baumwollen-Baum.
Bénuë, Fluss. II, 555, 621; der grosse östliche Arm des Kuára 559. — Zeit des Steigens und Fallens 566. — Wichtigkeit für den Verkehr mit dem Innern. III, 123, 124.
Bérabísch (Sing. Berbúschi), Stamm; Abtheilungen desselben in A'sauád, V, 467. — Feindselige Gesinnung gegen mich. IV, 503. — Der Häuptling derselben der Mörder des Major Laing. I, 513. — Der Tod dessen Sohnes 522.
Berber-Bevölkerung, historische Notizen über dieselbe. I, 241. — Sittenlosigkeit der Grenzstämme 329.
Berbérúa, Brunnen im Manga-Land. IV, 44.
Berg, Skizze einer interessanten Berggruppe. I, 217. — Ansicht von vier Bergketten hintereinander 324. — Einförmiger Charakter der Berge in Nord-Afrika a. v. O.
Berï, Dorf und Bewohner. III, 46. — Dessen ehemalige Wichtigkeit 449 u. f.
Bernínkoró, Bámbara-Dorf. V, 508.
Beschër, Dörfer und Brunnen in der Nähe von Kúkaua. II, 264.
Betéhá, Thal von Wádáï, hauptsächlichste Ortschaften längs desselben. III, 542.
Béting, Distrikt, Charakter des Niger in demselben. V, 256.
Bétschi, Stadt und Nachbarschaft. II, 107.
Bettgestell, die beste Art für einen Reisenden in Afrika. II, 9. — Merkwürdige Art in A'gades. I, 433.
Bewässerung durch „lámbona oder cháttatïr. I, 351; II, 96; III, 33. — In Kánem. III, 82; V, 159.
Bibán, der See (Meerbusen) von —. I, 11.
Bienen, gefährlicher Angriff von denselben. III, 214. — Bienenstöcke. II, 105. — Unter der Erde 459.
Binsúggu, Stadt. IV, 572.
Bir el Hamésch, Brunnen in Kánem. III, 102.
Birmenáua, Stadt. II, 184; V, 371.
Bírni, oder Ghasr-E'ggomb, die alte Hauptstadt von Bírni; der Gründer derselben. II, 322. — Beschreibung ihrer Ruinen. IV, 23.
Bírni, Stadt am Niger und ihre Bewohner. V, 288.
Bírni-n-Débe, Lage und Waldlandschaft. IV, 226.
Bírni-n-Kébbi und seine Bewohner. IV, 215; V, 321.
(NB. Siehe die anderen mit „Bírni" beginnenden Namen unter dem zweiten Theil derselben.)
Bírtschi, Dorf. V, 354.
Bisúggu, Stadt. IV, 572.
Bitinköbe, Stamm. V, 291.
Bochári, ein Gelehrter in Gándó. IV, 202.
Bochári, Gelehrter in Sókoto. IV, 541.

Bochári, Gouverneur von Chadédja; seine Expedition gegen Chadédja, sein Erfolg und wie er denselben benutzte. II, 196.

Bodinga, Stadt und Markt. V, 350.

Bogenschützen, selten beritten. II, 253. — In A'gades. I, 446. — In Fōgha. IV, 229.

Bóghel, reiches Thal, malerischer Charakter desselben. I, 429.

Bógo, Dorf. III, 168.

Bohnen, Anbau derselben. II, 394; IV, 80 u. a. a. O.

Bohnenstroh, ein ausgezeichnetes Kameelfutter. IV, 90.

Bóne, Dorf. IV, 342.

Bongessémba, Dorf am oberen Niger oder Dhjúliba, verschiedene Beschaffenheit des Wassers der beiden Flussarme. V, 482.

Boote, auf dem Tsād. II, 411. — Auf dem Schāri. III, 261, 264. — B. der Mússgu 198. — Auf dem Bénuē. II, 560. — Auf dem Niger. IV, 244, 369. — Abbildungen. IV, 400, 404.

Bōre, Stadt. V, 469.

Bórnu; der allgemeine Charakter der Geschichte von —. II, 276. — Regierungsform 295, 328. — Meine Freunde und Berichterstatter daselbst 368—375. — Tabellarisches Verzeichniss der Könige und Hauptereignisse. II, 307. — Die Armee und ihre äussere Erscheinung. III, 150. — Die Reiterabtheilungen bei dem Feldzug nach Mússgu 476. — Die Grenzen des eigentlichen Bórnu. IV, 33.

Bórnu-Gungu, oder Bárnu-Gungu, Insel im Niger. V, 243.

Borsāri, Stadt in Bórnu. IV, 33.

Bō-sse, Dorf und Bewohner. V, 282.

Bossebángo, Dorf und Bewohner. IV, 270—274.

Bot-hadīeh, Posten am Senegal. V, 757.

Brief, als Amulet getragen. IV, 300. — Eindruck des in der Nähe von Timbúktu empfangenen. V, 142.

Brod von Magária. I, 592. — Von *Balanites*. III, 343.

Brunnen, mehr Geschick als gewöhnlich im Emporheben des Wassers. IV, 88. — Grosse Tiefe der Brunnen von Koiām. IV, 14; V, 387. — Schwierigkeiten beim Graben eines Brunnens in Kúkaua. II, 385. — Die berühmtesten Brunnen in A'sauād. V, 464. — Der von Díbbela enthält Natron 420. — Brunnen von Mul und U'nghurutīn 418. — Die berühmtesten Brunnen von Táganet 465. — Brunnen von Sau-Kurā 422.

Būa, Stamm der —, Eintheilung desselben. III, 558.

Būa-Dassār, Stamm der —. III, 580.

Búdduma, Insulaner des Tsād, identisch mit den Yédinā. II, 408. — Ihr Charakter 408. — Ihre Kanoe's 411. — Dr. Overweg's Besuch auf ihren Inseln. III, 7.

Búgarī, Dorf. III, 282, 296.

Búggoma, Fluss. IV, 308.

Búgla, Brunnen. V, 497.

Búgomān, Stadt am Schāri. III, 294.

Bulála, Dynastie der —, identisch mit Gaöga. III, 382. — Abtheilungen derselben 550.

Búnday, Bergkette. I, 413.

Búndi, Stadt. II, 215; V, 377.

Bundōre, Dorf; die Färbergruben daselbst. IV, 274.

Būne, Alt- und Neu-. IV, 48.

Būne Kayérde Sáïd, Dorf und Bedeutung des Namens. V, 384.

Búnka, Stadt und Bewohner. IV, 121; V, 350.

Búrdj el Melha, Schlossruine. I, 14.

Burg der Prophetin, Römische Ruine in El Djem. I, 4.

Búrgu, oder Búrku, interessante Landschaft. III, 25, 443.

Burre, Weiler; felsiges Bett des Niger hier. V, 252.

Burrum, oder Bahhr el Ghasál, Stationen längs desselben. III, 440.

Bússumo, Stadt. IV, 581.

Butter, frische, nicht zu haben in Bórnu, noch auch im Allgemeinen im Negerland. II, 251; IV, 128.

Butter-Baum, *Bassia Parkii* (kadeña, tóso), in Kátsena. II, 97, 100; IV, 109. — In A'damáua. II, 470, 493, 521. — In grosser Anzahl am Niger. IV, 392; V, 283.

Býrgu, nahrhaftes Gras im Niger. V, 153, 157. — Honig davon bereitet 166.


Caillié, Réné, der Reisende. IV, 395, 464.

*Capparis sodata*, Benutzung derselben. I, 324. — Weite Verbreitung 324, 351; V, 97, 144, 252. — Im Burrum. III, 441. — Die Beeren derselben. I, 324; V, 147.

Chaleifa, Thal und Dörfer. I, 32—35.

Chalīlu, Sultan von Gándō, Charakter desselben. IV, 197; V, 327. — Ausdehnung seines Reichs. IV, 205.

Chat, fruchtbares Thal in der westlichen Wüste. V, 522.

Chat e' demm, temporärer Arabischer Wohnplatz aus Kameelhaarzelten. V, 533.

Chat el Meuna, berühmter Brunnen im Chat. V, 524.

Chēr-Alla, der Sklave als Gouverneur, Zusammenkunft mit demselben. II, 256.

Churmet Bū Mátek, ein Engpass. I, 112.

Civilisation, Einfluss der falschen Civilisation auf Beförderung des Sklavenhandels. III, 124. — Die einzigen Mittel zur Civilisation des Negerlandes 323.

Clapperton, Captain, wahrscheinliche Ursache seines Todes. IV, 180. — Sein grosses Verdienst als Reisender 170.

*Corchorus olitorius* (Moluchia), gewöhnliches Gemüse in A'gades. I, 444. — In Bórnu. II, 200. — In Baghírmi. III, 399. — In der Wüste. V, 427.

*Croton Tiglium* in Baghírmi. III, 400.
Crowe, Mr., Englischer General-Konsul in Tripolis. I, 17; II, 125.
*Cucurbita lagenaria.* II, 518; III, 121.
*Cucurbita Melopepo.* III, 209. — Allgemein benutzt als Nahrungsmittel. III, 140; V, 3.
*Cyperus esculentus.* II, 463; III, 234. — Brei davon. II, 519.

Dábua, Dorf. III, 238.
Dághel, Dorf, Residenz 'Othmān's, des Reformators. IV, 169.
Dai, Inseln im Niger. IV, 400.
Dákkua, Bedeutung dieses Ausdrucks. II, 12.
Dalla, Stadt. V, 468. — Provinz. IV, 322.
Dámasat, alte Hauptstadt von Ssō. II, 334.
Dámbedā, Dorf. IV, 87.
Dámerghū, Kornfelder. I, 607. — Thiere und Vegetation 611. — Liste der Dörfer 618. — Ursprung des Namens 617.
Dan-Fáua, Stadt und Bewohner. V, 348.
Dánkama, Stätte von —. II, 43.
Dan-Scháura, Distrikt; die Städte und Dörfer desselben. V, 344 Anm.
Dan-Scháura, befestigte Stadt. V, 344.
Darghol und seine Bewohner. V, 733.
Dármaghuā, Dorf. II, 219.
Darrōro, Stadt. II, 677.
Datteln, in A'sben. I, 333. — In Kanō. II, 164. — In Tauāt, Species. IV, 529 Anm.
Dattelpalmen, in A'sben. I, 333, 349. — In Tessáua. II, 27. — In Kanō 164. — In A'damáua 604. — In Logón. III, 249, 264. — In Kānem 91. — In Baghírmi 564. — In Timbúktu. IV, 485. — In Gōgō. V, 219; mit Früchten beladen 329. — Palmen-Gebüsche 278, 368.
Dáuai, Dorf. V, 385.
Dauerghū. III, 24.
Daúra, ältester Staat in Háussa. II, 81. — Provinz von Háussa. II, 670. — Charakter des Gouverneurs. IV, 86.
Dēbe, Stätte von —. V, 317.
Débu-See, Untiefe desselben. V, 475. — Ayū *(Manatus)* darin gefunden 476.
Déffōa, Stadt. II, 227.
Dekīr, Brunnen. V, 443.
Deléb-Palmen. II, 42, 509. — Die Früchte und ihre Benutzung 511. — Weite Verbreitung dieser Palme. III, 169, 182, 211, 258, 264, 314, 357, 400; IV, 109, 227; V, 367, 369.
Démmo, Dorf und Umgebung. III, 182. — Heidnische Priester und Häuptlinge, ihre Kleidung 186.
Démssa, das Land dieses Stammes. II, 624.

Dendi, Hauptstadt von —. IV, 194.
Déndina, Städte und Dörfer in —. IV, 605.
Denfó, befestigte Stadt und ihre Bewohner. V, 508.
Denga, Dorf. IV, 276.
Denham, Major, seine Abenteuer in Mándará. III, 117. — Ungenauigkeit seiner Angaben. IV, 170.
Derīss, ein Wohnort der „weissen Araber". V, 533.
Déschi, Weiler und Einwohner. IV, 323.
Díggera, Stadt und Umgebung. III, 141. — Ein Stamm der Tuáreg, ehemals weit verbreitet, jetzt aber zurückgekommen. II, 81, 336; IV, 4, 51.
Díkōa, grosse Stadt; ihre Umgebung. III, 122.
Dimíssugá, Dorf, gastfreundliche Behandlung daselbst. V, 389.
Dimla, Stadt. IV, 582.
Dīre, Stadt. V, 478.
Dírki, Stadt. V, 428. — Historische Notiz über dieselbe. II, 337.
Dirma, Provinz. IV, 428.
Djafarábe, Inselgruppe im oberen Niger, wichtig für den Handelsverkehr. IV, 496; V, 479.
Djauára, Park's Djarra, ehemalige Hauptstadt von Mélle. V, 499.
Djebel Manterūss, Besteigung desselben. I, 46.
Djebel Mssīd, Besteigung desselben. I, 60.
Djēga, wichtige Stadt in Kébbi; ihr Handel. IV, 204; V, 324.
Djcháia, Thal. V, 435.
Djenūr, Dorf und Bewohner. V, 528.
Djerma, Alt-. I, 168. — Römisches Grabmal das. 165. — Neu-Djerma 167.
Djibāli, Dorf und Berge. V, 529.
Djídder, zerstörter Weiler; schöne Saaten. V, 301.
Djimbálla, Distrikt am Niger; Städte darin. V, 484.
Djíngerī, Dorf. V, 384.
Djinni, oder Djenni, Gründung. IV, 604. — Annahme des Issláms 609. — Unter der Botmässigkeit von Mélle 610. — Durch Ssonni 'Alī erobert 620.
Djínninau, Thal; in der Nähe magnetischer Eisenstein. I, 322.
Djúggurū, Gebiet. IV, 220.
Djüdju, Distrikt; Weiler darin. V, 337 Anm.
Dodō, Kultus desselben. I, 622.
Dodōa-Kuchen. I, 609; II, 17. — Ein wichtiger Artikel des Handels mit Sókoto. IV, 125.
Dōgo, südlichstes Dorf von Baghírmi. III, 568. — Dorf in der Nähe von Ssay. V, 294.
Dōgo-n-dādji, Stadt. V, 329.
Donári, Stadt. IV, 40.
Dōre, vornehmste Stadt von Libtáko. IV, 290. — Markt 292—296.

Doróā *(Parkia)*, häufigster Baum in den Provinzen Kátsena und Sária. IV, 107 u. a. a. O.

Dünger, in Mússgu in Gebrauch. III, 188.

Duëntsa, Stadt. V, 469.

Dūm-Palme *(Cucifera Thebaica)*, ausschliessliches Vorkommen in der Nähe von Surríkulo. II, 220. — Weite Ausbreitung über das Negerland, in Aïr. I, 349, 419. — Bei Yō! III, 81, 88. — In Logón 254. — In Gasáua. II, 15; IV, 91. — In Fōgha 228. — In Máuri 565. — Am Niger. V, 99, 268, 273, 283, 286, 434. — Benutzung der Früchte. III, 33; in Ssay V, 298; in Támkala V, 304.

Duncan, seine Route von Baffo nach Adafudia voller Irrthümer. IV, 570.

Dunku-Baum; Blätter als Gemüse benutzt. V, 292.

Dūnn, Dorf. II, 230.

Dūtschi, Distrikt. II, 258. — Stadt. IV, 126; V, 350.

Dýnnia, Stadt und Bewohner. V, 503.

Dýrregu, der freigelassene Haussa-Bursche. IV, 9 u. a. a. O.

Ébn Batūta's Reisen. I, 510—512. — Derselbe erwähnt Edrīss als König von Bórnu. II, 289.

Éderï und seine Höhlen. I, 158.

Edrīss Alaōma, der grösste König von Bórnu. II, 332. — Züge desselben von Bórnu nach Kānem. III, 449.

É-faday (É-fadē), gesetzloser Stamm. I, 388. — Seine Stärke 557.

Egē, fruchtbares Thal. III, 442.

E'geri, Thal von —. I, 278.

Eghellāl, Berg und Dorf. I, 413. — Thal 414.

Egyptier; wahrscheinlicher Verkehr der Sonrhay mit den alten Egyptiern. IV, 484; V, 194.

Ehe, Heiligkeit ders. sogar unter d. heidnischen Stämmen. II, 18 u. a. a. O.

Eisen; bestes Eisen in Búbandjídda. II, 458, 606. — Gute Qualität in Mándarā 458, 645. — Mittelmässiges in Kanō 160. — In Baghírmi. III, 400. — In Wádáï 523.

Eisenstein in grosser Menge in der Nähe von Múnghonō. II, 662.

El A'biār, Distrikt unfern des Senegal, Brunnen daselbst. V, 526.

El A'hmar, Brunnen. V, 488.

El Arbáïn. I, 2.

El Bekrī's Bericht über das Negerland. IV, 605. — Verschiedene schon von ihm gebrauchte Benennungen noch jetzt im Gebrauch 452 Anm.

El Chuïn. I, 2.

El Djem, Römische Ruinen daselbst. I, 4.

El Djūf, Distrikt. V, 567.

El Edrīssi's Bericht über das Negerland erwähnt. IV, 607.

El Gāda und angrenzende Distrikte; Maurische Stämme daselbst. V, 565.

El Giblah und Schemmámah; Maurische Stämme daselbst. V, 558.

49*

El Háha, Distrikt und Stämme. V, 566.
El Hank, Distrikt. V, 567.
El Hassi, der Brunnen am Fusse der Hammāda. I, 148.
El Hōdh, Distrikt und die Maurischen Stämme in demselben. V, 544.
Elkeb, eigenthümliche Monumente in der Ebene von —. I, 63.
El Médeina, die Ruinen einer Römischen Station. I, 18.
El Walāti, sein Charakter und äussere Erscheinung. IV, 286. — Seine Schurkerei 352 u. a. a. O. — Endliche Trennung von ihm. V, 16.
El Wār, oder Temmi, Brunnen. V, 439.
Elephanten, häufig in A'damáua. II, 605. — Eine Heerde zu Wasser gehend. III, 45. — Sehr häufig in Mússgu 146, 147, 153. — In Gúrma. IV, 274.
Ém-n-kūris, Landspitze, Lagerplatz auf derselben. V, 149.
Englisches Haus in Kúkaua. II, 384.
Erátafāni, ihr Lager. V, 270.
Erbfolge geht bei einigen Afrikanischen Stämmen von dem Besitzer auf dessen Schwestersohn über. I, 374. — Wahrscheinliche Ursache dieser Gewohnheit 375.
Erdmandeln, ein wesentlicher Theil der einheimischen Nahrungsmittel und wichtiger Handelsartikel. II, 518; III, 296. — In Baghírmi im Allgemeinen nicht sehr häufig angebaut. III, 398 u. a. a. O. — Zwischen anderem Getreide gesäet. II, 521.
Ergschēsch, Distrikt. V, 567.
E'rhāsar, Thal. I, 351.
Ernésse, Lagerplatz, Beschreibung desselben. V, 130.
Essbare wilde Früchte. II, 462, 470. — Essbare Poa's, s. *Poa*. — Essbare Erzeugnisse. II, 518 u. f.
*Euphorbia*, giftige. I, 603; V, 98.
Euphorbiaceen, baumartige. III, 287.
Europäer stehn bei manchen Leuten in geringer Achtung. V, 90.
Europäische Waaren, nach Kanō eingeführt. II, 153 u. f. — Nach Timbúktu. V, 33.
*Exogyra Overwegi*, in der Nähe des Wadi Tagidje gefunden. I, 128.

Fährboote aus Kürbisflaschen. II, 258; IV, 28.
Färberei; die Kunst zu färben verleiht einigen Gegenden des Negerlandes einen gewissen Anstrich von Civilisation. II, 82. — Überlegenheit Kanō's in dieser Hinsicht 148. — In Udjē 447. — In Baghírmi. III, 292, 315. — In Sánfara. IV, 125; V, 351.
Fāki el Bahr, grosser Gelehrter in Wádáï. III, 524.
Fāki Ssámbo, ein gelehrter Púllo in Māseña. III, 330.
Fálalē, Dorf und Tracht. IV, 573.
Falī, Stamm in Fúmbiná. II, 614.
Fányakangua, Stadt. V, 374.

Fáro, Fluss. II, 564, 621.

Fátāuēl, bedeutender Markt für Elfenbein. III, 148.

Felder, Art der Bestellung derselben in Baghírmi. III, 326, 356.

Fénorangh, Thal. I, 313.

Feréng-mangha, Erklärung dieses Titels. IV, 432 Anm.

Fest des ʽAïd el kebír in A'gades. I, 461. — In Timbúktu. IV, 457. — Des Fotr in Kúkaua. III, 15. — In Kanō ebendas. — In Māseña 373. — In Yāgha. IV, 282.

Feuerwaffen, Einfluss derselben auf Beförderung des Sklavenhandels. III, 124. — Kommen schon in der zweiten Hälfte des 16ten Jahrhunderts in grosser Anzahl in Bórnu vor. II, 333.

*Ficus*, besonders grosse Exemplare. I, 429; V, 133.

Fíliō, Dorf und Bewohner. IV, 314.

Fírki, eine eigenthümliche Gestalt und Beschaffenheit des Bodens. II, 263, 437; III, 118 u. a. a. O.

Fische, in grosser Menge in Mússgu. III, 208, 216. — Verschiedene Arten im Niger. V, 687. — Getrocknete, ein wichtiger Handelsartikel in Bórnu. III, 27. — Werth derselben als Tauschmittel in A'schenúmma. V, 481.

Fittrí, der „See" der Kūka; einige bedeutende Ortschaften um denselben u. s. w. III, 549 u. f. — Erwähnung der Distrikte 454, 469.

Flöhe, in Támkala. V, 303. — In Kúkaua. II, 386.

Flüsse, die Namen derselben bedeuten im Negerland nur „Wasser". III, 266.

Flusspferde, sehr häufig fast in allen stehenden oder laufenden Gewässern des Negerlandes a. v. O. — Ihre Wuth, wenn sie gestört werden. V, 229.

Fōdet, Thal, Berglandschaft. I, 360.

Fōgha, Thal. IV, 228. — Art der Salzbereitung daselbst 281. — Charakter der Bevölkerung 233. — Trennung zwischen der Háussa- und Sonrhay-Rasse 233.

Franzosen, Aufregung in Timbúktu durch die Bewegungen derselben im Norden. V, 115—126.

Fugábū Kóbber, Dorf derselben. III, 75.

Fúlbe, in Mándarā. III, 173. — Entartet. II, 476. — Ihre Intelligenz und Lebhaftigkeit 505. — Erstes Erscheinen in Bórnu 331, 389. — Einwanderung in Baghírmi. III, 386. — Dieselbe befördert durch die Verbindung mit den Schūa 326. — Geschichte und Wachsthum ihrer Macht in Sókoto. IV, 147 u. f. — Die Stämme derselben 148 Anm. — Ihre wichtige Mission 503. — Ihre Politik in Timbúktu. V, 88. — Die Stämme in Sókoto. IV, 542. — Bewohnen die Vorstädte grosser Orte. III, 119; V, 380. — Ihre Art, Butter zu bereiten. II, 251.

Fúlbe von A'damáua, ihr berühmter Zug nach dem fernen Süden. II, 624.

Fúlbe-Hütten, Abbildung derselben. IV, 380.

Fúmbiná, Ausdehnung von —. II, 601. — Beschreibung 602. — Die verschiedenen Stämme 613—618.
Fura, beliebter Trank, Bereitungsart. I, 454.
Fūta, Landschaft, Haupttheil derselben. V, 587.

Gábatā, heilige Stätte von —. IV, 65.
Gäbberī und Bewohner. III, 571.
Gá-bēro, Stamm. V, 225. — Ihre Gastfreundschaft 227. — Eintheilung des Stammes 227 Anm.
Gá-bībī, Stamm. V, 244.
Gabōre, Weiler. V, 383.
Gagliuffi, Herr, Britischer Agent in Múrsuk. I, 174, 182; II, 191.
Gá-keura, Stadt, Stätte derselben. IV, 396.
Galūla, Dorf und Rinnsal. V, 585.
Gám-erghū, Distrikt. II, 443. — Ein den Mándará nahe verwandter Stamm 445.
Gándō, Reich, Klima und Ausdehnung desselben. IV, 205. — Die Herrscher desselben 541.
Gándō, Stadt. IV, 197; V, 826. — Durchschnittliche jährliche Regenmenge. IV, 202; V, 328.
Gaōga, Königreich. III, 381. — Gründe für seine Macht 396.
Gárbo, Dorf. IV, 236; V, 311.
Gáredji, Dorf. II, 194.
Gār-Ssarā. III, 574.
Garū, Inselstadt im Niger. V, 275.
Gasáua, Stadt in der Provinz Kanō, und ihre Bewohner. II, 172.
Gasáua, unabhängige Heidenstadt. II, 84. — Die umliegenden Ortschaften 88. — Befestigungen und Marktplätze 89. — Die angesehensten Männer des Orts. IV, 93.
Gassī-Ghūma, grosser Marktplatz von Fermāgha. V, 490.
Gátara, Dorf. V, 309.
Gáuassū, Dorf, Zusammenkunft mit dem Sultan von Sókoto. IV, 134.
Gáui, Stadt. III, 582.
Gaúmatschē, Weiler. IV, 210.
Gebete für die Todten. V, 58.
Gēbi, Thal. I, 324.
Geld; Fehlen einer bestimmten Münze in Kúkaua. II, 395. — Grosse Verschiedenheit in den einzelnen Distrikten. IV, 281.
Gellu, Stadt. V, 506.
Gérki, Stadt und Bewohner. II, 182; V, 370.
Gerste; Anbau derselben am Niger. V, 229.
Géschia, Stadt und Bewohner. IV, 37.
Géssgī, Thal in Kānem. III, 90.
Getreide; der Anbau desselben in verschiedenen Distrikten sehr ver-

schieden. II, 520, 603. — Verschiedenheit der Preise. II, 897; V, 337. — Getreideschober, thurmähnliche. IV, 337; die im Negerland gebräuchlichen. I, 611; II, 5; im Manga-Land. IV, 30.

Ghadāmes, Einwohner von, als bedeutende Kaufleute in Kátsena ansässig. II, 64; in Kanō 129, 136; in Timbúktu. IV, 492, 651; V, 34.

Ghaladīma 'Omār, Zusammenkunft mit demselben. II, 212.

Ghámbarū, Ruinen aus Ziegelsteinen. II, 247. — Lieblingsresidenz der früheren Könige von Bórnu. III, 471.

Ghāna oder Ghánata, Königreich, historische Notizen über dasselbe. IV, 600, 601, 607, 608.

Ghárīa el gharbía, Römischer Thorweg daselbst. I, 135; Arabischer Thurm 137.

Ghárīa e' scherkīe. I, 140.

Ghassr-éggomo, ehemalige Hauptstadt von Bórnu (s. Birni), Beschreibung der Ruinen. IV, 22.

Ghuriān und seine Dörfer. I, 51—54. Hass gegen die Türken 53. — Unterirdische Wohnungen, ebendas.

Gīda-n-Alla, Dorf. V, 368.

Gílmirām, Brunnen von —. II, 5.

Giraffen, Heimath derselben. I, 590. — Selten in den bevölkerten Distrikten, in Mússgu. II, 442; III, 147. — Häufig am Niger. V, 201 u. a. a. O.

Góber, die Fürsten von —. IV, 589. — Verbindung der edelsten Familien mit den Kopten. I, 369. — Die Goberáua einst Herren von A'sben, ebendas.

Gōgō, Gárho oder Gáo, Hauptstadt des Sonrhay-Reichs, Bemerkungen über dieselbe. IV, 601, 605, 607. — Erobert durch die Auelímmiden. IV, 668. — Beschreibung der Stadt und ihrer Bewohner. V, 216. — Der Niger bei Gōgō 236.

Gold, Hauptstapelartikel in Timbúktu. V, 21. — Einfuhr desselben in Kanō. II, 160. — Der Goldhandel in früheren Zeiten in Kúkia. IV, 607 u. a. a. O. — Wird im Bénuē gefunden. II, 561. — Gold führende Flüsse. IV, 575, 576.

Gōna, Örtlichkeit am Niger. V, 241.

Gónda-Blume *(Carica Papaya).* II, 15, 101, 537, 744; III, 127; IV, 212; V, 329. — Wilde Gónda-Büsche. II, 108, 450; V, 294. — Wohlgeschmack der Früchte derselben. II, 486.

Góndja, das Land der Kōla-Nuss; die nach demselben führenden Routen. IV, 575. — Handel dahin. V, 29.

Góreba-Frucht (s. Dūmpalme). II, 15.

Gorgom, Stadt. IV, 89.

Gosenákko, Dorf und Bewohner. II, 15.

Gō-ssua, Stadt. II, 194.

Gōte, Distrikt. V, 282.

Grab Ssidī Muchtār's in Timbúktu. V, 59.

Gräber der Músegu. III, 172.
Grabmonument in Wadi Tagídje. I, 125. — In Tabonïeh 132.
Guanīn-el-Kohol, eine Abtheilung der Bérabīsch. V, 66.
Guāssem, Römisches Grabmal. I, 101.
Guinea-Wurm, Krankheit. I, 300. — Hervorgebracht durch Trinken stehenden Wassers. II, 659. — Kommt bei Frauen nicht vor, ebendaselbst.
Gúlbi, allgemeine Bedeutung. III, 266.
Gúlbi-n-Sókoto, Sümpfe. V, 820.
Gúlumbē, befestigte Stadt. IV, 212; V, 328.
Gúmda, Dorf. IV, 89.
Gúmmel, Stadt, ihre kommerzielle Wichtigkeit und ihre Bewohner. II, 184. — Der Verfall derselben. V, 371.
Gúndam, Stadt. V, 470.
Gúndumi, Wildniss, Passage durch dieselbe. IV, 133.
Gungúngo, Dorf. IV, 277.
Gūram, Stadt. V, 477.
Gurāra, Fluss, Lander's Rāri. II, 673.
Gūre, Hauptstadt von Múniō. IV, 52—59. — Besuch beim Gouverneur 54; sein Charakter 55.
Gúrgarā; das in Baghírmi gebrauchte Eisen wird von hier bezogen. III, 562.
Gurgul, ein unbedeutender, seichter Arm des Senegal. V, 586.
Gūri und Bewohner. V, 501.
Gúrma, hügelige Landschaft. IV, 253. — Von den Sonrhay kolonisirt 261. — Provinz und Bewohner 567. — Die Verbindung der Letzteren mit den Tombo, ebendas.
Gúro-Nüsse, ein Stapelartikel in Timbúktu. V, 27. — Einfuhr derselben nach Kanō. II, 150. — Bedeutung dieses Handels für Kanō 151.
Gúschi, die Dörfer dieses Gebiets. IV, 70.

Haddáda, ein eigenthümlicher Stamm in Kānem. III, 433.
Hádj Beschír, biographische Notiz über denselben. II, 376. — Das Ende seiner Laufbahn 367 u. f. — Sein Verfahren gegen die heidnischen Stämme. III, 208, 225.
Hádj Mohammed A'sskiā. IV, 422. S. A'sskiā.
Hahnenkämpfe zur Entscheidung von Streitigkeiten. II, 647.
Hallūf, Kánemma-Häuptling. III, 78 u. f.
Hamd-Allāhi, Hauptstadt von Má-ssina. IV, 484; V, 473 u. a. a. O.
Hámien, warme Quellen. III, 587.
Hamma, Schwiegersohn A'nnūr's. I, 405, 470. — Abschied von ihm. I, 585.
Hammāda, Beschreibung derselben. I, 148—149. — Bedeutung des Wortes 148.

Hándarā, Dorf. IV, 77.
Handel, von Libtāko. IV, 291. — Von Timbúktu 649; V, 17. — Von Kanō. II, 145 u. f. — Von Kúkaua. I, 391 u. f. — Von Wádáï. III, 520.
Hatīta, Häuptling der A'sgār, Ankunft. I, 191. — Seine Verhandlungen 204. — Skizze desselben auf seinem Kameel 208.
Hau-n-ádak, Lagerplatz. IV, 355.
Haus, Grundriss eines Hauses in Kanō. II, 143; in Kúkaua 388; in Timbúktu. IV, 458. — Häuser in A'gades. I, 483, 487.
Háussa, historische Notizen II, 78. — Intelligenz und allgemeiner Charakter der Bevölkerung 183. — Charakter und Wichtigkeit der Sprache a. v. O. — Edelleute und ihr Gefolge. V, 309.
Heidenthum, Kampf mit dem Isslamismus. II, 43 u. f.; III, 123, 165; IV, 124 u. a. a. O. — Mōssi, die Vorkämpfer des Heidenthums. IV, 568. — Überbleibsel des Heidenthums in Mohammedanischen Gemeinden. III, 284, 327.
Hemden, gewöhnliche weisse von Bórnu als Tauschmittel in Kānem. III, 68. — Ebenso in Baghírmi 338; in A'damáua. II, 562; in Kúkaua für den Ankauf grosser Gegenstände 395. — S. Toben.
Hénderī-Ssígge-ssī, Thal in Kānem. III, 91.
Hendi-kīri, Lagerplatz in der Nähe von —, am Niger. V, 148.
Heu, die Art, dasselbe aufzubewahren, im Mússgu-Land. III, 158.
Heuschrecken, gebraten ein beliebtes Gericht. II, 82. — Schwärme derselben. V, 244. — Von Thurmfalken verfolgt II, 238.
*Hibiscus esculentus.* III, 26, 376. — In allgemeinem Gebrauch in Baghírmi (dorāba, bámia). III, 399.
Hillet e' Scheich Ssidī el Muchtār, ein berühmter Ort religiöser Verehrung. I, 544; IV, 463.
Hogār oder Hágara, Stamm der —. I, 540.
*Holcus cernuus;* ausgebreiteter Anbau in Bórnu. II, 263, 437. — Verschiedene Varietäten in den einzelnen Distrikten 603. — *Sorghum*, das gewöhnliche Getreide in Bórnu 654. — *Holcus saccharatus* in den südlichen Provinzen von Bórnu, in Mússgu. III, 138. — Die rothe Species in Mússgu 157.
Hómbori, Bergkette, Abbildung derselben. IV, 336. — Beschreibung 339.
Hómbori, Stadt, Route dahin. IV, 326 Anm.
Hügel der Christen bei Tin-téllust. I, 367.
Húlluf, Stadt in Logón, berühmt wegen Zauberei. III, 252.
Hütten; allgemeiner Charakter derselben. I, 610. — Die bángo oder bongo genannten Hütten. II, 26, 450, 486. — In Mūbi 635. — Verschiedene Arten in Bórnu 668. — Der Schūa 441. — Der Marghí 468. — Der Mússgu. III, 222. S. Bauart. — In Yágha, IV, 279. — Der nómadischen Fúlbe 330. — Der Fúlbe in Baghírmi. III, 326. — In Sonrhay. IV, 335, 387.

Ibauádjiten, Stamm. V, 208.

I'bo, Stamm. II, 747.

I'dinen, der heilige und gefürchtete Berg der A'sgār. I, 228. — Besuch desselben 230. — Verirrt bei der Rückkehr 232.

I'ggeba, Brunnen. V, 484.

Igómaren, Lager bei —, am Niger. V, 179.

Ikadémmelrangh, Thal; eigenthümliche Bergformation in demselben. I, 305.

Ikánnu und Gúndam, Verzeichniss der dazwischen liegenden Ortschaften. V, 488.

Ikáskesan, allgemeiner Charakter des Stammes. I, 377. — Ein Freibeuter 615.

Ilōri, bedeutende Stadt in Yóruba. II, 189.

I'meggélelē, Distrikt. IV, 353.

Imenān, Thal; drohender Angriff in demselben. I, 335.

Immanan, Distrikt. IV, 563.

Imō-scharh oder Tuáreg. Ursprung und Alter des Namens. I, 246. — Abtheilungen und Familien der A'sgār 249; der Kēl-owī 377; der Kēl-geréss und Itīssan 387. — Ihre Lager 597. — Die Ssakomāren 539. — Die Hogār 540. — Ihre Gewohnheiten verändert durch die Niederlassung am Niger. V, 107. — Ihre Art, den Mund zu bedecken a. v. O. — Ihre Furcht, den Namen ihres verstorbenen Vaters zu nennen. V, 118. — Lager der am Niger ansässigen Stämme 127. — Die grosse südwestliche Gruppe derselben 578. — Abbildungen der Imō-scharh an den Egyptischen Denkmälern 587.

Imrhād, Bedeutung des Wortes. I, 255. — Historische Bemerkungen über die Imrhād der A'sgār 255. — Die Imrhād der Thäler um A'gades 428; der I'regenāten. V, 584; der Auelímmiden 578.

Indigo; erstes Vorkommen der Pflanze. I, 575. — Art des Anbaues in Baghírmi. III, 315; in Wádáï 528. — Ausgebreiteter Anbau. IV, 194 u. a. a. O.

Inschriften; Römische in Ghária. I, 135, 138. — Berberische 166, 308 u. a. a. O. — Felsen mit Inschriften 468.

I'regenāten, Unterabtheilungen derselben. V, 584. — Friedliche Stämme derselben 585.

I'-ssa, Sonrhay-Name des Niger. IV, 397.

I'-ssa-bēre, der Hauptarm des I'-ssa; Städte und Dörfer längs des Ufers von Dīre nach Ssan-ssándi. V, 473. — Städte und Dörfer am südwestlichen Arm, zwischen Móbti und Djenni ...

I'ssaiē oder I'ssā, Dorf; thurmähnliche Getreideschober. IV, 337. — Die Bewohner desselben 338. — Später verlassen. V, 39.

I'ssge, Distrikt von Marghí. II, 472. — Dorf und Bewohner 473. — Hütten und Tracht 643. — Todtentanz 646.

Isslamismus, Kampf desselben mit dem Heidenthum. II, 43 u. f. — Zeit der Einführung im Central-Negerland 84; in Kānem 289, 309; in

Logón. III, 270; in Baghírmi 387; in Wádáï 486; in Sonrhay. IV, 417, 605.
Itíssan, historische Bemerkungen über dieselben. I, 386. — Unterabtheilungen derselben 389.

Jakob, der jüdische Diener Denham's und Clapperton's. I, 5.

Kábara, Stadt und Bewohner. IV, 404—409, 483. — Hatte ehedem einen besonderen Gouverneur 427. — Eine Stelle der Chronik falsch verstanden. II, 327.
Kábua, Dorf. II, 238.
Káda-márga, Dorf. III, 325.
Kadamméllet, Berg. I, 342, 344.
Kadūna, Fluss. II, 674, 676.
Kágsa, Brunnen. IV, 16.
Kákalā, Dorf. III, 175.
Kákarū, Stadt. V, 733.
Kāla, bedeutende Bámbara-Stadt; ihre frühere Wichtigkeit. IV, 613; V, 497.
Kāla, westlichste Stadt im Gebiet von Logón. III, 250.
Kalála, Tēbu-Dorf; Art der Salzbereitung daselbst. V, 425.
Kálemrī, Bórnu-Dorf, in seinem blühenden Zustand. II, 219. — Dasselbe halb verlassen. V, 381.
Kalikágorī, Dorf. III, 27.
Kalíluā, Dorf in der Nähe von Kúkaua; erste Ankunft daselbst. II, 264. — Lager beim Aufbruch nach Timbúktu. IV, 11.
Kálíluā Grémarī, Dorf, Schule daselbst. II, 656.
Kallíul, Stadt im Thal von Fōgha; Tapferkeit der Einwohner. IV, 232; V, 315.
Kálua, Dorf. II, 228.
Kámba-ssa, befestigte Stadt in Kóbbi. IV, 208, 209. — Beispiele bürgerlichen Zwistes, ebendas.
Kameel, nicht einheimisch in Afrika. I, 215. — Preise derselben in Bórnu. II, 399. — Das Kameel von Bórnu. III, 175. — Kameelwettrennen. I, 361.
Kámmanē, Stadt in Sáufara; ihre Bewohner. V, 351.
Kānem, ursprünglicher Theil des Bórnu-Reichs. II, 286, 307. — Macht von Kānem 310. — Fällt in die Gewalt der Bulāla 317. — Zurückerobert 325. — Die bedeutendsten eingeborenen Stämme 298. — Allgemeiner Charakter von Kānem. III, 36. — Weisse Bórnu-Hemden als Tauschmittel in Kānem 68. — Bemerkungen über die östlichen Theile von Kānem 429. — Imām Ahmed's Bericht über Kānem. III, 449.
Kánembū, besseres Aussehen im Vergleich mit den Kanōrī. V, 410. —

An den Ufern des Tsād ansässig. II, 413. — Viehzüchter 416. — Ihre eigentliche Tracht 413. — Ihre Art, den Kopf vor Regen zu schützen 634. — Abbildung ihrer Hütten. V, 408.

Kanō und seine Bewohner. II, 113. — Grundriss der Stadt 126. — Quartiere derselben 141. — Geschichte derselben 136 u. a. a. O. — Nicht identisch mit Ghāna 138. — Bevölkerung 144. — Handel 145. — Einkünfte und Verwaltung der Provinz 163. — Hauptorte derselben 162. — Zweiter Aufenthalt in Kanō. V, 357. — Ungünstiges Klima für Europäer 359.

Kanō bis A'lamei, Route über Chadédja. II, 216.

Kanoe's am Benuē. II, 560. S. Boote.

Kanōri, identisch mit Bornáui — Der ursprüngliche Name von den Mandingos in Kánin-ke geändert ..., .... — zur Charakteristik derselben. II, 188. — Schöne Kanōri-Frauen. II, 630.

Kanta, führt Krieg mit dem König von Bórnu. II, 324. — Dynastie der Kanta in Kébbi. IV, 215. — K. besiegt den König von Sonrhay 683.

Kanyénni, wichtiger Markt in Wangaráua. IV, 576.

Karámmia-Bäume. II, 15.

Karáua, ehemalige Hauptstadt von Mándarā. II, 338.

Karawanen-Handel von Timbúktu nach Morocco. V, 32. — Karawanen vermeiden die Grenzdörfer der Wüste. I, 131.

Kárba, Dorf. II, 353.

Kardi, befestigte Stadt in Kébbi, Stapelplatz für Getreide. IV, 214.

Kāre, Stadt und Umgebung. V, 532.

Kargha, oder Karka, der südöstliche Winkel des Tsād-See's. III, 468, 493.

Kárgimáua, Dorf. II, 210.

Kāri oder Konna, wichtige Stadt am obern Niger ..., ....

Kaschímma, Stadt. II, 243.

Kasr Chafāidji 'Aāmer, el gharbī und e' scherkī, merkwürdige Beispiele von Ruinen Byzantinischer und mittelalterlicher Bauart. I, 114, 115.

Kasr Dauān, merkwürdige Feste eines Arabischen Raubfürsten. I, 77.

Kasr Djefāra und Umgebung. I, 90.

Kasr Dōga, Römisches Grabmal von ungeheuerem Umfang in der Tarhōna. I, 74.

Kasr el Djebel, Türkische Festung. I, 27. — Ausflüge von da 29—36.

Kasr el Djehalīch, darauf bezügliche Arabische Legenden. I, 20.

Kasr Ghuriān, Türkische Festung. I, 47, 54.

Ka-ssambāra, Hauptort von Bághena. V, 510.

Ka-ssánni, Weiler und Umgebung. V, 281.

Kā-sso, Dorf. IV, 89.

Katakírri, essbares Knollengewächs. II, 470.

Kátsena, Stadt II, 47. — Gesünder als Kanō 93. — Geschichte und Beschreibung 78. — Könige von Kátsena 88. — Die umgebende Landschaft 97. — Quartiere der Stadt 88. — Hauptorte der Provinz 95. —

Rückkehr nach Kátsena. IV, 96. — Zusammenkunft mit dem Gouverneur 98. — Betrag des zu zahlenden Tributes. IV, 129.

Katūru, befestigte Stadt in Sánfara. IV, 131.

Káua, Dorf. II, 420.

Káua, ehemaliger berühmter Häuptling der Auelímmiden. IV, 669.

Káuo, ein dem Negerland eigenthümliches Unkraut. II, 218. — Vergl. *Asclepias gigantea.*

Kauye-n-Ssálach, prachtvoller Tulpenbaum in der Nähe von —. II, 11.

Kébbi, Provinz. IV, 207. — Form des Namens 165 Anm. — Theilung zwischen Sókoto und Gándō 548. — Fruchtbare, aber sumpfige Thäler. V, 322. — Ehemalige Wichtigkeit. V, 319. — Die Kanta-Dynastie. IV, 215, 633.

Keghámma, ehemals eine hohe amtliche Würde in Bórnu. II, 328.

Keghámma in Kānem. III, 95.

Kēl, Bedeutung des Wortes. I, 259, 372.

Kelāra, Antilope. II, 409.

Kelēno, Distrikt; reich an Natron. IV, 67.

Kēl-e-'Ssūk, Stamm, Ursprung des Namens. V, 184. — Eigenthümlicher Charakter desselben. V, 200. — Unterabtheilungen 582.

Kēl-fadē, Stamm; Freibeuter von altem edlen Blut. I, 384.

Kēl-geréss; geschichtliche Notizen. I, 382, 386. — Unterabtheilungen derselben 389.

Kēl-owī; historische Bemerkungen. I, 371. — Erbschaftsregel 374. — Ihr entarteter Charakter 376. — Abtheilungen des Stammes, ebendas. — Feindseligkeit gegen die Kēl-geréss 387 u. a. a. O. — Expedition gegen die Uēlād Sslimān. III, 57.

Kenaníyīn (Kenániē), Stamm in Kānem. II, 301 Anm. III, 471.

Kendādji, Insel im Niger, wilde Scenerie. V, 265.

Kénga Matāia, Ortschaft. III, 560, 575.

Ketschídúniā, Dorf. IV, 41.

Keuretāgo, Stadt. IV, 398.

Kibbo, Thal, nördliche Grenze der weissen Ameise. V, 411.

Kikla, Distrikt. I, 42.

Kirogādji, Höhenzug. V, 290.

Kirotáschi, Stadt am Niger. IV, 553. — Route von Kirotáschi nach Woghódoghō 577.

Köana, Stamm. II, 696; III, 128.

Kóbetāt, Stamm; ist für das nöthige Wasser auf die Wassermelonen angewiesen. V, 496.

Kókia, Baum. II, 41. — Der gewöhnlichste Baum im Mússgu-Land. III, 176 u. a. a. O.

Kókorotschē, Baghírmi-Dorf. III, 318, 409.

Kōla, stark befestigte Stadt in Kébbi. IV, 219.

Kōla-Nüsse. S. Gūro-Nüsse.

Kolĭ, befestigte Stadt; ihre Umgebung. V, 509.
Kólle-kólle, Baghírmi-Dorf. III, 314, 409.
Komádugu von Bórnu. II, 243; IV, 19.
Kong, Stadt in Wángarä. IV, 576.
Könige von Bórnu; eigenthümliche Ceremonien bei der Wahl derselben. II, 295. — Empfänglichkeit derselben für Naturschönheit. III, 130.
Kopfputz der Frauen, in Baghírmi. III, 284. — In Kanō. II, 128. — In Kúkaua 401. — In Belárigo 392. — Auffallende Zierathen an demselben in Libtāko. IV, 295.
Kŏra, grosse Insel im oberen Niger. IV, 395. — Eine andere, kleinere Insel im Niger. V, 107.
Korámma, bedeutet im Allgemeinen „kleines Rinnsal". I, 271.
Kória, Dorf. IV, 289.
Koriñína und seine Bewohner. III, 571.
Korna oder Kurna, weit verbreiteter Baum im Negerland; seine Früchte nicht unangenehm. III, 240. — Schöne Exemplare des Baums 159.
Kórom, Dorf und seine Umgebung. III, 159.
Korōme, Aussenhafen von Timbúktu. IV, 400.
Korórofa, ehemals mächtig. II, 137. — Beschreibung 696.
Kortīta, Stamm am Niger. V, 282.
Korúllu, Dorf und Berg. II, 524.
Kostárī, Dorf. III, 286.
Kótokō, Provinz; historischer Überblick. III, 246. — Verschiedene Dialekte daselbst 241.
Kōtschi, Dorf. V, 328.
Koyām (Koiam), Distrikt; Beschreibung desselben und seiner Bewohner. IV, 14. — Stämme desselben 19; II, 300.
Krēnik, ehemalige Hauptstadt der Ssoi. III, 248.
Krystallisirte Röhren. V, 420.
Ksserāt Schigge, Stadt. V, 510.
Kuāra, der untere Theil des Niger, wird vorzugsweise von Amerikanischen Sklavenhändlern benutzt. II, 158. S. Niger.
Kūbo, Sonrhay-Stadt. IV, 326.
Kúgha, identisch mit Kúkia, der alten Hauptstadt von Sonrhay. IV, 606.
Kuhdünger, frischer, das Beschmieren der Wände und der Flur der Hütten mit demselben bestes Schutzmittel gegen Ungeziefer. II, 386.
Kūka, Stadt in Kébbi. IV, 220.
Kūka oder Kúkū, Stamm, in Fittri und längs des Bat-hā ansässig. III, 382, 454, 470, 550 u. a. a. O.
Kūka meiruū, Lagerplatz. II, 178. — Kūka meifurū 179.
Kúkaua, jetzige Hauptstadt von Bórnu, neuern Ursprungs und nicht identisch mit Gaōga. II, 364. — Beschreibung, grosser Markt 391. — Zusammenkünfte mit dem Vezier 270, 273, 665. — Rückkehr nach Kúkaua 665. — Regenzeit in Kúkaua. III, 1. — Fest in Kúkaua 14.

— Letzter Aufenthalt daselbst. V, 388. — Erfüllung eines Versprechens 390.

Kūla-n-kérki. I, 618.

Kulfēla, sehr wichtiger Marktplatz in Mōssi. IV, 578.

Kúlkadā, Dorf. IV, 110.

Kúlman, unabhängige Sonrhay-Stadt; ihre Bewohner. V, 732.

Kúmba, Stadt und Bewohner. V, 508.

Kumkúmmia, eine *Euphorbia*, welche Pfeilgift liefert. I, 603.

Kuna, oder Kunna, Stadt und wichtiger Marktplatz am obern Niger. V, 531. — Städte und Dörfer zwischen Kuna und Móbti 480.

Kunta, Stamm, Abtheilungen desselben in A'sauād. V, 466; in Aderēr 554.

Kúraiē, Stadt und ihre Umgebung. IV, 111.

Kurān, Absingen dess. in der Wüste. IV, 476, 524. — Das denselben einleitende Gebet. II, 592. — Die einander widersprechenden Vorschriften dess. bilden den Gegenstand ernster Erörterungen und Streitigkeiten zwischen meinen Freunden und Feinden. V, 719. — Gelesen an den Gräbern der alten Könige von Bórnu. III, 452. — Soll den Herrschern von Sonrhay von Egypten aus überliefert sein. IV, 605.

Kúri, eine Art Ochsen, die sich durch ihre Grösse auszeichnet. II, 221.

Kúsch, Stadt in Bághena; ihre Bewohner. V, 510.

Kussāda, grosse Provinzialstadt von Kátsena. II, 103; V, 855.

Lager, Arabisches; häusliches Leben in demselben. IV, 497. — Der Tuáreg. V, 127.

Laháula, Marghī-Dorf und Bewohner. II, 490, 642.

Laing, Major; Data zu seiner Reise. Ermordung desselben. IV, 670. — Wahrscheinliche Beweggründe für das Betragen der Tuáreg gegen ihn 463 Anm. — Freundschaftliches Benehmen von Scheich el Bakáy's Vater gegen denselben 463. (Vergl. I, 544, sein Aufenthalt im „hille".) — Nichts von seinen Papieren gerettet. IV, 465.

Lamī-sso, Stadt und Markt in Bórnu. V, 377.

Lárba oder Láraba, unabhängige Sonrhay-Stadt. IV, 270; V, 284, 734.

Leder von Kátsena, berühmt. IV, 100 Anm.

Leder-Arbeiten, von A'gades. I, 497. — Von Kanō. II, 150. — Von Sókoto. IV, 181. — Von Timbúktu. V, 18.

Leder-Zelte. IV, 346.

Leichen-Tanz zu I'ssge. II, 646.

Lellōli, Dorf und seine Umgebung. V, 291.

Leo Africanus, gibt einen guten Überblick über den Gang der Begebenheiten im Allgemeinen, ist dagegen keine verlässliche Autorität für Spezialitäten. II, 290. — Citirt a. v. O.

Leptis und seine Ruinen. I, 87.

Lēre, Dorf und Umgebung. V, 490.

Lewāna, Stadt. V, 501.
Libtāko, Provinz. IV, 284. — Hauptstadt derselben 290. — Politischer Zustand 297. — Ortschaften in derselben 298 Anm. — Gute Pferderasse 297.
Löwe, der, von Aïr. I, 421, 546. — In der Grenzregion der Wüste. V, 271. — In grosser Anzahl längs des Niger. V, 97, 120, 132.
Logón, Fluss und Stadt. III, 189, 414.
Logón, Provinz. III, 250. — Geschichte derselben 269. — Lebensmittel, Industrie und Sprache 273—275. — Städte und Dörfer 481.
Logón-Birni, Stadt und Bewohner. III, 254. — Palast des Ibálaghuān 255; des Sultans 257.
Lombo-tendi, Dorf und Brunnen der Kumā. V, 498.
Lord Clarendon's wohlwollende Gesinnung gegen mich. V, 452.
Lord Palmerston's Depesche, Kopie derselben. III, 488. — Der freundliche Empfang von seiner Seite bei meiner Rückkehr. V, 452.
Lord Russell's Brief. V, 142.
Lúschiri, Dorf. II, 285.

Mábani, Stadt; ihre Nachbarschaft. II, 446.
Macguire, Korporal, erschlagen in Beduáram. V, 414.
Mádje, Distrikt, seine Fruchtbarkeit u. Schönheit. IV, 110. — Stadt. V, 355.
Madrússa, Dorf in Fesān. V, 442.
Maduári, Dorf in der Nähe des Tsād, und seine Bewohner. II, 412. — Herrn Dr. Overweg's Tod das. III, 425.
Mā-farass, der südliche Brunnen von —; Ankunft das. in einem Zustand von Erschöpfung. V, 436.
Mágā, Distrikt. II, 442.
Mágara-Busch, Gebrauch desselben. II, 111.
Magáriā, Baum; Bemerkung über denselben und seine Benutzung. I, 592.
Magária, Stadt bei Sókoto, Lage derselben. IV, 170, 179.
Magh-tēr und Tíris, Distrikte der westlichen Wüste; Beschreibung ders. und der darin wohnenden Maurischen Stämme. V, 561.
Mágira, oder Königin-Mutter; Einfluss derselben in Bórnu. II, 297; in Baghírmi. III, 408; in Wádáï 517; in Múniō. IV, 58.
Magnetischer Eisenstein. I, 322.
Maídjirgi, Dorf und Bewohner. IV, 90.
Maidúguri, Marktplatz. II, 446.
Máikonomari-kurā, Stadt. IV, 82.
Makām, heilige Stätte, Makām e' Scheich ben 'Abd el Kerīm. I, 424. — Makām auf dem Weg von Aseu nach Tauát 536. Anm.
Máket-n-íkelān, Felsen; die daran sich knüpfende sonderbare Gewohnheit. I, 319.
Maktatschūtschī, stehendes Gewässer mit Flusspferden. V, 536.
Malám-Dörfer. V, 374.

Mámmarī, Dorf. IV, 81.
Manatus. S. Ayū.
Mándō od. Móndō, wichtige Stadt im östlichen Theile v. Kānem. III, 435, 440.
Manga, Provinz und ihre Bewohner. IV, 80. — Die Frauen das., ebdas.. — Ortschaften 81 Anm. — Krieger und ihre Ausrüstung. II, 205.
Manso, Kaschĕlla Manso. IV, 33.
Manssa Müssa, der grösste König von Mélle. IV, 610 u. f.
Máō, Stadt in Kānem. III, 429. — Thäler in der Nachbarschaft 431. — Ehemalige Berühmtheit 451.
Marārraba, Station auf der Hälfte des Weges zwischen Rhāt und Aïr. I, 306; zwischen Sókoto und Wurnō. IV, 584.
Marde, Brunnen und seine Umgebung. V, 528.
Marghī, Stamm. II, 483. — Überlegenheit der Rasse, ebdas. — Zustand des Landes, Ortsverzeichniss. 488. — Leichentanz. 646.
Marī, Berg. I, 574.
Maríamarī, Dorf, das Vorkommen von Löwen das. V, 385.
Mariau, Bergkette. I, 286.
Marikoire und Debāla, Ortschaften in Bághena, Städte und Dörfer zwischen beiden. V, 507.
Marikoire und Dinga, die zwischenliegenden Städte u. Dörfer. V, 506.
Markt; derselbe wird während der heissesten Stunden des Tages besucht. II, 188. — In A'gades. I, 522; Tessáua. II, 22; Gasáua 40; Kátsena 68; Kanō 121; Kúkaua 392; Udjé 451; Ssaraū 585; Díköa. III, 131; Máseña 338; A'bū-Gher 843. — Hauptmarktplätze in Wádáï 522; in Timbúktu IV, 492; V, 17; Dōre 291—296; Mō-ssi 578; längs des oberen Niger. V, 490, 503; im Lande der Wangaráua. IV, 576.
Márte, Stadt und Bewohner. III, 119.
Máschena, Bórnu-Stadt. II, 208; V, 376.
Máseña, Hauptstadt von Baghírmi; Handel und Bewohner. III, 326—379; Grundriss 345; Palast des Sultans 347. — Ankunft das. 357. — Sein Triumpheinzug 360.
Massákuā (Holcus cernuus), Anbau derselben in Bórnu. II, 263. — Wird im Dezember und Januar geerntet. III, 252.
Má-ssina, Landschaft am oberen Niger; Beschreibung der hauptsächlichsten Distrikte. V, 480. — Die Beherrscher ders. IV, 468, 484 Anm. — Feindselige Gesinnung das. gegen mich 508 u. a. a. O.
Maulesel, selten im Negerland. II, 176.
Máuri, Distrikt; Ortschaften in dems. IV, 565.
Mäuse, in grosser Menge. I, 611.
Mbutūdi, Dorf, malerisches Ansehen dess. II, 510.
Médani, El, seine Sekte. I, 14, 192.
Méhedī, die Erwartung seines baldigen Erscheinens. IV, 366.
Méheres, Stadt. I, 6.
Méheri, schnelles Kameel. I a. v. O.

Mēlē, Fähre am Schāri. III, 288. — Werde beim ersten Besuch dort zurückgehalten 287; ebenso beim zweiten Besuch 321.

Mélle, Königreich. IV, 610 u. f. — Der beginnende Verfall dess. 616. — Wichtig durch seine Macht und für den Goldhandel 618. — Regierungsformen 612. — Ursache seines Untergangs. V, 512.

Méndefi, Berg, wahrscheinlich trachytisch. II, 479.

Merábetīn, identisch mit den Stämmen der Anísslimen, weihen sich ganz einem heiligen Leben und dem Studium. Die Merábetīn von Tintārh-odē greifen die Expedition an und plündern sie. I, 347. — Sie leiden durch einen Raubzug der Auelímmiden 353. — Werden vom Sultan von A'gades gezüchtigt 481. — Ihr kriegerischer und revolutionärer Charakter 558.

Merkē, Baum; die Früchte dess. sollen die Pferde vor der Wurmkrankheit bewahren. IV, 113.

Méscheru, Brunnen, umgeben von menschlichen Gebeinen. V, 440.

Meselláta, Ebene. I, 79. — Festung 80.

Me-ssáladje in A'gades. I, 491.

Meteorologische Register. I, 622; II, 756; III, 585; IV, 672; V, 735.

Mínge, Dorf. V, 802. — Besuch beim Gouverneur 803.

Mínta, Distrikt. IV, 359.

Mírria, Stadt. IV, 76.

Misda, Scenerie und Einwohner. I, 108.

Mithkāl, ein Gewicht für Gold von verschiedenem Werth, in A'gades. I, 512, 524 Anm.; in Timbúktu. V, 23; in Ssan-ssánne Mangho. IV, 574.

Móbti, Stadt. V, 479.

Mohammed ben 'Abd el Kerīm, grosser Apostel von Central-Negerland; der von ihm gegründete Betplatz im Thal von Tághist. I, 424. — Sein Einfluss in Kátsena. II, 88 u. a. a. O. — Sein Tod und seine Verbindung mit der Geschichte von Sonrhay. IV, 636.

Mohammed ben A'hmed Scherīf, seine Reise nach dem See Nyassa. II, 585.

Mohammed ben Chottär, der Scheich, Neffe El Bakáy's. V, 73, 161, 232, 241 u. a. a. O.

Mohammed Boro, vereinigt sich mit der Expedition. I, 174; wird gegen uns aufgebracht 191; reizt das Lager gegen uns auf 307; Verständigung mit demselben 334. — Sein Haus und seine Familie in A'gades, sein patriarchalisches Leben 442. — Freundschaftlicher Abschied 473.

Mohammed e' Ssfáksi, sein Streit mit den Tuáreg-Häuptlingen. I, 194. — Die von der Mission bei ihm gemachten Schulden. II, 269; dieselben endlich berichtigt. III, 420. — Die letzten Unannehmlichkeiten mit ihm. IV, 104. — Letzte Zusammenkunft. V, 372.

Mohammed Galaídjo, Häuptling von Tschampagóre. IV, 258, 474. — Sein Sohn 482.

Mohammed Lébbo, Gründer des Púllo-Königreichs Má-ssina. IV, 258, 670.

Mohammed Loël, Gouverneur von A'damáua, Zusammenkunft mit demselben. II, 586.

Mohammed Titīwi, ominöse Zusammenkunft mit ihm. II, 428.

Mohammed Trumba, oder el 'Akerūt, und seine Sklavenkarawane. I, 198.
— Sein mir geleisteter Dienst, indem er mir eine bedeutende Summe Geldes überbringt. IV, 82.

Moiet, Dorf. V, 527.

Moítō, Stadt in Baghírmi. III, 532.

Mókorī, Dorf in Baghírmi. III, 299, 811.

Mókorū, Distrikt, seine Bewohner. III, 412.

Molgheu, Distrikt. II, 461. — Dorf, seine Bewohner. II, 462, 648.

Móndō, Dorf. S. Mándō.

Monge, Dorf von Kameelhaarzelten. V, 527.

Morīki, Stadt. V, 349.

Morocco. Der Kaiser von M. (Múlāi Hāmed) sendet eine Armee zu einem Einfall in Sonrhay ab. IV, 648. — Dasselbe geschieht zum zweiten Male mit Erfolg 649. — Eroberung des ganzen Negerlandes von Bághena bis Déndina 662. — Eifersucht der Kaufleute von Morocco gegen mich während meines Aufenthaltes in Timbúktu. IV, 508; V, 5.
— Handel Morocco's mit Timbúktu. V, 33.

Moskito's, eine grosse Plage in Kébbi. V, 318.

Mō-ssi, Provinz und ihre Bewohner. IV, 567. — Wichtigkeit dieses Landes im Streite zwischen Heidenthum und Isslamismus 568. — Die dortigen Kalikostreifen 293. — Die Esel das. 293.

Mowedína, Stadt. V, 500.

Mūbi, Stadt, ihre Umgebung. II, 504, 634. — Beschreibung einer Hütte 685.

Múdjerān-See, ein Theil des Niger. V, 491.

Múglebū, Dorf, reiche Vegetation nach dem Regen. II, 682.

Múlāi el Méhedī, seine Kenntniss der Astronomie. V, 12.

Múlāi Hāmed. S. Morocco.

Mundōro, Dorf, sonderbare Rohrdächer. IV, 334.

Múniō, Provinz, gebirgig. IV, 43. — Einkünfte aus ders. 54. — Die bedeutendsten Städte und Dörfer. 59 Anm. — Eigenthümlicher Gebrauch bei der Wahl der Herrscher. II, 295.

Múnióma, Gouverneur von Múniō, sein fürstlicher Charakter. IV, 56.

Múnke, Dorf. III, 253.

Murdja, befestigte Stadt in Bághena, und ihre Bewohner. V, 509.

Múrsuk, Ankunft daselbst. I, 170. — Beschreibung der Stadt 175. — Ihr Charakter nähert sich dem einer Stadt des Negerlandes 177. — Rückkehr dahin. V, 444.

Muschelgeld; Art, damit zu rechnen. II, 30. — Gangbare Münze in Kanō 160. — Vor Kurzem in Kúkaua eingeführt 895. — Gilt in Múniō. IV, 54; in Sínder 83; in Sókoto 164, 172; in Gándō 201; in Ssai 249; in Yágha 281; in Dōre 293; in Timbúktu 453; in Búnka.

V, 351. — Nicht im Umlauf in den Landstädten von Bórnu. II, 395; in A'damáua 536; in Baghírmi. III, 339. — Fehlt in I'ssë. IV, 388.

Mússgu (Landschaft), Kriegszug dahin. III, 145. — Eintritt in das Gebiet von M. 156. — Plünderung eines Dorfs 157. — Die bedeutendsten Ortschaften 160. — Ungünstige Lage des Landes 165.

Mússgu (Stamm). III, 161. — Das Düngen der Felder 188. — Verehrung der Vorfahren 172. — Ihr Fetisch 162. — Ihre Waffen 178. — Nationaltracht der Weiber 213. — Ihre Wohnungen 184, 221 u. f.

Mústafadjī, Dorf. III, 292.

Nadeln, Werth derselben als Tauschmittel. III, 152. — Verschiedene Arten werden in den verschiedenen Gegenden verlangt. IV, 313. — Gebrauch, N. als kleine Geschenke unterwegs zu vertheilen, a. v. O.

Náma, Dorf, und seine Bewohner. V, 499.

Namantúgu und seine Bewohner. IV, 285. — Wird erwähnt in der Geschichte von Sonrhay 648.

Natronhandel in Kanō. II, 151; in Gúmmel 189.

Natroninkrustationen in Aïr. I, 426. — Einige der Hauptorte, an denen Natron gewonnen wird, ebendas. — Verschiedene Beschaffenheit desselben. II, 180.

Natronkarawanen. II, 180.

Natronsee. IV, 47; von Kelēno 68; von Badamūni 74.

Ndjimie, alte Hauptstadt von Kānem. II, 281, 325; III, 452, 456.

Neger; geringe Anzahl echter Negerstämme im Inneren des Kontinentes. II, 465.

Negerland, El Bekrī's Bericht über dasselbe. IV, 605. — Bemerkung über El Edrīsi's Bericht 607. — Leo's Bericht. I, 508; II, 290 u. a. a. O. — Die Politik im Negerlande. III, 208. — Trauriger Zustand desselben. V, 341.

Nester, hängende. III, 154.

Ngāla, Stadt. III, 240.

Ngárruā, Stadt. IV, 43.

Ngégimi, Dorf und Bewohner. III, 43; V, 409. — Route von da nach Berī. III, 48 Anm.

Nghákeli, nördliche Grenze des *Balanites*; Beschreibung des Thales. I, 298.

Ngórnu, Stadt und Umgebung. II, 404; III, 418.

Ngurútua (allgemeiner Name, bedeutet so viel als „ein Ort voller Flusspferde"), Grab des Herrn Richardson daselbst. II, 289. — Städte ähnlichen Namens a. v. O.

Niger, erster Anblick desselben. IV, 243. — Die verschiedenen Namen desselben bedeuten alle „Wasser", ebendas. (Der Name Niger kommt von dem Wort „n-eghírrëu".) — Die Boote auf demselben 244. — Das von seinen Armen gebildete Netz 368. — Wahrscheinliche Erklärung seines anomalen Steigens. V, 5. — Verschiedenheit des Wassers in den beiden Armen des oberen Niger 482. — Das in demselben wachsende nahrhafte Gras, s. „Býrgu". — Nachrichten über die Distrikte längs des Niger von Timbúktu bis nach Ssan-ssándi 473. — Ortschaften längs desselben zwischen der Insel Wáraka und Anssóngho 185 Anm.

Nimādi, eine wilde Bande Jäger. V, 533.
Nomadisirende Hirten in Bórnu. II, 249.
Núkuma, Distrikt auf der Insel Rūde. V, 531.
*Nux purgans.* IV, 172.
Nyámina, Stadt und Marktplatz. V, 503.
Nyéngay, See. IV, 378.

Ochsen; Versuch, auf einem solchen zu reiten. I, 407. — Ausgezeichnet in Aïr 413; II, 6. — Bilden die einheimischen Lastthiere. II a. v. O.
Odjúft, Stadt in A'derĕr, ihre Bewohner. V, 556.
'Oïtílli, Insel (identisch mit Ghūtil); der Niger daselbst. V, 292.
Olalōa, Stadt in Dámerghū. I, 619.
Ölpalme in A'damáua. II, 604. — Vereinzeltes Exemplar im Thal von Fōgha. V, 316.
O'm el hammām, Dorf in Fesān. I, 188.
Orthographie, Erklärung der angenommenen. I, xxxi.
*Orycteropus Aethiopicus* (Erdschwein). I, 596; II, 255.
'Othmān Búgomān, Fürst von Baghírmi; Laufbahn desselben. III, 889 u. f.
'Othmān dan Fódie, der Reformator; sein Einfluss. IV, 152. — Sein Hymnus 544.
Overweg, Dr.; seine Befähigung als Reisender. I, xxii. — Ankunft in Tunis 1. — Seine Aufzeichnungen. III, 9. — Seine Reise nach Tessáua. II, 14. — Ankunft in Kúkaua 426. — Reise an den Tsād. III, 7; nach Gúdjeba und Fíka 418. — Sein Tod und Begräbniss am Ufer des Tsād-See's 425.

Palme; Vorkommen der drei im Negerland gewöhnlichen Arten an einem und demselben Ort. IV, 196.
Park, Mungo; Rache über von ihm geübte Beleidigungen die wahrscheinliche Ursache des Angriffs der Tuáreg auf den Major Laing. IV, 463 Anm. — A'uāb's Erzählung über ihn 518. — Feuerte auf Jeden, welcher ihm in drohender Haltung nahte. V, 202. — Üble Wirkung hiervon 203. — Erinnerungen an ihn 168, 188, 220, 249. — Sein Irrthum in Bezug auf Sségo. IV, 479 Anm.
*Pennisetum distichum*, Unannehmlichkeit und Gebrauch desselben. I, 427, 594, 600; IV, 66 u. a. a. O.
Pfeffer, rother, unentbehrlich in heissen Ländern. IV, 88.
Pfeile, vergiftete; Mittel dagegen. II, 187.

Pferde, unansehnlich in A'gades. I, 446. — Vortrefflich in Dámerghū 618. — Vorzüglichkeit derselben in Bórnu. II, 399; III, 19. — Sind jeder Unbill des Wetters ausgesetzt. II, 542. — Barbarische Gewohnheit der Mússgu, sich einen festen Sitz zu verschaffen. III, 178. — Gute Rasse in Libtāko. IV, 297. — Die Pferde der Tuáreg am Niger 852, 854. — Zahlreich in Ssarayāmo 878, 882. — Unansehnlich in Timbúktu. V, 68. — Die Pferde der Sonrhay 209. — Werth derselben in der Wüste 436.

Pflug, von Sklaven gezogen, im Thal von Aúderass. I, 424. — Ist im Negerland nicht im Gebrauch 425.

Pharaoh; ein Ph. von Egypten soll Burrum am Niger besucht haben. V, 194.

Pilgernde Händler. II, 448; III, 280; IV, 286 u. a. a. O.

Pirtua, Dorf. II, 486.

Poa, essbare, in Bórnu. III, 27. — Verschiedene Arten 286. — Häufig benutzt in Baghírmi und Wádáï 362, 899.

Polygamie, eigenthümliche Erklärung zu deren Gunsten. IV, 108. — P. bei den Fúlbe von Má-ssina zur Bigamie eingeschränkt 259.

Portugiesen; ihre Bemühungen, das Innere Afrika's zu eröffnen. IV, 631, 632, 637.

Priesterschaft, kein besonderer Stand. III, 187.

Produkte Afrika's. III, 208.

Púllo. S. Fúlbe.

Púllō Ibrahīm, der fromme und gelehrte Pilger. II, 369.

Rabda und seine Dörfer. I, 42 u. f.

Rāfi-n-Máuri, weites, sumpfiges Thal. IV, 226.

Ralle, Beschreibung des Passes von —. I, 222.

Rass-el-mā, berühmter Arm des Niger. V, 492.

Rauchen, leidenschaftlich geliebt von den Mússgu. III, 205. — Desgleichen von den Anwohnern des Niger. V, 163.

Reade, Herr, Ihrer Majestät Vicekonsul in Tripoli; sein freundliches Benehmen. I, 17; V, 449, 450.

Rédanī, Distrikt. IV, 17.

Regen, grosse Verschiedenheit an den verschiedenen Orten. III, 8. — Selten am Morgen. I, 364; II, 684. — In Aïr. I, 896. — In der Wüste. V, 421, 427. — Gering in Kúkaua. III, 8. — Häufig in Gándo. V, 828. — Tabellen über die Regenmenge, s. Meteorologische Register.

Regenzeit in Kúkaua. III, 8.

Regierung, eine feudale, verbreitete sich von Mélle aus über einen grossen Theil des Negerlandes. IV, 612. — Bórnu ein Wahlreich mit bedeutendem aristokratischen Element. II, 295. — Die R. der Fúlbe-Staaten mehr republikanisch. II, 295. — Von Baghírmi. III, 402. — Von Wádáï 510. — Von Sonrhay mehr despotisch. IV, 425.

Reis, wilder, in den Wäldern südlich von Bórnu. III, 146. — Angebaut in einem Theil von A'damáua. II, 573. — In Kébbi. IV, 182, 208 u. a: a. O. — Wird nicht gezogen in Bórnu; östlichste Grenze seines Anbaues 91. — In Baghírmi III, 398. — Nach Burrum am Niger von Egypten eingeführt. V, 195; daselbst nur in der Hülse zu haben 197. — In El Hōdh 516.

Religiöse Bauwerke. I, 63, 78.

Rēn, Stadt in Logón. III, 243.

Rhāt, Ankunft das. I, 238. — Beschreibung der Stadt 259.

Rhērgo, Sonrhay-Stadt am Niger, und ihre Bewohner. V, 152.

Ribāgo, Dorf und Distrikt. II, 571.

Richardson, Herr, seine Ankunft in Tripoli. I, 17. — Verhandlungen mit den Häuptlingen von Rhāt 261, 262. — Sein Tod. II, 225. (Über seine Krankheit s. meinen in der Vorrede zu seinem Tagebuch publizirten Brief.) — Sein Grab 240. — Seine Hinterlassenschaft 272.

Römische Ruinen in El Djem. I, 4; in El Médeina 13; in der Nähe von Um e' Sersān 87; in Tar-hōna 72, 74; in Guāssem 101; in Wádī Talha 121; in Wádī Tagídje 125. — Grabmäler in der Nähe des Brunnens Tabonīch 132. — Thorweg zu Garía el Gharbia 135. — Ruinen in e' Scherkīe 141. — In der Nähe von Djerma, das südlichste Überbleibsel Römischer Herrschaft 164.

Routen:
A'damáua. Von Géwe nach Kárnak Lógone. II, 719; nach Lēre 726. Von Gidér nach Fátauel. II, 717.
- " Gūrin nach Rei-Būba. II, 722. — Von Rei-Būba nach Ribāgo 723. — Von Ribāgo nach Ssaraū 725.
- " Hamárruā nach Yōla. II, 704; über Kóntscha 705.
- " Kóntscha nach Djōro-Fāngel und Beía. II, 739, 740. — Von Djōro-Fāngel nach dem Lande der Djétem 748.
- " Mē-sso über Hīna nach I'ssege. II, 719.
- " Morā nach Yōla. II, 709.
- " Ngaúndere zu den Batī. II, 753.
- " O'blo nach Démmo. II, 728. — Von Démmo nach Lāka 732.
- " Rei nach Lāme und Lūka. II, 731; nach Lēre 727.
- " Rei-Būba nach Beía. II, 733; nach Mbáfu 750.
- " Ssaraū über Gidér nach Fátauel und Bínder. II, 716.
- " Tschámba nach Beía. II, 736, 737; nach Tibāti. II, 742, 744. — Von Tibāti nach dem Lande der I'bo 745.
- " Tschéböa nach Lāme. II, 729.

Von A'gades nach A'sauād. I, 542; nach Bílma 531; nach Dámerghū 530; nach Marādi 529; nach Sókoto 527; nach Tauāt 533.

Dar-Fōr. Von Tendélti nach A'm-madjūra. III, 548; nach Rúnga, ebendas.

Routen:

Déndina, Provinz. Von Sókoto nach Komba am Niger. IV, 559.
    Von Yēlu nach Yáuri. IV, 553.
Gúrma u. Mō-ssi, Provinzen. Von Dalla (oder Bōne) über Konna nach Hamd-Allāhi. V, 468. — Von Tschampagóre nach Landō. IV, 578.
    Von Dalla (oder Hómbori) über Konna nach Hamd-Allāhi. V, 468.
- Djíbo nach Kaye. IV, 580.
- Káñima nach Hamd-Allāhi. V, 483.
- Kaye nach Wóghodoghō. IV, 580; nach Belússa u. Belánga 582.
- Kirotáschi nach Wóghodoghō. IV, 577.
- Komba nach Madjōri. IV, 572; nach Ssan-ssánne Mangho und Ssalga 572.
- Māni nach Kong. IV, 581; Rückweg 582.
- Píssela nach Dōro. IV, 583.
- Ssalga über Kong nach Tañóra. IV, 575.
- Sségo nach Méggarā. IV, 584.
- Tángurkū nach Ssan-ssánne Mangho. IV, 579.
- Yágha nach Belánga. IV, 579.
- Yendi nach Yágha. IV, 266 Anm.

Kānem. Von ʽAlímarī nach Kárnak Lógone. III, 488.
    Von Berī nach Tághgel. III, 435. — Von Tághgel über ʽAlímarī nach Moitō 437, 438.
- Bīr el Kúrna über Bīr el ʽAtt-esch und Mússebī nach Egē. III, 441. — Von Egē nach Yen oder Belād el ʽOmiān 448.
- Māō nach Tághgel. III, 438.

Routen in Kānem im 16ten Jahrhundert. III, 449—475.
    Von Ngégimi nach Egē. III, 441.
- Yāō nach Māō. III, 439.

Kanō und die benachbarten Provinzen. Von Dárassō nach Yákoba. II, 699.
    Von Djemmâa-n-Darrōro nach Kéffi-n-Abdesénga mit einer Zweigstrasse nach Láfia Berēberē. II, 678.
- Kanō nach Katab. II, 682. — Von Katab nach Yákoba 686. — Von Kanō nach Yákoba 684; nach Sínder 669; über Sária nach Kéffi-n-Abdesénga 678.
- Katāgum nach Schēra. II, 701. — Von Schēra nach Yákoba 703.
- Kéffi-n-Abdesénga nach Tōto und Fánda. II, 678.
- Sária über Katab nach Darrōro. II, 676.

Sabérma, Provinz. Von Aúgi über Máuri und Sabérma nach Támkala. IV, 564 Anm.
    Von Yēni nach Kúrfay. IV, 564 Anm.

Sánfara, Provinz. Von Bánagā nach Aʼnka und nach Kotór-koschē. IV, 536.
    Von Kanō über Káuri-n-Namōda nach Sókoto. IV, 534.

Wádáï und Baghírmi. Von Babāliā nach Moítō. III, 581.
  Von Bussō nach Míltū. III, 555; nach Báng-Dai 566.
- „ Fittrí nach Máō. III, 551, 552.
- „ Kúkaua über Lógone und Bussō nach Báng-Bai. III, 578.
- „ Láffanā nach Báng-Bai. III, 562.
- „ Lai nach Ssālin. III, 564.
- „ Mábbels nach Fong und von Fong nach Bussō. III, 567; nach Lai und Kim 563.
- „ Máseña nach Báng-Bai. III, 565, 569; über Laíri nach Bussō 561; nach Gógomi 557; nach Kénga Matáia 559; nach Kírbe 556; nach Láffanā und Bussō 554; über Kólle nach Laíri und Moítō 561; über Gáui nach Máō 582; nach Méddebā 582; über Debāba nach Moítō 561; nach Mússgu 568; nach Rúnga und Ssillā 573; nach Ssālin 565; nach Wāra 527, 588.
- „ Miltū nach Gógomi. III, 557. — Von Miltū nach Dai und von Lai nach Dai 566.
- „ Schenīni über O'grogō nach Bórorīt. III, 586; nach Dumta 541; nach Djurlū 542; nach Mōku oder den Eisengruben 543; nach Nyéssero 543; über A'ndelā nach Ssillā 544; nach Ssillā direkt 545.
- „ Tschāken nach Kim. III, 564.
- „ Wāra nach Dumta. III, 540; nach Rúnga 547; nach Schenīni 585; nach Wádı 'Orādha 552.
Wukāri, von verschiedenen Punkten. II, 687.
Wüste, westliche Hälfte. Von A'tar nach Tedjígdja od. Raschīd. V, 523.
  — Von Tedjígdja nach Djáfena 524.
  Von Aúlef nach Mabrūk, westliche Strasse. V, 460.
- „ Bākel über Assába nach der Grenze von Tagānet. V, 529.
- „ Hamd-Allāhi über Ssā nach Kábara. V, 481; nach Káñima 488; über Meschīla nach Kahaíde 531; von Kahaíde nach der Grenze von Tagānet 527.
- „ Meschīla nach Bākel. V, 537.
- „ Murdja nach Mekoíe. V, 506.
- „ Ssan-ssándi nach Ka-ssambāra. V, 508; nach Timbúktu 489.
- „ Tauāt über Mabrūk nach Timbúktu. V, 457.
- „ Timbúktu über Gúndam und Yóaru nach Hamd-Allāhi. V, 470; über Ba-ssikúnnu nach Ssan-ssándi 488; nach Walāta 491; nach der hillet Ssídī el Muchtār. IV, 463 Anm.
- „ Wadān nach A'ghadīr Dome. V, 571; nach El Chat 522; nach Tischīt 520; nach Walāta 521.
- „ Walāta nach Ssan-ssándi. V, 496.
- „ Yóaru nach Tenéngu. V, 472; nach Yā-ssalāme 477.
Yákoba; von Kanō. II, 684; von Katab 686.
Yáuri, Provinz. Von Bunsa nach Yáuri und von hier nach Kotā-n-korō. IV, 562, 563.

Rūdu, Hütte zum Schlafen, beschrieben und abgebildet. IV, 130.
Ruinen eines Klosters in Schâbet Um el Charāb. I, 116.
Rumā, historische Notiz über dieselben. IV, 439, 440. — In Bámba. V, 162; in Ssēbi am Niger 474, 485. — Ihr Äusseres. V, 162, 193.

Sā Alayámin gründet die Dynastie der Sā. IV, 600.
Sabérma, Städte, Dörfer u. Stämme in —. IV, 568. — Geschichtl. Notiz 426.
Sāgha, Stadt am oberen Niger, von grosser Wichtigkeit in früheren Zeiten. V, 479.
Sāgha, Stadt in Déndina. IV, 426, 554.
Sahara, Distrikte und Stämme zwischen A'sauād und Timbúktu auf der einen und zwischen El Hōdh und Bághena auf der anderen Seite. V, 569.
Sâīd ben Sālah, Kapelle des —. I, 14. — Die darauf bezügl. Legende 21.
Sakomāren, Stamm. I, 589.
Salz, Haupthandelsartikel in Timbúktu. V, 23. — Preise das. 25, 139. — Salz und Gold die vorzüglichsten Artikel des Tauschhandels seit den ältesten Zeiten 28. — Bitterer Geschmack des Salzes von Bilma. I, 571. — Vorzüglichkeit des Salzes von Taödenni. IV, 231; die Art der Gewinnung dess. V, 24. — Das Salz von Ingal. I, 511. — Salzkruste auf hochgelegenem Boden 157. — Kornfelder mit einer dicken Rinde von Salz überzogen 167. — Orte, an denen man Salz findet, zwischen Asïu und Tauāt 538. — Bereitung desselben aus *Capparis* und anderen Pflanzen, sowie aus Kuhdünger. III, 40, 41. — Art und Weise, dasselbe aus der Erde im Thal von Fōgha auszuziehen. IV, 231. — Die Salzgruben zu Kaläla. V, 425. — Art der Gewinnung in Bumánda und am Bénuē. II, 699 Anm.; in Miltū am Schāri. III, 41. — Der Mangel dess. wird im Negerland schwer empfunden. IV, 644 Anm.
Salzhandel, in Kanō. II, 152. — In Timbúktu. IV, 497; V, 23.
Salzkarawane. I, 571 u. f. — Schätzung ihrer Grösse. II, 49. S. Aïri.
Sandhügel zwischen dem Wâdī e' Sschiāti und dem Wâdī el Gharbi; die Reise über dieselben. I, 157—161; gefährden die Pflanzen 157, 169. — Isolirte Sandhügel ohne Wasser, Aukär oder A'kela genannt. V, 545. — Ungeheure Reihen in der westlichen Wüste 561, 566.
Sánfara, gegenwärtiger Zustand der Provinz. IV, 123, 533. — Geschichtliche Notizen 589.
Sanguai *(Monitor)*, Fussspuren desselben. V, 147.
Sánkara, Distrikt, Städte darin. V, 485.
Sāria, Stadt, astronomische Lage derselben. II, 672.
Sarsīs, Beschreibung der Stadt. I, 11. — Weg von da nach Soära 11—14.
Sauya und die umgebende Landschaft. I, 22.
Schabāre, Dorf. IV, 90.
Schâbet el Kadīm, Römischer Meilenstein bei —. I, 105.
Schâbet Um el Charāb, Christliche Alterthümer in —. I, 115.
Schāmo, Distrikt. II, 458.

Schári, Fluss. III, 279, 289, 294. — Ortschaften an demselben von Búgomān aufwärts 558; von da abwärts 583. — Bedeutung des Namens 189.

Scheich Ssídi A'hmed el Bakáy kommt in Timbúktu an. IV, 459. — Erste Zusammenkunft mit demselben 461 — 465. — Religiöse Gespräche mit demselben 495, 523. — Seine Anhänglichkeit an seine Familie 497. — Sein Stammbaum 586. — Zwei Gedichte von ihm 588; Übersetzung derselben 594. — Sein Empfehlungsbrief. V, 719. — Seine immer gleiche freundliche Gesinnung gegen mich. V, 14. — Hält eine Vorlesung über den gleichen Rang der Propheten 43. — Betet am Grabe für die Seele seiner Schwiegermutter 58. — Der Adel seiner Familie 164, 165. — Abschied von ihm 240.

Scheich 'Othmān's Gesang. IV, 544.

Schetschéri, Dorf. V, 381.

Schibdáua, reiche Scenerie. II, 100.

Schigge, Ausdruck für Baumwollenzeug im westlichen Negerland. IV, 452 Anm. — Ksserāt schigge. V, 510.

Schildkröten, in Dámerghū. I, 613. — In Kānem. III, 67. — In der Nähe von Kūbo. IV, 327.

Schinghīt, Stadt und Bewohner. V, 522, 555.

Schitāti, Distrikt; Thäler daselbst III, 102. — Stamm, nach dem Distrikte genannt 432.

Schlange, eine grosse, erlegt. III, 52.

Schmelzöfen, Beschreibung derselben. IV, 268.

Schmiede bei den Tuáreg. I, 409. — Beschreibung einer Schmiedewerkstätte. II, 458.

Schūa-Araber, Bemerkungen über dieselben. II, 438. — Dorfschaften derselben. III, 140. — Bemerkenswerthe Eigenthümlichkeiten ders. 125, 326. — Stärke ihrer Reiterei 480. — S. Araber, eingeborene.

Schūa-Stämme in Baghírmi. III, 507; in Wádáï 507.

Scott, der Matrose. V, 475.

Seiden-Baumwollen-Baum *(Silk cotton tree, Bombax)*, ungeheure Exemplare desselben an den Thoren vieler Städte im Negerlande. II, 108; V, 346.

Sékka, Stadt und die Festungswerke derselben. IV, 116.

Sénghirī, Komádugu das. IV, 27.

Senne, Umschlagetuch *(Plaid)*, verschiedene Arten desselben. II, 145 Anm.

Sensūr, Stadt und Palmenpflanzung. I, 21.

*Sesamum*, Anbau von —. II, 110, 339, 519; in A'damáua. III, 298, 315, 398; V, 294.

Sínder, Stadt in Bórnu. IV, 79.

Sintān, Volk, Bemerkungen über dasselbe. I, 115.

Sklaven; Jagd und Metzelei ders. III, 175, 183; die Folgen davon 201. — Grausam behandelt bei den Tēbu. V, 412. — An den Pflug gespannt im Thal Aúderass. I, 424. — Preise derselben in den Ländern südlich von Baghírmi. III, 389; in Máseña 375.

Sklavenhandel in Kanó. II, 151. — Einfluss der Feuerwaffen und der Civilisation auf die Vermehrung desselben und der Sklaverei. III, 124.
Sklaverei in A'damáua. II, 600. — Die Haussklaverei. II, 24, 171.
Skorpion, Wirkung seines Bisses. III, 148.
Skulpturen in der Wüste. I, 210.
Soära und die benachbarte Landschaft. I, 15.
Sogírma und seine Bewohner. IV, 221.
Sógoma, Stadt. III, 137.
Sókoto, Landschaft, gegenwärtiger Zustand. IV, 155. — Anblick des Landes 168. — Die Beherrscher von Sókoto 540. — Fúlbe-Stämme in Sókoto 542.
Sókoto, Stadt. IV, 174.— Zweiter Besuch ders. V, 382. — Angeschwollener Giessbach das. 384.
Sonrhay, Reich, histor. Notizen. IV, 414. — Politische Verfassung 424. —. Provinzen 426—430. — Handel 436. — Heer 437 u. f. — Chronologische Tabellen über Sonrhay und die benachbarten Königreiche 600.
Sonrhay, unabhängige, die hauptsächlichsten Städte und Residenzen ders. zwischen dem Niger und meiner Route über Yāgha u. Libtáko. V, 732. — Ein ungastfreundliches Volk. IV, 240; V, 240. — Ihre Art, Wasser zu tragen. IV, 324.
Sonrhay- und Fúlbe-Trachten und Waffen. V, 287.
So-rháua, Stamm. III, 508.
Soromáua oder Soghorän, ihr erstes Erscheinen. IV, 661. — Ihre Vermischung mit den Fúlbe 147. — Ihre Wichtigkeit in Sókoto 176.
Spinne, grosse giftige. V, 177.
Ssá, wichtige Stadt am oberen Niger und ihre Nachbarschaft. V, 481. — In früheren Zeiten. IV, 429.
Ssabō-n-Bírni, befestigte Stadt. IV, 127.
Ssaefua, Dynastie, ihre Gründung in Kānem. II, 286. — Berberischer Ursprung ders. 292.
Ssai, wichtige Stadt am Niger. IV, 244; Markt 247—250. — Wichtig für den Europäischen Handel 249. — Zweiter Aufenthalt das. V, 296; Markt 297. — Beschaffenheit des Niger das. 299.
Ssai, das Thal von —. V, 294.
Ssāla, befestigte Stadt in Kébbi. IV, 196.
Ssalákorō, Dorf. V, 508.
Ssalga, Hauptstadt von Gondja, Emporium des Gŭro-Handels. IV, 575.
Ssalla-lédja, religiöses Fest in A'gades. I, 469.
Ssānem ben Hamedān, Tempelruinen. I, 84.
Ssán-korē, Moschee. IV, 488, 618. — Wiederhergestellt. V, 84.
Ssán-schirfu, der Kādhi. IV, 597 Anm.
Ssan-ssánne 'Aïssa, befestigte Stadt. IV, 131.
Ssan-ssánne Mangho, Mandingo-Stadt. IV, 574. — Das Goldgewicht das. V, 22.

Ssantschérgu, Ackerbauweiler. IV, 254.
Ssan-yāme, Stadt. IV, 397.
Ssār, Stadt. III, 576.
Ssaraū, wichtiges Doppeldorf; Beschreibung einer Hütte. II, 525, 526.
Ssarayāmo, Stadt und Bewohner. IV, 378.
Ssāre-dīna, Stadt am oberen Niger. V, 531.
Ssebba, Hauptort von Yāgha, Stadt und Bewohner. IV, 278—283. — Beschreibung und Abbildung einer Hütte 278—280.
Sseboha, Erklärung dieses Wortes. I, 12.
Ssegēro, Dorf und seine Umgebung. II, 516.
Sselūfiet, Thal und Dorf. I, 349.
Ssenhádja, Stamm. IV, 609.
Ssenudébu, Dorf und Hügel. V, 286.
Ssfākes, Halt bei —. I, 4. — Reise von da nach Sarsīs 4—10.
Ssídī Alauāte, Zusammenkunft mit demselben. IV, 408. — Die von ihm erpressten Geschenke 448. — Religiöses Gespräch mit ihm 455.
Ssídī 'Ali ben Sālah, Kapelle und Ruinen. I, 76.
Ssídī 'Ali, Kaufmann in Kanō. II, 120; V, 358.
Ssídī Mohammed, El Bakáy's älterer Bruder, kommt nach Timbúktu. V, 46. — Interessirt sich für mich 58. — Sein Charakter 85.
Ssíggedim, Oase. V, 434.
Ssilla, sehr wichtige Stadt am oberen Niger, wo die Baumwollweberei zuerst in Blüthe kam. V, 31.
Ssínder, Stadt und Insel im Niger. V, 275.
Ssing-melék, der Vezier in Wádáï. III, 516.
Ssītba, Fluss. IV, 272; Rohrfähre 273. — Das Land jenseits dess. 275. — Derselbe bei Gárbogurū. V, 284; bei Kuttukōle 285.
Ssíttahe, Dorf. III, 243.
Ssō oder Ssoi (Sseu), Stamm, seine frühere Macht. II, 301, 314, 315. — Unterworfen durch den König Edrīss A'laōma 333, 334. — Eine ihrer früheren Hauptstädte. III, 248.
Ssoda, Kornfelder mit einer dicken Rinde ders. überzogen. I, 167.
Ssōfedjīn, fruchtbares Thal. I, 112.
Ssókna, Stadt. V, 447.
Ssongho-ssāre, Ackerbaudorf. IV, 239.
Ssonni 'Ali, König vom Negerland. IV, 421, 618. — Plündert Timbúktu 619. — Erobert Bághena 620. — Ertrinkt 622.
Ssūa-Kolóllua, Brunnen. IV, 50.
Ssúdo-mélle, Marktplatz. IV, 573.
Ssugúrti, Stamm, Tracht desselben. II, 418.
Ssūk, Stadt. V, 184, 459.
Ssullēri, Stadt. II, 551, 621. — Beschreibung derselben. IV, 46.
Ssúmmoli, eine eigenthümliche Art wilder Katzen. III, 153.
Ssungúrurē, Dorf. IV, 130.

Ssurk, Stamm. IV, 517.
Steigbügel, Arabische, schätzenswerthe Eigenschaften derselben. III, 121.
Surríkulo, Stadt. II, 223; IV, 41; V, 382.
Sýrmi, Stadt. IV, 128.

Tabak, gezogen in Kátsena. II, 105; die Vortrefflichkeit dess. IV, 100 Anm. — In geringer Menge in Bórnu 110. — Verschiedene Arten in oder in der Nähe von Timbúktu. V, 36. — In Rhērgo 153; in Bamba und Égedesch 166. — Ausgedehnter Anbau desselben in Mússgu. III, 205 u. a. a. O.; ehemals auch am Niger. V, 108, 159. — Einfuhr desselben in Timbúktu verboten 36, 82. — Wird mit Natron vermischt von den Kěl-owí gekaut. I, 426.
Taboníeh, Brunnen, Römische Gräber in der Nähe dess. I, 132, 133.
Tābu, grosse Armee der Auelímmiden. V, 62.
Tademékket, Stamm, Geschichtliches über denselben, Unterabtheilungen. V, 583. — Die von den Arabischen Geographen Tademékket genannte Stadt. IV, 510, 605; V, 184, 459.
Tádjakánt, Stamm, unterhält die Verbindung zwischen Timbúktu und Morocco. IV, 501, 529; V, 32, 33.
Tagabāta, Dorf, Berglandschaft. V, 286.
Tagāma, Stamm, die Gewohnheiten dess. I, 598.
Taganāma, Stadt. II, 201.
Tagānet, Distrikt der westlichen Wüste und die Maurischen Stämme das. V, 548.
Tagānet, ein anderer mehr beschränkter Bezirk nördlich von Timbúktu. V, 461, 465.
Tághelel, Dorf des A'nnur. I, 619.
Ta-gherbússt und malerische Quelle. I, 29.
Tahönt-n-éggisch, erstes felsiges Eiland im Niger. V, 174.
Tákala, Stadt. V, 733.
Tákulum, Thal in Kānem. III, 100.
Talba, befestigte Stadt. IV, 210.
Talisman, ein eigenthümlicher in Taganāma. II, 204.
Tamarinde, der herrliche Schatten dieses Baumes, welcher den vorzüglichsten Schmuck des Negerlandes bildet. I, 614. — Das erste ausgewachsene Exemplar. II, 10. — Besonders schöne Bäume. II, 404; IV, 66; am Niger. V, 160, 252. — Die Blätter dienen als Futter für Seidenwürmer. II, 149 Anm. — Die Frucht dient zu einem sehr erfrischenden Getränk. III, 334 u. a. a. O. — Beste Medizin für gewöhnliche tropische Krankheiten. III, 400. — Bildet mit gebratenen Zwiebeln einen angenehmen Imbiss. IV, 173.
Tamkí, Tracht und Nahrungsmittel ders. III, 572.
Tañéra, Stadt. IV, 577.

Tántana, Berg, wahrscheinliche Identificirung dess. I, 277.
Tarabanássa, ihr Lager und ihre Tracht. V, 103.
Tāramt, Distrikt westlich von Gōgō. V, 240.
Tā-rhist, Thal, berühmter Betplatz. I, 422.
Ta-rhōna, Beschreibung des Distriktes und seiner Ruinen. I, 68—79.
Tauāt, Volk; die ersten Kaufleute in A'gades gehören demselben an. I, 425; in Timbúktu. V, 36 u. a. a. O. — Meine eifrigsten Beschützer. V, 74, 124. — Ihre Beziehungen zu den Franzosen 125. — Sollen den Letzteren einen Tribut bezahlen 430. — Das „Pferd von Tauāt". I, 463 Anm.
Tauben, grosse Schaaren wilder Tauben und ein Mittel, die Saatfelder vor denselben zu beschützen. II, 228. — Sehr gesucht und billig in Timbúktu. V, 3.
Taútilt, Lagerstätte, Beschreibung derselben. V, 106.
Tēbu, Form des Namens. II, 293, 299, 300; III, 458. — Ihre nahe Beziehung zu den Kanōri. II, 299; III, 71. — Ihre langdauernden Kriege mit diesen. II, 311. — Ihre Stämme, Familien und Niederlassungen III, 444. — Ihre früheren Wohnsitze in Kānem. III, 468, 469. — Ihre Niederlassungen längs des Komádugu. II, 287, 337; IV, 20 u. a. a. O. — Grausamkeit gegen ihre Sklaven. V, 412. — Ihre Vorliebe für getrockneten Fisch 431. — Ihre Handelsreisen nach Mándarā. II, 588.
Tedjigdja, Stadt in dem Bezirk A'derēr. V, 549.
Tefīnagh, Inschrift. I, 308. — Die Tefīnagh-Schrift, Bedeutung des Wortes. V, 117.
Tegérri, Dorf in Fesān. V, 441.
Teghdáusst, wichtiger Stamm der westlichen Wüste. V, 543.
Tektāke, Dorf und Bewohner. V, 529.
Tekūt, Berg, Besteigung dess. I, 48.
Telēschera, Pik, Besteigung dess. I, 568.
Telī-ssarhē, bemerkenswerthe Skulpturen das. I, 210.
Temā-schirht, Geschichte des „verlorenen Sohnes" in der T.-Sprache. V, 715. — Vokabularium 588.
Tenge, Dorf. V, 501.
Téngik (Tīmge), der höchste Berg in Aīr. I, 340, 349.
Tēra, der letzte Sonrhay-König nimmt hier von seinen Anhängern Abschied. IV, 656.
Terguláuen, Brunnen, Unsicherheit des Orts. I, 593.
Termiten, als Nahrungsmittel benutzt. III, 4. S. Ameisen.
Tessáua, Gebiet, Einkünfte dess. II, 18. — Die Stadt und ihre Bewohner, der Markt 20 u. f.
Tessáua (Tā-ssáua), Dorf in Fesān. I, 190.
Tessémmak, Stätte, Beschreibung derselben. I, 202.
Teufelstanz in Tághelel. I, 622.
Tewīwa und seine Bevölkerung. I, 167.
Thnīe e' sserhīra und Thnīe el Kebīra, Felsenpässe. V, 439, 440.

Thon, das Hauptnahrungsmittel des Dingding-Stammes. II, 746. — Unsicherheit der Wohnungen aus Thon. III, 349.

Tiboráuen, die Flussschnellen im Niger das. V, 255.

Tídik, Thal. I, 343.

Tíggeda, Thal. I, 417.

Tíggera-n-dúmma, Berggruppe. V, 436.

Tígger-urtīn und seine Bewohner. I, 183.

Tigŏre, Ackerbaudorf. IV, 238.

Tíhōre, Dorf. IV, 241.

Tilli, Stadt und Bewohner. IV, 224; V, 319.

Timbúktu, Annäherung an —. IV, 410. — Politische Lage 441. — Aussicht über die Stadt 450. — Plan eines Hauses 458. — Die grosse Moschee 486, 612. — Moschee Ssán-korē 488, 613. — Grundriss der Stadt 488. — Beschreibung ders. 490. — Ihre frühere Ausdehnung 490. — Bevölkerung 494. — Die Überschwemmung 526. — Das Wasser fällt. V, 51. — Ursprung der Stadt 418. — Zeit der Gründung 607. — Kommt in Abhängigkeit von Mélle 611. — Wird vom König von Mō-ssi zerstört 613. — Besuch Ebn Batūta's in T. 615. — Wird den Europäern bekannt 616. — Erobert von den Imō-scharh 616. — Geplündert von Ssonni 'Ali 619. — Nimmt an Wichtigkeit zu 620. — Erobert von Djodar 651. — Handel 528. — Die gegenwärtigen kommerziellen Beziehungen. V, 17. — Kommerzielle Wichtigkeit der Lage 37. — Identität der Sprache in T. mit der in A'gades. I, 458. — Die Ursache, wesshalb so wenig Bäume in der Stadt sind. IV, 485. — Dieselbe wird nicht für gesund gehalten 520. — Man geht das. spät zur Ruhe. V, 3, 67.

Timme, Stadt. V, 469.

Timmíssau, Brunnen, Hufspuren von Mosis Pferd in der Nähe. V, 459.

Tindīrma, Stadt. IV, 428; V, 473.

Tinge, Stadt und ihre Bewohner. IV, 315.

Tīn-ger-égedesch, Notiz über diesen Stamm. V, 202.

Tīn-rássen, interessantes Kriegsereigniss. V, 191.

Tīn-schamān, ehemalige Hauptstadt von A'sben. I, 369.

Tīn-scheríffen, Distrikt. V, 181. — Der Niger das. 187.

Tīn-tarh-odē, wichtiges Dorf jenseits. I, 352.

Tīn-téggana, Thal. I, 549.

Tīn-téllust, Beschreibung des Thals von —. I, 365. — Dorf u. Residenz des mächtigen Häuptlings A'nnur, ebdas. — Verlassen 548.

Tintúmma, Wüste. V, 416.

Tinýlkum, Dorf und Stamm, Bemerkungen über den letzteren. I, 185. — Ihr Betragen in unserer gefährlichen Lage 330, 331, 338.

Tischīt, Stadt, ihre Bewohner und Produkte. V, 517.

Toben, verschiedene Arten ders. (Tailelt-Toben). I, 474; II, 148. — Die T. von Ssan-ssándi. V, 288.

Tolba oder Suaie, friedfertige Araber-Stämme, identisch mit den Anissalimen unter den Tuáreg. V, 581 u. a. a. O.

Tombo, Provinz und ihre Bewohner. IV, 567.

Tóndibi, Berg. V, 206.

Tondifū, Dorf. IV, 242. — Schwärme von Vögeln das. V, 801.

Tongi, Weiler. V, 246.

Tónorâr, Dorf. V, 510.

Tornâre, Dorf am Niger; lebendiger Flussverkehr das. V, 191.

Tó-ssaie, bemerkenswerthe Einengung des Nigerbettes das. V, 191.

Tō-sso, essbare Frucht der *Bassia Parkii.* II, 470. S. Butterbaum.

Trik el Merhōma, Pfad. V, 448.

Tripoli, Ankunft das. I, 17. — Ausflüge von da 19—90. — Schliessliche Abreise 94. — Rückkehr und Einschiffung nach Marseille. V, 452. — Wichtigkeit von Tripoli für den Verkehr mit dem Innern. I, xv.

Trüffeln kommen an vielen Stellen der Wüste häufig vor. I, 145.

Tsād, Abstecher nach dems. II, 407. — Das Charakteristische dess. 408. — Darstellung des längs der sumpfigen Ufer hinlaufenden Landstrichs 416. — Das offene Wasser 414. — Sein Wasser ist süss. II, 408; III, 49. — Wird in alten Dokumenten erwähnt 461.

Tschampagōre, Stadt und Residenz von Galaidjo. IV, 255.

Tschampaláuel, Stadt. IV, 264.

Tschereka, Berg. I, 411.

Tschifōa, Stadt. II, 198.

Tschīre, Stadt. III, 564.

Tuáreg, vergl. Imō-scharh. — T.-Häuptlinge kommen in das Lager in der Nähe des Dorfes Tessáua, Verhandlungen mit denselben. I, 196. — Fortwährendes Vordringen der T. in das Negerland. II, 296; IV, 3. — Freibrief von den T.-Häuptlingen in Timbuktu. IV, 520. — Lager der T. 345 u. f. — Tracht derselben 348, 357. — Mangel an Einheit. V, 42.

Tuāsch, Römisches Grabmal in der Nähe von —. I, 164.

Túburi, die, und ihr See. III, 180.

Tulpenbaum, ein blühendes Exemplar. II, 11.

Tumpénga, Stadt, wüste Stätte ders. IV, 288.

Tūndjur, Stamm der, ihr Gebiet. III, 383, 485. — Überbleibsel derselben in Móndō 416, 439, 440.

Túngurē, Thal; Baumwollenpflanzungen und Palmenhain das. IV, 50.

Tunis, Reise von da nach Tripoli. I, 1—17.

Tūri, Bedeutung des Wortes. I, 516 Anm.

Týggebo, Dorf und seine Bewohner. V, 519.


Ú'ba, nördliche Grenzstadt in A'damáua. II, 497, 688.

Udjē, fruchtbarer und bevölkerter Distrikt, der schönste in Bórnu. II, 445, 651. — Seine Beziehung zu dem Sklavenhandel 452.

Uēlād Bū-Ssaef, Stamm. I, 129.

Uêlād Ssĭlimān, Lager ders. III, 55. — Geschichte des Stammes 56. — Zusammenkunft mit dem Scheich ders. 61. — Ihre Gewohnheiten und Lebensweise 63 u. f. — Ein jüdischer Abenteurer 70. — Vorbereitungen zum Angriff 86. — Angriff der Eingeborenen 97, 99.

Ugraefe, Dorf und seine Bewohner. I, 162.

Ulākiās, tiefer Brunnen. V, 493.

U'le-Tehärge, die Sanddünen das. V, 133.

U'm el 'Arūk, Dorf. V, 510.

U'm e' Sersān. I, 36. — Römisches Grabmal das. 37.

Unān, Thal. I, 581.

Ungerathene Sohn, der; die Geschichte dess. in der Temā-schirht-Sprache. V, 715.

Unterirdische Dörfer in dem Ghuriān. I, 53.

Vegetabilien, die zur gewöhnlichen Nahrung benutzten. II, 98.

Vogel, Dr., Zusammentreffen mit ihm im Wald. V, 378; in Kúkaua 391. — Seine Reise nach Gombe und Yákoba 393, 395; nach Wádáï. III, 499. — Seine astronomischen Beobachtungen. V, 754.

Vokabularium des Temā-schirht, wie dasselbe von den Aueltmmiden geredet wird. V, 588.

Wádáï, historischer Abriss. III, 485. — Ethnographische Beschreibung 500. — Regierung 510. — Heer 517. — Haushalt des Sultans 519. — Städte und Dorfschaften 519. — Handel und Marktplätze 520. — Industrie 523. — Gelehrsamkeit, Speisen 524.

Wadān *(Oryx Gazella)*. I, 295 u. a. a. O.

Wadān, Stadt in A'derēr und ihre Bewohner. V, 558.

Wadān, Stadt in Fesān, ehemals zu Bórnu gehörig. II, 311.

Wādī, Stadt. II, 283.

Wādī Kauār. V, 425.

Wādī Rān und seine Höhlen. I, 56.

Wādī Semsem und seine Brunnen. I, 130; V, 448.

Wādī Ssōfedjīn; zerstörtes Schloss das. I, 114.

Wādī Tagīdje; schönes Grabmonument in dems. I, 125.

Wādī Talha; Römische Ruinen das. I, 121.

Waizen, wird gebaut in Ngórnu. II, 398; III, 284. — Ein fürstliches Gericht in A'gades. I, 447. — Anbau dess. in Yō. III, 88; in Wūschek. IV, 61, 62; am Niger. V, 159; am Rāss el mā 492. — W. und Reis stehn im Preise doppelt so hoch wie das einheimische Korn. II, 898.

Wákorē, ursprüngl. Name einer grossen Abtheilung der Mandingo. V, 511.

Wákurē, Dorf. V, 530.

Walāta, Stadt und Bewohner; wichtiger Handelsplatz zur Zeit Ébn Batūta's. IV, 615. — Verfall 620; V, 498.

Wáṇḍalā- (Mándarā-) Berge. II, 479.
Wandernde Araber auf ihrem Zuge. II, 658.
Wandja, Dorf und seine Bewohner. V, 528.
Wángara, Dorf. III, 416.
Wángaráua, Name der östlichen Mandingo. IV, 145, 292, 573, 583. — Fast alle bedeutenderen Kaufleute in Kátsena sind Wángaráua. II, 94.
Wāni, Fluss. II, 221.
Wántila, Dorf. V, 286.
Wāra, Hauptstadt von Wádáï. III, 529.
Warme Kleidungsstücke würden einen guten Absatz in Central-Afrika finden. III, 132.
Warrington, Frederic; seine freundschaftliche und thätige Theilnahme. I, 18; V, 443, 446.
Wāsa, Distrikt. III, 227.
Wāsse, Stadt. V, 367.
Wasser, Seltenheit desselben in einigen Bezirken von Bórnu. II, 207, 262; in Baghírmi. III, 298. — Der Gesundheit nachtheiliges. V, 292, 318.
Wassergefecht. III, 191.
Wasserkommunikation zwischen dem Bassin des Tsād und der Bai von Biáfra. III, 198.
Wasserlilien im Tsād. II, 418. — Im Niger. IV, 385; V, 157.
Wassermelonen das Hauptnahrungsmittel des Stammes der Kóbetāt. V, 496.
Weiber von Kúkaua im Vergleich mit denen von Kanō. II, 400. — Untreue derselben selten unter den edleren Stämmen der Tuáreg. V, 127.
Weibliche Häuptlinge und Herrscher in Bórnu. II, 332. — Bei den Uēlād Rāschíd. III, 512.
Weiblicher Anzug im Negerland im Allgemeinen. II, 27. — In Mússgu. III, 213. — In Sonrhay. V, 219. — Kopfputz in Baghírmi. III, 284; in Kanō. II, 128.
Wilde Ochsen, zahlreich in der Wüste. I, 292; V, 422. S. *Antilope Bubalis*.
Wuëlleri-Verhack. II, 206.
Wukāri, Hauptstadt von Korórofa, und seine Bewohner. II, 691.
Wúlia, Distrikt; Schönheit und sorgfältiger Anbau desselben. III, 188.
Wūlu, Dorf und seine Bewohner. IV, 303.
Würmer, rothe; Wanderung derselben. IV, 329.
Wurnō, Stadt; Beschreibung derselben. IV, 157. — Zweiter Besuch ders. V, 335. — Fieberanfall das., ebendas.
Wūschek, Stadt und ihre Bewohner. IV, 60.
Wüste; Reise durch dieselbe. I, 204 u. f. — Höchster Bergpass in derselben 277. — Giessbäche, Wirkung derselben 356. — Das Herz der W. 286; V, 416. — Verbreitung des Regens in der W. 421, 427.
Wüste bei Timbúktu, Aufenthalt in derselben. IV, 478.

Yágba, Fürstenthum. IV, 298 u. f. — Dazu gehörende Ortschaften 281 Anm.
Yákoba, seine Lage. II, 672.
Yāli, Gewässer. IV, 284.
Yáloè, Flussbett. III, 129.
Yámiá, Brunnen. IV, 45.
Yamá (Brodwurzel), nicht einheimisch im Inneren von Afrika. IV, 110. —
    Werden in Bórnu nicht gezogen. II, 398. — Anbau ders. in A'da-
    máua 628. — In Korórofa 694. — In Kébbi. IV, 193. — Östliche
    Grenze des Anbaues in der Nähe von Kátsena, ebendas.
Yāra, verfallene Stadt. IV, 210.
Yā-ssaláme und Konāri, Verzeichniss der zwischenliegenden Ortschaften.
    V, 487.
Yā-ssaláme und Ssaredína, desgl. V, 487.
Yā-ssaláme und Ssókolo, desgl. V, 507.
Yáuri; Städte, Dörfer und Stämme das. IV, 561.
Yelē, Bezirk. II, 659.
Yēlu, Stadt. IV, 282.
Yen, Hauptort von Búrku. III, 443.
Yendi, Stadt. IV, 574.
Yerímari, Stadt. V, 368.
Yerímari, Dorf. II, 459.
Yō, Stadt und ihre Umgebung. III, 81. — Aufenthalt das. V, 406.
Yóaru, wichtige Stadt am Niger. V, 471, 474.
Yóaru und Yā-ssaláme, Verzeichniss der zwischenliegenden Ortschaften.
    V, 477, 486.
Yóla, Stadt und ihre Bewohner. II, 578. — Beschreibung ders. 598.
Yūri, Klippen am Niger. V, 298.

Zaubermittel, heidnisches. III, 234.
Zehe, Zerstörung der Zehen durch ein Insekt *(Pulex penetrans)*. III, 806.
Zelte, die beste Art für Reisende in heissen Klimaten. I, 91. — Ein
    mehrtägiger Aufenthalt in einem Zeltlager ist eine gute Vorbereitung
    zur Reise 93.
Zwiebel; Einführung ders. zugleich mit dem Waizen. II, 398; III, 339. —
    Eine grosse Wohlthat für Europäische Reisende, ebendas. — Anbau
    ders. in Wūschek. IV, 61. — Ausgezeichnet in Gándō. IV, 204; in
    Timbúktu 403.

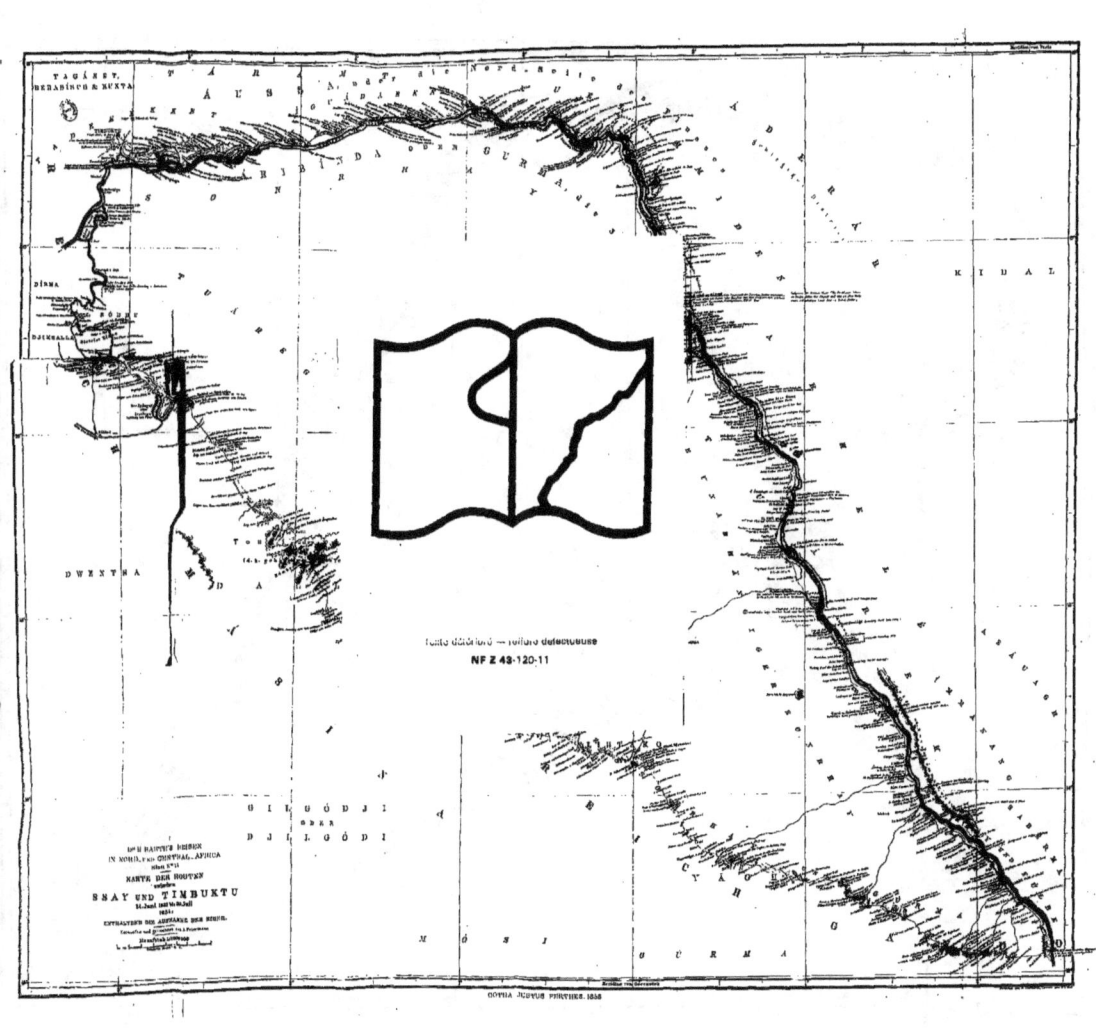

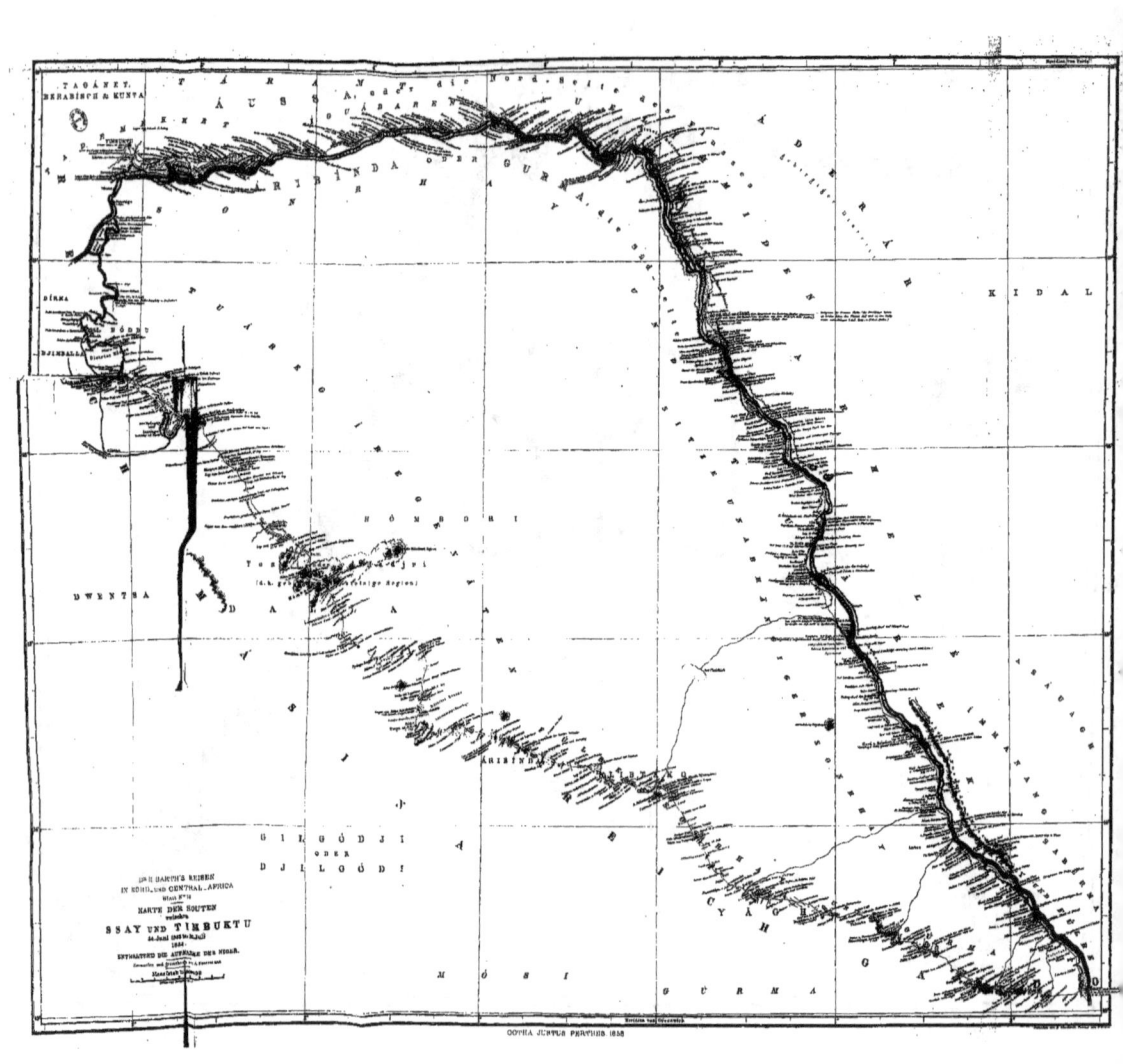

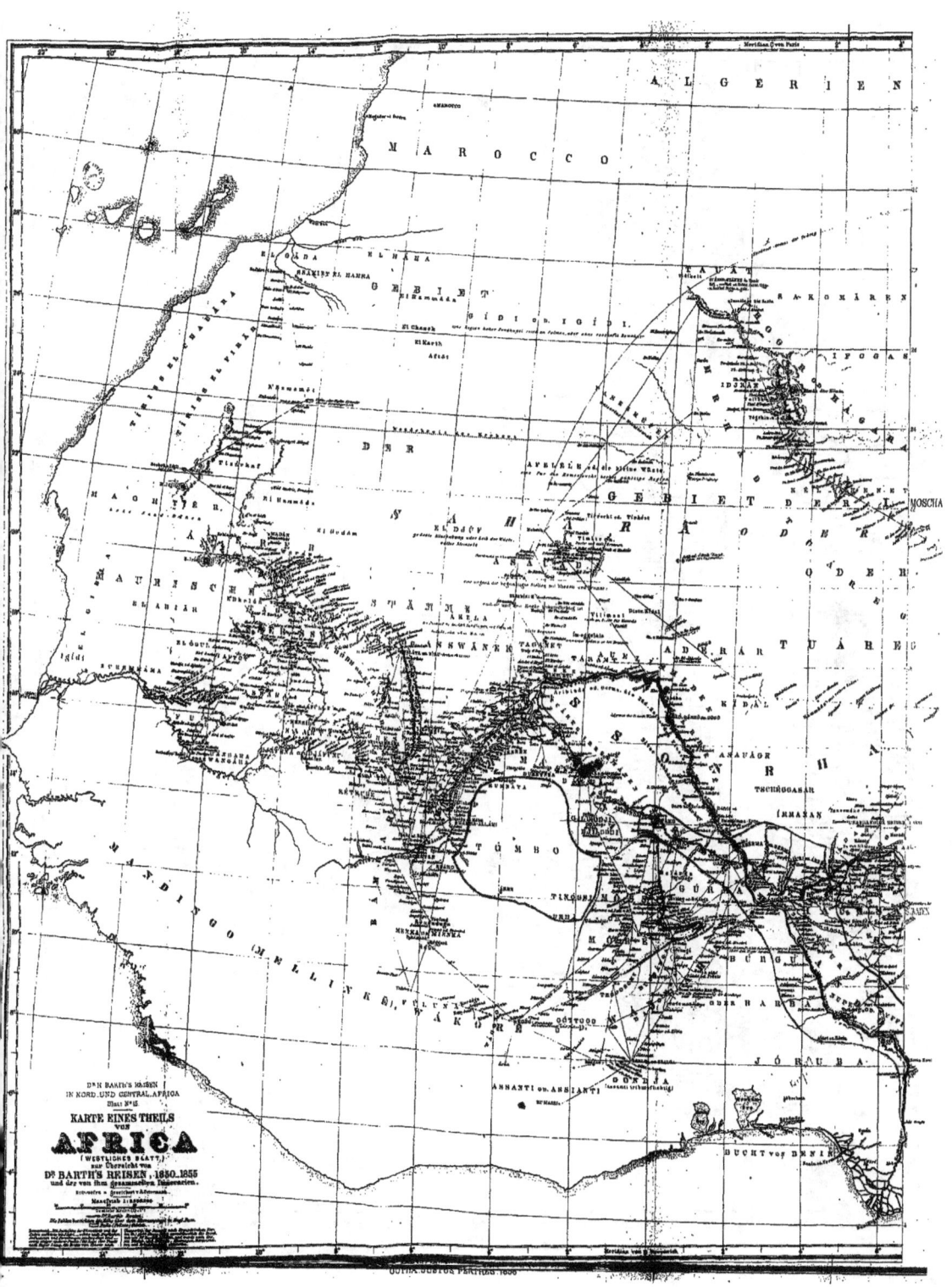

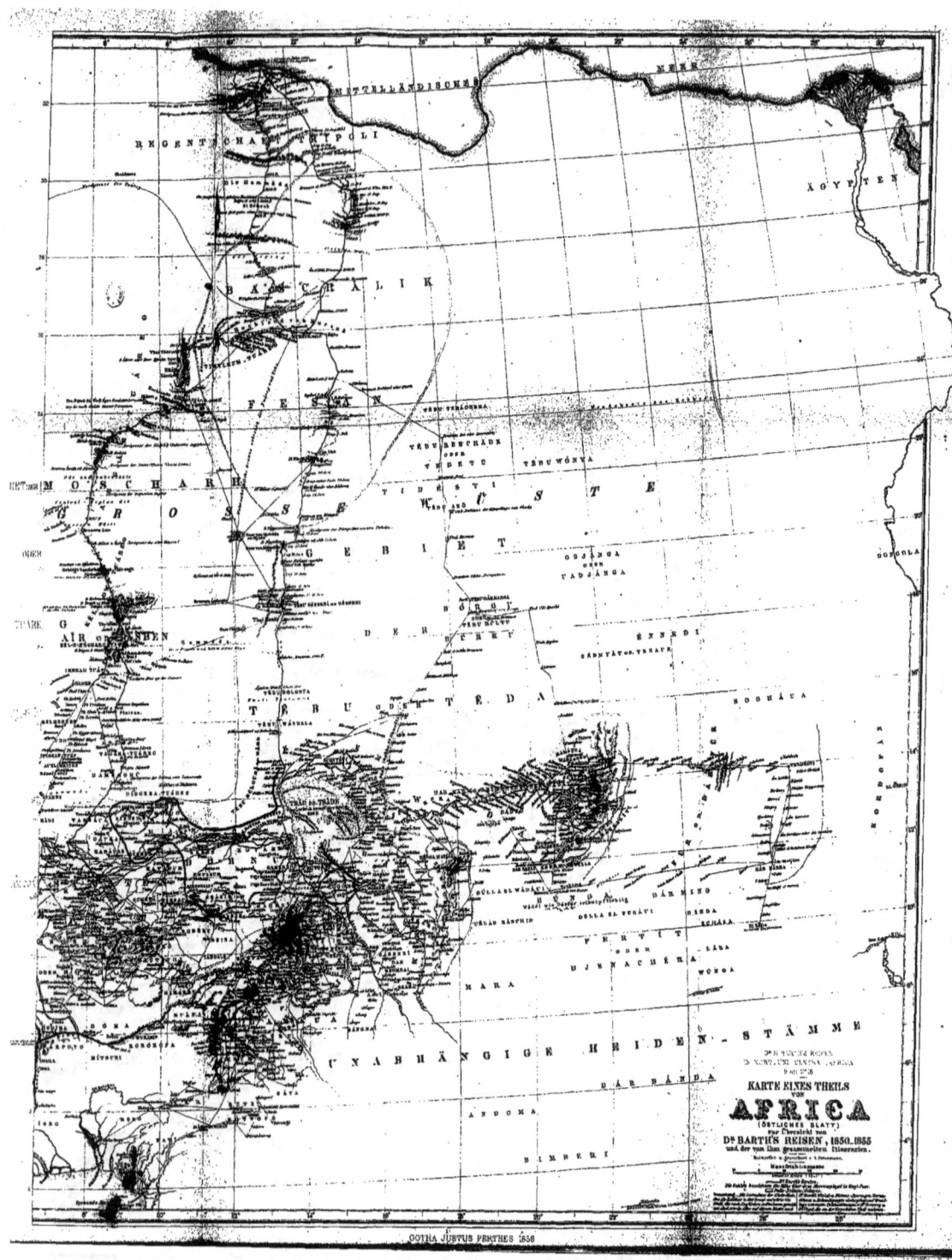

www.ingramcontent.com/pod-product-compliance
Lightning Source LLC
Chambersburg PA
CBHW071426300426
44114CB00013B/1329